教育部首批虚拟教研室建设试点"社会认识论人才培养模式改革虚拟教研室"建设成果

欧阳康文集

哲学研究方法论（上）
（第二版）

Methodology of Philosophical Research

欧阳康／著

华中科技大学出版社
http://www.hustp.com
中国·武汉

　　1953年生，四川资阳人。哲学博士。华中科技大学党委原副书记，华中科技大学国家治理研究院院长、哲学研究所所长，华中科技大学社会认识论人才培养模式改革虚拟教研室带头人（主任），国家治理湖北省协同创新中心主任，湖北地方治理研究院院长，"华中学者"领军岗教授，哲学学院二级教授、博士生导师。1992年起享受国务院特殊津贴，1996年被评为湖北省"有突出贡献中青年专家"，1999年入选教育部"跨世纪优秀人才"、人事部"百千万人才工程"，2019年入选中组部国家"万人计划"教学名师、湖北省首届"最美社科人"，2020年入选教育部"长江学者奖励计划"特岗学者。国务院学位委员会第六、七届马克思主义理论学科评议组成员，教育部社会科学委员会委员，中国辩证唯物主义研究会副会长、社会认识论专业委员会会长，湖北省人民政府咨询委员会委员等。在《中国社会科学》《哲学研究》等发表中英文学术论文400余篇，获国家、教育部和湖北省哲学社会科学优秀成果奖20余次，主持国家、省部级和国际合作科研项目20余项，多次出国出境从事学术交流与合作研究。主持完成教育部哲学社会科学研究重大课题攻关项目"马克思主义与建设中华民族共有精神家园研究"和"推进国家治理体系和治理能力现代化若干重大理论问题研究"，中宣部马克思主义理论研究和建设工程特别委托项目、国家社会科学基金特别委托项目"重大突发疫情对社会心态和思想舆论的影响研究"等，目前为国家社会科学基金重大项目"大数据驱动地方治理现代化综合研究"首席专家。

总序

值此《欧阳康文集》出版之际，就个人的生命与学术历程做些回顾，以此感谢社会各方面长期以来的热情关心和大力支持！

用生命来体验和感悟哲学

回看已经过去的生命历程，似乎有一种趋向于哲学的生命运动和精神自觉。

1953年6月，我出生于四川省资阳县沱江边的一个文化家庭。父母早年都曾参加革命，后都从事教育工作，家庭教育严格、正统又规范。我在姊妹十人中排行老幺，除了父母的深刻影响，也受到哥哥姐姐们的特别呵护，是家中唯一有幸在幼儿园度过童年的孩子，并选入当时全县唯一一个五年制的小学试验班，由此比同龄人早一年进入资阳中学，成为初中1968级学生，进而体验到"老三届"的全部经历。

"文化大革命"中断了正规的课堂学习，却使我有机会较早投身社会实践的人生大课堂。16岁后，我随着当时上山下乡的知青洪流，去资阳县丰玉区迎接公社七大队二小队插队落户，在交白山下两度春秋的独立生活和与大自然的艰苦较量中体验到了真实的人生艰辛，也习得了全面的基本生活技能。1971年，有幸被招到铁道部建厂工程局一处做油漆工，从制造我国首个内燃机车的车辆工厂开启职业生涯，先后辗转于四川、河南、北京、陕西多处铁路建筑工地。基于"人定胜天"的朴素情感以及"干什么就要像什么"的执着信念，先后做过油漆工、电工，担任过共青团干部，曾获得局级"工业学大庆先进个人"称号。这一时期，我接触到了马克思主义理论，并成为工人理论宣讲员，进而从电工岗位被破格提拔到当时位于陕西咸阳的建厂工程局宣传部理论处，成为一名"以工代干"的宣传干部，从事《建厂通讯》的报纸编辑等工作。正是在宣传部门的工作中，我首次接触到艾思奇主编的《辩证唯物主义和历史唯物主义》,如饥似渴,彻夜畅读,产生了对于马克思主义哲学的浓厚兴趣。

1977年我国恢复高考,我鼓足勇气,在陕西报名参加考试,被陕西师范大学政教系首批录入。陕西师范大学的哲学教学和研究力量在西北地区堪称顶级,厚重的汉唐文化与雄浑的"西北风"交汇,使得这里的哲学文化厚重博大,也使我的"哲学梦"在这里如愿启航。在这段日子里,我如饥似渴,潜心学习,用心钻研,在同学中首批加入党组织,担任了政教系团总支书记,参与组织了不少校系活动。学士学位论文《试论矛盾的同一性和斗争性都是绝对与相对的辩证统一》,有幸被选入学校的《社会科学论文集》。本科毕业后,我考上哲学硕士研究生,跟随刘修水教授攻读认识论,秉承"宁可精写一篇,不必泛写十篇"的信条,努力拓展知识范围,锻炼哲学思维,强化写作水平与创新意识。硕士学位论文《论主体能力》发表于1985年第7期的《哲学研究》上,并为《中国哲学年鉴》《新华文摘》等刊物选介与转载,获陕西省第三届社会科学优秀成果奖。1985年3月,我考入中国人民大学哲学系,先后在李秀林教授、夏甄陶教授的悉心指导下,攻读认识论研究方向的博士学位。在校期间,有幸应邀参加多项重要科研项目,发表学术论文近30篇,还曾作为中国人民大学学生哲学研究会负责人之一主编《青年哲学论坛》,先后邀请30多位著名哲学家为青年学子寄语,从中深受教育。1988年1月16日,在哲学系顺利通过论文答辩,获哲学博士学位。博士学位论文《社会认识论导论》全文37万余字,由中国社会科学出版社收入胡绳先生主编的"中国社会科学博士论文文库",于1990年11月出版,多家报刊先后发表书评书讯予以充分肯定。该文获1992年陕西省优秀哲学成果奖和1995年国家教委首届人文社会科学优秀成果二等奖。

1988年2月起,我在陕西师大政教系任教,担任系副主任,5月破格晋升为副教授,成为硕士研究生导师,协同创办中外文化研究交流中心并任副主任,开展跨文化国际学术活动。1992年2月破格晋升为教授,担任政教系主任。

由于当时陕西师范大学还没有哲学博士学位点,为了更好地从事哲学研究,应武汉大学邀请,我于1993年3月调武汉大学哲学系工作,被增列为博士研究生导师,1994年起在全国率先招收社会认识论研究方向的博士生。1995年6月任武汉大学哲学系主任,积极筹建我国首家大学哲学学院。1996年12月,武汉大学哲学学院挂牌,我有幸担任首任院长兼哲学系主任。1999年,学校进行院系调整,将哲学学院、文学院、历史文化学院合并为人文科学学院,我被聘为人文科学学院院长兼哲学学院院长。

应华中科技大学邀请,2000年10月,我到华中科技大学任校长助理,协管文科建设,先后担任哲学研究所所长、国家大学生文化素质教育基地主任、《华中科技大学学报(社会科学版)》主编等,2005年4月任校党委常委、副书记,先后分管学生、宣传、统战、工会等工作。2013年8月,因年龄原因不再担任校党委副书记、常委。党的十八届三中全会首次提出推进国家治理体系和治理能力现代化,2014年2月,华中科技大学在全国高校中成立首家国家治理研究院,我被聘为院长,将更多精力投入国家治理研究和倡导善治之旅上。

回顾我的成长经历,最深刻的感悟,是应当用生命来体验和感悟哲学。正如我在哲学课导言中总会感叹的:"在我们的一生中,我们总会自觉地或不自觉地遇到很多与哲学相关的问题。"回想起来,我自己在生命的各个阶段都遇到了与哲学相关的思想困惑。在孩童年代,因为游泳险些被淹死而产生过对死亡的恐惧;在当知青的时期,一次因病注射青霉素引起休克,也让我产生了对人死亡以后永远不能复生的"永远"到底有多久的困惑;在当工人时期,曾产生过战天斗地其乐无穷的天人感悟;在做共青团干部时期,曾因时代所限产生过对于马克思主义理论的误读,并进而寻求正解。10年哲学求学之旅、30多年讲授哲学和在高校教育管理工作中运用哲学的经历,使我加深了对于哲学的理解与应用。耳顺以来,我离开学校党政领导工作岗位,担任华中科技大学国家治理研究院院长,将30多年前开启的社会认识论运用于国家和社会治理的理论研究与实践探索,在新的思想高度和实践指向上关注世界、中国与人生。

在这个过程中,党和国家不断给予各种形式的鼓励,我1992年起享受国务院特殊津贴,1996年被评为湖北省"有突出贡献中青年专家",1999年入选教育部"跨世纪优秀人才"、原人事部等七部委实施的"百千万人才工程",2019年入选中组部国家"万人计划"教学名师、湖北省首届"最美社科人",2020年入选教育部"长江学者奖励计划"特岗学者等。要特别感谢各级组织的关心和厚爱!感谢时代赋予的机会和挑战!

探索一条个性化的哲学研究道路

在大学从事哲学学习和大学教育教学已经30多年,一直致力于探索一条个性化的哲学研究道路。

在数十年的哲学之旅中,不断地有人问我当时为什么会选择哲学。我的回答,一是为了解读自己的生命困惑,一是因为时代主题的造就。我在成长中秉持着"虚一而静"的人生信念和"执着素朴"的处世原则,这既影响了我的人生道路,也融会到我的哲学体验中。中国古人云,仁者乐山,智者乐水,我则喜山乐水,主张德业双修、仁智双彰。在我看来,哲学作为人类对于最高智慧的追寻,具有爱智性、致极性、超越性和问题性等特征,体现着人类立足有限、追寻无限、超越极限的美好追求,既帮助人们寻根究底、追根溯源,也帮助人们解疑答惑,反思自我。如果要形象一点说,哲学有点像雅典王子提修斯手中的那一条线,帮助人们去走出思想的迷宫;又有点像星空中的北斗七星,帮助我们去找出人类发展的方向;同时它也像洞悉一切的魔镜,帮助我们更好地认识自我,确立未来发展的方向。哲学的真谛在于爱智、求真、向善、致美、崇圣,它们共同激励和彰显着人生价值,指引着人类文明的发展方向,既表现在人们的终极性关怀与不懈追问中,也灌注在生命的每一个场所和瞬间。带着这份浓浓哲学味的人生信念和处世原则,我在数十年的人生经历中未敢有过懈怠,总是努力前行,处处感悟着这种致极性和超越性的哲学魅力。

对哲学学术的思考,需要深厚的历史感,要善于从哲学的历史发展中把握人类哲学思想的演进逻辑,尤其要关注马克思主义哲学和思想史上的变革及其后续影响,还要善于寻找马克思主义与中国哲学和文化的交汇点,探寻其中国化的基础和途径。而每个哲学家的研究实际上是高度个性化的,需要在中西马哲学的结合中构建起自己对于哲学和哲学观的独特理解,探析把握时代性哲学问题的自觉意识和方法论原则。正是基于这样的认识,我主张探索一条个性化的哲学研究道路,从对元哲学问题的探讨开始自己的哲学之旅,尤其关注哲学研究的方法论。在1986年中国辩证唯物主义研究会于西安举办的全国"马克思主义哲学与三论"学术研讨会上,我与孙晓文一道提交了《马克思主义哲学的发展与现代科学方法论》和《关于哲学形态学的思考》两篇论文,首次提出了哲学形态学的研究思路和方法,主张探索马克思主义哲学的当代形态,进而关注哲学思维的致极性特征,探索哲学研究方法论,并由此出发梳理哲学史,探讨当代哲学问题。《哲学研究方法论》60多万字,被纳入"武汉大学学术丛书"出版,先后获得教育部和湖北省的社会科学优秀成果奖。我较早提出应当重视马克思主义哲学的实践唯物主义本性,拓展和深化对于马克思主义哲学本质的认识,与博士时期的导师夏甄陶教授就此合写了近10篇相关论文,提出了以实践唯物主义为指导、以人与世界关系为对象的马克思主义哲学新体系。马克思主义认识论问题研究,由真理标准问题大讨论率先激发,成为改革开放以后马克思主义哲学研究的突出领域,也是我长期关注的领域。我先后开展了关于认识本质、认识过程、认识中介与认识方法论等问题的系列研究,所著《马克思主义认识论研究》被纳入袁贵仁和杨耕教授主编的"马克思主义哲学基础理论研究丛书",由北京师范大学出版社出版。

社会认识论是我用力最深和最有独到见解的研究领域。在我看来,社会认识即人们对社会的对象性认识和人类社会总体的自我认识的统一,社会认识论探讨人们认识社会的特殊本质、特点、过程和方法,致力于揭示人类社会的自我认识之谜。多年来,我带领团队成员将社会认识论研究逐步拓展到社会认识方法论、人文社会科学哲学、实践哲学、社会信息学等,进而拓展到对国家治理的多维思考。中国辩证唯物主义研究会为此专门成立了社会认识论专业委员会,聘请我担任会长。通过评审,该专业委员会组建起了由来自50多个高校的70多位成员组成的理事会,极大拓展了社会认识论的研究视域和研究队伍。

马克思曾经指出:"哲学家们只是用不同的方式解释世界,而问题在于改变世界。"在我看来,这段话被恩格斯和共产国际刻写到马克思的墓碑上,成为其墓志铭,就是要彰显马克思主义哲学的科学性和实践性的双重品格,帮助人们更加科学地认识世界和更加合理地改变世界。为此,我历来倡导理论与实践的统一,践行中华文化的"知行合一",并将其贯穿在工作和学术研究中。

我们主张哲学研究不仅要深入社会实践和人的日常生活,也要进入人的精神家园。我先后协助杨叔子院士主持完成教育部重大课题攻关项目"培养和弘扬中华民族精神研究",进而作为首席专家主持完成了教育部重大课题攻关项目"马克思主义与建设中华民族共有精神家园研究",出版了系列丛书,主编了覆盖小学、中学、大学和面向社会的《中华民族精神》系列教材,主编的《民族精神——精神家园的内核》被评为全国优秀社会科学普及作品。

以多种方式服务于社会文明进步

将哲学理念运用到各种工作领域,以多种方式服务于社会文明进步,也是哲学工作者的重要职责。

在担任华中科技大学党委副书记期间,我将热情与智慧投向全校学生和学生工作队伍,每年给新生做"大学与人生"学术讲座,鼓励学工战线教师干部做"有思想的实践者"和"会实践的思想者",极大激发了学工战线同仁们的创新创造热情,先后开创了"党旗领航""烈士寻亲""红色寻访""衣援西部""公德长征""医援西部""心灵之约"等学生工作品牌;积极推进大学生文化素质教育,形成了《大学·文化·人生》学术著作;倡导大学生文化素质教育的实践导向,主张在"全员育人"的同时推动"全员自育",先后获得了湖北省高等学校优秀教学成果一等奖和全国教育科学研究优秀成果奖。

我作为国务院学位委员会第六届和第七届马克思主义理论学科评议组成员,自2005年起全程参与了我国马克思主义被设立为一级学科的学科和学术建设,参加全国相应博士、硕士学位授权点的评审工作,尽心竭力开展调研,提出意见和建议,也拓展和深化了对于马克思主义的研究。作为教育部社会科学委员会委员、马克思主义学部委员、学风建设委员会副主任,积极参与高校人文社会学科学术建设,参与有关政策规章制定和实践运作,推进中国人文社会科学话语体系建设和学风建设。作为教育部高等学校哲学类专业教学指导委员会首届秘书长和后续的副主任委员,积极参与组织高校哲学院系和哲学学科学术活动,推进哲学的学科建设。作为教育部第三届高等学校文化素质教育指导委员会秘书长,努力协助主任委员杨叔子院士,积极推进全国大学生文化素质教育,同时积极参加大学生命教育,提升教育者和受教育者的生命意识。作为湖北省第十一届政协委员,积极参与社会调研,就协商民主政治建设、绿色发展、文化遗产保护发掘等先后提出十余项政协提案,多项提案被列为重点提案,由省委、省政府、省政协主要领导亲自督办,发挥了应有作用。作为中共湖北省委决策支持顾问、湖北省人民政府咨询委员会委员等,积极关心湖北经济社会发展,及时建言献策,多项成果被主要领导批示,获得采用。

在担任国家治理研究院院长后,更是聚焦于国家治理问题研究,确立"聚焦重大问题、服务国家战略"宗旨,制定了"全球治理、国家治理、省域治理、县域治理、基层乡村治理"的研究版图,每年主办国家治理高峰论坛和全球治理东湖论坛,持续推进重大理论和实践问题研究。作为首席专家主持教育部重大课题攻关项目"推进国家治理体系和治理能力现代化若干重大问题研究"等,完成中宣部、教育部和湖北省的重要委托科研项目,深入开展国家治理的理论和实践研究,推出系列研究成果,获得多项重要奖励。国家治理研究院先后被评为湖北省高等学校人文社会科学重点研究基地、湖北省"十大改革智库"、"湖北省十大新型智库",成为国家治理湖北省协同创新中心,入选中国智库索引(CTTI)和中国智库综合评价AMI中国核心智库;2018年1月进入中国大学智库机构百强榜,位居第18位;2018年12月进入"中国大学智库百强榜"高校A类智库。

重视对于科技前沿的成果及其哲学和方法论意义的探讨,关注复杂性问题、合理性追求、大数据等带来的深刻社会变革和对人文社会科学研究创新的方法论启示,开启人文社会科学哲学研究。与团队成员运用大数据的理论与方法开展中国绿色GDP绩效评估,在国内外首次用GDP总量、人均GDP、绿色GDP、人均绿色GDP和绿色发展指数五个指标综合评估湖北省和全国经济发展的绿色状态,先后发布了《中国绿色GDP绩效评估报告》2016年、2017年湖北卷和2017年、2018年全国卷,勾画出了中国绿色发展地图,引起了高度关注,获得教育部高等学校科学研究优秀成果奖(人文社会科学)二等奖等。

目前,我们正在自觉将大数据运用到国家治理问题研究,创建大数据、智能决策与国家治理现代化工作坊,作为首席专家主持的国家社会科学基金重大项目"大数据驱动地方治理现代化综合研究"取得初步成果,经过中期评审,有幸获得国家社科规划办的滚动支持。

走向世界开展国际对话

哲学是世界的哲学,应当影响和造就哲学的世界。

基于这种认识,我的学术研究中有非常鲜明的世界意识和国际化特征。先后去到数十个国家和地区参加数十次国际学术会议,从事重大国际问题专题研究,做学术讲座,开展国际交流与学术合作,先后主办十余个高端国际学术会议。

对于国际学术交往的特别关注,既源于对哲学的人类性和世界性品格的理解,也得益于对于"文化围城"的特殊感悟。1995年9月到1996年9月,应英国文化委员会邀请和资助,我到英国伦敦大学学院哲学系从事博士后研究。我当时已经是教授、博士生导师和武汉大学哲学系系主任,也被对方看作高级访问学者,受邀参加了一些重要活动,发现了各种形式的文化误解与文化隔阂,产生出对"文化围城"的特殊感悟。1996年1月,我应邀在牛津大学现代中国研究中心就此做了专题讲座,借用钱钟书先生讲婚姻、家庭和爱情的《围城》,来探讨中西方之间的"文化围城"现象。所谓"文化围城",就是一些东方人向往西方,不惜全盘西化,同时也有西方人批判西方,并寄希望于东方。超越"文化围城"需要观念的变革,也需要有效的桥梁。依托于这种认识和熟练应用的英语,我努力身体力行,搭建桥梁,探寻对于"文化围城"的超越之路。

首先,借助于各种机会和海外资源走向海外学术论坛,彰显中国学术。自1991年首次出境参加国际学术会议以来,先后应邀并获资助去到数十个国家,参加各种重要学术会议,做会议发言或讲座,承接国际合作项目,开展合作研究,介绍中国的学术和社会发展情况,产生了很好的学术反响。先后担任亚太学生事务协会主席、国际信息科学研究会创会主席、世界政治学会发展与政策分会副主席、国际哲学家协会常务理事、国际价值与哲学研究会理事等,在世界政治学大会、世界哲学大会、国际学生事务会议、国际信息科学研究会议、国际价值与哲学研究会等重要的学术论坛上传播中国声音。

其次,积极开展重要国际问题的专题研究。先后获十余项国际国内学术奖励或合作基金,就加拿大多元文化主义、德国统一与新种族主义、英国保守主义、欧洲一体化、亚洲价值观、美国价值观、科技进步与人文精神、过程哲学与生态文明建设、国际学生事务等开展研究。还深入一些国家访问并开展国别哲学与文化研究,先后就古巴哲学与文化、越南哲学与文化、日本文化与中日关系、俄罗斯民族精神、印度哲学与文化、韩国文化与现代化、非洲哲学与文化等开展研究。先后十余次应邀去台湾、香港和澳门地区参加学术会议,探讨中华传统文化现代转型和大学生命教育等。

再次,邀请国际学者为中国撰写哲学专著和学术论文。在英国研修期间,成功邀请42位顶级英美哲学家为当代中国撰写专题哲学和个人学术自述,主编了《当代英美哲学地图》和《当代英美著名哲学家学术自述》,其与本人学术专著《对话与反思——当代英美哲学与其他》于

2005年由人民出版社出版。

又次,结合所在单位和工作,以中国为中心设置主题主办国际学术会议。1989年4月在陕西师范大学主办"长安·东亚·环太平洋文化国际学术研讨会",开启国际学术交往之旅。作为党委副书记分管学生工作期间,首次将国际学生事务引入大陆高校,在华中科技大学召开了亚太学术事务协会2007年年会。自担任国家治理研究院院长以来,每年主办全球治理东湖论坛国际学术会议,已经先后举办了七次重要国际会议,分别探讨了全球治理与国家责任、绿色发展、国际组织、人类命运共同体、"一带一路"、大国关系和地缘政治等的关系问题等,取得了很好的学术进展。同时积极开展多种形式的国际学术对话,促进国际合作。

主编的《民族精神——人民的精神家园》和合著的《在观念激荡和现实变革之间——马克思实践观的当代阐释》先后被译为英文、俄文、土耳其文、吉尔吉斯斯坦文出版。在抗击新冠肺炎疫情中,应邀参加"金砖国家治国理政研讨会暨人文交流论坛"等多种国际学术会,向国际朋友介绍中国抗疫情况和经验,加强了国际友谊与合作。

教书育人与英才共舞

教书育人是教师的天职,与英才共舞是教师最为快乐的事情。

自1984年12月硕士毕业后,我便在陕西师大任教。1988年1月从中国人民大学哲学系毕业后,一直在大学教书,为本科生、硕士生、博士生上课,既有基础课、专业课,也有公共课、研讨课。授课重视从问题出发,澄清基本概念、基本命题和基础理论,力求逻辑严密、表述准确,同时又努力做到旁征博引、生动活泼、视野广阔,争取知识性和思想性统一、互动性和启发性共舞,受到学生喜欢。

从1989年起成为硕士生导师,1993年起成为博士生导师迄今,已经指导了120多位硕士生和博士生。我努力把社会认识论研究与高端人才培养内在结合起来,鼓励研究生将社会认识论的前沿问题设为博士学位论文选题,共同推进社会认识论研究。大家先后撰写了60多篇社会认识论系列博士学位论文和博士后出站报告,已经毕业的有:《社会本体论》《社会理解论》《社会理想论》《社会评价论》《社会认识进化论》《实践意志论》《社会记忆论》《实践合理性》《实践规范论》《社会心态论》《实践批判论》《实践生存论》《社会风险论》《村治的逻辑》《国民素质论》《社会阶层论》《虚拟自我论》《技术生存论》《社会活力论》《社会信仰论》《社会时间论》《认知公正论》《社会认同论》《社会空间论》《文化交往论》《社会开放论》《文化自觉论》《精神家园论》《社会资本论》《民族认同论》《社会道德论》《社会真理论》《技术规律论》《社会幸福论》《信息复杂性》《虚拟空间论》《社会想象论》《生命价值论》《社会制度论》《社会共识论》《生态社会论》《认知极限论》《社会有机论》《城市正义论》《社会信用论》《社会预警论》《社会形象论》《生态权益论》等;正在研究的有:《民粹主义论》《道德底线论》《社会安全论》《传播正义论》《模糊认识论》《社会性格论》《社会危机论》《社会速度论》《社会情境论》《社会节奏论》等。要特别感谢同学们的积极参与和奉献!此举把学术开拓、学科建设与高端人才培养内在结合起来,在博士生培养上形成了独特体系、丰硕成果和鲜明特色。

随着新媒体发展,网络课程以其传播广泛迅捷而引起重视,我也较早开展网络课程。我所主讲的本科生课程"人文社会科学哲学"入选教育部2009年度"国家级精品课程";主讲的中国大学视频公开课"哲学导论"2015年入选教育部"第二批国家级精品视频公开课";主讲的"人文社会科学哲学"视频课2016年入选教育部首批"国家级精品资源共享课";主讲的中国大学慕课"哲学、文化与人生智慧"2020年入选教育部"首批国家级一流本科课程(线上课程类)"。"哲学、文化与人生智慧"已经播出六轮,数万人听取,产生了很好的学术影响。由我牵头的"社会认识论人才培养模式研究虚拟教研室",获批国家教育部首批虚拟教研室试点单位,开启了社会认识论研究、教育教学和人才培养的全新天地。

教师的授课不仅在大学的课堂,也在各种形式的学术报告、理论宣讲、干部培训课程中。影响有影响力的人,是教师的责任。多年来,我应邀参加各种形式的重要宣讲,先后给省委省政府、高校、企业和社会组织等做各种专题讲座,受到普遍好评。主讲的课程"价值多元化进程中的中华文化建设与民族伟大复兴"被中组部评选为"全国干部教育培训好课程"。

开展以学生为中心的教育,与英才共舞,帮助学生健康成长,是教师的最高价值。我在教学中坚持理论与实践相结合的原则,尊重学生权益,重视与学生的方法论沟通,启迪独立思考,鼓励大家由敢于"胡说八道"到"能说会道",由敢于"胡思乱想"到"能思会想",关心大家的学业和生活,尤其重视心灵的沟通,建立了深厚的师友情谊。作为教师,最为快乐的事情是看到自己指导的很多学生都在各自岗位得到了很好的发展,展示出人生价值。仅就在高校任教的而言,不少人成长为大学教授、硕士生导师和博士生导师,担任各种行政职务,数位成为教育部长江学者特聘教授、国务院学位委员会学科评议组成员等。

"以智战疫"彰显社会责任

学术研究既要随时关注常态性的重大问题,也要能够积极应对非常态的社会事件。

2020年初,新冠肺炎疫情汹涌袭来,我以高度的敏锐性和强烈的责任感自觉冲到抗疫对策研究一线,积极组织跨学科团队全力开展抗疫对策研究,以"智"战"疫",彰显智库和学者社会责任,取得显著成就。2020年1月23日,武汉暂时关闭离汉通道。我于1月28日主动通过朋友圈等向国内外发出《关于协同开展"新冠肺炎防治与公共卫生治理现代化综合研究"的邀请函》,为国家治理研究院启动该重大项目,并提出首批十个重要课题。在学校和各界支持下,组织起50多人的跨学科团队开展对策研究,密切跟踪疫情发展和阻击战需要提出对策建议。从1月31日起共计提出120多份对策建议案,刊发在我主编的《国家治理参考》(抗击新冠肺炎疫情专辑)中,提交给湖北省新冠肺炎疫情防控指挥部和中央有关部门,涉及国家全局的宏观层面的建议案则通过多种渠道以内参等方式上报中央或公开发表,很多建议变成政策。

我于2月25日被湖北省新冠肺炎疫情防控指挥部聘请为湖北省新冠肺炎疫情防控综合专家组成员,担任应急管理和城市安全运行专家组组长,深感责任重大,提出了第二批十个重要课题,积极开展抗疫对策研究。在疫情中主持完成中宣部特别委托项目"重大突发疫情对社会心态和思想舆论的影响研究",取得重要研究成果。还有幸被中国工程院聘为课题专家组成员,参与重大课题咨询。我们和胡瑞敏教授团队共同提出的武汉城市分区分级解封的仿真实验和建议案被武汉市新冠肺炎疫情防控指挥部采用,并收到对方发来的感谢信。关于高校差异化复学复研的仿真实验和工作建议被湖北省和教育部采纳,发挥了积极作用。

在疫情期间,我应邀于2020年3月22日为清华大学和华中科技大学 2.5 万学生党员"同上一门党课",讲授视频党课"新时代公共卫生安全与国家治理现代化——新冠肺炎阻击战与中华民族伟大复兴",受到广泛好评,被评为中宣部 2020 年"优秀理论宣讲报告"。我还应邀在《光明日报》《中国改革》《国家治理周刊》等发表多篇文章,应邀为湖北电视台抗击新冠肺炎疫情系列"云课堂"做"公共卫生安全与国家治理现代化"专题讲座,为一些高校和企业做视频讲座,彰显抗疫精神,受到普遍欢迎。

此外,我先后成功主办了"新冠肺炎疫情与全球体系演变"视频对话会,邀请国际学者在《光明日报》智库对话整版探讨"新冠疫情加剧世界百年未有之大变局",举办"建构强大的公共卫生体系与国家治理现代化"高峰论坛,产生重大影响。把人才培养与抗击新冠肺炎疫情结合起来,带领研究院同仁和同学们推出一批重要研究成果,以应对重大疫情为契机,展示了教书育人和服务社会的热情与智慧。

正是依托于以上的学术和生命历程,我形成了一些初步的学术成果,可以作为文集来出版。它们都是特定时期的产物,记载着当时的所感和所思,有着时代的印记和局限,刻写着个人的学术历程。要特别感谢我的生命历程中来自各方面的关心、指导和帮助!感谢华中科技大学哲学学院、华中科技大学出版社的策划和指导!感谢杨玲博士的悉心操持!当前世界百年未有之大变局和中华民族伟大复兴战略全局都在演进历程中,很多问题的探讨还在进行中,希望也欢迎来自各方面的批评指教!谢谢大家!

2022 年 6 月

哲学研究方法论

第二版说明

《哲学研究方法论》自1998年7月出版至今,已经过去了24年。该书出版引起学界高度关注和重视,曾被《哲学研究》等刊物发表多篇书评。该书先后获得湖北省社会科学优秀成果奖和教育部中国高校人文社会科学研究优秀成果奖,被部分高校列为教材和参考书等,产生广泛影响。从那以后,作者欧阳康教授始终秉持科学批判精神和探索创新意识,不断延展自1986年首倡建构的社会认识论这一新兴学科,而且密切关注时代演变、人类实践和中国发展中亟须解答的理论热点和现实问题,探讨"哲学研究的世界化""马克思主义哲学的当代视野""中国特色社会主义现代化""国家治理现代化"等重大问题,推出了大批优秀学术研究成果,持续探索个性化的哲学研究道路。

欧阳康教授将丰厚的创新性学术研究成果运用于学科建设和人才培养,先后培养了120多位博士生和硕士生,指导撰写了60余篇社会认识论系列博士学位论文,构建起具有鲜明特色的社会认识论研究体系,形成了具有较大规模的学术团队。中国辩证唯物主义研究会为此专门成立了社会认识论专业委员会,聘任欧阳康教授担任首任会长。该委员会举办了多次重要学术会议。在教育部首批虚拟教研室建设试点单位评选中,欧阳康教授牵头的"社会认识论人才培养模式改革虚拟教研室"成功入选并已经卓有成效地开展活动。

为汇集欧阳康教授的学术成果,促进优秀学术研究成果的推广应用,并为华中科技大学社会认识论人才培养模式改革虚拟教研室提供更多更好的参考书目,我们推出了"欧阳康文集",并将《哲学研究方法论》纳入其中。鉴于《哲学研究方法论》初版时间较早,我们进行了比较系统的修订,以使这部具有广泛社会影响的方法论著述与时俱进,不断完善,同时为深入探讨当代哲学问题和推进社会认识论高层次人才培养改革奠定更为坚实的基础。

本次修订坚持以学术研究为先导,注重修订工作的科学性、系统性。我们尽量保持作者哲思原貌,体现哲学观照时代的使命关怀,尽可能地做得科学、稳妥,希望能给读者学习和研究带来帮助。

本次修订的主要内容为:

(1)依照出版规范和标准审慎编校,全面核查全书涉及的引文、页下注及参考文献的准确性,确保直接引用有据可查,间接引用有据可依。

(2)为各章补充了章导读,便于读者高效抓住每章的内容精华,特别是在自主阅读时能带着问题抓着要害,避免和思想精华擦肩而过。

(3)对不便于读者理解的少量字词和语言表述做了全面审视,尽可能修改为切近或便于读者理解的规范表述,使全书更加完善并适应时代的发展。

(4)体例上做了一些调整,由独立一册拆分为上下两册,确保本系列各册书厚度相近、美观协调。

这次修订工作从2017年开始,迄今已有5年多了。我们一直得到作者的鼓励和支持,得到华中科技大学哲学学院、哲学研究所领导和研究人员的关心和指导,得到中国辩证唯物主义研究会社会认识论专业委员会和有关高校相关专家学者的关心和支持,得到教育部首批虚拟教研室建设试点单位"社会认识论人才培养模式改革虚拟教研室"教研团队的指导和帮助,得到华中科技大学出版社领导和编辑部、出版科、营销中心同事们的全力支持和配合。来自读者的意见、建议也对本书修订发挥了十分重要的作用。限于篇幅,恕不在此一一列名,我们谨向他们表示衷心的感谢!

《哲学研究方法论》承载着欧阳康教授多年来艰辛探索个性化哲学研究之路的思考。在他看来,哲学既是普遍性的理论思维,又是个性化的实践体验。学习和研究哲学,既要关注和回答中国和世界面临的重大理论问题,映现时代精神和思想精华,又要用生命来体验和感悟哲学,提升个人的自我意识和精神境界。不久前欧阳康教授主讲的中国大学慕课"哲学、文化与人生智慧"入选教育部首批国家级一流本科课程。他在该课中曾经这样形容哲学:"哲学是一项智力探险活动",其目标是促使人们爱智、求真、向善、致美和崇圣,由此,"哲学就像雅典王子提修斯手中的线,帮助人们走出思想的迷宫","哲学也像洞悉一切的魔镜,帮助人们更好认识自我、确立发展方向"。《哲学研究方法论》正是这种哲学观的系统探讨和方法论构建,相信本次修订和再版能够激发人们更多的哲学热情和兴趣,并给广大哲学工作者、研究者以更多、更深远、更有益的思想启示。

华中科技大学出版社
《哲学研究方法论》编辑部
2022年6月

目录

绪论　以真正哲学的方式研究和发展哲学 / 1
　一、透视来自"非哲学"的诘难 / 1
　二、正视来自市场经济的挑战 / 4
　三、探寻哲学发展的突破口 / 6
　四、建构哲学研究方法论的基本思路 / 9

第一编　元哲学问题研究

第一章　哲学的性质、特点和功能 / 15
　一、哲学的性质 / 16
　二、哲学的特点 / 22
　三、哲学的功能 / 34

第二章　哲学形态学的思路与方法 / 38
　一、问题的提出 / 39
　二、哲学形态学的基本规定 / 40
　三、哲学形态学的研究方法 / 43

第三章　哲学研究法的探索与建构 / 45
　一、选准哲学改革的突破口 / 46
　二、世界观与方法论关系的再探讨 / 49

三、哲学研究法的基本规定 / 55
四、现代科学方法论及其哲学意义 / 59

第四章 强化哲学研究的主体意识 / 62
一、确立哲学家的主体地位 / 63
二、强化哲学研究的批判意识 / 64
三、强化哲学研究的超越意识 / 68
四、强化哲学研究的世界意识 / 69
五、强化哲学研究的个性意识 / 71
六、强化哲学研究中的"学科群"意识 / 75

第二编 哲学思维的发生与演进研究

第五章 哲学思维方式的系统发生 / 83
一、哲学研究中的"寻根"意识 / 84
二、研究哲学思维系统发生的几个前提和方法问题 / 87
三、神话思维的形成及其历史意义 / 100
四、神话思维的局限及向哲学思维的跃迁 / 112

第六章 本体论思维和研究方式 / 127
一、哲学研究中的历史意识 / 128
二、本体概念的提出和本体论的形成 / 140
三、本体论思维方式的基本构架 / 147
四、本体论思维方式的演进与引发的诘难 / 159

第七章 认识论思维和研究方式 / 173
一、由本体论中心到认识论中心 / 174
二、认识论思维方式的基本构架 / 180
三、认识论思维方式的演进与引发的诘难 / 212

第八章 主体论思维和研究方式 / 218
一、由"客体中心"到"主体中心" / 220
二、主体性思维和研究方式的基本构架 / 230
三、主体性思维方式在德国古典哲学中的发展 / 245

第九章 实证论思维和研究方式 / 253
一、由思辨哲学到实证哲学 / 254

二、实证论思维和研究方式的基本构架 / 259

三、实证论思维方式的演进与引发的诘难 / 264

第十章 人本论思维和研究方式 / 275

一、人本论思维和研究方式溯源 / 277

二、人本论思维和研究方式的基本构架 / 289

三、人本论思维方式的启示与引发的诘难 / 299

第三编 马克思主义哲学研究

第十一章 马克思主义哲学的建构与发展 / 303

一、马克思主义哲学观的形成与建构 / 304

二、马克思主义哲学在当代中国的发展 / 315

第十二章 马克思主义哲学的基本规定 / 323

一、马克思主义哲学是一种新唯物主义 / 324

二、马克思主义哲学是辩证的唯物主义 / 329

三、马克思主义哲学是历史的唯物主义 / 331

四、马克思主义哲学是人道的唯物主义 / 333

五、马克思主义哲学是实践的唯物主义 / 337

第十三章 马克思主义哲学的当代视野 / 339

一、强化马克思主义哲学研究的当代意识 / 340

二、反省当代马克思主义哲学的实践基础 / 343

三、反省当代马克思主义哲学的科学基础 / 348

四、反思当代马克思主义哲学的世界哲学背景 / 352

五、加强马克思主义哲学的自我反思 / 356

第十四章 建构马克思主义哲学当代形态的基本原则 / 359

一、实践性原则 / 360

二、客观性原则 / 365

三、主体性原则 / 369

四、系统性原则 / 372

五、整体性原则 / 377

第四编　分支哲学和问题哲学研究

第十五章　实践的唯物主义及其当代意义 / 383
一、探索唯物主义哲学的当代形态 / 384
二、实践的唯物主义与合理形态的辩证法 / 389
三、实践的唯物主义与强化人类活动的主体性效应 / 398

第十六章　本体论的兴衰与哲学观念的变革 / 403
一、考察本体论命运的基本思路 / 404
二、本体概念的形成与哲学思维的发生 / 404
三、本体论的沉浮与哲学观念的历史演变 / 406
四、当代西方哲学中的本体论论争 / 407
五、本体论追寻与哲学思维的致极性和超越性 / 411
六、"本体论复兴"与我国哲学变革 / 413

第十七章　主体性与主体性原则辨析 / 416
一、主体性探讨的实质和背景 / 417
二、主体、客体概念的探微与辨析 / 420
三、从功能角度考察主体-客体关系 / 424
四、人的多重规定与主体的整体性功能 / 426
五、人的主体性的内在根据 / 429
六、主体性原则的基本规定 / 431

第十八章　现代认识论研究的基本趋向 / 435
一、认识论研究的回顾与透视 / 436
二、深化认识论研究的基本思路 / 441

第十九章　社会认识论的建构与拓展 / 462
一、社会认识论的探索与建构 / 463
二、社会认识方法论的拓展与构想 / 469

第二十章　人文社会科学哲学研究构想 / 479
一、从社会认识论到人文社会科学哲学 / 480
二、研究人文社会科学哲学的几个前提与方法问题 / 482
三、当代人文社会科学哲学研究的基本构架 / 486

第二十一章 价值论与人生价值的特点 / 494
一、价值论研究的回顾与透视 / 495
二、深化价值论研究的几点构想 / 498
三、人生价值的特点与人生科学的研究方法 / 504

第二十二章 评价与社会评价的特点 / 515
一、深化评价论研究的理论层面 / 516
二、社会评价的问题域及其研究意义 / 517
三、从评价论角度来看社会客体的价值特点 / 520
四、社会评价的基本特点 / 523
五、探索社会评价的科学化途径 / 526

第二十三章 深化文化学研究的方法论问题 / 529
一、文化研究的回顾与透视 / 530
二、深化文化学研究的基本思路 / 533
三、马克思的文化人类学思想 / 543
四、"文化围城"与比较文化研究 / 551

第二十四章 传统文化与现代化 / 559
一、儒学及其当代命运 / 560
二、中国传统文化与社会主义现代化 / 567

第二十五章 中国特色社会主义研究思路 / 585
一、全方位把握社会主义社会有机体 / 586
二、毛泽东思想与中华民族的自我意识 / 599
三、社会主义市场经济与发展人的个性 / 616

附录 探索一条个性化的哲学研究道路 / 620

后记 / 633

CONTENTS

Introduction Doing the Research of Philosophy with Real Philosophical Methodology/ 1
- Analyzing the Blames from "Non-philosophy"/ 1
- Facing the Challenges of Free Market Economic System/ 4
- Probing the Key Point for Developing Philosophy/ 6
- The Main Ideas of Constructing the Methodology of Philosophical Research/ 9

Part One On Meta-Philosophy Problems

Chapter 1 The Nature, Characteristics and Functions of Philosophy / 15
- The Nature of Philosophy/ 16
- The Characteristics of Philosophy/ 22
- The Functions of Philosophy/ 34

Chapter 2 On Philosophy Morphology/ 38
- Raising the Questions/ 39
- The Definitions of Philosophy Morphology/40
- The Research Methods of Philosophy Morphology/43

Chapter 3　On Research Methodology of Philosophy/45

— The Key Point of the Reform of Philosophical Research/46

— The Relationship between Outlook and Methodology/49

— The Definitions of the Methodology of Philosophical Research/55

— The Contemporary Methodology of Sciences and Its Philosophical Meanings/59

Chapter 4　Enhancing Philosophers' Subjective Consciousness/62

— On Philosophers' Subjective Position in Philosophical Research/63

— Enhancing Philosophers' Critical Consciousness/64

— Enhancing Philosophers' Surpassing Consciousness/68

— Enhancing Philosophers' World Consciousness/69

— Enhancing Philosophers' Individual Consciousness/71

— Enhancing Philosophers' Systematic Consciousness/75

Part Two　On the Emergence and Developments of Philosophical Thinking Models

Chapter 5　The Emergence of Philosophical Thinking Models/83

— On the Genetic Methods of Philosophical Research/84

— The Pre-conditions of Philosophy Genetics/87

— The Emergence of Myth Thinking and Its Historical Meanings/100

— The Limitation of Myth Thinking and Its Developments towards Philosophical Thinking/112

Chapter 6　Ontological Thinking Model/127

— The Historical Consciousness in Philosophical Research/128

— Noumenon and the Emergence of Ontology/140

— The Main Composition of Ontological Thinking Model/147

— The Developments of Ontology/159

Chapter 7　Epistemological Thinking Model/173

— From the Ontological Center to Epistemological Center/174

— The Main Composition of Epistemological Thinking Model/180

— The Developments of Epistemology/212

Chapter 8 Subjective Thinking Model/218
  − From Objective Center to Subjective Center/220
  − The Main Composition of Subjective Thinking Model/230
  − The Developments of Subjective Thinking Model/245

Chapter 9 Positive Thinking Model/253
  − From Abstract Speculation to Positive Philosophy/254
  − The Main Composition of Positive Thinking Model/259
  − The Developments of Positive Thinking Model/264

Chapter 10 Humanist Thinking Model/275
  − The History of Humanist Thinking Model/277
  − The Main Composition of Humanist Thinking Model/289
  − The Developments of Humanist Thinking Model/299

Part Three   On Marxist Philosophy

Chapter 11 The Emergence and the Developments of Marxist Philosophy/303
  − The Emergence of Marxist Philosophy/304
  − The Developments of Marxist Philosophy in Today's China/315

Chapter 12 The Basic Definitions of Marxist Philosophy/323
  − A New Materialism/324
  − The Dialectical Materialism/329
  − The Historical Materialism/331
  − The Humanistic Materialism/333
  − The Practical Materialism/337

Chapter 13 The Contemporary Vision of Marxist Philosophy/339
  − Enhancing the Times' Consciousness in the Research of Marxist Philosophy/340
  − Reflecting the Practical Foundation of Contemporary Marxist Philosophy/343
  − Rethinking the Scientific Foundation of Contemporary Marxist Philosophy/348

— Rethinking the Worldwide Philosophy Background of Contemporary Marxist Philosophy/352

— Enhancing the Self-rethinking of Marxist Philosophy/356

Chapter 14　On the Basic Principles of Exploring the New Patterns of Marxist Philosophy/359

— Practical Principle/360

— Objective Principle/365

— Subjective Principle/369

— Systematic Principle/372

— Holistic Principle/377

Part Four　On Branch and Sub-discipline of Philosophy

Chapter 15　On Practical Materialism and Its Importance Today/383

— Probing the Contemporary Patterns of Materialism/384

— Practical Materialism and the Rational Dialectics/389

— Practical Materialism and the Subjective Functions of Human Activities/398

Chapter 16　The Destiny of Ontology and the Developments of Philosophical Viewpoints /403

— The Basic Probing Methods/404

— The Emergence of the Concept of Noumenon and the Model of Philosophical Thinking/404

— The Developments of Ontology and Philosophical Viewpoints/406

— The Discussion around Ontology in Western Philosophy/407

— Ontological Probing and the Characteristics of Philosophical Thinking/411

— The Ontological Reviving and the Philosophical Reforms in Today's China/413

Chapter 17　Subjectivity and the Subjective Principle/416

— The Nature and the Background of Subjectivity Research/417

— The Concepts of Subject and Object/420

- A Functional Research to the Relationship between Subject and Object/424
- The Definitions of Man and the Functions of Subject/426
- The Inner-ground of Man's Subjectivity/429
- The Rational Definitions of Subjective Principle/431

Chapter 18　On Contemporary Epistemology/435
- A Brief Review to the Developments of Epistemology/436
- The Basic Ideas to Deepening the Research of Epistemology/441

Chapter 19　On Social Epistemology/462
- A Brief Review to the Developments of Social Epistemology/463
- The Basic Ideas to Deepening the Research of Social Epistemology/469

Chapter 20　On Philosophy of Social Sciences and Humanities/479
- From Social Epistemology to the Philosophy of Social Science and Humanities/480
- Some Important Pre-conditions to the Research/482
- The Main Composition of Contemporary Philosophy of Social Sciences and Humanities/486

Chapter 21　On Axiology and the Characteristics of Man's Values/494
- A Brief Review to the Developments of Axiology/495
- The Main Ideas of Deepening the Research of Axiology/498
- The Main Characteristics of Man's Values/504

Chapter 22　Theory of Evaluation and the Characteristics of Social Evaluation/515
- Deepening the Research of the Theory of Evaluation/516
- The Research Areas of Social Evaluation/517
- The Characteristics of the Object of Social Evaluation/520
- The Characteristics of Social Evaluative Activities/523
- The Scientific Ways of Social Evaluation/526

Chapter 23　On the Methodology of Cultural Research/529
- A Brief Review to the Cultural Research/530
- The Main Ideas of Deepening the Cultural Research/533

- Karl Marx's Thought of Cultural Anthropology/543
- "Cultural Weicheng" and the Comparative Culture Research/551

Chapter 24 Traditional Cultures and the Modernization/559
- The Contemporary Destiny of Confucianism/560
- The Chinese Traditional Culture and the Socialist Modernization in China/567

Chapter 25 On the Construction of Socialism with Chinese Characteristics/585
- The Characteristics of socialist society/586
- Mao Zedong Thought and the Self-consciousness of Chinese Nation/599
- Socialist Free Market System and the Individual's Personality/616

Appendix Searching for an Individual Way in Philosophical Research/620

Postscript/633

绪　论　以真正哲学的方式研究和发展哲学

一、透视来自"非哲学"的诘难

世纪之交,人类哲学精神正孕育着强烈而深刻的内在躁动。这种躁动,既有对 20 世纪以来丰硕哲学研究成果的庆幸与欣喜,也有对开创哲学新纪元的憧憬与企盼,更多的则来自对哲学现状的担忧和对哲学前景的困惑。而从哲学研究者的视角来看,尤为引人注目也值得予以关注的则是当代西方哲学所面对的来自"非哲学"的诘难和挑战。

"非哲学"(non-philosophy)实质上也是一种哲学,但严格说来它不是一种具体的哲学流派,而是一种哲学态度、哲学思潮,一种对于哲学现状的非难,对于哲学传统的嘲弄和对哲学意义的贬损。"非哲学"兴起在西欧大陆,其影响则遍及西方世界。"非哲学家"们大都不是不懂哲学的外行,而是一些功底深厚甚至颇有影响的哲学家。他们的具体研究领域和方向各异,却不约而同地拒斥作为"阿基米德点"的哲学,并常以宣布哲学的终结、死亡、毁灭而惊世骇俗。海德格尔提出要"摧毁形而上学","克服形而上学",进而宣布"哲学的终结"[①]。列维纳斯宣称"超验的毁灭",认为黑格尔代表的传统哲学只关心同而忽视了异,实际上只抓住了统一而忽视了多样。而一旦研究视野引向异,则哲学将失去其地位。德里达也强调差异在哲学研究中的地位,认为古典哲学都

---

① Heidegger M. The End of Philosophy[M]. Chicago：University of Chicago Press, 1993.

是以同一为根据并且贯穿着同一性思维方式,而实际上同一并不是差异的根据,反过来差异才是同一的根据,为此他提出解构同一性思维,解构形而上学,以至解构哲学。拉康提出"与一切被称为哲学的东西断绝关系"。在他看来,哲学以其高度的抽象性和概括性去研究普遍实在或实体,去寻求某种永恒不变的知识和真理,造就了一种"主人话语"(master discourse),即以一种主人的姿态和身份来与非哲学发生关系,寻求一种类似主人的权力与控制。这种"主人话语"是与他所倡导的"精神分析话语"相反的,为此他主张揭示哲学的压迫性和专制性,并与之断绝一切关系。罗蒂从批判基础主义入手,指出分析哲学与西方传统哲学的一脉相承关系,在此基础上对整个西方哲学传统所赖以确立的三个基本要素进行批判。它们是柏拉图关于真理和知识的学说、笛卡尔关于心灵的学说和康德的哲学观。罗素认为,现代分析哲学和大陆哲学实际上不过是康德哲学的新变种,并没有从根本上摆脱表象这一概念的支配。分析哲学力图通过语言分析来获得语言学意义上的精确表象,现象学则力图通过本质还原和先验还原来获得这种表象。而这种表象理论实际上是一种"镜子理论",或叫视角隐喻,其核心观念即认为认识就是精确地表象心灵以外的东西,哲学的中心任务就是充当最一般的表象理论。罗蒂坚决反对表象和镜子理论,认为哲学并不是一种万古不变的研究方式,而是一种人类的对话,为此他宣布传统哲学观念和传统哲学思维方式的终结,主张进入一种叫作"后哲学文化"的时代[①]。

  从历史上看,哲学在其生存和发展过程中,总是要和来自内部和外部的各种哲学和非哲学思潮进行对话与辩争,因此,出现对任何哲学的个别非难本不足为奇。况且,现代西方哲学正是以对发端于柏拉图、亚里士多德而以黑格尔哲学告终的西方古典哲学传统的批判作为发轫之处。"几乎二十世纪的每一种重要的哲学运动都是以攻击那位思想庞杂而声名赫赫的十九世纪的德国教授开始的……我心里指的是黑格尔。"[②]因此,对西方哲学传统的批判已称不得是什么新鲜事。

  然而,当今西方的非哲学思潮之所以不容忽视,首先在于,非哲学

---

 ① 理查德·罗蒂. 后哲学文化[M]. 上海:上海译文出版社,1992:8.
 ② 怀特. 分析的时代——二十世纪的哲学家[M]. 第二版. 北京:商务印书馆,1981:7.

家们对历史上和现有哲学的诘难,往往不是针对某个具体的哲学问题或哲学答案,而是从"什么是哲学"这个哲学研究的基础性和根本性问题出发提出问题,并要求哲学观、哲学研究方式的根本性变革。这抓住了哲学思考的特点和根本。而对于这类问题,一旦提出,则是任何严肃的哲学家所无法回避,也是不能够置若罔闻的。

其次,非哲学的矛头不仅指向西方古典哲学,还尤其指向现代西方哲学,把西方现代哲学与西方古典哲学联系起来做一体化的思考,体现了一种历史性和总体性思考。非哲学家们往往借助于现代西方哲学的成果来批判西方古典哲学,然后沿着同样的思路剥夺现代西方哲学的生存权,从而迫使现代西方哲学起来为自己的合法性和生存权辩护。例如,罗蒂就曾经成功地借助分析哲学的成果批判西方现代哲学中的基础主义、本质主义,然后指出他们无非是想以更精致的方式解决西方古典哲学所提出的问题,因而在本质上仍然是不合理的。他说:"我认为分析哲学在奎因、后期维特根斯坦、塞拉斯和戴维森那里达到了顶峰,就是说,超越和取消了自身。"①

再次,在对历史上和现实中的哲学的非难态度的背后,实际上隐含着非哲学家们对哲学的未来生存和发展基础的特别关注和深层思考。海德格尔在他的《哲学的终结》一书中明确提出两个问题:第一,现时代的哲学已经进入了自己的最后阶段,这意味着什么?第二,在哲学终结之际,留给思想的任务是什么?② 从根本上说,非哲学家们不是要取消任何哲学的生存权,而是要取消传统哲学的生存权;他们不是完全不要哲学,而是要求哲学更加符合新的时代,从而要求哲学观和哲学形态的根本变革。在社会经济政治文化迅速变革的今天,这很难说是一种无病呻吟,也不完全是在同风车作战,而恰恰是针对哲学研究的现状而对其未来的一种深层思考。

最后,非哲学家们对后哲学时代和后哲学文化的建构尽管不无奇崛之处,但他们主张取消哲学的至尊、至上和终极地位,主张哲学与其他各门具体科学的融合,主张哲学与非哲学的平等对话,提倡一种有限

---

① 理查德·罗蒂. 后哲学文化[M]. 上海:上海译文出版社,1992:8.
② 布鲁姆. 海德格尔和罗蒂论"哲学的终结"[J]. 王平,译. 国外社会科学,1992(10):10-13.

的哲学功能观,这却从一定侧面反映着当代西方文化的多样性和多元化特征,反映着哲学与新时代文化之间的新型关系。这大概是非哲学思潮能在西方世界引起如此巨大影响的重要原因①。

马克思曾经指出:真正的批判要分析的不是答案,而是问题。问题往往是变革和发展的先导。正是问题的提出暴露出理论的内在矛盾,从而有可能在对问题的思考与回答中发现新的出路,引出新的变革与发展。而只有那些根本性的问题才有可能带来根本性的突破与革命性的变革。正是在这种意义上,当代西方哲学中的非哲学思潮又显得尤为值得重视。非哲学家们从各种角度以多种方式对西方哲学的生存与发展提出了根本性的诘难与挑战,暴露出了西方哲学的内在矛盾和弊病,引起了西方哲学界的震动与反思,这无疑将对西方哲学的发展产生重大影响。我们可以不同意他们所做出的种种结论,却绝不能忽视他们所提出的问题。尽管他们的提问方式和回答方式都更富于破坏性和毁灭性,但人类哲学思维并不会因此而中断和消亡,而且这也并不妨碍我们对其所提出的问题进行建设性的思考,并引出有利于哲学发展的创造性结论。应该说,正是以他们所提出的问题为向导,一方面可以使我们更加明晰地透视现代西方哲学的内在矛盾、局限和弊端,从而更加自觉地对其加以批判、克服和扬弃;另一方面则更加有利于我们自觉地去反思"哲学是什么"这样一类根本性问题及其现代意义,从而更为积极主动地从事符合时代要求的哲学创造,以推进人类哲学思维的发展。

二、正视来自市场经济的挑战

自从1978年关于实践是检验真理的唯一标准的大讨论以来,我国的哲学研究获得了长足的发展,但始终未能从根本上摆脱"哲学无用论"的阴影。而随着中国的整个经济体制由计划经济经过有计划商品经济向社会主义市场经济转轨,哲学的地位似乎进一步被边缘化了。沸腾的经济生活疏远和冷落了哲学,哲学工作者则日益明显地感受到失落。哲学系难办,哲学书难出,哲学课难教,哲学生难招,哲学似乎真的深深陷入了一种生存危机和发展困境之中。

---

① 笔者在对英、美、加、德、法等国的访问中多次与国外学者论及当今世界影响最大的哲学家及其思想,不少国外学者均毫不犹豫地提到奎因和罗蒂。

难道市场经济真的不需要哲学吗？回答是否定的。整个西方哲学的历史发展是在非计划经济体制中演进的，马克思主义哲学也是在资本主义社会中产生和发展的。在当今完备的国际市场经济条件下，当代世界哲学得到了前所未有的发展，达到了相当的高度和水平，在当代人类文化中占据着重要的地位。中国的市场经济当然也不会例外。不少有远见卓识的企业家、金融家、管理家们实际上已经发出了他们自己的哲学呼唤。那么，市场经济需要什么样的哲学呢？这已成为影响和制导哲学发展的关键性问题。

完备的市场经济体系是一种以需要为主导的生产、消费、流通和分配体系。任何事物的存在均以是否有其特殊的市场需要为基本依据。而社会的需要体系又不是完全自发地产生的，而是由生产者和消费者共同创造出来的。一方面是只有具备消费需要才会有相应的生产，另一方面是只有生产出符合需要、便于消费的东西才能真正产生和创造出对它的需要。这正是市场经济条件下生产、需要与消费之间的内在相关性和辩证法。从这种角度看，市场经济对哲学的冲击，实际上是以其特有的方式提出了哲学在我国的生存权和发展模式问题。过去在我国，哲学的生存和发展主要依赖于计划经济体制和社会政治方面。随着社会经济体制转轨，哲学由于尚缺少适应市场经济的需要的足够能力和素质，相对于社会经济政治文化的迅速变革与发展而言，在内容上和形式上均显现出相对的滞后性，既引不出现实对自己的足够需要，也还不能完全满足社会的需要。在这种情况下，社会对哲学的冷落不仅是必然的，也是必要的。它从生存的高度提出了哲学的发展问题，要求哲学的迅速变革与发展。

从这种视角和思路来观察和思考市场经济与哲学的关系，问题便发生了转化并进入更深的层次。不是市场经济是否还需要哲学的问题，而是市场经济需要什么形态和功能的哲学的问题；不是哲学有无用武之地的问题，而是现有哲学还不充分具备满足新的社会需要的形态和功能，因而"尚无武可用"的问题；不是市场经济刻意冷落哲学，而是社会通过对现有哲学的冷落而表达着自己的新的哲学需求和哲学选择。正是借助于暂时的冷落所提供的机遇与动力，哲学工作者才有可能通过冷静的反省与深层的探索而"幡然奋起"，从生存的高度提出发展的问题，并有机会更加客观地回顾哲学发展的历史，更加清醒地反思哲学研究的现状,更加自觉地明确自己的发展方向。

真正的哲学应当是时代精神的精华。现时代的时代精神正孕育在当代人类实践和科技文化的不断发展之中,也孕育在亿万中国人民对于中国特色的社会主义现代化的探索与建设过程之中。具有鲜明时代特色的当代大实践、大科学和大哲学为马克思主义哲学的当代发展既提供了对象性基础,也培育着主体性条件。它们既为马克思主义哲学的当代发展提出了紧迫要求和强劲动力,也提供了极为丰富的实践材料和思想资源。

三、探寻哲学发展的突破口

立足于当代世界和中国的实践来研究和发展哲学,从何做起?从哲学研究工作者的角度来看,我们认为,关键之点,是要自觉反思哲学研究方式,调整哲学研究思路,强化哲学工作者的主体意识,以真正符合哲学精神的方式来研究和发展哲学。

哲学的产生、形成和发展,不是某种纯粹精神的自在运动,而是通过人的自觉能动活动并作为哲学家的研究结果而实现的。哲学工作者在一定观念指导下所从事的研究和探索活动,对哲学理论的发展起着十分重要的作用,它是理论联系实际的中介,哲学把握对象的桥梁。哲学的变革与发展,不仅根源于对象世界的整体运动和时代性发展,反映着人类实践和科学的发展水平和时代特点,而且直接依赖于哲学家的思维水平之提高,记载着他们的研究能力之增强和认识的深化。

辩证地考察哲学理论发展与哲学研究方式之间的互动关系,不难看出:一方面,一定的哲学理论要求并依托于一定的哲学研究和思维方式;另一方面,一定的哲学研究和思维方式又必然造就和表现为一定的哲学理论。二者之间在性质、内容和水平上有一种内在相关性,互相要求、互相依托、互相表现。而从发展理论的角度看,对于原有稳态相关性的打破和新质新水平相关性的建构来说,先导和主导方面则是哲学研究和思维方式的变革与更新。哲学理论不会脱离人而自己发展和运动,理论的发展正是依托于哲学家的研究和思考才有可能,而哲学研究和思维方式正是哲学家的思维和活动方式的方法论方面。

巴甫洛夫曾经指出,科学是随着研究法所获得的成就而前进的。研究法每前进一步,我们就提高一步,随之在我们面前也就开拓了一个充满种种新鲜事物的更广阔的远景。科学研究是这样，哲学研究也是这样。哲学作为理论化、系统化的世界观，它对其对象世界的把握、对时代脉搏的触摸和对时代精神的反映，都是通过哲学家的研究活动而实现的。哲学研究方法，既是对哲学家的哲学观念、活动方式、思维方式和行为方式等的提炼、概括和总结，又对哲学家们观察思考问题的角度、把握客体的途径和方式，以及研究手段的筛选和运用等具有指导和制约作用。在这种意义上，不同学派之间的差别，应当能在其哲学观念、研究思路和方法方面的差异中找到根源。在哲学研究方法的先进程度、哲学研究主体的认识水平和哲学理论形态的科学程度这三者之间大体上保持着在水准和量度上的对应性。对同一客体和问题的不同水平之哲学界说，反映着不同研究主体的认识水准，根源于其研究方法的优劣新陈。而哲学理论的更新与发展，则有待于哲学研究方法的更新与创制，有待于使哲学工作者的研究方式更加符合哲学的发展本性。

反思和更新哲学研究和思维的方式与方法，从根本上来说，是为了更好地以符合真理的方式研究、对待和发展哲学。马克思曾经指出：对真理的探讨应当是符合真理的。符合真理的探讨本身就是扩展了的真理。同此思路，我们也可以说，对哲学研究而言，符合哲学本性的探讨既是哲学发展的必要条件，其本身也是对哲学的一种发展。但过去我们对此注意得不够。哲学思考的视野总是或主要是指向非哲学对象或非哲学世界，而很少或不常指向自身。可以说，哲学是最重视反思的方法的，但哲学对自身恰巧缺少足够严肃和充分的方法论反思。人们有时自觉或不自觉地以非哲学甚至反哲学的方式来对待哲学，尤其是以不符合马克思主义哲学本性的方式来对待马克思主义哲学，这不仅妨碍哲学的发展，甚至会危及哲学的生存。

客观地反思我国哲学研究状况，可以看出其中尚存在不少问题。

首先，过去我们的哲学研究中自觉不自觉地存在着严重的"自我中心化"倾向。"自我中心化"是发生心理学家皮亚杰对儿童幼稚心理状态的一种描述，是一种不成熟的表现。在哲学研究中，一些人自觉不自觉地以马克思主义哲学的正宗自居，对东西方各国哲学包括对马克思主义的哲学研究及其成果基本上持拒斥的态度，使得我们的马克思主义哲学研究与中国传统哲学以及当代西方哲学研究严重脱节，也脱离了当代哲学研究应当具有的人类文化背景和实践科学基础。

其次,我们当前的哲学研究还不自觉地沿袭着近代以来西方分门别类的形而上学思维方式,造成内部的板块分割和机械分类。马克思主义哲学、中国哲学、外国哲学研究之间少有实质性沟通与合作。本体论、认识论、辩证法、实践论、价值论、历史观、方法论等分支哲学研究未能在哲学研究的总体体系中恰当定位。哲学史、哲学原著、哲学原理之间彼此脱节或相互重复的情况均常有发生,研究者们往往各自局限于狭小的领域而缺乏哲学研究应有的宏大视野和胸怀。

再次,从总体上看,我们的哲学研究还缺乏深度分化,也缺少高度综合;既缺乏在分支哲学、部门哲学中的发掘与建设,也缺乏在元哲学层面上的提升;既缺乏足够的分析,也缺乏足够的思辨;等等。

克服哲学研究的上述方法论缺陷,强化哲学研究中的主体意识,一个重要的方面,是要预测哲学发展的趋向并使之成为哲学研究的自觉向导。如何预测哲学未来?这有多种途径。

其一,把握中国和世界哲学发展的历史轨迹,即运用"趋势外推"法。历史的轨迹往往会以变形的方式延伸到未来,然而未来虽然包含着历史,却不全是它的简单延伸和直接继续,因此要有强烈的历史感但又不能囿于历史。

其二,把握现实中的矛盾,包括现有哲学理论与哲学现实的矛盾和理论体系的内在矛盾,等等。矛盾的存在表明内部结构的不合理状态,对不合理状态的解决将会影响哲学的发展历程。

其三,发现未来哲学的萌芽。这种萌芽既存在于现实的哲学研究中,也存在于世界哲学的发展过程中。

把握哲学未来走向,从研究方式的角度来看,有两个测度:一是世界化,一是个性化。

真正的哲学是世界化的哲学,只有世界化的哲学才是真正的哲学。过去我们对此认识不够,应从世界哲学的范畴出发增强哲学研究的使命感。当代中国哲学研究的对象域和使命域都要走向世界。哲学的世界化恰恰是市场经济的要求。怎样达到世界化?达到世界化的途径就是个性化。当今世界哲学中有影响的哲学都是个性化的哲学。个性化的水平越高,对世界的影响力越大。市场经济既是高度世界化的经济,也是高度个性化的经济。最明显的特征之一便是通过专利制度在全世界范围内保护知识产权和发明创造。哲学社会科学的创新既需要鼓励,也需要保护。这就需要个性化的哲学研究,以发挥并强化哲学工作者的个体和群体主体性,做出自己的特色,做出自己的"专利"来。为此必须强调独特的研究思路和研究方法,探索个性化的哲学研究道路。

四、建构哲学研究方法论的基本思路

哲学研究方法论,顾名思义,就是关于哲学研究方法的学问,是对哲学研究方法的反思。

方法是主体依据对客体发展规律的认识为自己规定的活动方式和行为准则,是人们实现特定活动目的的手段或途径,是主体接近、把握以至改造客体的工具或桥梁。在科学的探索活动中,研究方法常以规范、章程、条例、准则等相对确定的形式表现出来,并作为一种带有约束性甚至强制性的规定,制约着人们的眼界和视线,规定着人们的研究范围和关注焦点,指导着人们的思维行程和活动程序,从而最终影响甚至决定着主体对客体把握的广度、深度和正确程度。合理且科学的研究方法,通过对研究主体的思维、行为和活动等在方向、方式、节奏、强度、顺序、速度等方面的支配、调节和控制,使主体的自觉活动模式与客体的自发运动形式相吻合,使主体的主观活动逻辑与客体的客观发展逻辑相接近,从而充当着主客体相互作用的中介,是主体观念地把握客体的必要条件。相应地,研究方法的科学更新,既是研究主体认识深化的结果和表现,也是其在更新的角度、更深的层次上全面准确把握特定客体的重要条件,是科学进步的重要动力之一。

科学研究是这样,哲学研究也是这样。要使哲学理论不断获得发展并臻于完善,就必须非常注意对哲学研究方法的自觉反思和科学更新。哲学研究方法,既是哲学家的活动方式、思维方式和行为方式等的提炼、概括和总结,又对哲学家观察和思考问题的角度、把握客体的途径和方式,以及研究手段的选用等具有指导和制约作用。从总体上看,哲学研究,作为一种学术研究,既有与一般的科学研究所共通的研究方式和研究方法,又有作为哲学研究所特有的方式和方法。

就其共通的方面来看,哲学研究与科学研究一样要经历考察对象、搜集材料、整理材料、考据材料、发现问题、诠释对象、提出假设、形成观点、论证主题、表达思想、传播观念、评价成果等各个环节,并在其中综合性地运用诸如观察与思考、分析与综合、归纳与演绎、抽象与具体、历史与逻辑等思维与逻辑方法,其中也难免渗透着直觉、灵感、顿悟等非理性的方法。

就其特殊的方面来看,哲学的研究之不同于科学的或其他非哲学研究之处,在于它的研究的各环节、各步骤、各阶段之中,都渗透着一种强烈的哲学观念、哲学意识、哲学原则、哲学思路、哲学疑问、哲学理解、哲学评价、哲学反思、哲学诠释、哲学透析等。哲学研究,就其方法论特征而言,是一个从非哲学的对象世界中发现和提升哲学问题,并以哲学方式来加以处理,最终回到非哲学中去的过程。而哲学的思维方式和方法则贯穿其中。

与哲学研究方法的这两个层面或方面相适应,哲学研究方法论的建构也可以在两个方面或层次上进行:广义的哲学研究方法论,涵盖哲学研究与科学研究共通的方法与为哲学研究所特有的方法这两个大的方面或层次;狭义的哲学研究方法论,主要涉及哲学研究所专有的研究思路和方法。鉴于对科学研究的一般方法在科学研究方法论中已有比较全面、深入和充分的论述,我们的研究将限定为狭义的哲学研究方法论,即主要集中在那些专属于哲学研究的思路和方法方面。

哲学研究有些什么特殊的思路和方法?这可以说是一个仁者见仁、智者见智的问题。哲学研究关注那些最普遍、最一般的东西,但哲学家们对这些最普遍、最一般的东西的关注和思考又是高度个性化的,各有其独特的思路、视角和方法,因此,对于哲学是否有某些共同的方法,哲学界一直存有争议。有的主张哲学无定论,认为没有一个共同的哲学观念和统一的哲学方法。在我们看来,哲学研究确实有其个体性、民族性、时代性、历史性、地域性差异,但也还存在着某些超个体、超民族、超地域、超时代而为人类理性思维在哲学层面上所共有的东西。这些东西自觉不自觉地以其具体形式渗透于哲学家个体的思维和研究活动中,以致我们可以从方法论上对其加以概括和提升,探索和建构哲学研究方法论。

哲学研究方法论应当如何建构?这同样是一个见仁见智的问题,完全允许也应当鼓励人们从各种角度进行探索和思考。在笔者看来,这里有四条原则尤为值得关注。第一,先导性原则。哲学观念是哲学研究的核心,也是哲学研究方法论的先导。正是在对哲学的性质、对象、特点和功能等元哲学问题的反复追问和回答中,哲学研究得以展开和实现。第二,历史性原则。哲学就是哲学史,哲学研究和思维方法更不可能脱离历史上的哲学。从方法论的角度研究哲学史,从对哲学史的深刻把握中体会其方法论更迭,对于哲学研究方法论的建构至关重要。第三,主导性原则。马克思主义哲学在当代中国的哲学研究中居于主导的地位,概括马克思主义哲学的历史发展及其方法论原则在哲学研究方法论的建构中占有极为重要的地位。第四,具体性原则。哲学研究不能浮在纯粹抽象的概念层面上,也不能仅限于宏观的总体性问题,还必须深入各门具体的哲学分支以及具体的哲学问题之中。从方法的角度看哲学理论,在哲学中提炼方法,这正是哲学研究方法论的基本根据和建构原则。

正是依据以上原则,本书从四个方面展开自己的思路并相应形成四编的结构体系。

第一编,元哲学问题研究。该编从提出和回答"哲学是什么"和"哲学不是什么"入手,历史地回溯古今中外哲学家关于哲学的各种界说,在与科学和神学的比较中全面界定哲学,进而考察哲学的性质、对象、特点和功能,论述哲学思维的高度抽象性和思辨性、致极性和超越性、革命性与批判性等特点,提出建构哲学形态学和哲学研究法的基本思路,主张强化哲学研究工作者的主体性,强化哲学研究中的批判意识、前导意识、世界意识、个性意识和学科群意识,更好地发挥马克思主义哲学不仅以唯物主义方式理论地解释世界,而且以唯物主义的方式实践地改造世界的功能。

第二编,哲学思维方式的发生与演进研究。该编首先运用发生学的方法,考察人类哲学思维在原始神话中孕育、发生和提升的历史进程,进而将西方哲学的历史发展划分为本体论、认识论、主体论、实证论、人本论五种思维和研究方式,分别探讨其各自产生与形成的社会历史文化背景和理论渊源,揭示其思维模式的基本要素和整体构架,并考察其各自所面临的诘难与挑战,力图在历史与逻辑的统一中揭示西方哲学思维发展的历史逻辑。

第三编,马克思主义哲学研究。该编从探析马克思主义哲学变革的实质及其现代意义入手,考察马克思主义哲学在当代中国的发展历程,在与非马克思主义哲学的比较中全面阐发马克思主义哲学的基本规定,将其界定为辩证的、历史的、人道的、实践的唯物主义,在此基础上考察马克思主义哲学的当代视野和当代形态,提出了建构马克思主义哲学体系的科学原则。

第四编,分支哲学和问题哲学研究。本编把对哲学研究方法的关注融汇到对各种前沿和热点哲学问题以及分支哲学的探讨和建构之中,分别就实践的唯物主义、本体论、认识论、价值论、社会认识论、社会评价论、文化学、历史观、人和人的主体性、传统文化与现代化,以及中国特色社会主义等问题的深入研究和创造性探讨提出了自己的独特思路和方法,正是通过对这些具体哲学分支和哲学问题的方法论探讨,哲学研究方法论的更新与哲学理论本身的发展内在地结合和融汇起来,成为推进哲学变革的积极力量。

第一编 元哲学问题研究

对哲学的性质、特点和功能进行再反思;提出哲学形态学和哲学研究法的独特思路与方法;论述哲学研究的主体意识。

第一章 哲学的性质、特点和功能

真正有意义、有突破的哲学讨论往往发端于对"哲学是什么"的反思和界说。哲学确实很难说有一个统一的为大家所认可的定义。人们对"哲学是什么"有着不同甚至相去甚远的看法,但在对"哲学是什么"的探索和回答中存在着某些相互贯通的东西,正是这些相互贯通的东西把不同时代、不同条件下的哲学探索联系起来,激励人们不断追问并将这种追问设定为自己研究的出发点,从而使得他们有了一个共同的"阿基米德点"。对"哲学是什么"的探索和回答,可以看作哲学学习和研究的"阿基米德点"。

本章从哲学是什么、哲学不是什么、哲学思维的高度抽象性和思辨性、哲学思维的致极性和超越性以及当代哲学研究的问题域等层面解读哲学的性质、特点和功能,指出哲学作为智慧之学,作为时代精神的精华,作为文明的活的灵魂,是把自己时代人们处理与世界的关系的全部活动特别是社会实践活动中最精致、最珍贵和看不见的精髓以哲学的方式集中起来的结果。哲学由于具有这样的性质和特点,因而具有自己独特的功能。

一、哲学的性质

1. 探寻哲学研究的"阿基米德点"

哲学是什么？这是学习哲学必然首先遇到的规定性问题，更是研究哲学所必须不断加以追问和反思的基础性和前提性问题。任何真正自觉的哲学学习和研究，都是以对"哲学是什么"的提问和回答作为出发点的。因此，对哲学是什么的探索和解答，可以看作哲学学习和研究的"阿基米德点"。

然而常常有这种情况，对于初学者来说，哲学是什么，似乎是清楚明白、不言而喻的。任何一本最为普通的哲学教科书，都必然从"哲学是什么"谈起，并给出有关哲学的种种明确定义。然而，随着学习的深入，尤其是进入哲学研究的层面时，人们却往往会对这个似乎本来简单明了的问题愈觉困惑，愈难回答，愈难把握。人们会发现，在历史上，不同时期的哲学家对"哲学是什么"有差异甚大甚至完全不同的界说；在现实中，不同流派的哲学家也有自己对哲学的不同规定。在研究过程中，几乎所有带有根本性的哲学争论，最终都可能落脚于和溯源于对"哲学是什么"的不同理解；而那些真正有意义、有突破的哲学探讨往往又发端于对"哲学是什么"的反思和重新界说。

于是，有学者明确提出，哲学的本性就是无定论，不仅对哲学的定义无定论，对哲学是否应有或能有公认定义问题无定论，而且对哲学所讨论的许多问题也都无定论。无定论正是哲学的本性，只有无定论的问题才是真正的哲学问题，而真正的哲学问题总是无定论的。如果一旦有了定论，则它就是科学问题，而原本并不是或不再是哲学问题了。①

也有学者认为，从元哲学的观点看，哲学最根本的特征就是没有一个适用于一切哲学的定义。哲学的不可定义性正在于它有无数个定义。哲学是一种没有统一对象，没有统一问题和统一答案的智力探险活动。②

还有学者认为，哲学好像一个大家族，家族中的不同成员之间只有

---

① 陈修斋. 关于哲学本性的思考[J]. 武汉大学学报，1988(2)：3-9.
② 李光程. 哲学究竟是什么？——从元哲学的观点看来[J]. 哲学研究，1987(12)：24-30.

家族相似,没有共同的本质。正是家庭成员之间各种各样的相似性,如身材、相貌、眼睛的颜色、步态、禀性等以同样的方式重叠和交叉,形成了家族相似,但其中的每个成员都只是家族中的一员,不能代表整个家族。因此,不可能有适合于一切哲学的定义。

更有学者,如我们已经谈到的德里达、罗蒂等,则根本否认过去的哲学观念和在这些哲学观念支配下的哲学研究,他们宣布哲学的终结,主张对哲学加以解构,提倡后哲学文化等,实际上是对"什么是哲学"和"哲学是否必要"等问题提出了根本性的诘难和挑战。

由此看来,哲学确实很难说有一个统一的为大家所认可的定义。那么,人们对哲学是否具有某种相对一致和大体认同的观念呢?如果完全没有,我们何以把历史上和现实中的某些思想叫作哲学并由此而梳理出哲学史和现代哲学体系呢?我们又何以把历史上和现实中的某些学者叫作哲学家并赋予他们以推进和发展哲学的使命呢?如果完全没有,不同哲学家以至哲学流派之间又何以能在哲学的名义下或在哲学的层面上进行交流与对话呢?进一步地说,我们何以把某些思想观念看作哲学思想,把某些著作叫作哲学著作,而又把某些学者叫作哲学家呢?由此看来,尽管在历史上和现实中,人们对"哲学是什么"确实有着不同甚至相去甚远的看法,但他们对"哲学是什么"的探索与解答中却又客观地存在着某些相互贯通的东西,正是这些相互贯通的东西把不同时代、不同条件下的哲学探索联系起来。借用拉卡托斯的话来说,它们构成了哲学研究中的"硬核"。也许可以这样说,尽管人们对"哲学是什么"的实际回答各有不同,但正因为他们都自觉不自觉地在追问着"哲学到底是什么",并将这种追问设定为自己研究的出发点,从而使得他们有了一个共同的"阿基米德点",并能够在此基础上去探索那纷繁复杂和丰富多样的哲学问题。

德国著名哲学家恩斯特·卡西尔说,在所有特殊的哲学问题之多重提问中,借助这些问题之无限丰富和繁复多样,哲学最终似乎都要一再地返身于那些根本性和起源性问题,返身于哲学是什么和它终将是什么之问题。哲学在澄清这一普遍性问题之前不可能涉足于任何特殊性问题,倘使它不能把自身的目标清晰地予以确定,它就会寸步难行。①

---

① 恩斯特·卡西尔. 符号·神话·文化[M]. 北京:东方出版社,1988:1.

由此看来,只有自觉地对"哲学是什么"做出自己的探索和回答,我们才能为自己确立起全部探索的"阿基米德点"。

2. 哲学是什么?——历史的解答

对于"哲学是什么"的探索主要有两种思路,其一是看历史上和现实中人们怎样规定和界说哲学,怎样对"哲学是什么"作出界说和回答;其二是在与非哲学的比较中确定哲学的特殊规定性。本节主要沿第一种思路展开。

千百年来,哲学家们赋予哲学以不同的含义,从不同的哲学观出发来展开自己的哲学思路,似乎没有统一的看法,但有一个基本的倾向,即把哲学看作智慧之学、聪明之学。

从词源学上看,在古希腊文中,哲学原词为 philosophia,意为爱智。哲学即关于智慧的学问。在古印度,哲学通常被称为"见"或"察"。"见"是梵文的拉丁化,拼音为 dar'sana,即见解、思想、观点,"察"也是梵文的拉丁化,拼音为 anviksiki,意为探究、探寻。哲学即智慧的探索及其所取得的成果。

中国使用"哲学"一词是相当晚近的事,但古代多处文献中有对"哲"的界说。《尚书》中《皋陶谟》记载大禹语:"知人则哲,能官人,安民则惠,黎民怀之。"《尔雅》中将"哲"释为"智也"。《孔氏传》中说:"哲,智也。无所不知,故能官人、惠爱也。爱则民归之。"中国思想文化中对哲即智慧的探索总是与对人和社会的管理联系在一起,表现出特有的人文精神。

较早对哲学做出界说的是古希腊哲学家。古代原子论的创立者德谟克利特从功能方面考察哲学,认为医学治好身体的毛病,哲学解除灵魂的烦恼。赫拉克利特则认为,"智慧只在于一件事,就是认识那善于驾驭一切的思想","智慧就在于说出真理,并且按照自然行事,听自然的话"。[①]

柏拉图把哲学看作最可贵、最神圣的学问,认为爱智慧的人一旦得到哲学,就会意识到灵魂纯粹被禁锢在肉体之中而力求自拔,因此他主张把研究哲学与研究政治结合起来,把智慧与权力结合起来,把哲学家

---

① 北京大学哲学系外国哲学史教研室. 西方哲学原著选读(上卷)[M]. 北京:商务印书馆,1981:25-26.

变成国王,或造就某种哲学王,来治理国家和社会,这样国家和个人才能得到幸福。

亚里士多德认为,"有一门科学研究'有'本身,以及'有'借自己的本性而具有的那些属性",这就是哲学。哲学不是一门具体的生产知识的学问,而是一门高贵、神圣的求知之学。人们是由于诧异才开始研究哲学,而其目的则是为了求知。既然人们研究哲学是为了摆脱无知,那就很明显,人们追求智慧是为了求知。不仅如此,他还认为,哲学是追求"头等智慧"的,因此"是唯一的一门自由的学问"①。亚里士多德把哲学智慧与美德和愉悦联系起来,认为"哲学智慧的活动是被公认为所有美德活动中最愉快的",而且"这种愉快因其纯粹和持久而更可贵"。

西塞罗高度评价哲学的社会功能,认为,"哲学是灵魂的医师,它能消除精神上空虚的烦恼,使我们摆脱欲望和驱走恐惧"。他还不无感慨地说:"啊!哲学,你是生活的向导,宇宙的探索者,邪恶的驱逐者!"②

霍布斯认为:"'哲学'是关于结果或现象的知识,我们获得这种知识,是根据我们首先具有的对于结果或现象的原因或产生的知识,加以真实的推理。还有,哲学也是关于可能有的原因或产生的知识,这是由首先认识到它们的结果而得到的。"③霍布斯认为,为了进一步了解哲学的这种定义,应当把哲学与经验和感觉区别开来,哲学应当是关于原因和结果及其关系的真实推理。因此,"在哲学里,'方法'就是根据结果的已知原因来发现结果,或者根据原因的已知结果来发现原因时所采取的最便捷的道路"④。

狄德罗认为有两类哲学,一类是经验的,一类是理性的。理性哲学是蒙着眼睛的、盲目的,永远在摸索前进,抓住一切落到它手上的东西,最后碰到了一些贵重的东西。而经验哲学则无止境地扩大自己的活动,去收集这些贵重的东西,并设法把它们做成一个火炬,去照亮进一

---

① 北京大学哲学系外国哲学史教研室. 西方哲学原著选读(上卷)[M]. 北京:商务印书馆,1981:119.
② 莫蒂默·艾德勒,查尔斯·范多伦. 西方思想宝库[M]. 长春:吉林人民出版社,1988:1318-1319.
③ 北京大学哲学系外国哲学史教研室. 西方哲学原著选读(上卷)[M]. 北京:商务印书馆,1981:382.
④ 北京大学哲学系外国哲学史教研室. 西方哲学原著选读(上卷)[M]. 北京:商务印书馆,1981:387.

步探索的道路。因此,"研究哲学的真正的方式,过去和将来都是应用理智于理智;应用理智及实验于感觉;应用感觉于自然;应用自然于工具的探求;应用工具于技术的研究及完善化,这些技术将被捌给人民,好教人民尊敬哲学"①。

康德尤其强调哲学研究的主体性和批判性,倡导一种主体性哲学或叫批判哲学。他强调人作为目的的主体性,主张把哲学的视野由外部自然界转回到人自身,通过对人自身的全面反省和全面批判来从主体方面解释人掌握外部世界,获取普遍必然性知识,达到真、善、美统一的可能性,创立科学的未来形而上学。他认为哲学的真谛是对人是什么进行批判性审视和回答,他的《纯粹理性批判》主要从认识论的角度解决"我能认识什么"的问题,他的《实践理性批判》主要从伦理学角度解决"我应当做什么"的问题,他的《判断力批判》则主要从美学和目的论的角度解决"我应当追求什么"和审美判断等问题。三大批判的结合,实际上就是真、善、美的结合,也是知、情、意的结合,而在这种真、善、美和知、情、意的有机结合中得到发展和实现的人,则是哲学研究的最高目的。

黑格尔把哲学"定义为对于事物的思维着的考察"②,认为这种考察也就是精神自己的反思。他强调哲学上的反思同一般的思想的区别,指出"反思以思想的本身为内容,力求思想自觉其为思想"。在黑格尔那里,作为哲学上的反思是精神自己的反思,它表现为精神的运动,并构成科学认识中运动着的内容。他认为,"只有沿着这条自己构成自己的道路,哲学才能够成为客观的、论证的科学"③。根据这种看法,他把特定的哲学体系和哲学观点同其产生的时代、国度、地域联系起来加以考察,认为,"就个人来说,每个人都是他那时代的产儿。哲学也是这样,它是被把握在思想中的它的时代"④。黑格尔力求在哲学形态的历史更迭中考察哲学思想的逻辑发展,虽难免有刀削斧凿、牵强附会之处,却表现出他对哲学的时代性、历史性、民族性和人类性的深刻理解,

---

① 北京大学哲学系外国哲学史教研室. 西方哲学原著选读(上卷)[M]. 北京:商务印书馆,1981:155-156.
② 黑格尔. 小逻辑[M]. 第2版. 北京:商务印书馆,1980:38.
③ 黑格尔. 逻辑学(上卷)[M]. 北京:商务印书馆,1966:5.
④ 黑格尔. 法哲学原理[M]. 北京:商务印书馆,1961:12.

表现出他的哲学观所具有的强烈历史感。但黑格尔这种包含着合理因素的哲学观却在他自己的哲学体系面前遭到了失败。当他赋予自己的哲学体系以包罗万象和终极真理的超历史地位时，便最终宣告了他的哲学观的破产。不过，黑格尔关于哲学的性质、特点的一些看法，在今天对我们仍有启发意义。

马克思认为："任何真正的哲学都是自己时代精神的精华。"① 在他看来，任何哲学都是一定时代的哲学，只有真正触摸到了自己所处时代的脉搏，映现了自己所处时代的精神，从而真实地把握了自己所处的那个时代的哲学，才是真正的哲学。所谓时代精神是关于一定时代的内容的本质特征的集中表现。一定时代的内容是多方面的，包括经济、政治、文化和科学等的发展状况和水平，包括全部物质文明和精神文明，它们一起构成具有一定本质特征的时代内容。这些内容表现在人们的各种活动及其结果中，反映在各种具体的科学理论和观念形态中。作为时代内容的表现和反映，它们一般都具有时代的特征，因而都是从不同的角度并在一定程度上体现着时代精神。哲学则是从总体上把握时代的内容，反映时代的本质特征，因而是时代精神的精华。时代的内容是由所处时代的人们创造的，是所处时代的人们积极地处理自己同外部世界的关系的成果。人的智慧是在人们处理自身同外部世界的关系的过程中形成、发展、表现和实现的；因此，人的智慧也就是人们在处理自己同外部世界的关系的活动中的精髓。哲学作为一种智慧学，作为时代精神的精华，就是人们处理同外部世界的关系的一种升华。但是，哲学要成为现实的智慧学，要成为现实的时代精神的精华，就必须通过一定时代的哲学家的头脑，把人们在处理同外部世界的关系的活动中最精致、最珍贵的看不见的智慧、精髓集中到哲学思想里来。这样，哲学也就能够以自己的特殊方式把握自己时代的物质文明和精神文明，成为其中活的灵魂。

总体来说，对于"哲学是什么"这个问题，我们认为可以从两个方面做出规定。首先，哲学作为人们的一种自觉的思维活动，是人们以哲学方式统摄人与外部世界关系的一种具体思维形式，是人们对于自身与对象世界以及它们之间的关系的一种特殊的哲学认识或哲学解释方

---

① 马克思恩格斯全集(第1卷)[M]. 北京:人民出版社,1956:121.

式,它以其独特的哲学思辨方式而在人类处理同对象世界的关系的活动体系中居于一种特殊的总体性地位。其次,哲学作为一种理论体系,是社会文明的活的灵魂,是一定时代精神的精华,是一种以哲学层次上的概念、范畴体系向人们提供的哲学意义上的包括人的活动在内的世界图景。它在人类的知识体系中居于一种集精、集萃的灵魂地位,是人们在处理同外部世界的关系中以哲学理论形式集中起来的精髓。

二、哲学的特点

1. 哲学不是什么

探索和回答"哲学是什么"的另一种可行思路,即是去探索和回答"哲学不是什么"。从方法论上看,对"哲学是什么"的正面肯定,实际上只有借助于与非哲学的比较和参照才能得到有说服力的说明。而正是通过对"哲学不是什么"的探索和回答,可以使我们对"哲学是什么"有更加清晰明确的了解。

那么,哲学不是什么呢?

著名英国哲学家罗素曾经说:

> 哲学,就我对这个词的理解来说,乃是某种介乎神学与科学之间的东西。它和神学一样,包含着人类对于那些迄今仍为确切的知识所不能肯定的事物的思考;但是它又像科学一样是诉之于人类的理性而不是诉之于权威的,不管是传统的权威还是启示的权威。一切确切的知识——我是这样主张的——都属于科学;一切涉及超乎确切知识之外的教条都属于神学。但是介乎神学与科学之间还有一片受到双方攻击的无人之域;这片无人之域就是哲学。[①]

按照罗素的观点,哲学介于神学与科学之间,它离神学与科学最近,但又介于它们之间,因而它既不是神学,也不是科学。这是问题的一方面。另一方面,正是在与神学和科学的比较中,我们可以看出哲学

---

① 罗素. 西方哲学史(上卷)[M]. 北京:商务印书馆,1963:11.

的特点,可以对哲学不是什么做出正面的回答,并加深我们对哲学是什么的了解和理解。

哲学与神学一样,包含着人类对于那些迄今仍为确切的知识所不能肯定的事物的思考,包含着对于世界的本原、产生、发展及未来前景的终极追求与终极关怀。但是,哲学与神学的终极追求与终极关怀有着完全不同的基础,这就是它们分别诉诸理性与信仰。哲学将自己的终极追求与终极关怀建立在理性的基础之上,而神学则将自己的终极追求与终极关怀建立在信仰的基础之上,诉诸启示的权威。在宗教神学家看来,真理既不是来自经验和实践,也不需要科学和理性的证明,而是来自上帝的启示,冥冥的神灵。我信仰,所以我理解,把理性束缚于信仰的牢笼,启示真理是最高真理。这正如罗素批评经院哲学之集大成者托马斯·阿奎那时所指出的:"阿奎那没有什么真正的哲学精神。……他在还没有开始哲学思索以前,早已知道了这个真理;这也就是在天主教信仰中所公布的真理。若是他能为这一信仰的某些部分找到些明显的合理的论证,那就更好,设若找不到,他只有求助于启示。给预先下的结论去找论据,不是哲学,而是一种诡辩。"①由此看来,哲学与神学的根本区别在于到底是以理性为基础还是以信仰为基础。尤其是当理性与信仰发生分歧甚至冲突时,是以理性服从于信仰,还是以信仰服从于理性。神学以信仰为最高原则,使理性无条件地服从于信仰,把对于世界普遍原则的终极关怀归结于、定位于天启的权威、神性启示。而哲学则始终以理性的思考为自己的基本武器和最高原则,以理性对抗神性。正是在这种意义上,我们可以说,哲学不是神学。

哲学与科学之间的联系要密切得多。哲学与科学一样,都以人类的理性为武器。但是科学追求确定的知识,在形而下的层面上运作,哲学则作为一种终极关怀和终极思考,保有自己对于现实世界的超越性。"思辨的心灵所最感到兴趣的一切问题,几乎都是科学所不能回答的问题。"②

具体说来,哲学与科学的区别首先表现在它们的对象有所不同。黑格尔曾说:"哲学不似别的科学可以假定表象所直接接受的为其对

---

① 罗素. 西方哲学史(上卷)[M]. 北京:商务印书馆,1963:562.
② 罗素. 西方哲学史(上卷)[M]. 北京:商务印书馆,1963:11.

象。"但哲学总是有其对象的。在历史上,哲学对象经历了一个由笼统模糊到清晰明确,由包罗万象到具体分化的发展过程。但哲学研究中为哲学家们所持续关注并始终面对的对象,则是人与世界的关系。只要有人类存在,就有人与世界的关系。人作为主体而从事的全部活动,都是从自身的存在和发展这个基本点出发而对自身与外部世界的关系的自觉认识、积极改造与能动创造。人与外部世界的关系的多样性,塑造且表征着人的内在本质的丰富多样性和外部世界的丰富多样性,并形成了人们丰富多样的具体的活动形式和实践方式。而每一特定历史条件下的人类活动与社会实践,则是人与世界关系在该历史条件下的具体表现或具体实现,是人们在特定的时间、空间和社会条件下处理与外部世界关系的具体活动方式。正是这些具体的活动方式及其结果,创造并建构起该时代的经济、政治、文化和科学等具体的时代内容。它们是时代脉搏的载体,时代精神的宿源,因而也是哲学赖以掌握时代文明的活的灵魂,捕捉时代精神的精华的真实的现实对象。因此,哲学并不是没有对象的玄思,哲学的对象也不是纯粹抽象的,而是现实具体的。在人类认识史上,确实经历了并且继续经历着自然、社会和人类思维分别作为自然科学、社会科学和思维科学等具体学科的对象从哲学对象中逐步分化出去的过程,但这并不意味着哲学失去了对象和地盘。具体科学的发展,表明人类从不同的角度对人与世界关系的具体侧面的认识在形式上的完善和在程度上的深化。而这也必将促进哲学的发展。因为从具体科学的分化和发展中,哲学可以获得一种层次跃迁,能够在更加现实的基础上以自己的更加完备的形式来同世界发生联系,从而从更加深广的总体上把握人与世界的关系。

哲学与具体科学在对象上的区别,同哲学掌握对象所特有的总体方式密切相关。现实的人们总是面对着和生活于同一个统一的世界。人们作为不同的具体主体往往是从不同角度以不同方式去认识这个多样性统一的世界的不同方面、不同层次。这样就在实际上把外部世界的不同方面、不同层次纳入了不同的认识活动结构之中,使之成为具体认识的对象。主体掌握对象的方式、角度,是外部世界的一定事物在何种方面、何种层次和何等程度上成为认识对象在主体方面的依据。反之,外部事物在何种方面、何种层次和何等程度上成为现实的认识对象,则标志着主体掌握对象的方式、角度和水平的不同,这就是人类认识活动中主体和客体之间的相关律。人与世界的关系是一个总体性范畴，它包含着人与世界关系的各个方面、各个层次和各种形式。每一特定历史条件下的科学认识和社会实践作为人们观念地和实际地处理自身同外部世界关系的具体的活动形式，又包含着主体、客体、中介等具体的子系统，包含着各种横向的和纵向的联系。随着科学认识的进步和社会实践的发展，人与世界的关系展现在无限广阔的方面，并成为现代社会各种科学学科研究的共同对象。正是人们从不同角度以不同方式对其不同方面、不同层次进行研究，才形成了现代科学的各门各类。

哲学作为人类理论思维的最高形式，在人类认识结构和知识体系中肩负着自己的特殊使命，这就是从整体上和在运动中来把握人与世界关系的整体结构、普遍本质和一般规律，其中包括这种关系建构的前提、基础和实现形式，从而既立足于各门具体科学，又保持着对于各门具体科学的超越性。因此，哲学与各门具体科学虽然都是从人类思维出发来与同一个现实的统一世界发生关系，但由于思维的任务、目的和方式的不同，因而哲学与各门具体科学的对象在范围、层次上也是不同的。这里的区别实质上就是一般与个别、全局与局部、整体与部分、全面与方面、无限与有限之间的区别。如果否认这种区别，哲学与具体科学之间的划分便失去了客观基础。而且，应该说，随着各门具体科学的发展，对于人与世界关系的各个具体方面、各个具体层次和环节的研究越深入、越细致，哲学越是在实证的意义上被"驱逐"出各个具体的对象领域，则哲学在总结概括各门具体科学研究成果的基础上对人与世界的关系进行总体性的把握就越显得重要和必要，哲学与具体科学在对象上的层次分化也越加明显。

2. 哲学思维的高度抽象性和思辨性

哲学在对象上所具有的总体性特征和对具体科学研究对象的超越性特征，是与哲学把握对象的思维方式的特点分不开的。哲学思维方式有什么特点？借助于不同的参照系，我们可以从不同的方面离析出哲学思维方式的种种特点，比如总体性、根本性、无限性、抽象性、思辨性、反思性、对答性、体系性、并存性、实践性、致极性、超越性，等等。这些特点表现于不同的方面、场合，又综合性地贯穿在人们对哲学的思考和以哲学方式对对象的思考中，通过哲学提问、哲学释义、哲学表达等而得到体现。在哲学思维的上述特点中，哲学思维的高度思辨性和抽象性,与哲学思维的致极性和超越性尤为重要,尤需关注。

高度的思辨性和抽象性,是哲学思维最重要的特征之一。黑格尔在把哲学定义为"对于事物的思维着的考察"之后指出:"不过哲学乃是一种特殊的思维方式,——在这种方式中,思维成为认识,成为把握对象的概念式的认识。所以哲学思维无论与一般思维如何相同,无论本质上与一般思维同是一个思维,但总是与活动于人类一切行为里的思维,与使人类的一切活动具有人性的思维有了区别。"①他还指出:"哲学的认识方式只是一种反思,——意指跟随在事实后面的反复思考。"②当然,在黑格尔那里,反思是有其特殊的背景和含义的。不过,他关于哲学的认识方式是反思的观点还是有其积极的意义。既然人与世界的关系中包含着人与世界的认识关系或观念关系,那么,哲学以人与世界的总体关系为研究对象,就不能不研究人们在处理自身同外部世界关系时的思想过程。而这种对思想过程的认识,按照黑格尔的说法,就是一种反思,是对思考着对象的思维的思考。而且,我们还认为,反思是人类理性思维所具有的基本形式和方法之一。但是,由于人与世界的关系的多样性和复杂性,进入哲学研究领域的不仅有人与世界的观念关系,还有变革关系、价值关系等。因此,哲学把握对象的方式又不仅仅是反思,正如并非一切反思都是哲学思维一样,哲学思维也不能简单地归结为反思。哲学思维包含着反思,同时又包含着其他思维形式。正因为如此,我们可以说,哲学既包括认识论,又不简单地等同于认识论。

哲学思维的高度思辨性和抽象性,是由哲学把握对象的任务所决定的。哲学的任务不在于把握事物的表面现象和个别属性,也不停留于各类事物的特殊本质,而在于把握具有普遍必然性的本质。黑格尔认为,"哲学的任务或目的在于认识事物的本质"③。这就是说,哲学不能让事物停留在它的直接性里,而须指出它是如何以别的事物为中介或根据。事物的本质躲藏在事物的表象背后,蕴含在事物的深处。要把握它们就必须使思想透过表象而进入事物的内部。在这里,表象仍然是哲学认识的出发点。这一点,连黑格尔也是肯定的。但哲学思

---

① 黑格尔. 小逻辑[M]. 第2版. 北京:商务印书馆,1980:38.
② 黑格尔. 小逻辑[M]. 第2版. 北京:商务印书馆,1980:7.
③ 黑格尔. 小逻辑[M]. 第2版. 北京:商务印书馆,1980:242.

维又必须超越直观表象,超越事物的直接性。现实事物直接地都是个别的、特殊的,哲学则力求从个别和特殊中寻求普遍必然性。现实事物在空间上直接地是有限的、局部的,哲学则力求从有限的局部中把握全局和总体。现实事物在时间上直接地是暂时的、易逝的,哲学则力求从事物的无限转化和永恒运动中把握无限性、永恒性。也可以说,以普遍必然性、全局总体性、无限性和永恒性的思维来把握个别的、特殊的、局部的和有限的现实对象世界,是哲学思维的特殊方式,也是哲学思维的思辨性、抽象性的具体表现。正是这种思辨性和抽象性,使哲学思维既立足于直接的现实性而发生,又超越于直接的现实性而驰骋。它不满足于对现实的经验直观和实证思维,而是既要寻根究底,又要瞻前窥远。正因为这样,哲学才能以"头等智慧"教人们处理自己同外部世界的关系,让人们善于超越现实来创造自己的理想世界。

哲学思维的上述特点,是通过哲学思维所特有的概念范畴体系表现出来的。哲学思维作为人们自觉从事的高度思辨和抽象的理性认识活动,其重要的工具和手段,是具有高度抽象性和普适性的哲学范畴体系。哲学的概念、范畴,是哲学借以把握对象的中介。黑格尔说:"哲学与科学的区别乃在于范畴的变换。所以思辨的逻辑,包含有以前的逻辑与形而上学,保存有同样的思想形式、规律和对象,但同时又用较深广的范畴去发挥和改造它们。"他指出:"对于思辨意义的概念与通常所谓概念必须加以区别。认为概念永不能把握无限的说法之所以被人们重述了千百遍,直至成为一个深入人心的成见,就是由于人们只知道狭义的概念,而不知道思辨意义的概念。"① 一般地说,哲学范畴之区别于具体科学概念,主要是在于它的高度的抽象性、广泛深远的适应性或深广性。有些概念即使为哲学与具体科学所共用,但它们作为哲学范畴与具体科学概念仍然可以从抽象性、适应性或深广性的程度方面加以区别。就具体的科学概念来说,其实指性、实证性表现得比较突出。当哲学要从具体科学中引进某些概念时,必须从哲学上加以发挥和改造,使之成为具有抽象性、适应性或深广性的哲学范畴。当然,哲学范畴同具体科学概念之间的区别不是绝对的,而是相对的。实际上,哲学往往将一些具体科学概念引入自己的范畴体系,而具体科学也往往将一些

---

① 黑格尔. 小逻辑[M]. 第2版. 北京:商务印书馆,1980:49.

哲学范畴引入自己的概念体系,并使之通行有效。然而,这种相互引入,实际上是经过了范畴或概念变换的。无论如何,哲学总是通过自己特有的概念范畴体系来实现自己对对象的哲学掌握的。

3. 哲学思维的致极性和超越性

从过程性上看,哲学思维有两个最重要的特征,这就是它的致极性和超越性。

极,就是极限,表现为终极、极端、彻底等。致极,就是追求极限,达至极限,就是追根溯源,寻求终极存在、终极原因、终极解释、终极意义、终极价值等,也就是去追求最大的普遍性和最彻底的根源性。

我们对哲学思维的致极性的关注,是从对有限性和无限性及其关系的再反省和再思考中引发出来的。过去有一种比较简单的说法,即科学是有限思维,哲学是无限思维。我也曾赞同过这种说法。其实仔细想来,它并不准确,或至少是需要加以说明的。说科学是有限思维,这没什么问题。但说哲学思维是无限思维,这就需要解释。说人类思维有至上性特征,它追求无限,这没有问题。但至上的人类思维是在现实的不至上的个体的思维中实现的,对于每一代个体的不至上的思维来说,无限都是不可能达到的。那么如何能说哲学就是无限思维呢?怎么能要求现实的人去从事无限的哲学思维呢?如何从现实的有限进入哲学的无限呢?这里采取简单的跳跃是不可能的。我们必须做的是,进行全面的、综合性的考虑。

我们认为,哲学家追求无限,但他们实际上所能达到的,则是一种极限。哲学思维,无论就其历史性还是现实性而言,实际上是一种极限思维。极限是有限与无限的边界,是最大、最多、最全、最深、最广、最完整、最根本、最彻底的有限。黑格尔在谈到有限与无限的转化时,尤其强调"界限"或叫"限制"的作用。在他看来,界限是某物与他物相区别的规定。"某物自己的界限,这样由某物建立起来作为否定物,同时又是本质的东西,它就不仅仅是界限本身,而且是限制。"因此,"在这种关系中,规定便是应当,界限便是限制"①。在这里,界限是他物的非有,不是某物本身的非有;在界限中,某物和他物有了分界。因此,"界限是中

---

① 黑格尔. 逻辑学(上卷)[M]. 北京:商务印书馆,1966:128.

介,通过这个中介,某物与他物既是又不是"①。正是通过界限,有限与无限相互规定:"有限物只是对应当或无限物的关系说,才是有限的;无限物也只是对有限物的关系而言,才是无限的。"②也正是通过界限,有限与无限才又相互过渡或转化。有限向无限的转化是在"超出有限物,进入无限物"的过程中展开的。这是一个既否定自身,又否定其否定的相互规定,是向无限的进展。在这里,"无限进展的无限性仍然带着有限物本身,因而是被界限的,并且本身也是有限的。这样,它事实上就被建立为有限物和无限物的统一"③。然而这个界限并不是僵死不变和不可超越的,而是在辩证的发展历程中不断地被超越的。黑格尔说:"这个进展是那个统一的外在的东西,表象就停留在那里;在同一交替的那个长久重复里,在超越界限前进到无限那种空虚的不平静里,前进在这个无限物中又发现了新的界限,不论在这个新界限或在无限物中,前进都无法停止。"④

　　黑格尔在这里谈到的界限、限制,就是我们哲学思维发展中的极限。极限是有限向无限过渡转化的关节点、度、临界点。在极限的范围以内是有限,在极限的范围之外是无限。超越极限,即超过了这种关节点、度、临界点,则实现了有限与无限的转换。就现实的人和人的思维来说,他的出发点是有限,立足于有限的基础去追求无限。但对于有限的和非至上的人类思维来说,他所能达到的无限即是极限,是有限的边界。这个极限也就是人类生存、实践、认识、思考所能达到的最大边界。哲学思维作为一种极限性思维,就是力图通过超越有限、达到极限而去接近无限。我们通常说,哲学家的任务在于寻根究底,这正是哲学思维的致极性的具体表现。人所追寻的终极存在、终极原因、终极解释、终极价值、终极意义等,尽管就其目标而言,人们总希望它们是永恒的、不变的、最终的、无限的,但实际上它们却总是在有限认识中达到的,是在最好的情况下,也是在一定条件下所能达到的最充分、最完备、最全面、最深刻、最合理、最能被人们所理解和接受的说明和解释。

　　当然,在不同的时代和不同的哲学家那里,所能达到的极限是有所

---

① 黑格尔.逻辑学(上卷)[M].北京:商务印书馆,1966:122.
② 黑格尔.逻辑学(上卷)[M].北京:商务印书馆,1966:140.
③ 黑格尔.逻辑学(上卷)[M].北京:商务印书馆,1966:141.
④ 黑格尔.逻辑学(上卷)[M].北京:商务印书馆,1966:141.

不同的。从进化论的角度来看，对极限的突破是一个现实的历史性进程。知识的积累和思维方式的变革会使已经达到的极限不断地被突破，不断地被超越。而超越极限、挑战极限，在更大范围内和更高的程度上逼近无限，又是每一代哲学家的自觉追求。这就是与哲学思维的致极性密不可分的超越性特征。每一代、每一位有成就的哲学家都把前人已达到的极限看作有限而力图对其加以超越，去寻求新的极限以更逼近无限。这正是时代性哲学家的历史使命，也是哲学这门学问具有永恒魅力的根本原因之一。

哲学思维的发展历程，就是历代哲学家们不断地探寻和追求极限而又不断地超越极限的历史。而哲学的各个主要分支学科，正是由于其对一些极限性、终极性、根本性问题的关注而获得自己的永恒理论魅力和生命力。例如，本体论从发生学和存在论意义上提出和探索世界的终极存在、终极原因、终极规律，探寻世界的本原、本性、本质，力求对世界的存在、运动和变化做出根本性的说明。认识论从知识论和方法论的角度寻求对世界的终极认识、终极解释、终极理解，寻求认识的可能性和真理性，寻求普遍必然性知识的条件和根据。价值论从人生论和评价论角度探寻世界的终极意义、终极价值，寻求人生的最高意义，追求至真、至善、至美，追求真、善、美的统一，寻求人类的精神家园，安身立命之根、之本、之最后归宿等。

每一个时代的哲学家都关注上述问题，并努力寻求自己那个时代所能达到的终极性答案，但他们所达到的结论和成就又只是当时时代所允许的极限，这就为后代哲学家和同时代的哲学家之间相互超越留下了余地，并创造了契机。而正是因为这些哲学问题具有终极性的无限探索余地，它们才能吸引各代哲学家对其不断地进行探索和创造，并推进哲学思维的不断发展。立足于哲学思维的致极性和超越性，我们才能真正理解哲学思维的其他特征，如革命性、批判性、创造性等。

4. 当代哲学研究的问题域

哲学研究，本质上是对现实世界的哲学意义的批判性审查和提升，是将非哲学的现实世界以哲学提问的方式转换为哲学的意义世界，并借助于哲学所特有的语言符号系统和概念范畴体系进行哲学层面的分析加工、意义阐发，使之以哲学观点、哲学命题、哲学理论的方式存在，成为一定哲学体系的内容，演化为哲学世界的内在组成部分。通过这种哲学批判,现实世界的内容通过形式转换而进入哲学世界,其哲学意义得到认识、理解和肯定,新的时代性哲学得以建立,而哲学也以这种方式深入现实世界并掌握和影响现实世界。人类哲学思维正是在这种现实世界的哲学化和哲学思维的世界化之间的双向运动中不断地得到展开、实现和发展的。

哲学对自己对象的掌握,是通过哲学家的头脑的思维来实现的。哲学只能通过头脑的思维同世界发生联系。但哲学绝不是世界之外的遐想,哲学思维要获得自己的内容,并使其外部表现形式适合于这种内容,就必须以双脚立地并以用双手从大地攀摘果实的人类实践和人类科学活动为基础。

哲学是人与世界关系的哲理表现。哲学的对象世界不仅有实践世界,也有科学世界,还有哲学世界自身。实践、科学和哲学是人处理自身与世界关系的三个最基本层次,也是研究和发展哲学,尤其研究和发展马克思主义哲学的三个最重要层次的对象性基础。哲学是时代精神的精华。当代世界的时代精神深深地蕴含在当代实践、当代科学和当代哲学之中。当代人类实践、科学和哲学各自在内部深度分化的基础上高度综合,形成具有鲜明时代特色的全球性大实践、大科学和大哲学。这里所说的大,不仅是空间意义上的,指规模大、范围宽、面积广;也是结构方面的,指层次细、形式多、分支繁、包容性强;还是功能方面的,指效应广、影响大、综合性强等。

在实践层面上,人与自然在全球范围内的对立与和谐,人与社会的历史向世界历史的转变,以及人性的异化演变成具有全球问题的个性问题,形成在全球问题与个性问题之间保持张力的当代大实践体系。

在科学层面上,由过去自然科学一花独放,到人文科学、社会科学逐渐分化出来,成长起来,并走到科学的前沿,形成包含自然科学、人文科学和社会科学在内的当代大科学体系。

在哲学层面上,一方面是古老的自然哲学、社会历史哲学、人的哲学、宗教哲学、道德哲学以及本体论、认识论等传统分支哲学都在与当代实践与当代科学的撞击中探寻着自己的当代命运和当代意义;另一方面是实践问题、语言问题、思维问题、逻辑问题、符号问题、生态问题、女权问题、理解问题、解释问题、情感问题、意志问题等更加鲜明地凸现出来,形成了一系列具有当代特色的分支哲学。

当代大实践、大科学和大哲学的形成与发展,反映着人与世界关系的历史性演进及其当代特点,记载着人类立体性的强化,为当代哲学研究既提供了现实的对象性前提和基础,也提供了积极的立体性条件和动力。

具体说来,考察人与世界关系的现代特点,可以有不同的研究思路与研究途径。

首先,我们可以将人与世界的关系从存在论的意义上做出更高层次的抽象。人的一个本质特征是具有理性和思维。当把人的思维抽象出来而与现实对象相对应时,便产生了思维与存在的关系问题。思维与存在的关系实质上是人与世界的关系的一种抽象,但它一直是哲学家们所争论的一个基本问题。它所涉及的是思维与存在谁是第一性的问题,以及思维是否反映存在与能否正确反映存在的问题。这个基本问题在现代仍然是尖锐地存在的。不少人在从哲学上总结现代科技革命的成果的时候,把这些成果仅仅归功于人脑的思维,并引而申之,用思维来解释存在,反对和否定唯物主义的存在论与唯物主义的反映论。这是对现代科技革命中所表现的人与世界的关系的一种片面的、主观主义的哲学解释。对我们来说,十分重要的是必须按照马克思主义的实践唯物主义观点,以哲学的方式解决以科技革命和社会改革为中心的当代社会实践中的思维与存在的关系问题,坚持和发展马克思主义哲学的唯物主义存在论,使之具有同当代社会实践发展相适应的内容和表现形式。也只有这样,我们才能从哲学上深刻地揭示现代形态的人与世界关系的时代特点。

其次,要根据当代社会实践的特点来揭示人与世界关系的时代特征,还必须从活动论的角度来考察现代社会实践结构中的主体和客体的关系。主体和客体的关系问题是从活动论的角度提出来的,研究这种关系也就是研究活动的主体和与之相对应的客体之间的对象性关系。在人与世界的关系中,人既是受动的——依赖于和受制于周围世界,又是能动的——通过自己的能动活动积极地影响和主动地掌握周围世界。从主体和客体的关系的角度来考察人与世界的关系,就是在承认外部世界预先存在的前提下(这是由唯物主义的存在论确定的),考察作为主体的人如何通过积极主动的活动去能动地掌握世界,占有客体。或者说,研究作为主体的人如何在依赖于和受制于外部世界的前提下去寻求限定中的超越,如何能动地以观念的和实践的方式掌握对象世界。依赖与掌握,作为人与世界关系中的两个基本方面,也是主体和客体关系中的两个基本方面。依赖的范围和程度同掌握的方式和水平,具有一种内在相关性。这种相关性在不同历史条件下有着不同的水准和式样,表现出人与世界关系发展的不同阶梯和进化结构。在以科技革命和社会改革为中心的当代社会实践结构中,主体、客体以及介于它们之间的中介等系统,都发生了并继续发生着巨大变化,标志着当代人与世界的关系跃进到了一个崭新的阶段。从当代社会实践活动(包括科学认识活动)结构中,研究主体和客体以及它们之间的关系的现代特点,进一步揭示人与世界关系的现代形态,是马克思主义哲学的重要任务,也是丰富和发展马克思主义哲学所必需的。

更具体地说,马克思主义哲学对于当代社会实践的把握,其着眼点在于密切地关注和科学地回答现代社会生活中的重大理论问题和实际问题,从中把握社会实践发展的基本潮流和基本方向。从人作为主体而自觉地处理与外部世界的关系这个角度来看,当代社会实践提出了三个方面的基本课题:一是知识增长、科学发展与技术革命中的哲学问题;二是人的自由解放运动所提出的哲学问题;三是认识论与方法论的问题。直观地看,前两个问题反映着当前举世瞩目的科技革命和共产主义运动两大潮流。更深层地考察,它们乃是社会进步统一过程中两个不可分割的方面,反映着人类在处理同外部世界的关系时,既改造外部世界,又改造和发展自身。而认识论和方法论问题的突出,则反映着人类在自觉地认识和改造世界中对自身的主体——对象性活动及其方式的自学反思。这种反思对进一步提高人们认识和改造世界的自觉性和科学性,特别是对进一步增强以科技革命和社会改革为中心的当代社会实践的主体性效应有着重要意义。对中国的马克思主义哲学工作者来说,思考和研究上述问题,应有一个基本的立脚点和出发点,这就是在改革中前进的中国特色社会主义现代化建设。立足于中国实际,放眼世界格局及其动态演变,从各个方面各个层次上开展全面深入的哲学研究,用马克思主义哲学的基本观点和方法,对上述问题作出具有时代特征的回答,这是中国马克思主义哲学工作者的历史责任。

三、哲学的功能

对哲学功能的探索,意味着从哲学与社会的关系这个新的高度出发来对哲学自身的一系列基本问题做整体性思考。功能指事物的效用和价值。对一定的主体来说,功能是某事物存在和发展的应有意义和基本依据所在。因此,对功能、效用、价值的关注,是人们作为主体关注一定客体的着眼点。哲学的功能即哲学的社会功用或社会价值问题。社会需要哲学,正是因为哲学具有它独特的社会功能。功能取决于结构。一定的理论体系的内在结构本质上是其对象的内容结构的观念再现。哲学的结构作为哲学内容与哲学形式的统一,取决于哲学的对象和哲学把握这种对象的方式及相应的形式系统。哲学在研究对象和把握对象的方式及表现形式方面的特殊性,构成了哲学作为人类认识结构和知识体系中相对独立的学科的特殊性质。而哲学功能的特殊实现途径和方式,又与哲学的特殊性质内在相关。因此,研究哲学的功能问题,必然涉及哲学的性质、对象和哲学思维的方式、方法及社会条件等一系列问题,并需对它们进行一种总体性和一体化的思考。在我们看来,对哲学功能问题的研究,可以视为研究全部哲学问题的一个目标值,而这个目标值也将成为我们自觉地思考如何建构和完善新的哲学内容体系的一系列基本线索。

关于哲学的性质与功能的讨论,是直接从马克思主义哲学研究应如何突破与发展这个角度所作的探讨,它最终所关注的也是如何更好地发挥马克思主义哲学的功能问题。但对这个问题的真正解答,却必须借助于更加广阔的参照系统。因此,我们必须把研究这个问题的眼界和视线引向哲学的一般特点和功能;就是说,必须自觉地把对马克思主义哲学的特点和功能的研究纳入对哲学一般的特点和功能的研究中,以把握其共性和特殊性。不仅如此,还必须自觉地立足于各种非哲学的具体科学学科和人类认识活动与知识体系的总体背景来考察哲学一般的特点和功能。只有这样,哲学一般的特点和功能与马克思主义哲学的特点和功能,才有可能借助于更广大的参照系清晰明白地凸显出来。这里无疑有一种视角的转换和思维层次的跃迁。它的实质在于以哲学把握对象的特殊方式及哲学的独特功能来总体上、宏观上反思哲学自身的存在和发展。这无疑是我们研究哲学以推动哲学发展的一个重要方法论原则。

哲学作为智慧之学,作为时代精神的精华,作为文明的活的灵魂,是把自己时代人们处理与世界的关系的全部活动特别是社会实践活动中最精致、最珍贵和看不见的精髓以哲学的方式集中起来的结果。哲学由于具有这样的性质和特点,因而具有自己独特的功能。任何哲学都是自己时代的产物。它们都是以内容和形式相统一的哲学形态来反映、反思自己时代人与世界关系的特征。应该说,总体上,以哲学的方式反映、反思一定时代人与世界关系的特征,本身就是哲学的一种功能。正如对思想的反思是力求思想自觉其为思想一样,对人与世界关系的哲学反映、反思,也是力求更加自觉有效地处理人与世界的关系。人总是作为主体同外部世界发生关系的。在这种关系中能否产生对人有利的主体性效应,取决于人作为主体的本质力量的水平和自我意识的程度。哲学是人在同外部世界发生关系的活动中的灵魂和精髓,它在主体本质力量的诸因素中,居于统摄、驾驭的地位,而且它又是人作为主体的自我意识的最高表现形式。因此,在人同世界的关系中,哲学对于强化人的主体地位,提高人作为主体的自觉性,加强人与世界关系中对人有利的主体性效应,具有不可估量的作用。

我们知道,人不是作为一种单纯的生物实体同外部世界发生关系的。人是一种有意识、能思维的社会存在物。人自身有一个内在的精神世界,无论是个人、集团或民族,都有自己的精神世界。精神世界具有十分复杂的结构,包括极其多样的组成因素,其中有经验、知识、思维的方式方法、价值观念、理想、信念、意志、情感以及自我意识等,而哲学作为世界观和方法论,在精神世界中居于统摄和驾驭一切的地位,起着灵魂和支柱的作用。精神世界不是在人的头脑中凭空建构起来的,而是在人同外部世界发生关系的现实过程中通过内化而逐渐形成的。人与世界的关系作为一个总体,经过哲学抽象的内化就形成哲学的世界观和方法论。精神世界形成以后,它在人同外部世界发生关系的过程中又作为一种在先的内部准备状态而起作用。而哲学作为世界观和方法论,则能把精神世界中各种因素有序地组织起来以推动它们按照一定的程序、方式和方向协调地发挥作用。在精神世界中,哲学是联合器、发动器、调节器、方向盘。不管自觉不自觉,人们之所以总是按照一定的世界观和方法论来解释世界和改造世界,道理就在于此。在现代,我们必须自觉地把马克思主义哲学作为我们精神世界的核心和灵魂。马克思主义哲学由于是真正具有科学性、批判性的世界观和方法论,因而能够推动和帮助我们不断地重构和更新我们的精神世界,开拓我们精神世界的空间,强化我们精神世界的功能,在科技革命蓬勃发展、社会改革广泛兴起的现代,我们要在更广泛的范围内和更深刻的程度上有效地展开我们同外部世界的关系,这一点尤其重要。

具体说来,哲学在精神世界中主要是从三个方面发挥作用的。

首先,哲学是理论化、系统化的世界观。哲学作为人与世界关系的总体性的理论再现,实际上是提供了一个哲学意义上的世界图景。它以自己特有的哲学方式论证人在世界中的地位,揭示人与世界的复杂多样的关系,从而为人们自觉地处理同外部世界的关系规定了一般的思维和理论前提。这种前提总是渗透在人们认识世界、改变世界和创造理想世界的活动中,起着一种"软件"的作用。而哲学的发展则一方面反映着人与世界关系的变化和发展,另一方面为人们在新的条件下更加自觉有效地处理与外部世界和自身的关系创造条件。

其次,哲学作为最高层次的方法论,是人们处理同外部世界关系的基本准则和规范。在人们认识世界、改变现存世界和创造理想世界的活动中,哲学作为总体性和一般性的方法论原则起着作用。应该看到,哲学方法论是人的思维方法的核心,对各自具体的思维方法起着制约作用。因此,自觉掌握和运用哲学方法论,是提高人的思维水平、完善人的思维方法的根本途径。

再次,哲学作为最宏观的信念和理想,对人们的思想和行为起着激励、导向和规范的作用。哲学具有一种独特的批判功能,它不是简单地、刻板地描述人与世界的现实关系,而总是以一种批判性态度对这种关系做出评价,并激励人们去探索人与世界的理想状态,去创造一个更加美好的理想世界。因此,对现实关系的审视与批判,对未来理想关系的追求与建构,往往是哲学世界观和方法论所蕴含的非常积极的内容,也是哲学的重要功能。

在人们的精神世界中,哲学作为理论化、系统化的世界观,作为最高层次的方法论,作为最宏观的信念和理想,这三个方面是互相制约、互相协调、统一地发挥作用的,它们不断地为人们的现实活动建构起合理的思维前提、理论前提和方法论前提,同时又不断地对这些前提进行哲学的自我审视和批判,实现对前提的重构。这样就能使人们处理同外部世界的关系的活动既具有连续性、规范性,又具有创造性、开拓性。

　　哲学由于具有不同于各种具体的实证科学的特点,因而它的功能并不直接局限于某个特定的实证领域。哲学作为精神世界的核心和灵魂,主要通过对人的精神世界的统摄和驾驭而制约着人们的各种活动,制约着人与世界的总体性关系。因此,哲学在各种具体的实证科学领域,在各种具体的实践活动领域,都有普遍的指导性作用,都能发挥其功能。应该特别指出的是,哲学是作为社会历史主体的人的自我意识的最高表现形式,它总是无孔不入地渗透于和活跃于每一个自觉的社会历史主体的精神世界之中,成为民族、社会、国家的精神世界的支柱和灵魂,在民族、社会、国家的历史发展中,起着长期的、稳定的、不可估量的作用。一个民族、社会、国家没有精神世界是不可想象的,而一个精神世界没有哲学同样是很可怕的。正因为这样,在现代,我们必须自觉地把科学的哲学世界观、科学的哲学方法论和科学的理想信念相统一的马克思主义哲学,作为我们建设精神世界、建设社会主义文明的活的灵魂。这对于提高我们的理论思维水平,开拓和活化我们的精神世界,强化我们认识世界、改变世界和创造理想世界的主体性效应,具有不可估量的长远意义。

第二章 哲学形态学的思路与方法

　　自然科学和人文社会科学在当代所获得的巨大成就,对马克思主义哲学的发展提出了紧迫要求,也为其提供了某种客观的条件。马克思主义哲学沿着"自己构成自己的道路"不断自我完善、自我发展,需要当代马克思主义哲学工作者依据马克思主义哲学的发展规律来合理吸收当代科学思想成果,冷静回顾马克思主义哲学的研究历史,清醒评估其研究现状,对马克思主义哲学的性质、对象、任务、内容和形式等相关方面作出总体性的思考,对其未来的发展形态作出科学的预测和展望,并据此确定我们的研究重点和基本方向。马克思主义哲学研究需要借助当代人类社会实践和人类知识结构动态演化的宏观背景,对马克思主义哲学的发展进行整体性的思考,作出统一的理解和把握。本章从什么是哲学形态、什么是形态和形态学切入,考察了哲学形态学的基本规定和哲学形态学的研究方法,为马克思主义哲学进一步发展之可能形态的整体把握和哲学研究工作提供了科学的指导。

一、问题的提出

自然科学与人文社会科学在当代所获得的巨大成就,对马克思主义哲学的发展提出了紧迫的要求,也为其提供了某种客观的条件。要将这种需要与可能通过哲学工作者的自觉能动活动转化为现实,需要我们深入地思考两个方面的问题。一是把当代科学成果纳入人类科学认识的历史发展过程中来加以考察,对其在人类理性思维演化进程中所占据的实际地位做出客观的、科学的估价。这是从目前人类优秀思想成果中做出正确的哲学概括和哲学抽象,丰富和发展人类哲学思维的重要前提之一。二是冷静地回顾马克思主义哲学的研究历史,清醒地评估其研究现状,对马克思主义哲学的性质、对象、任务、内容和形式等相关方面做出总体性的思考,以对其发展的未来形态做出科学的预测和展望,从而据此确定我们的研究重点和基本方向。这是马克思主义哲学沿着"自己构成自己的道路"不断自我完善、自我发展的重要条件,也是当代马克思主义哲学工作者依据马克思主义哲学的发展规律来合理吸收当代科学思想成果的重要前提之一。很明显,这样提出和研究问题,就使得我们的眼界和视线大大地超出了研究个别范畴、个别问题和个别规律的层次和范围,而上升到一个更高的层次,进入了一个更大的范围——借助于当代人类社会实践和人类知识结构动态演化的宏观背景,对马克思主义哲学的发展进行整体性的思考,做出统一的理解和把握。

从方法论上来看,这种整体性的思考,要求我们把马克思主义哲学当成特定内容与具体形式内在统一的有机整体,作为一种由时代所塑造从而具有时代特点、体现时代精神的哲学形态来把握其内在结构和现实根据;要求我们把作为整体的马克思主义哲学放到人类哲学思维发展的历史进程中,作为哲学形态演化更迭过程中的一种历史形式,来把握其历史渊源和发展趋向;要求我们把马克思主义哲学放到当代社会哲学理论和哲学流派多样化发展的客观背景中,作为当代社会多种哲学形态中的一种现实形态,来把握其本质特征和独特地位。这是一种全方位的开放式研究。它必然涉及众多的研究对象:马克思主义哲学的现有成果、哲学的历史(外国的和中国的)、现代哲学(包括各种派别、观点)、现代科学(包括自然科学、社会科学以及思维科学)、现代艺术、当代社会心理、当代社会实践及社会发展的未来等。只有在对各方面、各层次所做的多视角、多测度的综合性研究和系统性把握中,马克思主义哲学的发展趋向和科学形态才能真正被揭示出来,我们当前的哲学改革才能有更加明晰和正确的方向。

恩格斯曾经指出,每一时代的理论思维,从而我们时代的理论思维,都是一种历史的产物,在不同的时代具有非常不同的形式,并因而具有非常不同的内容。特定哲学之内容和形式的有机统一,构成了特定的哲学形态。对任何具体哲学形态的科学把握,都只有借助于其他哲学形态为参照系才是可能的。这就使得对于哲学形态的专门研究成为必要和可能。目前我们的哲学改革,目的在于促使马克思主义哲学获得内容与形式相统一的革命性发展。但它同时又要求我们的研究工作有更新的视角和更高的眼界,这就是沿着逻辑与历史、形式与内容相统一的基本线索,在过去、现在和未来的整体发展中全面考察哲学形态的历史更迭、现实结构和发展趋向,从中求得对马克思主义哲学进一步发展之可能形态的整体把握,为哲学研究工作提供科学的指导——这既是开展哲学形态学研究的现实依据,也是它在目前所肩负的主要历史使命。

二、哲学形态学的基本规定

顾名思义,哲学形态学就是研究哲学形态问题的学问。那么,什么是哲学形态?什么是形态和形态学呢?对此我们做些必要的考察。

形态,原指形状和神态,指事物在一定条件下的存在形式和表现状态。对形态问题的研究在生物学和语言学中较早开始亦较为流行。

在生物学中,形态指动植物的整体及其组成部分的外形和结构,形态学研究动植物的组织结构、细胞构成、发育模式、进化结构及功能状态等,对它们的研究形成了具有独特地位的生物形态学。形态学研究是生物分类的基础。

在语言学中,形态指词在语言结构中的构成及其功能变化,形态学研究语言的构成要素(词素)、建构规则及其形式变化过程,对它们的研究形成具有独特地位的语言形态学。语言的形态可分为构形形态与构词形态、内部形态与分析形态等。

从总体上看,形态学(morphology)以研究事物的内部构成要素、组织结构、建构原则、功能状态及发展规律等为己任,具有分析性、动态性、关系性、功能性特征。它既是某种既成的理论,如生物形态学、语言形态学等,也是一种思路和方法,对于从事哲学研究具有积极的借鉴意义。正是基于这种考虑,我们将形态学概念引入哲学,提出和创建哲学形态学,并尝试运用哲学形态学的理论和方法,进行关于哲学的形态学研究。

在我们看来,哲学形态学(morphology of philosophy)或(philosophical morphology)是关于哲学形态问题的哲学学说,它以哲学形态为对象,探索哲学形态的系统发生、历史演进、内部构成、外部条件、现代特点等。

什么是哲学形态?我们认为,哲学形态是哲学的形式和内容在社会实践基础上的具体的、历史的统一。哲学形态就其外延方面来看具有多方面性和多层次性,大体包括以下诸方面。

作为社会系统之内在要素的哲学形态。按照马克思的社会有机系统思想,哲学以一定的社会生产力为最终根源,是与政治思想、道德观念、法律思想、宗教意识等相联系又相区别的一种社会意识形态。它高度集中地体现着时代精神,并且历史地提供着时代的世界观和方法论。这种界说,对于哲学,进而对于马克思主义哲学自身的社会地位也作出了科学的说明。

哲学历史发展过程中有不同的哲学形态,如本体论形态、认识论形态、主体论形态、实证论形态、人本论形态等。这些哲学形态的联系和区别,源于社会实践和哲学自身的发展提出了不同历史时期哲学的时代性主题,从而导致特定时期哲学在形式和内容上的时代性特点,并使哲学在自身发展中显现出历史形态的演化和更迭。在特定的历史时期,某一哲学形态体现着当时的时代性哲学主题,并统摄着人们对于其他哲学问题的思考。例如哲学的本体论形态,存在于人类哲学思维的早期阶段。随着科学的独立发展,认识论问题逐步成为近代哲学的时代性主题,这时,关于世界本原问题的哲学思索逐渐失去了时代意义。但是,它又作为一种基本的范畴和研究方式留存下来,成为尔后的哲学理论体系中的一个"构件"和一种可能的哲学思维方式,并要求人们依据新的科学成果和认识水准做出新的哲学界说。

某种哲学流派的不同历史形态,如唯物主义哲学的朴素形态、形而上学形态和辩证形态等,源于科学和社会的进步引起的该哲学流派从形式到内容的某些改变。这正如恩格斯曾指出的,与唯心主义一样,随着自然科学领域中每一个划时代的发现,唯物主义也必然要改变自己的形式。

某一历史时期的不同哲学派别的不同形态,如近代西方哲学中的唯理论与经验论,它们是在同一社会历史条件下,围绕认识论问题这一共同的哲学主题所展开的不同哲学思路。或者说,它们是由于具体条件不同,从不同角度、不同侧面和途径,对同一哲学主题进行探索的不同形式和不同派别。

上述相关的哲学形态问题,构成了哲学形态学的研究对象。研究有关哲学形态问题的哲学学说,就是哲学形态学,我们把它理解为,哲学反思自身形态的内在发生、外在条件、历史发展和现实结构的理论。

哲学形态学作为哲学工作者反思哲学自身的专门学科,总体上属于"哲学学"的研究领域。它与哲学发生学、哲学分类学和哲学人才学等一起构成哲学学中不可缺少的分支学科。而且,由于哲学形态学注重从逻辑与历史、历史与现实、内容与形式的内在统一中把握哲学形态本身的整体结构、动态发展和历史演化,因而相对于哲学学中的其他分支学科而言,具有更浓的理论色彩。

哲学形态学由于其独特的研究对象、研究任务和研究方式而区别于目前哲学研究体系中关于哲学自身的理论阐述。过去,由于缺少关于哲学形态问题的专门研究,人们对于哲学形态所涉及的问题是在不同方面的理论中去分别考察的。由于哲学的内容和形式被做了分离处理,丰富的哲学内容和生动的哲学历史便凝结为静态的哲学形式,使我们无法科学把握抽象统一的哲学形式背后所隐含着的丰富的哲学内容和静态的哲学形式背后所隐藏的生动的哲学历史,从而使得我们对任何具体哲学形态的科学把握都变得非常困难甚至不可能。哲学形态学的研究,要求我们把哲学的形式和内容、历史与现实统一起来,展现出哲学形态的丰富内容、内在区别和相互联系。

哲学形态学与哲学史的研究既有联系又有区别。由于各种哲学形态都是在哲学历史中产生、形成和发展的,因此,研究哲学形态学也不能不研究哲学史。但是,它主要凭借哲学史研究的成果,并且运用发生学和形态学的方法,以对特定哲学形态的整体把握为基点,将各种哲学形态纳入历史的时间链条和相关的空间格局中考察其内容和形式的具体的历史的统一,求得对其内部结构的总体把握,并进而预示哲学形态的演化发展,为哲学家的科学研究活动指明方向。这里尤为显著的区别是,哲学形态学把历史的材料与现实的材料结合起来,通过一定社会条件下的哲学反思,重新塑造并再现哲学本身。

三、哲学形态学的研究方法

哲学形态学研究方法,是由哲学的科学本性所规定并在哲学的历史发展中形成的。而我们所理解的哲学形态学研究方法,正是由马克思所开始的哲学变革所奠定的。

(1)基于社会实践的实践逻辑研究法。按照这种方法,哲学不是世界之外的遐想,反而总是根源于社会实践,不论一种哲学理论多么博大精深或者看起来多么荒谬,我们都能够从当时的社会条件中揭示出它的产生原因。马克思主义哲学作为当代社会实践的哲学表现,它的内在结构应是按照实践逻辑所展开的当代社会实践结构的哲学抽象。实践逻辑研究法规定了哲学形态学研究以及哲学发展战略研究的基线和着眼点。

(2)基于社会系统整体性的社会系统研究法。马克思的唯物史观揭示了社会系统的基本矛盾的结构,也就从根本上指明了哲学在社会系统中的产生方式、地位和作用。按照这个原理和方法,我们才能够依据社会系统的变化,对哲学形态的存在、变化和发展作出科学的详细说明。

(3)基于哲学历史延续性的历史研究法。哲学形态的更迭和演化,是自身逻辑的历史性展开。不论哲学的各种形态区别如何明显,继起的形态总是蕴含于先在的形态之中,先在的形态总是包含着发展为新形态的可能性。循着哲学历史的发展,可以使我们站在前人的肩上进行哲学思考,去探寻新的哲学世界,从而达到一个新的高度。

(4)基于哲学理论系统性的整体研究法。哲学就其内在统一性而言,是自我包含的。每种形态的哲学,总是以特定方式包含着哲学的一般内容(如本体论、认识论、方法论)。各种不同形态的哲学理论之间,也总是存在着相互联系的侧面。即使在我们目前所处的哲学多样化发展时期,情况也不例外。在我们今天所见的多学科(科学哲学、管理哲学、价值哲学等)、多层次(基础理论哲学、应用哲学、部门哲学等)和多流派的发展状况中,彼此间都有着不可忽视的内在联系。在某种哲学理论的不同组成部分之间,内在联系就更为紧密。因而,从整体的联系和联系的整体中理解哲学,是把握哲学形态内在统一性和外在相关性的重要方法。

(5)基于哲学思维特性的辩证研究法。辩证思维是当代哲学思维的一个基本特性,即研究主体基于客观辩证法所采取的辩证态度和辩证方法。哲学形态的产生、存在和发展,既在根本上服从于客观世界的辩证运动规律,又有着自己的特殊过程和特殊规律。要从一般与个别、普遍与特殊的联结中揭示哲学形态演化发展的运动规律,只有借助于科学的辩证方法才能办到。因此,辩证研究方法不能不是哲学形态学之研究对象的辩证本性的内在要求。

(6)基于现实、指向未来的哲学发展研究法。在现实中,哲学的发生、发展根源于社会实践,并通过各种思想材料(包括未来发展的前馈信息)的输入和哲学思维的加工才能实现。因此,特定哲学形态之作为特定哲学内容与形式的逻辑统一,只能是相对的、暂时的。哲学形态的演化和更迭,依赖于哲学内部的信息输入、输出和加工机制。正是这种机制使得人类的哲学思维好比是流动在实践河床上有着多种源泉的河流。它不断地设置(再现)自身,又不断地超越(发展)自身。对哲学发展趋向的科学预见、对哲学发展途径的正确抉择和对哲学研究手段的合理选用,对于哲学家的活动成效具有至关重要的意义。

我们认为,只有至少包括上述多种方法的综合运用,才能避免由于哲学的形式和内容、历史和现实、理论和实际的分离而带来的片面性。它们的综合运用,将不会导致哲学历史的简单重复,也不会导致割断哲学历史的标新立异,而是使我们的认识由抽象上升到具体,去把握当代哲学发展的可能形态。

第三章 哲学研究法的探索与建构

哲学现代化的基本前提之一是哲学研究方法的现代化。哲学研究方法属于方法论的范畴，能够为我们的研究提供途径和指导。方法论与世界观处于对立统一的辩证关系之中，尽管二者存在显著区别，但二者又相互联系、相互影响，并且能够相互转化，因此，哲学既是世界观又是方法论。马克思主义哲学有着自己的方法论原则，其对哲学研究法有如下基本规定：其一，哲学研究客体的特殊性质及其对研究方法的特殊要求；其二，哲学研究主体的特殊结构及其对研究活动的影响；其三，哲学研究过程的特殊模式及其方法论意义；其四，哲学研究的独特方法群及其建构途径。在当代科学中，科学方法论占据着极为重要的地位，是发展马克思主义哲学方法论的珍贵思想材料，对建构、充实和完善马克思主义哲学的研究方法具有重要意义。

一、选准哲学改革的突破口

选择"突破口",在不同的场合有不同的含义。对于当前我们的哲学改革来说,则是要在全面回顾哲学发展的历史、如实估量哲学研究现状、正确预见哲学发展趋势的基础上,找出目前阻碍哲学发展的实际障碍、主要症结和矛盾焦点,探测哲学变革的理论和任务由以实施和实现的途径和桥梁,确定哲学繁荣之趋势由可能性转化为现实性的内在机制和主体力量,等等。从这种意义上来看,如果说在对马克思主义哲学的性质、对象和任务等基本理论问题全面反思的基础上形成的马克思主义哲学观的整体变革构成了哲学改革所必要的理论准备和思想指导的话,那么,使这种观念由以具体化和付诸实施的哲学研究方法的科学更新则构成了哲学改革的突破口。

哲学现代化,其基本前提之一是哲学研究方法的现代化。

方法是主体依据于对客体发展规律的认识为自己规定的活动方式和行为准则,是客观规律的主观运用,是人们实现特定活动目的的手段或途径,是主体接近、把握以至改造客体的工具或桥梁。在科学探索活动中,研究方法作为研究目的和研究任务在活动中的体现和具体化,常以规范、章程、条例、准则等相对确定的形式表现出来,并作为一种带有约束性甚至强制性的规定,告诉人们应该做什么,不应该做什么;先做什么,后做什么;怎样做才能事半功倍,省劲省时,取得最高的效率和最大的效益;等等。正是通过这种种具体的途径,研究方法制约着人们的眼界和视线,规定着人们的研究范围和关注重点,指导着人们的思维行程和活动程序,从而最终影响甚至决定着主体对客体把握的广度、深度和正确程度。研究方法的制定,一方面受制于研究对象的发展模式和运动规律,反映着研究主体对研究客体的基本性质和发展趋向等的认识水平;另一方面又受制于研究主体的价值追求和活动方式,反映着研究主体对自身需要和自身能力等的认识水平。合理且科学的研究方法,通过对研究主体的思维、行为和活动等在方向、方式、节奏、强度、顺序和速度等方面的支配、调节和控制,使主体的自觉活动模式与客体的自发运动形式相吻合,使主体的主观活动逻辑与客体的客观发展逻辑相接近,从而充当着主体和客体相互作用的中介,成为科学研究活动中主观与客观内在统一的主体因素和必要条件。相应地,研究方法的科学更新，既是研究主体对客体、主体自身和主客体之间价值关系及未来发展等的认识不断深化的结果和表现，又是研究主体以更新的角度、在更深的层次上全面、准确地把握特定客体的重要条件，是科学进步、认识深化的基本前提和重要动力之一。正是由于研究方法的这种独特作用和重要地位，不少著名的科学家都非常重视对于研究方法的科学探讨，甚至认为：一切理论探讨最终都可以归结为其研究方法的探讨，特定学科之研究方法的完善程度在某种意义上表征着该学科的完善程度；一切理论变革又首先依赖于对其研究方法的变革，只有方法论上的科学更新才能带来该学科的重大突破。巴甫洛夫就曾明确地指出这一点。他说："科学是随着研究法所获得的成就而前进的。研究法每前进一步，我们就更提高一步，随之在我们面前也就开拓了一个充满种种新鲜事物的更辽阔的远景。"

  哲学研究也是这样。要使哲学理论不断获得发展并臻于完善，就必须时时注意对哲学研究方法的自觉反思和科学更新。哲学作为理论化、系统化的世界观，它对其对象世界的把握、对时代脉搏的触摸和对时代精神的反映，都是通过哲学家的科学研究活动来实现的。哲学研究方法，既是对哲学家的活动方式、思维方式和行为方式等的提炼、概括和总结，又对哲学家们观察和思考问题的角度、把握客体的途径和方式，以及研究手段的筛选和运用等具有指导和制约的作用。它通过对哲学家在科学探索活动中的研究方式的调节、支配和控制，实现着哲学研究客体的客观运动形式向哲学研究主体的自觉活动方式的转换，促使着主体的自觉活动规律与客体发展规律的接近、协调和一致。特定的哲学观点、理论和体系，作为特定研究主体运用特定方法考察特定客体的理论成果和观念表现，与其研究方法在性质上具有相关性。同一学科中的不同学派，是不同的研究者从不同角度运用不同方法通过不同渠道认识和研究同一客体的产物和表现，它们之间的区别，应该也能够从研究方法的差别中找到根源。相应地，在哲学研究方法的先进程度、哲学研究主体的认识水平和哲学理论形态的科学程度这三者之间，也大体上保持着在水准和量度上的对应性。对同一客体的不同程度和不同水平的哲学界说，反映着不同研究主体的认识水准，根源于其研究方法之间的优劣新陈。从哲学史上来看，唯物主义所采取的朴素的、机械的和辩证的这三种历史形态，正是根源于并反映着人类的哲学思维和研究方法所经历的三种不同级数和发展阶段。而那些名垂史册的伟大思想家们,如亚里士多德、培根和黑格尔等等,在思维方式和研究方法上对人类理性进化的重大变革,既是他们的全部学说由以建立的方法论基础,更是他们的全部贡献中至今仍然闪光的最珍贵的方面。

对马克思主义哲学的研究也不例外。马克思主义哲学作为科学的世界观,它的创立是以科学的思维方式和科学的研究方法之创立为前提和条件的。正是由于马克思和恩格斯在人类理性思维的历史发展中第一次把唯物主义方法和辩证方法有机地结合起来,并根据不同的对象做具体的、科学的运用,才导致人类认识史上的伟大变革。但是,这场变革的真实意义并不像一些人长期以来所错误地认为的那样,即它一蹴而就、一劳永逸地造就了一个已经包罗万象、穷尽真理的"完成态"的终极体系,而在于它开辟了人类自觉地在对真理的追求中不断地在思维方式上自我突破、自我更新,从而自觉地促使哲学理论不断发展、不断完善的全新的历史时期。随着时代的发展和认识的深化而不断地自我突破、自我更新、自我发展、自我完善,这正是马克思主义哲学作为科学的世界观和科学的方法论之统一这种特殊性质的基本要求,也是它所具有的内在活力。如果我们不能自觉地关注和深刻地把握马克思主义哲学的这种科学本性和内在趋向,并通过有效的活动来反映和实现它们,就会削弱以至取消马克思主义哲学的科学性和真理性,造成它与科技发展和社会进步之间所不应具有的"时代差"。

目前,哲学界对马克思主义哲学在我国的研究现状和功能发挥等方面普遍感到很不满意,在对马克思主义哲学的性质、对象和任务等全面反思的基础上提出了哲学改革的紧迫任务,这是人们认识上的一大进步。与此同时,不少同仁结合当前的时代特点就马克思主义哲学的发展趋势做了有益的展望和预测,这有助于进一步明确哲学改革的方向。但是,如果我们的认识仅仅局限于此,那还是远远不够的。哲学改革的任务必须通过人们改变了的活动方式去落实;变化了的客观对象必须通过发展了的研究方式去把握;发展了的主体能力必须通过更新了的研究方法去体现;哲学改革的基本方向必须通过哲学家的活动方向来把握……过去哲学研究中的缺陷,固然有着历史的和社会的原因,而哲学研究方法的不适应,却是一个不可忽视的重要方面。马克思主义哲学的发展和繁荣,当然离不开科学的进步和社会的发展,但从主体方面来看,则无论如何也离不开哲学研究方法的科学更新。哲学研究方法的现代化,是哲学现代化所必不可少的前提条件。

二、世界观与方法论关系的再探讨

从根本上说,哲学研究方法属于方法论,是其中的一个分支或一种具体运用,其特殊之处在于运用于哲学研究。我们又常说,哲学是世界观。那么,作为世界观的哲学与其研究方法之间是什么关系呢?为了说明这一点,我们有必要对世界观与方法论的关系进行一番再探讨。

对世界观与方法论的关系问题,过去我们习惯于以哲学为轴心,直接地在哲学既是世界观,又是方法论的命题下加以阐述。笔者以为,这一视角对于我们把握三者之间的联系是有益的,但难以帮助我们把握其间的区别。而且,由于哲学仅是世界观的一种具体形式,是理论化、系统化的世界观,而世界观与方法论在哲学身上的统一,也仅是二者联系的多种形式之一。因此,哲学之作为世界观和方法论的统一这种特殊情况,应该也只能在对世界观与方法论对立统一辩证关系的全面分析中得到说明。为此,就有必要对世界观与方法论的联系、区别及其转化做些具体的分析,并在此基础上全面地说明哲学与世界观和方法论的真实关系,以科学地把握哲学的内容和功用及其实现等一系列问题。

世界观和方法论在对象、内容、形式和结构等方面都是不同的。把握这种区别,是说明其联系和转化的必要前提。

首先,从对象上看,世界观是人们对整个世界的总的根本的看法。这里的世界,包括自然界、人类社会和人的思维这三个基本的领域,它们都是作为主体之外的客体,作为人们认识和反映的对象而存在。因此,世界观就其内容来看,主要是主体对于作为整体的外部客体的知识,是外部世界的存在状况、固有属性及运动规律等在人们意识中的存在方式,是作为人们自觉或不自觉地认识世界的成果而存在的。尽管在人们的认识活动中不可避免地或多或少掺杂着主观的因素和内容,但就认识者的动机和目的来看,却是要尽可能如实地认识客体。恩格斯就曾指出:"唯物主义的自然观不过是对自然界本来面目的朴素的了解,不附加以任何外来的成分。"[①]即使那些宗教的或唯心的世界观,也

[①] 马克思恩格斯全集(第3卷)[M].北京:人民出版社,1972:527.

不过是一些人无意或有意地歪曲反映或说明世界的具体形式。因此，一般说来，世界观总是以外部客体作为自己的对象和内容的。

方法论则有所不同。方法论是研究方法的学说。方法是人们实现特定目的的手段或途径，是主体接近、达到或改变客体的工具或桥梁。列宁曾摘录过黑格尔在《逻辑学》中的这样一段话："在探索的认识中，方法也就是工具，是在主体方面的某个手段，主体方面通过这个手段和客体相联系。"[1]黑格尔这里所说的方法，指的是概念的自在和自为的规定性，是一种撇开了概念的具体内容的逻辑推理方法。但他又认为这种方法是从"对象自身中取得规定的东西"，是"对象的内在原则和灵魂"，并把它作为主体同客体联系的手段和中介，这个思想是很深刻的。实际上，方法是人们依据于对客体发展规律的认识为自己规定的活动方式和行为准则，是客观规律的主观运用。因此，有效而成功的方法之确立，就不仅要依据客体的状况和可能，还必须依据主体对自身需要的认识，以及自身能力的认识。因此，就其内容来说，方法不仅包含着关于客体的各种知识，还包含着对主体和客体之间的价值关系及与之相应的主体活动目的的认识，包含着对主体实现目的的具体途径和相应工具的认识。为了变革同一物体或实现同一目的，不同的主体可以成功地采用不同的方式或手段，这就说明，与世界观相比，方法更深刻地打着主体的烙印，或者换句话说，具有更强的主体性。既然如此，以方法为研究的直接对象和具体内容的方法论，与世界观的区别也就显而易见了。

其次，就存在形式来看，尽管世界观在不同的主体那里有自觉与不自觉、成熟与不成熟之分，但它们都是作为一种观念形态的东西而存在的。哲学作为系统化的世界观，甚至要以严密理论体系的形式存在。而且，作为关于外部客体的一种描述性知识，世界观还可以其对象的具体领域而划分为自然观、社会历史观和认识论等具体形式，其间主要是一种横向的联系。

方法作为一种带有约束性甚至强制性的规定，它要明确地告诉人们应该做什么，不应该做什么；先做什么，后做什么；怎样才能事半功倍，取得最大的效益等。因此，方法往往以规范、章程、条例、准则、要求

---

[1] 列宁. 哲学笔记[M]. 第2版. 北京：人民出版社，1993：189.

甚至律令等相对确定的形式表现出来。而且,由于方法与人类活动方式密切相关,因此,与人类实践活动的层次性相对应,方法也可按从低级到高级的发展和适用范围的不同,分为三个不同的基本层次:①各门具体科学中的具体方法。它们仅适用于本门具体学科,如数学中的微分法、积分法,物理学中的光谱分析法,地质学中的放射性同位素测定年代法等。②科学研究中的一般方法。它们是由各门具体科学中概括和总结出来并对其具有较普遍适应性的方法,如观察方法、实验方法、抽象法、模型法、数学方法、系统方法、信息方法、控制方法等。③哲学方法。它具有最大的普遍性,广泛适用于自然科学、社会科学和思维科学等各领域。以上三个层次,反映着不同方法之间的纵向联系。原则上说,它们都是方法论的研究对象。这也是方法论与世界观的区别之一。

再次,从内部结构来看,世界观作为一种人们对于外部世界"是什么"的知识或观念,任务在于揭示其由何组建和构成,何以产生和形成,何由变化和发展等基本问题。而对这些问题的回答,又都须以人自身为参照系之一,离不开对人自身在世界中地位的考察。因此,人与外部世界、主体与客体、思维与存在的关系问题,是世界观必然涉及并不可回避的问题。正是对这些问题的不同回答,构成了不同的观念或思想体系,形成了不同的世界观:有神论的与无神论的,唯物主义的与唯心主义的,辩证发展的与形而上学的,可知论的与不可知论的,等等。任何世界观,不论其采取什么具体形式,总是要以一定的方式回答思维与存在的关系问题。因此,其评判的基本标准是真与假,即看其是真实地还是虚假地反映了现实世界的客观状况。相应地,世界观上的各种流派,最终由于他们不可避免地作出的对哲学基本问题的回答,而必然被划归到一定的哲学阵营,属于一定的哲学派别。

方法的有效运用必须结合特定客体和特定主体的具体特点,它除了受世界观提供的主体和客体关系的一般知识的指导以外,还依据具体对象的发展模式和主体的活动方式等,具有相对独立的一面。因此,对于方法来说,其不仅受制于人们认识水平的真假标准,还受制于人们的需要和可能的效用标准。这两个方面的相互作用,就造成不同主体的方法论与世界观或者一致,或者不一致甚至背离的复杂情况。一方面,强化功能和提高效益作为一种内驱力自发地要求人们在方法的选择上符合客观实际。因此,世界观即使虚幻谬误者不一定在一切方法上都是愚笨的,某些有神论者可以在一定程度上看到社会进步的方向和途径,"聪明的"唯心主义者也曾运用过辩证的方法。另一方面,世界观即使基本正确也不一定能在方法论上贯彻如一,旧唯物主义者就曾长期陷入形而上学唯心史观。方法论与世界观的这种背离情况,突出地表示着方法论的相对独立性,也使我们从中更明显地看到了世界观与方法论的区别所在。

那么,怎样理解哲学既是世界观,又是方法论呢？这主要应从世界观与方法论的联系进行说明。

第一,世界观指导并最终决定着人们对方法的选择和方法论的研究。在实际生活中,人们面临的客体都是具体的、特殊的,因此,人们用于认识和改造不同客体的方法也是极不相同的。但是,这些客体又都是作为世界整体中的个体、部分或发展阶段而存在的,因此,对具体客体的认识和改造方法的选择又都不能不受到世界观的影响。世界观作为人们对世界的总体认识,是人们行动的基本依据之一,它最终决定着人们对方法的选择。方法,就其实质而论,仍然是世界观在特定对象上的具体运用。因此,尽管它具有相对独立的一面,但在终极的意义上,仍然是为世界观所决定的。有什么样的世界观,终究会有什么样的方法论。在现实生活中,只有以彻底的唯物主义和彻底的辩证法为指导,才能真正破除一切主观主义、形而上学。而即使像历史上的黑格尔那样伟大的哲学家,其非常革命的辩证方法也最终屈服于其彻底的客观唯心主义理论体系。对于方法论的研究也是同样。方法论的对象,归根到底仍然是现实世界中物质客体和精神客体的特殊运动形式,因此,它终究不能摆脱世界观的影响和制约。

第二,方法论支持并影响着一定的世界观。世界观的形成是主体自觉或不自觉地运用一定方法认识和改造世界的结果。方法上的差异是造成同一客观条件下人们形成不同世界观的基本原因之一。因此,一定的世界观总是以一定的方法论作为自己赖以存在和发生作用的支柱。方法论的动摇必然导致世界观的动摇甚至崩溃,方法论的发展能促成新世界观的产生和形成。这是世界观与方法论内在联系的又一重要方面。历史上,无产阶级曾经由于马克思主义这一科学认识方法的传播和灌输而树立起崭新的唯物辩证的科学世界观,从自发走向自为和自觉。而目前科学世界图景的不断更新,也正是由于科学认识方法的不断发展才得到实现的。恩格斯关于唯物主义和唯心主义都要随着科学的每一项划时代发现而改变自己的形态之著名论断,就深刻地揭示了世界观与方法论之间的这种内在联系。

第三,哲学是世界观与方法论辩证统一的具体形式。从内容上来看,哲学是关于世界观的学问,是理论化、系统化的世界观,是世界观的为人们所自觉意识的形式。从功能上来说,哲学是关于认识和改造世界最普遍方法的学问,是方法论体系中的最高层次,是自觉的方法论。不管人们是否自觉地提出了这样的任务,他们创立并发展哲学都不是仅仅为了反映和认识世界,而是为了驾驭和改造世界。因此,哲学的使命不仅在于描述和理解世界,为人们提供世界观,而且在于支配和指导主体,为人们的活动提供方法论。所以,哲学既要研究世界观,又要研究方法论。或者说,它既是世界观,又是方法论。世界观和方法论在哲学中的统一,说明了自觉的世界观与自觉的方法论之间的内在联系。

自觉的世界观与自觉的方法论之间的内在联系,还突出地表现在二者间的相互转化上面。

哲学作为世界观向方法论的转化过程,既是世界观发挥作用的过程,又是哲学的社会功能的具体运用和实现过程。而这正是哲学的社会价值之所在。马克思主义经典作家多次明确强调,马克思主义哲学不应被看作僵死的教条,而应被看成行动的指南,被当作无产阶级和广大劳动群众的"伟大的认识工具"。世界观向方法论的转化过程,实际上是客观世界的自发运动形式向主体的自觉活动形式的转化过程。因此,这个过程又是人们的认识由低级到高级的发展过程。为了在一定世界观的指导下寻求认识和改造客体的有效方法,主体不仅要抽象地研究客体整体,而且应具体地研究特定的客体个体;不仅研究客体,而且应全面地研究主体的自身需要和自身能力,研究主体和客体的关系;不仅研究客体和主体关系的过去和现在"是什么",而且应研究并预测其发展的未来"应如何";不仅要根据这种预测提出主体的活动目的,还要制定与之相应的活动方式和活动模型,解决主体自身为满足需要"应怎么办"等一系列复杂问题。可见,世界观向方法论的转化过程,就是人们的认识领域不断扩大、内容不断丰富的过程,也是作为理论形态的哲学向作为应用手段的哲学之转化和发展的过程。为了顺利地实现这种转化,必须尊重方法体系的相对独立性和内在层次性。应该看到,哲学世界观所能直接转化的,只能是哲学方法论,是方法体系中的最高层次。哲学方法论对哲学的一般方法论和具体方法论都有指导作用,但这种作用是间接的,要通过一定的中介,透过科学和实践的各个层次才能实现。而实现的条件则是哲学方法论不断地与各门科学中的特殊规律甚至个别规律相结合,为在社会活动的不同层次上的人们按照自己的方式所接受、所掌握、所应用。因此,不应把哲学方法论看作包医百病的万应灵丹,更不能用它去直接取代一般方法论和具体方法论。过去我们忽视了这一点,在哲学的应用问题上搞"立竿见影",把哲学理论的联系实际变成了简单的"贴标签"和"对号入座",这不仅不能发挥哲学的方法论功能,而且败坏了哲学的声誉,阻碍了哲学的发展。

世界观要向方法论转化,方法论也要向世界观转化。所不同的是,这是两个互逆的过程。世界观向方法论的转化,是理论不断地具体化的过程,而方法论向世界观的转化,则是哲学方法论在运用和实现自身的过程中不断地从具体科学方法论中汲取营养、充实自身的过程。在这个过程中,一些具体科学方法为人们在更广泛的实践活动中所应用、所认识,其普遍性得到可靠而充分的证实,从而逐步地上升到哲学方法论的地位。当前,系统方法、结构方法、信息方法、控制方法等的哲学意义越来越充分地为人们所认识,正逐步成为哲学方法库中不可缺少的部分。而这些新方法的运用,实质上是为人们在更多自由度上全方位认识世界和改造世界方面提供了新的视角,从而必然开拓人们的眼界,深化和丰富人们的认识,在人面前展现出更新的世界图景,提供更新的世界观。

马克思主义哲学真实正确地反映了客观世界的存在状况和内在规律,是科学的世界观。马克思主义哲学有效地指导人们能动地认识世界和改造世界,是科学的方法论。马克思主义哲学是科学世界观和科学方法论的辩证统一。当前,科学和社会生活现代化的伟大潮流已经提出了马克思主义哲学现代化的紧迫任务。这种现代化,不仅要求马克思主义哲学真正面向并自觉反映现代化的社会生活,加速其基础理论研究的现代化,为人们提供更加科学的世界观;更要求马克思主义哲学站在社会生活的前面能动地指导现代化的社会实践,加速实现哲学作为应用手段的现代化,为人们提供更加有效的方法论。而方法论的进一步发展,又不仅促进各门科学和社会实践的变革与创新,而且必将对马克思主义哲学自身的研究与发展发挥非常积极的作用和影响。正是在这种意义上,我们认为,应当积极地探讨并更新哲学研究方法,并把哲学研究法作为马克思主义哲学学中相对独立的分支学科尽快地建构起来。

三、哲学研究法的基本规定

我们知道,马克思主义经典作家在创立自己的哲学的过程中,曾多次谈到所主张的唯物主义、辩证法、认识论、唯物史观的方法论意义,并阐述过建构自己哲学体系的方法论原则等。但由于当时所负的特殊使命,他们在这方面的思想尚未充分展开。而我们过去对此缺乏足够的认识,虽然在研究中也进行了若干具有方法论意义的问题探讨,但一直未能上升到"建构哲学研究法"这样的高度,来自觉地对已有思想材料做深入发掘和系统整理,也没有结合当前的实际进行积极的探索。一些人一再倡导的"哲学学"之研究也未能实际有效地开展起来,这是多年来我们的研究方法封闭、单一、贫乏、陈旧、少有开拓创新的重要原因。正是有感于这种情况,笔者在一篇短文中曾经呼吁:马克思主义哲学的研究法应当与其教学法等一样,受到人们足够的重视,它作为哲学学中一门相对独立的分支学科应尽快地建构起来,并不断地趋向科学化和现代化。

"马克思主义哲学研究法",顾名思义,就是研究马克思主义哲学的方法。一般说来,研究方法涉及研究主体观察思考问题的角度的选择、研究对象的范围的确定、研究途径的比较和抉择、研究手段的筛选和运用,等等。马克思主义哲学的研究法也是这样,它要探索马克思主义哲学研究中的主体和客体及其关系、发展的过程和特殊模式、研究的方法以及建构途径、研究活动的基本特征及内在规律,等等。

同一般认识过程一样,马克思主义哲学的研究活动有主体、客体和工具等多种要素,它们相互影响和制约,表现为认识不断深化的动态过程,并且这种过程可依某种标准划分为若干阶段。但是,哲学研究过程的各种要素、各个方面又有自己的特殊性,从而使得研究过程表现为某种特殊的形态和方式,具有自己特定的秩序和规律。探讨马克思主义哲学研究法,就是探讨这种普遍性指导下的特殊性。概括地讲,这种特殊性可以分为两个方面：一是多视角、多方面地考察各个要素的内部状况及其差异性和相关性；二是多层次、多测度地揭示各个发展阶段的相互关联和相互作用。显然，这里有许多课题需要我们去探讨。

1. 哲学研究客体的特殊性质及其对研究方法的特殊要求

方法是客观规律的主观运用，因此，方法是否科学，在于是否与客体的发展逻辑相一致。从对象上来讲，哲学与哲学研究工作既相联系又有区别。作为一门科学，马克思主义哲学以作为整体的现实世界为对象；而当马克思主义哲学产生之后，哲学研究工作又有自己的对象，它可以研究作为哲学的对象的现实世界，也可以把马克思主义哲学作为客体来加以研究，还可以考察既有理论与其对象世界的相符关系和动态发展，等等。相应地，研究马克思主义哲学也应当作这样两个方面的工作：一是研究马克思主义哲学理论，弄清它的历史渊源、内在联系、整体结构和发展规律；二是研究马克思主义哲学所反映的对象世界，探索它的运动变化对马克思主义哲学的影响。既然马克思主义哲学是以范畴、原理和体系的变化反映对象世界的，那么，从方法论上来讲，就要求我们：①把研究理论与研究现实结合起来，不可偏废；②把研究的中心始终集中在已有理论与对象世界的关系上；③要以对象世界的发展来说明理论的进化，来检测、修正和发展马克思主义哲学。而不是像我们通常所做的那样，用理论来评判和裁剪活生生的现实。

2. 哲学研究主体的特殊结构及其对研究活动的影响

哲学研究是一种个体性较强的精神生产活动。因此，哲学研究主体（特别是其中的先进分子）的个人素质——追求和愿望、能力与手段、活动方式与效率等，便对马克思主义哲学的发展起着重要的作用，从某种意义上来讲，甚至起着决定性的作用。考察哲学家的个人素质，主要考察其研究能力的特殊内容和合理结构。同一般的主体能力结构一样，哲学家的能力结构也包含这么三个方面，即"人本身的自然力""为主体所掌握并进入主体活动领域的知识"和"对实现活动目的起积极作用的情感和意志"。而这三个方面的要素在哲学家的能力结构中又都有着自己的特殊性质、内容和形式，并构成哲学家独特的思维方式、价值倾向、经验知识背景和情感意志品质，它们共同地对哲学家的研究活动及其结果发生着不可忽视的作用和影响，并决定着哲学家的视野广度、思想的深刻程度和理论的完善程度。因此，只有认真地探讨这些问题,才能为培养优质哲学人才和哲学家的自我造就提供科学依据。

哲学研究不仅是一种主体性较强的活动,同时也是一种协同性较强的活动。今天,哲学研究主体已由少数优秀思想家,发展成为一支庞大的哲学队伍,这就提出了一个哲学研究队伍的组织和协调的问题。我们应当从社会的整体角度来考察马克思主义哲学研究任务的内部比例和合理结构,以此确定哲学研究队伍的力量投向、组合方式和最佳结构,把从事不同方面、不同层次、不同专题研究的个体力量和集团力量,融汇为"一个总的合力"。

3. 哲学研究过程的特殊模式及其方法论意义

哲学研究过程是一个从非哲学的材料中来,到非哲学的活动中去的认识过程。这是一个需要认真探索的重要问题。人们日常碰到的问题大多是一些非哲学的问题,那么如何从大量的现实问题中发现哲学问题,并把它上升为哲学命题,这本身就是一个重要的方法论问题。不仅如此,哲学之抽象性和具体性的统一这个特点本身,就决定了哲学研究过程和认识深化过程必须在抽象性和具体性这两个方面同步发展,哲学的概念和原理的升华应当是人们更全面、更准确、更生动、更具体地把握对象世界的表现。此外,哲学理论最后还要回到实践中去,并在应用中经受检验和评价。哲学的应用问题,还有间接、直接之分。所谓间接,就是透过具体科学的各个层次,与各种科学方法论相结合;所谓直接,就是通过人们的思维方式,活跃在社会生活的各个角落。同样,哲学理论的检验也不能不具有二重性:归根到底受科学和社会实践的检验,并具有较长的周期性;直接受着逻辑力量的检测。所有这些问题,都是哲学研究法的重要课题。

4. 哲学研究的独特方法群及其建构途径

哲学研究对象的复杂性、主体的差异性和过程的多阶性,决定了研究方法的多样性。而研究对象和任务的整体性,又决定了运用研究方法的综合性。任何一个哲学问题的解决都需要多种方法的综合运用,马克思主义哲学研究方法应当是一个独特的"方法群"。那么,如何建构这个"方法群"呢?我想至少应包括这样两个方面:一是可以在马克思主义哲学这个"方法库"中去找,如辩证方法、唯物主义方法,以及分析与综合、归纳与演绎、抽象与具体、逻辑与历史等方法,这些方法无疑应当运用于马克思主义哲学的研究工作;另一方面,又可以向各门具体科学学习,借用一些行之有效的科学方法,如模拟法、模型法、相似法、比较法、图表法,特别是信息方法、控制方法、系统方法、数学方法等一些具有普遍适用性的方法。

哲学研究法与马克思主义哲学作为科学的哲学方法论之间既有密切的内在联系,又有明显的区别。马克思主义哲学作为科学的哲学方法论,是指马克思主义哲学作为理论化系统化的科学世界观,它的各个基本概念、范畴、原理以至体系都既是对象世界的存在状况、普遍本质、运动过程和发展规律等的理论表现,又是人类认识的网上纽结、理性思维的方法和工具,并对人们认识世界和改造世界有着最普遍的方法论指导作用,是方法论若干层次中的最高层次。而哲学研究法则属于较低层次的科学研究方法论中的一个分支。作为研究马克思主义哲学的具体方法的学问,哲学研究法立足于哲学工作者的科研活动在坚持和发展马克思主义哲学中的特殊地位和积极作用,侧重从研究者的活动方式、过程和手段等方面来反思马克思主义哲学的研究历史、研究现状和发展趋势,考察研究者的自觉活动规律与马克思主义哲学的发展规律之间的关系,从方法论上给哲学工作者以指导。

从研究对象上来看,哲学方法论与哲学研究法的关系近似于全局与局部的关系。前者研究人类主体在认识、评价与改造包括自然、社会和人类思维在内的对象世界整体中所遇到的方法论问题,后者则考察哲学研究主体在把握哲学研究客体中所遇到的方法论问题。前者的对象包含了后者的对象,并大大超出了后者的范围。

从抽象的程度上来看,哲学方法论与哲学研究法的关系近似于普遍与特殊的关系。前者在最高的层次上概括了具体科学方法论与一般科学方法论的共性,因而具有最普遍、最广泛的性质,后者则立足于探索哲学研究中方法论方面的特殊性质和特殊规律,因而比较具体,抽象程度也较低。前者概括了后者的共性,却不能囊括其特殊性。

从功能上来看,哲学方法论作为关于人们如何正确认识和改造世界的最普遍方法的学问,对于包括哲学研究在内的各门具体科学的探讨都有着不可缺少也不能替代的方法论指导意义。哲学方法论当中的各种科学方法,如唯物主义方法、辩证方法,以及分析与综合、归纳与演绎、抽象与具体、逻辑与历史等方法,无疑都可以运用于哲学研究工作,是哲学研究方法所不可违背的基本原则。哲学研究法则主要通过对哲学家之研究活动的调节、支配和控制而直接影响到哲学的研究成果,影响到哲学理论的科学性和真理性程度,从而发挥着自己的认识功能和社会功能。但也正是在这里,哲学研究法展示着自身功能的独特性和重要性:它以自身的科学性和先进性支持、影响甚至决定着哲学世界观的真理性和哲学方法论的科学性,并以自身的变革充当着哲学变革的前导。这里不仅有着哲学方法论向哲学研究法的转化——在普遍的哲学方法论原则指导下去探索哲学研究的特殊规律和特殊方法,而且有着哲学研究法向哲学方法论的转化——哲学研究法的科学更新是建构更新的哲学世界图景、锻造更科学的哲学方法论的前导。

可见,积极探索哲学研究法,自觉促进哲学研究方法的科学更新,实质上是在一个新的角度和更深的层次上反思马克思主义哲学。这既是哲学改革向我们提出的紧迫课题,又是探索和深化哲学改革理论、部署和实施哲学改革方案的重要一步和关键一环,对于在新的历史条件下坚持和发展马克思主义哲学,无疑有着十分积极的理论和实践意义。

四、现代科学方法论及其哲学意义

当社会实践要求强化马克思主义哲学的方法论功能,哲学发展要求探讨马克思主义哲学研究方法的时候,现代科学在方法论方面的丰硕成果尤其值得我们关注。

20世纪最令人瞩目的科学思想成果之一是现代系统科学及相应的现代科学方法论(包括系统论方法、信息论方法、控制论方法、相对论方法、数学方法、统计学方法、生物学方法、神经学方法、发生学方法、行为科学方法,等等)。它们在当代科学理论与方法体系中占据着极为重要的地位,不仅是发展马克思主义哲学的珍贵的、现实的科学思想材料,而且对于建构、充实和完善马克思主义哲学的研究方法具有极其重要的意义。正如马克思在创立新世界观时细胞学说、能量守恒与转化理论和达尔文进化论及其他科学发现所曾起过积极的作用一样,现代系统科学以及现代科学方法论也将对马克思主义哲学的现代发展作出积极的贡献。

当然,正如现代科学方法论仅仅是现代科学层次上的一部分思想材料,而不是全部材料一样,对现代科学方法论的研究,也仅仅是研究和发展马克思主义哲学的一个重要方面,而不是全部。就其本来的含义而言,各门现代科学(例如一般系统论、信息论和控制论等)在它们的奠基人那里,都只是具有特定对象的横断科学理论。因此,即使在今天,我们也必须首先在这种严格的意义上去理解它们。但是,知识和方法如同一枚硬币的两面,现代科学尤其是系统科学更具有科学方法论的特点和价值。它们的一般研究和广泛应用,正是在方法论的意义上联结着许多看来似乎完全不相干的领域,并且使现代科学结成一个相互制约和贯通的严密体系。正是在这样的意义上,我们可以对其进行必要的哲学研究,概括其哲学意义,使之得以升华,使哲学得以充实和发展。

现代科学及其方法论提出了许多哲学问题,也提供了一批新的哲学材料,要求我们在哲学的层面上加以回答。这些问题,有的是过去的哲学领域中的传统命题和范畴,有的则是由当代社会实践和科学所提出的新问题,要求我们立足于新的时代高度来加以回答。

现代哲学必须立足于现代大科学和现代大实践。为此,我们必须自觉树立现代的大科学观念和大实践观念。过去一谈到科学,人们总是直接想到物理、数学、化学、生物学等自然科学。大家往往忽视一个重要的现实,即一百多年来,尤其近几十年来,人文社会科学不仅已经作为一种真正的"硬科学"而产生和存在,而且迅速走到了现代科学的前沿,甚至在一些领域取得了领先和排头的地位,成为现代科学中不可缺少和不可分割的重要组成部分。现代科学正是由现代自然科学、社会科学和人文科学等构成的有机体系。而贯穿在各门科学之间的共同的、一般的东西,是现代系统科学及相应的现代科学方法论。作为20世纪以来最令人瞩目的思想成就之一,它们不仅是发展马克思主义哲学的极为珍贵的思想材料,而且对于建构、充实和完善马克思主义哲学的研究方法具有极为重要的意义。

现代系统科学,包括一般系统论、信息论、控制论、耗散结构理论、突变论、协同学、超循环理论等。它们与相对论、量子力学、微电子学、生物遗传学、神经生理学、脑科学等的区别,在于它们不是具体研究物质世界特定领域或特定方面的特殊现象,而是对不同领域、不同方面进行跨学科、跨领域的综合性、横断性研究,力求从方法论上着眼,解决不同性质、类别和物种的对象之间的共同性问题。因此它们在本质上是具有综合性、横断性的方法论的学科。它们的产生和发展,不仅为人们开拓新领域、研究新对象提供了全新的思路与方法,而且为人们深入发掘已有研究领域和研究对象,使传统学科得到升华和跃迁创造了条件。

与现代科学理论相应的是现代科学方法论。它包括系统论方法、信息论方法、控制论方法、耗散结构论方法、协同学方法、突变论方法、相对论方法、系统动力学方法、发生学方法、统计学方法、符号学方法、神经学方法、行为科学方法以及运筹法、营运法、博弈法,等等。它们各自有着一定的最佳适用范围,但又相互补充和相互贯通,结成具有复合功能的方法论体系,并构成了现代科学方法库。

第四章　强化哲学研究的主体意识

哲学的产生、形成和发展都是通过人的自觉能动活动而实现的,哲学工作者在其中起着十分重要的作用,是哲学研究的主体。充分发挥哲学工作者的主体地位和主体功能,是促进哲学发展必不可少的主体性条件。本章对哲学工作者的主体精神提出了几点基本要求。首先,要强化哲学研究的批判意识。哲学研究要对历史和现实进行批判性反思,哲学主体也要注重自我批判,既发展理论和实践,又发展自身。其次,要强化哲学研究的超越意识,培养自由创造精神。再次,要强化哲学研究的世界意识。真正的哲学必定是世界的哲学,哲学主体应该具有宽广的胸怀和广阔的视野,从多样化的角度看待当今世界五彩纷呈的哲学流派和哲学学说。又次,要强化哲学研究的个性意识。各个哲学家从不同角度进行哲学研究,必然在方式、方法、过程和结果上展示出个性,借此马克思主义哲学才能获得自己的时代性和个性。最后,要强化哲学研究中的"学科群"意识。当今哲学的发展趋势是深度分化和高度综合,建设哲学学科群,也是我国跨世纪哲学发展的重大战略。

一、确立哲学家的主体地位

哲学的产生、形成和发展,都是通过人的自觉能动活动而实现的。哲学工作者在一定观念指导下所从事的哲学研究和探索活动,对哲学理论的发展起着十分重要的作用,是理论联系实际的中介、哲学把握对象的桥梁。哲学的发展和完善,不仅根源于对象世界的整体运动和实际发展,反映着它的历史趋势和时代特点,而且直接依赖于哲学工作者的自觉能动活动水平之提高,反映着他们的研究能力之增强和认识的深化。因此,哲学家是哲学研究的主体,切实确立和充分发挥哲学家的主体地位、发挥其主体功能,是促进哲学发展所必不可少的主体性条件。

综观哲学史,哲学思维的历史演进,正是通过哲学家的创造和探索而得以推动的。哲学思维的发生和形成,离不开苏格拉底、柏拉图、亚里士多德等,而哲学形态的历次更迭,则离不开培根、休谟、康德、黑格尔,离不开孔德、尼采、叔本华,离不开罗素、维特根斯坦等。哲学作为一种最高层次的反思性学问,具有最高的个性化特征。哲学思想的时代性创造,正是通过具有时代水平的哲学家而得到实现的。没有马克思和恩格斯,当然不会有马克思主义哲学。时代对于自己的哲学精神的造就,首先正是造就具有时代性代言人思想水准的哲学家。真正的哲学家是哲学的化身,他们代表着特定时代的人类或民族而在哲学层面上从事着自我意识。他们的思想水准,代表着时代的哲学意识。因此,确立哲学家的主体地位和主体意识,是发展哲学的关键一环。

然而在我国,过去对哲学与政治关系的不正确理解和哲学对政治的附庸地位,造成了哲学工作者在思想上和人格上的不独立。对马克思主义哲学性质、地位和功能的简单化、绝对化、教条化理解,压抑和窒息着哲学工作者的自由思维和创造精神。这就造成,一方面,社会不把哲学家看作哲学发展的基本队伍和主导力量,不注意为其创造必要的条件和环境;另一方面,哲学工作者自身也缺乏作为哲学研究主体的真正责任感和使命感,缺乏自觉的追求和能动的创造。这种状况,不能不是妨碍哲学长足进步、独立发展的重要原因。

哲学研究本质上是一种主体性研究。这种研究的最高宗旨是强化人类作为主体而在世界上生存、活动和发展的能力。为此要求哲学工作者具有从事研究活动的高度热情、高度自觉性和高度创造能力。艾兰·乌德在谈到罗素及其哲学研究时说:"我相信在罗素的工作的背后有一个基本的目的,那就是以一种类乎宗教的热诚来寻求真理,寻求超乎人世的真理,一种离人心而独立、甚至离人的存在而独立的真理。"① 以一种类乎宗教的热忱来寻求真理,促进人类思维和文化的发展,这既是哲学家的使命,也是其崇高职责。

作为一种高层次和高度系统化、体系化的理论思维活动,哲学研究对哲学研究工作者有其特殊的知识结构和能力素质要求。他们当有广博坚实的科学知识,有充分的社会生活实践经历,有深刻的人生体验和洞察,有严密的逻辑思维和推演能力,有高度的符号化、概念化操作技能,有高度的热忱和精力,有坚定的意志和追求,有合理的思路和方法,等等。因此,现代哲学研究必然是高度专门化、职能化的。哲学工作者作为主体的自觉努力,才是哲学进步的真正推进力量。

二、强化哲学研究的批判意识

哲学工作者的主体意识,正是对自身在哲学研究和哲学发展中的这种主体地位、主体使命和主体功能的自觉领悟、体验,和将其在自己全部研究活动中的自觉推行和实施。它意味着以一种真正哲学的方式来把握自己的对象,发展哲学理论。因此,这种主体意识正是对一种真正的哲学精神的自觉掌握和自觉运用。

真正的哲学精神必然是一种主体精神。它包含着若干的具体方面和内容。首先,它是一种科学的批判意识和批判精神。

哲学的最根本功能,是要帮助人们作为主体来处理好与外部世界的各种复杂关系,为此必须给人们提供哲学意义上的世界图景,作为人类活动的最一般、最普遍的前提,并对这种前提不断地进行批判性审查和重建。因此,哲学研究的任务不是直观地再现世界的历史和现实,而是对历史和现实进行深刻的和彻底的批判与反思,揭示其中的不合理性,透析其深层原因,并指出克服的途径,以消除或减少人类活动前提中的不合理性、虚妄性,并使这种前提在新的基点上不断更新、不断重建。在这种意义上,我们可以说,批判性是任何真正的哲学所必然具有

---

① 罗素. 我的哲学的发展[M]. 北京:商务印书馆,1982:241.

的普遍本性。

任何真正的哲学都是时代的哲学。任何真正的时代性哲学的建立,都以人类—自然—社会的时代性进步为基础,包含着对过去的时代及其哲学的历史性否定与扬弃。而这种否定和扬弃又不是自发地实现的,而是通过人类的自觉活动和哲学家的自觉努力而得以实现的。因此,它必然以对过去的时代及其思想、哲学的批判性审查和评价为前提,在此基础上对现时代的时代精神进行理解、提炼和升华,进而达到对真正的时代性哲学的合理建构。因此,批判性是任何真正的哲学由以建立的必要条件。

在最一般的意义上,哲学的批判,首先是对现存世界的哲学意义的批判性审查和提升,是将非哲学的现实世界通过哲学的加工而转换为哲学的意义世界,赋予现实世界以哲学的意义和内涵,使世界的意义在哲学层次上达到一种升华。哲学的对象本身是非哲学的。哲学家们直接面对着一个非哲学的对象世界。这个世界中的各种存在、各种运动及其变化发展都是现实的、感性的、实践的。哲学研究的过程,正是通过哲学家的头脑而以一种哲学方式对非哲学世界的批判性哲学审查,从中领悟、理解和提炼世界的哲学意义、哲学精神和哲学气质,将其概括为一定的哲学命题,借助于哲学所特有的语言符号系统和概念范畴体系进行哲学层面的加工处理,使之以哲学观点、思想、理论体系的方式存在,成为哲学体系的内容,演化为哲学世界的内在组成部分。通过这种哲学批判,现实世界的内容通过一种形式变换而进入哲学世界,其哲学意义得到认识、理解和评价,新的时代性哲学得以建立和发展。

真正的哲学批判,也是对世界历史进程合理与否的批判性审视与评价,是对人类实践的不合理方面的批判,是对人类实践的合理性方面的肯定与张扬,因而在本质上也是对实践的一种批判,其目的在于推进人类实践的合理化进程。真正的哲学必须立足于和扎根于人类实践。但是,在各种特定的具体历史条件下,人类的实践活动并不都是完全有效的和合理的,其中包含着各种无效的或具有负效应的实践。这种实践及其结果不是有助于人类自身主体性的确立和强化,而是对其起着消极、背反,甚至阻碍的作用,因而在本质上是一种反主体效应的不合理实践。这种实践,既依据于一定的错误理论原则和方法论指导,又必然作为一种现实基础而孕育和生出新的错误理论、思想和观念,从而作为一种消极的甚至反动的力量而与人类进步、合理、有效的实践相对峙、抵触甚至冲突,破坏人类实践的合理化发展,阻碍人类文明的发展与进步。而以此类不合理实践为基础来建构的哲学思想、观点和流派,也势必成为真正时代哲学的对立和反动的方面。因此,合理的实践才能产生真正科学的哲学,而不合理的实践必然产生不合时代精神的哲学。要使一定的哲学始终行进和发展在人类文明的大道上,就必须保持对人类的这种非合理化实践的严肃的反省和科学的批判,使人们的实践和社会历史运动自觉地趋向和逼近人类文明发展、进步和升华的基本方向。这正是哲学的实践性。它不是一般地简单反映和再现所有实践,而是在对不合理实践的批判中促使人类实践展开自己的合理化进程,进而为自身的科学建构和有效发展创造出合理的对象性前提和现实基础,并在人类实践的合理化发展中有效地发展自身。

真正的哲学批判,还是对支配和指导人类实践的各种思想、理论、观念的批判,是对人类理性思维发展进程和各种思想成果的批判性审查和评价。这种对理论的科学批判,既是对人类实践实行科学有效的哲学批判的重要前提和实际组成,也是真正哲学由以建构的重要条件。人类实践都是自觉的、有目的的,是在一定的思想、理论或观念的指导下进行的。实践本身的有效与无效、合理与不合理,都应该而且能够在相应的实践观念本身的全面与片面、正确与谬误、科学与非科学之中找到原因和说明。人类的理性思维进程在总体上沿着一条螺旋式上升的途径和方式展开,有其必然性、合理性。但在这个复杂过程中的具体阶段却难免各种曲折、反复以至倒退,难免各种偶然性和不合理性。错误的思维方式和观念成果既反映、造成和保护一定的盲目、无效甚至反动的实践(如法西斯主义、社会达尔文主义与世界战争和种族压迫与歧视),也是阻碍和破坏合理实践的消极力量,既是非时代性的哲学的思想基础,也是建构真正时代性哲学的思想障碍。因此,哲学批判的重要任务,正在于通过对人类思想文化的严肃深刻反省和批判而扬弃其中那些过时、落后、保守的东西,使其中以征兆、端倪、萌芽形式存在的合理因素得以强化和发展,使其通向并更加接近合理有效的人类实践。

对实践的批判和对理论的批判作为真正的哲学批判的两个基本向度,是内在相关的。它们之间的相关性深深地植根于实践与理论之间在性质、内容和效能方面的内在相关性。合理的时代性实践产生于又表现着科学的理论,二者共同构成时代性哲学的现实基础,代表着时代的真实意义。真正的哲学正是对这种时代意义的提炼、概括和升华。不合理的实践则依据于并产生着非科学的理论,二者共同成为非时代性哲学的基础而成为时代性哲学的反对。因此,批判理论与批判实践,就是要在合理性与科学性这两个根本的认识方法和评价尺度的统一中批判和反对非科学的理论和非合理化的实践,既规范认识又规范实践,既求真又求善,在合规律性和合目的性的统一中寻求科学理论与合理实践之间的内在统一性,这是真正科学的时代性哲学的基础,也是建构时代性哲学的必用手段和必经之路。

批判理论和批判实践必须借助于理论批判和实践批判这双重的武器。马克思说,批判的武器不能代替武器的批判。正如对理论的批判和对实践的批判是内在相关的一样,以实践方式展开的批判和以理论方式展开的批判也是内在相关的。以科学的、合理的、有效的、进步的实践去反对、取代和消灭落后、保守以至反动的实践,以科学的、健康的、正确的思想理论去审视、批判、取代落后、保守、陈旧、腐朽的思想文化,以实际的和观念的双重方式促进人类实践和思想的健康、和谐、协调的发展。

从哲学主体的角度来看,不论是实践的批判还是理论的批判,都不是仅仅一种简单的对象性批判,也是一种自我批判。批判的目标不仅指向作为哲学基础的理论和实践,也指向哲学主体自身。它的目的既在于发展社会实践,推动理论进步,也在于发展自身。它把对实践的批判转换为一种对自身的对象性前提的批判,把对理论的批判转换为一种对自身的理论前提的批判,而且正是在这种双重双向批判的过程中,哲学自身不断地得到检验、补充、修正,不断地变革、更新和发展,达到与人类实践与人类思想的同步性、同时性发展,实现某种形态学意义上的变化,达到一种真正的自我超越和自我建构。

马克思主义哲学无疑充分具有这种自我批判与自我超越的能力。我们知道,马克思主义哲学是在对旧世界的批判中建设起来的,对科学和工业实践精神的批判性吸取,对自由资本主义社会实践和已有思想文化成果的深刻批判,是马克思主义哲学建立的前提。这种批判既是一种对象性批判和前提批判,也是一种自我批判和自我建构。今天,我们要坚持和发展马克思主义哲学,无疑更须坚持和发扬这种科学的批判意识和批判精神。应该说,科学而又彻底的批判精神,正是当代马克思主义哲学工作者的主体性的重要表现。

三、强化哲学研究的超越意识

哲学作为人类精神世界的内在支柱和灵魂,必须给人们以希望、理想和信念。因此,哲学研究不应总像密涅瓦黄昏才起飞的猫头鹰,跟在实践的后面唠唠叨叨,落后于、滞后于实践,而应像那催人觉醒、及早奋起的高卢雄鸡,给人预示未来,标示方向,成为世界进步的向导,发挥出超越现实的预见功能,帮助人们从未来发展的高度和大局来设计现实、规范现实。

在这种意义上,哲学精神同时又应是一种自由的创造精神。哲学作为自由理性的最高表现,应有充分自由的内在要求和外部条件。因此,哲学研究必须超越现实时间和空间的制约,尤其超越现实的狭隘的功利要求,去探索和开拓新的认识和实践领域,突破禁区,勇闯误区,克服盲区,为拓展民族和个人的思维空间,更新思维方式,提高思维层次而努力,为人们对于未来理想世界的观念建构和实际创造提供哲学层面上的理论指导和方法论原则。

科学的批判精神,超越的前导精神和自由的创造精神,作为哲学研究中主体精神的基本内容,是哲学进步的重要主体性条件,但它们并非现有的哲学工作者都已具备或充分具备的。因此,提出确立和强化哲学工作者的主体意识,实质上是要求他们根据新的哲学使命和任务来自觉改造和重新塑造自我,实现一种在研究规范和方式方面的更新和转换。

从研究的对象方面来看,哲学工作者的眼光必须始终聚焦在作为主体的人的生存、活动与发展这个基本点上。哲学研究的主体性,归根到底是为了强化人类在现实世界中的主体性。因此,哲学不是一般地关心人,而是从强化人的主体性的角度关心人;哲学关心的也不是一般的人,而是作为主体而生存、活动和发展的人。人的主体性的产生与形成、确立与沦丧、恢复与重建、强化与发展,是哲学研究的基本线索;人的自由解放,既应是哲学研究中的最基本出发点,也是其最终归宿。应该说,以人的主体性尺度为基本标准来衡量世界存在的意义和进步与发展,建构起主体性的哲学体系,正是哲学家主体性的一种最集中的表现。

而为了做到这一点,从哲学工作者自身来说,则要求培养和锻炼一种自觉地批判和超越自我的能力。哲学家们总是要首先对历史上和观念中的各种理论和实际问题进行一番批判性的考察,开放性地吸收一定的合理成分,并且通过自己的创造性思维,建构起一定的哲学理论体系。应当说,哲学是一门体系性的学科,每一个哲学家都是从问和回答什么是哲学开始构建自己的体系的。没有体系就不能成为哲学,没有创造自己独特哲学体系的人就不能成为哲学家。但是哲学家创造体系本身就隐藏着一种悲剧的可能,即被自己的体系所窒息。因此,高度自觉的哲学家必须对此有足够的自我意识和警惕,有批判自我和超越自我的自觉要求和足够勇气,也具备足够的能力和手段,从而永葆其哲学生命的生机与活力,永远成为哲学进步的"弄潮儿"。正是在这种意义上,我们认为,优秀的哲学家应当像蚕。蚕的伟大之处不仅在于能够织成茧,而且能够改变存在形态,变成蛾去咬破自己织的茧,并且去延续生命,去更新和发展自身。

四、强化哲学研究的世界意识

哲学研究的世界化,无疑是哲学本性的内在要求。马克思早就指出,真正的哲学应当"成为世界的哲学,而世界也成为哲学的世界"。只有当"这种哲学思想冲破了固定不变的、令人难解的体系的外壳,以世界公民的姿态出现在世界上"[1]时,哲学才能真正掌握世界,成为世界的哲学,成为自己那个时代的时代精神的精华。

马克思所讲的"世界的哲学"或哲学的世界化,直接地看,是个空间地域概念,区别于"局域的哲学"或"哲学的局域化",要求我们超越狭隘的区域隔离与分割;而就其本质来说,则是一种境界、视野和胸怀,要求在哲学研究中真正贯彻一种人类境界、全球视野和世界胸怀。而这又只有从根本上消除哲学研究中的狭隘的"自我中心化"状态才能真正达到。

但在我们过去的哲学研究中,自觉不自觉地存在着"自我中心化"倾向:在强调马克思主义哲学中国化的过程中,不自觉地使我们的哲学

---

[1] 马克思恩格斯全集(第1卷)[M].北京:人民出版社,1956:121。

研究脱离了人类科学技术和社会文明现代发展的世界历史进程,自觉不自觉地以马克思主义的"正宗"传人自居,简单排斥和否定其他各国尤其是西方学者对马克思主义哲学的研究和发展,简单排斥和否定当代西方哲学,使马克思主义哲学研究脱离了人类哲学思维的当代发展。

马克思主义哲学本来就是世界的哲学。它的产生不仅深深植根于当时最先进的科学、技术和社会化大生产体系,立足于当时如火如荼的世界性阶级斗争和社会变革浪潮,还批判地吸取了人类哲学思维长期发展积淀的全部积极成果,从而超越并领先于当时的历史时代,真正成为一种世界的哲学,并极大地影响了整个世界。然而,由于世界历史的不断进步和人类文明的不断发展,马克思主义哲学的世界哲学的地位并不是一劳永逸的,它必须随着世界文明的进步而继续不断地世界化才能得以保持、巩固和发展。一旦它脱离了和落后于人类文明的发展,就会自动地丧失其作为世界哲学的资格,失去其影响世界进步的能力。由于各国具体情况的差异,在运用和研究马克思主义的过程中,各国的思想家都必须将其与自己的社会文化和革命实践相结合,这是必然的,也是必要的。但在将马克思主义具体化、局域化的过程中,还必须使之始终保持与人类文明的最新进步和世界历史的最新发展密切联系,求得同步以至超前发展。也就是说,马克思主义哲学的具体化、局域化过程必须与其继续世界化、全球化的过程同步展开。应该说,马克思主义中国化的根本任务本来就包含着通过运用马克思主义指导中国革命和建设而使中国社会世界化、现代化,从根本上打破近代以来闭关自守的封闭格局,尽快加入世界现代化的历史进程中去,而马克思主义也在中国社会的世界化进程中得到新的世界性发展。

哲学研究的世界化无疑也是市场经济建设的内在要求,市场经济是一种世界经济。我国的社会主义市场经济建设从根本上来说就是要使中国的局部经济运行能够迅速摆脱游离于国际经济贸易和生产体系之外的封闭格局,实际地参与和融汇到全球一体化的世界现代化进程中去,这绝不是一个单纯的经济与市场问题,而是一场深刻的综合性社会变革,要求人们在思维方式、行为方式、评价方式、情感方式等各个方面进行综合性重大变革,这就为我国哲学研究的世界化发展提出了积极的和紧迫的要求,同时也提供了现实的可能。

哲学研究的世界化,从根本上来说,是一种哲学胸怀的拓展,由自我中心化的狭隘眼界转向一种真正广阔博大的世界胸怀,要求我们从人类文明的多样化发展和哲学思维的个性化展开来看待当今世界五彩纷呈的哲学流派和哲学学说,由简单的否定和粗暴的拒斥转向一种真正科学的批判和建设性的探索,崇尚谦虚、宽容、自由,提倡求实、探索、建设,鼓励发现、发明与创造,不斥一孔之见,不拒一得之功,聚细流、纳百川,众采各家之所长,在此基础上进行新的分析、新的综合、新的创造。

哲学研究的世界化,也要求哲学视野的转换,由局域的狭小的研究范围转向全球的人类的世界范围,真正面向当代大实践、大科学、大技术、大生产、大文明、大哲学等,面向当代人类所共同面对和共同关心的全球问题、发展问题。这不是说哲学不应当关注个别的、局部的和民族性问题,而是应把它们纳入总体的、全局的和人类的大范围和大发展过程之中来加以研究和考察,在对人类文明进程的总体性把握和对社会历史的世界性洞察中作出符合时代特点的哲学分析和哲学概括。

哲学研究的世界化,还要求研究规范的转换与更新,在范畴体系和形式系统方面与世界哲坛通约、接轨、对话。规范的通约是学术对话所必不可少的中介性条件。长期以来,马克思主义哲学与中国哲学和当代西方哲学之间在概念范畴体系方面的差异和隔离,既实际地妨碍了哲学研究的中国化进程,也妨碍了它的世界化进程。

五、强化哲学研究的个性意识

哲学研究的世界化不是要取消哲学研究的个性,而是要强化其个性,并且使之提升到世界级的个性水平。

历史向世界历史的转变不是消解而是强化和突出了个人的地位和作用。日益广泛而深刻的世界性联系是以个人日益鲜明和突出的个性为基础和条件的。只有具备了别人所不具备的个性特征,才能获得吸引和影响他人的势能,并创造出与之建立起对象性关系的可能性。个性所及的范围越广、层次越高,则交往的范围就越大、影响力越强。个性化的水平与世界化的水平之间实际上是一种正比递进关系。

市场经济本质上是一种个性化的经济体系。市场独宠具有个性特色与功能的产品。哲学研究也是这样。哲学追求普遍性的、无限的东西。但哲学家们对世界普遍性和无限性的真正的追求及其积极成果却必须也必然是高度个性化的。只有真正具有个性的哲学才能对社会发生影响并在人类思维进程中留下自己的痕迹。从进化论的角度来看，人类理性的进化是以"特化—泛化"的方式来展开的，即某些方面优先取得突破并使其逐渐泛化，从而提高整个系统的水平，带动整体机能的发展。哲学发展也是这样。每一时代的哲学家们都必须以自己的方式回答"哲学是什么"这个普遍性的问题，建构起自己个性化的哲学观，并进而运用这种哲学观去观察、解释世界，建构起自己的哲学理论体系，创造出个性化的哲学世界。在这里，不同哲学家之间的个性差异和不同时期哲学家之间的时代性差异，哲学研究中产生的各种"流"、各种"派"、各种"家"，对于哲学的繁荣和进步，不仅是必然的，也是必要的。各种哲学流派、学说和观点都以一种"片面的深刻"而从正面或反面以自己的方式推动着人类哲学思维的发展。一部哲学史，就是无数个性化的哲学产生、发展和更迭的历史。而当代世界哲坛中各种流派突起、学说纷呈、观点交织的纷繁局面，不仅反映着人类文明的多样化发展，尤其标示着当代哲学研究高度个性化的时代性特点。

马克思主义哲学作为一种高度世界化的哲学，本身也是高度个性化的。它以科学的、能动的实践观为坚实基础，将彻底的唯物论、合理的辩证法、能动的反映论、科学的社会历史观、有效的方法论等内在地、有机地结合起来，以鲜明的个性特色区别于并超越于历史上和现实中的各种哲学，使人类哲学思维跃迁到一个全新的水平，并影响和造就了一个全新的哲学时代。与历史上任何一种有影响的、个性的哲学一样，马克思主义哲学在理论上和实践中作用于并影响世界历史进程的过程，也就是其哲学个性被世界所承认、接受和吸收，从而转化为一种普遍性、共性的过程。人类哲学思维的平均水平由此得到提高，人类文明在新的层次上得到发展。这时，又要求马克思主义哲学在新的水平上发展自己的个性，以新的方式在新的层面上进一步世界化和个性化，保持自己作为时代的哲学的领先地位。如果它不能自觉地和及时有效地做到这一点，它就会转化为一种历史的哲学，而失去其在现代的辉煌，失去其在新的哲学时代中的领先地位。马克思和恩格斯当年正是凭借对此的深刻洞察而极其鲜明地告诫人们，不要把他们的学说当成一成不变的教条，而应看作行动的指南，把它作为伟大的认识工具交给群众，去不断开辟认识真理和发展真理、认识自我和发展自我的道路。正是由于马克思主义哲学自身蕴含着这种自我更新和自我发展的内在动力及本性要求,它才能在一个半世纪以来的世界风云变幻中保持其个性和独特的理论魅力,并使我们在今天对它的坚持和发展成为必要和可能。

在坚持和发展马克思主义哲学中,各个哲学家从不同角度进行着创造性的哲学研究,必然在方式、方法、过程和结果上展示出个性。正是凭借于此,马克思主义哲学才能获得自己的时代性和个性,才能得到丰富、充实和发展。历史上,列宁、毛泽东、邓小平等正是以其高度个性化的创造性研究为我们树立了成功的典范。然而在我们的专业性哲学研究中,个性化的研究没有得到足够的重视、有效的提倡和切实的保障。不少人满足于并停留在解释、论证、阐发,忽视了探索、求新、创造,结果是千书一体、千篇一律、千人一词,庞大壮观的哲学队伍进行着大量的低层次的重复性劳动,既缺少深层次分化,又缺少高层次综合,耗费了大量的宝贵的时间、精力和财物,却少有实质性的突破和进展。这种状况既妨碍哲学的发展,也损害了哲学的形象和声誉,还耽误了不少有才华的人才。党的十一届三中全会以来,情况有了很大的好转,但从造就出一批在当今世界哲学之林中有影响、有地位的世界级哲学大师,取得在当今世界哲学论坛上独特的和不可替代的发言权的角度来看,无疑还有极大的差距。可以说,没有世界级水平上的个性化研究,就不可能真正打入国际哲学论坛,也不可能产生具有世界性和时代性影响的哲学家。正是从这样的角度,我们认为有必要把提倡、开展和保护个性化的哲学研究作为繁荣中国哲学研究、促进马克思主义哲学发展的战略性措施郑重地提出来。

哲学研究的个性化,从根本上说,就是要把求新、发展和创造确立为哲学研究中始终不渝的基本目标。在这方面,哲学与科学一样,其根本任务在于追求真理、指导实践。哲学不能总像密涅瓦黄昏起飞的猫头鹰,跟在实践的后面唠唠叨叨,而应像高卢雄鸡,不断地发现新的哲学对象,提出新的哲学问题,作出新的哲学概括,提出新的哲学预见,领先于实践,领先于时代,并以自己的方式指导实践,影响和造就新时代。因此,是否提供新信息、新解释、新理论、新方法,应成为检验哲学工作者是否有所成就及其成就大小的基本标尺。

哲学研究的个性化,在当前就是要自觉促使哲学研究的深度分化与高度综合。过去我们的哲学之所以缺少个性,主要原因之一在于大家都停留在一般的概念推演层面,既较少深入具体科学和实践层面,建立各种具体的分支专题,又缺少上升到元哲学层面的高度概括。哲学研究以把握人与世界关系的历史发展及时代特点为主要对象和主要内容。而根据主体-客体相关律,主体和客体之间的相关性在内容、性质、层次、范围和程度上都是现实的、具体的,各有其特殊的实现方式、过程、方法和规律,可以也有必要分类别、分层次、分向度地对它们加以具体研究,从而产生出若干具体的深层次的分支哲学学科,在此基础上进行新的更高层次的综合与概括,建构起新的哲学体系,达到对人与世界关系的整体性哲学把握。

哲学研究的个性化,需要创建并完善必要的社会激励和保障机制。我们认为,正像社会可以通过专利制度和专利法等来激励和保护科学技术的发现与发明一样,对于哲学社会科学这些高层次的创造性精神生产活动及其成果,社会也应有相应的措施来加以激励和保护。在坚持四项基本原则的前提下,在哲学学术活动中应切实贯彻"双百方针",鼓励自由思考,提倡平等探讨,保护个性特色,以真正的学术方式来解决在个性化的学术研究中可能出现的种种问题,应通过课题设置、经费资助、成果评估、奖惩措施等有效手段引导科研力量的投向,支持探索、创新,通过舆论的导向和具体的政策造成切实有利于个性化研究的社会环境。

哲学研究的个性化,最基础、最重要的还是强化哲学工作者从事个性化哲学研究的自觉性和实际能力。哲学家是哲学研究和哲学发展的主体力量。他们的意识和能力水平作为一种主体性条件决定着哲学在一定历史条件下的发展水平。个性化的哲学研究要求哲学家们相对独立地从事批判性和创造性的研究工作,从而对其能力水平提出了更高的要求,需要他们进一步更新知识、拓宽视野、更新思路、转换方法,尤其是强化他们的批判意识、自主意识、学派意识、创造意识等。应该说,在新旧世纪之交,下功夫培养和造就出一批具有世界级个性的哲学家,既是中国哲学真正走向世界的必要条件,也是我国哲学研究世界化、个性化发展的积极成果。

六、强化哲学研究中的"学科群"意识

世纪之交,中国的哲学研究向哪里发展,这是自觉的哲学研究工作者应当关注的重要战略性问题。研究我国哲学的跨世纪发展问题,有两个方面尤为重要:一是当前我国哲学研究中存在的困难和问题,二是当今世界哲学思维的发展趋向。正是在这两个方面的结合上,笔者认为,强化哲学发展研究中的"学科群"意识,高度重视并自觉建设具有一流水准的哲学学科群,应当成为我国跨世纪哲学发展战略的重要内容。

1978年以来,我国的哲学研究取得了长足的进步,形成了马克思主义哲学、西方哲学、中国哲学三足鼎立而与其他分支哲学相伴相随的局面,相应地形成了以各主干分支哲学为轴心的若干研究群体,这无疑是可喜的。但目前存在的一个显著问题是各分支哲学及其研究者之间存在着相互分离与彼此脱钩的情况,各研究者主要在学科内活动而少有学科之间的交流与合作。不仅研究中国哲学、西方哲学、马克思主义哲学的人之间少有跨学科的沟通与对话,即使研究马克思主义哲学的人也被分成了辩证唯物主义、历史唯物主义、马克思主义哲学史与马克思列宁主义原著、毛泽东哲学思想等不同的分支学会,而少有实质性的跨分会和跨分支哲学交往与合作。在这种情况下,学者们对我国跨世纪哲学发展战略的探讨也往往仅是从各自所在的分支学科出发并局限于自己所熟悉的学科内部,而缺乏对于哲学发展的整体视野和整体规划。例如,马克思主义哲学研究中多年来大家一直关注的体系探索与建构,实际上是在脱离当代中国哲学和西方哲学的背景下展开的,是在马克思主义哲学内部谈马克思主义哲学的改革与发展,这实际上是难以有真正符合时代要求的突破与进展的。近年来,不少学者意识到了这种缺陷与障碍并力图有所超越,但尚未找到合理有效的途径。这种情况如不尽快改变,势必妨碍我国哲学研究的深化和发展。

当今世界哲学发展的重要趋势是在深度分化的基础上高度综合,形成了具有鲜明时代特色的哲学学科群。所谓深度分化即哲学内部和哲学与非哲学之间以越来越具体的方式联系起来,产生出越来越多的新的分支哲学,使当代哲学表现出主题分化和个性强化的发展趋向。所谓高度综合则是随着当代人类实践的全球化和科学的一体化发展,各种哲学流派之间的交织与互渗日益增强,哲学规范的通约和转换渠

道增加,哲学方法的互鉴互通增强,人类哲学思维在分化的基础上向着整体化方向发展。例如,从总体上来看,当代西方哲学中的科学主义和人本主义这两种主要思潮在经历了长期的对峙性演进之后,近年来出现了相互吸收、相互融合的倾向,人本主义科学化,科学主义人文化。不少学者在融汇这两种思潮方面作出了巨大的努力并获得了初步的成功。应该说,科学主义和人本主义的对峙,从根本上来说,是哲学观念的差异与对峙。而今天的互渗与融合,则实际上表明了哲学观念的变化与演进,表明了当代哲学研究在元哲学层面上的融通与提升。正是随着哲学观念的这种变化,当代西方哲学中的各分支哲学,如自然哲学、社会历史哲学、人的哲学、科学哲学、社会科学哲学、道德哲学、宗教哲学、语言哲学、逻辑哲学、艺术哲学、生态哲学、女权主义哲学等,均获得了时代性发展,展示出其时代性内涵和生命力。而这各种分支哲学又分别以不同方式包含着本体论、认识论、价值论、方法论等不同方面,它们之间相互交错、互织与渗透,又与当代实践、科学的各个层次和方面密切结合,形成了具有多方面、多层次、多分支的当代哲学体系,构成了具有一定内在逻辑结构的哲学学科群。正是这种哲学学科群的体系结构表征着人类哲学思维在当前的广度、深度和缜密程度。哲学学科群的发展成为世界哲学跨世纪发展的重要方向。

把哲学学科群的探索与建设作为我国跨世纪的哲学发展战略,实质上是要按照哲学思维发展的内在规律和哲学学科自我建构的内在逻辑来更加自觉地研究和发展哲学。哲学作为时代精神的精华,作为人类文明的活的灵魂,其发展既依赖于其对象世界的发展,也有赖于哲学思维主体的自觉创造。哲学的对象世界,既有实践世界,也有科学世界,还有哲学世界自身。当代实践和科学的发展,作为哲学发展的对象性前提和基础,既为哲学的发展提出了要求,提供了动力,也创造了条件,提供了材料。当代实践和科学,在深度分化的基础上高度综合,形成了具有鲜明特色的大实践和大科学,客观上要求也促进了当代大哲学的形成和发展。从某种意义上来说,当代哲学学科的深度分化与高度综合,正是对于当代大实践和大科学的一种哲学观照与哲学反思。正是对于当代大实践和大科学中所蕴含的种种问题的哲学思考,产生出当代大哲学体系中的许多分支哲学与流派,形成了当代哲学学科群的内在层次结构。

在我国,建设哲学学科群,从根本上来说,就是要按照哲学学科的内部关系结构来从整体上研究和发展哲学,自觉促进我国哲学研究的深度分化与高度结合,这种研究有必要从以下几个层面展开。

第一,元哲学层面,要加强对于哲学观、哲学观念、哲学形态学、哲学方法论的研究,注意哲学观念的时代性变迁及其在各分支哲学中的具体延展,注意解决哲学自身发展中的元问题,注意以真正哲学的态度和方式来研究、发展哲学。

第二,分支哲学间关系层面,要注意研究和理顺各分支哲学间的关系。按照过去我国国务院颁布的学科目录,哲学内含马克思主义哲学、中国哲学、西方哲学、东方哲学、伦理学、逻辑学、科学技术哲学、美学、宗教学等9个二级分支学科。这种分法实际上是国别区域标准与学科性质内容标准混用的,其间一定包含着许多交叉与互渗,同时也难免有一些遗漏,需要我们着力加以研究和解决。建设哲学学科群,其重要任务之一就是要创造条件,尽快理顺这些分支哲学之间的关系,使其能够得到更加合理的建构,形成有机的整体系统。

第三,在各分支哲学内部,要注意解决其历史与现状、理论与著作、体系与问题等内在关系,建立起既有相对稳定性又有极大开放性的分支哲学形态。应当说,各分支哲学都有其发展的历史,都有其重要的人物和著作,也有其问题和体系等。处理好各分支哲学内部各个方面的关系结构,注意到内部体系的完整性与科学性,至关重要。例如,在马克思主义哲学这个二级分支学科中,既有马克思主义哲学史、马克思主义哲学著作和哲学原理的关系,也有认识论、本体论、实践论、价值论、评价论、方法论等分支哲学,还有马克思、恩格斯、列宁、斯大林、毛泽东、邓小平等代表人物发展出的哲学等,这就构成了一个有机网络。只有对它们之间的关系做综合性的考察与整体性建构,才能理顺其关系,建设起结构合理的分支哲学体系。

第四,亚哲学分支层面,要努力在哲学与实践、科学、文化等的相互结合和渗透关系中建立和发展各种新兴的亚哲学分支系列,如社会哲学、历史哲学、政治哲学、教育哲学、文化哲学、科学哲学、语言哲学等,又如社会认识论、科学认识论、道德认识论、文化认识论等,再如社会本体论、社会评价论、社会进步论、社会风俗论、社会心态论、社会理解论、社会理想论、社会决策论、社会认识方法论、社会认识进步论,等等。一方面通过这众多的亚哲学分支系列而与现实的社会实践与科学之间达到更加细致的相互沟通与渗透,使哲学能有更坚实的实践和科学基础;另一方面通过这众多的亚哲学分支而使原来处于内部分离状态的哲学分支学科之间更加有机地结为一体,形成网络体系。

我国的哲学学科群建设不应当也不可能是闭关自守的,应以一种高度开放的心态来自觉注意与当今世界的主干哲学接轨对话,与国际哲学发展趋势相一致,为此应当尤其注意推进哲学研究的世界化和个性化进程。我们要自觉破除哲学研究中的狭隘的自我中心化状态,拓展我们的哲学胸怀,从人类文明的多样化发展和哲学思维的个性化展开来看待当今世界五彩纷呈的哲学流派和哲学学说,由过去的简单排斥和否定当代西方哲学转向一种真正科学的批判和建设性的探索。崇尚谦虚、宽容、自由,提倡求实、探索、建设,鼓励发现、发展与创造,聚细流、纳百川,注意研究规范的转换与更新,倡导一种真正个性化的创造性研究,不断提高我们在国际学术交往中的特色和势能。我国的哲学学科群建设,既应当是能与国际哲学界接轨对话的,又应当是具有我国特色的。立足于中国特色的社会主义现代化建设实践,把马克思主义哲学与中国哲学、中国文化和西方哲学、西方文化内在地结合起来,做出具有中国特色的哲学创造,是我国哲学走向世界的重要途径。

哲学学科群建设不仅是哲学研究的发展战略,也应当成为哲学教育的发展战略,成为我国哲学教育、教学改革的重要发展方向之一。哲学教育既是哲学研究成果的重要去处,更是培养新一代哲人的重要场所。在我国,哲学研究体系与哲学教育体系的联系尤为密切。各分支哲学之间的分化与隔离状态不仅妨碍着哲学研究的深化,而且影响着哲学教学的效果,尤其妨碍着高层次哲学人才和硕士、博士的培养,造成新一代哲学工作者知识结构的偏颇,影响着新一代哲人的健康成长。这种情况不仅妨碍着我国哲学家与世界哲学家的接轨对话,使不少哲学工作者徘徊于世界哲坛之外,更将妨碍我国哲学界在未来世纪的世界化和个性化的发展。我们认为,一方面,哲学学科群的有效建设需要相应的教学体系的支持;另一方面,哲学学科群建设也为哲学教育、教学体系的改革指明了方向。正是基于这种认识,武汉大学在庆祝武汉大学哲学系创建74周年、重建40周年之际创建了哲学学院,并提出了武汉大学哲学学院的发展战略,这就是:"坚持正确方向,加大改革力度,强化珞珈特色,为建设具有世界一流水准的哲学学科群而奋斗。"我们愿意以此为目标来统摄我们在今后一段时间内的理论探索和教学改革实践,尽我们的微薄之力,为我国哲学学科群的建设,为人类哲学思维的未来发展作出贡献。

第二编 哲学思维的发生与演进研究

探析从神话思维到哲学思维的提升与跃迁;从本体论、认识论、主体论、实证论、本体论思维方式的时代性更替中梳理哲学思维的历史演进。

第五章 哲学思维方式的系统发生

哲学思维的重要特点在于寻根问底、追根溯源。本章试图探讨哲学思维之根，即哲学发生学问题。首先，哲学史上的开端是哲学思维系统发生的基本标志，为哲学思维发生学研究确定了后限。其次，由哲学精神回溯一般意识，回溯人类史前文明，可以确定其前限，因此，原始人的神话思维值得我们关注。

许多学者认为，人类思维及其逻辑的形成过程经历了感知运动、具体形象、抽象概念三个阶段，神话思维处于具体形象阶段，是原始人类自我认识的实现形式，形象表达了人类对自己与宇宙关系的感知。原始思维具有情感性、联想性，并且初具符号特征，是走向哲学思维的关键一环。神话思维内部已经孕育了哲学意识的萌芽，哲学思维的产生则是对神话思维的辩证扬弃，其具体改变有：由自我中心化转变为客观反思、由情感联想转变为理智批判、由原始联想转变为逻辑思维、由直观表象符号转变为抽象概念符号。

一、哲学研究中的"寻根"意识

人们普遍认为,哲学思维的重要特点在于寻根究底、追根溯源。这是哲学思维的致极性在历史意识方面的必然要求和积极表现。

那么,哲学思维的"根"在哪里,"源"在何方呢?这是以真正哲学的方式来研究哲学所必然提出的首要问题。

然而,这是一个似乎早有公论的问题——西方哲学起源于古希腊,发端于泰勒斯。① 古代、近代、现代的哲学家们都是这么说的。

古代:亚里士多德指出,哲学的创始人泰勒斯把水看成始基。②

近代:黑格尔指出,从泰勒斯起,我们才真正开始了我们的哲学史。③

现代:罗素指出,每本哲学史教科书所提到的第一件事都是哲学始于泰勒斯,泰勒斯说万物是由水做成的。④

那么,他们为什么都把泰勒斯的观念看作哲学的发端呢?

罗素认为,"哲学的起始是一些人提出一个普遍性的问题",这类问题"就是要从漫不经心的观察者看来只是杂乱而偶然的一连串事件中,去寻找出一种秩序来"⑤。而泰勒斯用水去说明世界万物,表明人类开始对普遍性问题的探索。

黑格尔认为,泰勒斯的这个命题之所以是哲学命题,是"因为在这个命题里,感性的水并不是被当作与其他自然元素和自然事物相对待的特殊事物,而是被当作溶合和包含一切实际事物在内的思想"⑥,它意味着对自然事物"作出了这样一种抽象:把自然概括为单纯感性的实体"⑦,并把它作为万物的根据,因此它可以成为哲学史的现实的开端。

---

① 为了便于论述,这里仅以西方哲学为例来提出问题。但这种追问方式对于中国哲学和印度哲学的研究也同样必要,并同样适用。
② 北京大学哲学系外国哲学史教研室. 古希腊罗马哲学[M]. 北京:商务印书馆,1961:4.
③ 黑格尔. 哲学史讲演录(第1卷)[M]. 北京:商务印书馆,1959:178.
④ 罗素. 西方哲学史(上卷)[M]. 北京:商务印书馆,1963:49.
⑤ 罗素. 西方的智慧[M]. 北京:世界知识出版社,1992:11.
⑥ 黑格尔. 哲学史讲演录(第1卷)[M]. 北京:商务印书馆,1959:185-186.
⑦ 黑格尔. 哲学史讲演录(第1卷)[M]. 北京:商务印书馆,1959:192. 黑格尔对泰勒斯以水为世界的始基实际上是有保留的,因此他只把它看作哲学的现实的开端而不是逻辑的开端。他认为巴门尼德的学说才是哲学史真正的逻辑的开端。

黑格尔这里似乎主要是接受并阐发亚里士多德的思想。

在亚里士多德看来,哲学"专门研究'有'本身,以及'有'借自己的本性而具有的那些属性"。因此,它的任务在于"寻求各种最初的根源和最高的原因",而"那些寻求存在的事物的元素的人是在寻求这样的根源"①,因此,他们是在研究哲学,他们的研究构成了哲学的开端。

由上,不难看出,对于哲学史开端的确定,实际上依赖于对"什么是哲学"的理解和界说。哲学史家们依据自己对于哲学的理解来回溯人类理性发展的历史,把符合这种哲学特性的学说叫作哲学,把提出这种学说的人叫作哲学家。而米利都学派的代表泰勒斯成为最早提出这种符合哲学本性的学说的人,他的学说也由此而被看作哲学史的开端。换句话说,只是自泰勒斯起,人类才开始在哲学层面上提出问题和回答问题,才开始了自己的哲学思维。

如果真是这样,那么,人类的哲学思维是从何而来的?在没有哲学思维以前有思维吗?是怎样思维的?人类的哲学思维有没有自己的历史前提呢?

这显然不能说是什么新问题。亚里士多德、黑格尔和罗素都以自己的方式注意到了这个问题,但他们的回答实际上却有所不同。

从亚里士多德的论述中可以看到,在他的那个时代,对于哲学是否起源于泰勒斯,实际上存在不同看法。他在谈到泰勒斯是哲学的创始人后马上写道:

> 然而有些人认为,那些活在离现在很久很久以前,最初对神圣的事物从事思考的古人,对本体也是持这样的看法,因为他们把"奥克安诺"和"德蒂丝"当作创造万物的祖先,而神灵们对着起誓的见证也是水,就是那个为诗人们所歌颂的斯底克斯。最受尊崇的东西乃是最古老的东西,而人们对着起誓的东西就是最受尊崇的东西。这种对于本体的看法,究竟是不是原始的和古老的看法,也许是不确定的,不过据说泰利士

---

① 北京大学哲学系外国哲学史教研室. 古希腊罗马哲学[M]. 北京:商务印书馆,1961:234.

对最初的原因是像上面所说的那样的主张的。①

由此不难看出,提出水是万物的始基这个最初的哲学命题,不一定是泰勒斯的首创,至少在他之前很久便已有人提出过类似的看法。即使是泰勒斯的发明,在此之前它也已经经历了长期的孕育和萌生过程。这至少可以说明,人类哲学思维的发生经历了漫长的准备和孕育过程。

罗素"总是试图把每一个哲学家显示为他的环境的产物"②,因此他以相当的注意力分析产生了古希腊哲学的古希腊文明。但也许正是因为在这方面过分专注,他并未具体分析古希腊哲学思维的发生过程,这不能不是一个遗憾。

黑格尔对于哲学发生的分析充满了历史感和时代感。在他看来,"一个民族的精神文明必须达到某种阶段,一般地才会有哲学"③。在此之前,即文明初启的时代,我们更常会碰见哲学与一般文化生活混杂在一起的情形。与哪些一般文化生活混杂在一起呢?他谈到了神话。他认为,"神话是想象的产物,但不是任性的产物,虽说在这里任性也有其一定的地位"。"民间的宗教,以及神话,无论表面上如何简单甚或笨拙,作为理性的产物(但不是思维的产物),无疑地它们同真正的艺术一样包含有思想、普遍的原则、真理。"他认为,"思维的精神必须寻求那潜伏在神话里面的实质的内容、思想、哲学原则"。④ 但他仍然最终把神话从哲学史中赶了出去。他说:

> 不过神话仍然必须从我们的哲学史内排除出去。其理由是:哲学史所研究的不是潜伏在某些表现里的一般哲学和思想,而是明白表示出来的思想,而且只研究明白表示出来的思想……哲学所研究的是形式,是内容发挥成为思想的形式……潜伏地包含在宗教中的哲理与我们无关,必须这哲理

---

① 北京大学哲学系外国哲学史教研室. 古希腊罗马哲学[M]. 北京:商务印书馆,1961:4-5. 此段中"泰利士"即为泰勒斯,"奥克安诺"和"德蒂丝"均为海洋之神.
② 罗素. 西方哲学史(上卷)[M]. 北京:商务印书馆,1963:9.
③ 黑格尔. 哲学史讲演录(第1卷)[M]. 北京:商务印书馆,1959:53.
④ 黑格尔. 哲学史讲演录(第1卷)[M]. 北京:商务印书馆,1959:81.

取得思想的形式时,才是我们研究的对象。①

在这里我们好像又看见了那个武断的、充满内在矛盾的黑格尔:世界的万事万物都是处于绝对运动和永恒发展的,唯有人类哲学精神在日耳曼哲学中达到了自己的顶峰,不再发展;万事万物都是有其产生和形成过程,唯有哲学史只能从我们所见到的泰勒斯开始。这里我们不由得怀念起那个撰写了《精神现象学》的黑格尔。

瑞士著名哲学家皮亚杰曾经指出,"传统的认识论只顾到高级水平的认识,换言之,即只顾到认识的某些最后结果"②,而不去考察现成的认识结构作为一种结果的形成和建构过程,从而难以真正说明认识的发展、进化和实现。

我们认为,皮亚杰所揭示的传统认识论的缺陷,实际上也是整个传统哲学的缺陷之一。传统哲学只顾及高级水平和成熟形态的哲学,而不去考察哲学赖以发生和形成的漫长历史过程,不去研究哲学思维在人类精神长期孕育过程中的萌生和跃迁,这就不仅使哲学史的真实开端始终笼罩在一团似是而非的神秘阴影中,也无法真正客观、全面和历史地说明哲学思维的本质特征。

恩格斯曾经指出,宗教、哲学等思想领域"都有它们的被历史时期所发现和接受的史前内容"③。正是这些史前内容既作为一种历史前提也作为一种逻辑前提决定着哲学思维的发生和发展,同时作为一种前哲学意义上的非哲学因素而规定着哲学思维的本性和特征。因此,要想把握哲学思维,就必须充分自觉地去深入研究这些非哲学方面,并以它们为参照而求得对于哲学思维特点的把握,达到对于哲学史开端更加全面透彻的理解。这就是哲学研究中的"寻根"意识。

二、研究哲学思维系统发生的几个前提和方法问题

如何具体开展对于哲学思维特点的系统发生学研究呢?从前提和方法方面来看,我们认为可以从以下几个方面展开思路。

---

① 黑格尔. 哲学史讲演录(第1卷)[M]. 北京:商务印书馆,1959:82.
② 皮亚杰. 发生认识论原理[M]. 北京:商务印书馆,1981:17.
③ 马克思恩格斯全集(第4卷)[M]. 北京:人民出版社,1972:484.

1. 确定哲学思维系统发生的基本标志

视哲学史的开端为人类哲学思维发生过程的终点,确定哲学思维发生学研究的过程后限。

发生学研究本质上是一种前提研究和过程研究,它以各种已经形成和相对成熟的东西为起点,去追溯它的孕育、发生和形成过程,对某种结果的产生提供过程性分析,揭示其历史前提和历史依据。在这种意义上,它又是一种前过程研究或逆过程研究。

发生学研究的提问方式是:第一,发生了什么;第二,怎么发生的。对"发生了什么"的确认实际上是对研究对象的成熟形态的认定,由此也就确定了研究过程的后限。在此基础上去考察它是怎样发生的,揭示其形成过程和形成规律。

当一定事物处于不断运动变化和发展的过程之中时,它往往既是一定过程的结果,又是另一新过程的起点,既是终点又是开端,既是结果又是前提。其具体地位取决于人们对它的研究目的和研究参照。我们既可以将其作为起点、开端、前提来考察它对新过程的影响和作用,也可以把它作为结果、终点来考察其形成的过程、原因和依据。这就会出现前提与结果、开端与终点的相互转换。皮亚杰曾专门谈到这点,他说:

> 从来就没有什么绝对的开端。换言之,我们或者必须说,每一件事情,包括现代科学最新理论的建立在内,都有一个起源的问题,或者必须说这样一些起源是无限地往回延伸的,因为一些最原始的阶段本身也总是以多少属于机体发生的一些阶段为其先导的,如此等等。①

当然,哲学史的开端,是人类哲学精神的首次迸发,是人类理性思维第一次提升到哲学层面和哲学水平的重要标志。由此发端,开始了哲学思维自己构成自己和自己发展自己的道路。对这条道路及其成果的研究和再现,是哲学史的任务。这个开端成了哲学史的起点、前提和历史根据,而哲学思维发生学的研究,则是对这个前提的前提考察,对

---

① 皮亚杰. 发生认识论原理[M]. 北京:商务印书馆,1981:17.

这个起点的起点探索,对这个开端的开端追问。为此,他要把这个前提转化为结果,把起点转换为终点,把开端转换为后限,来进一步揭示其历史依据和发生过程,展示人类哲学思维"从无到有"的酝酿、形成和跃迁的过程。毫无疑问,这种研究及其取得的成果,将大大深化我们对于哲学开端的理解。

既然我们通过变换研究目的和转换参照系而将哲学史的开端转换为哲学思维发生过程的终点,我们对它的内涵的理解和评价也应当相应地转换。

黑格尔在谈到哲学史的开端时曾经指出:"最初期的哲学是最贫乏最抽象的哲学。""发展的推进即是更进一步的规定,而更进一步的规定即是深入理念本身,所以最晚出的、最年轻的、最新近的哲学就是最发展、最丰富、最深刻的哲学。"①哲学史就是哲学的发展和进步的历史。相对于更加发展、更加完善、更加丰富和更加深刻的后起的哲学而言,哲学史的开端无疑是简单、粗糙、贫乏的。然而,当我们把这个开端当作终点,来考察其孕育、发生和形成过程时,相对于它赖以形成的那个前过程和这个前过程中的各种要素、各个阶段、各个环节而言,这个终点作为其结果,又必然是最为发展、最为丰富、最为深刻、最为高明的,有一种层次上的跃迁和能级上的飞跃。而发生学研究的任务就是要实际地揭示这种相对而言最为发展、丰富、深刻和高明的思维形式的具体发生过程,尤其是这种"跃迁"和"飞跃"的具体实现过程。

那么,作为哲学史"开端"和哲学发生过程"终点"的哲学思维有什么具体特点呢?从亚里士多德、黑格尔、罗素等对于包括泰勒斯等古希腊哲学家及其学说的论述中我们大体上可以概括出以下主要几点。

其一,哲学思维具有反思性。哲学是智慧之学,而"智慧只在于一件事,就是认识那善于驾驭一切的思想"(赫拉克利特语)。黑格尔则明确指出:"哲学的认识方式只是一种反思,——意指跟随在事实后面的反复思考。"②

其二,哲学思维具有普遍性。如罗素所说,"哲学的起始是一些人

---

① 黑格尔. 哲学史讲演录(第1卷)[M]. 北京:商务印书馆,1959:44-45.
② 黑格尔. 小逻辑[M]. 第2版. 北京:商务印书馆,1980:7.

提出一个普遍性的问题"①。黑格尔则认为,哲学思想是以下"两方面的结合:第一,就哲学思想之为思维能力言,它有一普遍的对象在它前面,它以那普遍者为它的对象,或者它把对象规定为一有普遍性的概念。……第二,在哲学思想里,我认识、规定、知道这个普遍者"②。

其三,哲学思维关注因果性。亚里士多德认为,哲学是智慧之学,而"智慧就是有关某些原理与原因的知识"③。越是高级的普遍性和原因的知识越富于智慧,哲学追求"头等智慧",也就是寻求最高原因和最普遍的知识。

其四,哲学思维具有抽象性。在哲学中,思想必须独立,必须达到自由的存在,必须从自然事物里摆脱出来,并且必须从感性直观里超拔出来,通过抽象和思辨,"把一个对象提高到普遍性的形式"④,达到对于对象的整体把握。

其五,哲学思维具有概念性。"哲学和科学的区别乃在于范畴的变换。"⑤哲学思维是一种概念思维、范畴思维。它借助于哲学范畴所具有的高度普适性和抽象性而使世界的哲学意义得以提升,并运用概念、范畴之间的逻辑联系来再现对象之间的本质联系和规律。

其六,哲学思维具有逻辑性。黑格尔认为,真正的哲学方法必然是一种逻辑方法,"因为这个方法就是关于逻辑内容的内在自身运动的形式的意识"⑥。在这里,观念的逻辑、概念的逻辑、体系的逻辑实际上都是对象的内在因果联系和运动规律的特殊表现形式。哲学思维借助于它们来整理关于对象的知识,达到对于对象的观念把握。

哲学思维的特点当然不止以上所述,而且不同哲学流派和哲学发展的不同时代,对哲学特点的看法也会有所不同,这六个特点之间也是相互作用、相互制约的,对此本书后面将做专门的分析和阐释。这里仅为发生学研究的需要,就大家比较一致的看法而列出一些最为基本的特点和规定,以便考察其发生、发展的历史过程。

---

① 罗素. 西方的智慧[M]. 北京:世界知识出版社,1992:6.
② 黑格尔. 哲学史讲演录(第1卷)[M]. 北京:商务印书馆,1959:94.
③ 亚里士多德. 形而上学[M]. 北京:商务印书馆,1959:3.
④ 黑格尔. 哲学史讲演录(第1卷)[M]. 北京:商务印书馆,1959:94.
⑤ 黑格尔. 小逻辑[M]. 第2版. 北京:商务印书馆,1980:49.
⑥ 黑格尔. 逻辑学(上卷)[M]. 北京:商务印书馆,1966:36.

2. 确定哲学思维发生研究的历史起点

这就是视意识起源论尤其认识发生论的研究终点（所揭示的人的最初认识形态）为哲学思维发生过程的起点，确定哲学思维发生学研究的过程前限。

哲学是人类精神的最高层面。它的产生和形成，是全部世界历史长期发展在精神生活中的最高产物。哲学思维的发生史，原则上讲，包含着物质世界向人的哲学精神的全部运动历史。马克思讲"五官感觉的形成是以往全部世界历史的产物"，讲"整个所谓世界历史不外是人通过人的劳动而诞生的过程"①，无疑也包含着对于人的哲学意识和哲学精神发生源泉和发生过程的深刻洞见。相应地，对哲学思维的发生学研究，也可以沿着一条逆推的思路一直往前回溯：由哲学精神回溯一般意识，由人回溯猿，由动物回溯植物，由生命回溯非生命，直至宇宙天体的形成……

这样做当然是可以的，但限于本书的篇幅，尤其论述的重点，这样做却不一定是必要的，也不一定是最可取的。现代宇宙学、生物进化论、古人类学、比较心理学，尤其认识发生论的研究已经给我们提供了许多比较确凿、丰富的材料，我们完全可以借助于它们的成果，大体确定哲学思维在整个世界历史进程中的位置，然后立足于它们关于人类意识最初形态的研究成果，来考察最初人类意识向人类哲学意识的发展和演进，更为集中地说明哲学思维的发生机制。如果这种方法是可行的，则我们就可将意识起源论或认识发生论的研究终点作为哲学思维发生学的研究起点，从而确定出我们对哲学思维发生过程的相对起始，确定出这个过程的历史区间。

人类意识的历史位置何在呢？

据研究，宇宙大约在距今 100 亿至 150 亿年前产生，地球大约在 60 亿年前形成，大约 30 亿年前产生了最初的生命，大约 2 亿年前进化出了哺乳动物，灵长类起源于大约 6000 万年以前。大约 400 万年前开始由猿人向新人的转化，现代意义上的人则只有 20 万年左右的时光。在这个漫长的过程中，经历了由无机物到有机物，由有机小分子到生物大分子，由单细胞到多细胞，由无脊椎动物到有脊椎动物，由水生到陆生，

---

① 马克思恩格斯全集(第 42 卷)[M].北京：人民出版社，1979：126.

由卵生到胎生,由非哺乳类到哺乳类,由变温动物到恒温动物,由森林古猿到猿人,由智人到新人的一次次进化、质变、飞跃,人则是这个进化过程的最高产物。

在从猿到人转化所经历的大约400万年中,南方古猿(人猿)占据了300多万年,大约100万年以前有了直立猿人,20万年以前产生了古人(尼安德特人),4万年前产生了新人(克罗马努人),约1万年前才进入到现代人的行列。在这400万年中,经历了由动物的肢体活动到人的工具性行为,由动物的感知和悟性到人的思维和理性,由动物的脑到人脑,由动物的社群性到人的社会性,由动物的信号交往到人的符号交往,由动物的自发本能活动到人的自觉实践活动,由动物的适应性生命活动到人的能动创造活动,由主客体的混沌同一到对主客体关系的自觉分化,形成了人的意识和自我意识①。

这里大致就是人类意识的"史前史"。只是经历了这段极为漫长和艰巨的进化和发展,人才从动物界中得以提升和跃迁,从而作为人存在于世界之中一人的意识才又开始了自己向哲学意识的更加艰难的发展历程。也正是立足于对这个世界历史长期进化的"终点"的把握,我们获得了考察哲学思维发生的又一个"起点"②。

3. 把握史前文明的发展进程

前面对于哲学思维发生过程的"起点"与"终点"的分析,不仅为我们的研究确立了对象,同时也确立了"前限"与"后限"的双重参照系,使我们研究范围集中到了人类生活的史前时期。正是这一时期的人类生活和观念状态,孕育了哲学思维,成为哲学思维赖以发生和形成的直接的历史前提。

根据著名的古人类学家路易斯·亨·摩尔根的研究,人类的史前社会(古代社会)大体可以分为三个主要时期,即蒙昧期、野蛮期和文明期,而每个时期又可以分为低级、中级和高级三个阶段。

在这三个时期中,"蒙昧时代是以采集现成的天然产物为主的时

---

① 这方面的研究成果,主要参见:夏甄陶. 认识发生论[M]. 北京:人民出版社,1991;李景源. 史前认识研究[M]. 长沙:湖南教育出版社,1989.
② 不言而喻,本节谈到的"终点"和"起点"都主要是在象征意义和功能意义上使用的,在实际历史过程中,它们都既不是一个"点",也不是一个片刻,而是一个相当长的区间,或一段很长的历程。

期;人类的制造物主要是用作这种采集的辅助工具"①。在意识水平上人们开始是有了"音节清晰的语言,获得了鱼类食物和用火的知识",后来则"以制陶术的发明告终"②。这一时期大体上相当于我们前面所谈到的人类意识的孕育和形成期,可以看作本章所论哲学思维发生过程的"始点",尽管它实际上是一段相当漫长的时期。

"文明时代是学会对天然产物进一步加工的时期,是真正的工业和艺术产生的时期。"③这一时期"从标音字母(的发明)和文字记录的创作开始"④,直至阶级分化、国家的形成、哲学的产生等,大体可以看作本章所论的哲学思维发生过程的"终点"。

"野蛮时代是学会经营畜牧业和农业的时期,是学会靠人类的活动来增加天然产物生产的方法的时期。"⑤这一时期正值本章所论的哲学思维发生过程的"起点"与"终点"之间,是人类哲学精神的孕育、萌发时期。马克思在晚年的人类学研究中对这一时期给予高度关注和重视,他说:

> 在野蛮时代低级阶段,人类的较高的属性便已开始发展起来了。个人的尊严、口才、宗教感情、正直、刚毅和勇敢这时已成为性格的一般特点,但同时也表现出残忍、诡诈和狂热。宗教中的对自然力的崇拜,关于人格化的神灵和关于一个主宰神的模糊观念,原始的诗歌,共同的住宅,玉蜀黍面包,都是这个时期的东西。这个时期还产生了对偶制家庭和按胞族和氏族组成的部落联盟。对于人类的进步贡献极大的想象力这一伟大的才能,这时已经创造出神话、故事和传说等等口头文学,已经成为人类的强大的刺激力。⑥

恩格斯则进一步谈到了野蛮时期的高级阶段。他说:

---

① 马克思恩格斯全集(第4卷)[M]. 北京:人民出版社,1972:23.
② 马克思恩格斯全集(第45卷)[M]. 北京:人民出版社,1985:328.
③ 马克思恩格斯全集(第4卷)[M]. 北京:人民出版社,1972:23.
④ 马克思恩格斯全集(第45卷)[M]. 北京:人民出版社,1985:329.
⑤ 马克思恩格斯全集(第4卷)[M]. 北京:人民出版社,1972:23.
⑥ 马克思恩格斯全集(第45卷)[M]. 北京:人民出版社,1985:384.

野蛮时代高级阶段的全盛时期,我们在荷马的诗中,特别是在《伊利亚特》中可以看到。完善的铁器、风箱、手磨、陶工的辘轳、榨油和酿酒、转为手工艺的发达的金属加工、货车和战车、用圆木和木板造船、作为艺术的建筑术的萌芽、由设雉堞和炮楼的城墙围绕起来的城市、荷马的史诗以及全部神话——这就是希腊人由野蛮时代带入文明时代的主要遗产。①

从马克思和恩格斯的上述论述中,我们不仅了解到野蛮时期人类的生产方式和生活方式,尤其了解到他们的思想、观念和精神状态,这就是那个时代所特有的神话、传说、史诗,从而为把握当时人类的感知方式、思维方式、情感方式、评价方式提供了可能,也为说明哲学思维的系统发生创造了条件。著名的马克思主义者拉法格曾经高度评价神话对于理解人类童年的积极意义。他说:

> 神话既不是骗子的谎话,也不是无谓的想象的产物,它们不如说是人类思维的朴素的和自发的形式之一。只有当我们猜中了这些神话对于原始人和它们在许多世纪以来丧失掉了的那种意义的时候,我们才能理解人类的童年。②

实际上,我们也只有理解了神话,才能真正理解人类的哲学思维。

4. 从哲学思维的发生学视角来看古代神话

如何看待和解释神话,历史上和现实中存在着相距甚远,甚至完全背反的态度。

早期古希腊人曾经把神话当作自己的历史来理解,把荷马史诗中的事件和英雄当作历史上的真实事件和人物来对待。公元前4世纪末的希腊哲学家欧赫麦鲁斯就认为神也是真实存在过的,就是从前的帝王。这种信念一直流传下来,直到"公元2世纪的皇帝哈德良曾下令在特洛耶附近给荷马在《伊利亚特》中赞扬过的勇敢的英雄埃阿斯建筑华

---

① 马克思恩格斯选集(第4卷)[M]. 北京:人民出版社,1972:22.
② 保尔·拉法格. 宗教与资本[M]. 北京:三联书店,1963:2.

丽的坟墓"①。这就好像我国著名史学家司马迁著《史记》时,开篇《五帝本纪》,便把黄帝、颛顼、帝喾、帝尧、帝舜、大禹等神话传说中的角色一一改造为历史人物,描述成历史上的古代帝王,成为中华民族的真实祖辈人物。

随着古典世界的衰亡,对神话的历史真实性的信念逐渐破灭,兴起的科学、哲学、官学为了表明自己学问的真实可靠,总要力图与众所周知的神话传说划清界限,保持距离。孔子自来"不语怪力乱神",不把神话与各种荒诞奇事混在一起,从此将神话逐出了儒学的庙堂。古希腊不少学者都曾经贬斥荷马、诋毁史诗。据说赫拉克利特在第69届奥林匹克赛会时,便一再主张"把荷马从赛会中逐出,并且加以鞭笞,阿尔其罗科也是一样"②。其实当时荷马史诗已经口传数百年,赫氏不过要表明自己对他们的一种态度罢了。就连博学的亚里士多德,也一方面承认,古代神话都是些带来真理之虚妄的纪事,另一方面又不得不说,"对于神话学家的机智我们无须认真加以研究"③。

中世纪神学的统治中断了对古代异教的研究。文艺复兴后人们对神话的兴趣转向它的艺术和文化意义方面。直到19世纪中叶人们仍然仅将其作为纯粹的神话来看待。

英国学者泰勒开始了对原始文化的研究,1871年他出版了著名的《原始文化》。他从对人的个体心理结构的比较研究出发,认为文明人的思维与野蛮人的思维是一样的,现代人的心理结构与不发达民族的心理结构是一样的,一切人在一切发展阶段上都具有同样的思维规律。他甚至把原始人称为"原始哲学家",或"古代野蛮哲学家",认为原始人有"一个相当一致和相当合乎理性的原始哲学"。

另一位英国著名学者弗雷泽于1922年出版了上下卷的神话研究著作《金枝》。他一方面承认,我们永远也不能彻底从原始人的角度出发去观察一切事物,因此我们关于原始人、野蛮人的世界观的种种理论只能是根据我们的智慧所做的推断,与实际情况相距甚远。另一方面,他又实际地以现代人的理智方式去理解原始人,并力图确实地揭示原

---

① 兹拉特科夫斯卡雅. 欧洲文化的起源[M]. 北京:三联书店,1984:21.
② 北京大学哲学系外国哲学史教研室. 古希腊罗马哲学[M]. 北京:商务印书馆,1961:14.
③ 亚里士多德. 形而上学[M]. 北京:商务印书馆,1959:48.

始人的思维规律。弗雷泽认为,人类思维方式经历了"巫术—宗教—科学"的发展过程,在巫术时代巫术观念占据统治地位,人们借助于种种错误推理而产生的种种办法来控制自然,宗教时代的人们把超自然的力量个性化为神灵,借助于它们的帮助消灾弭祸,求福祈祥,最后进入科学时代。照理作为第三阶段的科学应当是对巫术和宗教的超越,但奇怪的是弗雷泽竟认为科学与巫术是完全等同的。他满怀激情地写道:

> 巫术与科学在认识世界的概念上,两者是相近的。二者都认定事件的演替是完全有规律的和肯定的。并且由于这些演变是由不变的规律所决定的,所以它们是可以准确地预见到和推算出来的。一切不定的、偶然的和意外的因素均被排除在自然进程之外。对那些深知事物的起因,并能接触到这部庞大复杂的宇宙自然机器运转奥秘的发条的人来说,巫术与科学这二者似乎都为他开辟了具有无限可能性的前景。于是,巫术同科学一样都在人们的头脑中产生了强烈的吸引力,强有力地刺激着对于知识的追求。它们用对于未来的无限美好的憧憬,去引诱那疲倦了的探索者、困乏了的追求者,让他穿越对当今现实感到失望的荒野。巫术与科学将他带到极高极高的山峰之巅,在那里,越过他脚下的滚滚浓雾和层层乌云,可以看到天国之都的美景,它虽然遥远,但却沐浴在理想的光辉之中,放射着超凡的灿烂光华![1]

应该说弗雷泽对于世界各国巫术神话的现代解读是有其重大贡献的。但他把巫术与科学完全等同起来,就既不能正确地理解巫术神话,也违背了科学的客观真实性。实际上,不管他是自觉的还是不自觉的,一旦陷入这种非历史甚至反历史的态度中,就无法科学地说明人类思维的发展进程。

法国人类学家列维-布留尔坚决反对把原始人的思维与文明人的思维等而视之,为此他激烈批评以泰勒和弗雷泽为代表的美国人类学

---

[1] 詹·乔·弗雷泽. 金枝(上册)[M]. 北京:中国民间文艺出版社,1987:20-21.

家,认为他们实际上是受当时的进化论和联想主义心理学的影响,实际上是以"万物有灵论"的观点解释原始社会,因此,"英国人类学派的'解释'永远只是或然的,永远包含着随偶然事件而转移的某种可疑因素"①。与泰勒和弗雷泽仅从个体心理结构出发来解释神话传说相反,布留尔强调原始神话传说形成的社会-历史基础。他认为不同类型的社会和同一社会发展的不同阶段有不同类型,在一定社会制度和风俗基础上形成一定的集体表象,集体表象支配着集体中所有成员的认识和思维。原始社会中"构成原始人的任何知觉的必不可缺的因素的集体表象具有神秘的性质"②。这种神秘性根源于当时人和物之间的不分化状态和"互渗",因此支配原始思维的最根本规律是"互渗律",这种互渗律可以看作原始思维的逻辑,"因此,可以把原始人的思维叫作原逻辑的思维,这与叫它神秘的思维有同等权利"③。那么,原始思维与文明思维之间的关系如何呢?布留尔显然陷入了自相矛盾之中。一方面,为了证实自己对原始思维的解释是有根据的、可接受的,他认为"我们至少是能够竭力弄清表象是怎样在原始人的思维中关联起来的。我们懂得他们的语言,和他们打过交道,我们能够成功地解释他们的制度和信仰:这一切说明了他们的思维和我们的思维是能够交往的,彼此之间是有可行的沟通方法的"④。而另一方面,为了表明原始思维的集体表象和互渗律的神秘性特点,他又把它们与现代思维的自觉性和矛盾律完全对立起来,看作完全不同的东西,从而把原始人群的"原逻辑思维"变成了一种无法把握的东西。列维-布留尔的这种思想受到了来自各方面的强烈批评,后来他放弃了这种极端对立的观点,在《原始思维》的俄译本序言中写道:"在人类中间,不存在为铜墙铁壁所隔开的两种思维方式——一种是原逻辑的思维,另一种是逻辑思维。但是,在同一社会中,常常(也可能是始终)在同一意识中存在着不同的思维结构。"⑤布留尔的这种看法,不仅使他自己从形而上学的绝对对立和自相矛盾中摆脱了出来,并赋予他的理论以更大的适应性和可信性,也为我们研究

---

① 列维-布留尔. 原始思维[M]. 北京:商务印书馆,1981:15.
② 列维-布留尔. 原始思维[M]. 北京:商务印书馆,1981:35.
③ 列维-布留尔. 原始思维[M]. 北京:商务印书馆,1981:71.
④ 列维-布留尔. 原始思维[M]. 北京:商务印书馆,1981:62.
⑤ 列维-布留尔. 原始思维[M]. 北京:商务印书馆,1981:36.

原始思维向文明思维以至哲学思维的过渡和跃迁提供了重要的思想材料和启示。

当代法国著名结构主义人类学家列维·施特劳斯和德国文化人类学家恩斯特·卡西尔都反对列维-布留尔把原始思维和文明思维绝对对立起来,并运用各自的方法去解读神话。施特劳斯主要运用结构主义方法,舍弃文明思维与原始思维之间的时代性差异,而从要素、结构、功能等方面来分析其共性。尽管他并不完全否认两种思维之间的差异性,但显而易见的是,他并不关心它们之间差异,甚至提出,"不要错误地认为,在知识演进史中,神话与科学是两个阶段或时期,因为两种方法都是同样正当的"①。因此,他的分析有助于我们把握二者的共性却难以帮助我们同时掌握其差异和演进。实际上,共时态的结构分析必须与历时态的过程分析结合起来才能发挥更大的解释力。卡西尔反对假定在我们自己的逻辑与原始人的逻辑之间有着绝对的异质性,而主张用符号形式的水平差异来解释原始思维和文明思维之间的差异和联系。在他看来,人最初开始对自然进行考察的方式,所借助的并非物理或数学思维,而是神话思维。神话思维并不承认任何由不变规则连接对象之确定秩序。神话并不缺少其内在的原则。在神化中,人将其最深沉的情感客观化,因此,"我们可以把神话定义为对宇宙所作的一种观相学解释而不是理论性或因果性解释。神话思维中的任何东西都具有一种独特的观相意味"②。

对于原始神话和原始思维的探讨还在继续之中。仅从以上的分析中我们无疑也可以得到许多有益的方法论启示。我们认为,古神话确实是"一种规范和高不可及的范本"③,是一种复杂的人类历史现象,也是一种对于现代人类仍有重要意义的文化现象。对于它,人们可以从不同的目的出发,运用不同的方法来加以研究。当我们从哲学思维的发生学视角来考察原始神话和原始思维,有以下方法论问题是必须加以注意的。

其一,不能否认原始思维和文明思维之间在性质、形式水平和功能

---

① 列维-布留尔. 原始思维[M]. 北京:商务印书馆,1981:29.
② 恩斯特·卡西尔. 符号·神话·文化[M]. 北京:东方出版社,1988:120.
③ 马克思恩格斯选集(第2卷)[M]. 北京:人民出版社,1972:114.

方面存在着某些根本性的区别。如果否认了这种区别,将二者混为一谈,则要么将文明思维降低到原始思维的水平,要么将原始思维无端地提升到文明思维的水平,这都会否定人类思维的历史发展和前进性。

其二,不能否认原始思维和文明思维之间在基础、对象、内在要素和结构之间存在着某些根本性的联系。如果否认了这种联系,将二者绝对对立起来,则要么否定原始思维的历史地位和现代意义,要么消除现代思维的历史根据和发生源头,割断人类思维的历史连续性。

其三,应当从人类精神和思维能力发展的总过程和过程中的阶段性与连续性的角度来理解原始思维与文明思维之间的联系和区别,把它们看作人类思维发展总过程中既前后连接,又相互区别的两个发展阶段。它们之间的联系,是同一总过程中两个不同发展水平的阶段之间的联系,是低级水平的思维形式和高级水平的思维形式之间的联系。低级形式为高级形式的形成提供了准备,奠定了基础,又通过扬弃的方式被整合到高级的形式之中,成为高级形式的内容构件并发挥出在旧阶段所不具备的功能。高级阶段以低级阶段的成就为基础而得以提升和跃迁,从而使低级阶段获得更高的意义,而其自身又因为吸收了更新的内容而具有更高级的结构和功能。因此,它们之间的区别也是同一总过程前后相继的两个阶段之间的区别,这种差别既有各自所赖以建构的社会文化背景的差别,也有思维形式的内部要素、结构关系及相应功能水准之间的区别。正是由于存在着层次、水平阶段的区别,低级阶段才有必要提升到高级阶段,高级阶段也才显示出自己的特殊地位、作用和功能。在这种意义上,承认它们之间的区别,就既不排除原始思维跃迁到文明思维的可能性,也不否认文明思维从原始思维中脱胎而出又从中吸收养料并对其加以理解和阐释的可能性。相应地,承认它们之间的联系,既不意味着否认原始思维在内部要素结构和功能方面的不完备性和历史局限性,也不排除文明思维在内部要素结构和功能方面的超越性、优越性、时代性。

其四,对原始思维与文明思维之间的区别或是联系的真实的说明都有必要从社会文化基础和思维发展水平这两个方面的相关性中展开思路。思维是人处理自身与外部世界关系的内在秩序和观念方式。人与世界关系作为一种文化样态发展到什么水平,提出什么任务,思维就在解决这种任务的过程中发展到什么水平。另一方面,思维的水平又为人们超越现实关系创造理想世界提供内在的和精神的根据与动力。社会文化关系的内化和思维方式的外化是人类文明发展中相互关联和相互制约的两个方面,社会文化既作为对象性前提又作为思维主体的活动基础制约着思维的水平。思维则在对社会文化精华的吸收与处理中获得自身的发展,并展示出自身的功能。社会文化的发展是阶段性与连续性、时代性与历史性的统一,人类思维能力的发展也是承继性与变革性的统一,由此而生发出原始思维与文明思维等不同的发展阶段。相应地,要把握思维发展过程的规律和原始思维向文明思维以至哲学思维的跃迁,也必须在原始文化向古代文化的跃迁中找到自己的现实基础。

以下我们将从原始思维产生的历史必然性及其进步意义,和它的局限性及向文明思维、哲学思维的跃迁这两个方面来具体说明哲学思维的发生过程。

三、神话思维的形成及其历史意义

1. 神话思维与原始思维

对于神话思维与原始思维,通常人们不加区分,看作等价的概念,并可以互换使用。这在一般情况下是可以的,但当我们从过程性上来研究人类思维尤其哲学思维的发生时,却不能忽视它们之间在具体的内涵和外延上还是有所差别的。

原始思维是区别于文明思维的,它是指原始社会中的原始人在其实际生活和精神生活中所自觉或不自觉地运用和遵循的思维方式的总称。原始社会是个非常漫长的历史过程,原始住民又实际地分成无数的种群和区域部落,各自又经历了许多发展阶段,在思维的性质、水平和方式上各有其特点。原始思维则是舍弃原始社会发展不同时期、不同种群、不同区域和不同部落之间思维之间的差异而标示其区别于文明思维的那些共性。因此原始思维是个非常广泛的总体性概念,它包括了"人猿相揖别"后到进入文明社会之前这一漫长历史过程中的思维方式,也包括了不同原始种群、部落和区域存在内在差异的思维方式。

相比之下,神话思维的范围要狭窄得多,它主要指人们以一种拟人化、联想化和情感化的方式来看待世界和自身,并创造和传播各种神话传说时所自觉或不自觉地贯彻和运用的思维方式。神话思维是原始人的思维能力发展到一定水平但还不够充分时的产物,是原始思维中的较高形态。

根据国内外学者关于认识的原始发生尤其思维的原始发生过程的研究,人类思维及其逻辑的形成过程经历了三个主要阶段,即感知-运动思维、具体-形象思维和抽象-概念思维[1]。

感知-运动思维,又叫直观动作思维,按皮亚杰的叫法即"实践性智力",这是人类思维的初始阶段。在这个阶段,原始人只能通过尝试性的活动去开拓认识的视野,而他们所能凭借的认识工具或思维图式只能是从动物祖先那里继承的感知运动图式,这种图式本身并不是观念思维图式,而仅仅是思维图式由以发生的神经生理基础。在高等动物那里便已具有的表象仅仅是个别的、孤立的表象,还不能充当原始人进行心理运演的对象和工具。因此,这时原始人只能通过已有的先天感知运动图式去对新的对象进行同化和顺应,而这种同化和顺应又离不开人们自身的活动,也就是在原始人与客体的直接相互作用中通过人的实际活动而进行的感知动作思维,或者说在感知运动图式基础上发生的实践性智力。这种思维是局限于同实物操作相联系的思维。离开了具体实物,离开了操作对象的活动,思维活动也就停止了。因此,"同对象和动作的不可分离性是这个阶段的思维的最重要的特征"[2]。

具体-形象思维又叫作表象性思维,即以表象为基本单位和基本工具的思维,这是在感知动作思维阶段末期才逐步确立的。从发生学的角度来看,表象取代直观动作充当思维的基本单位要有两个条件:一是表象的产生以信号性功能为前提;二是由活动格局变为思维的格局,以表象由个别的静态的再现性表象发展为预见性表象为基础。正是在大量地和重复地使用、保存、制造工具的生产活动中,工具结构和活动结构得以提升和内化,形成工具的功能逻辑和使用工具的活动逻辑,促使人们将对象、工具、活动分离开来又在观念中联系起来,形成一定的社会性表象,并运用它们来从事社会交往,形成一定的表象性符号,即语

---

[1] 参见夏甄陶主编的《认识发生论》(人民出版社1991年版)第六章第五节《思维发生的阶段及其逻辑形态》。

[2] 夏甄陶.认识发生论[M].北京:人民出版社,1991:438.

言。由手势语言、体态语言到声音语言、图像语言的发展,为思维提供了新的工具和对象,这就是表象。表象是由动作思维过渡到观念思维的中间环节。一方面,表象是人类活动概括和简化的产物,是活动的观念化,表象的演化和发展反映了观念思维逻辑的深化;另一方面,表象作为外部活动的观念替代物,其功能又是人的物质活动的观念图式,是人的活动和动作系统不可缺少的形成因素。可以说,表象作为外部活动的构成因素是表象思维的发展机制之一。表象思维同语言符号(主要是声音符号和图像符号)的结合,促使了由非语言的表象思维向有语言的表象思维的过渡,为表象思维发展到抽象概念思维奠定了基础。

抽象-概念思维,又叫符号-形式思维,是以概念为基本单位和基本工具的思维,它是在表象思维基础上发展起来的。概念是对于事物的本质和普遍性的概括。概念思维的形成依赖于人的概括能力的发展。概括就是异中求同,在观念中把对象和对象的属性区别开来,舍弃差别,抓住同一,在区别中看到同一,在此基础上把握对象的本质特征。概念就是对这种本质和普遍属性的反映和记载。通过概念,人们把一定的具体对象归结为另一已知的对象,达到对于对象的类别归并。由于一定的概念总是代表一定的事物,概念之间的关系也可以看作事物之间的关系。因此,思维可以通过对概念的操作而在不改变对象的现实存在状态的前提下达到对于对象的概念把握。概念的产生和运用,使思维可以于脱离对象甚至远离对象的前提下在观念中对对象加以分解、组合,从事思维操作,这就是抽象的符号思维。符号化的概念思维是文明思维的重要特征。当概念的抽象层次和程度达到相当高的哲理水平时,便形成了哲学思维。哲学思维是一种具有最大抽象性和最高概括性的概念思维。

按照以上关于人类思维发展的三阶段说,神话思维在历史上大体处于其中的表象-具体思维阶段,是原始思维发展的高级形式。它的产生和形成,标志着人类思维超出了最初的感知动作水平而进入表象-具体水平。神话思维的内在矛盾和内部发展又对符号形式思维的发生提出了要求,为其提供了条件,奠定了基础。在这种意义上,神话思维是人类思维发展过程中不可缺少的重要阶段,既是人类文明进步的重要标志和积极结果,又是其内在的精神内核和推进力量。

2. 从物我原始同一到最初的自我意识

神话是人类社会自我认识的原始形式,换句话说,神话是原始人类自我认识的实现形式。①

恩格斯曾经指出:"人们最初怎样脱离动物界(就狭义而言),他们就怎样进入历史:他们还是半动物性的、野蛮的,在自然力量面前还无能为力,还意识不到他们自己的力量;所以他们像动物一样贫乏,而且在生产上也未必比动物高明。"②人与自然、自然与社会、社会与人、人和他人之间都处于原始的混沌的同一状态之中。神话的产生,打破了这种物我不分的原始同一,标志着主客体的分化和人类的最初的自我意识的形成。

神话是原始初民认识社会的原始形式。"古代民族是在幻想中、神话中经历了自己的史前时期。"③作为一种观念形态的东西,神话是古代社会的原始反映形式,是人类早期的一种世界观,它不仅反映和再现着当时的自然界,尤其反映着当时的社会状况。恩斯特·卡西尔认为,人最初开始对自然进行考察的方式,所借助的并非物理或数学思维,而是神话思维。人们对自然的关注,归根到底还是出于对自身的关注。"人类很早就有了解一个人自身情感和行为的欲望和洞察世界奥秘的欲望,所以,人类在所有文化阶段都不断力图探究自己行为的动机是很正常的事。"④而作为这种探究的结果,"神话的语言和形象表达了人类对自己与宇宙关系的感知"⑤。它不仅真实地记载着原始初民的真实思想感情和精神世界,而且记载和表现着他们所生存的那个社会。这正如法国著名神话学和人类学家杜尔克姆所谈到的:

> 如果我们从物理的世界,从对自然现象的直观中寻找神话的源泉,那就绝不可能对神话作出充分的说明。不是自然,而是社会才是神话的原型。神话的所有基本主旨都是人的社

---

① 参见《社会认识论》(中国社会科学出版社1990年版)第1章第3节《神话——人类社会自我认识的原始形式》。
② 马克思恩格斯选集(第3卷)[M]. 北京:人民出版社,1972:218.
③ 马克思恩格斯选集(第1卷)[M]. 北京:人民出版社,1972:6.
④ 弗兰兹·博厄斯. 原始人的心智[M]. 北京:国际文化出版公司,1989:122.
⑤ 戴维·利明,埃德温·贝尔德. 神话学[M]. 上海:上海人民出版社,1990:59.

会生活的投影。靠着这种投影,自然成了社会化世界的映象:自然反映了社会的全部基本特征,反映了社会的组织和结构、区域的划分和再划分。①

神话作为人类社会自我认识和自我理解的原始形式,在内容上直接指向并且表现着一定历史条件下的社会状况和历史人物。神话内容的中心和重点的转移,则反映和再现着社会的历史变迁和重大事变。据考证,中国的数量有限的神话传说中的几个英雄人物及其主要"业绩",便反映着中国远古社会发展的几个基本阶段及其时代特征。有巢氏、燧人氏的故事,大体上反映着开始室居生活和用火的旧石器时代;伏羲氏、神农氏,主要再现着农业萌芽的中石器时代;黄帝、尧、舜、禹的故事,则映照着新石器时代人类的生活情景;伏羲和女娲由兄妹结为夫妻的传说,表现了氏族社会由杂婚向配婚制的转化;而刑天与天帝争神的故事,则表明氏族社会末期,部落内部出现了阶级分化和阶级冲突,等等。

而在西方世界,现代考古学则为许多著名的神话找到了历史的依据,甚至是依据神话的记载找到了神话原型。以记载挪亚方舟而著称的洪水神话一直被看作可能有事实依据,因为它与发生在底格里斯河与幼发拉底河流域的一场特大洪水有一致之处。对此特大洪水的描述早已出现在《旧约》问世之前的洪水神话里,后来《旧约·创世纪》的洪水之说和以前的十分相似。"考古学家在乌尔的挖掘成果证明洪水神话实有其事。"②

近现代考古学中最伟大的发现之一是对古希腊特洛伊城的成功发掘,而这个最伟大的发现竟然是19世纪德国冒险家亨利·谢里曼按照特洛伊神话的描绘与指点而取得的。荷马史诗中关于特洛伊战争的神话,一直被看作一个非常美丽、精彩、动人的远古传说。唯有"谢里曼坚信荷马的每句话,认为通过发掘,能够查获《伊利亚特》和《奥德赛》中所列举的所有城市的遗址、荷马所记的英雄的坟墓、甚至进行战争的地

---

① 参见杜尔克姆《宗教生活的基本形式》,转自:恩斯特·卡西尔. 人论[M]. 上海:上海译文出版社,1985:101.
② 戴维·利明,埃德温·贝尔德. 神话学[M]. 上海:上海人民出版社,1990:86.

方"①。他制定了大规模的考古发掘计划,并自1867年7月开始实地考察,经过两代人数十年的多次发掘,他们不仅发掘出了荷马的特洛伊,而且在几乎是同一地点发掘出自公元前4000年至公元前1000年之间的3000年间9个历史时代的特洛伊居民点②。考古发现说明,荷马史诗中关于特洛伊的故事记载尽管存在时代的颠倒和细节的不确,但从总体上看来却基本上反映了当时的社会结构和文化形态。它不是一种虚幻的神话,而是一部真实的历史记载,"被认为是对希腊人与小亚细亚人为争夺达达尼亚海峡统治权而进行的一系列真实战争(这场战争多次反复)的颂歌"③。

考古发掘研究对于远古神话的社会历史内容的证实,也是对神话传说在原始社会中特殊地位和作用的证实。神话的产生是必然的,它反映和满足了人类社会自我认识的需要,而神话思维正是在人类自我意识的觉醒和形成中产生和形成的,并发挥出自己的积极作用。

3. 由动物的高级心理到人的感情

马克思曾经指出:"人作为对象性的、感性的存在物,是一个受动的存在物;因为它感到自己是受动的,所以是一个有激情的存在物。激情、热情是人强烈追求自己的对象的本质力量。"④人的自我意识的最初觉醒,必然要求并促使人的感性心理特征的开发与形成。对外部制约性和内在需求的初步体验,必然激发出人的激情和热情,促使他们去超越外部制约性,去满足和实现自己的需求。于是,"个人的尊严、口才、宗教感情、正直、刚毅和勇敢这时已成为性格的一般特点,但同时也表现出残忍、狡诈和狂热"⑤。在这时,由于原始思维与原始情感、原始心理等还没有分化,因此这种人的情感和激情一旦产生和形成,便成为思维的基础。

原始思维本质上是一种情感思维,或者说是一种以情感为主导性基础和主导性驱力的思维。卡西尔认为:

---

① 兹拉特科夫斯卡雅. 欧洲文化的起源[M]. 北京:三联书店,1984:23.
② 兹拉特科夫斯卡雅. 欧洲文化的起源[M]. 北京:三联书店,1984:23.
③ 戴维·利明,埃德温·贝尔德. 神话学[M]. 上海:上海人民出版社,1990:85.
④ 马克思恩格斯全集(第42卷)[M]. 北京:人民出版社,1985:169.
⑤ 马克思恩格斯全集(第45卷)[M]. 北京:人民出版社,1985:384.

神话的真正基质不是思维的基质而是情感的基质。神话和原始宗教绝不是完全无条理性的,它们并不是没有道理或没有原因的。但它们的条理性更多地依赖于情感的统一性而不是依赖于逻辑的法则。这种情感的统一性是原始思维最强烈最深刻的推动力之一。①

应该说,情感并不是人所独有的,较高级一些的动物不仅具有极为丰富多样的情感,而且还具有以多种多样的方式表达这些情感的能力。但动物的情感无论怎样表达,也总是逃不出其自身的范围,它不能使它们外在化,更不能使其客观化。而人则可以做到这一点。"在神话中,人将其最深沉的情感客观化,这些情感在他眼中,似乎已具有一种外在的存在。""所有不同的感受——恐惧、忧伤、烦恼、激动、快乐、亢奋、惊喜——都有其自身的形态和面目"②,而且相互传递、相互影响,形成一定群体所特有的情感方式和认知定式,即布留尔所说的"集体表象"。这种集体表象引导原始初民以一种神秘的眼光去感知、体验和思考世界,从而"引起该集体中每个成员对有关客体产生尊敬、恐惧、崇拜等等感情"③,从而使情感社会化。"在原始人那里,没有任何东西比情感更社会化了。"④正是这种社会化的情感造成情感化的思维和情感化的联想。"在原始文化中,主要的联想类型是情感联想"⑤。这种情感思维和情感联想贯穿在原始宗教、原始艺术、原始神话和原始实践中,造成了原始文化所特有的隐喻性和象征性。著名人类学家、社会科学之父维柯把这种富于隐喻和象征意味的原始文化看作诗性文化,把原始人的智慧看作诗性的智慧,把隐喻看作诗性的逻辑;并认为,"诗性的智慧……是一种感觉到的想象出的玄学,像这些原始人所用的。这些原始人没有推理的能力,却浑身是强旺的感觉力和生动的想象力。这种玄学就是他们的诗"⑥。

---

① 恩斯特·卡西尔. 人论[M]. 上海:上海译文出版社,1985:104.
② 恩斯特·卡西尔. 符号·神话·文化[M]. 北京:东方出版社,1988:119-120.
③ 列维-布留尔. 原始思维[M]. 北京:商务印书馆,1981:5.
④ 列维-布留尔. 原始思维[M]. 北京:商务印书馆,1981:103.
⑤ 弗兰兹·博厄斯. 原始人的心智[M]. 北京:国际文化出版公司,1989:130.
⑥ 维柯. 新科学[M]. 北京:商务印书馆,1989:181-182.

4. 由体感认知到观念联想

原始情感的外在化和客观化,直接地主要是通过原始联想来实现的。原始联想是神话思维的最基本的特点之一。

联想或想象,即运用表象形成新的表象,或由此表象过渡到彼表象的心理和思维过程,是人类思维的最基本形式之一。在历史上,由感知动作思维发展到具有一定超越性的表象联想,是人类思维发展史上的一次突破性飞跃。

感知动作思维的最大特点是直接体感性,思维对对象的同化和顺应必须与主体的动作同步展开,先天感知运动图式限制了思维的展开和作用。一旦对象消失或动作停止,思维也就终止,思维不能相对独立地发生和发挥作用。

联想或想象以一定的情感为基础,以一定的表象为工具和对象,借助于对表象的操作来处理和对象的关系。作为思维的工具和对象的表象不仅具有一定的概括性,也有一定的超越性,可以相对脱离实际对象而存在,这就为对表象的思维操作创造了条件,也为通过操作表象来掌握和操作对象提供了可能,使人们有可能在思想中由此及彼,并且有所发明和创造。因此,联想思维是人类思维发展的重要阶段,也是由直观动作思维发展到符号-形式思维的关键一环,是人类从事文化创造的重要精神刺激力。正是在这种意义上,马克思认为,"对于人类的进步贡献极大的想象力这一伟大的才能,这时已经创造出神话、故事和传说等等口头文学,已经成为人类的强大的刺激力"[①]。而就其思维机制而言,"任何神话都是用想象和借助想象以征服自然力,支配自然力,把自然力加以形象化"[②]。

但是,原始联想是在人类理性思维能力有一定发展但又发展得很不充分的情况下产生和存在的,因此,它的客观基础、操作工具和作用范围都与文明思维的联想有着许多根本性的区别,这种区别成为神话思维与文明思维的重要区别之一。美国人类学家弗兰兹·博厄斯认为,"原始人与文明人思维方式的差别很大程度上在于与新的知觉发生联想的传统材料的性质不同……在一种新的经验进入原始人的大脑中

---

① 马克思恩格斯全集(第45卷)[M].北京:人民出版社,1985:384。
② 马克思恩格斯全集(第46卷上册)[M]. 北京:人民出版社,1979:48-49。

时,我们会在文明人身上所观察到的同一精神过程会导致一系列完全不同的联想,因而导致不同的解释。突然的爆炸会在原始人的大脑中引起对与世界的神秘历史有关的故事的联想,从而,伴随而来的是迷信恐惧"①。造成这种情况的原因主要是原始人的抽象、分辨和区别的思维能力还不够发达,他们对于人与物之间、主观与客观之间、感知的世界与实在的世界之间、现实世界与已逝世界和未来世界之间、明显的东西与隐蔽的东西之间的区别虽然有了初步的意识,但还缺乏足够的了解和掌握。因此,人们常常把自己感觉中的东西看作现实的东西,把自己理想和愿望中的东西当作真实的东西,将天上世界、月下世界、观念世界混为一谈,将超自然、超人间的神秘力量加以强化与神化,热衷于对神灵的塑造,不断地编织出具有浓烈神秘色彩的神界故事和丰富多彩的神话世界。

具体说来,贯穿在神话思维中的原始联想主要有以下基本类型。

(1) 相似联想,把不同事物的相似特点联系起来构成联想。"原始人思维中最引人注意的几个特征之一是原始人分离和重新组合某些观念的奇特方式,而这些观念在我们看来是相同或相关的观念。"②例如,由对人、动物、植物之间在生命现象的某些相似性的理解,产生出对生命的不可毁灭的统一性的坚定信仰,不仅导致各种形式的图腾崇拜,还造成万物有灵的种种观念和各类神话。

(2) 对比联想,把对立的事物经过对比联系起来构成神话。例如将天与地、日与月、夜与昼、男与女、水与火、生与死等加以对比,形成天地日月男女诸神,形成昼夜阴阳冥明各界,并在对善与恶、喜与怒、哀与乐、爱和恨的初步比较中形成和表达人的各种价值观念和心理感受。

(3) 接近联想,把时间上接近或空间上接近的事物相互联系起来构成神话。比如古希腊神话中由黎明在前、日出在后的时间前后相继联想出太阳神追逐黎明女神的故事。卡西尔曾经考证,祖尼人的神话中将东西南北四个方位认同于地水火风四元素,以及秋春夏冬四个季节。也有学者认为,中国古代神话宇宙观中贯通的实际上是一种时间与空

---

① 弗兰兹·博厄斯. 原始人的心智[M]. 北京:国际文化出版公司,1989:110.
② 弗兰兹·博厄斯. 原始人的心智[M]. 北京:国际文化出版公司,1989:107.

间交错混同,彼此不分的"时空混同模型"①。

（4）因果联想,把似乎具有因果联系的事物按因果关系联系起来构成神话。这是神话联想中的最重要形式。"原始思维和我们的思维一样关心事物发生的原因,但它是循着根本不同的方向去寻找这些原因的。原始思维是在一个到处都有着无数神秘力量在经常起作用或者即将起作用的世界中进行活动的。"②他们常常把一些风马牛不相及的事物拉到一起进行因果解释,去寻求原因,或解释结果。

在神话思维中,不仅情感与联想是不分化的,而且联想的各种具体形式也是不分化的,它们之间并不是相互孤立的,而是相互贯通和相互补充,不自觉地混在一起,共同发生作用的。在这多种形式中贯通着一种共同的倾向,即拟人化的倾向。"原始人不是根据关于自然界的知识来解释自己——他们很少有这种知识——恰恰相反,他是根据关于自己的知识来解释自然界。"③就是说,原始思维和文明思维的重大区别在于思维的客观基础不同。文明思维立足于按照客观事物本身的逻辑来展开自己的思维逻辑,用思维的逻辑来反映和再现对象的逻辑,而逻辑思维的最基本原则和规律都是对事物的客观逻辑、人的活动逻辑和思维的内在逻辑的概括和抽象,服从于逻辑规律,也就是服从于事物的存在规律和发展规律,也就是服从于人的行为规律和活动规律,文明思维建立在逻辑规律的基础上,才有可能进行客观的和科学的思考。而在原始人那里,人与物、观念与现实之间都缺乏分化,"看得见的世界和看不见的世界是统一的,在任何时刻里,看得见的世界的事件都取决于看不见的力量",因此,他们总是"忽视我们叫作自然原因的那种东西,并把全部注意力集中在那个似乎是唯一有效的神秘原因上"④,他们相信符号、象征同真实的事物之间存在着种种神秘联系,因而总是把符号象征与事物直接等同起来,并试图通过自己对于符号、象征的操作和改变而改变事物本身。这就是列维-布留尔所说的"互渗律",互渗律对原始思维的支配,使得原始思维具有非常神秘的性质。布留尔认为：

---

① 叶舒宪. 中国神话哲学[M]. 北京:中国社会科学出版社,1992.
② 列维-布留尔. 原始思维[M]. 北京:商务印书馆,1981:418.
③ 约·阿·克雷维列夫. 宗教史(上卷)[M]. 北京:中国社会科学出版社,1984:14.
④ 列维-布留尔. 原始思维[M]. 北京:商务印书馆,1981:418.

原始人的思维本质上是神秘的。这个基本特征决定了原始人的思维、感觉和行为的整个方式，这一点使得探索他们的思维的趋向变得极端困难。原始思维从那些在他们那里和在我们这里都相似的感性印象出发，来了一个急转弯，沿着我们所不知道的道路飞驰而去，使我们很快就望不见它的踪影。[①]

实际上对这个问题恐怕应该从两方面来说。对原始人来说，他们的思维并不神秘，他们就这样认识人和世界，就以这样的思维方式在观念中处理人与世界。他们的这种处理方式本身是有其规律的，尽管在我们今天看来这种规律是不正确、不科学的，但在当时却有其客观基础——人与自然关系的发展水平，和认识基础——人类思维的发展水平。对现代人来说，当我们立足于人类思维发展的现代水平来解释原始思维时，尤其运用我们的思维法则和逻辑规则来解释支配原始思维的"互渗律"或其他规律时，确实感到难以进行合理的解释，甚至无法解释，由此而产生出神秘感。应该说，神秘不属于原始人而是属于我们自己。实际上，当我们从人类思维发展水平和人类实践发展水平的不完备性来考察原始思维，这种神秘性也就逐渐消除了。

5. 由动作符号到表象符号

人的思维是一种符号化的思维，思维的水平与思维符号的水平之间有其正比相关性。从发生学的角度来看，思维的发生和发展，也是作为思维工具的符号的发生和发展过程。在历史上，由感知动作思维向表象具体思维的发展实际上也是由动作符号向表象符号的发展。神话思维，就其思维工具而言，又是表象化的符号思维。神话的产生和发展，标志着人类思维进化到表象符号水平。

符号化的思维、符号化的行为和符号化的交往，是人区别于动物的重要特征。动物有社群性，动物之间也有交际，并且有与自己的机体相适应的交际工具，这就是信号。动物的语言本质上是一种信号语言，而人则发明和使用信号的信号，即符号来进行思维和交往。巴甫洛夫认为，"如果我们关于周围世界的感觉与表象，对于我们来说，乃是现实的第一信号，具体的信号，那么言语，特别首先是那种从言语器官达到大

---

① 列维-布留尔. 原始思维[M]. 北京：商务印书馆，1981：412.

脑皮质的动觉刺激物,乃是第二信号,即信号的信号。它是现实的抽象化,它可以加以概括,它组成了那种附加的,即为人类所特有的高级思维——人类在周围世界及其本身之间的高级的定向工具"①。符号也是一种信号,但却是取得了一定社会意义并能指称某种信号的信号。"信号是物理的存在世界之一部分;符号则是人类的意义世界之一部分。信号是'操作者';而符号则是'指称者'。"②一般动物只有一套感受器系统和一套效应器系统,而人则有可以称之为符号系统的第三环节,因此人不再仅生活在一个单独的物理宇宙之中,而且生活在一个符号的宇宙之中。

人的符号世界是一个多方面、多层次、多类别的复杂系统,从总体上来看可以分为非语言符号系统和语言符号系统。非语言符号系统可分出动作符号(或会意符号)和表象符号这两个层面,语言符号系统则可分为声音语言、文字语言等不同层面。与思维发生的过程相适应,在历史上符号系统大体有三种历史形态或三个主导阶段:动作符号、表象符号和概念符号。

动作符号又叫会意符号,它通过各种各样的形象直观的动作、手势、体态、表情、装饰等表现出来,指称或象征一定的事物或意义。感知动作思维与这些动作的操作同时展开,而对方则通过这些动作所发生的情景来理解其意义,从而达到一种意向的沟通,因此,动作符号又被叫作手势符号或情境符号。布留尔曾专门仔细考察这种会意符号在早期原始人那里的实际运用:

> 例如,为了表示豪猪,就用手的动作准确地描写它掘土和抛土的奇怪方法、它的刺、它竖起自己的小耳朵时的姿态。为了表示水,会意符号表示出土人怎样喝水,怎样舔吸捧在手心窝里的水。为了表示项圈,就用双手做出圈住脖子并从后面锁住的姿势,如此等等。用手势描写武器更是入微,这些手势与在使用武器时的动作相像。③

---

① 巴甫洛夫选集[M]. 北京:科学出版社,1955:177.
② 恩斯特·卡西尔. 人论[M]. 上海:上海译文出版社,1985:41.
③ 列维-布留尔. 原始思维[M]. 北京:商务印书馆,1981:155-156.

动作思维是人类观念活动从物质活动中分化出来的最初形式,动作符号由于与主体的动作直接相连,因而有较大的时空制约性。但它却为表象符号的发生创造了条件。

神话思维主要是一种表象思维,表象一方面是人类活动概括和简化的产物,是活动的观念化,表象的演化和发展反映了观念思维逻辑的深化;另一方面,表象作为外部活动的观念替代物,其功能又是人的物质活动的观念图式,是人的活动和动作系统的不可缺少的形成因素。正因为表象是外部活动的构成因素,在构成外部活动的过程中又必然要求并促进表象思维的内在发展。在表象思维阶段,语言符号系统也逐渐发展起来并与表象相结合,促使人类思维由非语言的表象思维向有语言的表象思维过渡。在这个过程中,一方面,由动作向表象的转化是活动本身被简化;另一方面,由外部语言向内部语言的过渡是语言本身被简化。如果说,在直观动作阶段,思维的过程追随物质过程,具有完全展开的性质,那么,在表象性思维阶段,活动由于变得熟练被表象所概括和简化。这种概括和简化,证明了人们对物质活动的掌握,这就为使思维脱离对外部条件的依赖和过渡到内部语言的运算创造了可能。

四、神话思维的局限及向哲学思维的跃迁

1. 神话思维与哲学思维

神话思维的产生和形成是有其历史必然性的,同时也有其历史局限性。一方面,它作为人类思维发生和发展过程中的一个必经阶段,使人类初始的感知动作思维得以提升,使原始思维发展到自己的较高阶段,并在原始人的社会生活和精神生活中发挥出积极的作用。另一方面,它作为人类哲学思维发生和发展过程中的一个过渡阶段,又还包含着深刻的内在矛盾和局限,正是这些矛盾和局限在外部诸因素的激发和作用下,又必然要求并引起神话思维的自我超越,尤其是向哲学思维的层次性跃迁。

思维的发展只能通过思维的内在的矛盾运动和自我更新才能实现。神话思维向哲学思维的跃迁也只能通过人类思维的内在变革、更新和超越才能实现。黑格尔曾经指出:

哲学作为一个时代的精神的思维和认识,无论是怎样先验的东西,本质上却也是一种产物;思想是一种结果,是被产生出来的,思想同时是生命力、自身产生其自身的活动力。这种活动力包含有否定性这一主要环节,因为产生也就是消灭。①

黑格尔认为思想的产生,既是被派生的,又是自己产生自己的,思想本身有自己产生自己的生命力和活动力,这是非常深刻的。尽管黑格尔对思想生命力的解释可能是唯心主义的,但他却揭示出思想自己运动、自己产生、自己发展的内在源泉,这为我们理解神话思维向哲学思维的跃迁提供了正确的思路。哲学思维的产生,不是外在于人类思维发展大道的事,不是有一种外在的神秘力量突然赋予人类理性,也不会是有什么超人类的"哲学导师"在教诲人类从事哲学思维,而是人类思维发展过程中的必然的自我跃迁、自我升华。这是一次飞跃,却是立足于人类思维自身的历史发展全部成果基地之上的飞跃,一种自我超越。或者说,是神话思维在克服其内在矛盾性和局限中实现的一种自我否定、自我扬弃。

神话思维之所以能够自我超越、跃迁到哲学思维,是因为它的内部已经孕育了哲学意识的萌芽、征兆、胚胎,而且神话思维发展过程中的一个重要方向就是向哲学层面的不自觉升华。哲学思维之所以能够从神话思维中超拔出来,不仅在于它早已将自己的种子深深地播撒在神话思维的肥沃大地之中,还在于它确实具有超越于神话思维的内容、形式、结构和功能,代表着人类思维发展的一个新层面、新阶段、新水平。在这种意义上,哲学思维的发生,既可以说是神话思维的长期孕育和自我超越,也可以说是哲学思维的自我萌生和自我创造,二者统一在人类思维发生发展的具体历史进程之中。这就好像胎儿出生,既离不开母体的十月怀育,也离不开胎儿的自我创生,二者统一于人类生命延续发展的历史进程之中。

哲学思维的产生是对神话思维的否定,但这种否定不是机械的消灭和形而上学意义上的否定,而是辩证的否定,是扬弃。通过这种辩证

---

① 黑格尔.哲学史讲演录(第1卷)[M].北京:商务印书馆,1959:53-54.

的否定和扬弃,神话思维中的虚妄、幻想、随意、谬误之类的东西被克服,而其中积极的、合理的内容则被保留下来,成为新思维的内部构件,并在其中发生着作用。从总体上来看,哲学思维对于神话思维的批判性吸收和扬弃性保留,主要是对神话思维中所蕴含的那些对于普遍的、本原的、逻辑的、概念的方面的追求及所取得的成果而进行的。除此之外,神话思维还在文明思维的艺术和宗教中部分地得到了保留。其表象的、具体的、感性的那些方面部分留存在艺术思维中,其情感的、信仰的那些方面部分地留存在宗教思维中,等等。

就其发展过程而言,哲学思维的产生与神话思维的自我超越是同一过程。但促使这个过程产生和实现的根本动力和动因却不能仅仅从思维内部去寻找,而应从思维与人类实践的关系中去寻找。思维是在人类处理自身与外部世界关系的过程中形成和发生作用的。人与世界关系的发展水平和时态、样态既作为对象性前提向思维提出了任务和要求,也作为思维主体赖以生存和发展的社会性条件而制约着思维发展的水平。因此,从根本上说,思维发展的水平取决于人与世界关系的发展水平。人从猿群中的提升,神话思维对于感知动作思维的超越,就是其对象性基础和主体性条件,它们都根源于和服从于人与世界关系的实际发展,同时也是其在人类智慧发展过程中的阶段性表现。另一方面,神话思维一旦形成,又成为推进人类更加积极地处理人与自然、社会与自身关系的内在力量,并必然通过实践和生产造成这种关系的改变和时代性发展。而且正是因为人与世界关系的发展水平提出新的更高的要求,促使它产生更大发展。恩格斯讲人的智力是在人类学会如何改造自然界的过程中得到发展的,无疑就是这个意思。

社会实践和人类文化对于哲学意识和哲学思维发生的激发和呼唤作用,主要是通过向神话思维中蕴含的哲学萌芽、胚胎和征兆的发育和发展提出要求和提供条件而实现的。那么,哲学思维的发生需要哪些条件呢?亚里士多德的论述可以给我们以启示。亚氏认为,哲学的发生与以下因素有关。第一,惊异或求知。"古今来人们开始哲理探索,都应起于对自然万物的惊异;他们先是惊异于种种迷惑的现象,逐渐积累一点一滴的解释,对一些较重大的问题,例如日月与星的运行以及宇宙之创生,作成说明。"第二,闲暇。哲学"这类学术研究的开始,都在人生的必需品以及使人快乐安适的种种事物几乎全都获得了以后"。第三,自由。"只因人本自由,为自己的生存而生存,不为别人的生存而生存,所以我们认取哲学为唯一的自由学术而深加探索,这正是为学术自身而成立的唯一学术。"①在这三个方面里,闲暇主要是就哲学研究的外部条件和环境而言的,只有当生产力水平达到为部分社会成员提供必要的物质生活条件,使之能超出个人生存欲望之所迫,才会有哲学思考。因此,"我们可以把哲学叫作一种奢侈品"②。求知是人类的本性,惊异是求知的发端。对智慧、知识和真理的不懈和无限的追求,使哲学思维能够超越神话思维,并不断地自我发展。自由理性是哲学思维的最根本特性。它既需要外部的政治民主和思想自由,又需要内在的反思批判和理想创造,等等。应该说,原始社会后期社会生产力的相对发达,剩余产品的出现,科学技术的发现、发明与创造,奴隶制民主政体的建设,社会文化的进步等,从内在和外在的方面为哲学思维的发生和形成提出了客观要求,创造了必要的和充分的条件。

2. 由不自觉的自我中心化到客观化反思

神话思维是一种不自觉的自我中心化思维。超越思维的不自觉性而使之趋于自觉,克服自我中心化的局限而趋于客观性探索,由虚幻的拟人说观念向反思性思维过渡,是哲学思维发生的重要条件,也是神话思维向哲学思维过渡的关键一环。

"自我中心化"是皮亚杰的用语,指认识个体产生过程中的一种初始状态。"儿童最早的活动既显示出在主体和客体之间完全没有分化,也显示出一种根本的自身中心化,可是这种自身中心化又由于同缺乏分化相联系,因而基本上是无意识的。"③自我中心状态是一种不成熟的状态,人们不自觉地把自身当作世界的中心,完全从自身的存在来看待和理解外部世界,不可能达到对事物和世界的客观的认识和阐释。

神话是原始人的一种自我意识。但这种自我意识是在一种不自觉的自我中心状态下展开的,并以拟人化的方式突出地表现出来。"拟人说的观念看来是构成原始人思维基础的重要范畴之一。看起来,人自身的动能和一件物体的动能使原始人把人和可运动的物体划为同一范

---

① 亚里士多德. 形而上学[M]. 北京:商务印书馆,1959:5.
② 黑格尔. 哲学史讲演录(第1卷)[M]. 北京:商务印书馆,1959:53.
③ 皮亚杰. 发生认识论原理[M]. 北京:商务印书馆,1981:23.

畴,从而把人的特质注入了运动中的客观世界。"①拟人说的基础是人与物之间、人与神之间、观念与实在之间的不分化状态和互渗状态。依据于这种互渗状态,原始人不仅完全按照对自己的了解来解释世界,展示出一个万物有灵的神灵世界,而且按照自己的形象来创造神。"古代希腊人既赋予他们的神以超人的力量,也赋以人的弱点。在他们的眼里,宙斯既是律法的制定者,也是个调戏妇女的伟人。"②巫术可以看作拟人化观念在实践中的具体展示。"每一种巫术的活动都是建立在这种信念上的:自然界的作用在很大程度上依赖于人的行为。自然的生命依赖于人类与超人力量的恰当分布与合作。严格而复杂的仪式调节着这种合作。每一特殊领域都有它自己的巫术规则。"③人们相信,只要按照这些规则来从事巫术的各种仪式,就能如愿地改变对象,达到趋利避害,获得平安与丰收。

然而,这种拟人化的自我中心状态毕竟只是建立在对于人与世界关系的虚幻了解基础之上的,因此它并不能保障人们在实践中的成功,也无法帮助人们更好地达到对于世界和自身的了解和解释。它应当被超越,而且确实被超越了。

自我中心化和拟人化的反面是客观化、对象化。客观化和对象化意味着在客观对象自身中寻找事物的原因和根据,并寻求对事物的解答和对自身行为的意义。这就意味着消除认识和实践中的虚妄性和随意性,使思想和观念建立在坚实的对象性基础之上。这既是科学思维的要求,也是哲学思维的要求。

生产实践和科学技术是破除一切虚妄性和主观随意性的决定性革命力量,知觉经验的揳入对自我中心化的消解和拟人化思维方式的破除具有决定性的作用。布留尔认为:"当原始民族的思维成长到比较能让经验进得去,这时,这种思维也变得对矛盾律比较敏感了。"④

经验的革命性意义在于它不是先天的而是后天的,不是主观的而是客观的,不是随意的而必须是有根据的。对经验的尊重,以经验作为认识的出发点,在人类认识史上无疑是一次"哥白尼式的革命",意味着

---

① 弗兰兹·博厄斯. 原始人的心智[M]. 北京:国际文化出版公司,1989:109.
② 戴维·利明,埃德温·贝尔德. 神话学[M]. 上海:上海人民出版社,1990:12.
③ 恩斯特·卡西尔. 人论[M]. 上海:上海译文出版社,1985:118.
④ 列维-布留尔. 原始思维[M]. 北京:商务印书馆,1981:442.

由无意识的自我中心转变为相对自觉的客体中心。这就是科学意识、哲学意识的基本出发点。

这次哥白尼式的革命不是瞬息实现的,而是经过了长期的历史准备,是缓慢的渐进中的革命。究其渊源,至少应当回溯到古代埃及对尼罗河的测定和土地丈量,及由此产生的最初的算术、几何学,与农业发展相关的天文学,由制作木乃伊而发达起来的解剖学、医学,等等。正是这些最初的科学、技术和工艺及在生产中的应用,促使了主体和客体、人与自然的分化和人对自然的了解,丰富了人们的知识,锻炼了人们的思维能力,"因此,人们开始逐渐消除一个又一个的主观联想"①,并开始从客观经验出发来解释世界,解释自身,解释人与世界关系,并从事物本身去寻找原因和结果,由对具体原因和结果的反复探讨中树立起因果观念,建立起因果规律,并在思维中建构起各种相关逻辑规则。这就是最初的科学思维,也是最初的哲学思维。这种思维,不仅有客观性,是对于客观对象的符合逻辑的思考,也有反思性,即黑格尔所说的,是"跟随在事实后面的反复思考"②。

3. 由情感联想到理智批判

神话思维是一种情感思维。原始情感对于理智、思维的深深笼罩、包围甚至淹没,是原始思维的主要特点之一。经验知识的揳入、反思意识的形成,必然与理智的强化相关联,其结果必然是理智的"突围";由情感到理智,由联想到反思,由信仰到批判,从而为哲学思维的发生和形成创造出必要的条件。这正如博厄斯所说:"原始社会到文明社会的变化包括情感联想的减少和对进入我们习惯性思维过程的传统素材的改进。"③

原始情感联想是一种建立在以信仰和宗教感情基础上的思维方式,这种思维并不是完全没有条理性的,也并不是没有道理或没有原因的。"但是它们的条理性更多地依赖于情感的统一性而不是依赖于逻辑的法则。"④这种情感统一性通过对原始个体的感知和理智方式的制约而从观念上、心理上作为一条牢不可破的坚韧纽带把一定群体中的

---

① 弗兰兹·博厄斯. 原始人的心智[M]. 北京:国际文化出版公司,1989:130.
② 黑格尔. 小逻辑[M]. 第2版. 北京:商务印书馆,1980:7.
③ 弗兰兹·博厄斯. 原始人的心智[M]. 北京:国际文化出版公司,1989:136.
④ 恩斯特·卡西尔. 人论[M]. 上海:上海译文出版社,1985:104.

个体结为群体，并保持这个集体的统一性。正是在这种意义上，布留尔认为，"对原始人的思维来说，神话既是社会集体与它现在和过去的自身和与它周围存在物集体的结为一体的表现，同时又是保持和唤醒这种一体感的手段"①。

那么，这种情感统一性为什么能够被集体中的新生代所接受，并成为每一个体自觉不自觉地从事思维活动都必然遵循的东西呢？布留尔认为，这主要是由于"个体往往是在一些能够对他的情感产生最深刻印象的情况下获得这些集体表象的"②。什么情况呢？成年礼！

"成年礼"是许多部族对达到性成熟的男性少年举行的系列仪式，是这些少年被确认为成年、成为部落的拥有全权的正式成员、参加秘密团体以及获得结婚许可的必经过程。在行成年礼期间，除严格遵守一系列的禁忌外，有时还有经受各种宗教仪式的严酷考验。而当这些新生个体在那些严酷考验的折磨中发现了该社会集体的生活本身所系的秘密时，这些表象的情感力量很难想象有多么大。它们的客体不是简单地以映象或心象的形式为意识所感知。恐惧、希望、宗教的恐怖、与共同的本质汇为一体的热烈盼望和迫切要求、对保护神的狂热呼吁——这一切构成了这些表象的灵魂，使行成年礼的人对它们既感到亲切，又感到可畏而且真正神圣。加上各种仪式（在仪式中这些表象可以说变成了行动）是定期举行的，再加上我们同样熟悉的那个以表现这些表象的各种动作的形式来进行的情绪感染的效果，加上由疲劳过度、舞蹈、神魂颠倒和鬼魔迷惑的现象所引起的极度的神经兴奋，加上那可以加剧、加强这些集体表象的情感性质的一切东西，那么，当在各仪式之间的休息时间，在"'原始人'的意识中浮现出这些表象之一的客体时，则他始终不会以淡泊和冷漠的形象的形式来想象这一客体，即使这时他是独自一人而且完全宁静的，在他身上立刻涌起了情感的浪潮，当然这浪潮不如仪式进行时那样狂热，但它也是够强大的，足可以使认识现象淹没在包围着他的情感中"③。

由此可以看出，情感联想的关键是那种混沌、神秘而强烈的情感淹

---

① 列维-布留尔. 原始思维[M]. 北京：商务印书馆，1981：438.
② 列维-布留尔. 原始思维[M]. 北京：商务印书馆，1981：26.
③ 列维-布留尔. 原始思维[M]. 北京：商务印书馆，1981：27.

没了客观化的认识，取消了逻辑化的理智思考。而这又是以无意识的神秘的集体表象对个性的束缚、压抑和对个体意识的统摄、排斥为条件的。因此，对情感联想的突破和超越、理智的"突围"和崛起必然在两个方面同时展开，一是理智化、逻辑化思维能力的强化，二是个性的崛起和个人意识的强化。这两个方面实际上是在原始社会实践和人类理性进步的统一过程中展开和实现的。

当个体在生活和生产中接触到新的对象和产生了新的经验而无法用集体表象来加以解释和说明的时候，当个体的宗教情感在现实生活中受到嘲弄而显得无能为力的时候，当个体利益与群体利益产生分化甚至发生冲突的时候，当个体强大到足以以一定方式在一定群体中独立甚至与之相抗衡的时候，等等，理智的力量和个体意识便必然相伴着发展起来并发挥出自己的作用。布留尔说：

> 只是在后来，当个体开始清楚地意识到作为个人的自我，当个人开始清楚地把自己和他感到自己所属的那个集体区别开来，只是在这时候，自己以外的人和物才开始被个人意识觉得是在活着的期间和死后都具有个体的精神或灵。①

个体意识的觉醒，不仅反映着个体与集体间关系的实际变化，而且必然作为一种积极力量而促使这种关系的进一步变化。并且，

> 随着集体的每个成员的个人意识趋于确立，社会集体与周围的存在物和客体群体之间的神秘的共生感就变得不太完全、不太直接、不太经常了。在这里，和在其他地方一样，或多或少清楚表现出来的联系力图占据直接的互渗感的位置。②

正是这些"或多或少清楚表现出来的联系"不仅为理智的思考和探索提供了感性的和经验的对象，也为因果律、矛盾律、排中律等逻辑思维法则取代互渗律创造了对象性前提和客观的依据。

---

① 列维-布留尔. 原始思维[M]. 北京：商务印书馆，1981：432.
② 列维-布留尔. 原始思维[M]. 北京：商务印书馆，1981：432-433.

理智思维的本性是批判的,它不仅要对感性经验进行反省性规整,从中发现一般的、普遍的东西,也不仅要在本质和规律层面上对对象进行揭示和阐释,还要对人们借以从事实际活动和观念活动的那些前提进行批判性审查。因此,理智思维不仅要从感情联想、集体表象中超拔和挣脱出来,而且要回过头来对其加以批判和清算。应该说,也只有通过这种批判和清算,理智思维才能成功"突围",才能真正确立起来。

　　历史上,理智思维对情感联想的批判和替代,主要是通过对情感联想所依据的那些集体表象的具体形式,即各种形式的神、灵、偶像、图腾等的反省和思考而得到展开和实现的。这种反省思考主要有两条途径,一条是在神话思维内部,通过揭示对现有各种神、灵、偶像、图腾在形式、结构和功能上的不满足,要求创造出更加完备、合理、丰富和有效的神灵偶像和神话传说,从而导致更高的神话形态的产生。这可以看作是一种内部批判,批判的结果是神话思维的内部发展,其表现是原始崇拜由自然神向祖宗神转化,由多神教向一神教发展,由宗族神向概念神跃迁,由独立神话向体系神话发展。正是在这个发展过程中,神话思维向着理智化、系列化、体系化和符号化的方向发展,为文明思维尤其哲学思维的发生创造了条件。另一条是来自外部,从生活实践出发,以无神论和反神论的方向向神话思维提出挑战,直接否认神的存在,否认神话思维的价值。据考据,在人类哲学思维最早萌生的古埃及、古巴比伦、古印度、古希腊和古代中国,还在神话思维处于上升发展的过程中,便已出现了无神论的各种诗歌和文化样态。例如古埃及著名的哲理诗《绝望者和自己灵魂的对话》《伊甫味箴言》《竖琴手之歌》,古巴比伦的《阿叔巴尼帕》文集、《奴隶和主人的对话》,古巴勒斯坦的犹太民族中流行的《约伯记》《传道书》等,都以自己的方式对神、对上帝、对天国等提出了怀疑和挑战,主张现世的生存和生活至上。① 这些思想和观念,从朴素的自发的无神论视角,向神话和神话思维提出挑战,不仅从反面促使了神话思维的发展,也不自觉地为后来的无神论唯物主义思维方式提供了历史的萌芽。

---

① 参见任厚奎、罗中枢主编的《东方哲学概论》(四川大学出版社1991年版)第一编《东方哲学的开端》。

4. 由原逻辑思维到逻辑思维

神话思维是一种原逻辑思维或前逻辑思维。违背矛盾律的互渗律是支配原始思维逻辑的主要法则。理智思维对情感联想的批判与突围，促进神话思维向着理智化、系列化、体系化、系统化的方向发展，也就促成了人类思维由原逻辑或前逻辑的形态与水平向逻辑化形态和水平的发展。

原逻辑思维不是非逻辑思维。非逻辑思维是逻辑思维的反面，逻辑思维不可能从非逻辑思维发展出来。原逻辑思维是一种前逻辑思维，是人类思维在达到逻辑化水准之前的思维形态。它内部已有逻辑的成分，并孕育着进一步向逻辑化方向发展的可能性。布留尔说："在原始民族的思维中，逻辑的东西和原逻辑的东西并不是各行其是，泾渭分明的。这两种东西是互相渗透的，结果形成了一种很难分辨的混合物。"① 在这种"混合物"中，集体表象、神秘情感、虚假因果性、互渗意识起着主导的作用，造成了一种在文明思维看来不合逻辑的思维过程。

文明人的思维过程本质上是分析与综合相统一的过程。但原逻辑思维却显示出一种缺乏分析的综合性。"原逻辑思维本质上是综合的思维"，但是，"构成原逻辑思维的综合与逻辑思维所运用的综合不同，它们不要求那些把结果记录在确定的概念中的预先分析。换句话说，在这里，表象的关联通常都是与表象本身一起提供出来的。原始人的思维中的综合，如我们在研究他们的知觉时见到的那样，表现出几乎是永远不分析的和不可分析的。由于同样的原因，原始人的思维在很多场合中都显示了在经验行不通和对矛盾不关心"②。但是，神话思维不关心矛盾，却处处遇到矛盾，包括思维的内部矛盾。神话思维不尊重经验，固守传统的集体表象，因而在经验世界中处处碰壁。正是这种来自思维与实际的矛盾与冲突，迫使神话思维向着逻辑化的方向发展。

神话思维的逻辑化发展有多种具体途径，由生产独立神话到建构体系神话是其中的重要方式。独立神话又叫原始的单个神话，它是早期原始神话的主要形态，在多神崇拜阶段特别盛行。据说，古巴比伦在苏美尔的神祇多达 56000 个。每个市场有自己的守护神，家有家神，

---

① 列维-布留尔.原始思维[M].北京:商务印务馆,1981:100.
② 列维-命留尔.原始思维[M].北京:商务印书馆,1981:101-102.

门有门神,天地日月、山水树草,万物皆有自己的神。一种神一段故事,一尊神一个家。体系神话又叫作文明的综合的神话,它产生在原始社会末期以至文明社会早期,是独立神话文明化、逻辑化、合理化的结果。今天我们看到的神话,主要是体系神话。或最多是通过体系神话而记载和保留下来的独立神话。体系神话的诞生,意味着对众多的独立神话或神话片断、神话形象进行有机组合,使之成为具有内在一致性的整体结构。正是这个将独立神话组合成内在一致的有机整体结构的过程,加速和强化了神话思维的逻辑化、体系化进程。体系神话的内部结构,既以一定方式记载了神话故事之间的种种关系,也描写了体系神话创造者的思维进程和内在法则。所以,"神话本身并非只是一大堆原始的迷信和粗陋的妄想,它绝不只是乌七八糟的东西,因为它具有一个系统的或概念的形式"①。

从内容上看,"真正的神话是对人类共同特点的记录"②。体系神话以特有的神异形式再现了原始社会晚期社会结构分化、社会生活秩序化和阶级阶层分化的生动图景,同时也以创世、补天、救世等神话形式,表现着当时人们对于诸如宇宙起源、人类起源、天灾人祸、社会建构等普遍性、终极性问题的系统探索和研究成果,以及人们在观念中建构未来社会理想图景的美好追求。因此,体系神话不仅是原始人的世界观的最高形态,也是原始人的思维方式发展的最高水平。

更为重要的还在于,在体系神话中,"我们发现了一种等级秩序。我们发现了一个最高的神祇,我们发现了具有宇宙学功能和伦理功能这两种功能的宙斯,我们发现了它作为天界之神,作为众神和人类的先父,作为正义的保护者和斗士"。实际上,对最高神的建构与探索,既反映了社会的分化和等级化,也反映了人们寻求最高统摄者、最高领袖的愿望,反映了寻求终极原因的企求。而一旦进入这个层面,则神话思维向哲学思维的转化就近在咫尺了。

5. 由直观表象符号到抽象概念符号

神话思维是一种表象思维。表象符号和原始语言的直观具体性限制了思维的范围和速度,制约了思维的抽象性、准确性和敏捷性。思维

---

① 恩斯特·卡西尔. 人论[M]. 上海:上海译文出版社,1985:34.
② 戴维·利明,埃德温·贝尔德. 神话学[M]. 上海:上海人民出版社,1990:105.

工具由直观到抽象,由表象到概念,是神话思维向文明思维过渡的重要内容,也是哲学思维发生的重要条件。

美国著名科学哲学家 M. W. 瓦托夫斯基认为:"我们的思维的成长和演化是一个形成概念的过程,是一个精心构制或多或少地系统化的结构(在其中,这些概念彼此联系起来)的过程。"①考察哲学思维的发生,从根本上说,就是要考察哲学逻辑的发生和哲学概念的发生。哲学概念是哲学思维的细胞,哲学家通过哲学概念去把握世界的哲学意义、概念的结构即哲学的命题和哲学的逻辑。哲学思维就是通过哲学概念和哲学逻辑去反映对象的本质和规律。因此,对概念尤其哲学概念的起源和形成过程的考察,是文明思维尤其哲学思维的发生学研究的核心问题。

语言是思维的工具,也是思维发展水平的重要标志。"从总的来看,原始人所操语言的特征是与我们指出过的他们的思维中的特征相符合的。"②在原始人那里,思维、语言差不多只具有具体的性质。这就是运用具体的表象语言和表象概念去从事表象层面的具体思维。作为人类思维发生过程中的必经阶段,神话思维也有一定的抽象性和概括性,因此,它也在一定程度上使用概念,但由于这时思维的抽象和概括能力还非常有限,因此,这种概念又还只是一种具体概念,或表象概念。布留尔认为:"原始人的思维拥有大量的概念,但这些概念与我们的概念根本不同:原始思维形成和使用概念的方式方法与逻辑思维不同。盖捷特说:'我们力求准确清楚地说;印第安人则力求如画一般地说;我们分类,他们则个别化。'"③

原始概念也可以叫原始名词,其最大的特点是其实指性,即仅标示某个具体的特殊的事物。布留尔把它们叫作"作为一种画面的仅仅容许有限的概括和初步的抽象的心象-概念"④。这种概念只被用于指称某个具体的事物。例如,原始人也有手、足、耳等概念,但他们所想象的手或足永远是某个特定的人的手或足,这个人是与这个手或足同时被叙述出来的。原始人对生活世界中的几乎每一个事物都有专门的名

---

① 瓦托夫斯基.科学思想的概念基础:科学哲学导论[M].北京:求实出版社,1982:9.
② 列维-布留尔.原始思维[M].北京:商务印书馆,1981:168.
③ 列维-布留尔.原始思维[M].北京:商务印书馆,1981:161.
④ 列维-布留尔.原始思维[M].北京:商务印书馆,1981:168.

称,但恰巧没有植物、动物、颜色、声音、性别等抽象概念,"他们不能抽象地表现硬的、软的、热的、冷的、圆的、长的、短的等等性质"①。在数的计算方面也是一样。原逻辑思维不能清楚地把数与所数的物区别开来,这种思维由语言表现出来的那个东西不是真正的数,而是"数—总和",也就是说,"数则是被感觉到和感知到的,而不是被抽象地想象的"②。

文明思维是一种抽象思维。抽象概念的形成,从语言学上看主要有两个方面:一是由原始名词向类名词的发展,二是形容词从原始名词中分化出来。类名词是标示一类对象的名称,它的出现意味着思维的分析和综合能力的发展。形容词是标示事物的属性和关系特征的名词,思维由关注实体向关注属性和关系的转化具有重要作用。从语言史的角度来看,凡没有类名词和形容词的语言都属于原始语言。原始名词同现代名词有重大差别。现代名词绝大多数是类名词和抽象名词。原始名词则全部是个体的名称或专有名词。原始名词的最早形式是无人称代词。无人称代词是万物的名称,是自然界和一切现象的名称。在无人称代词的基础上分化出指示代词和指示副词。这标示着人类抽象思维能力的发展。③

由原始名词向类名词即向概念的过渡是逐步出现的,人们开始只能根据事物的外部直观的特征和非本质属性来进行初级的概括,然后才能分出事物的比较重要的特征和一般特征。在历史上,人们可能是先形成种概念名词,然后形成属概念名词。

类名词和形容词的产生在人类思维发展史上具有极为重大的意义。"它标志着人类开始有了初步的自觉分析能力和综合能力,初步的自觉抽象能力和概括能力,对周围事物及其属性开始逐步加深认识,并形成概念。"④这种概念不再是作为心象的具体概念,而是抽象概念。正是这些抽象概念的形成和运用,把人类思维推向了高度抽象的阶段。

在历史上,语言符号系统的抽象化是与独立神话向体系神话的发展过程同步展开的,其表现则是神话系统由自然神向概念神,由具体神

---

① 列维-布留尔. 原始思维[M]. 北京:商务印书馆,1981:164.
② 列维-布留尔. 原始思维[M]. 北京:商务印书馆,1981:187.
③ 李景源. 史前认识研究[M]. 长沙:湖南教育出版社,1989:204-205.
④ 张今,陈云清. 英法比较语法纲要[M]. 北京:商务印书馆,1981:352.

向抽象神的发展。在古希腊神话中,初期的神是自然神、具体神,如日神、月神、海洋之神、黎明女神等,后期神则多为概念神、抽象神,如智慧神、爱神、正义之神、善之神、恶之神、战争之神等。"随着宗教的向前发展,这些神愈来愈具有了超世界的形象,直到最后,由于智力发展中自然发生的抽象化过程——几乎可以说是蒸馏过程,在人们的头脑中,从或多或少有限的和互相限制的许多神中产生了一神教的唯一的神的观念。"①

这里尤需注意的是,神话的体系化、概念化与语言概念的抽象化是同步展开的,推动这个过程不断发展的精神动力则是人们对最高原因和最高意义的不断追求。当神话在宗教的作用下由多神教发展到一神教,当某种神由多神中的一种发展为唯一的主神和独神时,也就是说,这个唯一神成为世间万事万物的最终的创造者、最高的统治者和最后的解释者时,它便成为人们寻求终极存在、终极价值和终极解释的目标和根据。相应地,标示这个神的概念或范畴也就成为具有最高抽象性、最大普遍性和最高解释力的概念范畴。当这种概念或范畴摆脱了它原来所具有的人格化内容和性质,成为一种非人格化的概念、范畴时,它便成为一种哲学范畴。运用这种范畴去认识和解释世界,就是一种哲学的分析和研究。这时我们就可以说,哲学发生了。由此哲学从原始神话、原始艺术、原始宗教、原始实践中脱胎而出,成为相对独立的学科。

据研究,人类早期哲学范畴都不仅有其社会的、时代的、实践的来源,也有其神话学的来源。影响了整个西方文化和西方哲学的"上帝",在历史上可以追溯到巴比伦创世诗中的主神马杜克,只是经过了长期的抽象才最终形成《圣经》中那个先于时空而存在、全知全能、独一无二、没有形象、不可名状、主宰宇宙的上帝观念。印度哲学中的最高范畴"梵"来自印度教神话中的创造主梵天,却又扬弃梵天的人格化内涵而获得无处不在的超越性和精神解脱的最高境界。希腊哲学中的始基——水、火、逻各斯,实际上是对亚里士多德提到过的海洋之神的更高抽象。而中国哲学的最高范畴"道",不仅有其观念取向的来源,指日常经验中的道路,这是儒家思想中"道"的来源,也有其神话取向的来

---

① 马克思恩格斯选集(第 4 卷)[M]. 北京:人民出版社,1972:220.

源,指的是由太阳和水的运动所体现出的一般法则或原则。循环往复,这是道家哲学中"道"的来源。由此看来,"'太初有道,道与上帝同在,道就是上帝',就是犹太——基督教的圣传。中国的'道'对古代中国人,'婆罗门'对古代印度人也具有同样的意义。就此意义看,'道'是想象力的终极表达,即终极神话"①。

正是在古代神话终结的地方,哲学开始了自己建构自己和自己超越自己的漫长道路。

---

① 参见叶舒宪《中国神话哲学》(中国社会科学出版社1992年版)第4章《道的原型》。

第六章　本体论思维和研究方式

研究哲学,必须研究哲学史,而本体论是哲学史上不可忽视的重要一环。本体是标示世界存在、本质存在以至终极存在的哲学范畴,本体问题是古往今来哲学关注的最为基础和根本的哲学问题之一。

本体论起源于对人和世界的起源的关注。人类思维经历了原始神话、早期古希腊哲学阶段后,由亚里士多德提出并界说了"本体"这个核心概念,开始了哲学本体论的思维方式。本体论思维方式主要包含以下几方面:本体论是哲学研究的重要任务;本体是存在的中心;本体具有可知性;本体论研究的根本目标是探寻终极存在。

本体论的思维方式在亚里士多德之后,分化成了多种不同的解释方式:神学的和哲学的、唯物的和唯心的、形而上的与辩证的;在当代,甚至面临着反本体论的诘难。本章认为,本体论作为哲学的一门分支是不可缺少的,反本体论诘难的最终目的是超越旧有的本体论,促使人类哲学思维发生变革与突破。

一、哲学研究中的历史意识

普遍认为,研究哲学,必须学习和研究哲学史。恩格斯早就指出:"一个民族想要站在科学的最高峰,就一刻也不能没有理论思维。""但理论思维仅仅是一种天赋的能力。这种能力必须加以发展和锻炼,而为了进行这种锻炼,除了学习以往的哲学,直到现在还没有别的手段。"①

1. 历史上和现实中的哲学史研究方法总览

那么,如何学习和研究哲学史呢?从哲学史家对于哲学史的论述和他们关于哲学史的著作中,大体可以看出以下几种主要的态度和方法。

其一,传记的方法,这是最常见的治史方法在哲学中的应用。这种方法有两个主要特点:一是强调"从哲学家本人的哲学观点出发"②,为此必须尽可能详尽地研究哲学家的个人生活经历,个人气质,心理特征,主要著作,主要观点的提出、发展与演进等;二是对哲学思想的历史发展,则"依主题依次显现给每一哲学家的情况来处理它,那些明确的概念和清楚的争端将随史实的进展而逐渐呈现出来"③。就是说,严格按照哲学"史实"所提供的材料来勾勒哲学思想的历史演进。这种方法完全立足于史实,与史料保持着密切的接触,从而有助于更为客观地、如实地和准确地把握历史上的哲学家和哲学思想的历史演进。但如果过度关注哲学家个体,强调客观史实,倒又存在另一种可能,即陷入琐碎之中而难以窥见哲学思想发展的总体图景。英国哲学家索利运用这种方法来撰写《英国哲学史》。在这本书中,"所有主要哲学著作家都受到回顾审视,他们的生平著作均受到研究;而且还尽力去掌握和表达他们思想贡献中的本质东西"。但他同时也提醒自己,"需要小心谨慎,避免宏旨要义为细微末节所淹没"④。

其二,文化史的方法,也可以叫作背景-主题研究方法。这种方法立足于对哲学与其社会文化和历史时代关系的把握,把历史上的所有

---

① 马克思恩格斯选集(第3卷)[M]. 北京:人民出版社,1972:465-467.
② 索利. 英国哲学史[M]. 济南:山东人民出版社,1992:1.
③ 索利. 英国哲学史[M]. 济南:山东人民出版社,1992:1.
④ 索利. 英国哲学史[M]. 济南:山东人民出版社,1992:1.

哲学家及其学说放到他们赖以生成的那个社会历史时代和文化背景之中来加以考察。罗素可以看作这种哲学史方法的倡导者。在他看来，"哲学乃是社会生活与政治生活的一个组成部分：它并不是卓越的个人所做出的孤立的思考，而是曾经有各种体系盛行过的各种社会性格的产物与成因"①。因此，就其与社会历史时态的关系而言，"哲学家们既是果，也是因。他们是他们时代的社会环境和政治制度的结果，他们（如果幸运的话）也可能是塑造后来时代的政治制度信仰的原因"②。正是基于这种看法，罗素为他所撰写的《西方哲学史》提出的任务是："在真相所能容许的范围内，我总是试图把每一个哲学家显示为他的环境的产物，显示为一个以笼统而广泛的形式，具体地并集中地表现了以他作为其中一个成员的社会所共有的思想与感情的人。"③这种研究方法的优点是气势恢宏，时代感强，有利于揭示和了解历史上各种主要哲学家和哲学思想的时代背景与社会文化基础。但正是由于侧重关注哲学家和哲学思想与历史时代的横向联系，这种方法不仅难度极大，难以把握，而且有可能忽视哲学思想发展的历史渊源和总体脉络，以至于罗素本人也不能不在《西方哲学史》的两版序言中为自己所采取方法的利弊及可能存在的问题和所受到的攻击而着力辩护。

其三，观念史的方法，也可以叫逻辑-历史的方法。这种方法的特点是"从笔者设想的哲学观点出发"，将"哲学上那些基本问题在一开始便提了出来，接着指明确定和解答这些问题所采取的每一步骤；凡与主要问题无关的东西，均置之度外，不管它们在一些哲学家的心目中可能多么重要"④。黑格尔可以看作这种方法的主要倡导者。黑格尔认为，一般的历史研究应该毫无偏见地陈述事实，这应当说是一种正当的要求。但对于哲学史研究来说，这种要求则只是一种没有多大帮助的空泛的要求，"因为一门学问的历史必然与我们对于它的概念密切地联系着。根据这概念就可以决定那些对它是最重要最适合目的的材料，并且根据事变对于这概念的关系就可以选择那必须记述的事实，以及把

---

① 罗素.西方哲学史（上卷）[M].北京：商务印书馆，1963：5.
② 罗素.西方哲学史（上卷）[M].北京：商务印书馆，1963：8-9.
③ 罗素.西方哲学史（上卷）[M].北京：商务印书馆，1963：9.
④ 索利.英国哲学史[M].济南：山东人民出版社，1992：1.

握这些事实的方式和处理这些事实的观点"①。如果这个最初的前提,对于历史题材的看法,没有确立起来,则历史本身就必然会成为一个游移不定的东西。只有当我们能够提出一个确定的历史观时,历史才能得到一贯性。黑格尔认为,哲学史研究之所以需要预先确立关于哲学的观念,还有一个重要原因,即是由于哲学的本性。对于其他历史研究,人们对它的对象和题材总体上都有比较一致的看法,而"哲学有一个显著的特点,与别的科学比较起来,也可说是一个缺点,就是我们对于它的本质,对于它应该完成和能够完成的任务,有许多大不相同的看法"。这时,"只有真的哲学概念,才能使我们理解那些根据哲学的真概念从事工作的哲学家的著作"。就是说,辨析哲学概念,成为研究和撰写真正的符合逻辑的哲学史的必要前提条件。"这些情况,使得在哲学史里,比在任何别的科学里,更必须先有一个导言,把需要讲述的哲学史的对象首先正确地加以规定。"黑格尔认为,正是由于没有这方面的规定,在过去的许多哲学史的著述中,"我们什么东西都可以找得到,就是找不到我们所了解的哲学"②。也正是为了写出这种符合自己的哲学观念的哲学史,黑格尔在他的《哲学史讲演录》的第一卷中,花了相当的篇幅来讨论哲学和哲学史的概念及相关的一系列基本问题,建立了自己的哲学观和哲学史观③。黑格尔所主张的这种哲学史方法无疑是非常深刻和重要的,但有一个根本性问题是这种方法所必然面对而又在自身内部无法解决的,这就是如何在不同的哲学观中确定出他所说的真的哲学观念。你说你的哲学观是真的、合理的、最好的,别人的是假的、不合理的或不太好的,别人也可以对你的哲学观提出同样的"片面性的责难"④,作出同样的否定性或争议性评价。另外,仅从自己所承认或认可的哲学观去整理和研究哲学史,"易于因强调某些特征而忽略其他一些特征从而失去历史的比例关系",因此,"结果往往是片面的,易引起误解的"⑤。

---

① 黑格尔.哲学史讲演录(第1卷)[M].北京:商务印书馆,1959:4.
② 黑格尔.哲学史讲演录(第1卷)[M].北京:商务印书馆,1959:4-5.
③ 关于黑格尔的哲学史观,杨祖陶先生在他的《黑格尔哲学史观再认识——关于哲学发展的内在规律问题》(载《武汉大学学报》1993年第6期)中作了非常精当的分析和说明。
④ 黑格尔.哲学史讲演录(第1卷)[M].北京:商务印书馆,1959:5.
⑤ 索利.英国哲学史[M].济南:山东人民出版社,1992:1.

其四,问题史的方法,也可以叫作问题-对话方法。这种方法把哲学史的发展看作一连串的问题和关于问题的回答与对话。因此,这种方法在研究哲学史时,既撇开哲学和其他社会文化形式之间的联系,又舍弃哲学家的个人特质和传闻逸事,而专注于在问题的提出与回答中展开的哲学史发展的内在逻辑或内在必然性。在这时,一个个哲学家的肖像悄然隐去了,杂乱的、汗牛充栋的著作和手稿也悄然隐去了,剩下来的只是一连串问题。哲学史,也就是问题史。哲学史的发展,就是由一连串的问题和对问题的不断解答而展示出的人类思想进程。德国著名的新黑格尔主义者理查德·克洛纳是这种方法的倡导者。他的两卷本巨著《从康德到黑格尔》就是运用这种方法写成的。它力图使读者沿着这样的思路去思考:康德提出了哪些哲学问题?其中哪些被他解决了,哪些则遗留下来了?费希特又是怎样去解决康德所没有解决的问题的?他又留下了哪些未解决的问题?接着谢林又是怎样去解决费希特留下的问题的?而黑格尔又是如何去解决谢林留下的问题的?通过这种方法揭示出整个德国古典哲学发展史的内在逻辑进程。[①] 问题史的方法对于揭示哲学史的内在逻辑发展无疑是有其特殊功效的,但实际上历史上哲学问题的产生与演进和哲学家们对这些问题的研究和回答,都不是在纯粹思想的范围内发展和推进的,而是既离不开一定的文化背景和历史时代,又受着哲学家特殊经历和个性特色的强烈影响,完全撇开了它们,要想真正全面、客观、准确地揭示哲学史发展的问答逻辑恐怕是非常困难的。

哲学史的研究方法当然不止以上这些。但仅就以上研究方法而论,则需要后来的每一个研究者作出抉择,是在以上方法中择其善者而从之,还是作出自己的方法论创造?

我们认为,对待哲学史的以上态度和方法之间尽管不无相通和互渗之处,但其间在研究目的、研究重点、研究范围、研究思路及具体方法方面的差异和区别却是显而易见的。造成这种差异和区别的原因很多,根本的是两个方面。一是对哲学和哲学史的理解,这是确定哲学史研究方法的对象性前提。对对象的理解不同,把握对象的方法也就有所不同。二是研究哲学和哲学史的目的,这是确定哲学史研究方法的

[①] 俞吾金. 思想史上的多米诺效应——克洛纳的哲学史研究方法[J]. 书林,1988(1).

主体性依据。研究目的不同,达到目的的手段也就有所不同。而在对哲学和哲学史的理解与哲学史研究之间又有着某种内在相关性,这样我们就可以在对哲学和哲学史的理解、研究哲学史的目的和研究哲学史的方法之间发现一种内在的统一性。三者构成一个内在相关的系统。如何理解和看待哲学和哲学史,既依据于又服从于一定的哲学研究目的,而哲学研究方法则是从一定研究目的出发去达到对哲学和哲学史一定理解的手段、工具和桥梁。

从这个角度看,以上四种哲学史研究方法既是发生于和服从于与之相关的对哲学和哲学史的理解的,又为达到与之相关的哲学史研究目的所必需。在这四种对哲学史的理解、四种研究目的与四种研究方法之间各自内部有一种相关性,它们也具有各自的合理性,只要你从某种角度和目的出发来理解哲学和哲学史,你就必然甚至只能采取与之相应的研究方法。此外,一定的研究方法也只是或主要是对某种研究对象和研究目的发生功效,有着自己特定的对象域和功能域。

在这种意义上,我们不能简单地肯定或否定某种具体方法,而应当同它所赖以发生的对象性基础和主体性依据联系起来加以考察,不是简单地和单纯地比较和评价具体的研究方法,而是首先考察其所服从和服务的哲学观和哲学研究目的,在哲学观、哲学研究目的和手段的相关性和统一性中作出功能性和效用性考察和评价。相应地,当我们要对哲学史研究作出某种具体的方法论抉择时,主要的精力不应仅仅放在各种具体的研究方法自身上,而应重点放在对哲学史和哲学史的理解和再理解,即哲学观和哲学史观的再审视上,同时放在对哲学史研究目的的确定和重新确定之上。只有我们将这两个基础性和前提性问题真正搞清楚了,具体的哲学研究方法才能真正确立起来。只有我们在哲学观、哲学史观和哲学史研究目的上真正有所前进、有所突破,具体的研究方法的科学更新和自我超越才有可能。

实际上,当我们从人类理性精神的致极性和超越性特点来理解哲学,又从人类哲学思维对精神极限和实践极限的不断追寻和不断超越来看待哲学史,并把哲学史研究看作我们当前寻求哲学极限和超越极限,即把握现代哲学和发展现代哲学的必要条件之一时,我们就会看到,以上几种哲学史研究方法之间在本质上并不是完全对立、相互排斥和彼此否定的,而是各有侧重、各有功用并且相互补充的。它们可以在一种更具包容性、开放性和超越性的哲学观、哲学史观的统摄下结合起来，并在一种新的哲学研究目的下得以协调，成为哲学史研究方法库中的必要构件并发挥作用。

具体说来，现代哲学研究中的历史意识可以从以下方面展开说明。

2. 立足于现代哲学的思想高度去把握哲学史

黑格尔曾经指出："如果我们要想把握哲学史的中心意义，我们必须在似乎是过去了的哲学与哲学所达到的现阶段之间的本质上的联系里去寻求。"①那么，什么是哲学史与现代哲学的本质联系呢？这可以从两个方面来分析。

一方面，历史上的哲学作为人类哲学思维发展历程中的特殊阶段的产物，为现代哲学的产生奠定了基础，提供了材料，是现代哲学的一种历史依据。我们曾经谈过，哲学是人类理性精神中那种超越有限、趋向无限的求知欲望和创造本性的集中表现和高度自觉。哲学思维的致极性意味着人们总是以哲学的方式去探索人类在知识和实践方面达到的最高层次、最大成果，并在此基础上寻求对于人、世界、人与世界关系而言的终极存在、终极解释、终极价值等，但每一个时代和个体所能达到的极限总是有限的，而随着人类实践和知识范围的拓展，人们又不断地突破已经达到的极限并去寻找新的极限，这就是哲学思维的超越性。正是这种致极性与超越性的内在矛盾与冲突，推动哲学的产生和发展。而这种发展通过各种哲学体系相互更替的方式得到表现和实现，展现为一个动态演进的哲学发展过程。每种真正的哲学都是超越了历史上的哲学并在发展人类理性精神极限方面有所贡献的哲学。但每种哲学对人类理性精神极限的超越又都受到历史时代的限制，因而是有限的，因此必然被后起的哲学所超越。正是这种对于极限的不断探寻和超越，构成了哲学史的发展过程，而任何时代的哲学都必然建立在一定的发展过程之上。"我们的哲学，只有在本质上与前此的哲学有了联系，才能够有其存在，而且必然地从前此的哲学产生出来。因此，哲学史的过程并不昭示给我们外在于我们的事物的生成，而乃是昭示我们自身的生成和我们的知识或科学的生成。"②在这种意义上，哲学只有一个，

---

① 黑格尔. 哲学史讲演录(第 1 卷)[M]. 北京:商务印书馆,1959:7.
② 黑格尔. 哲学史讲演录(第 1 卷)[M]. 北京:商务印书馆,1959:9.

即处于不断发展中的哲学,哲学史就是这个唯一的哲学萌生、成长、发展的历史。因此,"哲学是在发展中的系统,哲学史也是在发展中的系统"①。哲学系统的历史发展构成哲学史,哲学史的历史演进造就了现代哲学。因此,要研究和发展现代哲学,就必须研究哲学史。我们需要通过哲学史的研究引导我们了解哲学本身。更进一步说,"哲学史的研究就是哲学本身的研究"②,或至少是一种哲学研究。只有真正把握了历史上的哲学及其向现代哲学的超越和运动,才能真正理解现代哲学。

另一方面,历史上的哲学只有真正为现代哲学所关注和吸收,以特定方式成为现代哲学的内在构件和有机组成部分,才能得到肯定和提升,展示出自己的历史价值和积极功能。在历史上的哲学向着现代哲学的超越和建构过程中,相比之下,最初期的哲学是潜在的、直接的、抽象的、一般的,亦即尚未高度发展的哲学,而最晚出的、最年轻的、最新进的哲学就是最发展、最丰富、最深刻的哲学。但是那些先起的哲学并不会随着哲学的发展而完全消失或丧失其意义。"每一哲学曾经是、而且仍是必然的,因此没有任何哲学曾消灭了,而所有各派哲学作为全体的诸环节都肯定地保存在哲学里……各派哲学的原则是被保持着的,那最新的哲学就是所有各先行原则的结果,所以没有任何哲学是完全被推翻了的。那被推翻了的并不是这个哲学的原则,而只不过是这个原则的绝对性、究竟至上性。"③就是说,立足于现代哲学高度来研究哲学史,还在于需要从历史上的哲学中寻找自己的养料、成分、构件,以更好地发挥哲学史的现代意义,从而不断地充实和发展自身。

3. 立足于哲学发展的共性来考察历史上哲学的个性

马克思在谈到哲学史研究的方法论时曾经说:

> 哲学史应该找出每个体系的规定的动因和贯穿整个体系的真正的精华,并把它们同那些以对话形式出现的证明和论证区别开来,同哲学家们对它们的阐述区别开来……哲学史应该把那种像田鼠一样不声不响地前进的真正的哲学认识同

---

① 黑格尔. 哲学史讲演录(第1卷)[M]. 北京:商务印书馆,1959:33.
② 黑格尔. 哲学史讲演录(第1卷)[M]. 北京:商务印书馆,1959:34.
③ 黑格尔. 哲学史讲演录(第1卷)[M]. 北京:商务印书馆,1959:40-41.

那种滔滔不绝的、公开的、具有多种形式的现象学的主体意识区别开来……在把这种意识区别开来时应该彻底研究的正是它的统一性,相互制约性。①

马克思所说的那些属于"整个体系的真正的精华","真正的哲学认识"的东西,就是那种贯通在古今中外哲学中的普遍的、共通的、硬核性的东西。正是这些普遍的、共通的、硬核性的东西使历史上形态各异的哲学相互连接构成哲学的大家族,又正是它们在历史过程中的不断展开、延续,构成了哲学发展的历史逻辑。哲学发展的逻辑过程深深地内在于哲学发展的历史过程之中,哲学发展的历史过程则由于内在逻辑的支配与作用而显示出自己特有的秩序性和方向性。因此,人类哲学思维发展的逻辑过程与历史过程之间必然是一致的,"历史上的那些哲学系统的次序,与理念里的那些概念规定的逻辑推演的次序是相同的"②。

当然,哲学发展的历史进程与逻辑进程的一致,不能看作无差别的绝对同一,而是包含着历史时代和个性差异的统一,是多样性和个性化的统一。哲学研究总是追求那些普遍的、绝对的、至上的和无限的东西,但对这些普遍的、绝对的、至上的和无限的东西的追求却只能通过在具体的社会历史文化时代中生活并有其个性生活和心理特征的哲学家来实现。具体的社会历史文化时代既作为对象性前提又作为主体性条件而制约着哲学家个体。"个人无论怎样为所欲为地飞扬伸张——他也不能超越他的时代、世界。"而哲学家的个人生活经历和体验方式等,也必然作为一定哲学的主体性背景而融入他所创造的哲学体系中,这正如德国作家莱曼所精辟指出的:

> 一种哲学体系正像其他任何文学作品一样,其特征首先是由创始人的个性所决定的。每一种真正的哲学都反映了这个哲学家的生活,就像每一首真正的诗反映了诗人的生活一样。其次,它带有自身所处时代的各种烙印;它所展示的思想

---

① 马克思恩格斯全集(第40卷)[M]. 北京:人民出版社,1982:170.
② 黑格尔. 哲学史讲演录(第1卷)[M]. 北京:商务印书馆,1959:34.

越是雄辩有力,其中所浸透的当代生活思潮的气息也越浓厚。

第三,它受当时的特定哲学倾向的影响①。

就是说,人类哲学思维的共性是通过古今中外各形各色哲学的个性而得以存在并得到展示的。哲学发展的逻辑过程是存在于其历史过程之中并通过历史上形态、风格各异的个性化哲学体系而得到展示的。由此,要把握哲学的共性与个性、逻辑与历史,必然产生出两种相关而又相异的研究方法。

一种是立足历史、个性去把握逻辑、共性的研究方法,一种是立足逻辑、共性去把握历史、个性的研究方法。前者是我们所熟悉的哲学原理研究方法,后者则是哲学史研究方法。

黑格尔曾经论述了这两种研究方法及相互关系。他说:

> 如果我们能够对哲学史里面出现的各个系统的基本概念,完全剥掉它们的外在形态和特殊应用,我们就可以得到理念自身发展的各个不同的阶段的逻辑概念了。反之,如果掌握了逻辑的进程,我们亦可从它里面的各主要环节得到历史现象的进程。不过我们当然必须善于从历史形态所包含的内容里去认识这些纯粹概念②。

哲学理论研究立足于而又力图超越于哲学发展的历史与个性,舍弃历史上各个思想家和各种哲学思想的个性差异和来源区别,"完全剥掉它们的外在形态和特殊应用",而将其积极的成分作为一种构件、要素、成分而纳入一种共时态的体系之中,按照理论的内在逻辑建构成一个统一的哲学体系。

哲学史研究则正好相反,它依据于对哲学发展最高水平的理解,立足于哲学的共性和逻辑,去把握和探索各个思想家的个性特征及各时代哲学所达到的阶段性水平。为此,它把共时态的现代哲学系统分解为若干的基本方面、要素、构件,去考察它们各自的历史渊源及其历史

---

① 弗兰兹·博厄斯. 原始人的心智[M]. 北京:国际文化出版公司,1989:62.
② 黑格尔. 哲学史讲演录(第1卷)[M]. 北京:商务印书馆,1959:34.

演进,从它里面的各主要环节得到历史现象的进程,由此确定出各个思想家、各种哲学流派对人类哲学思维发展所做的独特贡献。对这种贡献可以从各个方面来具体度量:或是开创了某些具有长久理论意义的哲学论域,或是对历史上长期悬而未决的哲学疑案做了自己的独到回答,或是对当时的历史时代在哲学层面上做了相对而言更加全面完整的解释,或是在系统总结已有思想材料方面有集成之功,或是为后世探讨提供了具有启迪意义的思想火花,或是以己之鉴为后人提供了具有警诫意义的启示,等等。

当然,对哲学的理论研究和历史研究并不是完全隔离的,而是互为条件的。哲学研究中的历史方法和逻辑方法之间实际上是内在相通、互相制约、互为补充的。恩格斯在谈到政治经济学的研究方法时曾经指出,历史研究的重要之点是摆脱各种外在形式和偶然因素的干扰,因此,逻辑的研究方式是唯一适用的方式。但是实际上这种方式无非是历史的研究方式,不过摆脱了历史的形式以及起扰乱作用的偶然性而已。历史从哪里开始,思想进程也应当从哪里开始,而思想进程的进一步发展不过是历史过程在抽象的、理论上前后一贯的形式上的反映。这种反映是经过修正的,然而是按照现实的历史过程本身的规律修正的。这时,每一个要素可以在它完全成熟而具有典范形式的发展点上加以考察。①

那么,如何去把握哲学史的个性呢?关键是要找出并把握每一个要素"完全成熟而且具有典范形式的发展点"。这可以在不同的层面上展开。小到每一个哲学家生平中的每一个与思想形成和发展相关的细节,他的心理气质中的每一个特点,他的每一部书及其中的各种观点,他的各种思想的内在联系、矛盾冲突及其历史发展等——在传记史的层次上展开对于思想细节的微观研究。中到一定的哲学流派,它的历史渊源、产生过程、基本概念、主导原则、结构体系、代表人物、主要著述、内部纷争、外部冲突、历史演进、后世影响等——在学派史的水平上开展具有一定规模的中观研究。大到人类哲学思维发展过程中的基本思维方式,它们是哲学思维总体发展过程中的基本环节和发展链条,不仅统摄了一定的时代,经历了自身的发展,而且至今还发挥着重要的影

---

① 马克思恩格斯选集(第2卷)[M]. 北京:人民出版社,1972:122.

响,是现代哲学思维的基本构件。它们的产生、形成和演进,代表了人类哲学思维发展的历史性、阶段性水平,它们的变革和更替标志着并推动着人类哲学思维自我更新和自我超越。本章后面关于本体论思维方式、认识论思维方式和主体论思维方式的考察,就是在这个层面上对于哲学思维发展史的一种个性化研究。

4. 立足于历史上哲学的本来含义来阐发其现代意义

如何揭示历史上某种哲学的个性,从研究思路上来看,主要可以借助两个方面的参照系:一是以历史为参照,看其与此前的哲学相比,是否提供了人类哲学思维发展中还没有出现的新东西,以及这种新东西的大小、多少、优劣;二是以未来为参照,看其与后起的哲学相比,是否为人类哲学思维的进一步发展提出了新的基础,提供了新的推进因素。

这两个方面结合起来,就是不仅要看一种哲学在历史上所达到的成就、所具有的充分意义,还要看其所包含的发展萌芽、所具有的现代意义。

马克思在谈到政治经济学的方法时写道:

> 哪怕是最抽象的范畴,虽然正是由于它们的抽象而适用于一切时代,但是就这个抽象的规定性本身来说,同样是历史关系的产物,而且只有对于这些关系并在这些关系之内才有充分的意义。
>
> 资产阶级社会是历史上最发达的和最复杂的生产组织。因此,那些表现它的各种关系的范畴以及对于它的结构的理解,同时也能使我们透视一切已经覆灭的社会形式的结构和生产关系。资产阶级社会借这些社会形式的残片和因素建立起来,其中一部分还未克服的遗物,继续在这里存留着,一部分原来只是征兆的东西,发展到具有充分意义,等等。人体解剖对于猴体解剖是一把钥匙。低等动物身上表露的高等动物的征兆,反而只有在高等动物本身已被认识之后才能理解。[①]

---

① 马克思恩格斯选集(第2卷)[M]. 北京:人民出版社,1972:107-108.

马克思的这一段话，对于我们探索和揭示历史上哲学的本来含义及其现代意义具有十分重要的方法论意义。我们根据对哲学发展的现阶段的理解来反思历史上的哲学，可以透视它们的范畴、理论对于它们自己那个时代并在那个时代之内所具有的充分的意义，也可以鉴别它们在何种程度上具有跨时代的普遍适用的意义，进而清理出哪些是应该克服而尚未被克服的东西，哪些是可以作为合理地处理现代人与世界的关系的启迪源泉，并表露着现代哲学的征兆的东西。后者应该发扬、发展，同现代的时代精神融为一体，从而具有成熟形式和充分意义。

哲学思维是一种问题思维。哲学是以问题方式来把握对象世界和处理人与世界关系的。哲学基本问题作为对人与世界之间最根本、最本质关系的哲学概括，具有最大的普遍性和最高的抽象性，同时也具有最大的具体性和最强的现实性。哲学基本问题一旦提出，就不仅具有超地域性和超民族性，成为各地域、各民族理性思维发展的普遍性问题，而且具有超时代性和超历史性，成为各具体时代、各历史阶段的理性思维的共同问题。在这种意义上，正是对以哲学基本问题为主导的哲学问题系统的研究和回答，使得各地域、各民族、各历史时代、各发展阶段的具体哲学既相互区别开又相互联系起来。各地域、各民族之间的哲学差别主要受不同类型的区域文化和民族文化的影响，使哲学具有一定的地域特色和民族风格。各历史时代、各发展阶段之间的哲学差异则是哲学思维发展不同阶段和对哲学基本问题解答的不同水平的差异。在人类文明和哲学思维发展的总过程中，每个时代和历史阶段的人们都面临着双重的问题性挑战：一是历史上遗留下来的问题，一是本时代或历史阶段的独特性问题。对历史遗留问题的回答总是受到时代性问题的影响，从而显现出时代精神对于哲学发展的影响，又对时代性问题的解答具有某种影响和制约作用，从而显现出哲学史对哲学现实形态的影响和作用。一定时代的哲学，既是对哲学发展中的历史之谜的时代性解答，又是对哲学发展中的现实形态的历史性的建构。正是这种解答历史之谜与建构现代哲学形态的活动，孕育了一种新的可能，即提出超越历史时代的哲学新问题，从而为哲学思维的进一步发展奠定更加深厚的基础和提供更加强劲的动力。正是在这种意义上，积极开展哲学史研究，不仅有助于理解和把握现代哲学的历史依据，还有助于发现和揭示现代哲学进一步发展的生长点。在客观揭示历史上哲学的本来意蕴的基础上,揭示其以萌芽、征兆、端倪形式存在的发展因素,对于促进哲学思维的现代发展无疑具有非常积极的作用,这也是现代哲学研究中应当充分具备的和自觉应用的历史意识。

二、本体概念的提出和本体论的形成

本体是标示世界的存在、本质存在甚至终极存在的哲学范畴。本体问题是古往今来哲学最为关注的基础性和根本性的哲学问题之一。本体论是研究本体问题的哲学理论,它以提出且回答"世界是什么"和"世界怎样存在"等根本性问题为己任,是哲学的第一种自觉形式。本体论思维方式则是人们以哲学方式提出和追寻世界的终极存在、解释世界本原、研究本体问题时所自觉或不自觉地必然采用的思维原则、研究规范和阐释方法等,它包括与本体问题研究有关的提问方式、释义方式和表述方式等。两千多年来,世界的本体问题一直是哲学探讨和哲学争论的核心问题和焦点问题之一。本体论和本体论思维方式尽管一直是一些哲学家们批评和否定的主要对象,但它却并未因此而退出哲学舞台。时至今日,探讨本体论和本体论思维方式的兴衰成败及其现代命运,仍然是每个哲学研究者面前不可回避的重要问题。

在西方哲学中,本体概念是由亚里士多德提出和加以论证的,本体论也是在亚里士多德那里才作为一种相对独立的哲学形态而得以建构起来的。从神话思维对世界起源问题的关注,到米利都学派的"始基"学说,从巴门尼德的存在论,到德谟克利特原子论与柏拉图理念论的对立与冲突,亚里士多德正是总结了人类理性思维和古希腊早期哲学思维的全部优秀成果,才创立了本体论的哲学,开创了人类哲学思维的本体论思维方式。

从方法论上来看,本体概念的提出和本体论的建构,经历了哲学研究视野的以下几次转换和哲学思维能力的几次相应提升。

1. 由关注世界"起源"问题到关注万物的"始基"问题

神话思维所提出的最高问题是人和世界的起源问题。各种神话尤其是体系神话中的"创世记"表明了人类对自身和世界起源问题的关注。由生活中的生生灭灭、世代延续现象一直提升到追究人和世界的最初起源的问题,意味着人类理性的重大进步,同时表明了这一时期人类理性的根本限度。由于缺乏足够的思维能力和解释力,神话思维不能不把世界的起源和人的产生归之于超自然的神秘力量；各种各样的神，诸如混沌之神、大地之神、海洋之神、水神以至上帝，成了神话思维解释世界起源的基本参照和理论框架。神话世界观已经蕴含了关于世界万物有一个共同起源和永恒基础的思想，但它只是单向地从起源问题上考虑问题，其基本思维模式和评价标准是，最早出现的、最古老的是最根本的、最重要的，也是最有权威的、最值得尊重的。

泰勒斯提出"水是万物之源"，尽管不无感性直观的特点，并可能受到其前的"海洋之神创世说"的影响，却是人类理性思维的一次质的飞跃，是神话思维向哲学思维跃迁的一个关键性环节。正如本书上章所论，这次跃迁确实是由人类精神的长期孕育所形成的，却毕竟是通过泰勒斯而实现的。提出水是万物的始基（或本原），从方法论上来看，意味着研究思路和思维方式方面的重大转换与变革。

第一，将起源问题提升为本原问题或始基问题。什么是本原或始基呢？按照亚里士多德的解释，就是这样一种东西，"一切存在物都由它构成，最初都从其中产生，最后又都复归为它"①。本原或始基就是作为世界万物的基础、来源、归宿的东西。本原问题的提出，表明这时人们不仅关心世界的起源问题，还关心世界的归宿问题，从思维方式上由单向变成多向，开始在发生与回归的统一中寻求事物的根本原因。

第二，由虚幻的神话解释转向现实的感性探索。提出水是万物的始基，表明了一种基本的探求指向，即从现实的感性事物本身中寻找事物的原因和始基，这就突破了神话思维的虚妄性而回到了现实生活世界的大地。为什么以水为始基呢？泰勒斯本人并没有说明，亚里士多德则做了推测，认为"他之所以得到这个看法，也许是由于观察到万物都以湿的东西为滋养料，以及热本身就是从潮湿中产生，并且靠潮湿来保持的"；"也可能是由于万物的种子就其本性说是潮湿的，而水则是潮湿的东西的本性的来源"。②亚里士多德的解释是否符合泰勒斯的原意有待进一步考据，但他揭示了泰勒斯力图在自然之中寻找自然万物及其生灭变化的原因这个重要的思维倾向。正是这种倾向所表明的一种

---

① 北京大学哲学系外国哲学史教研室. 古希腊罗马哲学[M]. 北京：商务印书馆，1961：4.
② 北京大学哲学系外国哲学史教研室. 古希腊罗马哲学[M]. 北京：商务印书馆，1961：4.

客观探求的态度为古代哲学和科学的发端奠定了主体性基础。

当然,泰勒斯的水毕竟是太感性直观了,要运用它来说明世间复杂纷繁的万事万物必然会有很多困难。尽管泰勒斯为了解决这种困难又提出灵魂的存在并用它来解释万物运动的原因,但要从水这样非常感性具体的事物中引出一般的抽象的东西的确并非易事。正是这种思维的内在矛盾性,不仅引出了阿拉克西曼德所主张的"无限者"或"无规定者",和阿拉克西米尼所主张的气,还引出了毕达哥拉斯学派所主张的"数"和赫拉克利特的"火"与"逻各斯"等。在这里如果说毕达哥拉斯的抽象的数与他的宗教意识相关联而多少带有某种神秘意味的话,赫拉克利特所主张的火与逻各斯的辩证运动,则使古希腊原始素朴哲学在对世界本原或始基的把握中达到了相当高的水平,是古代朴素唯物论与朴素辩证法的一次成功结合,并为思维的进一步抽象和提升做了准备。

2. 由感性素朴思维到抽象概念思维

米利都学派、毕达哥拉斯学派和赫拉克利特关于世界本原或始基的哲学思考尽管取得了很大的成就,但还未能从原始神话和原始思维中完全挣脱出来,还带有感性素朴的特点。他们对世界本原的解释尽管已远远超出神话思维的水平,但还未能完全摆脱感性表象的制约。毕达哥拉斯把他的数看作感性事物、质料,赫拉克利特的逻各斯则在感性的火与万物之中运动。因此,他们的哲学研究作为人类哲学思维在初级阶段的活动,还带有明显的原始素朴性质。当然,这是相对于后起的更为抽象和高级的哲学思维而言的,是在哲学思维层面上的原始素朴。

巴门尼德的存在论使古希腊哲学告别了它的原始素朴阶段,使人类哲学思维从感性具体思维层面上超拔出来,提升到抽象的、概念的、逻辑的水平。"当巴门尼德撇开了一切感性的东西,只用'有'这个最一般的抽象来规定世界,并论证说唯有这个'有'才是真实的实在时,他实现了哲学发展中的一次重大转折。"[①]从方法论上来看,巴门尼德的哲学研究以区分真理和意见为出发点,并从探索真理的途径的角度提出和论证他的存在论。他的思路大体如下。

---

① 杨适. 哲学的童年[M]. 北京:中国社会科学出版社,1987:241.

第一步，区分真理和意见，他借正义之神的口提出了二者的对立："你应当学习各种事情，从圆满真理的牢固核心，直到毫不包含真情的凡夫俗子的意见。意见尽管不真，你还是要加以体验，因为必须通过彻底的全面钻研，才能对假相作出判断。"①在这里，只有真理才是可靠的，而意见则是不真的。

第二步，什么是真理和意见，怎样才能达到它们呢？这有两条研究途径：

> 第一条是：存在者存在，它不可能不存在。这是确信的途径，因为它遵循真理。另一条是：存在者不存在，这个不存在必然存在。走这条路，我告诉你，是什么都学不到的。因为不存在者你是既不能认识（这当然办不到），也不能说出的。②

这就是说，真理只有一个，就是关于"存在者存在"的可以言说、思维和论证的知识。

第三步，什么是存在呢？巴门尼德认为，它有以下规定："存在者不是产生出来的，也不能消灭，因为它是完全的、不动的、无止境的。"③"存在者也是不可分的。"④

第四步，为什么思维能够把握存在、达到真理呢？"因为能被思维者和能存在者是同一的。"⑤这就是在西方哲学史上首次提出的著名的思维与存在的同一性命题。

巴门尼德的哲学是唯心主义的和形而上学的。但他提出了存在（"有"）和不存在（"无"）这对高度抽象的哲学概念，用"存在"的抽象本

---

① 北京大学哲学系外国哲学史教研室. 西方哲学原著选读（上卷）[M]. 北京：商务印书馆，1981：31.

② 北京大学哲学系外国哲学史教研室. 西方哲学原著选读（上卷）[M]. 北京：商务印书馆，1981：31.

③ 北京大学哲学系外国哲学史教研室. 西方哲学原著选读（上卷）[M]. 北京：商务印书馆，1981：32.

④ 北京大学哲学系外国哲学史教研室. 西方哲学原著选读（上卷）[M]. 北京：商务印书馆，1981：33.

⑤ 北京大学哲学系外国哲学史教研室. 西方哲学原著选读（上卷）[M]. 北京：商务印书馆，1981：31.

质来研究和规定世界,他把对世界的"存在"本质的逻辑论证与哲学的"真理"探寻紧密结合起来,使概念的确定和逻辑证明成为哲学研究的基本要求。从此以后,哲学对于世界本原的探究就再也不能停留在感性具体思维的水平上了,而必须提升到抽象概念的、逻辑的水平,巴门尼德的存在论可以看作西方哲学史上第一个用纯概念表示的本体论体系。为此,黑格尔对巴门尼德哲学给予了极高的评价,认为"哲学史开始于爱利亚学派,或确切地说,开始于巴门尼德的哲学",因为"在这里第一次抓住了纯思维,并且以纯思维本身作为认识的对象"①,而他提出的存在概念构成了西方哲学史的逻辑起点。

3. 原子论与理念论②的对峙与冲突

原子论与理念论是物质与意识的二元分化和对立在哲学理论体系上的表现,人类哲学思维发展进程中产生出唯物主义与唯心主义这样两个相对完整的哲学体系,这两种体系对于世界的本原问题做了完全相反而且针锋相对的回答,但从更高的层面上来看,它们又有着某种相关性,即均是为了探索世界的本质和本原问题。

巴门尼德和爱利亚学派以抽象的"存在"概念否定世界的感性本原,用本质否定现象,促成了人类哲学思维向抽象层面的跃迁。但他们对现象、感性的粗暴否定引发了在他们之后以"拯救自然""拯救现象"为主要目的的哲学运动。恩培多克勒的"四根说"、阿拉克萨戈拉的"种子说"和"心灵说"、第欧根尼的本原论和感觉论等,均是这方面的哲学成果。而普罗泰戈拉提出"人是万物的尺度"则开始了古希腊哲学由自然哲学向人本哲学的转变,以至于到了德谟克利特和柏拉图的时代,又需要在新的层面上"拯救本质",深化对于世界本质和本原的哲学研究。

面对共同的任务,德谟克利特和柏拉图采取了两种正好相反的解决方式,并导致唯物主义和唯心主义在哲学史上的首次尖锐对立。

物质和意识的分化是与人类社会相伴而生的问题。唯物主义与唯心主义对立的萌芽在泰勒斯那里便已孕育,此后这两种对立的成分不

---

① 黑格尔. 小逻辑[M]. 第 2 版. 北京:商务印书馆,1980:191.
② 陈康先生对国内学界将柏拉图的 εςδοs 译为"理念""观念""概念"提出质疑,认为还是译为"相"为好。汪子嵩赞成此议,认为将其译为"形"或"相"较宜。杨适在《哲学的童年》中将柏拉图的理论叫作"相论"。尽管本书为便于行文未采此说,但笔者认为这些看法是值得重视的。有兴趣者可参看:杨适. 哲学的童年[M]. 北京:中国社会科学出版社,1987.

断发展,但又始终未能达到彼此对立的程度。德谟克利特按照自然哲学的思路来寻求和规定客观实在及其本质,继承留基伯的原子论并加以发展和系统化,用原子和虚空的结合与分离来说明事物的现象,走向唯物主义,并奠定了以后将近两千年的唯物主义哲学、无神论的基础。柏拉图师承苏格拉底,又受雅典盛衰变化的影响,关注人事和社会,把寻求"正义"和"善"作为自己哲学的中心目标,把"正义"和"善"的理念看作世界的本质,并最终导致神创世界说,为以后的神学奠定了理论基础,并成为基督教的重要思想来源。

原子论和理念论各自均以自己的方式推进了巴门尼德的存在论,尤其重要的是,柏拉图的理念论第一次以普遍性的形式表达了事物中的普遍东西、共相或本质,从而为逻辑思维的发展奠定了全面的基础和要素。而由于这种本体论和逻辑的内在必然要求,柏拉图又是第一个在逻辑水平上自觉批判了他自己和巴门尼德逻辑中的形而上学局限性、开始发现和研究了思维辩证法的人。他证明了形而上学地理解存在、相和概念是绝对不行的,那会毁灭这些本质、本体和逻辑自身,同时他也用逻辑证明了辩证法的必要性和正确性。这些都是极其困难的任务。柏拉图虽然只是开始做了这件事,还有不少牵强之处,却是有伟大意义的,它使古希腊哲学攀上了一个高峰,为人类思维形式和逻辑的深刻发展提供了宝贵财富[①]。正是在原子论和理念论所达到的体系化哲学水平上,亚里士多德的本体论才有可能建立和发展起来。

4. 亚里士多德的本体概念界说

亚里士多德是古希腊哲学的集大成者,也是本体论哲学的创建者。他的理论成就与他所采用的方法有着内在相关性,他在研究方法和研究思路方面的成就在他全部成就中占有重要地位,是他对哲学研究方法库的重要贡献。限于篇幅,这里仅谈谈他在界说本体范畴和创建本体理论时所运用的主要方法。

第一,历史主义方法。他从考察先前的学术思想史开始自己的研究,把自己的研究建立在已有积极思想成果的坚实基地之上。作为一个集大成者,亚氏几乎考察了在他之前的各方面、各类型的思想成果,包括各种神话传说和古希腊全部哲学,尤其是他的老师柏拉图的哲学,

---

① 杨适. 哲学的童年[M]. 北京:中国社会科学出版社,1987:622-623.

并最终通过批判柏拉图的理念论而为自己的本体论开辟了道路。亚里士多德认为：

> 一般说来，哲学是寻求可感知的事物的原因的，可是我们柏拉图派却放弃了这个任务，因为我们完全没有谈到引起事物变化的原因。当我们幻想我们说出了感性事物的本体时，我们却断言了另一类本体的存在。我们关于感性事物的本体的那种说明方式是空谈，因为"分有"，如前所述，乃是毫无意义的说法。①

正是立足于对历史上思想材料和遗留问题的透彻把握和科学批判，亚里士多德能够作出自己的哲学创造。

第二，立足感性事实分析对象本性的方法。对柏拉图唯心主义理论的批判使亚氏有可能把自己的研究建立在感性事实的基础上，并由此出发去把握对象的本性。黑格尔在谈到亚里士多德的研究方式时说，"他竭力把每个对象加以规定；但他更进而思辨地深入到对象的本性里面去"②。

现代美国学者埃德尔也曾这样谈到亚里士多德的研究方法：

> 亚里士多德思想的分析的特点，是他的方法所固有的。他不是首先得到一个观点，从这个观点中引申出其蕴含的东西，然后再来找证据。而是首先广泛汇集整理各种意见和报道，它们是以通常的信念的形式表现的，其中包括以往的各种学说，普通的语言用法和观察得来的报告；然后他以巨大的劳作使之形成一个问题，并系统地检查这些材料，在这时，他特别致力于把传统看法中所包含的困惑和明显的矛盾展现出来；然后他彻底地筛选哪些可取哪些不可取，加以区别，以找出解决办法来，这种解决办法能使各种学说、语言用法和无可

---

① 亚里士多德. 形而上学[M]. 北京：商务印书馆，1959：28. 译文摘自：杨适. 哲学的童年[M]. 北京：中国社会科学出版社，1987：640.

② 黑格尔. 哲学史讲演录（第2卷）[M]. 北京：商务印书馆，1960：284.

否认的观察事实里的那些分歧的成分彼此调解或和谐起来,或者都加以重新解释过。①

第三,怀疑和探索的方法。亚里士多德注意学习历史,但不盲从于已有的思想材料,坚持怀疑、批判、分析的态度。亚里士多德注重经验事实,但不停留于表象,而是力求探寻其本质和规律。列宁曾经指出:

> 亚里士多德的逻辑学是寻求、探索……但是,亚里士多德……的逻辑学却被变成僵死的经院哲学,它的一切探索、动摇和提问题的方法都被抛弃。而这些提问题的方法就是希腊人所用的那一套试探方式,就是在亚里士多德学说中卓越地反映出来的质朴的意见分歧。②

这就是说,寻求、探索、试探、动摇、提问题的方法等,正是亚里士多德逻辑学的主要方法论特色。

第四,概念的界说与辨析方法。黑格尔认为,亚里士多德方式的特性"最重要的是处处去关心确定的概念,将精神和自然的个别方面的本质,以一种简单的方式,即概念形式加以把握。由此有了最丰富最完全的各个方面"。"这种将诸多规定归结为一个概念,以及论证进程的简明,和将判断用极少的话说出——这乃是亚里士多德的伟大和巨匠风度之所在。这是一种很有效能的哲学思考方法。"③这也就是说,借着这种哲学思考方式,亚里士多德提出并界说了本体这个核心概念,建立了自己的本体理论,开始了人类哲学发展中的本体论思维方式。

三、本体论思维方式的基本构架

就其字面含义而言,本体论思维方式就是贯穿在本体论研究中的思维原则和思维方法。本体论是研究本体问题的哲学理论。什么是本体问题?世界的本体是什么?对世界的本体论探究何以成为可能?如

---

① 见埃德尔《亚里士多德及其哲学》,转引自:杨适.哲学的童年[M].北京:中国社会科学出版社,1987:635.
② 列宁全集(第38卷)[M].北京:人民出版社,1959:417.
③ 黑格尔.哲学史讲演录(第2卷)[M].北京:商务印书馆,1960:282,284-285.

何探究世界的本体？关于世界本体的知识是否具有普遍必然性和真理性？本体论在哲学中的地位和意义何在？这些问题都是本体论研究所关心并必须回答的基本问题。本体论思维方式则是在提出和解答这些本体论问题中得以存在和发生作用的。亚里士多德正是通过提出和回答以上问题而建构起自己的"第一哲学"，即后人称为"形而上学"或"本体论"的东西。从总体上来看，亚里士多德所开创的本体论思维方式包含着以下主要方面。

1. 哲学以研究本体为己任

亚里士多德认为，哲学是研究作为存在的存在，即本体的学问（哲学观的依据）。

亚里士多德在谈到哲学主题时说：

> 有一门学术，它研究"实是之所以为实是"，以及"实是由于本性所应有的禀赋"。这与任何所谓专门学术不同；那些专门学术没有一门普遍地研究实是之所以为实是。它们把实是切下一段来，研究这一段的质性；例如数学就在这样做。现在因为我们是在寻取最高原因的基本原理，明白地，这些必须是禀于本性的事物。①

"实是"（being）又译为"存在""有"等。研究"实是之所以为实是"，与研究"有之为有"，或"存在何以为存在"，都是一样，即揭示其作为实是、有或存在的原因和根据。那么，这种原因或根据何在呢？亚氏认为，"有些事物被称为'是'者，因为它们是本体，有的因为是本体的演变，有的因为是完成本体的过程，或是本体的灭坏或阙失或是质，或是本体的创造或创生，或是与本体相关系的事物，又或是对这些事物的否定，以及对本体自身的否定"②。因此，要揭示这种原因或根据，就要研究这个作为原因或根据的本体。所以哲学就是本体之学③。而对本体的研究不是具体门类科学的任务，而只是哲学的任务。各门具体科学

---

① 亚里士多德. 形而上学[M]. 北京：商务印书馆，1959：56.
② 亚里士多德. 形而上学[M]. 北京：商务印书馆，1959：57.
③ 亚里士多德. 形而上学[M]. 北京：商务印书馆，1959：57.

只研究存在的某一方面或某一部分。只有哲学才研究本体，才去探寻一切存在的最高原因的基本原理。亚氏将这种哲学叫作第一哲学，以区别于物学、数学等第二哲学，或自然哲学。他说："哲学并不研究个别主题具有这些或那些偶然属性，它所尚想于事物者将以阐明万事万物之所由以成为此事此物之实是而已。"①

亚里士多德把第一哲学叫作本体之学，但他本身并没有把它叫作本体论。据说德国经院学者郭克兰纽（1547—1628年）在其1613年编写的哲学辞典中第一次使用了"本体论"一词，把本体论看作关于存在本身的学问。后来德国古典哲学家沃尔夫著有《第一哲学或本体论》，把哲学分为本体论、宇宙论、心理学和神学。

在我国，本体论与形而上学的某种含义具有不解之缘。今天我们看到亚里士多德论述第一哲学即本体论的这部书原名为《物理学以后诸篇》，是亚里士多德去世三百年后古希腊哲学教师安德·罗尼柯为纪念亚氏而编选的。他将亚氏遗稿中研究自然界运动变化的著作编在一起，取名《物理学》或《自然哲学》，又将论述超感觉和超经验以外抽象对象的著作编在《物理学》之后，取名Metaphysica。该书传入中国后曾译为"玄学"，后来严复根据《周易·系辞》中"形而上者谓之道，形而下者谓之器"的说法，将Metaphysica译为"形而上学"。从此以后，形而上学不仅成为亚氏第一哲学的代称，也成为本体论哲学的代称。又由于近代形而上学不仅研究、追求那种最高的、不变的、绝对至上的本体，还将自然科学中分门别类地观察和解剖对象的方法移入哲学，因此它又成为一种孤立的、静止的和不变的思维方式的代表。黑格尔就不仅用形而上学一词指称那种研究经验对象以外的哲学，还用它来转指与辩证法对立的非辩证的思维方式的特点。

亚里士多德把哲学规定为"本体之学"，这不仅赋予本体问题在哲学研究中的核心和主导地位，规定了哲学的性质、对象、任务，还实际规定了研究本体问题的思路和方法，从而为本体论思维方式的形成和确立提供了哲学观的背景和依据。

2. 本体是存在的中心

亚里士多德认为，本体在存在中的中心地位是哲学研究本体的客

---

① 亚里士多德. 形而上学[M]. 北京：商务印书馆，1959：216.

观依据(对象性前提)。

亚里士多德是从批判毕达哥拉斯和柏拉图割裂一般与个别、本质与现象的联系而展开自己的本体论学说的。在他看来,"哲学是寻求可感知的事物的原因的"。感性的世界是多种多样的,因此存在也是多种多样的。在《范畴篇》中,他把存在分为十类:"每一个不是复合的用语,或者表示实体,或者表示数量、性质、关系、地点、时间、姿态、状况、活动、遭受。"①在《形而上学》中,他进一步把存在分成四大类:①属性之"是",即一物是另一物的属性;②主体诸"是",即不同主体的存在,如性质、数量、关系、主动、被动、地点、时间等;③"是"与"非是",即用于判断知识真假,是即判断为真,非是即表明判断为假;④"当是"与"实是",即潜能的存在和现实的存在。亚里士多德关于存在的这种分类在今天看来已是非常粗糙的,但在当时却反映了人类以哲学方式把握存在所达到的成就,也是本体研究的重要对象性依据。

亚氏认为,以上各种类型的存在不是平列的,而是各有不同的地位和作用。本体则是存在的中心,它不是在存在之外的独立的存在,而是在存在之中的中心的存在。例如在《范畴篇》中谈到的十类存在时,只有本体是中心的存在,可以在陈述中成为主词、主体,而其他的九类存在都是依附于本体的存在,因而其范畴只能作为表述主词的谓项。在这种意义上,本体就是其他存在的原因,研究本体就是研究存在的原因和原理,"原因、原理与本体的要素是我们研究的对象"②。

正是在对本体与存在、本体范畴与存在范畴及其相互关系的分析中,我们可以看出亚里士多德本体理论探究的客观性和唯物论倾向,他

---

① 亚里士多德. 范畴篇·解释篇[M]. 北京:商务印书馆,1959:1. 对于实体和本体这两个概念,国内学者经常是通用、混用的。严格讲来,二者实际上有较大区别。高清海在他的《哲学的憧憬》一书中提出区分二者,笔者非常赞成。在英文中,本体为 substance,实体为 body. 本体具有本质、本性、基体的含义,实体则为实物、躯体、物体等义。实体是相对于关系而言的,强调的是实存的性质。本体则除了具有相对于从属者、派生者而言的本原存在的含义外,还包括构成实体的原理与原因的含义。实体具有个别性、独立性。在这种意义上本体与实体相同。但本体除此之外更多的是原理和原因。在《形而上学》中,亚里士多德对二者的使用是有区别的,在谈到原因、第一原因时都用的是本体。至于在《范畴篇》中他只讲实体,不讲本体,这也许是中译文的问题。杨适在《哲学的童年》中引用《范畴篇》的内容时,将方书春译本中的"实体"均译为本体,也许可作一证。本书引用《范畴篇》时译文从方书春译本,但请按"本体"来理解其中的"实体"范畴。

② 亚里士多德. 形而上学[M]. 北京:商务印书馆,1959:160.

把自己的研究对象确定为现实的感性的事物,由本体与存在的客观关系说明本体范畴与存在范畴的观念关系,用对象世界的矛盾说明本体论的内部矛盾。应该说,这在当时唯物主义原子论与唯心主义理念论已有鲜明对立和尖锐冲突的情况下,显得更为可贵。正是这样一种对于本体与存在、本质与现象、一般与个别、共相与殊相、观念与现实、感性与理性等之间既相区别又相联系的理解方式和信念,为本体论的深入探究提供了对象性前提。

3. 本体具有可知性

亚氏认为,本体是可以被真实地把握的,正是思维的逻辑规律使关于本体的普遍真理成为可能(主体性条件)。

对本体的研究不仅有对象方面的必要性与可能性,也有主体方面的根据和可能性,这就是思维的逻辑规律。

在《形而上学》卷四中,亚里士多德谈到第一哲学是研究本体的学问之后,立即转向真理问题和逻辑问题,认为哲学不仅应当研究本体,还应研究真理。初看起来这二者似乎相距甚远,实际上二者联系极紧。亚氏正是要为本体的真理性研究寻求和建立主体方面的依据,他需要证明,人是有可能达到对于本体的真理性把握的。亚氏认为:"对于通则的探索,该属于一门哲学家的学术;因为这些真理为一切事物所同然,并不专主于某些独立科属。"[①]他认为,哲学家们"所考察的都是普遍真理与原始本体,因此这些真理的研究也将归属于他们"[②]。

研究本体是为了达到真理。怎样才能达到真理呢?亚氏认为,必须遵循思维的逻辑规律,这就是他所发明和建立的三段论形式逻辑法则。他说:

> 研究一切本体的哲学家也得研究综合论法〈三段论法〉。谁最精习于一科属的事物,谁就必然能够陈明有关这一门的最确实原理,所以谁最精习于现存事物〈现是〉者也必然能够陈述一切事物的最确实原理。惟有哲学家能如此,最确实的

[①] 亚里士多德. 形而上学[M]. 北京:商务印书馆,1959:61.
[②] 亚里士多德. 形而上学[M]. 北京:商务印书馆,1959:61.

原理是万无一误的原理(因为常人每误于其所不知)。①

只有按照形式逻辑的法则去思考对象,才能达到对于存在本体的真理性认识,也就是达到最确实的原理。为此,亚氏提出了形式逻辑的最根本的法则同一律、排中律,尤其是(不)矛盾律:"同样属性在同一情况下不能同时属于又不属于同一主题。"②亚氏矛盾律是针对赫拉克利特的辩证法的,他说,"传闻赫拉克利特曾说'同样的事物可以为是亦可以为非是',这是任何人所不能置信的"③。本体在性质上的确定性、必然性、普遍性是关于本体的思维在逻辑上不自相矛盾的客观依据。只有在思维中自觉遵循以(不)矛盾律为核心法则的思维规律,才能真实地把握本体,达到真理性认识。这是亚氏在当时提出的一个重要问题。他对于逻辑问题的研究实际上是完全服从于他的本体论的,他力图把存在问题、本体问题与思维问题、逻辑问题内在地结合起来,作为哲学研究的双重任务,这就必然带来双重积极结果。一方面,思维问题、逻辑问题扎根于世界运动的深层本质规律,从而可能在坚实的本体论基础上得以不断完善和发展,并获得自己的广泛适应性,这恐怕是亚氏逻辑学两千多年保持其不衰地位的重要原因。另一方面,存在问题、本体问题的探究与阐释获得了思维法则和逻辑规律的支持,这就不仅为本体论研究提供了必要的可知论前提,也为本体理论的普遍真理性提供了逻辑学的保障。亚氏本体理论之所以两千多年来历经诘难却仍保持自己的特殊影响和理论魅力,这恐怕不能不是其重要原因之一。

4. 探寻终极存在——本体论研究的根本目标

哲学的本性对本体的研究提出了要求,本体的存在及其可知性和人的思维能力使对本体的探究和把握成为可能。由此看来,前提均已具备,探讨也到了核心之点:什么是本体?如何探究和阐释本体呢?亚氏认为,提出和回答这些问题,正是本体论思维方式的关键之点。他说:

---

① 亚里士多德. 形而上学[M]. 北京:商务印书馆,1959:62.
② 亚里士多德. 形而上学[M]. 北京:商务印书馆,1959:62.
③ 亚里士多德. 形而上学[M]. 北京:商务印书馆,1959:62.

从古到今,大家所常质疑问难的主题,就在"何谓实是"亦即"何谓本体"。①

可以说,亚氏的《范畴篇》和《形而上学》就是从各个方面对"何谓本体"进行分析和探究的。他的分析极其细致,甚而在我们今天看来近乎繁杂。但贯穿在其中的思路应该说是非常清楚的,就是要借助多种参照系从多方面分析本体,并去探寻第一本体、终极存在、最高原因。这里我们仅从方法和思路上撷其要点。

(1) 在存在中提升出本体。

前面我们谈到,亚氏认为,对本体的探究应从区分本体与存在出发。本体是存在,但并非所有的存在都是本体。存在是多种多样的,可以分出不同层次和系列,本体则是存在的中心,或者说是最基本的存在,是不需要别物说明而能说明别物的存在。"实体,就其最真正的、第一性的、最确切的意义而言,乃是那既不可以用来述说一个主体又不存在于一个主体里面的东西,例如某一个个别的人或某匹马。"②所谓"不可以用来述说一个主体"即不利用本体来表述别的非本体的存在,而只能用非本体的存在表述本体。例如,可以用性质、数量、关系、地点、时间、姿态、状态等来表述本体(的某一方面),但不能用本体来说明它们,这是区分本体与存在的第一个标准。第二个标准是"不存在于一个主体里面",即本体不能依赖于别的存在而存在,必须是独立自存的。除了本体而外,其他各范畴均不能独立存在。本体就是那些独立的、基本的存在。把本体从存在中提升出来,具有双重的方法论意义:其一,本体存在于存在之中,因此要把握本体必须关注存在;其二,本体高于存在,本体论研究就是要在存在中去探寻本体。

(2) 在本体中提升"第一本体"。

亚氏认为,不仅存在有多种多样的含义,本体也有多种含义,可以指不同的存在。一是指单纯的事物,如土、火、水以至动物、鬼神之类,它们都不用来表述别的存在而为别的存在所表述。二是指存在于上述事物之中并使该事物成为自身的原因。三是指限定与标记上述事物使

---

① 亚里士多德. 形而上学[M]. 北京:商务印书馆,1959:126.
② 亚里士多德. 范畴篇·解释篇[M]. 北京:商务印书馆,1959:12.

之成为独立个体的东西,如事物存在的面、线等规定。四是指本质即"怎是",其公式是一个定义,也是各事物的本体。亚氏认为,在本体的以上含义中,有两点是最重要的:"(甲)凡属于最底层而无由再以别一事物来为之说明的,(乙)那些既然成为一个'这个',也就可以分离而独立的——这里第二义并以指说各个可独立的形状或形式。"①这种最终性和独立性是本体的根本规定。符合这两条规定的本体叫作"第一本体"或"原初本体"。亚氏认为:

> 可见除第一性实体之外,任何其他的东西或者是被用来述说第一性实体,或者是存在于第一性实体里面,因而如果没有第一性实体存在,就不可能有其他的东西存在。
> ……
> 第一性实体之所以最得当地被称为实体,乃由于这个事实,即它们乃是其他一切东西的基础,而其他一切东西或者是被用来述说它们,或者是存在于它们里面。②

从总体上看,这种第一本体具有以下根本特性:

其一,个体性或个别性。"每一事物的本体其第一义就在它的个别性。"个别性是相对于普遍性而言的,柏拉图把普遍的共相、理念看作真实的存在,愈普遍的愈实在;亚氏则把普遍性看作个别性的附属特性,把本体看作具体的、实存的,强调由个别事物出发去认识和把握事物的普遍本质。而每个个体事物都有其普遍性,都是独立本体,都需要从本体论意义上加以探索,这样本体论研究既有了现实的、坚实的基础,也有了普遍的、广泛的对象。

其二,独立性。本体作为个体而存在必须是不依赖于他物而存在的独立存在,本体自己独立了,才能成为其他存在可以依附的东西。因此"本体只属于自己,不属于任何其他事物,只属于它的所有者,而这所有者原来就是本体"③。

---

① 亚里士多德. 形而上学[M]. 北京:商务印书馆,1959:95.
② 亚里士多德. 范畴篇·解释篇[M]. 北京:商务印书馆,1959:13.
③ 亚里士多德. 形而上学[M]. 北京:商务印书馆,1959:157.

其三，原始性。本体作为基本的存在必须是原始的存在。"原始之是，为其他范畴所凭依的事物——即本体。""原始"一词的重要特点是时间特性，在时间上在先。亚氏认为："事物之称为第一（原始）者有数义——（一）于定义为始，（二）于认识之序次为始，（三）于时间为始。——本体于此三者皆为始。"①正是本体在时间上先于别的范畴，在定义时先于定义，在认识中是把握对象的起始，它才能够被称为第一本体，被看作"作为存在的存在"而发生作用。

（3）在多因中寻求极因。

亚氏认为，对本体的探究就是对原因的探究，这是本体与本原概念的区别之点。本原或始基主要是从初始存在或原始存在意义上讲的，指万物产生于它又复归于它的东西，本体则在此基础上进一步引申为原因，强调对于事物的存在、运动、变化和发展的原因的探求。本体之高于存在，正在于它可以说明非本体的存在却不能被非存在所说明，也就是说，本体是非本体的原因，因此，探究本体，就是探究原因。

那么，什么是第一本体呢？亚氏认为，第一本体就是第一原因，或叫极因，极因是最高原因。亚氏认为，因果律是世界最普遍的规律。因果律的具体形式是多种多样的。因此，原因的概念也有各种不同含义，具有多样性。这多种多样的原因可以归结为四大类或四个层次，即物因、本因、动因或极因。极因"是一切事物所企向的终极与本善；为有此故，世间万物都有了目的而各各努力以自致于至善〈极因〉"②。极因、善因是最高原因，或叫第一原因，对这种第一原因的探讨是哲学的任务。哲学是智慧之学，而且是追求头等智慧之学。在各类与智慧有关的学问中，"最高尚最具权威的，应推极因与善因之学，终极与本善具有慧性，——万物同归于终极而复于本善，其他学术只是它的婢女，必须为之附从而不能与相违忤"③。在这种意义上，探求第一本体就是探究第一原因或极因。

那么，如何探究极因呢？亚氏的思路是采取简约的方式逐层归并和提升，这就是他著名的"四因说"向"二因说"再向"一因说"的提升

---

① 亚里士多德. 形而上学[M]. 北京：商务印书馆，1959：125-126.
② 亚里士多德. 形而上学[M]. 北京：商务印书馆，1959：85.
③ 亚里士多德. 形而上学[M]. 北京：商务印书馆，1959：40.

过程。

亚氏认为,从内容上来看,多种多样的原因主要可以归为四大类,分别为质料因——事物构成的原料,形式因——事物的理念或模型,动力因——变化或停止变化最初所由开始者,目的因——事物之所以成为事物的目的。任何事物都离不开以上四因。因此研究事物的本体,就是要从这四个方面来把握事物。"作为一个自然哲学家,他应当用所有这些原因——质料、形式、动力、目的——来回答'为什么'这个问题。"[①]就是说,将四因由客观存在转化为把握客观事物的方法。但这四个方面中,"后三者常常可以合而为一,因为形式和目的是同一的,而运动变化的根源又和这两者是同种的"[②],因此形式因、动力因和目的因可以概括为一个,即形式因。这就由"四因"概括出或提升为"二因",即形式因和质料因。

亚氏认为,形式因与质料因也不是平列的、等价的,它们之间还有一个是更为根本的原因,即极因,或第一原因。因此,对原因的探讨不能停留在二因论上,还应进一步探寻极因。怎么探讨呢?亚氏认为,关键的是看二者中哪个方面对事物的个体性和独立性存在的作用更为根本。一切个别事物都是由质料和形式结合而成的,质料作为事物存在的原因是它们的基质,任何事物都不能没有质料。但什么东西使个别事物成为个别事物呢?亚氏认为,这不是质料,而是形式。如果没有形式,即取消了事物的所有个性规定,就只剩下没有任何规定性的质料,即抽象的物质。这个事物既不可能是有个性的、个别的,也不可能是独立的,因此质料不是第一本体。而形式则不一样,质料正是因为具有形式才成为个别的和独立的事物。质料不是使事物成为独立个体的原因,只有形式才能使事物获得个性、本质、特性,使一事物与他事物相互区别,并且使事物具有活性、运动发展。而要定义事物,最根本的就是定义一事物区别于他事物的那些本质和个性,因此,在逻辑和语言方面,形式也是最根本的。在这多种意义上,形式因都是最根本的、第一性的原因,也就是极因。

亚氏把他关于质料与形式的观点引入对于潜能与现实的考察,进

---

① 亚里士多德. 物理学[M]. 北京:商务印书馆,1959:60.
② 亚里士多德. 物理学[M]. 北京:商务印书馆,1959:60.

一步提出现实高于潜能的思想。亚氏认为,质料和形式是从个别事物的构成要素来分析的,这还主要是一种静态的考察,还没有深入事物的运动和变化。而事物的运动、变化、生成、发展是哲学尤其应当关注的。从运动变化的角度来看存在,就应将其作用区分为潜能与现实。从个体事物的生成和发展的角度来看,事物的存在方式是由潜能的东西变为现实的东西。潜能的东西只是处于形成过程中的可能的存在,它还没有取得确定的个性形式,还不能说是个别性的事物。而现实则是实现了的潜能,是获得形式的质料,是得以个性化的、独立的事物。在这种意义上,现实高于潜能,而这又不过是形式与质料关系在事物形成过程中的一种具体表现。

那么,潜能向现实的转化和发展何以可能呢?亚氏强调要去寻找一个第一推动者,或叫原动者。他说,"于是明显地,本体或形式是实现。照这论点,实现当然在本体上先于潜能;如上所述,一个实现,在时间上常为另一实现之先,一直上溯到永在的原动者之实现"①。什么是第一推动者或原动者呢?亚氏的推理方式如下:

> 如果说每一运动事物都必然是在被某一事物推动着运动,这推动者又必然或再被另一事物所推动或不再被另一事物所推动,并且,如果再被另一事物推动的话,必然有一个自身不被别的事物推动的第一推动者,而如果直接推动运动者的正是一个这样的第一推动者的话,就不必再有别的推动者了。②

那么,第一推动者有什么特点呢?亚氏认为:

> 第一推动者是不能运动的。因为一个被某一事物推动的运动者,它的推动可以或者直接上溯到一个不能运动的第一推动者,或者上溯到一个能自我推动也能使自己停止运动的推动者,无论哪一种情况,结果都是:任何运动事物的第一推

---

① 亚里士多德. 形而上学[M]. 北京:商务印书馆,1959:183.
② 亚里士多德. 物理学[M]. 北京:商务印书馆,1959:234.

动者都是不能运动的。①

到底什么是第一推动者呢？亚氏认为，那就是作为宇宙秩序的本善、至善，或叫作神。"神原被认为是万物的原因，也被认为是世间第一原理。"相应地，探寻这种第一推动者、第一原理的学术既可以叫第一哲学，也可以叫神学。"这样的一门学术或则是神所独有；或则是神能超乎人类而所知独多。所有其他学术，较之哲学确为更切实用，但任何学术均不比哲学为更佳。"②正是在这种意义上，亚氏在他的学科分类表上，把第一哲学叫作神学，并认为"神学所探索者，固为世上最崇高的存在，是以优于一切学术"③。

以上就是亚里士多德提出和探究世界终极存在的主要思维过程。我们看到，他从批判柏拉图理念论出发，强调从感性的、现实的、个别的事物出发来探究世界的本体，探究事物内部蕴含的原因，为自己奠定了客观化和唯物主义的基础。最终却又在对于第一推动者、第一原理的追究中使哲学与神学合一，回到了柏拉图的立场和结论。从而把前门送出去的东西又从后门偷偷地请了回来，表现出自己的历史局限性。但是，正是在现实的、感性的、个别的事物与最高原理、终极本体、第一原因这对立两极之间的积极探索、追寻与运思，以及使得这两极互相联系的努力，表现出了人类哲学思维的巨大能量。综观亚氏的本体探究的运思过程，我们看到，他从现实的、感性的、多样的存在出发，通过归纳和概括，抽象出本体，又在多种多样的本体中抽象出第一本体，而为了说明第一本体，又从多种多样的原因中概括出四因，将四因归为两因，在两因中寻求极因，并进而抽象出万物的最高原因。这个过程，与其说是一个单纯的演绎过程，不如说是一个更大成分上的归纳、概括、抽象过程，也是向着深层的提问、追寻与探索过程。正是为了推进这个思维的过程，也正是在这个思维的不断推进过程之中，思维的逻辑不断展开和深化，并为亚氏逻辑学奠定了自己的基础，这个过程就是我们所说的本体论思维方式的实际展开过程。通过这个过程，"亚里士多德最

---

① 亚里士多德. 物理学[M]. 北京：商务印书馆，1959：241.
② 亚里士多德. 形而上学[M]. 北京：商务印书馆，1959：6.
③ 亚里士多德. 形而上学[M]. 北京：商务印书馆，1959：222.

多地把握了现象",并通过一系列的归纳、概括与抽象,"使最深刻的思辨概念由之产生",从而在思维中"有了最丰富最完全的各个方面,这就表示这个方式拥有整个现象世界"。"亚里士多德之具有真正的哲学思想而同时又有最高的思辨思想,就在于此。"①

四、本体论思维方式的演进与引发的诘难

亚里士多德所开创的以探究世界第一原因为基本目的的本体论哲学体系,既是古希腊哲学的最高成就,又构成人类哲学思维进一步发展的历史起点。它在西方哲学两千多年的历史发展中不断地演进发展,虽历经诘难,却仍然保有着自己的独特理论地位。

1. 亚氏本体论思维方式的历史地位

历史地位是在与过去和未来的比较中得以确立的。前面我们已经看到,亚氏本体理论和本体论思维方式是古希腊以至全部人类理性发展的一种集成与提升,是对其前的哲学成就的理论化和系统化,是古希腊在其哲学思维鼎盛时期所获得的最大理论成果。正是因此,它也成为西方哲学以至人类哲学思维发展的重要起点。

前面我们多次提到哲学的开端问题。到目前我们看到有五种说法。

(1)泰勒斯哲学。泰勒斯提出水是万物的始基,实现了神话思维向哲学思维的关键一跃,其本人可以被称为"哲学之父"。

(2)包括米利都学派、毕达哥拉斯学派和赫拉克利特学派的原始素朴哲学。这三派哲学提出了"本原"的观念,逐步解决了哲学的对象问题,初步发现了质量互变和对立统一规律,由现象达到对世界本质的把握。三派哲学自身构成了一个否定之否定的小圆圈,又共同构成了整个哲学史大圆圈发展的起点②。

(3)巴门尼德存在论哲学。巴门尼德提出存在与非存在的概念,提出思维与存在的统一性问题,这构成了哲学史发展的真正的逻辑起点。

(4)德谟克利特的原子论与柏拉图的理念论。这两派哲学使现实世界中物质与意识的分化、矛盾转化为哲学思维中唯物论与唯心论的

---

① 黑格尔. 哲学史讲演录(第2卷)[M]. 北京:商务印书馆,1960:282-283.
② 杨适. 哲学的童年[M]. 北京:中国社会科学出版社,1987:217-227.

分化与矛盾,并形成两种针锋相对的哲学派别,为唯物主义与唯心主义之间在世界本原问题上的长期争论奠定了基础,其也可以看作哲学的一种开端。

(5)亚里士多德哲学。亚氏吸收了古希腊哲学的几乎所有积极成果,建立了系统化、理论化的哲学体系,使哲学不仅从原始宗教神学中超拔出来,而且从具体科学中超拔出来,成为独立的哲学领域,并开创了"哲学-本体论"的思维方式,对西方哲学发展进程造成巨大的和深刻的影响。在这种意义上,"同样必须把亚里士多德看作哲学的创始人"①。

我们认为,以上关于哲学开端和哲学创始人的几种提法并不是完全相互排斥的,而是体现着对"哲学"的不同理解,及相应产生的对确定"哲学开端"的不同标准。依据古希腊不同哲学家和哲学流派在古希腊哲学发展中的实际作用,它们可以也应当在人类哲学思维发生、发展的总过程中得到统一。哲学的创始、开端不是一个固定的点,不是一个一蹴而就的瞬间,而是一个相当长的过程,是经过数代哲学家的努力才得以实现的一项伟大事业。在这种意义上,不仅上面提到的哲学和哲学家们值得珍视和重视,还有许多没有提到的哲学和哲学家们也是值得珍视和尊重的。当然,从哲学思维方式和哲学研究方法的角度来看,亚里士多德无疑是必须给予格外尊重、格外重视的。

第一,亚氏对古希腊哲学的总结是高度观念自觉和方法自觉的产物。他从提出和探析"什么是哲学""什么是本体""什么是原因""什么是存在"等一系列基础性的和根本性的哲学问题开始,创设了一种真正的哲学提问方式,又力图明确指出解答这些哲学根本问题的方法,从而展示出以哲学态度和哲学方法来提出和研究哲学问题的自觉努力,表明人类理性精神发展到了一种真正的哲学自觉和方法自觉的阶段。应该说,正是由于这种哲学观念自觉和哲学方法自觉,哲学才有可能最终不仅从原始宗教与原始神话中,也从各种具体科学和实践活动中真正分化出来、超拔出来,成为一门独立的研究领域,开始走上一条自己构成自己和自己发展自己的道路。

第二,亚氏提出并开始了人类理性发展进程中的"哲学-本体论"思

---

① 高清海.哲学的憧憬[M].长春:吉林大学出版社,1995:55.

维方式。亚氏把哲学规定为本体之学,把本体探究看作哲学的根本任务,并以其作为区分哲学与非哲学的根本标准,使哲学获得了完全属于自己的研究对象、研究领域和与之相关的研究方法,使本体问题成为一个根本的和标准的哲学问题。以后的哲学无论怎样改变自己的重点和形态,都不能不首先正视这个历史上的哲学事实和现实中的哲学问题,并只有在搞清自己与本体问题的肯定或否定联系之后才能真正迈开自己的探索之路。

第三,亚里士多德展示了人类哲学思维的巨大容量和强劲张力。亚氏的本体论思考力图超越原始素朴哲学,包括原子论哲学和柏拉图理念论哲学在物质与精神之间各执一端的局限,主张在现实的、感性的、多样的个别事物中去探寻那最高的、第一的、终极的原因,使哲学运思于最具体与最抽象、最个别与最普遍、最表象与最本质、最多样与最单一、最多变与最稳定等对立的两极之间,并寻求其统一性,从而展示出人类哲学思维的广阔视野与运作空间,展示出哲学思维的两极相通的巨大张力。应该说,这是人类理性思维发展中史无前例的、从未有过的一次巨大的提升和超越。

第四,亚里士多德开始了以哲学理论的内在统一性来把握世界统一性的积极尝试。亚里士多德有如古代的黑格尔,是一个百科全书式的人物。他对世界本体的探讨和对第一哲学的建构,坚实立足于各门具体科学和实践活动之上。在他那里,理论科学(物理学、数学、逻辑学)、实践科学(伦理学、理财学、政治学)、创作科学(诗学、美学等)都作为人类知识体系的有机组成部分而得以建构,并在第一哲学的统摄之下展示出各自的独特地位和作用。这正如黑格尔所言:

> 亚里士多德深入到了现实宇宙的整个范围和各个方面,并把它们的森罗万象隶属于概念之下;大部分哲学科学的划分和产生,都应当归功于他。当他把科学这样地分成为一定概念的一系列理智范畴的时候,亚里士多德的哲学同时也包含着最深刻的思辨的概念。没有人像他那样渊博而富于思辨。①

---

① 黑格尔. 哲学史讲演录(第2卷)[M]. 北京:商务印书馆,1960:269.

第五，亚里士多德成功地创造了高度抽象的概念范畴体系和思维逻辑形式。这是亚氏对人类哲学思维最重要的贡献之一。理论的内在统一性是通过思维的内在逻辑性和概念的内在体系性来得以保障、实现和表现的。亚里士多德"是第一个像教授一样地著书立说的人：他的论著是有系统的，他的讨论也分门别类"①。在他的思维和表述方式中，"最重要的是处处去关心确定的概念，将精神和自然的个别方面的本质，以一种简单的方式，即概念形式加以把握"②。亚氏对古希腊哲学的总结和提升中的重要内容是对一系列基本哲学概念的清理和确立。在亚氏之前，哲学家们已经提出和使用了一些表达哲学观点的范畴，如始基、本原、存在和非存在、变化、逻各斯、动因、共相、善、真知、意见、理念等。但这些范畴还带有哲学创生过程中的不确定性、具体性等特点。亚氏在他的《形而上学》中逐个地清理并且论证哲学的基本概念，提出并确立了一系列的哲学概念，例如原因和结果、本质与现象、必然与偶然、可能与现实、内容与形式、物质与运动、一元与多元、异与同、质与量、有限与无限、部分与全体、实体与关系、本体与属性以及矛盾、关系等，建立了一个概念范畴体系，并论述了运用概念从事哲学思考的逻辑法则。正是在对这些哲学基本概念和哲学运思逻辑的界定和思考中，亚氏探索了辩证思维的主要形式，并且到处都显露出辩证法的活的萌芽和探索。应该说，亚里士多德给我们留下的不仅是以三段论为主要特征的演绎逻辑，即形式逻辑，更多的是他对于哲学问题的辩证思考和辩证探索。他提出和确立的这一系列哲学基本概念后来尽管在具体含义上不无变化，但其基本含义却均出自亚氏，并一再留存在后来的各种哲学体系中，甚至成为现代哲学所不可缺少的细胞、要素。

亚里士多德哲学是古希腊人从事哲学思考，探索自然、社会和人生奥秘所达到的极限性成果，代表着人类哲学思维在古希腊时代所达到的极限性水平。作为一种包罗万象的哲学体系，它为后来的各派哲学播下了思维的种子，使各派各类甚至相互反对的哲学都可以在其中找到自己的经典依据。作为一种以本体论探究为主导的哲学思维方式，它使人类哲学思维跃迁到相当高的水平。正因为如此，亚氏受到来自

---

① 罗素. 西方哲学史(上卷)[M]. 北京：商务印书馆，1963：211.
② 黑格尔. 哲学史讲演录(第2卷)[M]. 北京：商务印书馆，1960：282.

各方面的一致赞颂。唯心主义者黑格尔认为"柏拉图和亚里士多德应当称为人类的导师",认为"亚里士多德乃是从来最多才最渊博(最深刻)的科学天才之一,——他是一个在历史上无与伦比的人"①。唯物主义者马克思和恩格斯认为德谟克利特和亚里士多德是古希腊的百科全书式的人物,并高度赞扬亚氏的博学多才和哲学思考。罗素则认为,只是在亚氏"死之后一直过了两千年,世界才又产生出来任何可以认为是大致能和他相匹敌的哲学家。直迄这个漫长时期的末尾,他的权威性差不多始终是和基督教教会的权威性一样地不容置疑"②。

然而,从过程性上来看,时代的极限也就是历史的局限。一定的极限一旦形成便必然转化为人们超越极限的起点和基础。亚氏的哲学探究及其所达到的时代性极限水平并没有中止人们在哲学上挑战极限和超越极限的努力,而这种努力必然以对亚氏哲学的研究和评价为起点。罗素指出:"自起十七世纪的初叶以来,几乎每种认真的知识进步都必定是从攻击某种亚里士多德的学说而开始的;在逻辑方面,则今天的情形还仍然是这样。"③

具体说来,亚里士多德之后哲学思维方式的发展主要有两种情况:一是在大体承认亚氏本体论思维方式必要性和合理性的前提下继续进行本体问题的研究和探索,并由于研究思路和解释方式的差异而分化出本体论学说的各家各派;二是以质疑或诘难亚氏本体论思维方式为前提而提出新的研究领域,并创设出新的哲学思维方式。这两个方面在历史过程中是相互交织的,共同推进着各类哲学思维的发展。

2. 本体论解释方式的内部分化与演进

亚里士多德之后相当长的时间里,本体论思维方式是人们从事哲学研究的主要思维方式。人们自觉不自觉地接受并遵循着亚氏本体论思维框架的三个基本前提:哲学就是本体之学,研究哲学就要探究世界本体;世界是有其本体存在的,世界的本体存在是可知的;人有足够的认识和思维能力去把握世界的本体。在此前提之下,人们按照本体论思维方式的提问方式、释义方式和表述方式去提出和探究世界的本体

---

① 黑格尔. 哲学史讲演录(第2卷)[M]. 北京:商务印书馆,1960:269.
② 罗素. 西方哲学史(上卷)[M]. 北京:商务印书馆,1963:209.
③ 罗素. 西方哲学史(上卷)[M]. 北京:商务印书馆,1963:209.

问题,并形成了各种各样的本体理论。但在人们对本体的探究中,在对"究竟什么是世界的本体"和"本体怎样存在、怎样构成世界"等根本性问题的探索中,人们又力图根据自己的特殊研究目的和知识背景来作出具有一定时代特色和个性特色的回答,从而促使本体论思维方式的内部分化,形成具有不同基本范畴和不同主导原则的解释方式。本体论思维方式的演进与发展正是在这种内部分化和多样化的过程中得以推进和实现的。

具体说来,本体论思维方式的内部分化与演进主要有以下诸具体形式:神学解释方式与哲学解释方式;唯物论解释方式与唯心论解释方式;形而上学解释方式与辩证论解释方式。

(1) 神学解释方式与哲学解释方式。

亚氏本体论思维方式是一种哲学解释方式,它的主要目的不是论证而是探索,不是信仰而是理解。尽管亚氏也谈到了上帝、神,但这只是第一推动者、第一原理的代名词。亚氏的真正用意在于通过归纳与演绎相结合、分析与综合相结合去从现实世界的内部探求其最高原因。

然而,众所周知,随着古希腊文化的衰落,欧洲中世纪经历了千年神学的精神统治,哲学成为神学的奴仆,亚氏的本体论思维方式成为经院哲学论证上帝作为本体的存在的重要思维工具。这一方面反映出本体论探求的特殊地位:一切事物只有从本体论上得到证明才能得到最终的证明,才能获得存在和信仰的依据和资格,即便是已被奉为至高神明的上帝也不例外;另一方面也反映出本体论思维方式所具有的至上力量和作用,它甚至能被用于证明上帝的至尊存在,成为建立神学本体论的必要工具。

在历史上,亚氏本体论思维方式是作为柏拉图理念论思维方式的替代物而被引入神学本体论的。11—12世纪的早期经院哲学主要是以柏拉图主义作为理论基础的。被称为"最后一位教父和第一个经院哲学家"的坎特伯雷大主教安瑟伦(Anselm,约1033—1109年)在他的著作《宣讲》中提出关于上帝存在的本体论证明。他从柏拉图关于概念、理念可以脱离个别事物而存在的唯心主义观点出发,从关于上帝的概念直接推出上帝的存在。他的推理和论证方式是:我们关于上帝的观念是关于一个无与伦比的最完满的存在物的观念;如果上帝不存在,那么关于上帝的观念就不可能是最完满的观念;在一切完满性的总和中,必然要包括着存在，如果根本不存在，那就谈不上是最完满的；上帝的观念既然是最完满的存在物的观念，所以上帝必然存在。安瑟伦这种由上帝观念的完满性而推出它在现实中的存在性的方式无疑是非常荒唐的，其漏洞明显可见，所以他当时便受到攻击。这种攻击危及神学的根基，迫使神学家们寻找新的论证方式。

亚氏著作和思想自12世纪由阿拉伯文译为拉丁文并传入欧洲后，一直被教会所禁止和反对，直到13世纪才逐渐被接受、利用和篡改，并经托马斯·阿奎那的引用而成为中世纪后期罗马天主教神学的最高权威。阿奎那利用亚氏哲学中关于"第一推动者""第一原因""最高目的"和"第一本体"等思想，改进安瑟伦关于上帝存在的证明，主张"通过上帝的创造物来认识上帝存在"，提出上帝存在的五种证明。

第一，从事物的运动即变化方面证明。一件事物，只要是现实的，它就在运动。凡事物运动总是受其他事物推动。一个事物的运动为另一事物所推动，依此类推，但又不能推到无限。因此，必有一个不受其他事物推动的第一推动者，这就是上帝。

第二，从动力因方面来证明。在现象世界中存在一系列因果关系，有果必有因，但又不能推到无限。因此，必有一个最初的动力因，这就是上帝。

第三，从可能性和必然性方面来证明。自然事物都在产生和消灭的过程中，事物若不凭借某种已存在的东西，就不会产生。每一必然事物均由其他事物所引起，但不能推至无限。因此，有一物自身就具有必然性，并能使其他事物得到必然性，这就是上帝。

第四，从事物的真实性的等级方面来证明。一切事物的真、善、高贵都有由低到高的不同等级。在最高处必定有一至真、至善、至高贵的存在，使世上一切事物得以存在并具有不同等级的真实性，这就是上帝。

第五，从世界的目的因方面来证明。任何生物都为某一目标而活动，它们谋求自己的目标，不是偶然的，而是有计划的，这就必定有一个智慧在指向它们的目的。这个智慧就是上帝。

哲学的神学化应该说是哲学的一种失败，因为哲学由此而失去了自己作为相对独立学科的理论地位，成了神学的附庸与奴隶。但神学的哲学化，却又不能不说是哲学的一种胜利，因为哲学以一种变形的方式在神学中得以保存、发挥甚至发展。从人类理性思维方式发展的角度来看,本体论探究作为一种严密的逻辑化的哲学思维方式一旦产生,便必然向各个思维领域中渗透,使之向着体系化、逻辑化、概念化的方向发展,从而在提高人类理论思维水平方面发挥作用。应该说,宗教神学中关于上帝的本体论证明作为一个哲学问题提出来并以哲学的方式得到解决,是以一种畸形的方式证明了哲学的价值和哲学的力量。

(2) 唯物论解释方式与唯心论解释方式。

唯物论和唯心论是关于世界的本体和本原探究中最为重要的两个哲学派别,也是对于世界本原的两种最为根本的解释方式。二者在对"什么是世界本原"这个根本问题上持完全相反和对立的立场,是本体论中针锋相对、直接对立的两个哲学分支。但就其思维和解释方式而言,二者又有许多共同点,具有共同的哲学前提。

首先,二者均自觉或不自觉地承认亚氏本体论思维框架中的三个理论前提:哲学是本体之学,对世界本体或本原的探究是哲学的任务;世界有其共同的本体或本原,而且这种本体或本原具有可知性;人有足够的感官和思维能力去把握世界的本体或本原;等等。

其次,二者还自觉不自觉地承认以下三个前提。第一,哲学面对的世界是一个多样的世界,多样的世界中的万事万物大体上可以归结为两类事物,一类是物质现象,一类是精神现象。承认灵与肉、精神与物质的二元分化,是唯物论和唯心论的共同前提。第二,灵与肉、精神与物质这两类现象的地位不是平列的,其中有一类现象更为根本、更为基础,居于决定地位,是世界的本原,而另一类现象相比之下是派生的、服从的、被决定的。第三,只有立足于其中的一类现象并把它作为基础范畴和主导原则,才能不仅说明另一类现象,也说明整个世界。就是说,在二者存在分化和对立的条件下,我们必须作出非此即彼的选择。

正是在以上共同前提的基础上,唯物论和唯心论对"什么是世界的本原"或者说"物质和意识何为世界的本原"做了完全不同的选择和解释。

唯物论认为物质是世界的本原,是第一性的东西,具有决定性作用,意识(精神、观念)是派生的、第二性的、被决定的,包括意识、精神在内的世界万事万物统一于物质。因此,物质概念是本体论探究的最高范畴,也是哲学的最高范畴。相应地,世界的物质统一性原则是唯物论哲学的最高原则,也是唯物论思维方式和解释方式的最根本原则。

唯心论认为精神(意识、观念)是世界的本原,是第一性的东西,具有决定性作用,物质是派生的、第二性的、被决定的,包括各种具体的物质现象在内的世界万事万物统一于精神。因此,精神概念是本体论探究的最高范畴,也是哲学的最高范畴。相应地,世界的精神统一性原则是唯心论哲学的最高原则,也是唯心论思维方式和解释方式的最根本原则。

唯物论与唯心论作为对于世界本原问题的两种根本对立的哲学派别在整个人类哲学发展史上占据着突出的和重要的地位,它们之间的争论构成了哲学发展中的一条重要线索。而唯物论和唯心论作为两种既有某些共同前提又有完全不同的具体出发点的解释方式,不仅在世界的本体和本原问题上表现出来,还在认识问题、真理问题、社会问题、历史问题、价值问题等各领域中表现出来,从而既展示出本体论思考在哲学思考中的基础地位,也展示出人类各种具体的哲学思维和解释方式之间的内在贯通性。

(3) 形而上学解释方式与辩证论解释方式。

这里讲的形而上学不是作为本体论代名词的形而上学,而是形而上学的第二种含义,即与辩证法相对立的,以孤立的、静止的、片面的观点来观察世界和解释世界的思维方式和解释方法。

形而上学与辩证法的根本区别不是在"世界存在什么"这个层面上展开的,而是在"世界怎样存在"这个层面上展开的。它们提出和关注的问题不是"什么是世界的本原",而是"本体怎样构成世界"和"思维应当怎样才能把握世界"。

作为一种思维方式或解释方式,辩证法既有其对象性前提或客观性依据,也有其主体性前提或主体性依据。辩证法的对象性前提是客观世界本身的普遍联系、内在矛盾、相互作用、因果转换、永恒运动、变化发展、前进上升的性质,这就是世界本身存在运动和发展的辩证性质,即辩证运动规律。这种辩证运动规律是主观辩证法的客观性依据。辩证法的主体性前提是思维运动和概念运动本身的内在联系性、矛盾性、逻辑性、系统性、有序性、可塑性等辩证性质,也就是思维运动和发展的辩证性质,即思维运动的辩证规律。就其归属来说,思维的辩证运动本身是世界整体辩证运动的内在组成部分。正因为如此,它也为思维运动通过自己的可适性变化而追随和再现世界的辩证运动提供了可能。正是在这两个方面的结合上经历了长期的发展，辩证法强调以概念的辩证运动来表现和制约思维的逻辑进程，以达到对于客观世界的辩证运动规律的揭示和再现。为此，辩证思维实际上是一系列思维原则的具体展开：普遍联系原则、内在矛盾原则、质量互变原则、辩证否定原则、进化发展原则等。而与之相应的则是一系列具有内在联系的概念范畴体系：本质与现象、内容与形式、原因与结果、同一与差别、必然与偶然、有限与无限、可能与现实、必然与自由等。辩证逻辑方法则是运用以上原则和概念，达到辩证思维的具体手段，比如从抽象上升到具体、归纳与演绎的统一、分析与综合的统一、逻辑与历史的统一等。辩证法在人类社会的古代便以自发的、朴素的形式出现，经过德国古典唯心主义辩证法的巨大发展，在马克思主义的唯物辩证法中达到科学形态，并随着人类哲学思维和人类实践的辩证发展而发展。

形而上学是一种孤立地、静止地和片面地看待和解释事物的思维方式。这种方式虽然古已有之，但作为一种比较完整的思想体系和思维方式则是近代的事。形而上学思维方式很难说有其完整的对象性基础，因为世间万物都处于普遍联系、绝对运动和变化发展之中。要说有什么依据，也只能说事物的具体存在还有其相对独立性、性质特殊性和相对静止性。形而上学则正是将这些事物在一定条件下才展示出来的相对独立性、性质特殊性和相对静止性等加以夸大，使之上升为普遍的、绝对的原则和方法。那么这种夸大和上升为什么能够实现并得到承认，造成15—18世纪之间几百年的唯物主义思维方式和哲学形态的特有局限呢？我们认为，应当也有必要从其科学基础和哲学基础两个方面去寻求解答。在历史上，形而上学思维方式本来指的是一种分门别类地和以解剖学方式去观察和分析自然事物的科学方法。为了克服古代辩证思维只大体了解世界的整体运动而不了解其细节的缺陷，为了深入认识自然界各种运动形态的特殊规律，15世纪以来的自然科学家们针对各种现象分门别类地搜集材料，把自然界分解成各个部分，把自然界的各种过程和事物分成一定的门类，对有机体的内部按其多种多样的解剖形态进行研究。在这种研究中，人们撇开事物之间的联系和变化，暂时将其作为一种孤立的、静止的、不变的东西进行观察分析，以便获得对其存在状态、内部结构的精确了解。应该说，这种认识方式和思维方式是人类理性和科学进步的必要条件,直至今天也还在一定的范围中有其特定的正当性和合理性。但是,这只是一种有限的、具体的、特殊的科学方法,而不能作为无限的、抽象的、普遍的哲学方法。但它们却作为一种哲学方法而被培根和洛克等带入哲学领域,转化为一种形而上学的哲学思维方式。这种转化在当时之所以能够成功,除了这种思维方式在对自然现象的探究中确实获得了极大的成功,从而获得了人们的信赖之外,还在于它与哲学本体论探究的目标有某种暗合之处。本体论,尤其是传统本体论的目标是发现那唯一的、至上的、不动的、绝对的本体,不管它是那至尊的神、永恒的上帝、第一推动者还是第一原因等。近代唯物主义将其归结为物体的永恒不变的形式,即规律。而从当时的自然哲学和自然规律探究情况来看,这些自然科学方法无疑是可以直接借用并显示效用的主要方法论来源。也正是由于作为本体论的形而上学与作为思维方式的形而上学之间的这种内在相关性,使得现代哲学对于形而上学的批判和拒斥具有更加复杂的背景和原因。无论是在否定或怀疑世界本体论探究的必要性和可能性,还是反对和清除近代自然科学方式移入哲学所造成的理论思维的局限性,人们都不约而同地把自己的矛头指向形而上学。于是,近现代哲学中的几乎一切具有真正意义的哲学变革,往往都从对形而上学的诘难开始。"拒斥形而上学"可以看作近现代哲学为自己开拓地盘的重要思想旗帜。

3. 对本体论和本体论思维方式的诘难

对本体论和本体论思维方式的诘难之所以成为近现代哲学研究中的一种普遍现象,甚至成为一种"时尚",其原因是非常复杂的。直接说来,这是对本体论和本体论思维方式在哲学研究中长期垄断地位和独断地位的一种挑战,也是新的哲学分支和哲学思维方式谋求发展和确立自己相对独立地位的必要前提。从根本上来说,这是一种来自哲学内部的一种自我批判和自我超越,是人类哲学思维方式时代性变革和哲学形态历史性更替的必然实现形式。

从古代起,人类关心的哲学问题就不只是本体问题,还有真假问题、善恶问题、美丑问题等,但只有本体问题作为一个最高的和核心的问题而被凸显出来,成为哲学的主要问题和主导问题,并取得对其他哲学问题的统摄地位。其他哲学问题都只是在与本体问题相关联甚至作为本体问题的分支问题而被讨论。本体问题好似一种特殊的以太而把其他问题笼罩在自己的光辉之下。在这种情况下,本体论作为哲学的核心内容,本体论思维方式作为哲学思维的基本方式而得以强化,得到优先发展,并确实具有主导性地位。但随着本体论问题研究的深入、人类哲学视野的拓展、哲学思维方式的多样化,尤其是作为哲学对象的人与世界关系的时代性发展等,以前附属于本体问题的其他哲学问题也逐渐发展起来,日益引起人们更加密切的关注,并展示出自己作为相对独立哲学分支学科的地位,甚至产生出作为主导性哲学形态的要求,而这些新兴分支问题研究的深化,又要求并必然产生与之相应的新的思维方式。新的分支学科和新的思维方式要发展和确立自身,不仅必须自觉说明自己与已有的本体论哲学和本体论思维方式的关系,还尤其需要从本体论和本体论思维方式的局限性与不完备性中找到自己的生长点,为自己的产生和确立提供必要性和合理性论证。在这种意义上,对本体论和本体论思维方式的挑战和诘难,实际上是向历史上的哲学和哲学思维所达到的极限的挑战和发难。本体论以终极存在、第一原理、最高原因为研究的最高目标,实际上是一种极限性研究,而它自身也随着对这些终极的、第一的和最高的东西的研究并作为其理论表现形态而获得了某种至尊的、至上的地位,成为一种哲学的传统、标准。这种传统、标准一旦被绝对化、至上化,则不仅将妨碍探索其他非本体问题的分支哲学的发展,而且也会妨碍本体论哲学自身的发展,因为与本体问题有关的许多问题仍然是由对本体问题的研究来提供解答的,这些问题只有通过其他分支哲学的发展并借助其积极的研究成果才能得到更好的解答。在这种意义上,对本体论和本体论思维方式的挑战与诘难也就是对哲学已有极限的挑战,是超越极限的必要环节,这不仅有利于新的哲学分支和新的哲学思维方式的产生与形成,而且有利于本体论和本体论思维方式在与其他分支哲学和其他类型的思维方式的交流对话中变革和发展自身,从而促使一种人类哲学思维的整体性变革与突破。

那么,近现代哲学是从哪些方面且如何诘难本体论与本体论思维方式的呢?

前面我们谈到,本体论思维方式是由一系列前提和一系列推理过程与方法构成的思维系统。对这个系统整体来说,这些前提、过程和方法都是必不可少的要素和构件。它们对于整体的结构和功能各有其特殊意义。抽掉了其中的某些方面和部分,则这个系统就会是不完整的。在这种意义上,对这些前提、过程和方法的合理性的诘难,都可以看作对这个系统整体的诘难,都会不同程度地影响到整个系统。当然,这些前提、过程和方法在系统整体中的地位和作用又是有所不同的,相应地,对它们的诘难对于系统整体的影响和作用也是不同的。相比之下,那几个作为本体论探究和本体论思维方式的前提的东西是更为根本的和重要的,它们都是必要条件,是基础。一旦这些基础被拆除了,前提被取消了,则本体论和本体论思维方式存在的必要性和可能性也就发生了问题。因此,如果说对本体论和本体论思维方式的具体的操作过程和方法的诘难还有可能通过本体论的自我完善和本体论思维方式的自我调整与自我变革来解决,则对那些根本性前提和基础的实质性诘难就很难通过本体论的自我完善及本体论思维方式的自我变革来解决,这时本体论的理论地位和本体论思维方式的合理有效性便可能受到危及,而新的分支理论和新的思维方式则有可能在这里找到自己的生长点并得以发展起来,不断地拓展自己的地盘,直至取得自己的相对独立地位,甚或在一定时期和一定条件下成为哲学研究的中心问题和哲学思考的主导方式,从而实现哲学主题的转换、哲学形态的更替和哲学思维方式的变换。这也就是哲学史中的"哲学革命"。

哲学史上,诘难本体论和本体论思维方式的具体原因、方式多种多样。但从总体上来看,近现代以来算得上是前提性诘难,危及本体论主导地位以至生存地位,并导致某种"哲学革命"的诘难先后主要有五种类型,或前后相继地来自五个方面,其结果则是导致五种哲学主导分支的产生和五种哲学思维方式的形成。

第一,近代英法哲学从诘难本体论探究的认识论前提出发,提出本体知识的真实性和普遍必然性问题,进而集中探究认识的对象、基础、来源、过程、方法,尤其是真理性及其检测问题等,导致近代欧洲哲学的认识论转向,使哲学由本体论中心转向认识论中心,使认识论思维方式成为近代哲学思维的主导性方式。

第二,德国古典哲学诘难本体论和认识论研究中的客体化(客观化)倾向,提出从主体(主观方面)来理解本体、理解认识,又从真、善、美、利的统一中理解人的主体性,开始和实现了由客体(客观)中心转向主体(主观)中心的"哥白尼式的革命",建立了主体性哲学和主体论的思维方式。

第三,以实证主义为先导的现代科学主义哲学思潮由诘难本体研究的可能性进而否定本体论研究的必要性,高举"拒斥形而上学"的大旗,力图取消形而上学在现代哲学中的地位,把哲学研究限定在可观测、可检验、可实证的"科学"范围内,衍生出科学主义的各种流派,并倡导一种实证论的思维方式。

第四,以意志哲学为先导的现代人本主义承认本体研究的必要性,诘难对本体的非人化界说,同时又限定理性,主张在人的情感、意志、欲望等非理性因素中发现人的本质,并将其视为世界的本原和本体,由此而建构起人本主义的各家学说,并形成一种人本论的思维方式。

第五,马克思主义哲学从诘难本体论和哲学的单一解释功能入手,主张哲学不仅要解释世界,还要改造世界,并反对主体论哲学抽象发挥能动性,强调实践在统一认识与实践、主体与客体、主观与客观等对立方面的特殊地位和作用,在科学实践观的基础上建立起辩证的、历史的、实践的唯物主义,创立了实践论思维方式,从而不仅显示出自己对于历史上哲学的超越性,也为哲学的自我批判和自我超越奠定了坚实的基础。

第七章　认识论思维和研究方式

认识论问题是近代哲学的中心问题。在古代和中世纪，认识论处于本体论的附属地位；到了近代，认识论取代本体论成为哲学研究的中心。究其原因如下：认识论是对本体论讨论深化的逻辑结果，是社会变革的理性需要，也是自然科学发展的客观需要。认识论关注的是真理，其主要问题有：思维和存在的对立与统一问题、认识对象的特点及其界说问题、主体认识能力的大小及其限度问题、知识的普遍必然性和真理性问题、获取知识的途径和方法问题。认识论在近代形成了经验论与唯理论两大主要派别，对后来的哲学有着极其深远的影响。它使得人们对本体的研究更加合理，也促使哲学反对当时的封建宗教和神学，促进了社会变革。但认识论的思维方式有一定的片面性，使其自身面临着怀疑论和不可知论的诘难。当然，怀疑论也在客观上促进了哲学进一步的反思与超越发展。

"认识"一词,既可作名词,也可作动词。作为名词,它与知识、观念、思想等相通,是关于一定对象的观念表现形式。作为动词,则指的是人所特有的以观念方式把握对象的活动,是人类社会生存发展的重要精神方面,认识关系是人与世界关系的重要方面和内容。认识问题则是人们处理自身与世界关系的活动中必然面对的重要问题。认识论是关于认识问题的哲学反思,它以人与世界的认识关系、认识活动、认识过程、认识方法、认识结果等一系列问题为对象,揭示认识的本质及其规律,以及认识的真理性及其实现途径等。认识论是近代哲学的中心主题,也是现代哲学的重要领域。认识论思维和研究方式不是指主体具体地感觉和思维对象的方式,而是指人们提出和思考认识论一系列基本问题的思路、原则和方法,它的基本任务在于提出和回答"人对对象的认识何以可能和如何达到科学的认识"这个认识论的根本问题,包括与之相关的提问方式、释义方式和表述方式等。如果说本体论是对世界的最深层本质、终极存在、最高原因的探究,则认识论是对人类认识能力的极限的探究,是对普遍必然性知识的探究,是对知识真理性的探究。在历史上,正是对于本体论探究的认识论前提的反省,使认识论问题凸现出来并逐渐占据了近代哲学的中心地位。

一、由本体论中心到认识论中心

人们普遍认为,认识论问题是近代哲学的中心问题。

黑格尔认为:"真正说来,[力求掌握]真理本身的哲学,是在十六、十七世纪才重新出现的。"①美国哲学家 M. K. 穆尼茨则明确指出:"从笛卡尔开始的近代哲学,其中心任务是研究认识论(知识理论)问题。"②我国著名西方哲学史专家陈修斋先生等则更明确地谈到西方哲学由本体论中心向认识论中心的转移问题。他们认为:

> 总的说来,在前资本主义时代,哲学的中心问题可以说是本体论的问题。也就是说,古代哲学家们的注意力主要地是放在本体论方面,而不是放在认识论方面;在他们那里,对于

---

① 黑格尔. 哲学史讲演录(第4卷)[M]. 北京:商务印书馆,1978:7.
② 穆尼茨. 当代分析哲学[M]. 上海:复旦大学出版社,1986:4.

认识论的研究,通常是作为论证本体论的一种方式而隶属于本体论的。只是到了近代,这种状况才有了根本改变,认识论问题获得了前所未有的地位,变成了日益突出的问题,一跃而成为哲学的主要问题,至少是主要问题之一。①

由上我们看到,第一,认识论不是在近代才出现的,而是古已有之,但在古代和中世纪它居于对本体论的附属和服务地位,只是到近代才分化出来和独立起来,并且取代本体论的中心地位而成为哲学研究的中心问题或至少是主要问题之一。第二,本体论问题在近代并没有消失,也没有完全丧失其意义,只是让出了自己的中心地位而成为一个"二线"问题或至多是重要问题之一。

哲学研究中心的转移,无疑是哲学发展史上的一件大事,它需要也必然带来哲学观念、哲学主题和哲学思维方式的系统变革,对后来的哲学发展产生不可估量的影响,可以看作人类哲学思维的一次革命性发展。

那么,这种"哲学革命"何以发生,又是如何实现的呢？或者说,认识论问题何以超越本体论问题而成为近代哲学的中心问题呢？认识论思维方式何以取代本体论思维方式而成为近代哲学家从事哲学思考的主要方式,并成为人类哲学思维在近代的主导形式呢？这里面原因很多,以下几个方面也许是尤为重要的。

1. 审度本体论探究的认识论基础

我们曾经谈到,本体论思维方式有一个重要的信念或观念前提,即思维的逻辑规律使关于本体的普遍真理成为可能。这就是说,关于本体的理论之所以成为一种具有普遍必然性甚至最高真理性的哲学理论,是因为人们相信自己有足够的感知和思维能力把握那最普遍的、终极的存在和最高原因。因此,人们认为自己关于本体以至最高本体的看法表达的便是世界本体的真实存在。而在他们看来,表达了世界本体真实存在的本体理论(第一哲学)也便相应地具有至上的学术地位。在这种意义上,认识论成了本体论的必要前提,人们关于自身思维能力至上性的信念成为人们从事本体探究的必要前提和积极推进力量。但

---

① 陈修斋. 欧洲哲学史上的经验主义和理性主义[M]. 人民出版社,1986:56.

是,这种前提并没有经过自觉审度和客观检验,而只是一种素朴的、自发的信念,是一种相信,就好像人们可以相信自己的感觉一样。人们从这种缺乏充分论证和未经客观审度的信念前提出发,进行着本体论的各种探究和争论,这种情况一直延续到中世纪的神学本体论探究。这正如著名科学史家丹皮尔所谈到的,"关于神与世界是人可了解的假设,也使得西欧聪明才智之士产生了一种即使是不自觉的也是十分可贵的信心,即相信自然界是有规律的和一致的;没有这种信心,就不会有人去进行科学研究了"①。

然而随着本体问题探究的深入和论争的激化,人们发现,对于世界本体的不同理论、不同见解并不一定都是世界本体本来所具有的,而是人们在观念中赋予它们的。造成对于同一世界的不同甚至完全对立的本体论共存和论争局面的原因,不全是在世界本身上,也出自人们观念、认识、思维的差异和限度。对人们认识能力及其限度的考察,是进一步探讨包括世界本体问题在内的其他问题的必要前提。这就必然把认识论和认识问题凸显出来。正是在这种意义上,培根的《新工具》开篇便批评在认识问题上的两个极端,"一个极端是对一切事物都擅敢论断,另一个极端是对任何事物都不敢希望了解",而主张开拓一条新的准确的道路,即"把理解力的全部动作另作一番开始,对心灵本身从一起始就不任其自流,而要步步加以引导"。② 笛卡尔则从"普遍怀疑"出发开始探究,并把"我思"作为确认"我在"的基本前提,由此推论出自己的整个哲学体系。洛克也明确自己研究的目的在于"探讨人类知识底起源、确度(certainty)和范围,以及信仰的、意见的和同意的各种根据和程度"③。康德更是把自己的研究目标直指"象形而上学这种东西究竟是不是可能的"④这一问题,并认为只有在考察主体认识能力之后才能对这个问题作出回答。这样,过去被认为是本体论探究的不言而喻的当然前提的认识论问题便被凸显出来成为需要加以专门研究的对象性问题。这样,认识论研究不仅从过去对于本体论研究的附属和服从地位中分化和解脱出来,变成了一种相对独立的学术研究,成为哲学的分

---

① 丹皮尔. 科学史及其与哲学和宗教的关系[M]. 北京:商务印书馆,1975:153.
② 培根. 新工具[M]. 北京:商务印书馆,1984:1-2.
③ 洛克. 人类理解论(上册)[M]. 北京:商务印书馆,1959:1.
④ 康德. 未来形而上学导论[M]. 北京:商务印书馆,1978:3.

支学科,而且由于它对本体论探究的前提性地位而有可能转变为哲学研究的中心问题。

2. 适应社会变革的理性需要

哲学是时代精神的精华。哲学主题的转移和哲学思维方式的变革不仅有其内部的推进因素,更多的是基于社会历史的演进和时代的变迁。近代哲学研究中"认识论中心"的形成不仅是深化本体论研究的需要,更是新兴资产阶级反对宗教神学和封建制度、推进社会变革、促进人性解放的需要。

在整个欧洲从公元5世纪西罗马帝国灭亡起到15世纪意大利文艺复兴时期止一千年的中世纪时期,宗教神学支配着社会的政治生活、精神生活和文化生活。一方面,"它把古代文明、古代哲学、政治和法律一扫而光,以便一切都从头做起"①;另一方面,"中世纪把意识形态的其他一切形式——哲学、政治、法学;都合并到神学中,使它们成为神学中的科目"②。哲学成了神学的奴婢,亚氏的本体论思维方式和逻辑理论成为提供"上帝存在的本体论证明"的工具。而亿万人民借助于虚幻的上帝的一个"头脑"思考,导致了个性压抑、智能退化、理性湮灭,以至于马克思认为,在某种意义上甚至可以说,蒙昧人的推理能力高于神学目的论统治下人们的推理能力。

在"回到古代去"的旗帜下展开的文艺复兴,迅速发展的资本主义商业、制作业、航海业等,以破除教权、皇权束缚和建立理性法庭为目标的宗教改革运动,以及以推翻封建等级特权制度,建立资产阶级平等、自由、民主政体的资产阶级社会革命,都要求和呼唤理性,呼唤人性。于是,"人们向 sensus communis[良知]呼吁,而不再诉诸教父和亚里士多德,诉诸权威;鼓舞着、激励着人们的,是内在的、自己的精神,而不再是功德"。"现世的东西要受到现世的裁判,裁判官就是思维的理智。"于是,"思维与神学分开了,有如过去它在希腊人那里与神话、与民间宗教分开"③。这就是说,认识论研究之成为哲学研究的中心,实际上既是恢复、强化和发挥人的理性的需要,又是人类理性反对宗教神学的必然

---

① 马克思恩格斯全集(第7卷)[M].北京:人民出版社,1959:400.
② 马克思恩格斯全集(第4卷)[M].北京:人民出版社,1972:251.
③ 黑格尔.哲学史讲演录(第4卷)[M].北京:商务印书馆,1978:6.

结果,它标志着哲学从神学中的分化,哲学从神学笼罩和控制下的独立。罗素在谈到这一时期的哲学状况时认为,"在哲学领域里,对人的重视产生了内向的沉思倾向……现在,人成为对自己才能的批判者,除了某些直接经验之外,没有什么东西可以任其存在而不接受挑战"①。黑格尔则认为:"在这以前,精神的发展一直走着蜗步,进而复退,迂回曲折,到这时才宛如穿上七里神靴,大步迈进。"②

3. 总结自然科学发现的认识论机理

科学认识是人类认识的典型形式,是认识论研究的重要对象之一。认识论在哲学研究中的中心地位的形成,在很大程度上依赖于自然科学从哲学和神学中分化出来并作为一门相对独立的学科而存在。自然科学的相对独立化及所取得的成就,尤其是自然科学在方法论方面的成果,为认识论的研究提供了比较专门的、坚实的对象性基础,从而既为从哲学角度总结概括自然科学发现的认识论机理提出了紧迫的要求,也为其提供了现实的可能。

古代的哲学是包罗万象的哲学,是人类知识的总汇。各门具体科学既未能从中分化,也谈不上独立。亚里士多德虽然提出了第一哲学与其他非哲学学科的区别,但科学并未因此而从哲学中实际分化出来和独立发展。到了中世纪,科学又与哲学一道沦为神学的奴婢。理性的觉醒本质上是科学精神的觉醒。哲学从神学中的分化与独立化,本质上与自然科学从神学和哲学中的分化与独立化是同一个过程,并且正是科学精神的强化和自然科学在理论和方法上所取得的成就,为哲学撑了腰,使之有可能从神学中独立出来。正是由于自然科学的理论、观念和方法从根本上具有反神学的性质,并从根基上动摇和打击了神学,哲学才可能得以确立。生产力的发展既是科学进步的前提和条件,又是其最重要的结果和动力。恩格斯认为:"如果说,在中世纪的黑夜之后,科学以意想不到的力量一下子重新兴起,并且以神奇的速度发展起来,那末,我们要再次把这个奇迹归功于生产。"③纺织、航海、印刷、机械等各行各业的生产需要,推进了力学、数学、天文学、地理学、气象学

---

① 罗素. 西方的智慧[M]. 北京:世界知识出版社,1992:222.
② 黑格尔. 哲学史讲演录(第4卷)[M]. 北京:商务印书馆,1978:4.
③ 马克思恩格斯选集(第3卷)[M]. 北京:人民出版社,1972:523.

等自然科学学科的产生。哥白尼的日心说,伽利略的自由落体定律和惯性定律,哈维的血液循环理论,开普勒关于行星运动的三大定律,尤其是牛顿力学的创立,不仅从根本上改变了中世纪神学所提供的世界图景,摧毁了神学世界观,提供了建立在牛顿力学基础之上的全新世界图景,而且提供了建立在观察实验基础上的科学认识方法,展示出人类理性在把握自然本质、揭示世界运动规律方面的强大作用。这种情况产生了双重效应:"一方面是对人的力量和独创性的巨大信心,人现在占据了舞台的中心。不过同时,人在宇宙中的地位变得不那么居高临下了,因为空间的无穷无尽开始激起哲学家的遐想。"而从方法论上来看,"古代亚里士多德三段论法的工具,或工具论,已不能满足科学进展的需要。看来必须有一套新的工具论了"①。这种新的工具论就是哲学的认识论、方法论。

4. 确立新的哲学观

认识论在近代哲学中的中心地位不是由认识论自封的,而是由于认识论问题成为哲学的中心问题而得以确立,并通过人们对哲学的理解和哲学观的建构而得以确认的。亚里士多德把哲学规定为本体之学,把本体问题作为哲学的最高问题和根本问题,于是一切哲学问题都必须在本体论的理论框架内加以思考和解决,本体论思维方式成为这一时期哲学思维的主要方式。而认识论作为哲学研究的中心,意味着认识问题成为哲学研究的中心问题,那么这个中心问题是怎样提出来并实际成为中心问题的呢?丹皮尔在谈到科学思想的历史发展时描述了这个转换过程:

> 阿奎那及其同时代人和亚里士多德一样,以为实在的世界是可以通过感官觉察出来的:这个世界是色、声、热的世界;是美、善、真,或其反面丑、恶、假的世界。在伽利略的分析下,色、声、热化为单纯的感觉,实在的世界只不过是运动中的物质微粒而已,表面上同美、善、真或其反面毫无关系。于是,破天荒第一次出现了认识论的难题:一个非物质的、无展延的心

---

① 罗素. 西方的智慧[M]. 北京:世界知识出版社,1992:250.

灵何以能了解运动着的物质。①

心灵何以能了解物质,这尽管在表述上还带着本体论的色彩,但在本质上却已经是一个十足的认识论问题。它关注的焦点不是二者各自"是什么",而是前者"何以能"了解后者。对这个问题既不能单纯从前者中,也不能单纯从后者中,而必须从二者的关系中才有可能得到解答,这个"关系"就是心灵与物质的观念关系或认识关系。对这种关系中的两极及其相互作用的研究,是认识论研究的根本任务。如果将这两极进一步以认识论的方式加以界说,则它们实际上是思维与存在、观念与对象的关系,是思维与存在的同一性问题,认识论研究就是要研究和把握思维与存在的同一性。黑格尔认为:"中世纪的观点认为思想中的东西与实存的宇宙有差异,近代哲学则把这个差异发展成为对立,并且以消除这一对立作为自己的任务。"在他看来,"这种最高的分裂,就是思维与存在的对立,一种最抽象的对立;要掌握的就是思维与存在的和解。从这时起,一切哲学都对这个统一发生兴趣"②。

应该说,近代的几乎所有主要哲学家都在力图解决"思维与存在何以和如何统一"这个问题,将其看作哲学的中心问题和哲学研究的中心任务。培根的《新工具》、笛卡尔的《方法谈》、洛克的《人类理解论》、莱布尼茨的《人类理解新论》和休谟的《人类理解研究》,无不以认识论问题为自己的关注重心,并把为人类获得具有普遍必然性的真理性认识提供理论原则和方法论指导看作哲学研究的主要任务。于是,认识问题成为近代哲学的轴心,认识论成为近代哲学的主要构成部分,认识论思维方式则成为人类哲学思维在近代哲学中的主导形式。

二、认识论思维方式的基本构架

认识论思维方式,不是认识和思考对象的方式,而是反观和反思认识活动及其成果的方式,是提出认识问题并将其作为认识论的研究对象来加以解释,以认识论理论体系而加以表达的方式。这也可以说就是认识论的提问方式、释义方式和表述方式。那么,认识论有哪些主要

---

① 丹皮尔. 科学史及其与哲学和宗教的关系[M]. 北京:商务印书馆,1975:13.
② 黑格尔. 哲学史讲演录(第4卷)[M]. 北京:商务印书馆,1978:6.

问题呢？它们是怎样提出来的呢？我们首先来看看这些问题。

1. 认识论的提问方式及问题域

对于近代哲学认识论所研究的主要问题，国内外学者都有不少论述，我们择其要而撷之，以便进一步的研究分析。

黑格尔认为，近代哲学是力求掌握真理本身的哲学，因此"近代哲学的原则并不是淳朴的思维，而是面对着思维与自然的对立。精神与自然，思维与存在，乃是理念的两个无限的方面"①，是最抽象的两极之间的对立。而这种对立必须通过思维去克服。因此，近代哲学的主要兴趣"并不在于如实地思维各个对象，而在于思维那个对于这些对象的思维和理解，即思维这个统一本身；这个统一，就是某一假定客体的进入意识"②。思维与存在的统一，是通过存在进入意识而实现的，但这种"进入"不是物理学意义上的，而是认识论意义上的，是通过思维对于对象的思考和理解而实现的，认识论就是要研究思维对于对象的思考和理解，通过这种研究去解决一系列的矛盾和对立。黑格尔提出近代哲学研究的四组对立问题：①神的理念与存在的对立；②善与恶的对立；③人的自由与必然性的对立；④灵魂与肉体的对立。正是以上对立引起了哲学的兴趣，这些对立虽然也包含在古代学者的科学研究对象中，却没有被他们意识到。近代哲学则不仅意识到了这种对立，并且在寻求对立双方的具体统一性中推进和发展了自身。

美国哲学家穆尼茨认为：

> 从笛卡尔开始的近代哲学，其中心任务是研究认识论（知识理论）问题。它们可以归结为这样一些问题：心灵获得关于外部世界的知识的能力是什么？心灵的能力在多大程度上能洞察实在的结构？心灵的观念对于表现和揭示世界的本质有多恰当？心灵这种获得真理的能力的限度是什么？③

由这些问题的不同解决方式，可以将近代认识论分为大陆理性派、

---

① 黑格尔. 哲学史讲演录（第4卷）[M]. 北京：商务印书馆，1978：7.
② 黑格尔. 哲学史讲演录（第4卷）[M]. 北京：商务印书馆，1978：5-6.
③ 穆尼茨. 当代分析哲学[M]. 上海：复旦大学出版社，1986：4.

英国经验派等,但它们之间又有着某些共同的预先假定,并面对着同样的矛盾和对立:

近代认识论的共同倾向是主体和客体之间的对立,即认识着的心灵和它所面对着的、并试图加以认识的外部世界的对立。①

英国哲学家乔治·爱德华·摩尔认为:"事实上有一大部分哲学就是要试图把我们能够认识事物的所有各种不同的方式加以彻底地分类;或是试图准确地描述认识它们的特殊方式。"那么,我们怎样才能认识任何事物呢?摩尔认为,这个问题包含三个不同种类的问题:其一,你怎么认识它?你认为关于它的知识是一种什么东西?当你认识它的时候,你的心灵上进行着一种什么样的过程?你所谓的认识这件事包括什么?其二,任一命题是真实的是什么意思?其三,你相信它的理由是什么?换句话说,你还知道什么别的事物,可以证明这一事实是真实的?能够证明一个命题真实的不同方法是什么?所有各种不同的、相信任何事物的适当的理由是什么?②

著名科学哲学家瓦托夫斯基把哲学分为形而上学、认识论、逻辑学等主要门类,认为科学是认识世界的一种方式,是对真理的探究过程,认识论则是要研究科学认识和真理的探究和确立问题,它包含一套基本问题:"说一个人有认识或说一个人对这个或那个信念得到证实,究竟是什么意思?获得这种知识的手段是什么?最初的猜测和假说与那些我们认为已被证实的知识之间有什么不同?在知识获得过程中感性知觉起什么作用?思维与这种知觉是怎样联系的?推理在待证实的知识产生中起什么作用?人们如何在抉择性的互不相容的待证实知识之间作出选择?用什么(一方面)确保或证明信念是正当的,(另一方面)靠什么来怀疑、反驳信念?"③

我国著名学者陈修斋先生认为,认识论取代本体论成为哲学的中

---

① 穆尼茨. 当代分析哲学[M]. 上海:复旦大学出版社,1986:4-5.
② 怀特. 分析的时代:二十世纪的哲学家[M]. 第2版. 北京:商务印书馆,1981:34-35.
③ 瓦托夫斯基. 科学思想的概念基础:科学哲学导论[M]. 北京:求实出版社,1982:18.

心问题,是 16 世纪末至 18 世纪中叶欧洲各国哲学的一个突出现象。这是哲学发展史上的一个巨大的进步。认识论即研究如何才能正确地认识现实世界的理论。近代认识论研究一开始便分为经验主义和理性主义两大派别,它们之间的争论主要集中在以下五个方面:认识对象、认识主体、正确认识的起源和途径、认识方法、认识的真理性和真理的普遍必然性问题等。它们也是近代认识论的基本问题,大体勾勒出了认识论研究的问题域。

由上我们可以大体上提炼出近代认识论所提出并尤其关注的基本问题:

(1) 思维和存在的对立与统一问题;
(2) 认识对象的特点及其界说问题;
(3) 主体认识能力的大小及其限度问题;
(4) 知识的普遍必然性和真理性问题;
(5) 获取其知识的途径和方法问题。

2. 由关注本体到关注思维与存在的对立与统一

关注思维与存在的对立与统一是认识论思维方式与本体论思维方式最本质的区别。

本体论是关于本体问题的哲学理论。探究世间万物的最高本体、第一原因、终极存在,并用它们来说明世间万物的存在和运动状态,是本体论研究的根本任务。相应地,本体论思维方式尤其关注的是本体以至最高本体与其属性、样式、形态等之间的关系,在这里,本体作为自在的、至上的、终极的客体居于天然的、绝对的支配地位。相应地,本体论思维方式所贯彻的也必然是一种完全客观化的态度。

认识论思维方式则有所不同,它所关注的不是纯粹的客观的自在世界、本体世界,而是对象世界与观念世界的关系,是对象世界如何成为观念世界的内在组成部分,成为观念的内容,也是观念世界如何把握和再现对象世界。其焦点问题是观念世界与对象世界的区别与一致的问题。用黑格尔的话来说,就是思维与存在的对立与和解问题。在黑格尔看来,思维与存在的对立是"一种最抽象的对立",这种对立也就是精神与外部世界的对立,在这种对立中,世界万物要么归属于精神、思维,要么归属于存在、物质。相应地,思维与存在的和解也是"最高度的和解",只有在这种和解中,才能发现世界的统一性。思维和存在的对立是从人类社会产生以来便有的,但只是近代哲学才真正意识到了这种对立,并把寻求二者的统一性作为自己的任务,使之成为近代哲学的主题和中心问题。"从这时起,一切哲学都对这个统一发生兴趣。"①

恩格斯批判地继承和发展了黑格尔的这种思想,进一步将其提升为哲学基本问题的两个方面,这就是我们所熟悉的那些重要论述。

> 全部哲学,特别是近代哲学的重大的基本问题,是思维和存在的关系问题……
>
> ……思维对存在的地位问题,这个在中世纪的经院哲学中也起过巨大作用的问题:什么是本原的,是精神,还是自然界?——这个问题以尖锐的形式针对着教会提了出来:世界是神创造的呢,还是从来就有的?
>
> 哲学家依照他们如何回答这个问题而分成了两大阵营。凡是断定精神对自然界说来是本原的,从而归根到底以某种方式承认创世说的人……组成唯心主义阵营。凡是认为自然界是本原的,则属于唯物主义的各种学派。
>
> ……
>
> 但是,思维和存在的关系问题还有另一个方面:我们关于我们周围世界的思想对这个世界本身的关系是怎样的?我们的思维能不能认识现实世界?我们能不能在我们关于现实世界的表象和概念中正确地反映现实?用哲学的语言来说,这个问题叫作思维和存在的同一性问题,绝大多数哲学家对这个问题都作了肯定的回答。②

在恩格斯看来,思维与存在的关系包含着两个基本方面:其一是思维与存在之间的本原与派生关系问题,由对这个问题的不同回答区分出唯物主义和唯心主义两大阵营。其二是思维与存在之间的认识与被认识关系问题,由对这个问题的不同回答区分出可知论与不可知论,以及可知论的不同派别。

---

① 黑格尔.哲学史讲演录(第4卷)[M].北京:商务印书馆,1978:6.
② 马克思恩格斯选集(第4卷)[M].北京:人民出版社,1972:219-221.

在我们看来,恩格斯所说的哲学基本问题的这两个方面,分别就是哲学中的本体论问题和认识论问题。其中本原和派生问题或者叫第一性和第二性的问题是本体论探究的核心问题,提出和解答这个核心问题,是本体论研究的任务,也是本体论思维方式最主要的特点。而认识和被认识的关系问题,或者叫观念与对象的关系问题,则是认识论探究的核心问题,提出和解答对象世界是否可知和何以可知的问题,是认识论思维方式最主要的特点。

不过,这里有两点需要特别说明的。

第一,把思维与存在之间的本原与派生、第一性与第二性的关系问题看作本体论的核心问题,这与亚里士多德关于第一的和最高的本体的提法有所不同,这实质上反映了认识论问题作为近代哲学中心问题对本体论问题的影响,也体现着认识论思维方式对于近代本体论探究和提问方式的影响。亚里士多德的本体论学说主要不是在物质与精神、思维与存在之间寻找最高的、本原的一方,而是在个别事物中寻找最高本体。其用意在于超越其前的原子论与理念论的争论。他既反对柏拉图的脱离个别的共相、理念,又不赞成原子论把世界本体归为素朴原子的做法,而是想改变提问和回答方式,超越古代唯物论与唯心论的争论。但是一旦谈到本体问题,唯物论与唯心论的争论则是不可能被超越的。亚氏本人最终也不得不把最高原因、第一推动者与那无所不在的至尊的神联系起来,而亚氏的理论原则和方法被中世纪神学用作上帝存在的本体论证明,更是暴露出亚氏本体论思维方式的局限。思维与存在,或精神与物质的抽象,确如黑格尔所说,是最高的抽象,万事万物,无论多么复杂,都可以被划归其中某类。把握了这种最高的抽象,便在最高的层面上把握了世界总体。此外,思维与存在的关系问题又是与人类生活联系最紧密的问题,是人类社会产生后时时处处必然面对并必须努力解决的问题,抓住这个问题,哲学才能与人类最广泛的生产和生活联系起来,展示出自己的社会价值和社会功能。当然,思维与存在关系问题的提出和确立,并不是原子论和理念论的简单复活,而是对它们的进一步提升和抽象,体现着认识论思维方式确立后本体论提问和思考方式的变化。这正如高清海所谈到的:"近代哲学从本体论中心向认识论中心的转变对于本体论的理论当然会发生重大影响。这个影响主要表现在:从这时起,人们就不再可能完全脱离对主观的关系去思考'存在'究竟为何物的问题。认识论的中心地位并未否定本体论的存在权利,也未排除本体论的基本思维方式。它导致的结果只是,在此后的发展中本体论与认识论相互趋于结合,只能在彼此协调中去解决存在问题和认识问题。"①

第二,如果更加严格地从认识论角度提出和思考问题,则思维与存在的同一性问题应当更精确地表述为观念思想与其对象、客体之间的对象性认识关系问题。在这方面恩格斯的用语可以给我们以重要的启示。在谈到思维与存在关系的另一方面时,恩格斯既不是孤立地谈存在,也不是孤立地谈思维,而是将其具体化为"我们关于周围世界的思想"与"这个世界本身"的关系,或叫"我们关于现实世界的表象和概念"与"现实世界"的关系,并从思想"能不能"认识现实,和能不能"正确地反映现实"这两个递进的层面上提出问题,从而表明了一种真正的认识论的提问方式和思考方式。认识论研究所关心的不是自在的存在,也不是自在的思维,而是转化为认识对象的存在和反映这种对象的思想与观念。它所尤其关注的是认识对象何以能够被如实地转换成为思想观念的内容,或者说,思想观念何以能够客观真实地反映和再现对象,成为具有普遍必然性和真理性的知识。正是从这样的视角和思路来提出和回答问题,产生了独具特色的认识论研究和认识论思维方式。

3. 设定和界说认识对象

认识活动是一种对象性活动,认识对象是认识活动得以展开的对象性前提。对象不同,主客体之间的具体关系不同,主体把握对象的方式也就不同。因此,设定和界说认识对象,对于认识活动具有至关重要的意义,是认识活动实际展开的前提性和基础性工作,相应地,它也是认识论研究的重要内容。

前面我们谈到,与本体论研究自在的本体不同,认识论要把握的是思维与存在、观念与对象的关系,以及在这种关系中得以展开的认识活动和认识结果。那么,在认识对象问题上,怎样由本体论思维方式转换为认识论思维方式呢?我们认为,这是通过把本体当作认识对象来考察、来看待而得以实现的。把本体当作认识对象来加以考察,就是要去除其自在性,而考察其与一定认识主体和一定思想观念的对象性、关系

---

① 高清海. 哲学的憧憬[M]. 长春:吉林大学出版社,1995:226-227.

性,把它作为认识主体与认识客体之间的认识关系中的一极或一种关系项来加以考察,考察其在这种关系中的对象性地位、认识特性及其对认识活动的影响,等等。通过这种考察,自在的本体或外部的对象才能转化为认识客体或认识对象,认识主体和认识客体之间的对象性认知关系才能确立,认识活动才有可能实际地发动和展开。穆尼茨认为:"近代认识论的共同倾向是主体和客体之间的对立,即认识着的心灵和它所面对着的、并试图加以认识的外部世界之间的对立。"①设置认识对象,就是将一定的事物设定为与一定认识主体相对立的客体,以使主体通过感觉和思维来认识、反映和再现客体。

既然如此,在本体论意义上对于本体、世界的本质和本性的规定必然对认识论中关于认识对象的理解与界说发生着重要的影响和制约,进而制约和制导着对于认识的来源、途径、方法等的探索。如果把认识对象看作个别的、物质的、现实的、具体的,则对这种客体的认识必然是观察的、感性的、经验的、归纳的,其真理性检验应当是事实的、客观的、验证式的,等等。如果认识对象是精神的、一般的、抽象的、普遍的,则对这种客体的认识必然是理解的、理性的、演绎的,其真理性检验也只能是观念的、逻辑的、主观的,等等。这正如瓦托夫斯基所说:

> 表观和基础性的实在之间、感官所感知的东西和理性所理解的东西之间的鲜明区别,表现出感性和理性、观察和理论之间的冲突,这差不多就是整部科学史的特点。②

这也应该说是整个近代哲学史的特点。正是在这里,我们可以看出不同哲学家的本体论立场对于认识论探究的影响和制约。

在世界的本体或本原问题上,存在着唯物主义和唯心主义的对立和冲突,对世界本体的唯物论解释和唯心论解释,也必然制约着对认识对象的本性和本质的解释,并实际上发展出唯物主义的和唯心主义这两种根本对立的认识路线,这就是列宁曾经指出的"从物到感觉和思

---

① 穆尼茨.当代分析哲学[M].上海:复旦大学出版社,1986:4-5.
② 瓦托夫斯基.科学思想的概念基础:科学哲学导论[M].北京:求实出版社,1982:103.

想"与"从思想和感觉到物"这两条认识路线的对立和冲突。在古代,德谟克利特与柏拉图在本体论上有原子论与理念论的对立,在认识论上则有影像论与回忆说的冲突。中世纪的唯名论与唯实论的争论,既是一种唯物与唯心的本体论之争,也包含着名实关系的认识论之战。近代认识论中尽管存在着经验主义与理性主义、唯物主义与唯心主义交织互渗的复杂情况,不能简单地用唯物主义与唯心主义来划分经验主义和理性主义,但具体考察每个哲学家的认识论思想,仍然不难看出其本体论立场对于其认识对象界说和认识路线选择的深刻影响。

唯物主义者培根把认识对象规定为自然,把自然看作认识的基本对象,认为"人作为自然界的臣相和解释者,他所能做、所能懂的只是如他在事实中或思想中对自然进程所已观察到的那样多,也仅仅是那样多;在此以外,他是既无所知,亦不能有所作为"①。他把他的《新工具》看作关于解释自然和关于人的领域,其任务在于直接以简单的感官知觉为起点开拓一条使心灵通达自然的正确之路。这正如马克思所评价的,唯物主义在它的第一个创始人培根那里,还在朴素的形式下包含着全面发展的萌芽。物质带着诗意的感性光辉对人的全身心发出微笑。培根之后,霍布斯、洛克以至斯宾诺莎、法国 18 世纪唯物主义各派,和德国费尔巴哈等唯物主义者,都在承认物质是世界本原的唯物主义本体论前提下按照"从物到感觉和思想"的基本原则而以各自的具体方式解决了认识的对象和认识的路线问题。

近代主观唯心主义认识路线的典型代表是贝克莱,他反对洛克的物质实体学说,认为他所说的事物的第一性质和第二性质都不是客观的,而只能存在于人的心中,因此,物体不过是观念的集合,存在就是被感知,人们要认识存在,就只能去认识自己的感觉和观念,感觉和观念是人类认识的唯一对象。思维与存在、观念与对象在人的感觉和心灵中达成了统一。这无疑是一种绝对主观唯心主义的认识路线,黑格尔把它叫作"最坏的一种唯心论",认为它"抓住个别的或形式的自我意识,除了宣称'一切对象都是我们的观念'外,并没有前进一步"②。

相比之下,近代不少学者在认识对象上持有二元论以至多元论倾

---

① 培根. 新工具[M]. 北京:商务印书馆,1984:7.
② 黑格尔. 哲学史讲演录(第 4 卷)[M]. 北京:商务印书馆,1978:198.

向。笛卡尔是哲学史上二元论的著名代表,也是近代理性主义认识论的创始人。他从普遍怀疑开始,认为世界的一切都可以怀疑,但对我在怀疑这一事实则不能怀疑。怀疑是一种思想,我在怀疑,则我在思想,有思想必有思想者存在,所以"我思故我在"。这样他便从怀疑入手而为自己的哲学体系奠定了第一块基石。在此基础上,他袭用中世纪安瑟伦关于上帝存在的本体论证明的思维方式,由思想中关于一个无限完满的上帝存在,推论出作为最高实体的上帝①。与此同时,笛卡尔认为还有两种实体,一种是独立的不依赖于身体的心灵即精神实体,一种是与心灵相对立的肉体及其他物体即物质实体。精神实体的本质属性只是思维,物质实体的本质属性只是广延,二者不能相互产生和相互影响,上帝则凌驾于这二元对立之上。正如费尔巴哈所说:"在笛卡尔哲学中,上帝只不过为两个实体的存在提供手段。"②笛卡尔在形而上学上的二元论最终倒向唯心主义,但"笛卡尔力求理性达到这样的标准,即当心灵以其最严格的形式活动时,它就应当达到它在进行数学演绎证明时那样的程度"。因此,"笛卡尔的哲学可以为这种提出认识论问题的方法树立样板"。③ 在笛卡尔之后,洛克在肯定物质实体存在的同时,也承认精神实体的存在,表现出明显的二元论倾向。而莱布尼茨的单子论承认无限多的单子存在,更显出多元论的倾向,尽管其最终只承认精神实体即单子而归属于客观唯心主义一元论。

在认识路线上出现的唯物主义与唯心主义、经验主义与理性主义交织互渗的复杂情况实际上向我们表明,认识对象问题与本体问题在论域和界限上是有所不同的。本体问题以物质与精神的二元分化为条件,最终要在二者中确定出本原与派生关系,而认识对象问题关注的是对象与观念的关系。从世界总体的二元分化来看,精神与物质两大类别,有个本原与派生的关系;从认识论上来看,一般地说精神反映物质也不能为错,但显得太宽泛、笼统,而且精神不仅反映物质,也要反映和反思精神,这就是人类所特有的自我意识。在这种意义上,认识论研究所关注的实际上主要是主体与客体,尤其是主观与客观的关系。这是

---

① 笛卡尔. 第一哲学沉思集[M]. 北京:商务印书馆,1986:45-46.
② 费尔巴哈哲学史著作选(第1卷)[M]. 北京:商务印书馆,1978:264.
③ 穆尼茨. 当代分析哲学[M]. 上海:复旦大学出版社,1986:5.

两对相对的概念。主观不是孤立自存的东西,而是与它所反映的客体相对应的东西。客观则是与一定主体相联系的对象,它既可以是自然、社会、人,也可以是一定的事物、过程、事件,还可以是一定的思想、观念、理论。相对于一定的主观观念而言,它们都具有客观性。研究认识对象的意义正在于揭示认识对象的可知性及其对主体认识活动的制约性。然而对这个认识论研究的关键性问题,近代认识论中却缺乏专门的研究。培根、霍布斯、笛卡尔、斯宾诺莎都没有专门提出和考察这个问题,而是将认识对象的可知性当作一个毫无疑问的前提来加以确认的。只有洛克作为经验主义哲学的集大成者提出了这个问题,提出"探讨人类知识的起源、可靠性和范围,以及信仰的、意见的和同意的各种根据和程度"。从而在近代把万物或实体的本质是否可知的问题第一次比较自觉、比较明确地提上了哲学探讨的日程,但他探讨的结论却是双重的。他将实体的本质分为"实在本质"和"名义本质"。名义本质"只是那些类名和种名所表示的那些抽象观念"①。对这些抽象观念我们是可以认识的。实在本质则是事物的真正的、内在的为名义本质所依托的内在的组织和构造,对于它们,人们则尽管不能否定它们的存在,但也很难深入认识它们:"我们实在不能了解宇宙底全部本质,和其中所含一切事物底全部本质,因此我们对于身外身内的各个物体,并不能得到哲学的知识,而且对于它们底次等性质、能力和作用,我们并不能有普遍的确定知识。"②洛克的这种看法尽管还不能算是不可知论,但确实有不可知论的倾向。这种倾向后来被休谟加以继承和夸大成为彻底的不可知论,引出了以康德为先导的主体性思维方式,从而导致近代认识论思维方式向主体论思维方式的转化。

4. 反省和测度主体认识能力

就其本来含义而论,认识是一种主体性行为。认识对象的设置和确立、认识目的的提出与规定、心灵对客体的把握、观念对对象的再现等,都是通过主体的自觉能动活动而实现的。主体是主客体对象性认识关系中的重要方面,主体能力是主客体关系实际确立所不可缺少的主体性条件之一。

---

① 洛克. 人类理解论(下册)[M]. 北京:商务印书馆,1959:399.
② 洛克. 人类理解论(下册)[M]. 北京:商务印书馆,1959:551.

西方哲学史上，真正以主体为中心而建立起来的哲学体系和主体论思维方式，是在以康德为先导的德国古典哲学中才得以确立的。近代认识论研究从总体上还处于客体中心状态，即主要以认识客体、认识对象的特性来说明认识的必要性和可能性，但在对认识问题的研究中，也不可避免地会触及认识的主体问题，尤其是主体能力问题。因为对世界能否知和何以知的真正解答，不仅要从客体方面、对象方面寻求证据，还需要从主体方面、人的能力方面得到支持。这正如瓦托夫斯基所说："这个世界是可理解的，因为它是合乎规律的。能够认识世界是可理解的或合乎理性的那种理性，就是构成这种可理解性的同一种理性。认识和被认识的东西是相同的。"[①]这也就是说，宣布或证实世界的可知性也就是宣布它和证实它是在人的认识能力可以把握的范围和限度以内的。在这种意义上，对世界可知性的肯定性回答，必然是以对主体认识能力的确认和信任为前提的，而对世界可知性的怀疑，则实质上是根据对人的认识能力的怀疑。

前面谈到，近代哲学中大多数人都对世界、对象的可知性作了肯定的回答，相应地，他们实际上也以相似的方式对主体认识能力作出了类似的肯定回答。而且，由于当时还没有形成比较完整的"认识主体"概念，这些探讨主要是在"人""心灵""理解力""理性"等名目下展开的。

培根从自然方面理解认识对象，也从自然方面理解人。一方面，自然给人规定了认识的范围和阈限，人作为自然界的臣相和解释者，他所能做、所能懂的只是如他在事实中或思想中对自然进程所已观察到的那样多，也仅仅是那样多；另一方面，人也当然地具有在感觉中和思维中把握自然的能力，并在服从自然的基础上去支配自然。既然如此，培根为什么还要研究认识问题，撰写《新工具》呢？培根认为，这主要是由于人的理性和人的思维在实际地认识自然的过程中往往受到来自各个方面的困扰和影响，从而往往走上一条错误的道路并被导向背离自然的方向。这些困扰和影响，既有来自人的感官的迟钝性、不称职性以及欺骗性方面的，也有来自概念的不明确和混乱性方面的，还有简单枚举

[①] 瓦托夫斯基. 科学思想的概念基础：科学哲学导论[M]. 北京：求实出版社，1982：103.

归纳法的无当性方面的,更有三段论式推理原则的谬误性方面的,等等①。由于这种种干扰,产生出四种影响正确认识的假象,即族类假象、洞穴假象、市场假象和剧场假象②。培根认为,正是这些"现在劫持着人类理解力并在其中扎下深根的假象和错误的概念,不仅围困着人们的心灵以致真理不得其门而入,而且即在得到门径以后,它们也还要在科学刚刚更新之际聚拢一起来搅扰我们,除非人们预先得到危险警告而尽力增强自己以防御它们的猛攻"③。在这里培根再次表达出对人类理解力、人类智慧的信任:人类在认识和理解中所受到的种种内部的和外部的干扰都可以通过预先的警告和提防,以及自觉的克服和削弱而得以消除。这也正是培根给自己提出的任务:"把理解力的全部动作另作一番开始,对心灵本身从一开始就不任其自流,而要步步加以引导",以便"另外开拓一条新的准确的道路"。④ 应该说,培根这种对理性的信任代表了近代认识论研究中大多数经验主义的可知论者的基本态度。

理性主义者对于理性知识的强调无疑需要也只能建立在对人类理性能力的高度赞颂和尊重之上。笛卡尔的"我思故我在",不是由思维的主体推出外在的客体,而是从思维的行为确认思维主体的存在,反过来,也就从思维方面规定和界说了主体。笛卡尔认为,理性是人所普遍具有的特性。他在《方法谈》中一开头便说:"良知是世界上分配得最均匀的东西,因为每一个人都认为自己在这一方面有非常充分的禀赋……那种正确地作判断和辨别真假的能力,实际上也就是我们称之为良知或理性的那种东西,是人人天然地均等的。"⑤正是由于人人都具有这种理性,对于世界的普遍必然性知识才成为可能。斯宾诺莎更是把人的理性提升到永恒无限的水平。他说:"我们的心灵,就其能理解来说,是思想的一个永恒的样式或形态。这一个思想的永恒的样式是为另一个思想的永恒的样式所决定,而这另一个样式又为另外一个样式所决定,如此递推,以至无穷,所以,思想的永恒样式的全体便构成神

---

① 培根. 新工具[M]. 北京:商务印书馆,1984:45.
② 培根. 新工具[M]. 北京:商务印书馆,1984:18-19.
③ 培根. 新工具[M]. 北京:商务印书馆,1984:18.
④ 培根. 新工具[M]. 北京:商务印书馆,1984:2.
⑤ 十六—十八世纪西欧各国哲学[M]. 第2版. 北京:商务印书馆,1975:137.

的永恒无限的理智。"①在唯物主义者斯宾诺莎看来,神的永恒无限性也是与人的理智的永恒无限性相联系的,正是凭借着这种具有永恒无限性的理性,人类才能超越个体的生命有限性去发现和把握处于永恒和无限运动中的世界,进而发现普遍必然性的真理。莱布尼茨也以承认人的理性为自己的当然前提,他说:"使我们与单纯的动物分开、使我们具有理性和各种科学、将我们提高到认识自己和上帝的东西,则是对于必然和永恒的真理的知识。这就是我们之内的所谓'理性灵魂'或'精神'。"②但他与笛卡尔和斯宾诺莎的不同之处在于,他更强调作为独立的、能动的"单子"的个体主体,并认为各个个体主体的理性有所不同,具有个体差异,正是这种差异性使每一个人都既是一个独立自存的能动的实体,又是一个独立自存的能动的认识主体。正是这种特殊的能动性原则和个体性原则,将近代哲学认识论探究中关于认识主体的理论提升到了一个新的高度,尽管这种提升是建立在唯心主义基础之上的。

与上述各家对于人类认识能力的当然肯定以至高度赞颂不同,洛克在近代哲学中第一次明确提出通过对人的认识能力的考察来确定人类知识的起源、确度和范围,并且尽其所能地在《人类理解论》中做了相当细致和全面的考察。在洛克看来,理解或理性是人所独有并使人高出于其他生物的东西,但是"理解就同眼睛似的,它一面虽然可以使我们观察并知觉别的一切事物,可是它却不注意自己"。因此,如果它想抽身旁观,就得"把它做成它自己底研究对象"③。为此洛克为自己提出了研究的任务与方法:

> 第一,我要研究:人所观察到的,在心中所意识到的那些观念或意念(你可以随意给它任何名称),都有什么根源;并且要研究,理由是由什么方式得到那些观念。
>
> 第二,我要努力来指出,理解凭那些观念有什么知识,并且要指出那种知识底确度、明证和范围来。

---

① 斯宾诺莎. 伦理学[M]. 第2版. 北京:商务印书馆,1983:265.
② 见莱布尼茨《单子论》,转引自:北京大学哲学系外国哲学史教研室. 西方哲学原著选读(上卷)[M]. 北京:商务印书馆,1981:481.
③ 洛克. 人类理解论(上册)[M]. 北京:商务印书馆,1959:1.

第三，我要研究信仰或意见的本质和根据；在这里，我所说的意见，是指我们把尚未确知为真的那些命题认以为真的同意而言。这里我们还需要考究同意底各种根据和程度。①

洛克肯定人的理解能力，认为"这种能力正是人和畜类差异之点所在，而且在这方面，人是显然大大超过畜类的"②。人不仅有理解能力，还有意志能力、自由能力等。认识起源于经验，因此观念是思维的对象。观念可分为简单观念和复杂观念这样两种基本类型。正是在接受和处理这两类观念时，思维、理性表现出其被动的和自动的两个方面。"在接受简单的观念时，理解大部分是被动的……它是否要有这些知识底起源或材料，不是它自己底能力所能决定的。因为不论我们甘心与否，而感官底各种对象一定会把它们底特殊观念强印在人心上……这个正如一面镜子不能拒绝，不能改变，不能涂抹它面前各种物象在它以内所印的各种影象或观念似的。"③理性在简单观念面前的被动性有助于保证理解和反映的客观性，表明了洛克认识论作为消极直观反映论的倾向和特点。但另一方面，心灵一旦被动地接受了简单观念以后，又可以任意地将其加以结合、联合或复合，而造成新的复杂观念，"这些观念虽然都是由各种简单观念复合而成的，虽然是由简单观念所合成的复杂观念复合而成的，可是人心可以任意认它们是整个的一个东西，并且用一个名词来表示它们"④。这样，理解在能动地复合复杂观念的同时又表现出某种主观随意性。这大概就是洛克哲学所特有的二重性、动摇性、妥协性，以至形而上学性。

洛克在理解能力上的被动性观点为旧唯物主义直观反映认识论所继承，其具有随意性的自动观点则为贝克莱所极度夸大和发挥，而其动摇性、妥协性、二重性则被休谟所接受并发挥为不可知论。洛克在近代认识论中是个承上起下式的人物，他既是唯物主义经验论的集大成者，又是唯心主义经验论的发端，还为休谟怀疑论提供了思想材料。黑格尔认为，从洛克开始"哲学研究的观点整个改变了；兴趣只限于客观过

---

① 洛克. 人类理解论(上册)[M]. 北京:商务印书馆,1959:2.
② 洛克. 人类理解论(下册)[M]. 北京:商务印书馆,1959:666.
③ 洛克. 人类理解论(上册)[M]. 北京:商务印书馆,1959:83.
④ 洛克. 人类理解论(上册)[M]. 北京:商务印书馆,1959:180.

渡到主观的形式,或者感觉过渡到表象的形式"①。

5. 设置和界定认识目标

真理是标示知识的正确性的范畴。认识的目的在于获取正确的知识,或叫真知识、真观念,也就是获取和达到真理。真理既作为一种终极的目标和目的,制导着认识的方向、方式和途径,又作为一种结果而审度、检测、标示着认识活动的成败得失及成果大小。研究认识问题,不是为了直观地描述人们的认识活动,而是为了规范和指导人们的认识活动,帮助人们更加自觉有效地获取真理。因此,认识论研究不应当是描述性的,而应当是规范性的。真理观的确立对于人们解决认识的来源、途径、方式、方法等具体认识问题具有根本性的制约和制导作用。因此,真理问题可以看作认识论研究的核心和焦点问题。

也可以这样说,真理就是认识的极限。对认识的极限的探寻是哲学思维作为一种极限思维在认识论问题研究中的必然应用和具体展开。因此,对真理的研究和探寻也是对认识论的极限问题的探求,达到了对真理观的真理性探求,也就达到了认识论研究的极限。而真理本身又是发展的,它不断地否定和超越着自身。正是在真理论自身历史发展和演进过程中,哲学的认识论思考不断突破自己的极限并达到对自身的超越。

与在认识对象和主体认识能力问题上一样,经验主义与理性主义对真理问题也存在着尖锐的对立和冲突,但在某些问题上也有某些共同之处。

(1) 关于二重真理问题。

培根和笛卡尔分别作为经验主义和理性主义的创始人,在真理问题上却有一个共同点,即都承认宗教真理和科学真理并存,都持二重真理论的基本立场。这是一件值得注意的事。

培根研究"新工具"的全部任务就在于帮助人类理性克服来自各个方面的干扰,克服各种假象,去寻求对自然的真实认识,达到科学真理,因此,他的矛头直接指向经院哲学,指向各种诡辩的、经验的和迷信的哲学。在他看来,"诸种错误的这株母树,即这个错误的哲学,可以分为

---

① 黑格尔. 哲学史讲演录(第4卷)[M]. 北京:商务印书馆,1978:139.

三种：就是诡辩的、经验的和迷信的"①。所谓诡辩的哲学即亚里士多德哲学，他以他的逻辑败坏了自然哲学。经验的哲学即炼金术士和吉尔伯忒的哲学，他们把哲学建立在少数实验之上。迷信的哲学即毕达戈拉斯和柏拉图派哲学，他们把神学和传说糅合起来，以致要在精灵神怪中去寻找科学的起源。培根认为，"迷信以及神学之糅入哲学，这对哲学的败坏作用则远更广泛，而且有着最大的危害，不论对于整个体系或者对于体系的各个部分都是一样"。于是培根要求人们对此加以最大的警惕，他尖刻批评"现代一些人们正以极度的轻浮而深溺于这种虚妄，竟至企图从《创世记》第一章上，从《约伯记》上，以及从圣书的其他部分上建立一个自然哲学的体系，这乃是'在活人中找死人'"②。但培根只反迷信不反信仰，主张"把那属于信仰的东西交给信仰"。针对一些人"深怕在对于自然的研究中会找到某种东西来推翻或者至少动摇宗教的权威"，和"害怕研究自然的真理会危及这些东西"，培根不得不宣布："根据上帝的话，自然哲学乃是防止迷信的最妥善的药品，同时也是信仰的最好的营养，因此它正可以成为宗教的最忠实的侍婢。"③这样，培根就在保存宗教信仰真理的前提下，使科学真理在反迷信的旗帜下得以确立起来。

笛卡尔的二重真理说是与他的二元论本体学说紧密相关的。笛卡尔的理性真理标准是"凡是我们极清楚，极明白地设想到的东西都是真的"；而"凡是真的显然都是某种东西，真理和存在是一回事情"。这实际上正是他从上帝的观念推出上帝的存在的基本思路，是安瑟伦关于上帝存在的本体论证明的重演。那么，如何说明思想中发生的事和存在中发生的事、心灵中发生的事和自然中发生的事的同一性或一致性呢？他只能求助于上帝。他说："上帝一方面把这些规律建立在自然之中，一方面又把它们的概念印入我们的心灵之中，所以我们对此充分反省之后，便决不会怀疑这些规律之为世界上所存在、所发生的一切事物所遵守。"④在这种意义上，笛卡尔尽管提出了自己的理性真理，却又明确宣布"把它们与信仰上的真理——那些在我心中永远占头等地位的

---

① 培根. 新工具[M]. 北京：商务印书馆，1984：35.
② 培根. 新工具[M]. 北京：商务印书馆，1984：38-39.
③ 十六一十八世纪西欧各国哲学[M]. 第2版. 北京：商务印书馆，1975：37.
④ 十六一十八世纪西欧各国哲学[M]. 第2版. 北京：商务印书馆，1975：152.

真理——并列在一起"①。

培根和笛卡尔的二重真理论,尽管不无差别和具有各自的局限,但在当时却有其必然性,也有自己的积极意义。它们记载了近代哲学从神学的一统天下中孕育、产生并最终挣脱出来取得自己相对独立地位的艰巨过程,也记载了认识论和真理论探究从本体论思维方式下发展起来和独立发生作用的必经阶段。正是在二重真理的前提下,对于科学真理的专门探究才有可能更加深入和专门地开展起来。

(2)经验主义的"摹本说"。

洛克的"摹本说"可以看作近代哲学中经验主义认识论在真理标准问题上的典型代表,也可以看作符合论真理观在近代的具体形态。

洛克认为,从真理性角度来看,观念可以分为实在的或幻想的、贴切的或不贴切的、真正的或虚妄的。实在的观念即在自然中有基础、与事物的真正存在或观念的原型相符合的观念,幻想的观念则是在自然中无基础、与其原型不相符合的观念。

贴切的或不贴切的,又叫相称的或不相称的。相称的观念完全表象其原型,不相称的观念则只是部分地表象它们所参考的那些原型。至于真实的和虚妄的照其本义讲只适用于命题和观念,而命题和观念自身无所谓真假,只有和别的东西相参照时,才会有真假。

那么如何考察观念或命题的真假呢?洛克提出了三个方面的参照系:一是同别人的观念相参照;二是同真正的存在相参照;三是同假设的实在的本质相参照。这三个参照系中,第一个参照是指拿自己的观念同别人心中名称相同的那个观念相比较,契合时为真,不契合时为假。第三个参照是同假设的实在的本质相参照,因为洛克认为实体的实在本质是不可知的,因此只能以"假设的"实在的本质为参照,这样就成了以观念去检验观念的真假。只有第二个参照即同真正的实在相参照才是真实的、客观的,可以真正解决观念的真实性问题,从而也代表了唯物主义经验论和真理观的真实内容。但是洛克并没有将其坚持和贯彻到底。

洛克分别就简单观念、复杂观念和命题等几个层次来具体考察观念的真假问题。他认为,简单观念是与真正的存在相对应的,是真实

---

① 十六—十八世纪西欧各国哲学[M].第2版.北京:商务印书馆,1975:146.

的。"一切简单观念,在与外界存在的事物相参照时,都不能是虚妄的,因为这些现象(或人心中的知觉)所以能成为真实的,只是因为它们能契合于产生它们的那些外物底能力,而且事实上,它们在心中亦各各契合于产生(由我们底感官)它们的那些能力,而且它们亦就只表象着那种能力,因此,它们若与这些原型相参照,一定不能是虚妄的。"① 至于复杂观念的情况则有所不同,复杂观念是心灵对简单观念任意组合而成的,其中也包含复杂的实体观念,因为实体的实在本质是不可认识的,因此,它的真假是不可判定的。但是,"除了实体观念以外,我们的一切复杂的观念都是人心自己所造的原型,它们并不被认为是任何事物底摹本,亦不以任何事物底存在为原本,而与之参照,因此,它们便不缺乏实在知识所需要的任何一种契合关系。因为任何观念如果原来就不表象任何事物,而只表象其自身,则它便不会有错误的表象,它亦不会因为与任何事物不相似致我们陷于错误,而不能有真正的了解"②。这也就是说,如果观念不是表象某种外界事物的东西,没有现实原型,则其真假标准就只在观念自身。洛克在这里表现出背离"摹本说"的唯物主义原则的倾向,但他提出的对没有实在原型的观念对象的真假判定问题,在社会历史认识中仍然是一个难题。

那么,命题怎么检验呢? 洛克认为,"真理原是属于命题的"。而命题就是各种标记的分合,因此,"真理就是各种标记(就是观念或文字)底正确分合"。那么,什么叫正确分合呢? 洛克认为还是要看其是否与原型相契合,为此他把真理分为口头的和实在的。"真理和知识一样,亦可以有口头的和实在的区分。我们如果只知道各种名词所表示的观念是契合的或相违的,而却不管那些观念在自然中是否有实在的存在,则由这些名词所组成的真理,只是口头的真理。如果我们底观念是相契合的,而且它们在自然中又有实在的存在,则由这些标记所组成的真理是实在的真理。"③

洛克力图在真理问题上坚持唯物主义。他注意到观念的复杂性并力图分别地考察其真理性。但他只有一种方法,即摹本或原型的方法,

---

① 洛克. 人类理解论(上册)[M]. 北京:商务印书馆,1959:369.
② 洛克. 人类理解论(下册)[M]. 北京:商务印书馆,1959:556.
③ 洛克. 人类理解论(下册)[M]. 北京:商务印书馆,1959:570.

而这种方式的简单套用又必然使他逐渐背离自己的唯物主义,这正如陈修斋先生等人分析的:

> 洛克其实只是在"观念"的层次上,甚至只在"简单观念"的层次上,坚持了唯物经验主义的"摹本说";在"复杂观念"的层次上就已经开始背离了唯物主义,其"原型"已不是客观存在的东西,而只是观念自身了,真理问题已不是思维与存在的关系问题而是观念之间的关系问题了;而到了"命题"的层次,当他说"真理就是各种符号(就是观念或语词)的正确分合"的时候,真理的问题就更不是思维与存在的关系,而是思维自身中的关系——观念的契合与否的问题,而真理的标准也就只能在于概念间有无逻辑矛盾了。这就表明洛克虽然在真理观的基本立场上是力图坚持唯物经验主义的"摹本说",但在许多具体问题上又常常陷入与唯心主义乃至理性主义合流的观点,也和他在本体论和认识论的其他问题上一样表现出明显的动摇性和不彻底性。①

(3) 理性主义的"符合"真理说。

经验主义者重视对象、感性、经验,因此,他们对真理问题的解决相比之下似乎比较简单,也比较容易:只要将观念与其所反映的对象相对照,看作为摹本的观念是否与作为其对象的原型相符即可。理性主义者重视思维、逻辑、推理,重视本质、规律,而这些东西并不都是那么感性直观地摆放在人们面前的,而是隐含在对象内部和心灵深处的东西。相应地,要谈到理性知识的真理性,它所涉及的方面、关系和中间环节也相对较多,理性主义真理观正是在对这多种复杂关系的比较分析中提出的。

其一,理论自身应具有内在逻辑一贯性。

笛卡尔提出以清楚明白作为知识真的标准,实际上就是表明对理论自身内在逻辑性的关注。斯宾诺莎将其发展为以真理作为真理标准,他说,"除了真观念外,还有什么更明白更确定的东西足以作真理的

---

① 陈修斋. 欧洲哲学史上的经验主义和理性主义[M]. 人民出版社,1986:311-312.

标准呢？正如光明之显示其自身并显示黑暗，所以真理既是真理自身的标准，又是错误的标准"①。以真理作为真理的标准，实际上是真理的逻辑证明问题。莱布尼茨将其引申为概念的确定性和清晰性。他说："当知识足以使我们辨别被表象的事物时它是明白的……而一个清楚的概念是……一个通过足以把一个事物从所有别的类似事物中识别出来的标志和检验得到的概念。"②究竟如何来解决概念的确立性和知识的真理性呢？莱布尼茨提出了两条重要的逻辑原则，即矛盾原则和充足理由原则。他说："我们的推理是建立在两个大原则上，即是：(1)矛盾原则，凭着这个原则，我们判定包含矛盾者为假，与假的相对立或相矛盾者为真。……以及：(2)充足理由原则，凭着这个原则，我们认为：任何一件事如果是真实的或实在的，任何一个陈述如果是真的，就必须有一个为什么这样而不那样的充足理由，虽然这些理由常常总是不能为我们所知道的。"③矛盾原则大体上便是亚里士多德所讲的不矛盾律。而充足理由律的提出则是莱布尼茨对逻辑学的一个重要贡献。这条重要原则是莱布尼茨为了解决观念与对象的关系问题而提出的。

其二，真观念必定符合它的对象。

笛卡尔提出的"清楚明白"的真理标准只能解决观念内部的逻辑自洽问题，并没有解决思想与对象的关系问题。他用上帝来保证思维规律与自然规律的一致的二元论立场，实际上也无助于问题的解决。真理问题是不可能在观念内部得到检验和证明的，只有在与对象的关系中才能得到实际的说明。斯宾诺莎注意到了这个问题，并特别强调真观念与它的对象不相同，正如圆形与圆形的观念不同一样。但正因为真观念与他的对象不同，"所以它本身即是可理解的东西"④。真观念不仅是可以理解的，而且是可以测度的，因为真观念必定符合它的对象，"彼得的真观念就是彼得的客观本质，本身即是真的东西；而且是与彼得本身完全不相同的"。为此他强调方法的作用，认为"正确的方法就在于认识什么是真观念，将真观念从其余的表象(perceptions)中区别

---

① 斯宾诺莎. 伦理学[M]. 第2版. 北京：商务印书馆，1983：82.
② 莱布尼茨. 人类理智新论[M]. 北京：商务印书馆，1982：266-268.
③ 见莱布尼茨《单子论》，转引自：北京大学哲学系外国哲学史教研室. 西方哲学原著选读(上卷)[M]. 北京：商务印书馆，1981：482.
④ 斯宾诺莎. 知性改进论[M]. 北京：商务印书馆，1960：29.

出来,又在于研究真观念的性质使人知道自己的知性的力量"①。正是在这种意义上,斯宾诺莎把他的《知性改进论》又辅以这样的副标题——"并论最足以指导人达到对事物的真知识的途径"。

莱布尼茨由他的矛盾原则和充足理由原则进一步引申出两种真理,即推理的真理和事实的真理,这两种真理是观念根据不同的参照系而检测和确定的,又可以叫作必然的真理和偶然的真理。他说:"也有两种真理:推理的真理和事实的真理。推理的真理是必然的,它们的反面是不可能的;事实的真理是偶然的,它们的反面是可能的。"②在莱布尼茨看来,推理真理之所以是必然的,在于它们从一些不证自明的公理出发,主要用于陈述概念或命题之间的蕴涵关系,常以条件句或假言判断的形式出现,不依赖于感觉经验,因而对一切可能世界均有效,其典型学科是数学、逻辑学等。事实真理之所以是偶然的,在于它们直接陈述个别事物的现实存在状态,其根据在于观念的对象即事实,它采取的形式主要是直陈句或直言判断,而事实本身是多种多样的,对同一事实的陈述也可能有所不同甚至意思相反。这时对不同陈述的真理性检验就不能按照矛盾原则来进行,而只能按照充足理由原则来展开,正文的命题中哪一个的理由更充足,哪一个就是真的。莱布尼茨认为,"还是把真理放在观念的对象之间的关系上比较好,这种关系使一个观念包含或不包含在另一个观念中"。因此,他主张:"让我们满足于在心中的命题和所涉及的事物之间的符合中来寻找真理性吧!"③

其三,真理具有普遍必然性。

普遍性和必然性是相对于个别性和偶然性而言的,是标示事物的本质和规律性的范畴。事物的普遍必然联系也就是事物的本质和规律,认识事物不仅要把握其表象,尤其要把握其本质和规律。真理是观念与对象的一致与符合,而真理的普遍必然性则强调观念对于对象的普遍必然的符合,也就是在本质和规律层面上达到对于对象的真理性认识。因此,提出和研究真理的普遍必然性问题,实际上是在更高的层面和更深的层次上探讨真理问题。

---

① 斯宾诺莎. 知性改进论[M]. 北京:商务印书馆,1960:30-31.
② 见莱布尼茨《单子论》,转引自:北京大学哲学系外国哲学史教研室. 西方哲学原著选读(上卷)[M]. 北京:商务印书馆,1981:482.
③ 莱布尼茨. 人类理智新论[M]. 北京:商务印书馆,1982:459-460.

对真理的普遍必然性的探讨,应当看作理性主义对真理论发展史的一个独到贡献。

经验主义者经历了由培根开始朴素地相信人能够获得关于客观存在的普遍必然真理,到洛克怀疑普遍必然真理,到休谟完全否定普遍必然真理的发展过程。培根对于真理的普遍必然性的朴素信念是建立在他的可知论基础之上的,他认为他的新工具所提供的新方法可以帮助人们达到对于自然的本质和规律的认识,求得完满的真理。洛克则从否认对本体的实在本质的认识出发,否认和怀疑对于客观事物的普遍必然知识。他说:"只有在我们的观念中,我们才有概括的确实性。我们如果在外界的实验和观察中,来找寻这种确实性,则我们底知识便不能超过特殊的事物以外。因此,只有我们思考自己底抽象观念,才能给我们概括的知识。"①这就是说,只有抽象观念的命题具有永恒性,对客观事物则不可能有普遍必然性认识。这里又一次暴露出他的动摇性和妥协性。这种动摇性被贝克莱所利用并沿其消极方面走向彻底的主观唯心主义。而休谟则从彻底怀疑论立场出发根本否定了关于客观实在的普遍必然性真理。

理性主义否认培根在经验的归纳法基础上获取关于客观存在的普遍必然真理的观点,认为只有运用理性直观和演绎推理才有可能达到这个目的。笛卡尔和斯宾诺莎都主张用以几何学为典范的理性演绎法来建构哲学体系,斯宾诺莎则在此基础上强调真观念"必定完全与它的形式的本质符合",强调"观念之客观地在思想世界与它的对象之在实在世界的关系是一样的"②。而莱布尼茨将真理分为必然真理与偶然真理,更加明确地表现出对真理的普遍必然性的特殊关注和重视,和把经验主义与理性主义真理观结合起来的倾向。莱布尼茨认为:"必然的东西是由于其本质而成为必然,因其对立面蕴含着矛盾;而存在着的偶然的东西,是靠事物的最好的、充足理由原则而有它的存在。……偶然的事物中也有一种确定无误性,但没有一种绝对必然性。"③莱布尼茨认为,偶然真理不是绝对的必然性,但仍可以看作一种假设的必然性。

---

① 洛克. 人类理解论(下册)[M]. 北京:商务印书馆,1959:584-585.
② 斯宾诺莎. 知性改进论[M]. 北京:商务印书馆,1960:31-32.
③ 莱布尼茨与克拉克论战书信集[M]. 武汉:武汉大学出版社,1983:65.

"假设的必然性是这样的必然性,即关于上帝的预见和预先安排的假定或假设,把它强加在未来的偶然事物上的必然性。"①这样,莱布尼茨就比较全面地论证了真理的普遍必然性问题。这正如黑格尔所说:"莱布尼茨更加确定地规定了人的区别之点,认为'人是能够认识必然而且永恒的真理的',——也就是说,人一方面表象着普遍的东西,另一方面又表象着联系的东西;自我意识的本性和本质就寓于概念的普遍性中。"②从总体上来看,莱布尼茨的真理观仍是唯心主义的、理性主义的和形而上学的,但它"既强调必然性,也不否认偶然性的客观存在;既承认现实性,也不否认可能性,没有把可能性和现实性混同起来;既承认理性在掌握客观实在的普遍必然真理中的作用,也不否认经验观察在认识中的作用,表现出企图把经验派的合理观点与自己的理性主义观点以某种方式结合起来的倾向。这些都表明的确有些合理的辩证法因素,是值得肯定的"③。

6. 探寻普遍必然性知识的真实来源和可靠途径

认识的目的是获取具有普遍必然性的知识和真理,那么,这种知识是从哪里来的?又如何才能达到呢?这是认识论应当研究的主要问题。前面关于认识对象、认识主体和认识目的的设定和界说,作为一种前提性分析,不仅为认识活动规定了对应的两极,而且大体规定了认识运动的基本方向。对它们的不同理解,必然延伸到对认识的来源和途径的选择和确定,由此而引发出不同认识论学派的争论。近代认识论研究中引人注目的唯理论与经验论主要就是围绕认识的来源和途径展开的。前面在谈到认识的主体和客体时,我们都可以看到经验论和唯理论之间交织互渗的情况,而在普遍必然性知识的来源和途径问题上,两大学派之间营垒分明,区别非常明显,也可以说,正是对于科学知识的来源和途径的不同回答,成为区分近代哲学中经验主义和理性主义这两大认识论流派的基本标准,甚至是唯一标准。

认识的来源和途径问题本不能说是一个什么全新的哲学问题。古代哲学的许多思想家便已就这个问题发表过许多见解,甚至形成了像

---

① 莱布尼茨与克拉克论战书信集[M]. 武汉:武汉大学出版社,1983:63.
② 黑格尔. 哲学史讲演录(第 4 卷)[M]. 北京:商务印书馆,1978:176.
③ 陈修斋. 欧洲哲学史上的经验主义和理性主义[M]. 人民出版社,1986:344.

德谟克利特的影像说和柏拉图的回忆说这样比较系统的认识理论。但在近代哲学中把这个问题重新提出来,并以它为中心来开展讨论,却有其特殊的历史背景和时代使命,这就是从认识论上根本反对中世纪经院神学,并从认识机理上解决科学认识的来源和途径问题,以取代被僵化和绝对化了的亚里士多德三段论法。培根强调从自然出发而不是从圣经教义出发开展认识,强调科学认识必须起源于经验,强调真理必须立足于观察和实验的验证,系统制定了经验归纳法。笛卡尔则以普遍怀疑来否定一切宗教迷信和盲目信仰,以"我思故我在"来展示理性力量,以清楚明白的理性标准来检验一切知识的真理性,强调理性的演绎推理方法及其在认识活动中的作用,从而为理性从神性中的解放和独立开辟了一条现世的道路。

　　认识的起源和途径问题所指涉的不是一般的知识,而是普遍必然性知识,即真理性知识,或叫真知识。而这里讲的起源问题与对象问题既相互联系,又有所不同。对象问题是从观念的原型、根据方面谈的,起源问题则是从认识活动的程序和步骤方面谈的。一方面,对于认识对象的规定和对真理的规定制约着认识活动的程序和步骤;另一方面,又只有通过对认识活动的合理程序和步骤的制定,真理性认识的实现和保障才有可能。正是由于认识的程序和步骤与认识的真理性问题有着如此密切的联系,这个认识过程中有哪些程序和步骤及其结果对认识的真理性便成为更重要、更根本的问题。通常认为,认识可以分为感性认识和理性认识这两种基本形式,它们也可以看作认识的两个层面或两个发展阶段。从认识真理性的角度来看,会产生这样的问题:感性认识和理性认识这两种认识形式或两个认识层面在真理的产生和形成过程中的作用是否等同? 如果不同,它们中的哪一方面更为重要、更为根本? 或者说,谁是普遍必然性知识的更为真实的和可靠的基础? 正是在对这个问题的回答上,唯理论和经验论发生了根本性的分歧与争论。

　　经验派从承认和坚持"凡在理智中的没有不先在感觉中"这个古老的认识原则出发,强调对事实的普遍必然性知识必然起源于感觉经验,把认识的可靠性和真理性建立在感觉经验的基础之上,其典型代表是洛克的白板说。洛克反对笛卡尔所主张的天赋观念说,后者认为"按传统的学说来讲,人们一定认为,人在受生之初就在心中印了一些天赋的观念和原始的标记"。但是,"由我们获得知识的方式看来,足以证明知识不是天赋的"。那么,"他在理性和知识方面所有的一切材料,都是从哪里来的呢？我可以一句话答复说,它们都是从'经验'来的,我们底一切知识都是建立在经验上的,而且最后是导源于经验的。我们因为能观察所知觉到的外面的可感物,能观察所知觉、所反省到的内面的心理活动,所以我们底理解才能得到思想底一切材料"。正是在这种意义上,洛克认为:"我们可以假定人心如白纸似的,没有一切标记,没有一切观念。"① 而他的一切观念都不是先天的,而是后天的,是由感觉和反省而来的。感觉和反省是人通过外部的和内部的感受系统而与内部世界和外部世界联系的必要形式和必经通道,是经验的两个来源,而经验则是关于事物的普遍必然性知识的唯一来源。洛克的白板说是唯物主义经验论的典型形式,也是近代认识论中带有形而上学和动摇性特点的消极被动反映论的典型代表。

理性派否定"凡在理智中的没有不先在感觉中"这个原则,认为普遍必然性知识不可能来自感觉经验而只能来自理性本身,只有理性所把握并经理性检验过的,在逻辑上清楚明白的,具有普遍必然性的知识,才是真知识。理性派的典型代表是笛卡尔的"天赋观念说"。笛卡尔认为,人心目中的观念有三种:有一些是天赋的,有一些是通过感官从外部世界得来的,有些是人们自己创造的。在这三种观念中,通过感官从外界得来的感觉观念在成分上居多,但感官常常欺骗人,引起错觉,因而是不可靠的。人自己创造的观念如飞马、美人鱼等,具有虚构性,更不可靠。因此只有天赋的观念是普遍必然性知识的唯一可靠来源。天赋观念是与生俱来的,包括"我思故我在"这个第一原理、上帝观念、欧几里得几何学公理、逻辑学的基本规则等,它们不是后天获得的,也不能靠感觉去把握,而是人心先天具有的,只能靠理性直观来加以把握。笛卡尔认为,只有从天赋观念出发,运用理性演绎方法,推演出种种命题,建构起一个自身一贯的无矛盾理论体系,才能算是真知识。笛卡尔的天赋观念说被斯宾诺莎加以强化,斯宾诺莎将其叫作真观念,并认为,"必须首先有一个真观念作为天赋的工具存在于我们心中。当心灵一旦认识了这个真观念,则我们就可以明了真观念与其他表象之间

---

① 洛克. 人类理解论(上册)[M]. 北京:商务印书馆,1959:68.

的区别"①。

这里应当尤其注意的是,尽管经验派和理性派在普遍必然性知识的来源问题上存在着尖锐的对立和争论,但从总体上来看,他们之间在对经验和理性的态度上又存在着相互渗透和交错的情况,具体说来就是经验派并不是完全地和一概地否定理性因素的作用,而理性派也不是完全地和一概地否定经验的作用。

培根是近代经验派的创始人和奠基者,他提出并确立了认识必须起源于感觉和经验的原则,但他并不主张停留在感觉和经验上,而是主张从个别的感性事实出发通过推理而逐步达到普遍的公理。他说:

> 钻求和发现真理,只有亦只能有两条道路。一条道路是从感官和特殊的东西飞越到最普遍的真理,其真理性即被视为已定而不可动摇,而由这些原则进而去判断,进而去发现一些中级的公理,这是现在流行的方法。另一条道路是从感官和特殊的东西引出一些原理,经由逐步而无间断的上升,直至最后才达到最普遍的原则。这是正确的方法,但迄今还未试行过。②

培根所说的第一条道路就是指理性主义的道路,其关键的问题是从感官和特殊的东西"飞"到最普遍的真理,然后由此出发去演绎。而第二条道路则是经过"逐步而无间断的上升"才最终达到最普遍的原则,这里强调了推理、归纳、概括的重要性。培根认为,既不能停留在个别事实上,又不能抽象演绎,而必须既超出经验事实,上升到理性,又要防止脱离经验事实,滥用教条。为此,培根运用蚂蚁、蜘蛛和蜜蜂来加以比喻:

> 历来处理科学的人,不是实验家,就是教条者。实验家象蚂蚁,只会采集和使用;推论家象蜘蛛,只凭自己的材料来织成丝网。而蜜蜂却是采取中道的,它在庭园里和田野里从花

---

① 斯宾诺莎. 知性改进论[M]. 北京:商务印书馆,1960:31.
② 培根. 新工具[M]. 北京:商务印书馆,1984:12.

朵中采集材料,而用自己的能力加以变化和消化。哲学的真正任务就正是这样,它既非完全或主要依靠心的能力,也非只把从自然历史和机械实验收来的材料原封不动、囫囵吞枣地累置在记忆当中,而是把它们变化过和消化过而放置在理解力之中。①

在培根看来,狭隘经验论者好比蚂蚁,教条主义者好比蜘蛛,都不可能达到科学知识,只有像蜜蜂那样以内在消化的方式加工制作,才有可能得到普遍必然性知识。正是为此,他提出要反对四种假象或幻象。应该说,培根这种既反狭隘经验主义又反教条主义、独断主义的哲学立场在当时是相当深刻和合理的。在培根之后,霍布斯、洛克都以一定的方式承认了理性在认识中的地位和作用。

理性派也有条件地承认感性经验的作用。笛卡尔把感性观念看作人的观念中成分最多的内容之一,承认身心之间的美感和相互作用。斯宾诺莎也不否认人们关于实际生活的知识大多来自经验,并力图用"身心平行说"来解决观念体系与事实联系之间的内在相关性的问题。莱布尼茨则不仅承认推理的真理,还承认事实的真理,并表现出将经验与理性纳入统一认识过程的倾向,等等。

我们认为,经验论与唯理论之间在感性经验和理性推理之间各执一端又有所互渗的情况表明,感性经验与理性推理对于确定知识的普遍必然性和真理性尽管各有其特殊作用,却都是不可缺少的,是统一的真理性探究过程中的不同阶段。割断了它们之间的过程性联系,各执一端,实际上无法全面完整地说明真理性认识的真实来源和可靠途径。但又正是他们各自对于感性经验和理性推理在真理形成过程中作用的专门分析,作为一种"片面的深刻"而为新的思维方式的产生奠定了基础,尤其是为唯物的和辩证的能动反映论和真理论的产生创造了条件,提供了必要的思想材料。

7. 制定达到科学真理的有效方法

方法是客观规律的主观运用,是主体接近、达到和改变客体的工具或桥梁。在探索认识的过程中,方法也就是工具,是主体方面的某种手

---

① 培根. 新工具[M]. 北京:商务印书馆,1984:75.

段,主体通过这个手段与客体发生关系,并达到对于客体的观念把握。在这种意义上,认识方法是认识活动得以展开,认识目的得以实现的必要条件,而科学的合理的方法则是达到普遍必然性知识、获取科学真理的必要条件。因此,一方面研究认识问题,不能不研究认识的方法问题。而且在认识论的相对独立性还未完全确立的时期,认识论问题及其方法问题非常紧密地联系在一起,处于未分化状态,以致在很大程度上可以说,研究认识问题就是研究认识的方法问题,认识论与方法论几乎具有等价的意义。培根的《新工具》、笛卡尔的《方法谈》等,作为近代认识论研究的开山之作,都直接地以方法论为其书名,就表明了方法论在近代认识论研究中的特殊的和重要的地位。另一方面,对认识方法的特殊关注又使认识论研究有所提升,尤其是强化了认识论研究的规范功能。方法论研究的主要特点在于它不是纯粹描述性的,而主要是规范性的。它的主要任务不是纯粹客观地描述人们在认识活动中运用了哪些方法,而是要以获取真理的效能为尺度对各种认识方法进行比较分析,对其作出价值判断,揭示认识方法的长短、优劣、利弊,以便为人们更加自觉地选择和运用认识方法,更加科学、合理地去推进认识,更加有效地达到普遍必然性真理提供理论的依据和原则性指导。因此,对科学合理的认识方法的探讨和设置,既奠基于对认识系统中主-客体关系、真理目标及其来源的探讨,又有自己的独特内容。具体说来,近代认识论研究中对认识方法的关注主要集中在以下几个具体方面。

(1) 认识方法是独立的还是依附的。

这是从认识方法与认识对象和认识主体的关系方面提出的问题。方法之所以能被主体运用于客体,并使客体成为观念的内容,在于方法既与客体和主体有所不同,又与它们二者有某种相通的地方,从而既能被主体所掌握和运用,又能作用于客体,并使其信息发生某种转换。在这种意义上,认识方法对于认识主体和认识对象必然既有某种独立性,又有某种依附性,既亦此亦彼,又非此非彼。只有在这种独立性和依附性的统一中才能全面把握认识方法的实际地位。然而,与近代在其他认识论问题上各执一端的情况相似和相关,经验派和理性派在认识方法的地位问题上再次出现分歧,表现出自己的不同思路。

相比之下,经验派更多地强调认识方法的独立性,将其看作获取新知识、达到真理的工具,而这种工具不一定必须与它的研究对象同质同构,它们只是被主体用来作用于对象、获取信息、整理经验、发现秩序和规律的外在工具。这种工具可以被用于各种对象。这种观点鲜明地表现在培根的方法论名著《新工具》之中。这实际上是对认识方法的一种工具论的理解,并成为后来英美盛行的"工具主义"的先导。在经验论者看来,事物本身的发展是原因产生结果,对象决定感觉,实体产生性质,而从认识程序和认识方法上来看则是由结果去回溯原因,由感觉去把握对象,由性质去把握实体。认识方法则是帮助人们实现认识的基本工具。经验派希望强化认识方法的独立性而发现或创造具有普适性的经验方法,结果却由于贝克莱和休谟论证出认识方法作为感觉之外的工具的不可能,而失去了自己的必要基础。

相比之下,理性派更加强调认识方法的依附性,将其看作思维本身的形式标准,是由存在的次序所决定的思维秩序。存在的次序如何,思维的次序也就应当如何,因此,认识方法是与研究对象同质同构的,有对对象的依附性。在理性派看来,世间万物产生于最高的实体,即上帝,相应地,认识方法也应体现从最高的公理经过特殊而到个别的推演过程,真理不是来自外部感觉经验,而是来自内部的推理、论证和证明,因此不是外在的、独立的,而是内在的、依附的。理性派的这种学说为理性主义者黑格尔所称道。黑格尔认为,"在哲学上,笛卡尔开创了一个全新的方向:从他起,开始了哲学上的新时代;从此哲学文化改弦更张,可以在思想中以普遍性的形式把握它的高级精神原则"[①]。"在思想中以普遍性的形式把握它的高级精神原则",这可以看作理性派赋予认识方法的基本规定和根本任务。黑格尔正是在这种意义上把认识方法看作对象的内在原则和灵魂。

(2) 认识方法主要是归纳的还是演绎的。

这是近代认识方法论探究的主要之点。认识过程与认识方法主要是归纳的还是演绎的,实际上主要依据于对认识对象、认识来源和认识的真理性的界说。如果认为认识对象是感性的、个别的、具体的事物,认识来源于经验,则对真理的探求只能从个别经验的归纳概括中产生;相反,如果认为认识对象是普遍的、一般的、共相的东西,认识来源于天

[①] 黑格尔. 哲学史讲演录(第 4 卷)[M]. 北京:商务印书馆,1978:65.

赋观念,则真理只能是从一般、普遍、共相推演出特殊原理和个别事物。正是这方面的分歧,产生出经验派的经验归纳法与理性派的理性演绎法之间的对立与冲突。

培根是经验归纳法的制定者和倡导者,他的"新工具"就是归纳法,而这种新工具与亚里士多德的工具论的不同之处,在于它既不是被经院哲学教条化了的亚氏三段论演绎法,也不像亚氏所提出的那种以简单枚举为主要特征的简单归纳法,而是在排除四种"假象"和对经验事物详尽分析和综合基础之上的归纳推理、归纳方法。这种经验归纳法在培根那里集中表现为"三表法"。

"三表法"是培根用于在大量经验现象中排除偶然现象,去发现本质和规律,以获取普遍必然性知识的方法。"三表"实际上是归纳推理的三个步骤,培根通过这三个步骤列出三个表以便排除谬误达到真理。培根指出:

> 我对于解释自然的指导含有两个类别的分部:一部是指导人们怎样从经验来抽出和形成原理;另一部是指导人们怎样从原理又来演出和推出新的实验。前者又要分为三种服役:一是服役于感官,二是服役于记忆,三是服役于心或理性。①

培根认为,要从经验中正确地抽出和形成原理,不仅必须掌握自然和实验的历史,也"必须按某种方法和秩序把事例制成表式和排成行列,以使理解力能够对付它们","还必须使用归纳法"。他认为:"真正的和合格的归纳法,这才是解释自然的真正钥匙。"②为此他认为归纳工作可以分三步来进行。

第一步,建立"要质临现表"或叫"本质和具有表",也就是在经验中去尽可能全面地收集一切与研究对象有关的例子,"把所有已知的在一些极不相像的质体中而一致具有这同一性质的各种事例聚集并列示在理解力之前",列成一个表。例如研究"热"就要全面收集热和热的事

---

① 培根. 新工具[M]. 北京:商务印书馆,1984:117.
② 培根. 新工具[M]. 北京:商务印书馆,1984:117-118.

例，列成一个在热性上一致的事例表。这是研究的范围和推理的基础。

第二步，建立"歧异表"或叫"近似物中的缺在表"。即搜集那些表面看来与上述性质相似但实质上有所不同的事例并将其列成一表，以便将其排除于归纳的对象，例如月光与阳光都是光，但月光却没有"热"，从而应将其排除于对热的归纳对象。通过这一步骤将各种假象或偶然现象排除于归纳过程，以保证归纳推理的正确性。

第三步，建立"比较表"或叫"程度表"，即将各种例子中那些与所研究对象具有成比例地增加或减少的"共变"关系的部分加以比较，列成比较表。因为"一个性质若非永远随着讨论中的性质之增减而增减，就不能把它当作一个真正的法式"①。只有这种共变关系能够最终说明事物的真正本质。相应地，也只有通过以上的搜集、排除和比较的工作，"在一切轻浮意见都化烟散净之余，到底就将剩下一个坚实的、真确的、界定得当的正面法式"②。这也就是具有普遍必然性的知识。

培根重视归纳法，也并不否认有必要也有可能"指导人们怎样从原理又来演出和推出新的实验"，却没有就如何进行演绎予以专门的论说。他强调渐进的排除与比较的推理过程，并实际上运用理性假说来推导热的运动形式，允许理解力凭着各表所列事例以及他所处理事例的力量来做一回正面地解释自然的尝试。但他又把这种尝试称为"理解力的放纵，或解释的开端，或初步的收获"。他希望有一天把一切经验材料搜集齐备，则不借助理性的飞跃，只凭借经验便可提供一切普遍必然的知识。这就实际上暴露出他的方法论中经验与理性的矛盾，及其偏重经验所带来的狭隘性。这引发出霍布斯对分析方法与综合方法的理解和运用，并产生出洛克"健全理智"的认识方法，还促使贝克莱和休谟对经验主义方法产生根本怀疑和否定。

笛卡尔对经院哲学三段论演绎法的改造，关键之点在于确定一个最为清楚明白的支点，以保证推论知识的确实可靠性，为此他以"普遍怀疑"来对人的感觉、传闻、经验、推理知识等逐个审视又加以排除，确立了"我思"作为确定无疑的存在的最高原则，然后由上帝的观念推出上帝存在的本体论证明，进而将上帝作为最高公理而以严格的数学和

---

① 培根. 新工具[M]. 北京：商务印书馆，1984：133.
② 培根. 新工具[M]. 北京：商务印书馆，1984：145.

几何学方式进行理论推导,创立了自己的理性演绎法。笛卡尔强调避免偏见,注意命题分析,由简单对象逐步上升到复杂事物,并应尽量完全地列举一切情况等,都表现出对分析与综合的实际运用。但他设立的前提"我思"与"上帝"实际上却是模糊不清的,为此他受到霍布斯与伽森狄的猛烈攻击,并引出了斯宾诺莎从"真观念"出发的理性演绎法。

斯宾诺莎认为,好的方法在于指示我们如何指导心灵依照一个真观念的规范去进行认识。而"为了进行研究正确无误起见,我们的方法必须满足下列的条件:①必须将真观念与其余的表象辨别清楚,使心灵不要为后者所占据。②必须建立规则,以便拿真观念作为规范去认识未知的东西。③必须确定适当的次序,以免枉费精神于无用的东西"①。为此他把欧几里得的几何学方法视作最为重要和根本的方法而应用于他的哲学体系,并以严格的几何学方式,通过"公理""定义""命题""证明"等推论步骤,建立了自己的"伦理学"哲学体系,表明了比较彻底的理性主义方法论倾向。

与笛卡尔和斯宾诺莎注重确定演绎推理的出发点有所不同,莱布尼茨更关注推理的实际过程和逻辑规则,并表现出将认识方法数理化的倾向。他认为"智力曾经发现的一切东西都是通过逻辑规则这些老朋友被发现的"②,因此,他着力于对推理过程中矛盾原则和充足理由原则的确立和对其相互关系的调和,希望通过它们将理性主义与经验主义的方法调和起来,或结合起来,并建立了一套普遍数理符号系统,从而尝试将形式逻辑的概念、判断和推理转换成一种普遍性的代数符号运演,创立一种具有独特意义的逻辑符号工具论。莱布尼茨在这方面的成功与贡献,使现代数理逻辑学的创建成为可能。

三、认识论思维方式的演进与引发的诘难

思维与存在、主观与客观的关系问题是与人类社会共生共存的普遍性和恒常性问题。认识作为思维与存在、主观与客观之间通过感知和思维而以观念方式得到统一的具体方式,无疑也具有普遍性和恒常性。相应地,认识论探究也具有普遍性和恒常性意义。认识的最高目

---

① 斯宾诺莎. 知性改进论[M]. 北京:商务印书馆,1960:34.
② 亨利希·肖尔兹. 简明逻辑史[M]. 北京:商务印书馆,1977:49-50.

的是求真，是获取具有普遍必然性的知识，相应地，认识论思维方式，从根本上说，也就是去发现和获取普遍必然性知识，去发现和证实真理的方式。近代哲学中经验派与理性派尽管在具体问题上争论非常激烈，观点相距甚远，但在承认认识有可能达到真理这个根本点上却是一致的。它们之间的争论，实际上是理性主义的内部争论，是对人类理性能力及其限度的一种思考和反省。自觉地对人类理性能力及其限度进行反省和思考，对于理性主义的发展无疑具有极为重要的作用。而这种思考一旦通过认识论思维方式的反省与探究而成为近代哲学的中心问题，则不会轻易消失，而是以一种特有的"惯性"而流传和延续下来，在新的条件下开辟着自己的发展与演进道路，并作为人类哲学思维的重要构件和基本形式之一而对后来的哲学思考发生着非常积极的影响和作用。

1. 认识论思维方式的演进

前面我们谈到，认识论思维方式在近代哲学中的中心地位并没有取消本体论问题，但它却使对本体问题的探究更加自觉，并将其建立在更加合理的基础之上。合理性，首先是合乎理性。认识论思维方式本质上正是一种理性思维方式。17世纪的认识论探究所锻造的理性武器，既成为18世纪法国启蒙学者对封建主义和宗教神学进行理性批判的思想武器，也成为18世纪法国唯物主义建立自己的物质一元论哲学体系的重要方法论原则。

在社会批判方面，我们可以看到，比埃尔·培尔接过并发挥笛卡尔的"普遍怀疑"，以之反对宗教神学及其对上帝的本体论证明，他"用怀疑论摧毁了形而上学，从而为在法国掌握唯物主义和健全理智的哲学打下了基础"[①]。伏尔泰则接过洛克的经验论，反对天赋观念和天赋道德原则，鼓吹君主立宪、思想自由和民主政治。在孟德斯鸠提出的"三权分立"和"地理环境决定论中"，既有洛克唯物主义经验论，也有笛卡尔机械唯物主义的积极内容。而卢梭的社会契约论则应当看作对霍布斯、斯宾诺莎和洛克以来的社会契约思想的补充、修改和集成。而在这一切批判中，最重要也最有力的武器是理性。人们不承认任何外界的权威，不管这种权威是什么样的。宗教、自然观、社会、国家制度，一切

---

① 马克思恩格斯全集(第2卷)[M]. 北京：人民出版社，1957：162.

都受到了最无情的批判;一切都必须在理性的法庭面前为自己的存在做辩护或者放弃存在的权利。

在建构无神论的物质一元论哲学体系方面,我们可以看到18世纪法国唯物主义者拉美特利、霍尔巴赫、爱尔维修和狄德罗等先进思想家,不约而同地以理性的武器批判经验派和理性派的神学不彻底性,彻底从哲学中驱逐了上帝观念、宗教神灵、自然神论、二元论和唯心主义,在彻底经验主义的感觉论基础上建立起唯物主义的物质一元论哲学体系。尽管他们的学说中带有明显的机械性和形而上学性,但毕竟使唯物主义哲学成为这一时期的主导哲学形态。马克思说:"18世纪的法国启蒙运动,特别是法国唯物主义,不仅是反对现存政治制度的斗争,同时是反对现存宗教和神学的斗争,而且还是反对17世纪的形而上学和反对一切形而上学,特别是反对笛卡尔、马勒伯朗士、斯宾诺莎和莱布尼茨的形而上学的公开而鲜明的斗争。"①

近代认识论思维方式的影响是深远的,在德国古典哲学中,在马克思主义哲学中,在当代西方哲学中,都可以发现它的踪迹和作用。这种踪迹和作用大体上可以分为两个基本方面:一方面提供是积极的有价值的思想材料,另一方面是揭示内在的矛盾和历史局限性。而又正是后者及由此而引发的诘难,引起人类哲学思维方式的总体性变革与更新。

2. 认识论思维方式引发的诘难

认识论思维方式,尤其是各自均有一定片面性的唯理论和经验论,在哲学的进一步发展中都曾受到过来自各个方面的批评和诘难。从性质方面来看,这种批评和诘难大都是从建设和发展的角度提出的,是为了解决认识论思维方式的内在矛盾和缺陷,使之得以补充、修整、完善和发展,是认识论思维方式的积极的推进力量。但有的诘难和批评是否定性的、破坏性的和颠覆性的,其目的在于从根本上否定认识的可能性,从而取消认识论思维方式存在的必要性。这就是以怀疑论面目出现的休谟不可知论。

怀疑论的思想萌芽在古代就有,我们至少可以追溯到晚期希腊的皮浪及其学派。但他们并没有形成真正的哲学体系。近代哲学中笛卡

---

① 马克思恩格斯全集(第2卷)[M]. 北京:人民出版社,1957:159.

尔以普遍怀疑作为自己的"第一沉思",但其目的却是要在怀疑一切之后从"我思"证明"我在",为后者提供基础、创造条件,从而通过"我思故我在"为自己的理性主义哲学奠定一块不容怀疑的坚实基地。在这种意义上,笛卡尔的普遍怀疑恰恰成为他达到确定性、真实性、普遍必然性知识的必要手段。

休谟则有所不同,甚至与笛卡尔恰好相反,他从可知论的前提出发,经过怀疑论,而达到不可知论,从而导致近代经验论的终结。休谟重视对人性的研究,认为人性是一切科学的核心或心脏,哲学从根本上说也应当是关于人性的科学,为此他撰写了《人性论》。在他看来,人性主要包括知性、情感和道德,其中知性是最为重要的。对知性的性质、范围和能力的探究应当是哲学的重要任务。知性主要可以分成两种,一种是观念,一种是印象。"所谓印象一词,乃是指我们的较活跃的一切知觉,就是指我们有所听,有所见,有所触,有所爱,有所憎,有所欲,有所意时的知觉而言。印象是和观念有别的。所谓观念就是在反省上述的那些感觉和运动时我们所意识到的一些较不活跃的知觉。"①那么,观念与印象的关系如何呢?休谟认为,一切观念都起源于印象②,这是人性科学的第一条原则。不仅简单观念来自简单印象,而且复杂观念也来自印象。总之,一切观念都来自感觉印象。在这里,我们不难看到洛克和贝克莱感觉经验论的影子。正是在这里,我们还可以把休谟看作一个经验论者。但接下来,他便走上了与洛克唯物主义经验论与贝克莱主观唯心主义经验论都完全不同的道路。观念来自感觉印象,那么,印象来自何方呢?休谟说了在哲学史上颇为著名的这样一段话:

> 感官传来的这些知觉,究竟是否是由相似的外物所产生的呢?这是一个事实问题。我们该如何来解决这个问题呢?当然借助于经验;正如别的一切性质相同的问题都是如此解决的。但是经验在这里,事实上,理论上,都是完全默不作声的。人心中从来没有别的东西,只有知觉,而且人心也从不能经验到这些知觉和物象的联系。因此,我们只是妄自假设这

---

① 休谟. 人类理解研究[M]. 北京:商务印书馆,1957:20.
② 休谟. 人性论[M]. 北京:商务印书馆,1980:18.

种联系,实则这种假设在推论中并没有任何基础。①

在休谟看来,感觉经验来自哪里,这只能借助于经验来解决,但在这里经验却沉默了。在沉默的经验面前,"理性从不能在经验中找到任何强有力的证据,来证明各种知觉是和任何外界事物相联系着的"。而另一方面,"要想求助于崇高神明的真实无妄,来证明我们感官的真实无妄,那只是很无来由的一个绕弯……我们如果怀疑外在的世界,我们就更茫然地找不出证据来,以证明那个神明的存在或他的任何属性的存在(指笛卡尔)"②。这正如列宁所指出的:"休谟所谓的怀疑论,是指不用物、精神等等的作用来说明感觉,即一方面不用外部世界的作用来说明知觉,另一方面不用神或未知的精神的作用来说明知觉。"③所以黑格尔认为:"休谟的怀疑论直接以洛克的哲学为对象,同时也以巴克莱的唯心论为对象。"④通过怀疑论,休谟不仅取消和否定了对外部世界到底是物质的还是精神的这个问题,回避了唯物主义和唯心主义、无神论者和有神论者关于世界本原的探讨和争论,而且向整个可知论提出了挑战:既然经验不能证明知识、观念到底是来自事物还是神明,你们怎么可以证明你们一贯坚信并始终为之努力的普遍必然性知识和真理呢?普遍必然性知识和真理何以成为可能呢?尽管休谟本人并没有把自己的学说叫作不可知论,他的信徒赫胥黎却正确地将休谟的怀疑论学说概括为不可知论。正是因为这种不可知论,休谟最终走向主观唯心主义,他否认因果关系和因果律的客观性,认为因果观念不过是产生于某种"习惯性联想"。

这里应该强调指出,休谟的怀疑论主要是在哲学层面上展开的。在科学和日常认识层面上,他并不完全否认认识的必要性和可能性。罗素曾经这样评论休谟怀疑论:"当然,不该设想,怀疑论者对他日常生活中面临的现实问题是不能拿定主意的。陈述了怀疑论立场之后,休谟十分明确地表示,这并不妨碍一个人的正常探索。"⑤休谟怀疑论的价

---

① 休谟. 人类理解研究[M]. 北京:商务印书馆,1957:135.
② 休谟. 人类理解研究[M]. 北京:商务印书馆,1957:135-136.
③ 列宁选集(第2卷)[M]. 第2版. 北京:商务印书馆,1972:29.
④ 黑格尔. 哲学史讲演录(第4卷)[M]. 北京:商务印书馆,1978:205.
⑤ 罗素. 西方的智慧[M]. 北京:世界知识出版社,1992:304.

值恰恰在于他是一种哲学思考,是一种前提思考,是对可知论的前提的思考,是对过去人们认为不言自明的前提、"公理"的挑战,尽管这种挑战是以怀疑和否定的方式提出的,却确实击中了传统可知论的要害,动摇了它的前提,迫使人们起来对这个过去认为不言自明的问题进行严肃认真的反省、思考和论证,这就必然从根本上促进认识论研究的发展。在这种意义上,"休谟的批判就前提本身而言,仍然正确。对待这些,我们应该保持一种探索的或怀疑的态度"①。这种前提反省、前提质疑和前提批判,无疑正是人类哲学思维挑战极限、推进极限、超越极限的具体实现途径,这恐怕也正是"休谟问题"至今仍然保有其理论魅力的根本原因。从正面的和积极的方面来看待休谟怀疑论和不可知论,我们应当从中领悟到:世界的可知性问题既不是一个不言自明的前提,也不是已经由前人一劳永逸地解决了的公理,而是一个需要随着人类实践的发展、科学的进步和文明的演进而不断地加以研究和回答的问题,是一个与人类相生相随的永恒的真正的哲学问题。认识论研究和认识论思维方式的全部功能,正在于根据新的时代特点不断地对这个久远而又常新的问题做出科学的回答,并以此推进人类认识和科学的进步。

---

① 罗素. 西方的智慧[M]. 北京:世界知识出版社,1992:305.

第八章 主体论思维和研究方式

主体是相对于客体而言的,一般来讲是相对于客体处于能动支配地位的人。在哲学层面上,比较自觉地把人当作主体专门加以研究的要以德国古典哲学为真正开端。康德的"哥白尼式革命"用主体中心论取代了客体中心论,超越了近代早期认识论的直观、机械、形而上思维,转向了批判、反思的哲学理论。

康德的主体论思维方式有如下特征:以主体自我批判为全部哲学批判的出发点;立足主体能力及其限度来考察世界本原问题;以主体能动性来说明认识的可能性及其发展;从主体的道德自律与意志自由来说明人在道德实践中的主体性;从审美判断和审美鉴赏力来考察人在审美活动中的主体性。

康德的主体论哲学在德国古典哲学中,经由费希特、谢林、黑格尔的发展,克服了唯主体的倾向,走向了主体与客体的辩证统一,形成了黑格尔的客观唯心主义体系,促使了人类哲学思维和研究的进一步发展和变革。

第八章 主体论思维和研究方式

主体是相对于客体而言的,是标示人在一定条件下对一定客体所具有的某种自觉能动功能的哲学范畴。一般说来,主体是人,客体是自然。但严格讲来,人并非都是主体,自然也并非都是客体。一方面,只有在与一定客体的对象性关系中具有主体需要和主体能力并通过一定的主体性行为而取得主体地位、实现主体功能、达到主体性效应的人才是主体;在人与人之间还有互为主客体的情况。另一方面,只有具备为一定主体所需要和把握的属性并被设置为认知评价、审美和实践的对象的自然才转化为客体;不仅自然,社会、思维和人自身也有可能成为客体。因此,主体和客体不是一对单纯的实体范畴,而是一种功能范畴。主体和客体之间本质上不是一种实体关系,而是一种功能关系。在这种功能关系中,主体是居于主动、能动、积极、支配的一方,客体则是相应居于被动、受动、消极、受控的一方。主体和客体之间可以看作主动与被动、能动与受动、积极与消极、支配与受控的关系。相应地,这种从积极主动、能动支配的主体出发来看待和研究主体-客体关系,以至研究人与世界的复杂关系的理论,可以叫作主体论或叫主体理论。而贯穿在这种主体理论中的观察方式、思考方式、评价方式、解释方式和表述方式等,则是一种主体论思维方式。主体论思维方式是相对于客体论思维方式而言的,二者最根本的区别在于从主体出发还是从客体出发解释主体-客体关系,是把主体还是把客体看作主客体关系中的主导方面、支配方面、决定方面,产生出两种正相反对的观察方式、解释原则和论证路线。客体论思维方式,从客体、事物、对象出发来解释主体、思想、观念,把客体看作主客体关系的核心和轴心,把思想、观念看作事物、对象的消极反映和被动再现,否认主体在认识和支配客体方面的自觉性、能动性、选择性与创造性。主体论思维方式则从主体方面来解释客体、事物、对象,把主体看作主客体关系的核心和轴心,强调人作为主体的自觉性、能动性,强调作为主体的人在设置、反映、评价以及改造客体中的积极主动性和实际有效性。对比之下,不难看出,主体论思维方式关注的是人,却不是一般的人,而是作为主体的人;他也不是一般地关注人,而是从人的主体性生成、主体性结构、主体性地位、主体性功能及其实现途径等方面来关注人。

应该说,对人自身的关注在人类认识和自我认识史上早已萌生,阿波罗神庙上"认识你自己"的神谕表明了早期人类对自我意识的自觉。

普罗泰戈拉的"人是万物的尺度"尽管还只是朦胧中的论断,却也多少反映了人类主体意识的萌芽。但在哲学层面上,真正比较自觉地把人作为主体来专门地加以研究,并从人的主体性的视角去观察、思考和解释人与世界的关系,以至形成比较专门的主体论思维方式,却是从德国古典哲学才真正开始的。在此之前的本体论思考和认识论探究,实际上贯彻的都是或至少主要是一种客体论的思维方式。只是由康德开始,主体和主体性才成为哲学思考的中心范畴,主体性原则成为哲学解释和哲学探究的主导性原则,主体性思维方式成为哲学研究的主导思维方式。康德哲学的历史功绩正在于提出和确立了主体、主体性和主体性原则,发动了哲学发展史上的"哥白尼式的革命",促使人类哲学思维由"客体中心"转向"主体中心",从而开创了人类哲学思维发展进程中的主体论思维和研究方式阶段。

一、由"客体中心"到"主体中心"

1. 康德在哲学史上的"哥白尼式的革命"

康德在他的《纯粹理性批判》第二版序文中曾经这样概括自己哲学的基本思路:

> 吾人之一切知识必须与对象一致,此为以往之所假定者。但借概念,先天的关于对象有所建立以图扩大吾人关于对象之知识之一切企图,在此种假定上,终于颠覆。故吾人必须尝试,假定为对象必须与吾人之知识一致,是否在玄学上较有所成就。此种假定实与所愿欲者充分相合,即先天的具有关于对象之知识(在对象未授与吾人之前,关于对象所有规定)应属可能之事是也。于是吾人之进行正与哥白尼之按其基本假设而进行相同。以"一切天体围绕观察者旋转"之假定,不能说明天体之运动,哥白尼乃更假定观察者旋转,星球静止不动,以试验其是否较易成功。关于对象之直观,此同一之试验,固亦能在玄学中行之。盖若直观必须与对象之性质相合,则我实不解吾人关于对象何以能先天的有所知,但若对象(所视为感官之对象者),必须与吾人直观能力之性质相合,则我

自易思及此种可能性。

这里所论的便是康德自称在哲学思维尤其是认识论探究中所发动的"哥白尼式的革命",其关键之点在于把过去认识论研究中所历来主张的"知识与对象相符合"颠倒为"对象与知识相符合",即由过去主要以客体来说明主体的关于客体的知识,转向主要由主体来说明主体关于客体的知识。这无疑是认识论研究和解释方式中出发点和主导原则的一种根本性转换。康德认为,这种根本性转换与哥白尼在天文学中发动的革命尽管在内容上有所不同,但性质上基本一致。

我们知道,哥白尼在天文学中发动的革命是由"地心说"转向"日心说",即用"太阳中心论"取代过去一直支配着天文学和人们世界观的"地球中心论",从科学上摧毁了基督教神学的"人类中心主义"。康德的哲学革命则在于由"客体论"转向"主体论",即用"主体中心论"取代过去一直支配着哲学和人们思维方式的"客体中心论",从哲学上把作为主体的人置于整个宇宙的中心,把主体性原则确立为哲学思考和哲学探究的根本原则、主导原则。

康德在他的《未来形而上学导论》中进一步重申了他的哲学革命:

> 自然界的最高立法必须是在我们心中,即在我们的理智中,而且我们必须不是通过经验,在自然界里去寻求自然界的普遍法则;而是反过来,根据自然界的普遍的合乎法则性,在存在于我们的感性和理智里的经验的可能性的条件中去寻求自然界。
>
> 理智的(先天)法则不是理智从自然界得来的,而是理智给自然界规定的,这话初看起来当然会令人奇怪,然而却是千真万确的。①

"人为自然界立法",普遍必然性知识的来源不在知觉中,而在主体自身,这就是康德哲学的关键之点。

黑格尔在谈到康德哲学时这样写道:

---

① 康德. 未来形而上学导论[M]. 北京:商务印书馆,1978:92-94.

  康德哲学的一般意义在于指出了普遍性和必然性那样的范畴，像休谟[提到洛克时]曾经指出那样，是不能在知觉中找到的；这些范畴在知觉之外有着另一个源泉，而这个源泉就是主体、在我的自我意识中的自我。

  这就是康德哲学中的主要原则。他的哲学又叫作**批判的哲学**，因为它的目的，有如康德所说，首先是对于认识能力的批判。在认识之前，我们必须考察一下认识的能力。①

罗素则这样评价康德："康德发动了一场他自称在这个领域里的哥白尼革命。康德不像休谟那样试图用经验来解释概念，而是一开始就用概念来解释经验。"②

康德所发动的这场哲学革命对于认识论以至于全部哲学的发展都具有极为重要的意义。杨祖陶认为：

  只有当康德将主体能动性原则**首次**明确地引入到认识论的主客体关系中来时，主客观的矛盾才真正体现为**主观能动性**和**客观必然性**之间的本质冲突，思维和存在的关系才不再是两种思维（我的思维和上帝的思维）或两种存在（我的存在和物质世界的存在）的外在关系，而是绝对能动的思维主体和绝对必然的思维客体的不可分割的关系了，思维的主观能动性**第一次**被有意识地提到主体和客体的关系上，作为达到主客体同一的一个先决条件来看待了。主观和客观的矛盾就此上升到了一个新的层次，即是说，人的主观必须符合客观才能获得必然性的知识，但人的主观又必须具有自发的能动性才成其为主观，也才能真正获得任何知识。③

这里的"首次""第一次"等概念无疑表述着对于康德主体论思想在哲学史上特殊地位的高度评价。李景源等则更加直截了当地谈道："康

---

① 黑格尔. 哲学史讲演录（第4卷）[M]. 北京：商务印书馆，1978：258.
② 罗素. 西方的智慧[M]. 北京：世界知识出版社，1992：316.
③ 杨祖陶. 德国古典哲学逻辑进程[M]. 武汉：武汉大学出版社，1993：22.

德哲学把唯理论和经验论、归纳主义和演绎主义结合起来,把传统的以客体为中心(即认识必须符合对象)的认识论颠倒过来,改为以主体为基点,让客体围绕主体来旋转。"

由此看来,不论康德本人还是后来的国际哲学界都把提出主体性原则,开创主体论思维和研究方式,看作近代哲学发展史的一次革命性变革,这是康德对于人类哲学思维的一个重要贡献。那么,这场"哥白尼式的革命"究竟是何以和如何发生的呢?

2. 超越经验论和唯理论的"极限"

主体论思维方式取代认识论思维方式,成为人类哲学思维在19世纪的主导思维方式。这不是取消认识论问题,也没有否定认识论研究的意义,而是针对17世纪认识论探究中唯理论与经验论的尖锐对峙,反对它们在经验与理性之间各执一端所表现出来的机械性与片面性,以便在主体能动性的基点上,将感性与理性、归纳与演绎、分析与综合更加内在地结合起来,在真善美的统一中解决认识问题、道德问题和审美问题,使认识论问题研究在更加广阔的社会文化背景中得到提升和发展,以为人类主体性的强化与建构奠定更加坚实的基础。具体说来这主要表现在以下诸方面。

(1) 扬弃"唯客体主义"的研究思路。

我们知道,经验派和理性派的直接分野是在认识的来源、途径和方法等方面,而其根子却在于对认识对象的不同理解。正是对于认识对象的不同规定,引发出他们之间在认识论其他一系列问题上的根本对立和尖锐冲突。在认识论研究中,认识的对象问题也就是普遍必然性知识的对象性依据问题。经验派把认识对象规定为现实的感性的个别事物,然后以此为出发点去论证感性经验和归纳推理的必然性和必要性。理性派把认识对象规定为普遍的一般的本质和规律,然后以此为出发点去论证理性知识和演绎推理的必然性和必要性。在这里他们的观点虽然正相反对,但论证思路却是一样的,都是从对于对象的设定出发,目的都是要使"知识与对象相符合"。在康德看来,这正是最可怀疑的问题:你怎么能知道你的对象是什么并能保证和验证你的知识与对象相符合呢?为此他主张在认识之前先考察人的认识能力,根据人的认识能力的大小来决定认识的对象和范围,使认识的对象符合于人的直观能力。

(2) 克服就认识谈认识的狭隘眼界。

近代认识论实际上是一种相当狭隘的知识论,其重要标志是把认识问题从其赖以发生、展开和实现的社会文化背景中割离出来,就认识谈认识,就知识谈知识,这就实际上不自觉地使认识论研究脱离了人类文明的发展大道。康德所倡导的主体论思维方式,非常重要的一个理论支柱,即认为人作为主体,不仅要获取知识,还有道德实践,还有审美鉴赏,因此,他不仅要追求真理,还要追求道德和美感。而这几个方面又是相互联系和制约的。因此,他认为认识论问题的解决必须同伦理学与美学结合起来。他的批判哲学不仅要考察纯粹理性,还要考察实践理性和审美判断,它们都是哲学所不可缺少的重要内容,必须将它们联系起来加以思考,才有可能分别对其做出合理的说明。这样,康德就把哲学的视野由单纯的认识论探究拓展到包括道德伦理、审美塑造和社会历史在内的极为广阔的人类文化领域,极大地拓宽了哲学的基础。

(3) 超越静止、片面的形而上学思维方式。

从方法论上来看,经验论和唯理论的理论极限,在很大程度上反映和记载着当时的科学思维和哲学思维的历史极限,这就是当时在思维方式上所不可避免存在的孤立性、静止性和片面性,是缺乏辩证思维的必然产物。应该说,个别与一般、特殊与普遍、现象与本质本来是内在地和辩证地统一于任何事物之中的。而感性与理性,则内在地统一于认识的发展过程中,是其中不可分割的发展阶段,归纳和演绎也是内在相互作用、相互补充的思维方法。但这都需要辩证的思维,而经验派和理性派则将其割裂开来,并各执一端,使之尖锐对立。康德看出并力图消除这种对立,他把感性、知性和理性看作人的三种不同水平的认识能力,并将其作为认识发展中的三个阶段而在总过程中使之内在衔接起来。这尽管仍留下了许多问题,却显示出辩证思考的积极作用。

总之,近代认识论探究的本来任务是说明思维与存在的同一性,但由于上述种种原因,经验论和唯理论不但未能有效地说明这种同一性,反而以感性与理性、归纳与演绎、主观和客观,以及主体和客体的尖锐对立和冲突而否定了这种统一性,其显著标志是经验论最终走向不可知论,唯理论最终走向独断论。不可知论和独断论从两个极端宣告了经验论和唯理论的终结,也宣告了近代认识论探究的终结,并引出了康德的思辨主体论思维方式。

3. 超越法国唯物主义的局限

主体论思维方式的形成,不仅是对唯理论和经验论的超越,也是对以法国唯物主义为代表的古典唯物主义的超越,是对旧唯物主义的机械性、消极性的局限性的批判与扬弃,是对主观性、能动性的发挥与弘扬。

马克思曾经指出:"18 世纪的法国启蒙运动,特别是法国唯物主义,不仅是反对现存政治制度的斗争,同时是反对现存宗教和神学的斗争,而且还是反对 17 世纪的形而上学和反对一切形而上学,特别是反对笛卡尔、马勒伯朗士、斯宾诺莎和莱布尼茨的形而上学的公开而鲜明的斗争。"① 18 世纪法国唯物主义既是 16 世纪英国唯物主义的发展,又可以说是其在近代的完成。在本体论意义上,法国唯物主义者紧密结合当时自然科学的最新成就,坚持和发展唯物主义自然观。他们反对笛卡尔、莱布尼茨等人哲学中的二元论和唯心主义倾向,坚持用物质说明意识,用存在说明思维,论证了世界统一于物质的唯物主义世界观。在认识论意义上,法国唯物主义者既反对从笛卡尔到莱布尼茨的唯理论的唯心主义,反对一切真知来源于理性、思维,又反对贝克莱主观唯心主义感觉论,反对物是观念的集合和存在就是被感知。他们坚持并发挥洛克的唯物主义经验论,一方面坚持"感觉是我们知识的唯一泉源",另一方面坚持"人通过感觉感知的是客观实在,或者说客观实在是人的感觉的泉源"②,这样就不仅用感觉来说明知识的客观性,而且由外部对象的客观实在性来说明感觉的客观性,从而彻底地坚持了从物到感觉到意识的唯物主义认识路线,坚持了唯物主义反映论的两个最重要前提,在认识论上坚持了彻底的唯物主义立场。正是立足于唯物主义本体论和认识论,法国唯物主义者对于 17 世纪形而上学中以各种形式存在的有神论和宗教神学进行了尖刻的和不妥协的批判,进行了公开而鲜明的斗争。他们批判笛卡尔关于上帝存在的本体论证明,批判斯宾诺莎主张神与自然合一的泛神论观点,批判莱布尼茨的上帝创世和"前定和谐"学说,批判一切形式的宗教唯灵论和神学不彻底性,坚持从自然出发来解释自然,在自然本身中探寻事物存在、发展的原因、基础和动力,

---

① 马克思恩格斯全集(第 2 卷)[M]. 北京:人民出版社,1957:159.
② 列宁选集(第 2 卷)[M]. 第 2 版. 北京:人民出版社,1972:125.

认为"自然神论乃是人类精神不能长期停留在那里的一种体系；它建立在一种幻影之时，人们迟早会看见它蜕化为一种荒诞不经和危险的迷信"①。这就坚持了唯物主义的无神论立场。在社会历史领域内，法国唯物主义力图把他们的唯物主义原则运用于对社会生活的观察和解释，一方面"认为人是环境和教育的产物，因而认为改变了的人是另一种环境和改变了的教育的产物"②，从而力图通过外部环境的变化来说明人和社会的变化，但另一方面他们却不懂得"环境正是由人来改变的，而教育者本人一定是受教育的"。他们不懂得社会思想、意识对社会存在的依赖性，和社会存在对社会意识的根源性，从而陷入环境决定人和意见决定环境的背反论证中，并最终在社会历史领域内背叛了唯物主义原则，陷入历史唯心主义。

  法国唯物主义的根本缺陷，在于其思维方式的机械性、还原性和消极性，为了坚持唯物主义而否定辩证法、能动性，忽视人的自觉性和意识的创造性。他们在强调物质对意识的决定作用时，忽视意识的能动性和对物质的反作用；在强调认识结果对认识对象的依赖性时，不懂得认识主体在认识活动中的选择性、创造性；在强调环境对人的决定作用时，忽视人对环境的自觉能动改造和合目的性创造；为了说明自然、社会、人的物质统一性，他们抹杀和否定人超越于动物、植物以至无机物的特殊能动性，把人还原为动物、植物以至机器。古典唯物主义思维方式的这种机械性、还原性、消极性与主体性思维方式的辩证性、能动性、超越性是根本对立的。因此，如果主体性思维方式要想产生和确立，必然要对古典唯物主义思维方式进行扬弃和超越。

  康德早期主要是莱布尼茨-沃尔夫派的唯理论者。他在科尼斯堡大学学习时与沃尔夫学派的副教授 M. 克努村过从甚密，并在其影响下接触牛顿科学思想。就其对自然的认识和理解来说，此时的康德是一位自然科学唯物主义者。1755 年，康德以德语匿名出版了《自然通史和天体论》一书。该书接受牛顿关于自然运动的数学-力学结构模型，抛弃其第一推动力的虚幻假设，从原始的、弥漫的、混乱的物质微粒及其内在的吸引与排斥运动出发说明天体的形成及其运动变化，生动解释

---

① 霍尔巴赫. 自然的体系（下卷）[M]. 北京：商务印书馆，1977：300.
② 马克思恩格斯选集（第 1 卷）[M]. 北京：人民出版社，1972：17.

无限宇宙的各有限部分在时间和空间中的相互联系和发展过程,提出了天文学史上有重大意义的关于太阳系形成的"星云说"。在这里,康德作为自然科学家,不能不受到培根开创的经验论的影响,表现出自然科学唯物主义和自发辩证法的基本倾向,并保持着对于人类理性和科学力量的坚定信念。他认为,"物质是受某种必然的规律所支配的","组成万物的原始物质是和某些规律相联系的,而物质在这些规律的支配下必定会自然而然地产生出美好的结合来"。① 尽管他把这种规律与上帝联系起来,却以泛神论的方式承认了世界的物质性和物质运动的规律性。康德对人在认识和掌握自然规律方面的能动性表示出充分的信心。笛卡尔曾经说过,只要有物质和运动,就可以构造出宇宙。康德则在对宇宙规律、人类理性做了更加细致求实的考察后进一步指出:"我觉得,我们在这里可以在某种意义上毫不夸张地说,给我物质,我就用它造出一个宇宙来!这就是说,给我物质,我将给你们指出,宇宙是怎样由此而形成的。"②恩格斯高度评价康德的星云说,认为他"在这个僵死的自然观上打开第一个缺口","在康德的发现中包含着一切继续进步的起点"③。这里值得注意的是,即便在这时,康德也已注意到对于复杂的对象需要更加复杂的认识和说明方式。他在谈到对宇宙形成和运动规律的力学解释后,马上写道:"难道人们敢说,在微小的植物或昆虫身上也能找出它们的发生、发展的原因吗?难道人们能够说,给我物质,我将向你们指出,幼虫是怎样产生的吗?难道人们在这里不是由于不知道对象的真正内在性质,并由于对象的复杂多样性,所以一开始就碰了壁吗?"④根据对象的真正内在性质和复杂多样性来探寻与之相适应的理解方式和阐释方法,这正是辩证法的根本要求之一。正是在这方面,康德表现出对于法国唯物主义在思维方式方面的超越性。在这种意义上就可以理解康德后来为什么既承认自在之物,又要限定自在之物,创立批判哲学。在他看来,"惟有批判能铲除唯物论、命定论、无神论、无信仰、狂信、迷信(此皆能普遍有害于公众者)及观念论、怀疑论

---

① 康德.宇宙发展史概论[M].上海:上海人民出版社,1972:13-14.
② 康德.宇宙发展史概论[M].上海:上海人民出版社,1972:16-17.
③ 马克思恩格斯选集(第3卷)[M].北京:人民出版社,1972:450.
④ 康德.宇宙发展史概论[M].上海:上海人民出版社,1972:17.

(此则主要有害于学派而尚难传达于公众者)等等"①。

4. 由独断论转向批判论

就其微观过程而言,认识论思维方式向主体论思维方式的转化,在康德自身还表现为他本人由唯理论者和独断论者向批判论者、主体论者的转化。不可知论与独断论之间的外部冲突也引起康德哲学思想的内部冲突,其结果则是休谟的怀疑论打破了康德的独断主义美梦,使其走向批判哲学。康德曾经非常明白而坦率地谈到自己哲学思想的重大变化:"我坦率地承认,就是休谟的提示在多年以前首先打破了我教条主义的迷梦,并且在我对思辨哲学的研究上给我指出来一个完全不同的方向。"②

如果说康德过去主要是依据自然科学经验来反省和批判莱布尼茨-沃尔夫独断论的,则休谟从怀疑论角度对客观因果性的否定,则不仅使康德更彻底地从理性主义独断论中解放出来,也打破了他的经验主义独断论的迷梦,使他开始了对经验论的自我批判。休谟认为,因果性原理不过是基于习惯性联想的主观或然性原理,因此,它没有客观必然性。一方面,它既不像唯理论者所主张的那样具有不证自明的公理性,实际上它也不可能从逻辑推演中得到客观必然性的证明。另一方面,它虽然有其感性经验的根源,但它的客观必然性也不可能从经验归纳中得到证明。康德根本不赞成休谟的怀疑论结论,却由休谟的提示而对知识的普遍必然性进行了更加深入的思考,并得出了以下重要看法。

第一,数学、自然科学是纯理性的重要成果,是人类知识的完满典型,它们是具有必然性和普遍性的。休谟怀疑和否定任何知识的普遍必然性是没有根据的,在这方面倒需要保持独断论对于科学知识普遍必然性的信念。

第二,经验归纳不能证明因果性原理的普遍性和必然性,经验论希望单从归纳中得出普遍必然因果性是缺乏根据的,在这方面休谟怀疑论的质疑和诘难是有道理的,这同样也是对独断论的诘难和否定。

第三,客观必然性知识必须有经验的依据,因此它不能是纯粹分析

---

① 康德. 纯粹理性批判[M]. 北京:商务印书馆,1960:21.
② 康德. 未来形而上学导论[M]. 北京:商务印书馆,1978:9.

的,而应当是综合的。在这方面应该保持经验论的基本立场,真正的形而上学判断全都是综合判断。唯理论只讲分析判断,否认综合知识是不可取的。

第四,并非一切客观必然性知识都来自感觉经验,它们在感觉经验之外还有来源,这就是理性。经验论只承认经验的知识,不承认先验的知识,这是不可取的。应当承认先天理性知识的可能性。

由上不难看出,康德批判哲学的基本思路是要在唯理论与经验论、独断论与怀疑论之间保持张力,将感性与理性、经验与先验、综合与分析、归纳与演绎等内在地调和起来,形成他自己独具特色的理论,即关于"先天综合判断何以可能"的系统观点。他说:"形而上学只管先天综合命题,而且只有先天综合命题才是形而上学的目的。"[①]

康德认为,认识就是做判断,任何认识都是判断,知识总要表现为判断的形式。从判断的内容来看,判断可以分成两种,即分析的和综合的。分析判断中谓词的意义是主词的一部分,所以不增加新的知识。综合判断是通过经验才获得的,谓词可以表示新的意义,所以能够带来新的知识。从判断与对象的关系来看,判断又可以分为两种,即经验的和先验的。经验判断带有偶然性和特殊性,先验判断则是必然的和普遍的。康德认为,真正的判断既应当能够提供新的知识,又具有普遍必然性。因此,真正的判断必须既是综合判断,因为只有它才能提供新知识;又是先验判断,因为只有它才能保证知识的必然性和普遍性。这两个方面结合起来,就是康德所提出的"先天综合判断"。在这里,判断的形式是先验的,判断的内容是综合的,从而既保留了唯理论派的合理思想,又保留了经验派的合理内容,既考虑到了怀疑论的诘难,又保留了独断论的知识信念。

康德认为,对"先天综合判断何以可能"的回答,是批判哲学的中心任务。对这个问题的真正回答必须从研究人类理性能力入手。人的理性能力包括认识能力、道德能力和审美鉴赏能力等方面。它们分别表现为纯粹理性、实践理性、审美判断等具体方面,体现着人作为主体对于真、善、美和知、情、意的统一追求。相应地,对人的能力的研究和批判也应分为三个基本方面,即康德著名的"批判哲学三部曲"。这三部

---

① 康德. 未来形而上学导论[M]. 北京:商务印书馆,1978:26.

书都从不同侧面研究和说明先天综合判断的可能性问题。《纯粹理性批判》主要提出和分析科学知识的普遍必然性和可能性问题;《实践理性批判》提出和论述道德意志先天法则的客观有效性问题;《判断力批判》提出和研究审美快感和情感判断的普遍必然性问题。这三个方面构成康德的主体性批判哲学的基本骨架。

二、主体性思维和研究方式的基本构架

在康德那里,主体性思维方式首先是一种主体的自我批判方式,通过对理性本身的批判性审查,来考察主体与外部世界发生关系的能力和主体把握世界的范围、水平和层次,从主体自身的内在多样性和丰富性来揭示人与世界关系的丰富多样性。

1. 以主体自我批判为全部哲学批判的出发点

理性是近代资产阶级政治革命的神圣旗帜,也是其哲学革命的核心范畴。高扬理性,反对神性,反对一切不合理性的思想观念、价值体系和社会制度,对整个近代以来的社会进步发挥了非常积极的作用。在这个时期,"宗教、自然观、社会、国家制度,一切都受到了最无情的批判;一切都必须在理性的法庭面前为自己的存在作辩护或者放弃存在的权利。思维着的悟性成了衡量一切的唯一尺度"[①]。用理性作为武器来批判历史,批判现实,来建设现实,发展未来,既推进了资产阶级政治革命,也是当时哲学革命的核心内容。唯理论和经验论的分野和论争,本质上都是在承认理性、弘扬理性、高扬理性的旗帜下展开的。认识论思维方式,本质上是一种理性思维方式。

康德哲学作为一种批判哲学,其高明之处正在于不是首先把批判矛头直接指向外部世界,而是指向人类理性自身,强调对理性本身进行批判,并且把对理性本身的批判看作批判外部世界的必要前提条件。在他看来,过去人们都在谈认识,却并没有专门地考察人的认识能力,人们运用理性从事对象性批判,却没有对理性本身进行批判。而他的任务,则是在认识之前考察人的认识能力,在从事对外部对象的理性批判之前,批判性地考察理性。这正是他的纯粹理性批判的根本任务。他说:"纯粹理性在它的超验的使用上的这一产物是纯粹理性最引人注

---

① 马克思恩格斯选集(第3卷)[M]. 北京:人民出版社,1972:404.

意的现象。在一切现象中,这一现象最有力地把哲学从它的教条主义的迷梦中唤醒过来,并且促使它去从事于一种艰难的事业:对理性本身进行批判。"①对理性本身进行批判正是康德批判哲学的核心所在。在《纯粹理性批判》第一版序文中,他明确强调了这一点:"我之所谓批判非指批判书籍及体系而言,乃指就理性离一切经验所努力寻求之一切知识,以批判普泛所谓理性之能力而言。"②由关注认识对象到关注认识主体,由关注认识结果到反思认识能力,由运用理性进行对象批判到对理性本身进行自我批判,这既可以说是人类认识史上的一次"哥白尼式的革命",也可以说是哲学史上的一次"哥白尼式的革命"。这次革命的结果则是哲学关注的焦点由客体中心、对象中心转向主体中心、自我中心,是主体性思维方式的确立。

由上我们不难看出,主体性思维方式,首先是对主体自身进行批判性反思的方式。只有能够将主体自身二重化、对象化并将其确立为批判客体的人才能作为主体存在和活动。只有经过了批判性反思的理性才能更好地被应用于对象性批判。主体在主客体关系中的中心地位正是以通过主体的自我反观、自我反思、自我批判为前提而得以确立的。对主体的理性批判成为对世界的理性批判的基础和前提。

2. 立足于主体能力及其限度来考察世界本原问题

关于如何回答历史上唯物主义和唯心主义围绕世界本原问题的长期争论,解决与世界本体有关的哲学问题,主体性思维方式的特点是从主体能力及其范围和限度的角度来作出解决和回答。在康德看来,"一切作为对象而提供给我们的东西,都一定在直观里提供给我们"。而人的任何直观都只能通过感官而发生。人的"感官永远而且丝毫不能使我们认识自在之物而只能认识自在之物的现象",因此,我们对外部世界的本体探究只能在两个方面进行。一方面是在自在之物的层面上,一方面是在现象层面上。对于自在之物,我们可以承认它们的存在,但并不能真正把握它,而对于事物的现象,则是人可以通过其感官来加以把握,并由此而转化为为我之物的。在康德看来,一方面,唯心主义者不足以充分证明上帝的存在,而唯物主义也不足以充分否定上帝的存

---

① 康德. 未来形而上学导论[M]. 北京:商务印书馆,1978:119.
② 康德. 纯粹理性批判[M]. 北京:商务印书馆,1960:3.

在;另一方面,唯心主义不足以充分否认在能思的主体之外还存在某些客观自在的东西,唯物主义也不能充分说明在我们之外的物体存在的样子。因此,康德既不主张纯粹的唯物主义,也不主张纯粹的唯心主义,或者也可以说,既承认唯物主义,也承认唯心主义,并力图使二者调和起来。他说:"无论如何,我承认在我们之外有物体存在,也就是说,有这样的一些物存在,这些物本身可能是什么样子我们固然完全不知道,但是由于它们的影响作用于我们的感性而得到的表象使我们知道它们,我们把这些东西称之为'物体'……它意味着实在的对象的存在。"①康德一方面承认物的客观存在,一方面又认为这个客观存在物是人的理性所不可认识的。他把客观世界划分为自在世界和为我世界,或叫彼岸世界与此岸世界,而划分的根据和条件则是主体能力是否能对其加以认识和把握。他认为人的能力只能达到此岸世界、为我世界,而不能达到彼岸世界、自在世界,在事物的本质和现象之间划下了一条不可逾越的鸿沟。

列宁曾经指出:"康德哲学的基本特征是调和唯物主义和唯心主义,使二者妥协,使各种相互对立的哲学派别结合在一个体系中。当康德承认在我们之外有某种东西、某种自在之物同我们表象相符合的时候,他是唯物主义者;当康德宣称这个自在之物是不可认识的、超验的、彼岸的时候,他是唯心主义者……由于康德的这种不彻底性,不论是彻底的唯物主义者,或是彻底的唯心主义者……都同他进行了无情的斗争。"②

康德在本体论问题上的妥协和动摇,与他既承认又限定主体能力有着密不可分的关系,暴露出他的主体性思维方式的不彻底性和局限性。这也从反面向我们提示,正确地理解主体和客体关系,强化认识和实践中的主体性对于深化本体论和其他哲学问题研究十分重要。

3. 以主体能动性来说明认识的可能性及其发展

在认识论问题上,唯理论和经验论尽管在许多问题上存在分歧,但其基本点是共同的,这就是立足于客体来说明知识,坚持认识必须符合对象,客体在主体和客体的对象性关系中居于中心地位。康德的主体

---

① 康德. 未来形而上学导论[M]. 北京:商务印书馆,1978:50-51.
② 列宁全集(第14卷)[M]. 北京:人民出版社,1957:203.

性思维方式最本质的特征就是以主体为轴心来解决认识论问题,用主体的认知能动性说明认识的可能性,让客体围绕主体来旋转。

在康德看来,认识的任务是要获得普遍必然性的知识,而这种知识只能由先天综合判断构成,认识论的任务就是要解决先天综合判断何以可能这个问题。而这种知识又只能来自感性直观,并通过感性直观而与现实世界发生关系。如前所述,自在之物虽然是客观存在的,却不可能被人们的有限能力所认识。自然界、现象界作为自在之物的显现,是可以被认识的,但它们本身是给定的、消极的,不可能自动地转换为普遍必然性的知识,而只能被主体的感官所把握,转换为感性直观的经验,并通过主体的能动加工处理,整理成具有一定系统性、逻辑性的知识。感性经验是分散的、零碎的、孤立的,能否被整理和提升为普遍必然性知识,取决于主体是否具有整理、把握、提升感性经验的能力。正是在这种意义上,康德认为,要解决认识的可能性问题,首要的也是最根本的是要考察人是否具有足够的认识能力。旧有认识论最根本的缺陷之一就是不经对主体认识能力的考察就简单宣布认识的可能性和世界的可知性,从而以种种方式陷入独断论。而他的主体性思维方式,就是要在认识之前首先批判地考察人的认识能力,并从主体认识能力的范围、限度来说明认识的可能性及其范围。

康德认为,普遍必然性知识的可能性,归根到底在于认识主体的能动性,即存在着一个"先验的自我"。这里所说的"先验""不是指我们的认识对物的关系说的,而仅仅是指我们的认识对认识能力的关系说的"①。而人之所以能够从事认识活动,正在于人在认识活动之前已经先在地具有认识对象的能力,已经成为具备认识能力的自觉能动的认识主体。那么主体需要哪些能力才能将感性经验整理、提升成具有普遍必然性的知识呢?康德认为这可分为三个层次或三种形式,它们逐层展开并形成认识过程的三个阶段。

第一,感性直观能力和认识的感性阶段。感性直观能力即"'由吾人为对象所激动之形相以接受表象'之能力"②,也就是主体通过各种感性形式对事物表象进行感知并形成感性经验的能力。感觉与对象相关

---

① 康德. 未来形而上学导论[M]. 北京:商务印书馆,1978:57.
② 康德. 纯粹理性批判[M]. 北京:商务印书馆,1960:47.

之直观,名为经验的直观,经验的直观本身是杂多的、零乱的、无序的,包含着内容与形式等不同方面,人则作为认识主体借助于时间观念和空间观念等先天直观形式来对其加以整理和安排,将各种无定形的零散的感性材料整理成具有一定内部联系的经验形式,形成关于对象的感性形象。时间和空间是人用于整理感性材料的"两种感性直观之纯粹方式",是主体心灵的主观性质。主体只有运用自己所固有的时间和空间这两种纯粹形式来整理和综合由对象引起的杂乱无章的感性材料,才能获得感性知识。因此主体的感性直观能力对于实现主体在感性经验层次上对于客体的把握具有前提性意义,是人类认识在感性阶段的必要条件。

第二,知性思维能力和认识的知性阶段。① 康德承认,一方面,我们的一切知识都以经验开始,先于感性经验我们不可能获得任何普遍必然性知识;另一方面,感性直观所提供的又还是一些零散的、不全面的表象性知识,还不是严格意义上的普遍必然性知识,因此认识不能停留在感性直观阶段,而必须进一步向前发展和提升,这就是知性(悟性)思维阶段。康德认为,主体不仅具有感性直观能力,也有知性思维能力,这就是"使吾人能思维'感性直观之对象'之能力,为悟性"②。感性直观能力直接与对象发生关系,使对象转化为感性经验,为普遍必然性知识提供感性材料,知性思维能力则直接与感性经验发生关系,通过对感性材料的思维加工,以形成普遍必然性知识。在这里,"无感性则无对象能授与吾人,无悟性则无对象能为吾人所思维"。"唯由二者联合,始能发生知识。"③

在康德看来,知性思维能力与感性直观能力之间尽管并无优劣之别,但在形式和方法上却有很大不同。感性直观能力主要是运用时间和空间去整理感性材料,知性思维能力则主要是运用概念、范畴等纯形式去对感性材料进行加工整理,使之以逻辑化的方式存在,展示出事物的必然性、因果性、规律性等,由此而成为普遍必然性知识,形成"先天综合判断"。由此可见,范畴、概念是知性思维能力的最重要工具,是实

---

① 知性又译悟性,我国学界对这两个概念一般是通约使用的。考虑到不同译本对这两个概念的使用情况,本章中这两个概念未作区分。
② 康德.纯粹理性批判[M].北京:商务印书馆,1960:70.
③ 康德.纯粹理性批判[M].北京:商务印书馆,1960:71.

现先验自我意识所必不可少的条件。康德整理了亚里士多德以来形式逻辑研究的主要成果,根据其先天综合判断原则,提出了与判断形式相适应的范畴表。例如,与全称、特称、单称等量的判断相对应,提出了统一性、多数性、全体性等量的范畴;与肯定、否定、无限等质的判断相对应,提出了实在性、否定性、限制性等质的范畴;与定言的、假言的、选言的等关系判断相适应,提出了实体和偶性、原因和结果、主动者和被动者等关系范畴;与或然的、实然的、必然的等样态判断相适应,提出了可能性与不可能性、存在性与非存在性、必然与偶然等样态范畴。正是借助于这些概念范畴和判断形式,主体展示出自己在加工处理感性材料中的能动性,使在知性层面上的普遍必然性知识成为可能。

知性思维能力与感性直观能力必须结合起来发生作用才能保证知识的客观性、普遍性和必然性。在康德看来,"无内容之思维成为空虚,无概念之直观,则成为盲目。故使吾人之概念感性化,即在直观中以对象加于概念,及使吾人之直观智性化即以直观归摄于概念之下,皆为切要之事"①。通过感性直观而保持与对象之联系,以保证知识的客观性,通过知性思维而使感性经验得以提升,使知识具有普遍性、必然性,这就既克服了经验论的局限,又克服了唯理论的局限,通过主体能动性的发挥而使普遍必然性知识成为可能。

第三,理性综合能力和认识的理性阶段。康德认为:"吾人一切知识始自感官进达悟性而终于理性,理性以外则无'整理直观之质料而使之隶属于思维之最高统一'之更高能力矣。"②理性能力是主体的最高认识能力,理性认识是主体认识的最高阶段。

理性综合能力与知性思维能力的不同之处在于,"悟性可视为由规律以保持现象统一之能力,理性可视为在原理下保持悟性规律之统一之能力。故理性绝不直接应用于经验或任何对象,而仅应用于悟性,盖欲借概念与'悟性之杂多知识'以先天的统一,此种统一可名之为理性之统一,与悟性所能成就之统一,种类绝不相同也"③。也就是说,知性思维能力只能用于加工处理感性经验,以形成客观的、普遍的、必然的

---

① 康德. 纯粹理性批判[M]. 北京:商务印书馆,1960:71.
② 康德. 纯粹理性批判[M]. 北京:商务印书馆,1960:245.
③ 康德. 纯粹理性批判[M]. 北京:商务印书馆,1960:247.

知识,因而受到感性经验的制约并通过感性经验而间接地与现实对象保持联系,因而只在经验范围内才有效力。它的目标是寻求现象之间的内在统一性,达到对现象的规律性、必然性认识。因此,知性思维能力本身是有限的、受制约的、有条件的,相应地,知性认识阶段所达到的知识也是相对的、有限的,它虽然使现象界在规律的基础上得到了统一,但其本身仍然是局部的、不完善的、不全面的,它们只能适用于经验对象,属于有限性和相对性原理。而理性综合能力则有所不同,它不能直接应用于感性经验和具体对象,而只应用于知性思维的概念、判断和规律,它通过间接的推论方式把知性思维所获得的大量的杂多的知识归结为一些最根本、最重要的原理,使知性知识达成理性的最高统一。因此,如果说知性思维能力是直接的、相对的、有限的、有条件的,则理性思维能力力图去探寻那些间接的、无条件的、绝对的、无限的东西,去追寻那种先天的最高的知识统一性。这就是康德所说的理念阶段或理性层次。

在康德看来,主体理性综合能力所追求的最完整的统一体无非是三个:一是灵魂,是所有精神现象的最高统一;二是宇宙,是所有物理现象的最高统一;三是上帝,它统管所有的精神现象和物理现象,是最高的理念。由此而形成相应的理性心理学、理性宇宙论和理性神学这三种最高知识。

那么,理性追求这种无条件的、绝对的、无限的、最高的统一性的目标能否达到呢?康德认为是不可能的,其原因在于:一方面,理性面对知性,知性面对感性经验,而感性经验并没有为这种无限的、无条件的、绝对的东西提供出相应的对象,从有限的、有条件的、相对的东西中无法导出无限的、无条件的、绝对的东西;另一方面,理性除了知性范畴概念以外,并没有别的认识工具,而这些知性范畴概念都是相对的、有限的、有条件的,只能适用于认识现象和处理感性材料,不具备处理那些无限的、无条件的、绝对的理念的功能。于是,当理性运用知性范畴去说明灵魂、宇宙和上帝等最高理念时,就会遇到深刻的自相矛盾,这就是为人们所熟知的二律背反。例如,当人们运用知性范畴来研究宇宙学的理念时,就会出现四对可以同时存在的正题和反题:①世界在时间上和空间上有始(有限);世界在时间上和在空间上无限。②世界上的一切都是由单一的东西构成的;没有单一的东西,一切都是复合的。

③世界上有出于自由的原因;没有自由,一切都是自然。④在世界因的系列里有某种必然的存在体;里面没有必然的东西,在这个系列里,一切都是偶然的。①康德认为这些正题和反题本身恰恰是彼此背反的,但它们又都同样是可以证明的,这就是理念理性的内在矛盾性,也正是理性超越经验范围后不可避免产生的幻相。这种种幻相的存在及其不可避免性,暴露了理性本身的局限,表明主体认识能力的极限和限度。这种种理念是人的认识所达不到的领域,是人的知识范围以外的东西,不可能靠人的理性来探求,而只能由信仰来解决,属于彼岸的、不可知的自在之物。

康德对于主体认识能力的系统探究无疑是有其非常积极的理论和实践意义的。他充分意识到认识主体在主体和客体的认识关系之建立与实现中的能动地位,并力图通过对主体的感性直观能力、知性思维能力和理性综合能力的全面考察为主体在认识活动中的自觉能动性提供内在根据和证明,并由此而揭示出人类认识由感性直观经过知性综合向理性综合发展的进化和发展的辩证过程。他所提出的"二律背反",实际上已经触及人类认识活动的辩证本性和人类理性的辩证规律,但由于他最终未能逃出形而上学思维方式的局限,只是从消极的意义上理解辩证法,以限制理性能力的方式来解决认识中的辩证矛盾,这不仅在本体论上导致二元论并最终走向唯心主义,而且在认识论上也未能将其可知论贯彻到底,成为一种不彻底的不可知论。而他的主体性思维方式也不可避免地带有唯心的和形而上学的色彩。

4. 从主体的道德自律与意志自由来说明人在道德实践中的主体性

作为哲学思维发展过程中的一种重要形式和重要阶段,主体性思维方式区别于历史上的认识论思维方式之处,在于它不仅以主体能动性原则和方式解决认识论问题,还将这种方式运用于道德问题的解决,提出并论述了道德实践中的主体性问题。

在康德看来,人的主体性不仅表现在认识活动中,也存在于道德实践中,而且,人在认识活动中的主体能动性由于多少受到客体的最终制约,因而其发挥程度总是受到限制,而人在道德实践中对自身的意志自律则从根本上说是无限的,可以更加充分地得到发挥和实现。因此,研

---

① 康德. 未来形而上学导论[M]. 北京:商务印书馆,1978:120-121.

究主体能力,不能局限于考察主体认识能力,也应考察其道德实践能力,"并且为了这个目的而批判理性的全部实践能力"①。从某种意义上可以说,"康德的主观能动性思想以及通过主观能动性来达到主体与客体一致的思想,除了在主观认识领域里有所表现之外,在道德实践活动领域中也有了另一种形式的表现"②。这就是他在《实践理性批判》《道德形而上学原理》等著作中所阐发的道德主体能动性思想。

康德所说的"实践理性"是相对于他所说的"思辨理性"或"理论理性"而言的,二者都是纯粹理性的具体存在形式。什么是康德所说的理论的和实践的?罗素有一个理解:"理论的和实践的这两个词,在这里必须按希腊文原文去理解,它们分别与'看'和'做'有关。"③"看"是个认识问题,"做"是个实践问题。二者都是人类理性的具体运用和实现。在这里"理性的思辨运用的要务乃是:认识对象,直至追溯到最高的先天原则上;它的实践运用的要务乃是:要照最后的,全部的目标来决定意志"④。思辨理性与实践理性虽然都属同一理性,但由于其各自的任务不同,因此二者之间的地位也有所不同,它们之间既不是平行的,更不是实践从属于理论,而是理论从属于实践,实践优先于理论。康德说:

> 当纯粹思辨理性和纯粹实践理性结合在一个认识中时,如果这种结合并不是偶然的、任意的,而是先天地建立在理性自身上的,并因而是必然的;那末,后者就占了优先地位。因为如果没有这种隶属关系,理性会陷于自相矛盾地步,因为它们如果彼此平排并列,那末前者就会严锁关缰,凡属后者之事一概拒不纳入自己领域,但是后者则会冲决樊篱,肆行扩张,而且只要符合自己需要,还要企图把前者并入自己版图。但是我们却不能颠倒秩序,而要求纯粹实践理性隶属于思辨理性之下,因为一切要务终归属于实践范围,而且甚至思辨理性

---

① 康德. 实践理性批判[M]. 北京:商务印书馆,1960:1.
② 杨祖陶. 德国古典哲学逻辑进程[M]. 武汉:武汉大学出版社,1993:88.
③ 罗素. 西方的智慧[M]. 北京:世界知识出版社,1992:321.
④ 康德. 实践理性批判[M]. 北京:商务印书馆,1960:123.

的要务也只是受制约的,并且只有在实践运用中才能圆满完成。①

理论之从属于实践在于,理论的目的在于实践,理论受实践制约,并且只有在实践中才能实现和完成。这就是康德所主张的那个著名的"实践理性优先"的原则。实践理性的优先性,从根本上来说,正在于它比理论理性更充分、更深刻、更彻底地体现着人在活动中的主体性。因此,对实践理性的关注和重视,本质上正是对人的主体性的关注和重视,它将主体性问题研究由认识论提升到实践论、道德论的高度,使之由纯粹的认识问题升华为道德实践问题,展示出人的主体能动性的广阔领域和深刻内涵。

那么,什么是人在道德实践中的主体性呢?或者说人在道德实践中的主体性是怎样表现出来的呢?从总体上来说,就是人依据道德规律,发挥德性力量,实行道德自律,履行道德责任,实现善良意志,达到意志自由。

道德规律是人在道德实践中主体性的基础和依据。在康德看来,世界上的"规律只有两种,或者是自然规律,或者是自由规律。关于自然规律的学问称为物理学,关于自由规律的学问称为伦理学。前者是自然学说,后者是道德学说"②。道德学说的任务是发现和制定道德律并把人"当作有理性的东西,先天地赋予以规律"③。道德律又可称为实践律,它作为人们道德实践的依据和原则,主要解决人们的道德行为应当如何的问题,它作为一种对一切人都适用的客观原则,通过人们的道德意志和欲求而得到表现,既依据于客观必然性,又体现着主体能动性。对任何人来说,依据道德律来行动,意味着"不论做什么,总应该做到使你的意志所遵循的准则永远同时能够成为一条普遍的立法原理"④。

自律是主体在道德实践中自觉能动性的实现方式。自律是相对于他律而言的。他律是被动的,自律是主动的,是一种主体性行为。在康德看来,道德法则本身是先天的,超个体的,它来自纯粹理性。"纯粹理

---

① 康德. 实践理性批判[M]. 北京:商务印书馆,1960:124.
② 康德. 道德形而上学原理[M]. 上海:上海人民出版社,1986:35.
③ 康德. 道德形而上学原理[M]. 上海:上海人民出版社,1986:38.
④ 康德. 实践理性批判[M]. 北京:商务印书馆,1960:30.

性只对自身有实践力量,并且给予人以一条我们称为道德法则的普遍法则。"①先天的道德法则普遍适用于任何领域,但对人类来说是一种道德命令,遵循这种道德命令是每一个体的道德义务、道德责任。将这种道德命令转换为自己自主的道德意志和道德选择,按照这种道德命令来履行道德义务,实施道德责任,创造道德价值,实现善良意志,这就是自律。"这种自律本身就是一切准则的形式方面的条件,一切准则唯有在这个条件下才能符合于最高实践法则。"②在这种意义上,"意志的自律是一切道德法则所依据的唯一原理,是与这些法则相符合的义务所依据的唯一原理"③。在这种意义上,"道德法则就不表示别的,只表示纯粹实践理性的自律,也即表示自由的自律"④,其所达到的是主体的意志自由。

善良意志和自由意志既是人发挥其在道德实践中主体性的目标和目的,也是其结果和效应。康德认为,理性的"真正使命,并不是去产生完成其他意图的工具,而是去产生在其自身就是善良的意志……这种意志虽然不是唯一的善、完全的善,但却定然是最高的善,它是一切其余东西的条件,甚至是对幸福要求的条件"⑤。那么,什么是善良意志呢?善是相对于恶而言的,正如真诚相对于谎言,正义相对于暴力一样。最高的善就是使自己的行为符合道德律的要求。善良意志就是使行为准则符合于道德法则的意志。在这里,道德"法则就直接决定了意志,而与法则相合的行为本身也就是善的;一个意志,如其准则总符合于这个法则,那它就是绝对(在一切方面)善的,并且是一切善行的最高条件"⑥。实现了善良意志,也就实现了自由,道德律就是自由律,善良意志也就是自由,它是人作为理性的人的最高目标,也是人生的最大幸福。德性与幸福的结合才算达到至善,通过德性的力量来争取意志自由,"通过意志自由来实现至善,乃是一种先天的(道德的)必然"⑦。

---

① 康德. 实践理性批判[M]. 北京:商务印书馆,1960:32.
② 康德. 实践理性批判[M]. 北京:商务印书馆,1960:34.
③ 康德. 实践理性批判[M]. 北京:商务印书馆,1960:33.
④ 康德. 实践理性批判[M]. 北京:商务印书馆,1960:34.
⑤ 康德. 道德形而上学原理[M]. 上海:上海人民出版社,1986:45.
⑥ 康德. 实践理性批判[M]. 北京:商务印书馆,1960:63.
⑦ 康德. 实践理性批判[M]. 北京:商务印书馆,1960:116.

康德主张发挥人在道德实践中的主体性,强调发挥德性的力量,通过主体道德自律,遵循道德规律,达到意志自由,实现善良意志。这是他运用主体性思维方式批判地审视道德问题和人的道德能力所得出的积极结论。但与他所特有的二元论、唯心论和形而上学思维局限相关联,他又限制人的道德能力,限制和贬低现世的幸福,而将至善留给那可望而不可即的彼岸世界。这正如马克思在谈到康德的道德学说及其局限时所言:"18世纪末德国的状况完全反映在康德的'实践理性批判'中。当时,法国资产阶级经过历史上最大的一次革命跃上统治地位,并且夺得了欧洲大陆……但弱软无力的德国市民只有'善良意志'。康德只谈'善良意志',哪怕这个善良意志毫无效果他也心安理得,他把这个善良意志的实现以及它与个人的需要和欲望之间的协调都推到彼岸世界。"①这暴露出他的主体性思维方式的局限和主体性道德理论的缺失。

5. 从审美判断和审美鉴赏力来考察人在审美活动中的主体性

人是追求和创造理想世界的动物,对真善美和知情意统一的追求,是人类主体性的重要内容。在康德看来,人的主体性不仅表现在认识活动中,也不仅表现在道德实践中,还突出表现在审美活动中。人的主体性审美体验和审美创造是通过人的审美判断力和审美鉴赏力而实现的。因此,对主体性的批判性审查不应局限于认识能力和意志能力方面,也应包含审美判断力方面。他的《判断力批判》正是为了提出并完成这方面任务而撰写的。将主体性问题的自我反思由认知领域扩张到道德领域、审美领域,正是康德所开创的主体论思维方式的重要贡献之所在。

在康德看来,正如人在认识活动中的主体能动性依赖于人的先天认识能力,人在道德实践中的主体能动性依赖于人的先天意志能力一样,人在审美活动中的主体能动性也依赖于人的先天审美判断力。在《判断力批判》一书中,康德把人的心灵活动分为三个基本方面:"认识机能,愉快及不愉快的情感和欲求的机能。"②认识机能通过主体从感性到知性的自觉能动活动解决先天综合判断何以可能的问题,欲求机能则通过主体的道德自律而实现意志自由。相比之下,"愉快的情欲介于

---

① 马克思恩格斯全集(第3卷)[M].北京:人民出版社,1960:211-212.
② 康德.判断力批判(上卷)[M].北京:商务印书馆,1964:15.

认识和欲求机能之间,像判断力介于悟性和理性之间一样"①。它一方面与主体认识活动相联系,是对外部刺激和对象作用的一种感受,另一方面又与欲求活动相联系,是主体的一种内心体验和冲动。因此,它实际上起着由认识机能向欲求机能过渡的功能。相应地,审美判断力本身与愉快的情欲联系在一起,实现着知性向理性的过渡。这样,康德就借助于人的认识能力和意志能力而对审美判断力在主体能力中的地位作出了比较合理的说明,将其确立为人的一种重要的主体能力。

美感-愉快感是一种主体性感受。康德说:"为了判别某一对象是美或不美,我们不是把[它的]表象凭借悟性连系于客体以求得知识,而是凭借想象力(或者想象力和悟性相结合)连系于主体和它的快感和不快感。"②这正是感性知识与审美感受的最本质区别。感性知识中尽管也有主体运用先天认识能力的加工与整理,但从根本上说是根据于客观对象及其感性材料,因此其内容本质上是由客体来决定的,与客体状况有着密不可分的联系。"但快感与不快感就不能是这样了,在这里完全没有表示着客体方面的东西,而只是这主体因表象的刺激而引起自觉罢了。"③因此,审美感受尽管也是人的一种感觉,但它与作为某种事物的表象的感觉完全是两回事。关于事物的感觉关联于和取决于客体,审美感觉则"只能是主观的,不可能是别的"④。作为一种主体性感受,美感不仅具有非逻辑化和非客体化的特征,还有超功利性的特征,这是它区别于欲求能力的重要方面。康德认为,"快感是没有任何利害关系的"⑤,尽管它可以很有兴趣,却可能是完全无利害感的,它与人们的主观鉴赏力相联系,是人在审美活动中所特有的一种主体性感受。

审美鉴赏力是一种高级的主体能力。美感只是对具有审美能力的人才是可能的。审美鉴赏力是人之作为审美主体所必备的主体性条件之一。因此,对主体审美鉴赏力的批判性分析成为康德主体性批判哲学的主要内容。在康德看来,"鉴赏是凭借完全无利害观念的快感和不

---

① 康德. 判断力批判(上卷)[M]. 北京:商务印书馆,1964:16.
② 康德. 判断力批判(上卷)[M]. 北京:商务印书馆,1964:39.
③ 康德. 判断力批判(上卷)[M]. 北京:商务印书馆,1964:39-40.
④ 康德. 判断力批判(上卷)[M]. 北京:商务印书馆,1964:39.
⑤ 康德. 判断力批判(上卷)[M]. 北京:商务印书馆,1964:40.

快感对某一对象或其表现方法的一种判断力"①。判断力是把特殊包含于普遍之下来思维的机能。这主要有两种具体方式：规定的判断力和反思的判断力。如果普遍的法则、原理规律已经给定，则将特殊归纳于其下的判断力是规定的判断力。如果给定的只是特殊而要由此去寻找普遍的法则，则是反省（或反思）的判断力。判断活动是一种合目的性行为。这里的合目的性可分为主观的形式的合目的性与客观的实质的合目的性。反思判断本质上是主观形式的合目的性判断行为，它包含着审美判断，"因为在一个审美判断里，它具有一个有关于主体诸认识能力之激动的主体活动的规定根据，从而是具有那有关于一般认识而不是局限于某一种认识的内在因果性（即合目的的因果性），而因此仅具有表象的主观目的性的形式"②。审美判断区别于其他判断（比如逻辑判断）之处在于它并不以概念方式给我们提供关于某种对象的知识，而是提供主体由于客体刺激而引起的快感或不快感、美感或丑感等情感方面。"这种判断正因为这原故被叫作审美的判断，因为它的规定根据不是一个概念，而是那在心意诸能力的活动中的协调一致的情感。"③康德借助于质、量、关系、模态等概念从不同角度分析审美判断力的四个要点或基本规定，进行美的分析。

（1）从质上来看，鉴赏力是一种超越利害关系的纯粹情感活动能力，是凭借无利害观念的快感和不快感对某一对象及其方法的一种情感判断力，它使人的情感体验与生理的、欲求的、求知的、道德的等心理活动区别开来，提升到愉悦和快乐的水平，成为一种美感。

（2）从量上来看，鉴赏力不是凭借概念和逻辑来发挥作用的，而是通过个体性情感体验来发挥作用的。因此，审美判断虽然并不具有概念范畴和逻辑推演的客观性和普遍性，但由于主体之间情感体验能力的普遍性和共通性，加上审美情感体验的特有超功利性，所以仍能获得自己的主观普遍性。审美判断的主观普遍性是与审美样式的特殊性联系在一起的，不同个体之间由同一对象产生共同的愉快感，正是这种自由的主体审美能力的普遍性的具体表现。"美是那不凭借概念而普遍

---

① 康德. 判断力批判（上卷）[M]. 北京：商务印书馆，1964：47.
② 康德. 判断力批判（上卷）[M]. 北京：商务印书馆，1964：60.
③ 康德. 判断力批判（上卷）[M]. 北京：商务印书馆，1964：66-67.

令人愉快的。"①

(3) 从关系上来看，鉴赏力是主体的主观合目的性行为的必要条件。愉快体验产生于目的的实现，审美体验尤其是美感则产生于审美活动的合目的性过程及其完成。这种目的是非功利的、非客观的、内在的，因此合目的性审美活动正是在主体对于自身内在知情意结构的积极协调中展开并得到实现的，是审美理想的实现。

(4) 从模态上来看，鉴赏力是人类共同具有和必然具有的普遍审美能力。"美是不依赖概念而被当作一种必然的愉快底对象。"②审美愉快的必然性根据于人类审美能力的共同性和普遍性。"审美判断里所指的必然性……是一切人对于一个判断的赞同的必然性。"③

正是借助于以上分析，康德给出了鉴赏力的全面界说："鉴赏是关联着想象力的自由的合规律性的对于对象的判定能力。"④也是主体性审美活动得以展开的必要条件。

优美（美）与壮美（崇高）是主体审美情感所能达到的两种境界。通常的美是指优美，崇高则是一种特殊的美，叫壮美。很多自然物都可以称为优美，优美和壮美都是美，因此二者有许多共同点，例如"二者都是自身令人愉快的，再则两者的判断都不是感官的，也不是伦理地规定着，而是以合乎反省判断为前提"，"两种判断都是单个的判断，但却自身对于每个主体具有普遍有效性"等。但作为主体审美情趣所达到的两种境界——优美与壮美，或美与崇高之间还是有着许多差异。最根本的在于，"审美判断是涉及对象的形式，所以从研究'质'开始，在这里，我们所称谓崇高的，却能够是无形式的，所有将从'量'开始"。从量上来看，崇高是一切和它较量的东西都是比它小的东西。它产生于这样的意境："高耸而下垂威胁着人的断岩，天边层层堆叠的乌云里挟着闪电与雷鸣，火山在狂暴肆虐之中，飓风带着它摧毁了的废墟，无边无界的海洋，怒涛狂啸着，一个洪流的高瀑……这景象越可怕，就越对我们有吸引力。我们称呼这些对象为崇高，因它们提高了我们的精神力

---

① 康德. 判断力批判（上卷）[M]. 北京：商务印书馆，1964：57.
② 康德. 判断力批判（上卷）[M]. 北京：商务印书馆，1964：79.
③ 康德. 判断力批判（上卷）[M]. 北京：商务印书馆，1964：75.
④ 康德. 判断力批判（上卷）[M]. 北京：商务印书馆，1964：79.

量越过平常的尺度,而让我们在内心里发现另一种类的抵抗的能力。"①因此,"壮美感动着人,优美摄引着人"②。壮美可以存在于自然中,也存在于道德生活中。道德和人格崇高是道德生活中最高的审美境界和审美追求。正是在这种意义上,康德提出"美是道德的象征"③,强调审美教育与道德教育之间的内在相关性,认为应当把人性教育、审美鉴赏与道德情感的培养结合起来,去造就真善美相统一的主体世界。

三、主体性思维方式在德国古典哲学中的发展

康德的主体性思维和研究方式是在超越近代认识论思维方式的极限中形成的。它突破了唯理论和经验论的局限,不仅用主体的自觉能动性来说明普遍必然性知识的形成和发展,而且把本体问题、道德问题、审美问题等也纳入哲学研究的整体视野,并从主体能动性的角度加以研究和探索,实现了哲学思维发展史上的一次重要变革,创立了一种全新的哲学视角和哲学思维方式。

但是康德的主体论思维和研究方式又是不彻底和不完备的,其根本点在于他企图"调和唯物主义和唯心主义,使二者妥协,使各种相互对立的哲学派别结合在一个体系中"④。他的主体性思维方式动摇于唯物论与唯心论、唯理论与经验论、可知论与不可知论、辩证法与形而上学、主体论与客体主义之间。这种情况,反映了当时德国资产阶级哲学的软弱性和不彻底性,也使康德哲学受到了来自各个方面的批评和反对。"由于康德的这种不彻底性,不论是彻底的唯物主义者……都同他进行了无情的斗争。"⑤

在康德以后的德国古典哲学发展历程中,费希特、谢林、黑格尔等正是从彻底的唯心主义立场上批判和继承康德哲学思想,将其主体性思维方式在唯心主义基础上推向了极端。

1. 费希特:"绝对自我"

费希特把批判康德的二元论和唯心主义的不彻底性作为自己的出

---

① 康德. 判断力批判(上卷)[M]. 北京:商务印书馆,1964:101.
② 康德. 判断力批判(上卷)[M]. 北京:商务印书馆,1964:214.
③ 康德. 判断力批判(上卷)[M]. 北京:商务印书馆,1964:201.
④ 列宁全集(第14卷)[M]. 北京:人民出版社,1957:203.
⑤ 列宁全集(第14卷)[M]. 北京:人民出版社,1957:203.

发点。在他看来，哲学应当成为知识学，即关于知识的科学。他的主要任务就是"找出人类一切知识的绝对第一的、无条件的原理"①，说明人类的全部知识的基础。费希特认为，在这个问题上只有两种可能的解决办法：独断论和唯心论。"独断的哲学是这样的哲学，它在一个应该是更高的物的概念中设定某种东西与自在的我既相同又对立，而同时又完全武断地提出物的概念是绝对最高的概念"②，从物引出经验，把意识看作物的产物，这就是唯物论。唯心论则正好相反，它把物看作意识的产物，把理智看作表象的前提。费希特认为，独断论和唯心论是尖锐对立、不可调和的，"因为它们的争论是关于那个无从再作推论的第一位的原则的争论；只要双方中任何一方的第一位原则得到了承认，那么它就推翻了对立的第一位原则。每一方都否定对方的一切，而且它们绝对没有这样一个共同点，从这一点出发，它们可以互相了解和彼此结合起来"③。既然没有中间路线，也没有第三条道路，那么康德的二元论就和怀疑主义一样是完全没有根据的，既承认自在之物又要坚持理性至上的原则，把完全敌对的体系混合在一起，"这个混合体的各个部分都是不会互相协调的，就会在不知道什么地方产生一条可怕的裂缝"④。因此，人们只能在唯物论与唯心论之间做非此即彼的选择。

　　费希特选择了唯心论，并且由此而主张一种彻底的唯心论。在他看来，康德所主张的二元论把外在物自体与主体自我看作各自独立，并无派生关系，这是不能成立的。"关于自我的独立性的表象，与关于物的独立性的表象是可以并存的，但二者的独立性本身是不可以并存的。只能有一个是第一性的、原始的、独立的，而那第二性的东西，正因为它是第二性的东西，就必然依赖于第一性的东西，它应当与第一性的东西结合在一起。"⑤那么，自我与物究竟何为第一性呢？费希特认为是自我。从绝对的至上的主体自我出发观察、设定、支配一切，这正是费希

---

① 费希特.全部知识学的基础[M].北京：商务印书馆，1986：6.
② 费希特.全部知识学的基础[M].北京：商务印书馆，1986：37.
③ 见费希特《知识学引论》第一篇，转引自：十八世纪末—十九世纪初德国哲学[M].第2版.北京：商务印书馆，1975：189.
④ 见费希特《知识学引论》第一篇，转引自：十八世纪末—十九世纪初德国哲学[M].第2版.北京：商务印书馆，1975：191.
⑤ 见费希特《知识学引论》第一篇，转引自：十八世纪末—十九世纪初德国哲学[M].第2版.北京：商务印书馆，1975：200.

特哲学的核心。他把自己的哲学叫作批判的哲学,认为"批判的哲学的本质,就在于它建立了一个绝对无条件的和不能由任何更高的东西规定的绝对自我;而如果这种哲学从这条原理出发,始终如一地进行推论,那它就成为知识学了。……在批判的体系里,物是在我之中设定起来的东西……批判主义是内在的,因为它把一切都置于自我以内"①。

正是立足于这样一种绝对的至上的自我,费希特提出了全部知识学的三条最根本的原理。

第一条:"自我设定自己本身。"②这里的自我是一个绝对无条件的和不能由任何更高的东西规定的绝对自我,它只能自己规定自己,而不需要也不可能被其他东西规定,它是自因的、完全自我决定自己的、自己确立自己、自己产生自己的。

第二条:自我设定非我。"相对于自我,直截了当地对设起来一个非我。"③自我对自身的设定离不开非我。非我就是与自我相反或相对立的东西,它们离不开自我,又与自我相对。它们不是自在的,而是以全体的存在为基础的,是由主体自我设定出来的对立面。正是自我能动地设定非我的活动,显示出主体的高度能动性,而自我与非我之间的相互依赖又相互对立,展示出主观唯心主义辩证法的积极功能。

第三条:"自我在自我之中对设一个可分割的非我以与可分割的自我相对立。"④自我既设定了自我又设定了非我,自我与非我之间的矛盾如何解决呢？费希特认为应当对设定起来的自我与非我都加以限制。限制意味着分割。自我成了可分割的、有限的自我,非我成了可分割的有限的非我。于是二者可以在同一个绝对无限的自我之内对立地同时并存。所以费希特说:"我们在第三条原理中通过设定起来的自我与非我的可分割性已经把这互相对立的自我与非我综合起来,而对于这种综合的可能性既不能进一步追问,也不能给它提出任何根据了;这种综合,直截了当地是可能的,人们无需任何进一步的根据就有权这样做。"⑤

---

① 费希特. 全部知识学的基础[M]. 北京:商务印书馆,1986:37.
② 费希特. 全部知识学的基础[M]. 北京:商务印书馆,1986:12.
③ 费希特. 全部知识学的基础[M]. 北京:商务印书馆,1986:21.
④ 费希特. 全部知识学的基础[M]. 北京:商务印书馆,1986:27.
⑤ 费希特. 全部知识学的基础[M]. 北京:商务印书馆,1986:31.

费希特的主体性理论是建立在彻底的主观唯心主义一元论基础之上的,它从纯粹自我的抽象主体出发,论证了主观唯心主义的"主体和客体的同一性"。他以概念辩证法的方式发展了唯心主义的辩证法,强化了主体在主-客体关系中的能动性、辩证性,这是具有积极意义的。他强调作为自我的主体不是某种自在的和静态消极的东西,而是本身就在开展一种积极的活动。他把自己的哲学看作行动的哲学,把主体设定为行动的主体,"它同时既是行动者,又是行动的产物;既是活动着的东西,又是由活动制造出来的东西"。主体通过自己的积极能动活动而肯定自己,肯定对象,肯定自己与对象的关系,并在与对象的相互限制和相互作用中实现自身。费希特把限制非我的自我叫作实践的自我,把被非我限制的自我叫作理论的自我,并力图使理论的自我与实践的自我、理论的知识与实践的知识辩证地统一起来,从而以一种抽象的、辩证的、唯心的方式发展和发挥了人的能动性。

2. 谢林:"绝对同一"

费希特从完全主观唯心主义的绝对自我出发来解决主体-客体的统一性问题,完全以主体能动性取代、抹杀客体、自然的地位,把问题推到了极端。谢林则在保留主体能动性的基础上,肯定自然、客观的地位和作用,在主体和客体之间的原始同一中去寻找主体-客体现实统一的基础,创立了建立在"绝对同一"基础上的主体-客体理论。

谢林是从批评康德的二元论和费希特的绝对自我所具有的片面性而展开自己的哲学思路的。在他看来,"一切知识都以客观东西和主观东西的一致为基础"。"在认识活动本身,即当我进行认识时,客观的东西和主观的东西是统一在一起的,以致我们不能说二者当中何者居先。这里既不存在第一位的东西,也不存在什么第二位的东西,两者同时存在,而且是一个东西。"[①]在实践活动中情况则有所不同,在这里,"在我们心里不是必然地而是自由地产生的那些表象,能够从思想世界过渡到现实世界,并能得到客观实在性"[②]。这样就产生了主观与客观的两种统一方式,在认识活动中,主观统一于客观,客观支配主观,表象与客体一致;在实践活动中,客观统一于主观,主观支配客观,客观是表象的

---

① 谢林. 先验唯心主义体系[M]. 北京:商务印书馆,1976:6.
② 谢林. 先验唯心主义体系[M]. 北京:商务印书馆,1976:13.

现实化。这就存在着一种真理性与实在性之间的对立与冲突:"在我们的认识中存在着真理性而同时又在我们的意志中存在着实在性,这是不可能的。"①因此,哲学面临着双重的任务:既要解释"表象何以能绝对地同完全独立于它们而存在的对象一致",又要解释"某一客观的东西如何会因一种单纯思想的东西而改变,以致与之完全一致起来"②。而且要把这两种背反的解释协调起来,从根本上说明"如何能把表象认作是以对象为准的同时又把对象认作是以表象为准的问题"③,从而在根本上说明主观与客观、表象与对象一致的本质基础。谢林认为,这正是哲学的最根本任务,也是其最高问题。

那么,怎样才能对主观与客观的这双重统一作出有说服力的说明呢?谢林认为,一方面,不能像康德那样既以主体、自我为出发点,又以客体、自在之物为出发点,因为这种二元论的思路既不能说明真理的确定性,又不能说明意志的确定性。另一方面,也不能像费希特那样,仅仅从绝对自我出发,因为它远离了具有客观必然性的经验和科学。在他看来,这只能用主体和客体、主观和客观、表象和对象之间的绝对同一才能说明。"这种更高的东西本身既不能是主体,也不能是客体,更不能同时是这两者,而只能是绝对的同一性,这种同一性决不包含任何二重性。"④而且,"整个哲学都是发端于、并且必须发端于一个作为绝对本原而同时也是绝对同一体的本原"⑤。

谢林所谓主体和客体的绝对同一性,就是指二者之间的绝对无差别性、完全无差别性,二者不可分割地结合于绝对理性之中。绝对理性既不是单纯的主体,也不是单纯的客体,而是主体和客体的绝对同一。绝对理性的最高规律是同一律:$A=A$。绝对同一的理性是派生一切主体和客体的绝对本原,是一切存在的本原,是最高存在。相应地,同一律也是最高的存在规律。根据同一律,主体和客体之间没有任何质的差别,而只有量和程度的差别,这种量和程度的差别只在于是主观方面占优势还是客观方面占优势,是主观方面多一点还是客观方面多一点。

---

① 谢林. 先验唯心主义体系[M]. 北京:商务印书馆,1976:14.
② 谢林. 先验唯心主义体系[M]. 北京:商务印书馆,1976:13.
③ 谢林. 先验唯心主义体系[M]. 北京:商务印书馆,1976:14.
④ 谢林. 先验唯心主义体系[M]. 北京:商务印书馆,1976:250.
⑤ 谢林. 先验唯心主义体系[M]. 北京:商务印书馆,1976:274.

没有单纯主观或单纯客观的存在,任何存在都是主体-客体以一定比例和样态呈现的同一。在不同的具体存在物中主观方面与客观方面的比例和数量是有差异的,但它们作为主观和客观的统一则是绝对的、无差别的。正是主体和客体之间的这种无差别的、绝对的原始统一,为外部世界的多样性统一奠定了基础。谢林将他的这种绝对同一的主体-客体理论原则推演到自然界和社会历史领域,以其解释现实世界的多样性统一,建构其自然哲学、社会历史哲学以至整个先验唯心主义体系。

谢林的绝对同一的主体-客体理论是建立在彻底的客观唯心主义基础之上。他把唯心辩证法运用于自然界和社会历史,力求探寻多样性世界的内在统一。他的绝对同一理论为黑格尔的主体-客体理论奠定了基础。

3. 黑格尔:"实体即主体"

黑格尔是德国古典哲学的集大成者。他批判地扬弃了康德、费希特和谢林等哲学家在主体能动性问题上的种种缺失,把非常革命的辩证法引入主体性研究,并赋予它以巨大的历史感,从而创立了主体辩证法和辩证主体论。他提出实体即主体的重要思想,从辩证的能动的主体性角度去解决本体问题、认识问题,提出并实现了本体论、认识论、辩证法与主体论的内在有机统一,在彻底的客观唯心主义基础上把主体性思维方式发展到了它的顶峰。

黑格尔的主体理论是在直接继承和扬弃谢林哲学的基础上发展起来的。他赞成谢林所主张的主体与客体的同一性,并认为这种同一性正是哲学的出发点。但他对谢林所主张的绝对同一说持保留态度,认为主体与客体之间的同一是具体的、有差别的,而不是抽象的、无差别的。他说:

> [真正的]同一性是具体的,既是主观性也是客观性;主观性、客观性皆作为被扬弃了的、理想的环节包含在其中。……谢林哲学的缺点在于一开始就提出来主观和客观的无差别点,这种同一性只是绝对地[抽象地]陈述出来的,并没有证明它是真理。①

---

① 黑格尔. 哲学史讲演录(第4卷)[M]. 北京:商务印书馆,1978:353.

在黑格尔看来,差别的内在发生正是主体和客体之间具体同一的必要根据。差别就是矛盾,有矛盾才会有运动,有运动才会有发展。而绝对的无差别的同一必然是僵死的、静止的。而静止的、僵死的东西当然无法运动和发展。绝对精神作为这种静止的、僵死的绝对同一,当然无法产生出世界万物及其多样性。而这也正是谢林绝对同一哲学的根本缺陷之一。在黑格尔看来,"理念自身本质上是具体的,是不同的规定之统一"①,也是包含着差别性的统一。在这不同的规定和差别之间有着许多合乎逻辑的必然联系,这种联系中产生的矛盾与运动,促使着整个世界从这有差别的统一中产生出来和发展起来,正是在这种意义上,黑格尔认为他所说的世界精神可以作为世界的本原并且产生和创造出世界的万物。

为什么绝对精神具有这种产生一切对象性存在的能动性呢?黑格尔认为:"一切问题的关键在于:不仅把真实的东西或真理理解和表述为实体,而且同样理解和表述为主体。"②实体是客观的,主体是能动的,把实体理解为主体,即把实体的客观性原则与主体的能动性原则内在结合起来,集中到他所说的绝对精神之中去。在黑格尔看来,"说真理只作为体系才是现实的,或者说实体在本质上即是主体,这乃是绝对即精神这句话所要表达的观念"③。因此,"理念可以理解为理性(即哲学上真正意义的理性),也可以理解为主体—客体;观念与实在,有限与无限,灵魂与肉体的统一"④。

主体与客体的统一是辩证的统一。黑格尔赋予主体以辩证本性,使其获得革命性、能动性,为绝对精神的外化、对象化,以及通过这种外化、对象化而达到自我反观、自我意识提供了内在动力。在黑格尔看来,"实体作为主体是纯粹的简单的否定性,唯其如此,它是单一的东西的分裂为二的过程或树立对立面的双重化过程,而这种过程则又是这种漠不相干的区别及其对立的否定"⑤。绝对精神作为主体本身就是在自己产生差别与矛盾又克服差别与矛盾而回复到自身的过程中生成、

---

① 黑格尔. 哲学史讲演录(第1卷)[M]. 北京:商务印书馆,1959:29.
② 黑格尔. 精神现象学(上卷)[M]. 第2版. 北京:商务印书馆,1979:10.
③ 黑格尔. 精神现象学(上卷)[M]. 第2版. 北京:商务印书馆,1979:15.
④ 黑格尔. 小逻辑[M]. 第2版. 北京:商务印书馆,1978:400.
⑤ 黑格尔. 精神现象学(上卷)[M]. 第2版. 北京:商务印书馆,1979:11.

发展、实现和反观自身的,由差异到矛盾,由对立到统一,由同一到斗争,由量变到质变,由肯定到否定,由否定到否定之否定。通过否定之否定而扬弃自身,发展自身,实现自身,反观自身,这就是绝对精神的辩证运动,也是主体的自我创造和自我认识。在这个过程中,绝对精神经历了逻辑阶段、自然阶段、精神阶段这三个主要的发展阶段,相应地,黑格尔的哲学也包含着逻辑哲学、自然哲学、精神哲学这三个主要部分。这个过程,既是作为实体的绝对精神的生成、发展、实现的过程,又是作为主体的绝对精神的自我分化、自我创造、自我实现、自我反观的过程,而这个过程又始终是按照辩证运动规律来能动地展开和实现的,并且始终伴随着主体的自我反观、自我反思、自我评价和自我建构的自觉活动,因此,它既是本体运动,又是主体活动,也是辩证运动,还是认识运动。这样,黑格尔就把本体论与辩证法、认识论与主体论内在地有机结合起来了。主体通过自觉的能动的辩证的认识和实践活动而生成、发展、实现了自身。

　　黑格尔哲学是主体性思维方式在客观唯心主义基础上所能取得的最高成果。他的主体性由于其辩证性而具有极强的能动性和革命性。然而这种能动性和革命性最终为其主体(实体)的客观唯心性质所束缚,从而暴露出其体系与内容、理论与方法之间的深刻矛盾。费尔巴哈希望能消除其主体性理论的唯心主义性质,在唯物主义基础上建立以人为本的主体学说,结果是不自觉地丢掉了主体能动性。马克思则立足于科学的实践观来说明人作为主体的历史性生成及其现实基础,建立了实践论的思维方式,促进了人类哲学思维和研究方式的进一步发展与变革。

第九章 实证论思维和研究方式

实证主义产生于近代自然科学的要求，其基本特征包括准确性、精确性、确定性、可重复性、可检验性等。在历史上，实证哲学首先由孔德提出，是作为思辨哲学的对立面而产生的。孔德把实证科学视为人类智力和思想发展的最后阶段与最高形态。实证主义反对和拒斥形而上学，否定本体论及世界观的意义，把经验视为最终标准，把哲学建立在经验科学的基础之上。

本章认为，实证论首先也是一种对哲学的理解方式，是一种哲学观念或哲学原则。其主要特征是：以经验现象界作为哲学研究的基本对象；以可证实性原则作为哲学思维的最高原则；探索达到实证认识的方法论途径，如穆勒五法、马赫的思维经济法则。实证论经历了以马赫为代表的经验批判主义、以卡尔纳普为代表的逻辑经验主义的发展，演变成了分析哲学这一重大哲学流派，其思维方式在后来的结构主义、实用主义、科学哲学中流传甚广。实证论的一大问题在于，无法为科学及人们的生活提供必要的本体论基础，最后被实用主义所取代与超越。

实证,即可检验、可验证、可证实。这本来是近代经典自然科学最本质的规定和最根本的要求。一种观察陈述或假说,只有得到足够充分的实证材料或实验结果的支持,才被认为是科学的。因此,准确性、精确性、确定性、可重复性、可检验性等,正是实证的基本内涵。近代自然科学作为科学,无疑是以其实证性作为标志的。近代物理学、化学、天文学、地理学、生物学等基本的自然科学学科,都由于实验方法和数学方法的普遍应用而获得了长足的进步。自然科学研究正是由此而建立起了自己相对独立的方法论体系,实证观念成为自然科学观念的基本内涵和重要标志,甚至成为科学观念的代名词。以实证为标志和特征的科学观念日益广泛深入社会生活的各个领域,影响着人类实践和社会文化的生产与创造,并进而影响和渗入哲学和整个意识形态,引起了哲学观念的巨大变革,以致一些哲学家将实证原则由自然科学原则提升为具有广泛普遍性的哲学原则,创立了以实证原则为主导原则和基本方法的实证主义哲学,形成了以寻求确定性、准确性、验证性为基本目标和基本途径的实证性哲学思维方式。

实证论思维方式或实证原则是近代以来哲学发展历程中科学主义思潮的基本思维方式和主导原则,在人类哲学发展史上占有十分重要的地位。实证主义哲学由孔德最早提出和创立,经过了以马赫为代表的经验批判主义和逻辑经验主义,迄今仍然发生着十分重大的影响和作用。

一、由思辨哲学到实证哲学

1. 反对思辨哲学传统

在历史上,实证哲学直接地是作为思辨哲学的对立面而产生的。在实证主义者看来,由古希腊以降的整个欧洲哲学传统从整体上看都具有一种高度的抽象性和思辨性,它们远离人们的实际社会生产和社会生活,不仅难以对人们的实际活动发生影响和发挥作用,而且会干扰和妨碍社会生活。因此,反对和舍弃这种极度抽象和思辨的哲学思维方式及哲学传统,已经成为当务之急。法国哲学家、实证主义哲学创始人奥古斯都·孔德从人类思想发展的历史阶段来论证扬弃思辨抽象哲学传统的必要性和必然性。在孔德看来,人类智力和思想发展的历史中存在着"一条伟大的根本规律","这条规律就是:我们的每一种主要观点,每一个知识部门都先后经过三个不同的理论阶段:神学阶段,又名虚构阶段;形而上学阶段,又名抽象阶段;科学阶段,又名实证阶段"①。与人类智力和思想发展的三个阶段相适应,产生了三种不同的社会政治制度和与之相适应的三种不同的哲学形态和哲学方法。

神学阶段包括欧洲古代和中世纪时期,社会结构处于神权政治和军事统治之下,人们在思想上自由幻想,企图追寻现象的根源,探索事物的内在本性,追究事物的最终原因,获得绝对无误和准确的知识,而这实际上是办不到的,于是人们借助于超自然的力量,寻求神的启示和解答。相应地,宗教居于各种思想体系的主导地位。

形而上学阶段主要指14—18世纪的欧洲启蒙时代,社会实行抽象的民主、平等、正义、博爱的政治制度。在思想上,人们追求形而上学的抽象和思辨,用抽象概念取代神学阶段的超自然力,并企求通过抽象概念来达到关于事物本质的绝对知识。各种哲学体系都宣称自己达到了对于世界的最终解释和绝对真理,并由此而具有某种独断的性质。形而上学阶段是对神学阶段的批判和扬弃,并为实证阶段准备了条件。

实证阶段建立在现代工业社会基础之上,这时人们关注的中心是经济生活,科学成了社会发展的重要力量,科学家成了社会生活的主要支配者,他们按照科学的规律和科学的原则去观察、分析和调控社会,和谐、秩序和进步成为工业社会的重要目标和基本特征。相应地,人们在思想上从形而上学的抽象、思辨性中解脱出来,不再去追求关于宇宙的最终解释和绝对知识,而只是在具体的现象世界进行具体的研究和解释,信奉和遵从一种实证的态度和科学的精神。因此,实证精神就是科学精神,实证方法就是科学方法,实证阶段就是科学阶段,实证哲学就是科学主义的哲学。

孔德认为,工业社会是最完善的社会,科学是人类社会发展的最重要力量,建立在工业社会和现代科学基础之上的实证哲学是人类智力和思想发展的最高阶段,它体现了工业精神和科学精神,是最完善的哲学。在孔德看来,由神权政治经过启蒙时代而向工业社会的发展是一

---

① 见奥古斯都·孔德《实证哲学教程》,转引自:现代西方哲学论著选辑[M].北京:商务印书馆,1993:20.

个前进上升的必然过程;相应地,由神学经过形而上学向实证哲学的发展也具有普遍必然性。因此,由近代以来的抽象思辨哲学向现代的具体实证哲学的发展也具有普遍必然性。正是在这种意义上,孔德坚定地反对各种形式的抽象思辨哲学,并为创立自己的实证哲学而作出了积极努力。

2. 拒斥形而上学

反对和拒斥形而上学,是所有实证主义哲学流派的共同旗帜,也是实证哲学作为一种新的哲学流派得以产生和建立的必要理论前提。在实证主义者看来,传统思辨哲学之所以有必要加以反对和拒斥,最根本的是他们所关注的都是那些人类智力既永远无法证实也无法解决的形而上学问题。古希腊以来的欧洲哲学,从根本上来说,主要关心两个最基本的哲学问题:一是世界的本质问题,一是人的理性能力问题。早期各派哲学不自觉地以承认理性至上为前提,直接回答世界的本原问题,产生了唯物主义与唯心主义的长期争论。休谟和康德从怀疑和否定理性能力入手进而否定或部分否定世界的本原问题,黑格尔批判了休谟和康德,沿着西方古典哲学传统,以绝对精神的至上性继续论证世界的精神本原,创立了本体论、主体论、认识论、辩证法内在统一的绝对唯心主义哲学体系。近代以来的思辨哲学家们,把哲学当作凌驾于科学之上的科学的科学,以思辨形而上学束缚自然科学,极大地束缚了实验自然科学的发展。在实证主义者看来,要解放科学,发展科学,首先就要反对形而上学。传统哲学所关注的事物的绝对本质、世界的起源和本体、现象之后的东西、世界的因果联系和规律性,这都是超出人类智力范围的东西,既不可能达到,对现实生活和科学发展也没有意义。因此,他们都否定哲学地研究世界本体问题,研究世界观问题的意义,主张超越唯物主义和唯心主义的对立。孔德说,真正的实证精神用对现象的不变的规律的研究来代替对所谓原因(不管是近因还是第一因)的研究;一句话,用研究怎样来代替研究为何。这样,它满足并且调和了唯物主义和唯心主义的敌对主张中一切站得住脚的东西,而它在这样做时就把二者都废弃了。可以说,拒斥形而上学,超越唯物主义和唯心主义的对立,是三代实证主义者们的共同愿望。穆勒所主张的感觉论,斯宾塞所主张的经验知识论,马赫所主张的世界要素论,阿芳那留斯的经验批判论,彭加勒的约定论,罗素的中立一元论等,其重要之点,就是表明自己既非唯物主义,又非唯心主义的哲学立场。后期维特根斯坦甚至把人们对普遍统一性的追求看作一种根深蒂固的习惯,一种在传统哲学中反复表现出来的哲学病。在他看来,人们总是要在乱中求同,在变中求恒,在多中求一,去追求那些绝对的、同一的、不变的东西,这是传统哲学的痼疾,而他所主张的分析哲学,其任务就是要给哲学家治病,为此他长期致力于寻求哲学病的药方。不管是前期的图像说还是后期的语言游戏说,其目的都是要超越传统哲学的局限。

3. 重塑经验主义的哲学传统

实证主义哲学反对传统哲学的思辨形而上学,其重要的思想理论渊源便是17世纪以来西欧哲学中一直存在的经验主义哲学传统。前面我们谈到,经验论和唯理论的斗争,是认识论思维和研究方式的内在组成部分,贝克莱和休谟是经验主义哲学的重要代表。实证主义哲学较多地吸取休谟经验主义的思想内容,但又尽量减弱或避免休谟的怀疑论色彩,强调和相信人类知识的力量,要把全部哲学建立在经验的基础之上,又把经验建立在自然科学所能检验和证实的范围以内,以此克服传统经验主义哲学的经验概念的抽象性和思辨性。在实证主义者看来,一方面,反对和拒斥形而上学,就要从康德、黑格尔回到贝克莱、休谟,就要回到17世纪的西欧经验主义哲学传统。马赫便曾明确宣称自己的哲学任务就是从康德那里退回到休谟。但另一方面,17世纪西欧经验主义不可避免地受到传统思辨形而上学的影响,其经验概念实际上具有明显的思辨性和抽象性,这又必须加以扬弃,其办法则是用科学来对经验及其现实可靠性加以检验和限定,从而使自己的经验论建立在现代实证自然科学的坚实基础之上。立足经典实验自然科学来重塑经验主义哲学形态,这正是实证主义哲学的一个重要特点。

4. 确立实证哲学的实证科学基础

自觉地将其哲学奠基于实证科学的基础之上,并用实证精神和实证方法来从事哲学研究,这是实证主义哲学最重要的特点,也是他们被看作科学主义哲学思潮最基本的依据。应该说,哲学发展中的实证论思维和研究方式正是实证科学的思维和研究方式的哲学迁移和哲学提升。在孔德看来,自然科学并不是在实证阶段才产生的,甚至在古代希腊,就已经有了卓著的数学。但是,自觉地把哲学奠定在实证科学基础之上,则是从他的实证哲学才开始的。而且正因为他以实证方式使社会学成为科学,整个科学体系才得以建立,各门特殊科学才能真正成为科学。孔德认为,当时的科学可以分为数学、天文学、物理学、化学、生物学、社会学(又叫社会物理学)6类特殊科学,它们各有自己的研究对象和研究方法,但由于对象的相关和方法的相通,它们之间又相互联系,构成科学整体体系内部的不同分支。这6类科学之间存在着由抽象到具体、一般到特殊和简单到复杂的序列关系,并由前到后逐渐发展起来。其中数学最抽象、最单纯,也适用于各门学科,具有最大的普遍性。天文学、物理学、化学研究无机自然现象,生物学和社会学研究有机自然现象,其中社会学是最复杂、最具体、发展最晚的,由他正式创立。正是由于社会学的创立,各个领域各种层次的研究都成为科学,而作为整体的科学体系遂得以形成。但是,建立统一科学体系的任务不可能由各种具体科学家来完成,而只能由哲学家来完成,孔德认为这正是他的实证哲学的任务。实证哲学的主要任务就是在承认各门各类具体科学的特殊性的前提下,将其统一起来,建立实证的综合的科学体系。这既是科学发展的需要,也是哲学发展的需要。正是由于实证主义哲学与实证科学之间的这种密切的内在联系,决定了实证主义哲学必然随着科学的每一个重大发现而相应地或多或少地改变自己的形态。科学主义哲学思潮由孔德实证主义向经验批判主义到逻辑经验主义的发展,实际上从一个侧面反映了科学的发展。是否可以说,早期实证主义主要依托于近代经典自然科学,经验批判主义的产生和发展则反映了19世纪末20世纪初以基本粒子的发现为标志的物理学革命,逻辑经验主义则主要依托于现代数理逻辑和现代语言学的成果。

5. 适应社会变革与社会建构的现实要求

实证作为一种具有普遍性的哲学思维方式,无疑也是当时资产阶级社会变革与社会建构的客观要求。孔德的一个重要功绩,是将自然科学的实证精神和实证方法运用于社会认识和社会研究,使之向着实证化的方向发展,创立了作为相对独立的社会科学学科,从而开辟了社会科学研究的实证化道路。社会认识的实证化,无疑也是当时的资本主义社会稳定发展的客观要求。18世纪末19世纪初,资产阶级革命基本完成,社会发展处于相对稳定阶段。巩固、改革、完善与发展,成为当时社会所面临的主要任务。高度组织化的社会生产,要求建立结构严密的社会体系。定量化的商品流通,对社会组织的严密化提出了要求。

建构一个结构合理、比例恰当、运行协调、行动高效的社会组织系统,要求人们从事经验性的社会调查和社会研究,而这正是社会认识实证化的重要动力。正是由于不仅对自然的认识走上了实证化的发展道路并且取得了丰硕成果,而且对社会的认识也开始走上了实证化的发展道路并展示出其诱人前景,将实证精神和实证方法提升为一种实证的哲学精神、哲学原则和哲学方法才获得了自己更加广泛的社会和认识基础。

二、实证论思维和研究方式的基本构架

1. 确立哲学研究的实证目标

实证论思维方式实际上首先是一种对哲学的理解方式,也可以说是一种哲学观念或哲学原则。以哲学方式实证地理解世界,首先要求对于哲学的实证性理解,或者说以实证的方式理解哲学。对此孔德说得非常清楚。在他看来,实证哲学的一切本质属性都概括在实证这个词中,他把这个词列为一种新哲学之首。在孔德看来,实证一词有多种含义:现实的而不是幻想的;有用的而不是无用的;可靠的而不是可疑的;确定的而不是含糊的;肯定的而不是否定的。孔德自己则主要是在有用的、实在的、肯定的、确实的、可靠的意义上使用实证一词的。实证哲学的任务在于向人们提供实在的、有用的、精确的、确定的、可靠的知识,这种知识应当表达并展示人类智慧的最高属性和最高成就。孔德的实证哲学只考察现象之内的东西,至于现象之后的本质和造成事物的原因、事物运动变化的规律都不属于实证哲学的范围。但他的实证哲学却应当蕴含社会政治、宗教、道德、科学和哲学的各个方面,是包含着人类生活的各个方面的完备体系。而这个体系中的各种理论都是实证的,哲学与科学、政治与社会、宗教与道德、社会与个人等,构成实证哲学的基本内容。与孔德企求在现象界创立无所不包的哲学体系不同,马赫并不企求解决一切问题,而是关注统一各门自然科学的认识论和方法论问题。他所提出的世界要素论实际上是力图以可感的方式把握世界的基本构成,并使之得到感性的证明。阿芳那留斯主张对于经验的批判,要以实证方式清洗掉夹杂在经验概念中的一切杂质,去除其与经验无关的一切内容,使经验纯粹化、完全化,从而把整个人类知识

建立在可靠的、纯粹的感性经验之上。分析哲学把语言批判作为全部哲学的根本任务,力图通过严格的语言分析来澄清或消除传统哲学问题,并通过对自然科学的严密逻辑分析来重建知识论,开启了语言哲学的全新时代,引发了现代哲学发展中极为重要的语言学转向。在这所有的哲学研究和探索活动中,都始终贯穿和渗透着对哲学研究使命和哲学发展目标的实证主义认定和遵从。

2. 以经验现象界作为哲学研究的基本对象

实证论思维方式本质上是一种对象性和客观性思维方式,它所追求的实际上是尽量客观真实地按照对象的性质和特点来把握对象,使人们的观念和思想尽可能地接近和符合对象。既然如此,对于对象的规定和设定对于思维的展开具有重要的前提性意义。如果对象本身是抽象的、不确定的,则实证地认识和思考对象是不可能的,而实证地检验和验证关于对象的知识更是不可能。正是如此,所有的实证主义者都非常重视对于自己的研究对象的规定和限阈,这就是把哲学研究的对象限定在与感性经验相关并通过感觉而可以实证地加以经验的现象界,尽管他们对这个现象界本身的性质和特点仍然存在着具体理解上的差异性。以孔德为代表的早期实证主义明确提出抛弃对于世界的本质与基础、起源与归宿等形而上学问题的研究,把全部哲学建立在经验现象的范围内和基础上,根本否认认识和把握经验以外的任何实在(不管是物质还是精神)的可能性。穆勒在他的《逻辑体系》一书中明确提出,借直观所认知的真理是一切其他真理所由之出发的根本前提。而他所说的直观就是感性直观,是通过经验而达到的直观。他用感觉的恒久可能性来说明外部物质世界的可能性,把归纳逻辑看作从感觉经验中获取和提升新知识的基本途径,继承并发展了培根创立的归纳逻辑。以马赫为代表的经验批判论者更是把对感觉、经验的批判看作自己的全部任务和基本出发点。马赫所鼓吹的物是感觉的复合,把感性经验要素作为构成全部复杂世界的基础,由此而创立了他的感觉要素一元论宇宙结构。在他看来,"整个内部世界与外部世界就都是由少数同类的要素所构成,只不过这些要素的联结有暂有欠罢了。通常人们把这些要素叫作感觉"[①],而作为研究者,"我所能观察到的东西,即我的

---

① 马赫. 感觉的分析[M]. 第2版. 北京:商务印书馆,1986:17.

感觉"①。罗素的思想受到马赫和美国詹姆士的影响,他在后期哲学生涯中所提出的中立一元论,实际上是马赫感觉一元论的翻版和再现。他在《心的分析》一书中谈道:"我相信,构成我们经验世界的材料,既不是心,也不是物,而是比二者更为原始的东西。心和物二者似乎都是复合物,而组合它们的材料是介乎二者之间和处于二者之上的东西。"②这就是感觉,"感觉是对于心理事件和物理世界共同的东西"③。在罗素看来,心和物都是感觉的复合,其不同之处不过在于它们是感觉的不同排列方式,"一个感觉可以藉一个记忆连锁和一些别的事项归为一类,那样,它就成了心的一部分;也可以和它的因果上的前项归为一类,那样,它就是物理世界的一部分。这种看法就把事情弄得非常简单。当我意识到放弃了'主体'就可以承认这种简单化的时候,我很高兴,认为传统上的心和物的问题算是完全解决了"④。实际上问题并不像罗素所想象的那么简单,心和物的对立并不会也没能如此容易地得到完全的解决。我们倒是可以从中看出感觉经验在罗素哲学以至逻辑经验主义哲学中的特殊地位和作用。

3. 以可证实性原则作为哲学思维的最高原则

实证思维的最根本特点就是要求对一切知识都以一定方式加以验证并使之得到证实。不能证实的事物不能作为科学的对象,不能证实的问题不能列入认识和研究的视野,不能证实的知识不能看作科学知识。在实证主义者看来,可证实性原则既是科学思维的最高原则,也应当是哲学思维的最高原则。这里讲的证实有多种具体含义:知识来源的客观性,知识内容的准确性、精确性,语言表述的明晰性,逻辑结构的严密性等。孔德把实证原则作为最高原则而推行到知识的各个领域,不仅要健全和完善实证科学,而且建构实证政治学、实证社会学、实证宗教学,使之成为人类全部生活的最高原则。马赫为了追求其世界图景的精确性,主张把数学方法运用于对世界要素及其关系的研究,用数学上的函数关系来取代传统的因果关系,因为"函数概念比原因概念优越,它的优越性在于追求精确性,而不带有原因概念的不完整性,不确

---

① 马赫. 感觉的分析[M]. 第2版. 北京:商务印书馆,1986:84.
② Russell B. The Analysis of Mind[M]. London: G. Allen & Unwin Ltd., 1921:10.
③ Russell B. The Analysis of Mind[M]. London: G. Allen & Unwin Ltd., 1921:144.
④ 罗素. 我的哲学发展[M]. 北京:商务印书馆,1982:125.

定性和片面性"。因此,他说,"我很久以前就企图用数学函数概念代替原因概念,即用现象的相互依存关系,严格地说,用现象特征的相互依存关系来代替原因的概念"。应该说,马赫看到了旧的机械的因果决定论的缺陷,并力求使对因果关系的描述精确化,这种愿望不无可取之处,但实际上因果关系远比函数关系复杂,有的因果关系可以用函数关系表达,有的则不能,而函数关系也不一定都是因果关系,因此,函数关系也许可以帮助我们提高或加深对某些因果关系的理解,却不能取代对因果关系的探究。法国著名自然科学家彭加勒为了寻求科学和哲学的实证性途径,甚至提出把实践尤其是科学实验当作认识的来源和真理的标准。他说:"实践乃真理的唯一泉源,唯有它能告诉我们一些新事物,唯有它能给我们一种确定性。这就是谁都不能反对的两点。"他提出应当探索和确定科学的客观性标准,那么什么是科学的客观性标准呢?我们应该用什么观点去看待客观性及其标准呢?确切地讲,这个标准也就是我们对外部世界的信仰的标准。这些对象是实在的,因为它们在我们身上所唤起的感觉,使我们觉得这些对象是由某种(我不知道是什么)不可破坏的结合剂而不是由一时的机遇所结合起来的东西[1]。正是在这种科学哲学观的基础上,彭加勒提出了他的科学约定论学说。以维也纳学派为代表的逻辑经验主义运动始终高举证实原则,并以此作为反对传统思辨形而上学最有力的武器。他们一方面从科学的角度来关心哲学,一方面从哲学的角度来关心科学,力图在科学和逻辑的基础上把新哲学与旧的形而上学严格区分开来。怎样区分呢?他们提出了著名的"证实原则"。证实原则的根本点,即一个命题的意义就是证实它的方法。这可以分解为两个方面:其一,一个语句的意义是由它的证实条件来决定的;其二,当且仅当一个语句原则上可以被证实时,这个语句才是有意义的,也就是说,一个语句是否有意义取决于它是否能够被证实。逻辑经验主义者运用这个原则对科学和传统哲学进行检验和审核,结果各门经验科学的命题都是可以被证实的,因而是有意义的,而传统哲学的许多命题都是无法证实的,因而是无意义的。例如,在哲学史上长期讨论的一个问题,是在我们的经验世界的背后是

---

[1] 见彭加勒《科学的价值》,转引自:列宁选集(第2卷)[M].北京:人民出版社,1972:298.

否有某种物自体。逻辑经验主义者运用证实原则对其加以分析：我们只能经验我们所能经验的东西，因此原则上找不到也不可能设计出一种判别经验背后是否存在物自体的标准，所以这个命题是无意义的问题，是应予抛弃的形而上学问题。他们正是以此原则作为标准而取消了西方哲学史上关于一元与多元、唯物与唯心、可知与不可知等一系列问题的争论，而把自己的视野集中到了对于语言的逻辑分析之上。

4. 探索达到实证认识的方法论途径

实证论实际上又是一种方法论。实证论者在确立了自己的研究对象、研究目标和主导原则后，必然要探索和建构实现它们的方法论途径。在这种意义上，实证论者，又可以看作方法论者。由主体论思维方式向实证论思维方式的转换，在很大程度上又可以看作一种方法论转换。对于实证认识和实证研究的方法论的自觉而又特殊的关注，在整个实证主义哲学的历史发展中始终占有相当突出的地位。而由第一代实证主义向经验批判主义和逻辑经验主义的转换，实际上又是依据于并且表现在方法论的内部转换和更新方面。在方法论方面所做的努力及其积极成果，是实证论者在人类哲学思维发展中所做的不可磨灭的重要贡献。孔德所创立的实证哲学实际上所倡导的就是一种实证精神和实证方法论，他还提出和论证了一系列具体的实证方法。他强调数学方法在人类所有知识领域的普遍运用，并把能否成功地运用数学方法看作一门学科成熟程度的重要标志。他强调观察方法和实验方法，认为这是达到实证认识的基本手段；他强调运用整体方法和历史方法，认为只有把个别事实放到它们所由组成的更大整体范围中才能达到对他们的真正把握；此外还必须进行同时的和历时的比较，以达到对具体事件的全面的理解。穆勒在方法论上的贡献已为逻辑思想史所公认，他在实证原则的旗帜下坚决反对长期在逻辑学发展中居于主导地位的亚氏三段式演绎逻辑，认为他们不能提供任何新的知识。他专门研究归纳逻辑，强调经验归纳方法，在继承和发展培根三表归纳法的基础上，提出了求同法、求异法、剩余法、共变法和求同求异并用法等，在归纳逻辑的发展中占有相当重要的地位，代表了归纳逻辑发展的一个新阶段。马赫在方法论上提出了著名的"思维经济原则"。在他看来，"由于人的生命短促，人的记忆能力有限，任何一项名副其实的知识，如果没有最大限度的思维经济，都是不能得到的。因此，可以把科学看成一个最小值问题,这就是:花费尽可能最少的思维,对事实作出尽可能最完善的陈述"①。用最简便、最经济的思维手段去最完善、最精确、最充分地陈述对象,这无疑是对于认识手段和思维方式的一种积极的要求和促进。整个分析哲学,无论在其形式上还是实质上都是一种方法论哲学。无论是分析哲学家们给自己提出的任务还是其实际达到的效果,均是如此。由弗雷格开创而由罗素、怀特海等建立的数理逻辑,不仅开创了逻辑学史的全新时代,而且为分析哲学家们提供了全新的和极其锐利的武器。而弗雷格对于含义与指称及其关系的分析、罗素的摹状词理论、前期维特根斯坦的图像论和后期维特根斯坦的语言游戏说、卡尔纳普的宽容原则和统一科学论等,都既是对于语言的各种严密逻辑分析,又是分析语言的严密的逻辑方法。它们既展示了语言的逻辑力量和文化功能,也展示了逻辑分析方法在语言的使用、建构与理解中的特殊地位和作用。

三、实证论思维方式的演进与引发的诘难

1. 实证论思维方式的演进

实证论思维方式是现代哲学中广泛流行并有着非常普遍影响的哲学思维方式,它被近代以来不同时期和不同领域的哲学家所广泛接受和采用,并通过其哲学探讨和哲学论争而存在和发生作用,又随着科学、社会文化和哲学观念的变化发展而不断地调整和改变,从而既在不同领域和不同学派的哲学与哲学家之间显示出一种内在的原则相关和方法相关,又在不同时期的不同哲学家之间显示出某种同源同宗的历时性联系,从而造就了从19世纪上半叶以来的整个实证主义或叫科学主义的哲学思潮。

我们曾经谈到,实证主义哲学最初由孔德提出和创立,先后经过了马赫、阿芳那留斯等为代表的经验批判主义和卡尔纳普等为代表的逻辑经验主义等阶段,在20世纪上半叶达到鼎盛。在这个过程中,后起的哲学家一方面由于其从根本上坚持哲学研究的自然科学基础并奉行

---

① 见马赫《力学的发展》,转引自:现代西方哲学论著选辑[M].北京:商务印书馆,1993:41-42.

证实性的主要原则从而保持着与其前的哲学的历时性联系,并由此而自诩或被划归为科学主义的哲学流派;另一方面又由于科学文化的时代性发展和哲学观念的局部性改变而在思维方式上有所调整,展示出自己的时代性特征和对其前哲学的超越。这样,科学主义的哲学思潮和哲学传统既能在新的历史条件下得以延续和流传,并能对新的哲学产生作用和影响,又能不断地得到变革、更新和发展。

(1) 经验批判论对早期实证论的超越。

经验批判主义哲学对早期实证主义哲学的超越主要是立足于新的科学基础而将早期实证主义者提出一些基本哲学原则贯彻到底甚至推向极端。

就其科学基础而言,早期实证主义哲学主要奠基于经典实验自然科学,他们主张按照自然科学的证实原则和证实方法来研究哲学,把哲学限制在实验科学所能证实的经验范围之内,拒绝研究和回答那些既不能证实也无法论证的形而上学问题。因此,他们承认人类理性的力量但又限制理性所及的范围,认为关于世界的本质到底是精神还是物质的问题是人的认识能力无法解决的,因此对此加以拒斥,但他们实际上只是回避了这类问题却并未完全否定现象世界的背后还有某种更加本质的东西的存在。马赫主义和经验批判主义者立足于19世纪末20世纪初的物理学革命以及带来的物理学-哲学危机,认为科学和人类认识所及的世界仅仅是感觉经验,物质与精神、客观与主观的区别只是感觉经验的内部区别,感觉或者表象不是物或物体的映象,相反,物倒是感觉的复合,是感觉之间的联系的符号,而感觉则是世界的最基本要素。正是立足于这种看法,马赫等人认为早期实证主义者只是回避了形而上学的问题,却未能消除形而上学的残余,因此已不适合科学的最新发展,必须改变自己的形态,这就是他们所主张的新实证主义,或者叫彻底的自然科学的实证主义、新一代实证主义。这种实证主义的重要特征就是根本否定在现象范围以外还有其他本质,从而根本否定形而上学问题存在的必要性和可能性。

正是在彻底拒斥形而上学的立场上,经验批判主义者改变了早期实证主义者关于建立大一统科学体系的哲学构想,提出了建构科学的认识论的哲学构想。立足于对哲学与科学关系的上述看法,孔德、斯宾塞都认为哲学的根本任务就是把各门具体科学统一起来,建立一个综合的包罗万象的哲学体系,在实证科学的统一性的基础之上建立统一的实证哲学或综合哲学,由此而提供无所不包的世界图景,去揭示和发现所谓不变的、普遍的自然规律。马赫和阿芳那留斯等人认为,既然否认感觉之外还存在着本质之类的东西,既然哲学研究的对象就是感觉要素,就不仅要彻底拒斥早期实证主义者尚存的形而上学残余,也应清除他们还保留着的不可知论,即认为现象之外的本质是人的理性能力所不能达到的,还要放弃他们建立统一哲学体系的企图,把哲学归结为科学的认识论。这种认识论研究的不是知识与实在之间的关系,也不提供世界的整体哲学图景,而是研究人们的感觉,记载感觉的符号、记号及其相互之间的关系,为解决自然科学的具体问题寻找可能的途径。马赫在他的《感觉的分析》的第4版的序言中说:"本书并不试图解决一切问题,而是引起一种认识论上的转变,这种转变会使距离较远的各种科学研究部门相互合作,从而为解决科学上的重要的细节问题进行准备。"[①]可以说,在更彻底地拒斥和否定形而上学的基础上,由建立实证的统一哲学体系进到建立更加实证的科学认识论和方法论,为各门自然科学的内在统一寻找认识论和方法论基础,正是经验批判主义在哲学目标上超越于早期实证主义者的主要地方。

　　正是立足于对科学基础和哲学目标的理解,经验批判主义在思维方式上也比早期实证主义者更加具体、实证。孔德提倡并且重视实证原则和实证方法,但为了建立他的大一统的实证哲学,有时自身却自觉或不自觉地沿用其前辈的思辨方式去构想各门科学和知识领域之间的历史联系和现实关系,他关于人类思想发展经过神学、形而上学而达到科学(实证)三个阶段的构想,就很难说有严格的和充分的实证事例。他关于科学分类和科学发展秩序的看法,也带着明显的主观推论的痕迹。相比之下,经验批判论者的哲学目标更加具体和现实,因此其方法也更具体和细致。他们立足于自己的科学研究成果,专注于对感觉和经验的考察与分析,与自然科学研究的实际发展更加密切地结合起来,在对感觉经验的实际探索与实证批判中展示出了自己的实证特色,从而既保留了早期实证主义哲学的基本原则,又对其有所深化、发展和超越。

---

① 马赫. 感觉的分析[M]. 第2版. 北京:商务印书馆,1986:5.

（2）逻辑实证论对经验批判论的超越。

逻辑实证主义以至整个分析哲学在20世纪上半叶的兴起和盛行，不仅是对经验批判论的超越，也是对整个传统哲学的一次重大超越，它意味着实证论思维方式在语言逻辑领域的成功运用和重大发展，带来了哲学发展史上的一次重大的语言学转向，开启了一个分析的哲学时代。

就其科学基础而言，分析哲学不仅立足于19世纪末20世纪初各门自然科学的伟大革命，尤其立足于数理逻辑和语言学研究的最新成果和20世纪以来社会文化的迅速发展。弗雷格、罗素、怀特海等通过自己的天才努力，结束了逻辑学发展史上两千多年来为亚氏三段论演绎逻辑所统治、徘徊不前的局面，创立了数理逻辑这门崭新的逻辑学科，又将其作为极其锐利有效的分析工具运用于哲学研究尤其是语言分析，使实证论思维原则借助于新的方法而在新领域得以发挥和运用，使实证主义哲学发展到全新的语言逻辑分析阶段。

从总体上看，分析哲学在思维方式上对经验批判论以至旧传统哲学的超越可以概括为以下几个方面。

其一，哲学研究对象由主观的个性心理状态转向客观的公共知识。反心理主义是分析哲学的最重要原则之一。从笛卡尔以来的整个理性哲学传统也可以说是心理主义的哲学传统。笛卡尔提出"我思故我在"，用我思作为我在的依据和证明。以后的哲学尤其是认识论均专注于对人的个性心理状态的研究，感性、知性、理性等心理和认识形式被看作认识论研究的基本对象。心理主义在早期实证主义者穆勒那里发展到极端。在心理主义者看来，是否存在着各种实在的关系，这是值得怀疑的，逻辑来自经验，是思维规律的综合和概括。要理解对象，达到对于概念意义的理解，就必须研究人在头脑中运用概念时所展开的主观的内在的过程，以寻求其规律，这就是逻辑。因此，逻辑是客观的、普遍的、绝对的。正是在这种意义上，穆勒提出并发展了培根以来的归纳逻辑。然而在分析哲学的先驱者、德国哲学家弗雷格看来，心理主义对逻辑的客观性、普遍性和绝对性的证明是缺乏根据的。在他看来，判断应当分为两个基本的方面：判断的内容和判断的活动。判断的内容即思想或命题，它是客观的、公共的，不以掌握者为转移却又可以为众多主体所掌握，因而是超个体的。判断的活动是个体在大脑中掌握某一思想的思维活动，是主观的精神活动,是个体性的、动态的。这里的关键在于,逻辑并不研究个体如何和为什么作判断,即个体的主观的精神活动与心理状态;而只研究客观的公共的知识形式,为此必须"始终把心理的东西和逻辑的东西、主观的东西和客观的东西严格区别开来"①。

其二,由内在的观念研究转向可交流的语言的研究。在分析哲学家看来,传统哲学认识论关心个体的主观-心理状态,并力图对思想内容的真理性作出证明,实际上这是做不到的。当思想仅仅存在于个体的心里内部时,既无法把握,也无法验证。只有当这种思想以一种现实可感的方式并借助于一定的载体而表达出来并形成交流时,才能被人们所理解和掌握,而这种现实的可感的方式就是语言。语言是思想的载体,是交流的工具,它通过命题和判断等而存在。通过语言分析,探寻命题的一般形式,分析个别命题的确实含义,使科学命题有精确的语言表达方式,并提供评价科学命题的确切标准,是现代哲学的根本任务。因此,现代哲学的基本对象是语言,语言分析成为哲学研究的基本任务。正是在这种意义上,维特根斯坦所言的"全部哲学就是语言批判"成为所有分析哲学家的共同旗帜。罗素把语言分析置于全部哲学分析的中心,在逻辑原子主义的本体论预设基础上,提出了著名的摹状词理论,企求以理想语言消除自然语言结构与逻辑结构之间的差异性,建立精密化的逻辑语言,去消除哲学史上诸如"金山难题"之类的逻辑困惑。维特根斯坦在早期和晚期分别提出语言图像说和语言游戏说这样两种自相反对的理论。语言图像说站在理想语言学派的立场上把命题看作事实的图像,把命题形式的逻辑系统(即理想语言系统)看作关于世界事实的本体论系统的图像,二者之间具有严格的同型结构,其中名称与对象相对应,基本命题与原子事实相对应,作为命题总和的语言与作为事实总和的世界相对应。正是语言与世界之间在逻辑上的同构性和对应性,使语言对于世界的描述和图像功能成为可能。而全部哲学研究的任务就是使语言能够清楚地、准确地成为世界的图像。语言游戏说则站在日常语言学派的立场上,反对把语言看作世界的图像及其所引出的关于语言与世界之间何者为第一性、何者为第二性的争论,

---

① Frege G. A Logico-Mathematical Enquiry into the Concept of Number[M]. Oxford: Oxford University Press,1956:10.

认为语言既不是仅有描述功能,也不是存在着某种统一的功能,而是在不同的生活方式中有着不同的功能,而这些功能在人的学习和运用语言的活动中已经不可缺少地存在着。人们的语言和行动交织在一起,构成了语言游戏,语言规则从一开始就是一种公共规则,因此不存在私人语言。尽管日常语言具有某种多义性、模糊性,然而一旦它进入某种具体的语言环境,其意义便确定下来了。因此,重要的不是去发现一套不变的理想语言,而是中止对语言的哲学解释,自觉遵守日常语言的习惯用法,并在语言交往的实践中发现其丰富多彩的用法,这样就可以成功地进入和进行语言游戏。维特根斯坦前期和后期对语言的这两种理论,代表了分析哲学中理想语言学派与自然语言学派之间的争论焦点,从中我们不仅可以看出语言分析在维特根斯坦哲学生涯中的特殊地位,也不难看出语言分析在整个分析哲学发展中的重要地位。

其三,由非形式化的精神领域转向形式化的语言逻辑结构的研究。研究语言,就是要把握语言的逻辑。这种研究不同于个性主观精神研究之处,就是要从非形式化的、非符号化的一般描述,转向对于语言逻辑的精确、量化分析。分析哲学的核心就是语言的逻辑形式分析,而他们所采用的分析方法,则是由分析哲学家所独创的数理逻辑方法。两千多年来,亚里士多德的逻辑学统治着逻辑学界,逻辑学没有重大的突破。新哲学需要新方法,新方法成就新哲学。弗雷格既长于数学又长于逻辑学,他凭借其深厚的数学功底,将数学方法引入逻辑学研究,开创了新兴的数理逻辑研究。数理逻辑经罗素和怀特海的合作而得以建立,这不仅开启了逻辑史发展的新阶段,而且为分析哲学的形成和发展提供了全新的逻辑手段。弗雷格在历史上第一次把量词、命题函项和约束变量引入逻辑学,由此而有可能从全新的角度重新分析各类判断的逻辑形式,并进而确定判断的意义。在弗雷格看来,概念的意义是在判断中获得的,孤立的概念很难确定其意义,因此,判断句是最基本的意义单位。而在各种类型的判断句中,肯定判断是最基本的,它是认识的基础,也是语言交流中的最基本的单位。判断产生命题,命题判断是确定概念含义的基础,也是逻辑分析的重点。弗雷格创立了具有完备形式的命题演算逻辑和运演方式,以及接近完备的谓词演算方式。弗雷格的工作被罗素和怀特海等所接替和发展。从此以后,数理逻辑成为语言分析的必备武器,以至于在分析的时代,不懂得数理逻辑,似乎就无法从事哲学研究和哲学交流。对于语言的严密逻辑分析也正是由此而成为可能。分析哲学家们的共同目标正是凭借其高度发展的逻辑分析技术而为人类知识寻求坚实而稳固并且科学可靠的基础。

其四,开拓关于命题意义的哲学分析。分析哲学的重要特点是不仅分析客观对象,也分析表象对象的语言形式;不仅分析语言的逻辑形式,也分析语言的意义。因此,语言哲学也可以看作一种关于语言意义的哲学,它不仅关注语言的逻辑结构,也关注语言的意义和功用。弗雷格在这方面又是功不可没的,他在语言学研究史上第一次深入系统地论述了含义与指称的区别,开始了现代分析哲学关于意义理论的研究。在弗雷格看来,符号的含义和指称是完全不同的,应当严格加以区分。符号的指称是它所指示的对象,符号的含义是它指示对象的方式。当人们用某种符号代表或指示某一对象时,该符号则与对象发生指称关系。而含义则是符号的表达方式,它代表对象的内容,通过含义,符号告诉人们它指称的对象的内容。正是借助于对含义与指称的区分,弗雷格不仅对传统哲学中关于"a=a"与"a=b"之间的关系作出了更为合理的解释,而且为他的命题分析提供了方法论前提。在他看来,命题的真假是由它们的指称决定的,所有真命题的指称为真值,所有假命题的指称为假值。命题的指称应当是他的真值。而对于句子来说,它的含义就是它表达的思想。在普通陈述句中,句子的指称是其真值,含义是其思想。弗雷格对含义与指称的区分,为符号、命题和语言的意义分析提供了重要的理论武器,为整个语言哲学的发展开辟了新方向。从此以后,关于命题的意义分析在语言哲学研究中占据着非常突出的地位。早期维特根斯坦在提出语言图像论后,很快转向对命题意义的分析,他将命题分为三类:有意义命题、缺乏意义命题和无意义命题。他通过对缺乏意义命题尤其是无意义命题的分析,将几乎所有传统人文科学尤其是传统哲学的命题宣布为无意义的,从而引发了维也纳学派等对传统哲学的猛烈抨击。卡尔纳普将命题进一步分为分析命题、综合命题和形而上学命题,分析命题即那些逻辑地必然为真或必然为假的命题,它又可分为矛盾式和重言式。综合命题即科学命题,它陈述世界的某一方面,具有或然性,能够被经验验证。形而上学命题则包括那些句子中存在着一个人们误以为有意义而实际上并无意义的词和那些由有意义的词构成但违反逻辑句法的句子,它们都是应当被取消的。传统哲学命题大多属于这一类。

分析哲学实际上是对于哲学自身的一种逻辑反省和逻辑分析,它使实证论思维方式不仅指向对象,而且尤其指向哲学自身,在现代逻辑水平上使哲学自身得到发展。

(3) 实证论思维方式在相关哲学流派中的发散与运用。

实证论思维方式不仅在实证主义哲学内部历时地流传和发展,也作为一种普遍性的思维原则而渗透和发散到其他相关哲学流派之中,使之带有比较明显的科学主义色彩。这里比较有代表性的是实用主义、结构主义和各种流派的科学哲学。

实用主义哲学既是美国社会的实用精神的哲学概括,又是美国人的生活实践和处事行为的哲学向导。它产生于19世纪中后期,至今仍然在美国哲学尤其是社会生活中保持着巨大影响,可以说是美国社会的重要精神支柱。实用主义,顾名思义,就是强调实际的功能和效用,这正是迅速发展的美国经济、社会、政治和文化生活的重要价值目标,也是实用主义者为自己的哲学规定的社会功能。要实用,就要实证,实证是达到实用的重要条件,但实证的不一定实用,因此,实用主义哲学吸取了实证主义哲学的思想精髓,但不限于此,而是以更加开放的姿态向历史上和现实中的一切哲学和思想文化学习,兼容并蓄,折中调和,创立了具有独到特色并确实有用于美国社会发展并在世界上发生重大影响的实用主义哲学和实用论思维方式。

实用论思维方式首先是对哲学自身的功能的一种理解和规定,这就是强调哲学要有用于人们的现实生活,有助于人们去从事实践活动,有益于人们去追求最佳的功能和效果。为此,实用主义者强调生活、行动、实践在他们的哲学中的决定性意义,甚至把自己的哲学直接叫作生活哲学、行动哲学、实践哲学等,他们把追求利益、功能、效用看作人们从事活动的最高目标,也把帮助人们追求和实现利益、功能和效用,达到最佳效果看作哲学的最高目标。在这种意义上,实用主义也可以说是一种功能主义、功利主义、效果主义哲学。正是这种目标作为一种制导因素制约着实用论思维方式的基本逻辑行程和基本评价体系。

讲实用就必须反对抽象思辨的形而上学。实用论哲学与实证论哲学一样,把反对传统的思辨形而上学作为自己的重要哲学前提,并力图超越唯物主义与唯心主义的争论。但与实证主义者根本否认形而上学问题的必要性和可能性不同的是,实用主义者还需要为自己的哲学寻找一个形而上学的理论前提和基础,只是认为这种形而上学应当建立在完全科学的经验基础之上。正是按照这种理解,皮尔士在他的无所不包的知识体系中预留了形而上学的位置,并希望把它建立在关系逻辑和经验观察的基础之上。詹姆士则提出建构一种所谓的彻底经验主义并以其作为实用主义哲学的新的形而上学基础。杜威企图建立一种以中性的经验为基础的经验自然主义,或者叫自然主义的经验主义,以之取代唯物主义与唯心主义的二元对立。实用主义者对于形而上学的这种"实用性"立场,从一个侧面反映了形而上学问题在整个哲学问题中的特殊作用和形而上学理论在哲学体系中的特殊地位,对完全拒斥和否定形而上学的实证主义无疑是个冲击。也许正是受到实用主义的影响,奎因终于提出了对于本体论的承诺,在新的条件下以变形的方式肯定了形而上学在哲学中的特殊地位,使逻辑经验主义与实用主义结合起来,为分析哲学开辟了逻辑实用主义的发展方向。

2. 实证论思维方式引发的诘难

实用论与实证论思维方式的一个显著共同点是强调把哲学研究建立在坚实的可靠的自然科学基础之上。实用主义的几个主要代表都是著名的自然科学家,并从科学立场切入哲学。皮尔士在数学、物理学、化学、逻辑学、科学史等方面都有过非常卓越的成就,詹姆士则在近代以来的心理学发展史上占有非常显赫的地位,被认为是心理学研究中机能主义学派的先驱。杜威不仅研究心理学,而且将其运用于教育学,并作为一个有重大影响的教育家而创办实验学校,强调教育要接近实践、接近生活。应该说,实用主义在美国社会的成功正在于它们顺应了科学社会化和社会科学化的基本发展趋势。

实用论与实证论思维方式的又一重要共同点在于都把自己看作一种认识论和方法论。在实用主义者看来,哲学对于人们的功用就在于为行动提供必要的实用的信念。因此,如何确定信念,如何澄清概念,如何明晰思想的意义,成为实用主义的重要内容。在皮尔士看来,信念是相对于怀疑而言的,摆脱以至消除怀疑,才有可能确定信念,而实用主义作为一种认识论和方法论,其根本任务便是通过探索,提出假设,确定信念。因此,他的理论又被称为"怀疑-信念的探索理论"。在他看来,古往今来,人们分别采用固执的、权威的、先验的方法来确定信念,这都不可靠,只有科学方法才能正确地确定信念。詹姆士更是明确强调实用主义的方法论意义。在他看来,"实用主义不代表任何特别的结果。它不过是一种方法"。"实用主义的方法主要是一个解决形而上学争论的方法。"①如何解决形而上学的争论呢?最关键的是看其达到的效果。"实用主义的方法,不是什么特别的结果,只不过是一种确定方向的态度。这个态度不是去看最先的事物、原则、'范畴'和假定是必需的东西;而是去看最后的事物、收获、效果和事实。"②正是在这种意义上,实用主义者提出了自己的有用即真理的真理观。在詹姆士看来,真理只能是思想观念的属性而不是事物的属性,它是相对于人的变化着的经验而言的,应以能否满足人的需要及其满足需要的程度作为衡量标准,因此真理就是能够满足人的需要,使人获得成功的观念。他说,"真实观念的实际价值基本上是由于观念的对象对于我们的实际重要性而产生的"③。但并非符合对象的观念都是真理,只有当这种对象能为人所用时,其观念才是真理。因此,对一个观念,说"'它是有用的,因为它是真的;'或者说:'它是真的,因为它是有用的。'这两句话的意思是一样的"④。这就是著名的实用主义真理观:真理就是有用的,有用的就是真理。杜威把自己的实用主义看作一种工具主义,认为思想观念和理论是人们从事行动的工具,其真理性就在于其能指导人们的行动取得成功。应该说,在真理论和方法论上的探索构成了实用主义哲学的重要组成部分。

实用论思维方式超越于实证论思维方式的重要之处在于它不仅被应用于科学认识领域,而且被积极地运用于社会历史领域,成为社会哲学、政治哲学、宗教哲学、道德哲学等的方法论原则。与实证主义者主要关心科学、认识、语言和逻辑不同,实用主义者尤其关注社会政治问题。他们要帮助人们有效地行动,包括处理各种社会关系,解决各种社会矛盾,甚至引起社会的改造与变革。实用主义哲学可以看作实证性原则在社会历史哲学领域的一种延伸和应用。杜威的重要著作《哲学的改造》,实际上论述的是社会哲学以至一切社会政治理论的改造,要

---

① 詹姆士. 实用主义[M]. 北京:商务印书馆,1979:26,29.
② 詹姆士. 实用主义[M]. 北京:商务印书馆,1979:31.
③ 詹姆士. 实用主义[M]. 北京:商务印书馆,1979:104.
④ 詹姆士. 实用主义[M]. 北京:商务印书馆,1979:104.

把实证方法、实用原则具体运用于社会政治领域的探索和新的社会政治体制的建构,在多元社会历史观的指导下去建立民主主义社会,创造民主和自由的国家。从某种意义上可以说,实用主义的思维方法和评价原则至今仍在美国的社会政治和日常生活中发挥着重要的作用。

第十章 人本论思维和研究方式

人本论即以人为本来研究哲学问题的研究方式。现代西方的人本论思潮可以说是对古希腊以来以理性为主导的哲学传统的反叛,是一种反理性思潮。西方反理性的精神可以在希伯来文化及基督教精神中找到根源。古典的人本主义开始于文艺复兴,费尔巴哈的人本主义可以看作古典人本主义的最后阶段,他从黑格尔的"绝对理性"中拯救了人。现代人本主义产生于叔本华与克尔凯郭尔,尼采、柏格森、海德格尔、萨特都是现代人本主义的代表人物。现代人本论的主要特征有:承认本体论问题研究的必要性和意义;以人为世界之本;以非理性为人之本;主张非理性方法。人本论思潮反映了西方社会的深层问题及发展走向,有其必然性,其对人的关注引发了人们对科学技术导致人的异化的反思,具有积极作用。但人本主义思潮有极强的个性,总体上持唯心主义立场,大都忽视现实的人、现实的物质关系与社会关系,很难达到对人全面真实的理解,这种片面性需要当代哲学研究进一步克服。

人本论思维和研究方式，顾名思义，就是以人为本来考察和研究各种哲学问题。这里的"本"，既有本体、本原、本根之意，也有本质、本真、本纲之意。所谓"以人为本"，则是高度地关心人、重视人、尊重人，以至将其提升世界之本的地位。一般说来，所有哲学都是关心人、研究人的。但不同的哲学对人的关注重点、关注程度和关注方式却有所不同。我们在前面所谈到的西方哲学发展史中的几种主要思维和研究方式，就各有其特点。例如，认识论思维方式考察人获取普遍必然性知识的可能性及其途径，主体论思维方式主要考察人的理性能力及其限度，实证论思维方式主要考察可证实性真理及其检验途径等。就其基本趋向来看，他们都主要是关注人的理性方面，并从理性的人与外部世界的关系的角度来提出和研究问题，因而都或多或少地带着理性主义的倾向，或者说可以看作以理性主义为主导的哲学流派。很难说他们把人提升到了世界之本的地位。但在历史上和现实中，确有这样的哲学流派和哲学家，他们不仅提出人是世界之本，而且强调人是人之本，他们不仅把自己的研究视野和关注焦点紧紧地投射到人身上，而且反对对人的理性主义理解，提出按人的本性来理解人。他们认为，人有理性的一面，也有非理性的一面，有社会的一面，也有本能的一面，有自觉的一面，也有潜意识的一面，等等。而人的最根本的一面不是理性的、社会的、自觉的一面，而是非理性的、本能的、潜意识的一面。过去的哲学家们只关注人的理性的、社会的、自觉的方面，把人看作工具，忽视人的非理性的、本能的、潜意识的方面，忽视了人作为目的的一面。而人类文明的发展，则是理性压抑非理性、社会性压抑本能、自觉性湮灭潜意识，从而造成人性的压抑、人的价值的丧失、人的自由的沦丧的过程。在他们看来，人是世界之本，而要确立人的这种地位，就必须让人的非理性、本能、潜意识从理性、社会性、自觉性的压抑和统摄之下解放出来，给人以自由，等等。这就是当代的人本主义哲学流派和哲学思潮。应该说，当代人本主义哲学思潮内部也有各种纷争和歧见，存在着各种具有个性特色的哲学学说和哲学家，但他们在以人为世界之本和以非理性、本能为人之本方面则是共同的、普遍的。人本主义，尤其是以存在主义为代表的人本主义,真正关注的人不是理性的人,而是非理性的人[①]。而人本论思维方式正是对这种人本哲学和人本主义哲学思潮的思维构架和研究思路的一种方法论概括和提升。

一、人本论思维和研究方式溯源

1. 从理性主义到非理性主义

以存在主义为主要代表的当代人本主义从根本上说是非理性主义甚至反理性主义的。在这种意义上,人本主义哲学可以看作对于古希腊哲学以来西方以理性主义为主导的哲学传统的一种反叛和断裂。我们曾经谈到,自古希腊以来的西方哲学传统一直关心着两个主要问题,一个是世界的本原问题,一个是人的理性能力问题。正因为相信人的理性能力足以把握世界的本原问题,才有可能以此为前提去进一步探讨和讨论世界的本原问题。早期各派哲学正是自觉不自觉地以人的理性能力至上性为前提去直接回答世界的本原问题,产生了唯物主义与唯心主义的长期争论。休谟和康德从怀疑和否定理性能力的至上性入手,进而否定或部分否定对世界本原问题探讨的可能性,也动摇了理性主义的哲学传统。黑格尔批判了休谟和康德,沿着西方古典哲学的理性主义传统以绝对精神的至上性继续论证世界的精神本原,也将理性发展到了自己的极致。马克思主义哲学在科学实践观的基础上解决认识的可能性和世界本原的物质性,对人的理性与非理性、自然性和社会性、遗传性与获得性、自觉性和本能性、真理性和价值性等问题作出了自己的全面的时代性解答。而当代西方哲学的主要流派实质上是分别以片面的方式从两个极端回答了休谟和康德所提出的问题。科学主义思潮拒斥形而上学,抛弃关于世界本原问题的探讨,承认理性,但又将其限定在经验的、实证的范围以内,产生了各个时代、各种形式的实证主义。人本主义则保留本原问题,但拒斥理性,强化非理性,建立以人为中心的形而上学,在人的非理性方面寻求万物的本原和生命的本质,由此产生了非理性主义的不同学说。

[①] 美国著名哲学家威廉·巴雷特(William Barrett)将其一部研究存在主义哲学的学术专著命名为《非理性的人》,这恰好点出了存在主义哲学的实质,也表明了当代人本主义关注人的特殊视角和他们所理解的人的特殊内涵。

理性和非理性都是人所具有的特性。完整的人是理性和非理性的统一。然而,随着人的发展和社会文明的演化,人的内部构成发生了分化,人的理性方面和非理性方面逐渐分化为两个相互对峙的要素并以外化的方式表现出来。人的理性方面主要与科学、技术的发现和发明相联系,促进着社会生产力的发展,并在社会文明的更新与转换中,尤其是在当代工业技术文明的巨大成功中得到了极为充分的展示。与之相应,尊崇理性、张扬理性、发展理性成为长期以来的主导性思想潮流,理性主义作为主导性和统摄性哲学思潮而占据着统治地位,这是不难理解的,也是必然的。

然而,正是理性的这种超常发展和理性主义的过度张扬,带来人性结构的内部严重失衡状态。理性的发展在一定程度上是以对非理性方面的抑制、压抑甚至戕害为代价的,理性的极度张扬造成非理性的极度失落。人的片面化、平面化、单调化成为普遍现象,人性不健全、不完整带来人的个性的丧失或减弱,造成非常广泛而又深刻的个性问题。人们正是在对理性的反省与批判中提出了拯救和保护人的非理性方面的必要性,非理性主义由此而崛起。

非理性主义崛起的又一重要原因是理性的局限性在当代人类实践的反主体性效应中得到日益充分的暴露,促使当代人类从理性至上的迷梦中惊醒。当代人类在科学技术和生产力的变革方面取得了巨大的成就,展示出人类理性的巨大能量,但与此同时所带来的全球性生态危机、资源危机、人口危机等,也暴露出人类理性的限度和破缺。当前人类在全球范围内所面临的"天灾",实际上是"人灾",是人类长期发展中形成的巨大本质力量由于不合理使用转化为巨大的破坏性异己力量的结果,它不仅带来了自然生态、环境、气候、资源、能源、耕地、物种等一系列自然问题,破坏了自然再生产的稳定与和谐,并且严重地影响人类的整体性发展,甚至危及人类的生存。深究其原因,人类造成的问题只能由自己负责。理性的机巧伴随着理性的破缺,理性的至上伴随着理性的局限。于是,重新认识和评估理性,既成为一个紧迫的理论问题,也成为一个现实的实践问题。应该说,正是对理性、科学的双重功能,尤其是阈限的深刻反省,为非理性主义以至反理性主义的崛起提供了现实的思想和实践基础。

2. 希伯来文化寻踪

以非理性主义为主要特征的人本主义哲学思潮在现代哲学中形成并在当代得到了极大发展。但对于人的非理性方面的关注却并非自现代始,而是有着悠久的历史渊源。究其源头,我们至少可以回溯到与古希腊文化几乎同时代的希伯来文化。

希伯来人是犹太人的别称。相传古代犹太人由幼发拉底河边移居迦南地区,即巴勒斯坦和腓尼基地区时,被当地人称为"希伯来人",亚兰文"Ebrai",即"来自河那边的人"。希伯来由此得名并逐渐成为犹太人的别称。犹太文化也称为希伯来文化。古代犹太人对人类文明的最大贡献之一可以说是创立了犹太教,为后来遍及全球的基督教提供了渊源。宗教精神从根本上说是一种非理性的信仰意识,它与理性精神正好形成对照。如果说古希腊文化代表着西方文化中的理性精神,则希伯来文化代表着西方文化中的非理性精神。英国著名学者阿诺德将其分别看作智力和活力。他说:

> 我们的最强烈的最值得赞美的特征是我们的活力而非智力……我们可以把这种专注于实践的活力,这种义务、自制和工作的至上感,这种秉着我们自己的最好灵明勇敢前进的热诚,看作一种力量。我们同时又可以把专注于观念(它们毕竟是正确实践的基础)的智力,随人的发展俱来的不断更新观念组合的热忱,以及完全认知和适应这些观念的不可遏止的冲动,看作另一种力量。而且,在一定意义上,我们可以把这样两种力量看作竞争对手(它们之为对手,不是出于它们自己本性的必然,而是展示在人及其历史中的),并且还是把世界帝国一分为二的竞争对手。要是拿人类把它们表现得最显著的两个民族来命名的话,我们便可以分别称它们为希伯来文化的力量和希腊文化的力量。希伯来文化和希腊文化,这两者之间的影响推动着我们的世界。在一个时期,感受到它们中的这一个吸引力大些,在另一个时期,又感到另一个的吸引力大些;虽说从来不曾,但却应当在它们之间保持适当和幸

福的平衡。①

阿诺德把人的内在禀性和力量分为活力和智力,它们各有其功能和作用,处于一种竞争关系之中。它们之间的竞争还会导致现实世界的分化。不同民族就其文化性格而言,偏向于或侧重于这两种力量中的某一方面,形成具有一定倾向和特色的文化类型,而这不同特色的民族文化类型则分别成为人的内在不同禀赋的外化和代表。在阿诺德看来,希伯来人和希腊人分别把人的这两种不同内在禀赋表现得最为显著、突出和典型。其中,希腊文化代表着人的智力、理性方面,希伯来文化则代表着人的活力、非理性方面。两种文化之间的差异在人们之间不同的关注重点和方式方面非常鲜明地表现出来。美国哲学家巴雷特对阿诺德关于两种民族文化与人的两种禀赋之间关系的论断作了充分的肯定。他说:

> 阿诺德十分清楚地指出,这两种文化类型的区别根源于行与知之间的差异。希伯来人关心实践,希腊人则关心知识。正确的行为是希伯来人终极关切的事,而正确的思想则是希腊人终极关切的事。尽义务,讲良心,是希伯来人生活的首要事情;而对于希腊人来说,首要的则是智力的自发和聪明的运用。因此,希伯来人高扬道德的优点以为生活的内容和意义;希腊人则使它们隶属于理智的优点。而且阿诺德还正确地看到,"对于亚里士多德来说,道德的优点只是通向理智的入口或门廊,因此惟有后者才是真福。"到此为止,所有这一切都是十分简单和清楚的:在理论和实践之间,在道德的人与理论的人或理智的人之间,有天壤之别。②

在这里,知与行、理论与实践、理论与道德之间的关系通过理论的人与道德的人之间的人际关系存在而得到,甚至在注重理论的民族与

---

① 见阿诺德《文化与无政府状态》,转引自:威廉·巴雷特. 非理性的人[M]. 上海:上海译文出版社,1992:71-72.
② 威廉·巴雷特. 非理性的人[M]. 上海:上海译文出版社,1992:72.

注重德性的民族之间得到表现。正是由于这不同个体、不同民族以至不同文化体系的差异,造成对于人类文明的不同贡献:"希腊人给了我们科学和哲学,希伯来人则给了我们《旧约圣经》。不是任何一个别的民族,不是中华民族,也不是印度民族,产生出'理论'科学,而这种科学通过希腊人的发现或发明,已经成为我们区别西方文明与地球上其他文明的界石。同样地,西方宗教的独特性也是由于它的希伯来源泉,西方宗教史也由此而成了包含着各种各样命运和变异的希伯来精神的漫长故事。"①

希腊文化与希伯来文化既是人的理性和非理性的外化和现实化,也必然分别从人的理性和非理性方面来考察和理解人,从而得出关于人的不同观念。

在希腊文化中,理想的人是理性的人;而在希伯来文化中,理想的人是信仰的人。

在希腊文化中,理性的人能够也乐于去发现普遍的、抽象的、无时间性的本质、形式和理念;希伯来文化则并不仰望那些普遍的和抽象的事物,而是始终盯着具体的、特殊的、个体的人。

希腊人把超然看作理性的人的品性,提倡哲学家或科学家的独特的智慧之路;希伯来人则着重于献身,强调人对自己有死的存在,对其子孙后代、家族、种族和上帝的热情介入。

希腊人追求永恒,把永恒看作人们可以通过其理性而不断接近的某种东西,而希伯来人则更关注现实而漠视永恒。

希腊人发明逻辑,将其看作理性的一种表征并通过语言贯彻它,希伯来人则把理性和逻辑看作只是蠢人才引以为豪的东西,他们认为生活的终极问题深藏在语言无法企及的信仰深处。

希腊人追求美和善,把美的和好的等价或重合起来,叫作美好,而希伯来人则以其特殊的罪感(原罪说的基础)而表达着他们对于世界的不完满性和人的有限性的意识②。

……

从总体上说,与希腊的理性文化相比,希伯来文化是一种非理性文

---

① 威廉·巴雷特. 非理性的人[M]. 上海:上海译文出版社,1992:75.
② 威廉·巴雷特. 非理性的人[M]. 上海:上海译文出版社,1992:79-81.

化。希伯来人尤其关注人的信仰的、非理性方面,并使其在自己的文化建构与文化类别上得到了显著的表现。希伯来文化正是人的非理性方面在民族文化性格方面的投射、外化和对象化。正是在对人的非理性方面的特别关注和张扬过程中,希伯来人也相应地创设出对人的非理性理解方式;正是凭借着这种非理性理解方式,希伯来人才能达到对人的非理性理解。而正是这种非理性理解方式为当代人本主义的非理性主义提供了历史渊源,以至我们可以将当代人本主义的思想源头回溯到希伯来文化。

3. 基督教的非理性意识

我们说希腊文化和希伯来文化分别是理性主义文化和非理性主义文化的源头,但这并不等于说,希腊文化只讲理性,绝对不讲非理性,希伯来文化只讲非理性,绝对不讲理性。这里问题的关键在于如何处理理性与非理性的主从关系和地位。在古希腊文化中,自苏格拉底和柏拉图起,理性从整个人类意识中凸现出来,而被置放到其他任何人类功能之上,亚里士多德则把理性看作人类品格中的最高部分,人的真正本质就是他的理性。而在希伯来文化中,非理性被看作优于理性的方面,在犹太教以至后来的基督教中,信仰被看作先于、重于、优于理性的东西,这可以看作当代非理性主义的又一思想渊源。

哲学家怀特海曾经说,"两千五百年的西方哲学只不过是柏拉图哲学的一系列脚注而已"。正是在柏拉图那里,理性意识分化出来成为人类的一种独立的精神功能,并且取得了至上的地位,从而开创了以理性主义为主导的西方哲学史。在苏格拉底和柏拉图之前的希腊文化中,理性与非理性还缺乏足够的分化。柏拉图本人原打算做个戏剧诗人,只是遇到苏格拉底之后才焚烧诗稿而献身智慧的追求。苏格拉底因犯"理性罪"而被处死,即反映了当时希腊人的基本取向,但也许从另一个侧面激发了柏拉图,促使他站出来张扬理性。"在柏拉图身上,理性意识本身已经分化了出来,成了一种独立的精神功能;这在人类历史上还是第一次……理性完全从无意识的原始水准超拔出来,乃是希腊人的成就。而且由于有了这种分化,西方文明随后便具备了有别于东方文明的特征。科学本身,这种特别地属于西方的产品,只有通过理性的分化与高扬,才有可能成为至高无上的人的能力。"①柏拉图的理念论也许是西方哲学史上理性主义的第一个经典作品。在理念论看来,宇宙里真正实在的事物乃是共相或理念,个别事物是暂时的、易逝的,而共相或理念则是永恒的。人的理念比任何一个个体的人更实在,因为它能在个别人的生死转换之中永恒。人的理性优于非理性,因为只有理性才能去把握实在的本质,达到永恒。从柏拉图发端的理性主义被亚里士多德以本体论的方式加以强化。智慧、科学、哲学、形而上学、第一哲学等成了理性的代名词。"亚里士多德告诉我们,理性是我们人格中最高的部分:人真正说来就是理性。因此,一个人的理性,就是他的真正自我,他个人身份的中心。这是以最严格、最强有力的措辞表达出来的理性主义——一个人的理性自我是他的真正自我——这种理性主义迄今一直支配着西方哲学家的观点。"②

与希腊文化中的理性主义倾向相对,希伯来文化中的非理性主义倾向在基督教中得到了保存、巩固甚至强化。希伯来文化的主要内容是犹太教,其最显著的标志是主张"信仰的人"。早期基督教源自犹太教,前者历史地把自己置放到信仰的基础之上,认为信仰的人高于理性的人,理性应当服从于信仰。一般说来,成熟的宗教大体包含五个基本要素:教会、仪式、信仰和观念、特殊的情感体验、道德规范。在这诸种要素中,信仰和观念最为重要,是决定宗教之为宗教的最基本要素。这里所说的观念指关于超自然物的观念,而信仰则是对超自然现象的实在性的信仰。应该说,宗教的上述其他要素,只是因为与相应的信仰和观念连在一起,才获得了特殊的宗教色彩。既然宗教信仰和观念是宗教的核心,则对宗教信仰和观念及其内容特性的把握对于宗教的哲学理解便尤显重要。

从内容上看,"宗教观念不光归结为对超自然物的信仰,同时也表现为对非人格的超自然现象的信仰,以及对各种自然现象之间那些超自然联系的信仰"③。对超自然和超人格力量的信仰构成宗教观念的核心内容。那么,信仰与理性的关系怎样呢?基督教并不完全否认理性

---

① 威廉·巴雷特.非理性的人[M].上海:上海译文出版社,1992:82-84.
② 威廉·巴雷特.非理性的人[M].上海:上海译文出版社,1992:92.
③ 约·阿·克雷维列夫.宗教史(上卷)[M].北京:中国社会科学出版社,1984:3-4.

的存在和作用,这也许和理性主义在希腊文明及其后的强劲发展有关。但他们却把理性置于信仰的统摄之下,使理性依附于信仰,服从于信仰,服务于信仰。从基督教创立始,圣保罗便再三告诫,在理性与信仰的天平上,基督教永远倾向于信仰,信仰超乎理性。奥古斯丁则进一步指出,在认识活动中,信仰先于理性;为了理解必须先信仰,"我信仰,所以我理解"。不仅如此,他们还力图运用理性来论证和加强信仰的力量。例如奥古斯丁主张到古希腊罗马哲学中去寻找关于基督教的理论根据,以论证基督教信仰的合理性和真理性,并寻求关于上帝存在的本体论证明。非理性主义的基督教却力图借助于理性来加强自己的力量,这也反映了理性与非理性之间的互渗互补关系。

4. 古典人本主义

基督教神学把人的理性归附于信仰,其目的是要把人归附于上帝。在基督教看来,上帝是世界的最高主宰,他大德大智、全知全能,是全部睿智美德的化身,是世界的创造者和救主。对于上帝,人们只应有绝对的信仰和服从。人生来有罪,只有在上帝的指点下赎罪,才有可能在来世进入天堂。在这种意义上,基督教所关注的所谓信仰的人,也可以说是无条件地信从上帝的人。在上帝面前,人没有理性,没有自由,没有个性。这样,基督教就把对人的关注转移到对神的关注,把人的现实生活意义转向来世,把人性让给了神性,人性只是在神性的光辉下才获得点点余光。应该说,在基督教神学统治下的千年欧洲中世纪,神性淹没了人性,神权取代了人权,神意主宰了人意……正是这种状况引发了后来的文艺复兴运动,兴起了以各种形式表现出来的古典人本主义。

我们这里所说的古典人本主义,是相对于现代人本主义而言的,指以14—16世纪欧洲的文艺复兴运动为发端的人文主义,18世纪的欧洲资产阶级人道主义和以费尔巴哈为代表的唯物人本主义的共同特性是用人性反对神性,打倒上帝和一切束缚人的精神与社会枷锁,争取人的现世生活和意志自由。但在当时的历史条件下,他们所高高举起的旗帜是人的理性,以理性反对神性,论证和张扬人性,强调理性的智慧和力量。这正是他们区别于后来的以意志主义为发端,强调人的非理性的现代人本主义的最根本之点。

人文主义可以看作古典人本主义的发端。它产生于以意大利为先导的欧洲文艺复兴运动,代表着新兴资产阶级的意识形态和思想主张。

人文主义是直接地是针对中世纪天主教神学而言的。千年中世纪欧洲社会,封建领主与教会合一,形成了政教合一的罗马天主教会,一方面是教权获得了政权的支撑,直接统治人们的生活,另一方面则是宗教神学给封建领主专制罩上了一道圣辉。正是在政权与神权的双重统治下,人丧失了自身,人被从根本上否定了,上帝成了人的主宰,神性成了人性的桎梏。这种状况,随着资本主义生产力的发展、资本主义生产方式的萌发和资产阶级的崛起而日显突出。要为自己的发展开辟道路,就必须突破这种种桎梏。然而,当时的新兴资产阶级还未能积聚起足够的力量去向封建制度直接宣战,便将自己的矛头转向思想文化领域,从反对宗教神学开始。但他们还未形成自己的完整理论和武器,从而不得不在重新评价和复兴古希腊罗马文化的旗帜下表达自己的文化追求。在他们看来,古希腊罗马文学艺术记载着当时人们的美好情感和愿望,体现着人的本性和追求,肯定了人的价值和意义。它们与中世纪基督教神学对人性的压抑和否定形成鲜明对照。复兴和弘扬古希腊罗马文化,就是要用人打倒上帝,用人性取代神性,用人权替换神权,让人的旗帜高高飘扬。文艺复兴可以看作人类历史上第一次自觉的人本主义运动。

人道主义是资产阶级启蒙思想家的主要理论旗帜,在资本主义的政治确立和社会建构中发挥了极为重要的作用,在古典人本主义的发展中占有十分重要的地位。如果说文艺复兴的直接目的是在文学艺术中恢复人的权威和价值,以人性代替神性,以人的理性能力取代万能的上帝,则人道主义把自己的目标由宗教神学的意识形态转向封建等级政治制度,而为资产阶级民主政治提供理论依据。孟德斯鸠、伏尔泰、卢梭等著名启蒙思想家,把人文主义的一般原则具体化为"自由、平等、博爱"的响亮政治口号,明确提出"天赋人权",反对"君权神授",要求政治上的平等和自由。他们高举理性的旗帜,宣传人生而平等,主张自由来自天赐,主权在民,力主建立三权分立的资产阶级民主共和国。他们的努力极大地震撼了当时的社会和人民,对于人民的思想解放和社会的迅速发展起了十分积极的先导作用。随后,18世纪法国唯物主义者狄德罗、爱尔维修等人进一步从哲学上论证这些思想。而以康德为代表的德国古典哲学则提出和论证了人的主体性和主体性原则,开创了哲学史上的主体论思维方式,深化了理性主义的思想变革,也使古典人本主义发展到了自己的新阶段。

费尔巴哈人本主义可以看作古典人本主义的最后阶段,是古典人本主义的总结和哲学提升,也是它的终结。费尔巴哈人本主义的直接对象有两个方面,一是黑格尔绝对客观唯心主义,一是宗教神学与宗教哲学。我们曾经谈到,康德在德国古典哲学中所开启的主体论思维方式被黑格尔的绝对唯心主义所中阻。黑格尔把世界归结为绝对理念的总体存在和绝对运动。在他那里,个人淹没于整体,感性淹没于理性,个性消融于共性,整个世界就是绝对理念的自在运动。这种绝对理念实质上就是宗教神学中的上帝。绝对客观唯心主义与宗教神学以一种新的方式结合起来,成为人类思想的枷锁,人类解放的桎梏。在这种情况下,费尔巴哈面临着双重的任务:用唯物主义去取代唯心主义,用人学去取代神学。而这两者结合起来,便是他的新哲学,关于人的哲学——人本主义哲学。在费尔巴哈看来,哲学既不应当从上帝出发,也不应当从绝对精神出发,而应当从自然出发,因为正是从物质自然界产生了人,产生了人的精神,因此,哲学应当从自然出发,从自然界和人的关系出发。他说:"新哲学将人连同作为人的基础的自然当作哲学唯一的,普遍的,最高的对象——因而也将人本学连同自然学当作普遍的科学。"①因此,"观察自然,观察人吧!在这里你们可以看到哲学的秘密"②。费尔巴哈认为,要达到对人的真正哲学理解,就必须反对宗教,清除宗教神学对人的歪曲和压抑,用理性的火炬照亮宗教的黑暗本质,使人们"从信仰者转变为思想者,从祈祷者转变为工作者,从彼世的候补者转变为今世的研究者"③。在费尔巴哈看来,"神学的真正意义是人本学"④。神学不过是异化了的人的本质,因此,批判宗教神学,就是要阐明宗教的人本学本质,把上帝的全宇宙的、超自然的、超人的本质降低到人的人本学本质,把神学降低到人本学的水平,而最根本之点,则是把一切超人的东西归结为人。不是上帝创造了人,而是生活在社会中的人创造了自己的上帝。那么,应当如何理解人呢?费尔巴哈认为,人不能像黑格尔那样被理解为纯粹抽象的理性,而应当被看作感性与

---

① 费尔巴哈哲学著作选集(上卷)[M].北京:商务印书馆,1984:184.
② 费尔巴哈哲学著作选集(上卷)[M].北京:商务印书馆,1984:115.
③ 费尔巴哈哲学著作选集(下卷)[M].北京:商务印书馆,1984:786.
④ 费尔巴哈哲学著作选集(下卷)[M].北京:商务印书馆,1984:15.

理性的统一。新哲学并不以自为的理性的神圣性为基础,而是以整个人的神圣性为基础。如果旧哲学说只有理性的东西才是真实的和实在的,则新哲学说只有人性的东西才是真实的、实在的。"思维与存在的统一,只有在将人理解为这个统一和基础的主体的时候,才有意义,才是真理。"①而人本身并不是纯粹抽象的理性存在物,而是现实的感性存在物,要吃、穿、住、行,有自己的爱与恨,有自己的实践和生活,趋利避害,扬善抑恶,追求幸福,捍卫自己的个性、尊严、权利和自由,在此基础上奉行着道德生活中的利己主义。他希望能够通过某种超阶级、超阶层的互爱来消除现实生活中的罪恶,来建构起人本主义的理想社会。

费尔巴哈使唯物主义重新回到了王座,使哲学重新回到了人,并且在哲学层面上提升了人文主义和人道主义,创设了唯物主义原则指导下的人本主义。他对黑格尔绝对唯心主义思辨哲学和宗教神学的批判,在哲学发展史上具有划时代的意义。然而,从我们今天的角度来看,他不可避免地有其阶级的和时代的局限:他所主张的唯物主义带有机械论的色彩;他反对宗教却又致力于创造新宗教;他所理解的人还不是真正实践的和社会的人;他企求以爱的道德来建立和谐的人本主义社会,这在当时阶级斗争日趋尖锐和激烈的情况下无疑只能流于空幻。不过,相比之下,费尔巴哈称得上是一位伟大的唯物主义的人本主义哲学家。他的学说从总体上看尽管已经落后于时代,但他对人本主义的张扬与建构却不仅有其不可磨灭的历史价值,而且今天仍能给我们以启示。

5. 现代人本主义

如果说古典人本主义还主要是在西方理性主义哲学传统和研究思路的统摄下关注人,关注人的理性方面,则现代人本主义完全站在西方哲学传统的对立面,旗帜鲜明地反对理性主义,并以非理性主义的立场关注人,尤其关注人的非理性方面,开创了非理性的人本主义时代。

现代非理性人本主义产生于18世纪上半叶,其主要创始人叔本华和克尔凯郭尔生活时期几乎与费希特、谢林和黑格尔相同。他们都受到休谟、康德学说的深刻影响,并力图回答其所提出的哲学问题。但与黑格尔等以极端理性主义的方式解决康德所提出的问题相反,叔本华

---

① 费尔巴哈哲学著作选集(上卷)[M].北京:商务印书馆,1984:181.

则采取了极端非理性主义的立场和方式,其结果是黑格尔成了自希腊以来西方理性主义哲学的集大成者和终结者,叔本华则承接了历史上的非理性主义之遗迹并开启了现代非理性主义之先河。

叔本华和尼采所主张的唯意志主义可以看作现代人本主义的第一代。他们否定古希腊以来的理性主义哲学,把非理性的情感意志绝对化,作为人的一切认识和行动的出发点,甚至作为宇宙间一切事物的本质。叔本华在他的代表作《作为意志和表象的世界》一书中,大胆宣称"世界是我的表象","世界是我的意志"。[①] 他让理性服从非理性,把认识归结为直觉,并由此推演出悲观主义的人生哲学。尼采则把世界的本质归结为权力意志,他提出"重估一切价值",激烈批判基督教和理性主义哲学支配下的欧洲文化,主张最大限度发挥人的本能和内在生命力,去创造他所谓的"超人"和超人哲学。

以法国哲学家柏格森为代表的法国生命哲学可以看作现代人本主义哲学的第二代。他们把生命现象看作是最真实的存在,是万物的本原和宇宙的本质。生命,包括生命冲动、生命之流等,既是一种纯粹的创造活动,又是一种心理体验活动,是一种时间的绵延。而对生命冲动和生命绵延,不可能用经验和理性的方法去加以把握,而只能通过非理性的直觉才能把握。正是由此,他们提出了反理性的直觉主义,对叔本华、尼采开创的非理性主义作了更具体的论证和更充分的发挥。

以海德格尔和萨特为主要代表的存在主义可以看作现代人本主义的第三代,也是现代非理性主义最典型的代表。存在主义哲学的先驱克尔凯郭尔首倡以孤独的个人作为自己哲学的出发点和核心,以个人的非理性的情感,特别是恐怖、忧郁、厌烦、绝望等阴暗悲观情绪取代人对外部世界和自身的理性认识,把人生看作通过美学、伦理学而向宗教发展并走向上帝的历程,认为对人的主观反思只有通过内省体验才能达到。海德格尔和萨特进一步发挥克尔凯郭尔的反理性主义,他们以个人的存在为哲学研究的出发点,以"存在先于本质"为自己的基本前提,以建立以人为中心的"基本本体论"和"现象学本体论"为基本任务。萨特更是把他的存在主义与人道主义联系起来,强调个人的绝对自由,要建立所谓人学辩证法和历史人学。

---

① 叔本华. 作为意志和表象的世界[M]. 北京:商务印书馆,1982:25,27.

除此以外，弗洛伊德主义、以舍勒为代表的哲学人类学、以胡塞尔为代表的现象学、以狄尔泰等为发端的释义学等，也在研究对象、理论原则、思路方法等方面与人本主义思潮有着种种联系。

二、人本论思维和研究方式的基本构架

1. 承认本体论问题研究的必要性和意义

与实证主义断然拒斥形而上学，完全否定研究世界本原问题的必要性和可能性不同，人本主义思潮的各流派普遍承认世界的本原存在，承认探究世界本原存在的必要性和意义。相应地，承认世界本原问题研究的现代意义，可以看作人本论思维方式的重要出发点。

叔本华把他的意志哲学看作区别于、超越于历史上一切哲学的哲学，但他也不能不承认他和康德哲学的密切联系，那就是他以自己的方式承接了康德关于世界二重分化的理论，承认了对世界进行本体论研究和建立本体论哲学的必要性。叔本华宣称，"我在很大限度内是从伟大的康德的成就出发的"①，而"康德的最大功绩是划清现象和自在之物[两者之]间的区别"②。因此，叔本华也像康德那样，把世界分为现象世界和自在之物世界，并将对世界的这种划分和对这个世界的探索作为自己哲学的基础。应该说，承认世界的存在和探索世界本质的意义正是叔本华意志哲学的本体论前提。当然，叔本华对世界及其本质的理解是与康德有很大不同的。他赞同康德对现象世界的解释，却反对康德对自在之物世界的理解，认为他在不知不觉中把自在之物变成了完全与主体无关的自在客体。在叔本华看来，过去的哲学要么从客体出发引出主体，要么从主体出发引出客体，各有其谬误之处。他的哲学既不从客体出发也不从主体出发，而是从表象出发，因此，"'世界是我的表象'：这是一个真理，是对于任何一个生活着和认识着的生物都有效的真理；不过只有人能够将它纳入反省的，抽象的意识罢了。并且，要是人真的这样做了，那么，在他那儿就出现了哲学的思考"③。人所认识的一切事物并不是自身存在的，而是呈现于人的意识之中的东西，是相

---

① 叔本华. 作为意志和表象的世界[M]. 北京：商务印书馆，1982：5.
② 叔本华. 作为意志和表象的世界[M]. 北京：商务印书馆，1982：569.
③ 叔本华. 作为意志和表象的世界[M]. 北京：商务印书馆，1982：25.

对于主体而存在的现象世界,本身并没有实在的意义。叔本华正是以这种方式抹掉了康德本体论中的自在之物,而以彻底主观唯心主义的方式发挥了康德关于现象世界的理论,并与贝克莱的"存在就是被感知"的观点取得一致。

法国生命哲学的代表柏格森以建立一种"新的形而上学"为己任。他一方面承接19世纪哲学家讨论的中心问题,致力于探寻那种绝对的、实在的和唯一不可辩驳的真理,这就是以时间为研究对象和世界本质的形而上学,就是关于生命冲动及其绵延的理论;另一方面又高举非理性的旗帜,否定理性和科学的权威性,以直觉为基本方法,把世界整体和人的存在看作只有直觉才能把握的东西,把形而上学的研究对象由空间转向时间,强调时间的心理性质和生命意义。柏格森所主张的"新的形而上学",其新意所在,即是他彻底推翻传统哲学中关于实在与绝对静止的僵化的见解,重视时间、绵延与变化,以一种变化的观点来看世界,看世界的生成、变化和进化,看在这种进化中得以存在、表现、实现和进化的生命冲动,而这种形而上学由此而更加接近实在的真实面目,达到了对世界的更准确的认识,因此可以看作"科学的形而上学"。应该说,对形而上学探究意义的认定正是柏格森生命哲学的本体论前提。

存在主义,顾名思义,是关于存在的哲学,其目标和任务是从揭示人的本真存在出发来揭示存在物的存在结构,因此,对形而上学问题的探究和对存在本体论的探究既是存在主义哲学的逻辑前提,也是存在主义思维构架的基本出发点。存在主义者认为哲学应当研究形而上学、本体论问题,因为对"在"的本体论追究应当是哲学的根本任务。在这种意义上,存在主义反对实证主义思潮,拒斥形而上学。但存在主义者反对关于本体论的传统研究,认为无论是从独立实存的物质或精神出发,还是从经验与理性所赋予的存在出发,都不可能达到对存在的真正把握。只有超出主体和客体、心与物的对立,从真正人的存在出发,才能建立起一种有根基的本体论,这就是海德格尔所主张的基本本体论、萨特所主张的现象学本体论等。

由上我们看到,人本主义哲学有其必不可少的形而上学前提,这就是对本体论问题的承接和承诺。对人之"本"的探究之所以成为必要,正在于这种"本"决定和造就了人;而对人之"本"的探究之成为可能,也正在于人有其本。因此,要探索人之本,就必须承认本之存在并具有探究的必要和可能,这正是人本论思维方式的理论出发点,也是其逻辑出发点。正是在这个出发点上,人本主义哲学区别于实证主义哲学,人本论思维方式区别于人本论思维方式。当然,人本主义哲学对本体论的承接和承诺,并不是对传统本体论的简单延展和继续,更不是其现代翻版,而是有其特殊的理论内容和方法论原则的,这就是对传统本体论的深刻批判和对人的本真存在的深入探究。人本论思维方式正是由此而展示出其对传统哲学的巨大变革与超越。

2. 以人为世界之本

对人在世界中地位和意义的特别关注和重视,是人本主义思潮中各哲学流派的共同特点,他们甚至将其提升到世界之本、世界之根的至上地位。以人为世界之本,是人本论思维方式的重要构架之一。

叔本华一方面承接康德关于现象世界的理论,将其进一步发挥为"世界是我的表象",另一方面否定其关于自在世界的理论,突出强调意志在世界中的地位和意义,提出"世界是我的意志"。"这世界的一面自始至终是表象,正如另一面自始至终是意志。"[①] 而在这两个方面中,意志是更为根本和重要的。人的真正存在是意志,正是人的意志和意志的人构成世界,表明世界的本质。

尼采更加强化了叔本华的意志主义,突出强调人的问题,尤其是人的生命和本能的问题在哲学中的地位,认为哲学应当成为人的哲学,人的生命、本能和意志的哲学,也就是他所主张的权力意志哲学。

生命哲学反对对自然的抽象研究,也反对以自然主义的方式研究世界,而主张把人和人的生命存在看作哲学的唯一对象,主张把生命的激荡与冲动看作理解世界运动的基本线索,由此来理解世界的进化、人的历史、人的文化、人的生活。在生命哲学家看来,哲学的生命正在于它关注和研究人的生命,哲学的价值亦在于它张扬人的价值。人是世界之本,也是哲学之根。

存在主义哲学研究存在,但认为真正的存在既不是实在的物质,也不是抽象的精神,而是本真的人,是真正存在的人。存在主义哲学的先驱克尔凯郭尔把孤独的个人作为全部哲学的出发点,主张从独特的个

---

① 叔本华. 作为意志和表象的世界[M]. 北京:商务印书馆,1982:28.

人出发来理解人本身和与人相关联的世界。海德格尔主张把在、在者、此在、能在等区分开来,把人的本真存在和非本真存在区别开来,并尤其关注人的沉沦和异化,认为它们使人成为非本真的存在。而哲学应当关注人,关注人的自由解放,使人的存在成为本真存在。雅斯贝尔斯认为哲学本质上首先是形而上学,即关于存在的学问。而真正的存在不是别的,正是人的存在,因此,哲学必须把人的生存问题作为自己的根本问题。哲学不同于科学之处在于它不是一种寻求确定知识的理论,而是一种对于人自身的生存状态的体验、理解和领悟,是一种趋向于人的生存的活动。哲学的使命和意义正在于探寻人的生存和超越之路。萨特致力于建立他所谓的现象学本体论,而这种本体论实质上是对人的纯粹意识活动的现象学描述。在他看来,"存在主义,根据我们对这个名词的理解,是一种使人生成为可能的学说;这种学说还肯定任何真理和任何行动,既包含客观环境,又包含人的主观性在内"①。正是在对人类意识和人的主观性的特别关注中,现象学本体论和存在主义有了共同的前提和出发点。萨特认为,对人的主观性的关注是和人的超越性联系在一起的。人经常超越自己。当人在投出自己、把自己消融于自己之外的时候,他就造就了自己的存在。而人之所以能存在,乃是由于追求超越的目的。人,处在这种超越境界内,注意于仅仅和这种超越有关的事物,他就是处在这种超越的心腹或中心。除了一种人类的宇宙,即人类主观性的宇宙外,无其他宇宙。结合超越性和主观性,即我们所谓的存在主义的人道主义,萨特把他的存在主义看作一种人道主义,从人的主观性和超越性出发来探寻人的意义和价值、人的责任与选择、人的存在与自由,建立起他所说的"人学辩证法"。

3. 以非理性为人之本

我们曾经谈到,古希腊以来的哲学关心着两个问题,一个是世界的本原问题,一个是理性能力问题。理性能力是人的能力,关心理性,当然也可以说是关心人。但当代人本主义区别于古希腊以来西方哲学传统之处,不在于它是否关心人,而在于关心人的什么。西方传统哲学关心人的理性方面,形成理性主义传统。现代西方人本主义则关心人的非理性方面,把非理性看作人之本,把人的理性方面与非理性方面截然

---

① 萨特. 存在主义是一种人道主义[M]. 上海:上海译文出版社,1988:4.

区分开来,绝对对立起来,用非理性反对理性,认为过去是理性压抑、窒息了非理性,要把非理性从理性的压抑下解放出来,给其自由,让非理性统治理性。他们抨击理性主义哲学传统,主张和张扬非理性主义。他们由非理性是人之本进而推演出非理性是世界之本。

唯意志主义张扬人的意志和情感,但不是不承认人有理性,而是把理性置于意志的统摄之下,认为人的理性是完全服从于意志的。只有把人的本质看作意志,"才给了这主体理解自己这现象的那把钥匙,才分别对它揭露和指出了它的本质,它的作为和行动的意义和内在动力"①。尼采更是把人的生命运动看作一个在冲动与创造中不断自我表现、自我扩展、自我创造的过程,他将其叫作生命意志。生命意志是生命力的表现和实现,它并不像叔本华所说的那样是消极的、被动的、盲目的,而是积极的、冲动的、不断自我扩张的,因而是一种"权力意志"。权力意志是人的一切认识和行动的动力和标准,是人的最高本质,也是世界的最高本质。"这个世界就是权力意志——岂有他哉!"②

生命哲学的各个流派几乎都高举非理性主义的旗帜,强调人的生命运动及其非理性特征,强调生命的精神创造,强调心灵世界的独特性、个别性、体验性。齐美尔认为生命是一个持续不断的活生生的运动,它以时间的延展性为根本特征。因而对其只能通过心灵体验才能加以把握,而这种体验只能是直觉而不可能是理智。柏格森认为,生命是一种本原的冲动,它生生不息,处于不断的创造和进化之中。生命的进化有植物生命、本能生命和理智生命三个主要方向,它们之间不是不同层次和程度的递进关系,而是同一增长活动中分裂出的三支分叉。人身上具有本能和理智两种精神活动形式,它们都是生命冲动把握世界的方式。理智具有抽象性和固定性,可以帮助人们把握空间,但不适用于认识以绵延为本质的生命,因此它在生命进化过程中没有什么至高无上的地位和作用,倒是直觉作为一种人的本能可以帮助人们领悟生命。因此,直觉高于理智,非理性高于理性。

存在主义关注人的存在,但他们所关注的人是非理性的人,他们所

---

① 叔本华. 作为意志和表象的世界[M]. 北京:商务印书馆,1982:151.
② 见尼采《权力意志》,转引自:现代西方哲学论著选辑[M]. 北京:商务印书馆,1993:19.

关注的存在是人的非理性存在。克尔凯郭尔所主张的孤独的个人,实际上就是带着忧郁、厌烦、绝望、痛苦等阴暗悲观情绪的人,是被非理性的情感所笼罩的人。人生历程就是通向上帝的历程,它先后经历以感性和肉体冲动为特征的审美阶段,以理性克制情绪的伦理阶段及皈依上帝的宗教阶段,信仰是人生道路的最高境界。海德格尔认为,在世是人这种此在的基本存在状态。而在世的基本结构是"烦",是人与外物和他人发生关系的过程。在这个过程中,产生出各种形式的繁忙和麻烦,引出烦心与烦神这两种基本状态,产生种种忧虑和烦恼等。人由此而丧失自己的本真状态,失去自己的个性,变成非本真的存在,这就是人的沉沦和异化。在这时,人的基本情绪结构是消极的、悲观的,这就是他所谓的"畏"。畏与怕不同,它是人先天固有的,表现为人生在世所无端感受到的莫名恐惧,使人处于惶惶不可终日之中,人只有通过"先行到死中去"才能通向本真的在。因此,海德格尔所宣传的实际上是一种悲观的、非理性的人生哲学。

其他的人本主义哲学,如弗洛伊德主义、人格主义等,也是强调人的非理性而反对理性,把理性置于非理性的统摄之中。弗洛伊德的精神分析理论建立在他的两个基本发现的基础之上。其一,在人的有意识的思维活动的底部还有一个广阔得多的无意识存在,这种无意识是心理的最原始、最简单、最初级、最基本的元素,它具有原始性、非逻辑性、非语言性、非道德性等特点,它处于意识的压抑之下,一有机会便要表现出来,具有很强的原始冲动和生命力,常常不自觉地成为心理过程的主导方面,"心理过程主要是无意识的"。其二,性本能是人的精神活动的核心。弗洛伊德把无意识归结为人的本能,而人的本能则生根于人的原始性欲。原始性欲的能量叫"力必多"。原始性欲是人与生俱来的,它在人的个体发展过程中逐渐演变,先后经历了口腔阶段、肛门阶段和生殖器阶段等,它们影响着儿童的个性心理发展,并影响着人格的形成。他后来进一步用无意识的本能、欲望来解释人类文明的起源和个人与社会的冲突,把爱看作维系人际关系的核心力量,把"俄狄浦斯情结"看作宗教和道德现象的最终根源,走到了极为荒唐和荒谬的地步。

4. 主张非理性的方法

既然人的本质是非理性的,那么如何才能达到对于非理性的人的认识和把握呢？在人本主义者看来，这当然不可能靠理性的方式来达到，而只能借助于非理性的直觉、体验等方法。非理性方法是人本论思维方式的重要方法论特征。

叔本华把世界分为表象和意志，相应地他也把认识分为两种。一种是与表象世界相适应的理性，它以概念运用和逻辑推演为特征，是通常所说的科学方法；一种是与意志世界相适应的直觉，它是非理性的、非科学的。正如叔本华强调世界的本质是意志一样，他在方法论上也重视直觉胜于理性。在他看来，理性和科学并不是完全无用的，它们也是适应生存意志的需要而产生的，但它们只能达到表象世界而不能达到意志的实在本质，更不可能领悟人的绝对自由，要领悟人的绝对自由，只有靠非理性的直觉。所谓直觉，就是在时间和空间之外的认识，它超出了经验和思维的认识，也超越了现实的主体和客体的对立，使二者在某种神秘的境界中合而为一。

尼采提出"重新评估一切价值"，首先是重估理性的价值，就是批判自苏格拉底以来便一直支配着思想文化和道德观念的理性主义传统，就是要为张扬人的生命本能创造条件。尼采所自诩的酒神精神，实际上就是一种非理性的精神。在他看来，日神，即阿波罗神，代表着幻想、追求、理性、道德；而酒神，即狄俄尼索斯神，则代表着真实、破坏、疯狂、本能。酒神精神比日神精神更重要，因为它意味着突破一切理性观念或原则的束缚，而使人的一切原始冲动均获得解放，因此，它体现了一种人性精神，代表着一种人性和人的生命感受最深刻最强烈的非理性世界。尼采把酒神精神看作自己哲学精神的代表和原则，把非理性确立为自己的前提、出发点和方法。他说："我是哲学家狄俄倪索斯的弟子。看来我宁愿作萨蹄尔，也不想当圣徒。"①

柏格森认为理智和直觉是生命的高级形式所具有的，理智认识对人的行动是有用的，它能帮助人们在实践中把握对象，确定行动的方案，具有明显的空间性和功利性特征。建立在理智基础上的科学为人们实际生活所不可缺少。但理智认识的目的"不是为了获得关于实在

---

① 尼采．权力意志[M]．北京：商务印书馆，1991：4。萨蹄尔(Satyr)是希腊神话中酒神狄俄倪索斯的随从，赤身裸体，面容狰狞，行为放荡，是个半人半羊的精怪，集醉汉与色鬼于一身。

的内在的和形而上学的知识,而纯粹是为了使用实在"①。因此理智是有限的,它不能把握真正的实在,即生命,而真正能够获得关于生命实在的知识的方法只有直觉。直觉是与生命相伴随而发生的,凡有生命之处便有直觉。生命是时间中的绵延,直觉则是绵延中的思维,因此直觉与生命同一。直觉不带空间性和功利性,因而与生命冲动的发散方向一致,所以能够把握生命。直觉就是直接认识,它不是在对象之外,而是把自己置身于对象之中,使自己与对象中那些特殊的、内在的、无法表达的东西相符合,从而达到对于生命绵延和运动的把握。柏格森说:"在直觉中,我将不再从我们所处的外部来了解运动,而是从运动所在的地方,从内部,事实上就是从运动本身之中来了解运动。"②直觉主义是生命哲学最重要的方法论主张之一。应该说,关注和重视直觉在人的生命体验和生命意志中的地位和作用,重视非理性在认识中的作用功能,这都是必要的和重要的,对于破除绝对理性主义的神话,克服理性的局限都有积极意义。但把它与理性绝对对立起来并为理性划定范围,走向非理性主义,则难免有失偏颇和片面。直觉主义的必然归宿是神秘主义。

一些生命哲学家,例如德国的狄尔泰,着力于探索生命现象的特点及其对科学方法论的要求和影响,为当代人文科学方法论的专门探索奠定了基础,开了先河。在狄尔泰看来,人文现象与自然现象是根本不同的,相应地,人文科学,即德国人所讲的精神科学,与自然科学在方法论上也是根本不同的。自然科学以无生命的或无意识的自然现象为对象,可以对其客观地、中性地进行研究,其根本任务是对其进行描述和说明,因此,描述和说明是自然科学的根本方法。而人文科学以生命现象为对象,生命现象包括人类社会的整个生活,包括生命的表现与创造,社会的组织形式、文化样态、历史延续、时代特征、精神生活等。而对这种复杂的和活生生地变化着的东西,是不可能像自然科学那样进行客观描述和说明的,而必须进行体验、领悟、理解和解释。在狄尔泰看来,生命以及生命的体验是对社会—历史世界的理解的生生不息、永远流动的源泉;从生命出发,理解具有不断更新的深度;只有在对生命

---

① 柏格森:《形而上学导言》,北京:商务印书馆,1963:30.
② 柏格森.形而上学导言[M].北京:商务印书馆,1963:1-2。

和社会的反应里,各种精神科学才获得它们的最高意义,而且是不断增长着的意义。从总体上看,狄尔泰对于理解方法的特别关注是基于以下几点考虑。其一,生命现象具有内在体验性,它不是外在于人的,而就是人自身,对生命现象的把握不能通过外在描述,而只能通过内在的领悟和体验。其二,生命现象具有个体性,它直接以个体生命的形式出现,其领悟和理解都具有个体的独特性。其三,生命现象具有历史性,是一个不断流逝、绵延、更新中的生命之链,又通过文化的形式而得到遗传和保存、延续与放大。其四,生命现象具有价值性,生命的意义和价值关系不同于客观物质世界的因果联系,而是以不同主体与客体之间的价值关系和评价关系为转移,有其相对性,需要相互的理解和解释。正是在这种意义上,狄尔泰认为,理解和解释是贯穿整个人文科学的方法。狄尔泰由此而借用德国哲学家施莱尔巴赫的说法,把对理解和解释的研究叫作释义学,他本人也由此而被誉为现代解释学之父。狄尔泰对于人文现象和人文科学方法论的特殊探讨是有其极为重要的意义的,它为人文科学作为一门相对独立的学科而存在和发展提供了必要的方法论前提。当然,人文现象与自然现象之间,人文科学与自然科学之间是否存在着如此严格的区分和对立,人文科学方法论和自然科学方法论之间的差别是否像狄尔泰所说的那么绝对、那么不可通融,这是可以再探讨的,但他提出的问题和开启的思路却不仅对后来的哲学发生了重大影响,而且至今仍对我们有重要启示。

谈到人本论思维方式的方法论,不能不谈到胡塞尔的现象学方法。胡塞尔是现象学的奠基人,他的根本目的在于使哲学成为一种严格意义上的科学,为严格的哲学提供可靠的方法论基础。他曾尝试用心理规律来解释数学和逻辑规律,但后来发现这有可能引向怀疑论和相对主义,于是他站出来批判心理主义,并逐步倾向于康德的主观超验唯心主义。他发展了布伦塔诺的意向性理论,提出和创立了自己的现象学方法。现象学的方法是服务于现象学所要解决的问题的。现象学所面对的问题主要有两类,即本体论问题和形而上学问题。与之相应,现象学的方法也主要有两种:本质还原的方法和先验还原的方法。本质还原的方法是用于研究本体论的方法。在胡塞尔看来,本体论是一种研究本质、本质的结构和规律的科学,它包括形式本体论和实质本体论等。所谓形式的本体论,研究形式的范畴和规律,实质的本体论则研究存在的分类。而要达到对于本质及其结构和规律的把握，就必须面向事物本身，通过本质还原来实现。他所说的本质还原，实际上是一种本质直觉。逻辑实证主义认为，逻辑规律是纯粹形式的约定，胡塞尔则认为，逻辑规律是非经验的、先天的，它不可能来自经验，也不可能由推论得出，而只能也可能被直接地直觉到。直接地被直觉到的东西不以任何其他东西为前提，是自存、自足、自证的。在胡塞尔看来，不仅个别的东西可以被直观，逻辑规律这样本质的东西也是可以被直观的，甚至一切本质的东西都可以被直观到。本质直觉的方法就是一种以获取非经验的、无预先假定的本质和本质的结构与规律为目标的认识方法。直觉在胡塞尔这里被提升为把握本质及其结构和规律的根本方法之一。胡塞尔所说的先验还原的方法是与形而上学相关的。形而上学是探索最终问题和最高问题的科学，其中尤以意识和存在、主体和对象的关系为重，以回答存在之为存在的根本性和规定性问题。而要达到对这类形而上学问题的回答，必须运用先验还原的方法。何谓先验还原？在胡塞尔看来，世界的本源是先验的主体，要达到对于先验主体的认识，首先必须把关于世界是客观的、自在的存在的观点还原为世界是关于先验的主体而存在的观点，然后再按照这种观点来把握世界的本源存在。因此，先验还原实际上是一条通向先验主观性的道路。为了保证本质直觉方法和先验还原方法的有效性，胡塞尔提出了"中止判断"，即将那些间接的知识放在一边，加上括号，悬置起来，而直接集中在那些直接的知识上，以为认识确立可靠的开端，并防止论证中的循环和干扰。胡塞尔在晚年尤其关心生活世界，并提出了目的论的历史解释的方法，以对生活世界作出更好的解释。从总体上来看，胡塞尔现象学是先验唯心主义的，有其玄奥神秘之处，但他重视方法论的探索并创立了自己独特的现象学方法论，对当代西方哲学产生了极为重要的影响。

存在主义哲学的非理性主义无疑是以其非理性方法论作为支撑点的。海德格尔借助胡塞尔的现象学方法来创立他的现象学本体论。萨特力图使存在主义与马克思主义一致起来，提出了所谓的人学辩证法，要把辩证法建立在个人实践的基础上。而在他看来，个人的实践就是指作为自为的存在的人的自我选择、自我超越的活动，是这种活动的具体化和现实化。然而他所说的个人都是深受其非理性心理状态制约的，"每一个人是一种神秘而孤立的实在"。在这种神秘孤立的个人实践基础上建立的人学辩证法最终恐怕也只能是一种非理性主义的和神秘的辩证法。

三、人本论思维方式的启示与引发的诘难

1. 人本论思维方式的启示

人本主义思潮的产生、存在、演进和发展是当代西方哲学的重要现实,它以哲学的方式折射着当代西方社会的文明状态和精神世界,映现着西方社会的深层问题及发展走向,有其必然性,也有其积极的方面。

人本主义哲学把当代资本主义条件下人的问题明确地提升为一个最为引人注目的哲学问题,这不仅大大拓展了哲学研究的视野,也确立了当代西方哲学的一个重大的时代性主题。

人本主义思潮提出和强化了对于作为个体的人的哲学关注,使哲学对人的关注不再仅仅集中在类、阶级、阶层、群体上,而向着人的个性和个性化的人的方向拓展,这对于发展人的个性,争取个性的丰富全面、自由发展无疑具有一定的启示作用。

人本主义思潮关注和重视人的生存意义和生命价值,要求尊重人的权利,保障人的自主地位,尤其是反对当代科学和工业技术文明对人的压抑和窒息及其造成的人性异化与沉沦,要求建立一种有利于人的健康发展的社会,这对于促进社会的良性运行,消除各种形式的社会病无疑具有积极作用。

人本主义思潮反对理性主义一统天下,提出对人的生命本能、人的情感意志、人的非理性因素的特殊关注,这对于校正过去片面重视人的理性方面、认知方面,忽视人的非理性方面、生命本能方面的偏颇,以及所造成的人和社会的片面化发展,对于促进人和社会的全面发展无疑具有积极意义。

人本主义思潮提出并论证了非理性的直觉、体验等方法在人文现象认识中的特殊作用和功能,尤其是理解和解释方法的提出和现代释义学的建构,不仅有助于矫正过去人文科学在方法论上的匮乏和片面,而且对于建构具有现代特色的人文科学方法论,促进人文科学的迅速发展,促进人的自我理解也有积极作用。

2. 人本论思维方式引发的诘难

人本主义思潮有极强的个性,相应地也有其明显的片面性。

从总体上来看，人本论思维方式是站在唯心主义的立场上的，他们所关注的人很难说是现实的人，而是人的现象、人的表象。他们忽视人的现实物质存在和现实物质关系、经济关系、社会关系，这很难达到对人的全面真实的理解。

人本论思维方式自觉不自觉地把个人从社会中剥离出来并将其与社会对立起来，只强调人的个性、特性、内在性方面，忽视人的共性、社会性、外在性方面。他们割裂人所生存和活动的时空统一性，只强调生命在时间中的绵延；忽视生命在空间中的运动，只强调生命的体验，否定生命的自我反观和反思，从而表现出明显的机械论和形而上学倾向。

人本论思维方式强调人的价值和生命的意义，但忽视这种意义和价值的社会性特征。其实，人的价值不仅是自我的，更是为他的、为社会的。只有在与他人的价值关系中，个人生存的意义和价值才能得到彰显。

人本论思维方式关注人的非理性方面、生命本能方面，但却把它们与人的理性方面、社会性方面完全割裂开并且绝对对立起来，要用非理性取代理性，用生命本能取代社会性，这无疑是由一种片面性取代另一种片面性。实际上，只有在理性与非理性、生命本能与社会性的有机统一中才能真正达到对人的全面理解。

图书在版编目(CIP)数据

哲学研究方法论:第二版/欧阳康著.—武汉:华中科技大学出版社,2022.6
(欧阳康文集)

ISBN 978-7-5680-5716-5

Ⅰ.①哲… Ⅱ.①欧… Ⅲ.①哲学-研究方法-中国 Ⅳ.①B2-3

中国版本图书馆 CIP 数据核字(2022)第 097336 号

哲学研究方法论(第二版)　　　　　　　　　　　欧阳康　著
Zhexue Yanjiu Fangfalun(Di-er Ban)

策划编辑：周晓方　杨　玲	
责任编辑：庹北麟	
责任校对：张汇娟	
版式设计：原色设计	
责任监印：周治超	
出版发行：华中科技大学出版社(中国·武汉)	电话：(027)81321913
武汉市东湖新技术开发区华工科技园	邮编：430223
录　　排：华中科技大学惠友文印中心	
印　　刷：湖北新华印务有限公司	
开　　本：710mm×1000mm　1/16	
印　　张：42.25　插页:4	
字　　数：660 千字	
版　　次：2022 年 6 月第 1 版第 1 次印刷	
定　　价：168.00 元(全二册)	

本书若有印装质量问题,请向出版社营销中心调换
全国免费服务热线：400-6679-118　竭诚为您服务
版权所有　侵权必究

教育部首批虚拟教研室建设试点"社会认识论人才培养模式改革虚拟教研室"建设成果

欧阳康文集

哲学研究方法论（下）
（第二版）

Methodology of Philosophical Research

欧阳康／著

华中科技大学出版社
http://www.hustp.com
中国·武汉

　　1953年生，四川资阳人。哲学博士。华中科技大学党委原副书记，华中科技大学国家治理研究院院长、哲学研究所所长，华中科技大学社会认识论人才培养模式改革虚拟教研室带头人（主任），国家治理湖北省协同创新中心主任，湖北地方治理研究院院长，"华中学者"领军岗教授，哲学学院二级教授、博士生导师。1992年起享受国务院特殊津贴，1996年被评为湖北省"有突出贡献中青年专家"，1999年入选教育部"跨世纪优秀人才"、人事部"百千万人才工程"，2019年入选中组部国家"万人计划"教学名师、湖北省首届"最美社科人"，2020年入选教育部"长江学者奖励计划"特岗学者。国务院学位委员会第六、七届马克思主义理论学科评议组成员，教育部社会科学委员会委员，中国辩证唯物主义研究会副会长、社会认识论专业委员会会长，湖北省人民政府咨询委员会委员等。在《中国社会科学》《哲学研究》等发表中英文学术论文400余篇，获国家、教育部和湖北省哲学社会科学优秀成果奖20余次，主持国家、省部级和国际合作科研项目20余项，多次出国出境从事学术交流与合作研究。主持完成教育部哲学社会科学研究重大课题攻关项目"马克思主义与建设中华民族共有精神家园研究"和"推进国家治理体系和治理能力现代化若干重大理论问题研究"，中宣部马克思主义理论研究和建设工程特别委托项目、国家社会科学基金特别委托项目"重大突发疫情对社会心态和思想舆论的影响研究"等，目前为国家社会科学基金重大项目"大数据驱动地方治理现代化综合研究"首席专家。

目录

绪论　以真正哲学的方式研究和发展哲学 / 1
　　一、透视来自"非哲学"的诘难 / 1
　　二、正视来自市场经济的挑战 / 4
　　三、探寻哲学发展的突破口 / 6
　　四、建构哲学研究方法论的基本思路 / 9

第一编　元哲学问题研究

第一章　哲学的性质、特点和功能 / 15
　　一、哲学的性质 / 16
　　二、哲学的特点 / 22
　　三、哲学的功能 / 34

第二章　哲学形态学的思路与方法 / 38
　　一、问题的提出 / 39
　　二、哲学形态学的基本规定 / 40
　　三、哲学形态学的研究方法 / 43

第三章　哲学研究法的探索与建构 / 45
　　一、选准哲学改革的突破口 / 46
　　二、世界观与方法论关系的再探讨 / 49

三、哲学研究法的基本规定 / 55
四、现代科学方法论及其哲学意义 / 59

第四章　强化哲学研究的主体意识 / 62
一、确立哲学家的主体地位 / 63
二、强化哲学研究的批判意识 / 64
三、强化哲学研究的超越意识 / 68
四、强化哲学研究的世界意识 / 69
五、强化哲学研究的个性意识 / 71
六、强化哲学研究中的"学科群"意识 / 75

第二编　哲学思维的发生与演进研究

第五章　哲学思维方式的系统发生 / 83
一、哲学研究中的"寻根"意识 / 84
二、研究哲学思维系统发生的几个前提和方法问题 / 87
三、神话思维的形成及其历史意义 / 100
四、神话思维的局限及向哲学思维的跃迁 / 112

第六章　本体论思维和研究方式 / 127
一、哲学研究中的历史意识 / 128
二、本体概念的提出和本体论的形成 / 140
三、本体论思维方式的基本构架 / 147
四、本体论思维方式的演进与引发的诘难 / 159

第七章　认识论思维和研究方式 / 173
一、由本体论中心到认识论中心 / 174
二、认识论思维方式的基本构架 / 180
三、认识论思维方式的演进与引发的诘难 / 212

第八章　主体论思维和研究方式 / 218
一、由"客体中心"到"主体中心" / 220
二、主体性思维和研究方式的基本构架 / 230
三、主体性思维方式在德国古典哲学中的发展 / 245

第九章　实证论思维和研究方式 / 253
一、由思辨哲学到实证哲学 / 254

二、实证论思维和研究方式的基本构架/ 259

三、实证论思维方式的演进与引发的诘难/ 264

第十章　人本论思维和研究方式/ 275

一、人本论思维和研究方式溯源/ 277

二、人本论思维和研究方式的基本构架/ 289

三、人本论思维方式的启示与引发的诘难/ 299

第三编　马克思主义哲学研究

第十一章　马克思主义哲学的建构与发展/ 303

一、马克思主义哲学观的形成与建构/ 304

二、马克思主义哲学在当代中国的发展/ 315

第十二章　马克思主义哲学的基本规定/ 323

一、马克思主义哲学是一种新唯物主义/ 324

二、马克思主义哲学是辩证的唯物主义/ 329

三、马克思主义哲学是历史的唯物主义/ 331

四、马克思主义哲学是人道的唯物主义/ 333

五、马克思主义哲学是实践的唯物主义/ 337

第十三章　马克思主义哲学的当代视野/ 339

一、强化马克思主义哲学研究的当代意识/ 340

二、反省当代马克思主义哲学的实践基础/ 343

三、反省当代马克思主义哲学的科学基础/ 348

四、反思当代马克思主义哲学的世界哲学背景/ 352

五、加强马克思主义哲学的自我反思/ 356

第十四章　建构马克思主义哲学当代形态的基本原则/ 359

一、实践性原则/ 360

二、客观性原则/ 365

三、主体性原则/ 369

四、系统性原则/ 372

五、整体性原则/ 377

第四编　分支哲学和问题哲学研究

第十五章　实践的唯物主义及其当代意义 / 383
一、探索唯物主义哲学的当代形态 / 384
二、实践的唯物主义与合理形态的辩证法 / 389
三、实践的唯物主义与强化人类活动的主体性效应 / 398

第十六章　本体论的兴衰与哲学观念的变革 / 403
一、考察本体论命运的基本思路 / 404
二、本体概念的形成与哲学思维的发生 / 404
三、本体论的沉浮与哲学观念的历史演变 / 406
四、当代西方哲学中的本体论论争 / 407
五、本体论追寻与哲学思维的致极性和超越性 / 411
六、"本体论复兴"与我国哲学变革 / 413

第十七章　主体性与主体性原则辨析 / 416
一、主体性探讨的实质和背景 / 417
二、主体、客体概念的探微与辨析 / 420
三、从功能角度考察主体-客体关系 / 424
四、人的多重规定与主体的整体性功能 / 426
五、人的主体性的内在根据 / 429
六、主体性原则的基本规定 / 431

第十八章　现代认识论研究的基本趋向 / 435
一、认识论研究的回顾与透视 / 436
二、深化认识论研究的基本思路 / 441

第十九章　社会认识论的建构与拓展 / 462
一、社会认识论的探索与建构 / 463
二、社会认识方法论的拓展与构想 / 469

第二十章　人文社会科学哲学研究构想 / 479
一、从社会认识论到人文社会科学哲学 / 480
二、研究人文社会科学哲学的几个前提与方法问题 / 482
三、当代人文社会科学哲学研究的基本构架 / 486

第二十一章 价值论与人生价值的特点 / 494
　　一、价值论研究的回顾与透视 / 495
　　二、深化价值论研究的几点构想 / 498
　　三、人生价值的特点与人生科学的研究方法 / 504

第二十二章 评价与社会评价的特点 / 515
　　一、深化评价论研究的理论层面 / 516
　　二、社会评价的问题域及其研究意义 / 517
　　三、从评价论角度来看社会客体的价值特点 / 520
　　四、社会评价的基本特点 / 523
　　五、探索社会评价的科学化途径 / 526

第二十三章 深化文化学研究的方法论问题 / 529
　　一、文化研究的回顾与透视 / 530
　　二、深化文化学研究的基本思路 / 533
　　三、马克思的文化人类学思想 / 543
　　四、"文化围城"与比较文化研究 / 551

第二十四章 传统文化与现代化 / 559
　　一、儒学及其当代命运 / 560
　　二、中国传统文化与社会主义现代化 / 567

第二十五章 中国特色社会主义研究思路 / 585
　　一、全方位把握社会主义社会有机体 / 586
　　二、毛泽东思想与中华民族的自我意识 / 599
　　三、社会主义市场经济与发展人的个性 / 616

附录 探索一条个性化的哲学研究道路 / 620

后记 / 633

CONTENTS

Introduction　Doing the Research of Philosophy with Real Philosophical Methodology/ 1

- Analyzing the Blames from "Non-philosophy"/ 1
- Facing the Challenges of Free Market Economic System/ 4
- Probing the Key Point for Developing Philosophy/ 6
- The Main Ideas of Constructing the Methodology of Philosophical Research/ 9

Part One　On Meta-Philosophy Problems

Chapter 1　The Nature, Characteristics and Functions of Philosophy / 15

- The Nature of Philosophy/ 16
- The Characteristics of Philosophy/ 22
- The Functions of Philosophy/ 34

Chapter 2　On Philosophy Morphology/ 38

- Raising the Questions/ 39
- The Definitions of Philosophy Morphology/40
- The Research Methods of Philosophy Morphology/43

Chapter 3   On Research Methodology of Philosophy/45
- The Key Point of the Reform of Philosophical Research/46
- The Relationship between Outlook and Methodology/49
- The Definitions of the Methodology of Philosophical Research/55
- The Contemporary Methodology of Sciences and Its Philosophical Meanings/59

Chapter 4   Enhancing Philosophers' Subjective Consciousness/62
- On Philosophers' Subjective Position in Philosophical Research/63
- Enhancing Philosophers' Critical Consciousness/64
- Enhancing Philosophers' Surpassing Consciousness/68
- Enhancing Philosophers' World Consciousness/69
- Enhancing Philosophers' Individual Consciousness/71
- Enhancing Philosophers' Systematic Consciousness/75

Part Two   On the Emergence and Developments of Philosophical Thinking Models

Chapter 5   The Emergence of Philosophical Thinking Models/83
- On the Genetic Methods of Philosophical Research/84
- The Pre-conditions of Philosophy Genetics/87
- The Emergence of Myth Thinking and Its Historical Meanings/100
- The Limitation of Myth Thinking and Its Developments towards Philosophical Thinking/112

Chapter 6   Ontological Thinking Model/127
- The Historical Consciousness in Philosophical Research/128
- Noumenon and the Emergence of Ontology/140
- The Main Composition of Ontological Thinking Model/147
- The Developments of Ontology/159

Chapter 7   Epistemological Thinking Model/173
- From the Ontological Center to Epistemological Center/174
- The Main Composition of Epistemological Thinking Model/180
- The Developments of Epistemology/212

Chapter 8　Subjective Thinking Model/218
- From Objective Center to Subjective Center/220
- The Main Composition of Subjective Thinking Model/230
- The Developments of Subjective Thinking Model/245

Chapter 9　Positive Thinking Model/253
- From Abstract Speculation to Positive Philosophy/254
- The Main Composition of Positive Thinking Model/259
- The Developments of Positive Thinking Model/264

Chapter 10　Humanist Thinking Model/275
- The History of Humanist Thinking Model/277
- The Main Composition of Humanist Thinking Model/289
- The Developments of Humanist Thinking Model/299

Part Three　On Marxist Philosophy

Chapter 11　The Emergence and the Developments of Marxist Philosophy/303
- The Emergence of Marxist Philosophy/304
- The Developments of Marxist Philosophy in Today's China/315

Chapter 12　The Basic Definitions of Marxist Philosophy/323
- A New Materialism/324
- The Dialectical Materialism/329
- The Historical Materialism/331
- The Humanistic Materialism/333
- The Practical Materialism/337

Chapter 13　The Contemporary Vision of Marxist Philosophy/339
- Enhancing the Times' Consciousness in the Research of Marxist Philosophy/340
- Reflecting the Practical Foundation of Contemporary Marxist Philosophy/343
- Rethinking the Scientific Foundation of Contemporary Marxist Philosophy/348

— Rethinking the Worldwide Philosophy Background of Contemporary Marxist Philosophy/352

— Enhancing the Self-rethinking of Marxist Philosophy/356

Chapter 14　On the Basic Principles of Exploring the New Patterns of Marxist Philosophy/359

— Practical Principle/360

— Objective Principle/365

— Subjective Principle/369

— Systematic Principle/372

— Holistic Principle/377

Part Four　On Branch and Sub-discipline of Philosophy

Chapter 15　On Practical Materialism and Its Importance Today/383

— Probing the Contemporary Patterns of Materialism/384

— Practical Materialism and the Rational Dialectics/389

— Practical Materialism and the Subjective Functions of Human Activities/398

Chapter 16　The Destiny of Ontology and the Developments of Philosophical Viewpoints /403

— The Basic Probing Methods/404

— The Emergence of the Concept of Noumenon and the Model of Philosophical Thinking/404

— The Developments of Ontology and Philosophical Viewpoints/406

— The Discussion around Ontology in Western Philosophy/407

— Ontological Probing and the Characteristics of Philosophical Thinking/411

— The Ontological Reviving and the Philosophical Reforms in Today's China/413

Chapter 17　Subjectivity and the Subjective Principle/416

— The Nature and the Background of Subjectivity Research/417

— The Concepts of Subject and Object/420

- A Functional Research to the Relationship between Subject and Object/424

    - The Definitions of Man and the Functions of Subject/426

    - The Inner-ground of Man's Subjectivity/429

    - The Rational Definitions of Subjective Principle/431

Chapter 18   On Contemporary Epistemology/435

    - A Brief Review to the Developments of Epistemology/436

    - The Basic Ideas to Deepening the Research of Epistemology/441

Chapter 19   On Social Epistemology/462

    - A Brief Review to the Developments of Social Epistemology/463

    - The Basic Ideas to Deepening the Research of Social Epistemology/469

Chapter 20   On Philosophy of Social Sciences and Humanities/479

    - From Social Epistemology to the Philosophy of Social Science and Humanities/480

    - Some Important Pre-conditions to the Research/482

    - The Main Composition of Contemporary Philosophy of Social Sciences and Humanities/486

Chapter 21   On Axiology and the Characteristics of Man's Values/494

    - A Brief Review to the Developments of Axiology/495

    - The Main Ideas of Deepening the Research of Axiology/498

    - The Main Characteristics of Man's Values/504

Chapter 22   Theory of Evaluation and the Characteristics of Social Evaluation/515

    - Deepening the Research of the Theory of Evaluation/516

    - The Research Areas of Social Evaluation/517

    - The Characteristics of the Object of Social Evaluation/520

    - The Characteristics of Social Evaluative Activities/523

    - The Scientific Ways of Social Evaluation/526

Chapter 23   On the Methodology of Cultural Research/529

    - A Brief Review to the Cultural Research/530

    - The Main Ideas of Deepening the Cultural Research/533

— Karl Marx's Thought of Cultural Anthropology/543

— "Cultural Weicheng" and the Comparative Culture Research/551

Chapter 24　Traditional Cultures and the Modernization/559

　— The Contemporary Destiny of Confucianism/560

　— The Chinese Traditional Culture and the Socialist Modernization in China/567

Chapter 25　On the Construction of Socialism with Chinese Characteristics/585

　— The Characteristics of socialist society/586

　— Mao Zedong Thought and the Self-consciousness of Chinese Nation/599

　— Socialist Free Market System and the Individual's Personality/616

Appendix　Searching for an Individual Way in Philosophical Research/620

Postscript/633

第三编 马克思主义哲学研究

回顾马克思主义哲学观的形成过程及其当代视野,反思马克思主义哲学的科学本性、形态特征和建构原则。

第十一章　马克思主义哲学的建构与发展

本章综观马克思主义哲学的形成与当代发展,对其脉络作了简要概括。关于马克思主义哲学的形成,马克思本人发挥了极为重要的作用。他本人对哲学的兴趣是建立在他对人类命运的自觉关注的基础之上的。青少年时期,马克思就确立了为人类幸福而工作的崇高理想,积极投身于思想的探索与实践的创造。随后,马克思又通过不断地反思、批判与超越,扬弃了黑格尔的客观唯心主义和费尔巴哈的唯物主义,并与恩格斯合作,创造了实践的唯物主义学说。

在马克思和恩格斯之后,列宁、斯大林、毛泽东、邓小平等在各个不同历史时期推进和发展了马克思主义哲学,其所取得的思想成果仍然是当代中国的时代精神之精华。在当代中国,我国马克思主义哲学以真理标准讨论为先导,得到了迅速发展,形成了几点重大成果:恢复和强化了哲学家的主体意识与哲学精神;对人的主体性形成特殊关注;对实践本性进行了深入阐发;走向深度分化和高度综合。

马克思主义的哲学观是建立在科学的实践观的基础之上的。马克思主义的哲学思维方式是唯物的、辩证的、历史的、人道的、实践的等多方面特性的有机统一。其中，对于实践的科学理解和从实践的角度理解世界、理解人与世界关系、理解一切哲学问题，是马克思主义哲学的最本质特征，也是马克思主义哲学的唯物性、辩证性、历史性、人道性的最本质基础，是马克思主义哲学区别于其他任何哲学的最关键之点，也是马克思当年在哲学史上实现伟大革命变革的最核心之点。马克思主义哲学观的形成过程，是马克思和恩格斯探索和建构科学实践观的过程，也是他们愈益自觉地从实践的角度来理解和界说哲学的过程。

一、马克思主义哲学观的形成与建构

综观马克思主义哲学的形成过程，不难看出，有几个方面的因素对马克思主义哲学创始人的思想进程发挥了极为重要的作用：其一，对于人类的前途命运及自由解放道路的深切关注和自觉探索；其二，对于人类思想文化成果尤其是哲学思维成就的自觉学习和吸取；其三，对当时尚存的思想理论问题尤其是各种错误思潮的自觉反省、批判与清算；其四，对自身的思想意识的不断反思、批判与超越；其五，立足当时人类文明全部成果的自觉建构与创造。

1. 人类幸福与哲学理想

马克思本人对哲学的兴趣是建立在他对人类命运的自觉关注的基础之上的。出于特殊的家庭教育和当时的社会文化环境，青少年时期的马克思便确立了为人类幸福而工作的崇高理想。他在中学考试德语作文《青年在选择职业时的考虑》一文中，把人类幸福与自身完美作为青年选择职业的主要方向，在他看来，"人们只有为同时代人的完美、为他们的幸福而工作，才能使自己也达到完美"[①]。因此，"我们的幸福将属于千百万人"[②]。把自身的完美建立在为他人以至人类幸福而工作的基点之上，这无疑表现出马克思的精神理想的崇高性和超越性。为此，马克思认为人们有必要"在社会上选择一个最适合于他、最能使他和社

---

① 马克思恩格斯全集(第40卷)[M].北京:人民出版社,1982:7.
② 马克思恩格斯全集(第40卷)[M].北京:人民出版社,1982:7.

会得到提高的地位"①。但在谈到人们如何选择职业时,马克思又强调社会关系对人的制约和限制,他说,人们应当认真地选择职业,但是,"我们并不总是能够选择我们自认为适合的职业;我们在社会上的关系,还在我们有能力对它们起决定性影响以前就已经在某种程度上开始确立了"②。这样,马克思就从人们对社会职业的自由选择与社会关系对人的制约作用的探讨中,触及了人在社会生活中的能动性与受动性问题,表达了社会关系在人类生活中的意义。应该说,正是为人类幸福而工作这样的崇高理想与现实社会关系的制约性之间的矛盾与冲突,激发马克思不断地从事着思想的探索与实践的创造。

青年马克思是通过黑格尔主义和费尔巴哈主义而"走向历史(和辩证)唯物主义"③的。19世纪30年代,马克思的大学时代,也是他的世界观形成时期,黑格尔主义在德国获得了全线胜利。恩格斯曾经指出,"正是在1830年到1840年这个时期,'黑格尔主义'的独占统治达到了顶点,它甚至或多或少地感染了自己的敌人;正是在这个时期,黑格尔的观点自觉或不自觉地大量浸入了各种科学,甚至渗透了通俗读物和日报"④。向黑格尔主义转变,成为当时德国哲学界的一个普遍现象。正是在这样的背景下,马克思先后在波恩大学和柏林大学上学。开始时他曾一度倾向于康德和费希特,后来转向了黑格尔,成为青年黑格尔派激进组织"博士俱乐部"的成员,成了一个活跃的青年黑格尔派分子。他接受黑格尔关于理性、自由和自我意识的唯心主义哲学,把自我意识看作决定一切的力量。他自觉地运用黑格尔的理性批判精神,通过对西方哲学史的专门深入研究,于1841年3月撰成了题为《德谟克利特的自然哲学与伊壁鸠鲁的自然哲学的差别》的博士论文。在该论文中,马克思一反历史上哲学家们把德谟克利特的自然哲学和伊壁鸠鲁的自然哲学等同起来,把伊壁鸠鲁哲学看作是对德谟克利特哲学的剽窃和倒退的陈词旧说,在承认二者理论一致性的前提下,详细考察二者的差别,尤其是在对伊壁鸠鲁关于原子偏斜运动理论的全面阐发中,第一次深刻指出了伊壁鸠鲁哲学独特的革命意义。应该说,博士论文时期的

---

① 马克思恩格斯全集(第40卷)[M]. 北京:人民出版社,1982:3.
② 马克思恩格斯全集(第40卷)[M]. 北京:人民出版社,1982:5.
③ 列宁全集(第38卷)[M]. 北京:人民出版社,1959:387.
④ 马克思恩格斯全集(第21卷)[M]. 北京:人民出版社,1965:311.

马克思在政治上是革命民主主义的,在哲学上是客观唯心主义的,但他对德谟克利特唯物主义原子论的特别关注和深入研究,尤其是对伊壁鸠鲁原子偏斜学说及其革命意义的创造性阐发,却不自觉地为他后来转向唯物主义哲学,将唯物主义与辩证法内在有机地结合起来埋下了伏笔,奠定了基础。

也正是在对黑格尔的自我意识理论的阐发和发挥中,马克思以一种唯心主义的方式提出了实践的问题和哲学与世界的关系问题。自我意识是与实体相对立的概念,对自我意识与实体关系的探讨是古希腊全部哲学的主体。马克思认为,"希腊生活和希腊精神的灵魂是实体"①,黑格尔则力图用自我意识来统摄人类精神的发生和发展史。马克思与黑格尔一样十分强调和重视自我意识,相信自然的理性本质,赞成用自我意识来说明自然的实在性,但他与青年黑格尔派其他成员不同,他既不把自己限制在自我意识之中,也不把自我意识看作一种无对象、无基础的纯粹主观精神。在他看来,一方面,"原子不外是抽象的、个别的自我意识的自然形式";另一方面,感性的自然也就是"客观化了的、经验的、个别的自我意识"②,是自我意识的外化、对象化。这样,马克思就要求从自我意识与现实的联系中来把握自我意识。在他看来,自我意识作为一种意志力量必然要在与外部世界发生关系的过程中变为实践的力量:

> 一个本身自由的理论精神变成实践的力量,并且作为一种意志走出阿门塞斯的阴影王国,转而面向那存在于理论精神之外的世俗的现实。③

这样,马克思就从理论实现的角度提出了实践的问题,并将其引入自己关于自我意识的理论中,不仅自我意识应当面向世俗现实,哲学也不能离开和脱离现实。马克思说:

---

① 马克思恩格斯全集(第40卷)[M]. 北京:人民出版社,1982:63.
② 马克思恩格斯全集(第40卷)[M]. 北京:人民出版社,1982:233.
③ 马克思恩格斯全集(第40卷)[M]. 北京:人民出版社,1982:258.

> 哲学已经不再是为了认识而注视着外部世界;它作为一个登上了舞台的人物,可以说与世界的阴谋发生了瓜葛,从透明的阿门塞斯王国走出来,投入那尘世的茜林丝的怀抱。①

在当时的马克思看来,"哲学的实践本身是理论的"②,但正是在与现实生活的相互作用之中,哲学不断地世界化,世界也不断地哲学化,而"世界的哲学化同时也就是哲学的世界化"③。在这里,尽管青年马克思对实践与自我意识、哲学与世界之间关系的理解还没有超出唯心主义的限阈,但他将实践概念引入自己的哲学,并将其作为考察自我意识与现实世界、哲学与对象世界之间关系的钥匙,对他后来建立以科学实践观为基础的哲学观有十分重要的意义。

在《莱茵报》工作期间,作为记者,也作为主编,马克思不可避免地遇到了大量十分复杂而又敏感的现实社会、经济、政治问题,迫使他去探索、去思考,促使他深入社会生活,由比较抽象思辨地讨论纯理论问题转而实际地研究社会和经济问题,研究社会生活中的法律关系和经济利益等。在关于出版自由、林木盗窃法等问题的辩论中,马克思深切感受到物质利益在社会生活中的重要意义,并认为应当高度重视从客观关系的角度来解释社会生活现象,在初看起来似乎只有人在活动的地方看到客观关系的作用以便"把我们的全部叙述都建立在事实的基础上,并且竭力做到只是概括地表明这些事实"④。正是在对现实生活的关注、体验和研究中,马克思极大地深化和发展了自己的哲学思想,提升了自己的哲学观。他更加自觉地把哲学与其世界联系起来,并开始从这种角度来反思德国哲学。他说:"哲学,尤其是德国的哲学,喜欢幽静孤寂、闭关自守并醉心于淡漠的自我直观……从哲学的整个发展来看,它不是通俗易懂的;它那玄妙的自我深化在门外汉看来正像脱离现实的活动一样稀奇古怪;它被当作一个魔术师,若有其事地念着咒语,因为谁也不懂得他在念些什么。"⑤正是基于这种认识,马克思写下

---

① 马克思恩格斯全集(第40卷)[M].北京:人民出版社,1982:135.
② 马克思恩格斯全集(第40卷)[M].北京:人民出版社,1982:258.
③ 马克思恩格斯全集(第40卷)[M].北京:人民出版社,1982:258.
④ 马克思恩格斯全集(第1卷)[M].北京:人民出版社,1965:223.
⑤ 马克思恩格斯全集(第1卷)[M].北京:人民出版社,1965:120.

了他那脍炙人口的哲学之论:

> 哲学家的成长并不像雨后的春笋,他们是自己的时代、自己的人民的产物,人民最精致、最珍贵和看不见的精髓都集中在哲学思想里。那种曾用工人的双手建筑起铁路的精神,现在在哲学家的头脑中树立哲学体系。哲学不是世界之外的遐想,就如同人脑虽然不在胃里,但也不在人体之外一样。自然,哲学首先是通过人脑和世界相联系,然后才用双脚站在地上;但这时人类的其他许多活动领域早已双脚立地,并用双手攀摘大地的果实,它们甚至想也不想:究竟是"头脑"属于这个世界,还是这个世界是头脑的世界。
>
> 因为任何真正的哲学都是自己时代精神的精华,所以必然会出现这样的时代:那时哲学不仅从内部即就其内容来说,而且从外部即就其表现来说,都要和自己时代的现实世界接触并相互作用。那时,哲学对于其他的一定体系来说,不再是一定的体系,而正在变成世界的一般哲学,即变成当代世界的哲学。各种外部表现证明哲学已获得了这样的意义:它是文明的活的灵魂,哲学已成为世界的哲学,而世界也成为哲学的世界,——这样的外部表现在所有的时代里都是相同的。①

在这里,马克思自觉地把哲学与时代、实践以至经济发展联系起来,把真正的哲学作为时代精神的精华,要求哲学不仅在内容上而且在表现上与自己时代的现实世界接触并相互作用,不仅要造就世界的哲学,也要造就哲学的世界,强调发挥哲学在改造世界中的作用。这种思想,尽管还带有黑格尔思辨唯心主义的色彩,但无疑为他后来冲破黑格尔唯心主义哲学观念,建立起自己的以实践论为基础的哲学观奠定了重要基础。

2. 超越黑格尔唯心主义

1839 年至 1843 年前后,费尔巴哈先后发表了《黑格尔哲学批判》《基督教的本质》《关于哲学改造的临时提纲》和《未来哲学原理》等一系

---

① 马克思恩格斯全集(第 1 卷)[M]. 北京:人民出版社,1965:120-121.

列著作。他批判黑格尔的思辨哲学，批判宗教神学，认为黑格尔哲学是思辨哲学的顶峰，也是宗教神学的最终避难所，其最根本的错误在于从根本上颠倒了主体和客体、主词与宾词、思维与存在的关系。费尔巴哈认为，哲学的开端不是神，也不是绝对理念，而是实际的、有限的、确实的存在："思维与存在的真正关系只是这样的：存在是主体，思维是宾词。思维是从存在而来的，然而存在并不来自思维。"①那么思维与存在的关系如何呢？费尔巴哈认为，"思维与存在的统一，只有在将人理解为这个统一的基础和主体的时候，才有意义，才有真理"②。人之所以能够成为思维与存在统一的基础和主体，在于人是实在的存在，是"自觉的自然本质，是历史的本质，是国家的本质，是宗教的本质"③。这样，费尔巴哈提出了自己的以人本论为核心的唯物主义新哲学。费尔巴哈的人本学唯物主义在当时发生了极大的影响，它使唯物主义哲学恢复了权威，重新登上了王座，也对马克思哲学观念的唯物主义转向发生了根本性的影响。这正如恩格斯在谈到《基督教的本质》一书时所说："这部书的解放作用，只有亲身体验过的人才能想象得到。那时大家都很兴奋，我们一时也成为费尔巴哈派了。"正是在费尔巴哈唯物主义哲学的影响下，马克思开始自觉地批判黑格尔的思辨唯心主义，并建构自己的唯物主义哲学。

《黑格尔法哲学批判》一文，在马克思主义哲学的创立过程中至关重要，是马克思对整个黑格尔哲学批判的突破口。马克思在该文及其导言中，从黑格尔的法哲学入手，批判黑格尔学说与实际生活的脱节和对市民社会与国家关系的颠倒，主张深入社会的物质生活，立足于市民社会来理解国家关系。在马克思看来，"德国的国家哲学和法哲学在黑格尔的著作中得到了最系统、最丰富和最完整的阐述；对这种哲学的批判不但是对现代国家和同它联系着的现实的批判性分析，而且也是对到目前为止的德国政治意识和法意识的整个形式的最彻底的否定，而这种意识的最主要、最普遍、升为科学的表现就是思辨的法哲学本身"④。马克思认为，黑格尔之所以在实践中颠倒国家与市民社会的关

---

① 费尔巴哈哲学著作选集(上卷)[M].北京:商务印书馆,1984:115-116.
② 费尔巴哈.未来哲学原理[M].北京:商务印书馆,1978:181.
③ 费尔巴哈哲学著作选集(上卷)[M].北京:商务印书馆,1984:116.
④ 马克思恩格斯全集(第1卷)[M].北京:人民出版社,1965:459-460.

系,与他在哲学中颠倒现实事物与理念、概念之间关系是分不开的,正是思辨的思维颠倒了二者的关系。"实际上,家庭和市民社会是国家的前提,它们才是真正的活动者;而思辨的思维却把这一切头足倒置。"① 因此,要真正摆正国家与市民社会的关系,必须首先摆正思维与存在的关系。这实际上表明马克思向着唯物主义哲学前进了一大步。

在《德法年鉴》工作期间,马克思已作为一个革命家而进行活动,主张对现存的一切进行无情的批判,尤其是武器的批判。他把宗教解放与政治解放、把阶级解放与人类解放结合起来,并诉诸群众、诉诸无产阶级,力图在批判旧世界中发现和建设新世界。马克思在这一时期的革命批判与革命实践为他的科学实践观的形成奠定了重要的实践基础。

《1844年经济学哲学手稿》在马克思主义哲学的形成过程中占有十分重要的地位,包含马克思的新唯物主义世界观的天才萌芽,是研读马克思主义哲学观的重要文本之一。该书从研究经济现象和各种经济学理论出发,提出并运用异化劳动的理论与方法,对资本主义私有制下的劳动异化现象及其本质做了相当深入的剖析和批判;在批判各种形式的空想共产主义和假社会主义的基础上,阐述自己对于共产主义的理解;在与动物等非人存在物的比较中考察人的本质,认为人的本质即自由自觉的活动;强调劳动在人类社会生活中的特殊地位,提出整个所谓世界历史不外是人通过人的劳动而诞生的过程;等等。这一文本提出了许多非常深刻、精湛的见解。我们认为,就马克思主义哲学观的形成而言,《1844年经济学哲学手稿》的内容有两个方面尤须关注。

第一,对于实践及其与理论和哲学关系的论述。马克思认为,实践是人的本质特征之一:"通过实践创造对象世界,即改造无机界,证明了人是有意识的类存在物。"②正是人的实践,构成了关于人的科学的基础,也是解决理论难题的重要条件。马克思说,"真正的实践……是现实的和实证的理论的条件"③,"关于人的科学本身是人在实践上的自我实现的产物"④。而"理论的对立本身的解决,只有通过实践方式,只有

---

① 马克思恩格斯全集(第1卷)[M]. 北京:人民出版社,1965:250-251.
② 马克思恩格斯全集(第42卷)[M]. 北京:人民出版社,1979:96.
③ 马克思恩格斯全集(第42卷)[M]. 北京:人民出版社,1979:139.
④ 马克思恩格斯全集(第42卷)[M]. 北京:人民出版社,1979:150.

借助于人的实践力量，才是可能的；因此，这种对立的解决绝不只是认识的任务，而是一个现实生活的任务，而哲学未能解决这个任务，正因为哲学把这仅仅看作理论的任务"①。马克思这里的思想为他后来明确提出哲学的实践功能提供了前提。

第二，自觉地从唯物主义立场出发对黑格尔唯心主义否定性辩证法的批判与改造。前面我们谈到，马克思对黑格尔唯心主义哲学的批判不是自《1844年经济学哲学手稿》始，但应该说在《1844年经济学哲学手稿》中，他第一次明确地站在费尔巴哈唯物主义哲学立场上对黑格尔的唯心主义辩证法进行了自觉的批判。马克思认为，"费尔巴哈是唯一对黑格尔辩证法采取严肃的、批判的态度的人；只有他在这个领域内作出了真正的发现，总之他真正克服了旧哲学"②，"创立了真正的唯物主义和现实的科学"③。在这里马克思显然过高估计了费尔巴哈的唯物主义，从而为后来的自我批判和自我超越留下了余地，但也正是对费尔巴哈哲学的信从，使他获得了批判黑格尔唯心主义辩证法的基本武器。马克思以黑格尔的《精神现象学》为主要分析和批判对象，将其看作"黑格尔哲学的真正诞生地"④。马克思指出黑格尔哲学的双重错误，其最根本的是颠倒了思维和存在、主体和客体的关系。在他那里，"主词和宾词之间的关系被绝对地相互颠倒了：这就是神秘的主体—客体，或笼罩在客体上的主体性，作为过程的绝对主体，作为使自己外化并且从这种外化返回到自身的、但同时又使外化回到自身的主体，以及作为这一过程的主体；这就是在自身内部的纯粹的、不停息的旋转"⑤。由此出发，黑格尔把现实事物的异化归结为抽象的哲学思维的异化，把人的本质的异化归结为自我意识的异化，等等。马克思揭露了黑格尔精神现象学的唯心主义实质，但并没有根本抛弃它，而是充分肯定黑格尔哲学中辩证法的合理因素。

马克思指出，《精神现象学》的最后的成果是它的"作为推动原则和创造原则的辩证法"，而这种辩证法的伟大之处在于它"把人的自我产

---

① 马克思恩格斯全集(第42卷)[M]．北京：人民出版社，1979：127．
② 马克思恩格斯全集(第42卷)[M]．北京：人民出版社，1979：157-158．
③ 马克思恩格斯全集(第42卷)[M]．北京：人民出版社，1979：158．
④ 马克思恩格斯全集(第42卷)[M]．北京：人民出版社，1979：159．
⑤ 马克思恩格斯全集(第42卷)[M]．北京：人民出版社，1979：176．

生看作一个过程,把对象化看作失去对象,看作外化和这种外化的扬弃"①。人在自觉地能动地改造外部世界的活动中,把自己的内在本质外化、对象化、实在化,使外部世界发生合目的性变化,而人也在这个过程中得到表现、实现,得到自我发展和确证。而这个过程正是人的劳动实践过程。所以马克思又说,"他抓住了劳动的本质,把对象性的人、现实的因而是真实的人理解为他自己的劳动的结果"②。应该说,黑格尔对于劳动在人的自我产生与发展中具有特殊作用的思想,给了马克思以很大的影响,正是从这种特殊视角来研究和批判黑格尔哲学,尤其是批判性地吸收黑格尔辩证法的合理因素,为后来马克思在实践论的基础上把唯物论与辩证法结合起来,并将其扩展到社会、历史领域中,创立自己的新唯物主义奠定了基础。

3. 超越费尔巴哈的唯物主义

马克思与恩格斯的结识、友谊与合作,对马克思主义哲学观的形成与阐发有重要推进作用。他们合著的第一部著作《神圣家族》一书,极大地深化了他们在《德法年鉴》时期和《1844年经济学哲学手稿》中的理论成果,尤其是阐发了历史唯物主义的一系列重要观点。他们彻底批判和清算青年黑格尔派的思辨唯心主义,以唯物主义方式论证了思维和存在的关系;他们通过对17—18世纪唯物主义发展史的考察,开始建立唯物主义的哲学史观,从而为以唯物主义方式彻底解决哲学基本问题奠定了理论基础。他们提出并论证物质资料的生产对社会历史发展的决定性作用,强调只有从物质生产实践出发才能正确地认识、理解和解释历史。他们尖锐地批判鲍威尔等脱离人的自觉能动活动来谈论自我意识的发展,深刻地指出:

> 难道批判的批判以为,只要它从历史运动中排除掉人对自然界的理论关系和实践关系,排除掉自然科学和工业,它就能达到即使是才开始的对历史现实的认识吗?难道批判的批判以为,它不去认识(比如说)某一历史时期的工业和生活本身的直接生产方式,它就能真正地认识这个历史时期

---

① 马克思恩格斯全集(第42卷)[M].北京:人民出版社,1979:163.
② 马克思恩格斯全集(第42卷)[M].北京:人民出版社,1979:163.

吗？……正像批判的批判把思维和感觉、灵魂和肉体、自身和世界分开一样，它也把历史同自然科学和工业分开，认为历史的发源地不在尘世的粗糙的物质生产中，而是在天上的云雾中。①

马克思把"尘世的粗糙的物质生产"看作历史的发源地，必然高度重视从事物质生产的人民群众在社会历史发展进程中的特殊作用："'历史'并不是把人当作达到自己目的的工具来利用的某种特殊的人格。历史不过是追求着自己的目的的人的活动而已。②正是人的自觉能动活动，构成了社会历史发展的基础。因此，"历史活动是群众的事业，随着历史活动的深入，必将是群众队伍的扩大"③。马克思和恩格斯在"神圣家族"中向着成熟的历史唯物主义的挺进，不仅极大地超越了黑格尔的思辨唯心主义，也实际上迈出了他们批判和超越费尔巴哈唯物主义的关键性一步，这就是克服费尔巴哈在社会历史领域当中的历史唯心主义局限，而着力于建构历史唯物主义。恩格斯后来回忆说："对抽象的人的崇拜，即费尔巴哈的新宗教的核心，必须由关于现实的人及其历史发展的科学来代替。这个超出费尔巴哈而进一步发展费尔巴哈观点的工作，是由马克思于1845年在《神圣家族》中开始的。"④

《关于费尔巴哈的提纲》作为"包含着新世界观的天才萌芽的第一个文件"，实际上意味着马克思主义的科学实践观的形成，同时也是马克思主义哲学观形成的重要标志。在《关于费尔巴哈的提纲》中，马克思立足于对实践的科学理解，来理解人及其本质，理解人与世界关系，来批判费尔巴哈的直观的唯物主义，来阐发自己的新唯物主义。在马克思看来，人的本质，在其现实性上是一切社会关系的总和，而社会生活在本质上是实践的。因此，环境的改变和人的活动的一致，只能被看作并合理地理解为革命的实践。只有从实践的角度，才能真正理解人，而这正是费尔巴哈哲学的根本缺陷和失足之点。马克思认为，从前的一切唯物主义，包括费尔巴哈的唯物主义在内，其主要缺点，就是只从

---

① 马克思恩格斯全集(第2卷)[M]. 北京：人民出版社，1957：191.
② 马克思恩格斯全集(第2卷)[M]. 北京：人民出版社，1957：118-119.
③ 马克思恩格斯全集(第2卷)[M]. 北京：人民出版社，1957：104.
④ 马克思恩格斯全集(第21卷)[M]. 北京：人民出版社，1965：334.

客观的或者直观的形式去理解事物、现实和感性,而不是也从主观方面,即从人的感性活动方面,从人的实践方面去理解。因此他们最多也只能做到对于市民社会的单个人的直观。马克思高度强调革命的实践批判活动的意义,强调在实践中证明思维的真理性,消除各种形式的神秘主义。他尤其明确地把自己的新唯物主义奠基于人类社会或社会化的人类的坚实基地之上,明确提出:"哲学家们只是用不同的方式解释世界,而问题在于改变世界。"①这就为他后来进一步将自己的哲学规定为"实践的唯物主义"奠定了基础。

在《德意志意识形态》一书中,马克思和恩格斯立足于自己的科学实践观,将唯物论、辩证法、实践论与人道主义内在结合起来,阐释自己的社会历史观,对人类社会历史做了全面、深入、准确、科学的唯物主义诠释,创立了自己的历史唯物主义和科学共产主义。马克思和恩格斯一方面立足于人与自然的关系来考察人类的发展,强调从人类史与自然史的分化及其相互作用中来考察历史,另一方面立足于有生命的现实的个人与人类社会的关系来考察人的生存、活动与发展,把现实的活动着的个人作为全部社会历史的基础。马克思和恩格斯对社会存在与社会意识、物质生产与精神生产、生产力与生产关系、经济基础与上层建筑之间的决定作用与反作用及其辩证关系做了全面系统的阐发,立足于共产主义和人类解放的高度,对阶级、国家与革命等一系列重大问题做了全面的论述。正是在这一系列的论述和阐发过程中,马克思的实践观也得到了提升,跃迁到"实践的唯物主义"的高度。马克思和恩格斯不仅强调以彻底的唯物主义的方式理论地解释世界,而且应当以彻底的唯物主义方式实践地改变世界。正是在这种意义上,马克思和恩格斯把自己的哲学叫作"实践的唯物主义",并将其与共产主义联系起来,在此基础上明确提出自己的理论任务和实践任务:"实际上和对实践的唯物主义者,即共产主义者说来,全部问题都在于使现存世界革命化,实际地反对和改变事物的现状。"②

在其后的理论研究和革命实践生涯中,马克思和恩格斯进一步完善和发展了自己的哲学观念,实现了哲学史上的伟大变革。

---

① 马克思恩格斯选集(第1卷)[M].北京:人民出版社,1972:19.
② 马克思恩格斯选集(第1卷)[M].北京:人民出版社,1972:48.

在马克思和恩格斯之后,列宁、斯大林、毛泽东、邓小平等在各个不同历史时期,依据当时的社会特点,推进和发展了马克思主义哲学,使其处于生生不息的变革与发展之中。邓小平开创的中国特色社会主义理论,作为当代中国的马克思主义理论,深刻地体现和运用了马克思主义哲学的思想精髓,成为当代中国的时代精神之精华,代表了当代中华民族的自我意识、水准、成就,是中国改革开放最为重要的思想武器和精神动力。

二、马克思主义哲学在当代中国的发展

自1978年中国共产党第十一届三中全会以来,以实践是检验真理的唯一标准的讨论为先导,我国的马克思主义哲学研究一方面依傍着全社会改革开放的社会主义现代化进程,作为其重要的观念表现和精神动力,另一方面则在初步的分化与综合中开拓着一条自己构成自己的特殊道路,显现着自身相对独立化发展的内在逻辑,并为进一步的深度分化与高度综合奠定了较好的基础。

1. 真理标准讨论与哲学观念的变革

"实践是检验真理的唯一标准"直接地是个哲学命题,它包含着对真理标准的绝对性、权威性、可靠性、唯一性的肯定和对真理的无限至上性、无条件的普遍适用性等哲学观点的否定。但强调这个哲学命题在当时真正指向的主要不是某种直接否认真理标准的哲学思潮,而是以"两个凡是"等形式表现出来的社会政治思潮。在社会政治方面,它为中国共产党和中国人民摆脱"两个凡是"的思想禁锢,批判和清除"文化大革命"的错误,确立正确的思想政治路线鸣锣开道,对中华民族自觉从事社会政治变革,迅速加入世界现代化进程起了思想解放和思想奠基的作用。在哲学方面,它直接地恢复和强调了实践在检验思想观念的真理性中的权威性,更深层和更重要的则在于,为马克思主义哲学反观自身提供了一个科学的参照系统,并进而引起马克思主义哲学观的变革,提出了发展马克思主义哲学的紧迫任务,并促使马克思主义哲学研究向着学术化、科学化的方向发展。

真理标准的讨论之所以能够引起马克思主义哲学观的变革,在于它所主张的真理观恰恰要求破除对于马克思主义哲学的僵死的和教条化的理解。真理标准的绝对性、普遍性否定了任何真理的永恒性和无

条件的普遍性：任何真理都与特定历史时代的社会实践相关联，都是相对于其对象范围和条件而言的，都受特定的时间、空间和内容的限制，都是历史的、时代的、具体的。这无疑是一种真正科学的和革命的真理观。用这种真理观来看待马克思主义哲学，必然要求打破将其看作绝对真理、永恒真理从而将其置于教条化、僵化境地的哲学观，而引出一种非常革命的哲学观。这就是说，马克思主义哲学作为一种真理体系也不是包罗万象的、永恒的和万能的，而是人类哲学思维发展特定阶段的产物和现代多种哲学流派中的一种具体形式。它的真正科学性、真理性和革命性在于它能始终随着社会实践的发展而自我更新和自我发展，从而不断地改变自身的理论内容和体系形态。

社会的思想解放和哲学观念的变革，带来了另一个重要的积极后果，即哲学研究与政治行为的分离，这为哲学理论的大发展提供了又一个重要条件。哲学的科学化水平是与其相对独立化和分化的水平内在相关的。中国长期以来哲学研究与政治行为处于不分化状态，哲学问题与政治问题紧紧地搅在一起，哲学问题要由政治人物来做结论，而重要政治人物关于哲学的只言片语便成为不可置疑、不容研究的"终极真理"。各种政治问题，都要直接在哲学中找根据、求论证。哲学往往为政策代言，为政策做证，而一旦政治变化和政策变迁，哲学则为其所累。复杂的学术问题直接变换为政治问题，学术争论变成了政治纠纷，甚至导致政治迫害。这种情况极大地妨碍着哲学的发展和进步。十多年来，哲学进步的根本条件和重要成果之一，正在于初步廓清了哲学与其他非哲学学科的关系，尤其是促进了哲学与政治的分离，哲学研究成了一种相对独立的学术探讨，开始了自己真正学术化、科学化的发展道路。哲学的相对独立发展，不是说它不关心社会实践和政治问题，哲学的生存和发展必须紧紧依靠社会实践和社会发展。但哲学对社会实践的关注和掌握必须有自己的特殊视角和独特方式，一方面保持自己与实践和多种具体学科的联系，从而有可能不断分化、专门化、精细化，另一方面又保持自己对它们的超越性，从而有可能不断综合、提升、概括，以便在分化与综合的张力中走出一条自己构成自己的发展道路。

2. 改革开放至 20 世纪 90 年代我国马克思主义哲学发展的主要成就及其基本经验

哲学观的变革与哲学研究氛围的改善，促使我国马克思主义哲学研究迅速发展。由恢复和确认实践是检验真理的唯一标准这个基本原则，到对实践的内部要素、结构进行探讨，意味着哲学研究的视野引向实践内部，标志着一种分析性哲学探索的开端，这可以看作哲学研究相对独立发展的第一步。对于"目的"是否属于实践的一个内在要素的争论，实际上涉及如何在坚持唯物主义客观性的基础上，理解和发挥人的自觉能动性。对人道主义和异化问题的讨论表现出来的对于人的特殊关注，进一步引申出对于人的主体性问题的全面探讨。对传统文化与现代化关系的热烈争论，对主体-客体相关律的深入研究，使对实践的研究进入动态的活化的活动水平，引起科学实践观向马克思主义哲学内部各方面、各层次、各领域的全面发散，不仅引出对于已有理论的全面反省和全面探索，并引起对新领域、新问题的全面开拓和全面建构，导致哲学研究由宏观到微观的全面突破和全面发展。从总体上来看，时至今日，几乎已有的一切理论成果都先后受到了严肃认真的批判性考察，并在许多领域内进行了初步的然而卓有成效的创造性探索。

在最细微的层面上，几乎所有基本的概念和范畴都被加以重新评定和界说，这涉及比如物质、意识、思维、存在、静止、运动、同一、斗争、矛盾、规律、社会存在、社会意识、认识、实践、反映、经济基础、上层建筑等等；相应地提出和提升了一大批新的哲学范畴，比如主体、客体、中介、要素、结构、系统、功能、反馈、控制、社会有机体、社会系统、需要、目的、价值、情感、意志、认知定式、思维模式、认知格局、交往、选择、主体间性等，它们为人们从事哲学新探索和新思考提供了新的视角和规范，为哲学内容和形式的整体发展提供了丰富的细胞。

在较为宏观的层面上，几乎所有基本的哲学命题都受到了质疑，并根据新的哲学理解来重新加以阐释，使之更加准确和完善，比如哲学基本问题、唯物论与唯心论、可知论与不可知论、形而上学与辩证法、思维与存在的同一性、意识是物质的反映、能动的革命的反映论、社会基本矛盾等。相应地提出和研究了一批新的哲学命题，如"哲学自己构成自己的道路"，人类对世界的掌握方式，主体-客体相关性与相关律，社会发展的自然历史过程、自主创造过程和自我意识过程，社会进步的历史尺度与价值尺度，认识的主体性原则、系统性原则、进化论原则、具体性原则，评价的合理性，语言符号系统，真善美利的具体的历史的统一等。

从方法论上来看，移植和创制了一些新的哲学研究方法，比如发生学方法、共时态比较方法、历时态比较方法、要素分析方法、结构方法、功能方法、系统方法、动力方法等,它们为哲学研究提供了有效的探索手段。

在批判旧有哲学理论内容简单贫乏的基础上,开发了一些新领域、新课题,比如价值论、实践论、评价论、方法论、人学、哲学人类学、哲学文化学、社会有机体论、社会系统论、社会控制论、认识发生论、认识系统论、认识进化论、科学认识论、社会认识论、交往理论、社会发展哲学、社会主义辩证法,以及认识的微观机制,认识中的非理性、非认知因素及其作用等。它们表明哲学研究视野的极大扩展和哲学思维方式的积极更新。

开展哲学学研究,在元哲学层面上探讨有关哲学的一些根本问题和内在规律。哲学发生学、哲学形态学、哲学体系学、哲学研究法等哲学学分支学科的建构,标志着哲学的自我反省达到了更高的层次和更深刻的程度。

在反省和批评旧有哲学教科书板块结构的基础上,产生出建构哲学新体系的紧迫需要,并分别提出若干具有启迪意义的积极构想,从而为哲学从要素到命题、从分支到体系的整体性发展提供了可行的思路。

回顾总结改革开放至20世纪90年代我国马克思主义哲学研究的发展历程,我们看到,真理标准的讨论是哲学变革的重要契机,哲学观念的变革则成了哲学大发展的思想和观念先导,哲学研究与政治行为的分离构成了哲学发展的重要社会背景。除此以外,还有几点尤为重要,值得关注。

其一,恢复和强化哲学家的主体意识与哲学精神。

我们曾经谈到,哲学观念的变革和哲学研究的科学化,都是通过哲学家的自觉努力而实现的。哲学家是哲学研究的主体,是发展哲学的基本力量。这似乎是不言而喻的。但当马克思主义哲学被当作一种纯粹的"领袖哲学"、意识形态而置于高高在上的位置时,就不可能有哲学家的地位,更不可能有自己相对独立的学术研究。面对那不容置疑、包罗万象的永恒真理体系,哲学工作者除了注释经典、阐释政策之外,也确实没有施展自己才干的必要和可能。哲学与政治的不分化状态,尤其是政治对哲学学术研究的不正常干涉,更是严重压抑着哲学家的主体精神。因此,如果说哲学家的主体地位的丧失和哲学精神的失落是多年来我国哲学研究停滞不前的重要原因,则恢复和强化哲学家们的这种主体意识和哲学精神,既是十多年来哲学进步的重要经验和积极成果,更是未来中国哲学发展的必然要求和必备条件。

什么是哲学家的主体意识?什么是真正科学的哲学精神?内容很多,如前所述,至少包含以下几点。一是科学的批判精神。哲学的基本功能不是论证历史和现实的合理性,粉饰太平,而是要对其进行批判性考察,揭示其不合理性并指出改进的方向和途径,进而建构起科学的哲学世界图景,为人类活动提供一般的理论前提,并且不断地对这种前提本身进行自我批判,不断扬弃人们在实践中的自发性、盲目性,克服和减弱其反主体性效应,增强主体性效应,加速社会历史的进步。二是预示和前导精神。哲学不能只做密涅瓦那黄昏才起飞的猫头鹰,跟在社会历史实践的后面唠唠叨叨,放马后炮,而应成为高卢雄鸡,预示未来,给人们以希望、理想、信念,增强其洞察力和预见力,使他们为超越现实、超越自我、创造未来而自觉努力。三是自由创造精神。哲学是自由理性的最高表现,要求一种超越现实时空限制和纯功利要求的无拘束的自由思考,这样才能真正具有批判力和预见性,并不断从事自我批判与自我更新。应该说,一种真正独立的自由的哲学思考是哲学家主体性最积极的表现。

其二,对人的主体性的特殊关注,应当看作自改革开放至20世纪90年代期间哲学进步的一条中轴和基线。

改革开放之后十年里哲学研究的进步,最根本的是恢复了马克思主义哲学对于作为主体的人的特殊关注,并找到了表达这种关注的特殊哲学公式,这就是对主体性问题的研究。从根本上来说,历史上和现实中的所有哲学都是研究人的,但不同的哲学对人的关注有不同的侧面和不同的方式。旧唯物主义者把人还原为物质存在,归结为自然,从人的初始本原去了解人;唯心主义者则将人的意识、理性、精神抽象出来,看作脱离人的自然存在的独立本质,抽象地发展了人的能动方面。马克思主义创始人把人看作自然主义和人道主义的最高统一,并认为这种统一的本质基础是人类实践活动,强调哲学的为人性、人道性,强调通过实践去发展和实现人的本性,追求和达到人的解放。但他们的这些重要思想被逐渐遗忘和忽视了。过去我们的哲学研究,在坚持唯物主义的名义下,关注人的自然性方面,忽视了人作为主体而对自然界的自觉能动认识、对人属世界的自觉能动掌握,以及对属人世界的自觉能动创造。恢复马克思主义哲学的科学本性,最重要和最根本的是恢复它对作为主体的人的特殊关注和重视,把确认和弘扬人的主体性作为全部哲学研究的基本出发点和最终归宿,把作为主体的人的自由、解放看作全部研究工作的根本宗旨。正是对人的这种特殊关注,以及对主体-客体相关律的深入研究,使对实践的研究进入动态的活化的活动水平,引起科学实践观向马克思主义内部各方面、各层次、各领域的全面发散,引起哲学研究的全面突破,并成为从根本上改变现有哲学、重建新的实践唯物主义哲学体系、强化马克思主义哲学的社会功能的关键之点和全新思路。

其三,对马克思主义哲学本性的全面理解和阐发。

如何理解马克思主义哲学的科学本性和基本规定,对于整个马克思主义哲学的当代发展具有重要的导向作用。从这个方面来看,改革开放至 20 世纪 90 年代哲学发展的又一重要经验,是以对马克思主义哲学的实践唯物主义本性的发掘和阐发为契机,达成了对马克思主义哲学本性的比较全面的理解。

过去我们把马克思主义哲学叫作辩证唯物主义和历史唯物主义,强调它的辩证性、历史性,这当然没错,但忽视它的人道性、实践性,这就明显不符合马克思和恩格斯的原意。我们知道,马克思和恩格斯从来没有把自己的哲学叫作辩证唯物主义和历史唯物主义,而是叫作实践的唯物主义、人道的唯物主义、新唯物主义等。实践的唯物主义强化了马克思主义哲学不仅帮助人们理论地解释世界,而且实践地改变世界的社会功能。在我国,正是对哲学功能的研究和探索,使哲学的自我反思和自我改造升华到一个新的高度和水平,提出了马克思主义哲学是实践唯物主义的功能规定,产生了建构实践唯物主义哲学体系的初步构想,并将成为当代中国马克思主义哲学研究的一个重要方向。

从功能上来看,马克思主义哲学超越于以前的任何哲学的最根本之点,在于它不仅帮助人们以唯物主义的方式观念地解释人与世界的关系,解释人所生存的世界及其意义,而且帮助人们以唯物主义方式实践地改变世界,创造人作为主体而生存和活动的理想世界。因此,一方面坚持理论地解释世界的唯物主义,一方面坚持实践地改变世界的唯物主义,这是马克思主义哲学的题中应有之义。实践性是马克思主义哲学最本质的功能规定,是它的辩证性与历史性的最终根源,也是其批判性与开放性的最本质基础。正是在这种意义上,马克思主义创始人没有把自己的哲学叫作辩证唯物主义和历史唯物主义,而是叫作实践的唯物主义,并将其与"共产主义者"联系起来,把"使现存世界革命化,实际地反对和改变事物的现状"作为自己哲学的最根本任务。马克思主义哲学与人类实践活动在功能上的这种一致性,使得它有可能以自己的特殊方式深入当代人类实践中去,由以获得生命与活力,并不断发展自身。

当然,强调和重视马克思主义哲学的实践性、人道性,并不与它的辩证性、历史性相矛盾和冲突,双方是内在统一和互补的。作为当代的新唯物主义,马克思主义哲学是辩证的、历史的、人道的、实践的唯物主义。

其四,加速哲学研究的深度分化与高度综合。

由上可以看出,改革开放十多年来中国的马克思主义哲学研究,实际上是在分化与综合的统一过程中展开的。分化意味着哲学研究视野向着专门化、精细化、微观化的方向发展,其成果突出地表现在老概念、老命题、老分支的进一步界说和解释,也表现在新概念、新命题、新分支的提出和建设。而综合则意味着哲学研究在分化基础上不断地提升和概括,在研究层面上不断跃迁,其结果则不仅表现在哲学体系的整体建构方面,还尤其表现在元哲学层面上的专门探讨及其取得的积极成果方面。

哲学研究的分化与综合所带来的成就是惊人的,但从另一方面来看,这种分化与综合又还仅仅是初步的、低级的,其显著标志则是前面所说各项成就均不是已经完成的,而是处于进一步深入研究和建设的过程之中。各个新的范畴和命题有待于根据整体的结构而得到系统的界说并找到自己的适当位置和功能。各个新的分支的真正建立和完善,不仅有待进一步的深入探索,以解决自身的对象、性质、特点、结构和方法问题,还需要处理好与相关理论的关系,以在整个哲学体系中找到自己的位置,得到社会的承认。从哲学体系的整体建构来看,尽管目前国内已有几种关于哲学体系的基本构想,但要真正把它们建设起来,并在科学性与合理性的统一中得到检验和承认,还需要长时间的努力探索。而在元哲学层面上的探讨要想取得真正具有时代特色的成果,更需要在把握全部哲学史和现实成果的基础上进一步进行提升和概括。

自觉推进马克思主义哲学的深度分化与高度综合,不仅有此必要,也有可能,其根据在于哲学研究中的主体-客体相关律。哲学研究以把握人与世界关系的历史发展及时代特点为主要对象和主要内容。人与世界关系在内容、性质、层次、范围和程度上都是现实的、具体的,各有其特殊的实现方式、过程、方法和规律,可以也有必要从不同角度出发分类别、分层次、分向度地对它们加以具体研究,从而产生出若干具体的深层次的分支哲学学科,在此基础上进行新的更高层次的综合与概括,建构起新的哲学体系,达到对人与世界关系的整体性哲学把握。正是这种深度分化与高度综合的个性化研究过程,要求并促使当前我国庞大哲学队伍的分化与分流,使其大部分下沉到具体的科学和实践层面,少部分努力实现提升和跃迁,真正达到与国际哲学接轨对话的水平。

第十二章　马克思主义哲学的基本规定

马克思主义哲学具有五个基本规定：唯物性、辩证性、历史性、人道性和实践性。要理解马克思主义哲学，必须要整体把握这五大特征，把握它们之间的内在统一性。

首先，马克思主义是一种唯物主义哲学，坚定地坚持世界的物质统一性，坚持物质对意识的先在性、本原性、基础性和决定性，反对旧有的唯物主义的直观性、形而上性、静态视角、忽视人与实践的特征，是一种新型的唯物主义。

其次，马克思主义是辩证的唯物主义，把事物看作不断运动的过程，不崇拜任何东西。

再次，马克思主义是历史的唯物主义。历史唯物主义是马克思的伟大创造，它深刻地揭示了历史发展背后的物质生产力发展与人民群众的作用，并在其中寻找到人类社会历史的一般运动规律。

再次，马克思主义是人道的唯物主义，强调尊重人的价值，发挥人的能力，发展人的个性，以人的全面自由发展为最高目标。

最后，实践性是马克思主义哲学最根本之点，寻求实践的、能动地改变世界是马克思主义区别于其他哲学的本质特征。

马克思主义哲学是在对各种非马克思主义哲学的学习和吸收、批判与论争中产生和超拔出来的，是立足人类文明全部成果，尤其是当代社会实践而进行的全新哲学创造。相应地，马克思主义哲学的基本规定也是在与各种非马克思主义哲学的比较中凸现出来，并得到说明的。

就其与各种形态的非马克思主义哲学的区别而言，马克思主义哲学具有以下五个基本特性或基本规定：唯物性、辩证性、历史性、人道性和实践性。这五个基本特性都是与马克思主义哲学在功能方面、对象方面和方法方面的上述规定内在相关的，是它们在学科特性方面的进一步概括和说明。在以上五个基本特性中，唯物性或叫唯物主义是最为基础性的，其他四个特性则从不同角度对马克思主义的哲学唯物主义加以说明和限定，使其与各种形式的哲学流派既区别开来又联系起来，获得自己的丰富的然而也是独特的哲学内涵。实践性是马克思主义哲学最本质、最重要的特征之一，是马克思主义哲学区别于一切唯心主义和旧唯物主义的最根本之点，是正确理解马克思主义哲学的唯物性、辩证性、历史性和人道性之间内在统一性的关键思路和有效视角，也是马克思主义哲学保持自己的科学性、革命性和批判性，从而能够不断地自我更新、自我发展的根本动力。在这种意义上，从总体上看，我们可以把马克思主义哲学规定为辩证的、历史的、人道的和实践的唯物主义。

一、马克思主义哲学是一种新唯物主义

马克思主义哲学首先是一种唯物主义哲学。面对哲学史上唯物主义与唯心主义围绕思维与存在、物质与意识何为世界本原的长期争论，马克思主义哲学旗帜鲜明地站在唯物主义的哲学立场上，坚决地和不妥协地反对各种形式的哲学唯心主义，坚定地坚持世界的物质统一性的根本原则，并根据当代实践、当代科学和当代哲学研究的最新成就，对世界的物质本原和物质统一性作出符合时代水平的说明，提供了关于自然、社会和人类的内在统一性的科学的哲学世界图景，创立了自己的新唯物主义哲学，开始了唯物主义哲学发展史上的全新阶段。

1. 坚持世界统一性研究的现代意义

坚持对于世界统一性问题的唯物主义回答，包含着一个重要的理论前提，即对于近代以来拒斥形而上学、否定研究世界本原问题必要性

的哲学思潮的否定；意味着承认哲学基本问题的讨论在当代的必要性和可能性；意味着承认本体论研究在马克思主义哲学体系中的地位和意义。

我们曾经谈到，近代以来的实证主义思潮在拒斥形而上学的旗帜下，根本否定世界本原问题研究的必要性和可能性，根本取消唯物主义与唯心主义关于世界统一性及其基础的争论，根本取消本体论研究的必要性和意义，割断自己与几千年哲学发展传统的联系，要把哲学视野引向仅仅研究那些可以被经验地证明的问题。

在马克思主义哲学看来，关于世界统一性问题的本体论研究是既不能取消也无法回避的。

第一，从历史的角度来看，世界的本原问题作为一个根本性的和基础性的哲学问题而被提出来，是有其历史的和理论的必然性的。它哲学地反映着人类产生以后统一的世界分化为物质与意识这两类现象这样一个最为重要、最为根本和最为普遍的现实状况，也记载着人类理性思维在自我追寻和自我反思中的哲学升华。在哲学史上，人与世界的关系之所以被哲学地抽象为物质与意识、存在与思维的关系问题，是因为这种对立是人类社会产生以后统一的世界内部发生的最为根本的和重要的变化，也是最为广泛、最为普遍的对立。而面对分化了的世界去追寻自身与对象世界的关系，去说明世界的统一性及其基础，正是人类理性思维最自然的追求，也是其最重要的任务。人类理性思维的一个重要趋向，便是寻根究底。面对分化的和多样化的世界去探寻其统一性和终极性基础，去寻求解释世界的阿基米德点，正是人类理性思维向着哲学层面升华和跃迁最根本的动力，也是其最重要的意义。因此，唯物主义与唯心主义之间围绕世界统一性问题的长期争论不是无谓的概念之争，而是有着重要历史基础并反映哲学思维特点的真正的哲学探讨。

第二，从现实的角度来看，关于世界统一性及其基础的本体论探讨不是也不可能是可以一劳永逸地得到解决的。恩格斯早就指出："像唯心主义一样，唯物主义也经历了一系列的发展阶段。甚至随着自然科学的每一个划时代的发现，唯物主义也必然要改变自己的形式。"[①]哲学

---

① 马克思恩格斯选集(第4卷)[M].北京：人民出版社,1972:224.

发展的历史和现实证明了恩格斯的总结和预言。人类实践和科学的每一次具有时代性意义的重大发现、发明和创造，都不仅现实地改变着世界的多样性和统一性的存在状态，而且观念地改变着人们对于世界统一性及其基础的哲学理解，从而要求并必然引起哲学在内容与形式相统一意义上的形态学变革。近代以来关于原子、电子的物理学发现之所以酿成一种哲学危机，并引起哲学物质观的变革，正反映了哲学世界图景对于现实世界和科学成就的依赖性。当代相对论、量子力学、系统科学和人文社会科学等的最新发展，更是改变了当代哲学的实践基础和科学基础，要求对世界的统一性及其基础作出新的哲学说明。这不是取消了哲学基本问题，而是要求对哲学基本问题作出具有时代特色的哲学回答。

第三，就其学科地位而言，本体论研究在整个哲学体系中处于不可或缺的基础地位，是其他分支哲学研究的前提。物质和意识何为世界的本原，这是本体论研究的核心问题，对这个问题全面系统、科学合理的哲学解答，涉及对自然—人—社会—意识之间多因素内在交互作用的整体把握，因此，对世界本原问题的本体论研究涉及人与世界关系的所有基本方面。正是因此，对本体问题的科学合理回答实际上成为回答其他哲学问题，比如认识问题、价值问题、实践问题、评价问题、人的问题、语言问题、逻辑问题等的重要前提条件。不管人们是否自觉地注意到这一点，他们对于各种具体的哲学问题的理解和解释，实际上都是依据于一定的本体论前提的。本体论研究只有深化和时代化，才能为其他分支哲学以至整个哲学的发展创造条件。正是在这种意义上，我们才能理解为什么当代逻辑实证主义的重要代表、著名美国哲学家奎因要在实证主义"拒斥形而上学"一百多年后重新作出"本体论的承诺"，也才能够理解自然哲学的复兴和社会本体论的重建何以成为当代哲学发展的重要走向。

第四，从马克思主义哲学的功能来看，它的一个重要任务就是以哲学的概念、范畴和理论体系，科学地揭示人与世界的总体格局、基本性质和现实图景，向人们提供哲学意义上的世界观，使之成为统摄人们精神世界的精神支柱、基本信念和内在灵魂，进而为人们更加自觉有效地从事实践活动从哲学层次上提供理论框架、逻辑前提和方法论原则。而马克思主义哲学的这种功能在很大程度上正是通过对人与世界关系的本体论研究来实现的。因此,对于马克思主义哲学来说,不是要不要研究本体论的问题,而是怎样研究的问题,是如何根据当代实践、科学和哲学的最新成就而坚持和发展唯物主义的问题。

2. 坚持唯物主义的一般原则

作为一种唯物主义,马克思主义哲学与一般唯物主义有着许多共同的基本哲学原则、立场和观点,这就是坚持物质对意识的先在性、本原性、基础性和决定性,坚持意识对于物质的后发性、派生性、反映性和依赖性。

在发生学意义上,马克思主义哲学坚持物质对于意识的先在性,认为先有物质世界,后有意识世界,人的意识是物质自然界长期进化发展而产生的积极结果和产物,意识运动是物质运动发展到相当发达水平才出现的。人的意识的发生经历了由无机界的反应特性到有机界的刺激感应性,由动物感觉和心理向人的意识和思维的漫长演化过程。因此,"物质不是精神的产物,而精神却只是物质的最高产物"[①]。正是在这种意义上,马克思主义哲学从根本上反对一切形式的创世说、有神论和宗教唯心主义。

在共时态意义上,马克思主义哲学坚持物质对于意识的本原性和基础性,坚持意识对于物质的派生性和依赖性,主张人的意识是一种高度组织起来的物质,即人脑所特有的一种机能和功能,主张人的意识思维的发生与运动依赖于人的物质性感知思维器官及其所展开的神经—生理—脑电运动。意识离不开其物质基础,是其派生物,物质却可以独立于意识,是其本原。意识对于物质的相对独立性最终不能改变和超越物质对于意识的决定性、本原性。这正如恩格斯所说:"我们自己所属的物质的、可以感知的世界,是唯一现实的;而我们的意识和思维,不论它看起来是多么超感觉的,总是物质的、肉体的器官即人脑的产物。"[②]正是在这种意义上,马克思主义哲学彻底划清了自己与一切形式的主观唯心主义和客观唯心主义的原则界线。

就其内容而言,马克思主义哲学坚持唯物主义的反映论原则,坚持意识的内容是对其对象的反映,坚持思维的逻辑是对存在运动的规律

---

① 马克思恩格斯选集(第4卷)[M]. 北京:人民出版社,1972:223.
② 马克思恩格斯选集(第4卷)[M]. 北京:人民出版社,1972:223.

的程序性再现。人的意识思维活动不管其形式上是多么复杂多样,怎样具有主观性、选择性和创造性等特征,就其内容而言都有其对象性前提和客观性基础,都有对于其对象的再现性和反映性特征。因此,强调人在认识活动中的主体性、能动性、创造性,不能否认意识对于对象的反映性、再现性。马克思说:"观念的东西不外是移入人的头脑并在人的头脑中改造过的物质的东西而已。"① 列宁则说:"感觉是客观世界、即世界本身的主观映象。"② 正是在这种意义上,马克思主义哲学划清了自己与一切形式的主观主义、唯心主义的原则界线。

3. 强调"新唯物主义"的独特规定

然而,作为一种"新唯物主义",马克思主义哲学不仅区别于各种形式的唯心主义,而且区别于和超越于历史上和现实中的各种形式的旧唯物主义,代表着唯物主义哲学发展史上的全新阶段和现代形态。从总体上来看,马克思主义哲学主要由于其以下基本特性而区别于和超越于各种形式的旧唯物主义。

其一,辩证性。与旧唯物主义者在思维方式方面的直观性和形而上学性不同,马克思主义哲学批判地吸收了唯心主义辩证法的合理内容,使自己的唯物主义与辩证法相结合,成为一种"合理形态"的辩证法,即辩证的唯物主义。

其二,历史性。旧唯物主义者不能在社会历史领域内彻底贯彻唯物主义哲学原则从而最终背叛了自身。马克思主义哲学则自觉地立足于人类的社会化或社会化了的人类,并将唯物的辩证的哲学原则贯彻于对人类社会历史现状与未来的科学合理解释之中,说明了自然—人类—社会之间的物质统一性,也说明了人类社会的内在本质和特殊运动规律,创立了历史的唯物主义。

其三,人道性。旧唯物主义敌视人,抽象地理解人、对待人,不能说明人的本质及其特性。马克思主义则关心人、重视人,把强化人的主体性、发展人的个性、创造符合人的本性的人道主义环境、促进人的自由全面发展看作自己学说的全部出发点和最终归宿,提出要实践人道主义,创立了自己的人道的唯物主义。

---

① 马克思恩格斯选集(第2卷)[M]. 北京:人民出版社,1972:217.
② 列宁选集(第2卷)[M]. 第2版. 北京:人民出版社,1972:117.

其四,实践性。唯物主义不理解革命的实践批判的活动的意义,找不到实现自己的哲学理想的真实道路。马克思主义哲学则立足于科学的实践观来理解人,理解自然界及其变化,理解人的全部社会生活,理解人的思维的真理性、现实性及其力量,强调对于世界的唯物主义理论解释和唯物主义实践改造,创立了自己的实践的唯物主义。

以下我们便分别来具体地考察马克思主义哲学区别于旧唯物主义哲学的基本特性。

二、马克思主义哲学是辩证的唯物主义

马克思主义哲学的辩证性是建立在对费尔巴哈唯物主义的直观性的科学批判和对黑格尔唯心主义辩证法的神秘性的合理改造这两块基石之上的。

在马克思看来,唯物主义在其发展历程中主要有三种形态:纯粹的唯物主义、直观的唯物主义、新唯物主义。费尔巴哈是直观的唯物主义的主要代表。他冲破了唯心主义的哲学垄断,恢复了唯物主义的王位,极大地影响了马克思和恩格斯的哲学生涯,促成了他们由唯心主义向唯物主义的转变。但是,费尔巴哈在否定黑格尔的哲学唯心主义时也一道抛弃了其中蕴含的辩证法的合理内核,而使自己站到了直观的形而上学的哲学立场之上。马克思指出:"费尔巴哈比'纯粹的'唯物主义有巨大的优越性:他也承认人是'感性的对象'。但是,毋庸讳言,他把人只看作是'感性的对象',而不是'感性的活动'。"①他们"对事物、现实、感性,只是从客体的或者直观的形式去理解"②,因此,"费尔巴哈对感性世界的'理解'一方面仅仅局限于对这一世界的单纯的直观,另一方面仅仅局限于单纯的感觉"③。直观性成为费尔巴哈唯物主义的主要特点和主要局限之一。为此马克思指出:"直观的唯物主义,即不是把感性理解为实践活动的唯物主义,至多也只能做到对'市民社会'的单个人的直观。"④正是在这种背景下,马克思强调革命的实践批判活动的意义,强调对于直观的唯物主义的辩证超越。

---

① 马克思恩格斯选集(第1卷)[M]. 北京:人民出版社,1972:50.
② 马克思恩格斯选集(第1卷)[M]. 北京:人民出版社,1972:16.
③ 马克思恩格斯选集(第1卷)[M]. 北京:人民出版社,1972:48.
④ 马克思恩格斯选集(第1卷)[M]. 北京:人民出版社,1972:18.

马克思主义哲学强调对世界的实践理解,这实际上就是辩证理解。因为实践的最根本特性就是实际地反对和改变事物的现状,使现存世界革命化。因此,它在对现存事物的肯定的理解中同时包含对现存事物的否定的理解,即对现存事物的必然灭亡的理解。辩证法对每一种既成的形式都是从不断的运动中,也是从它的暂时性方面去理解;辩证法不崇拜任何东西,按其本质来说,它是批判的和革命的。辩证法的批判性和革命性是在现实世界的辩证运动中得到表现和实现的,在社会历史运动中它则是内在于人的革命的实践批判和理论批判活动之中的,因此它不是一个纯粹抽象的思维法则,而是自然、社会、人和思维世界的普遍规律。但是,马克思认为,辩证法在黑格尔那里头脚倒置了,神秘化了。他把思维过程或观念变成了独立的主体,并把它看作是现实事物以及人类历史的创造物,而现实事物等却只是它的外部表现。尽管这种辩证法在当时成了德国的时髦东西,因为它似乎使现存事物显得光彩,但它实际上不过是神秘的主体-客体"在自身内部的纯粹的、不停息的旋转"①。为此,马克思认为,必须把它倒过来,以便发现神秘外表中的合理内核,把"作为推动原则和创造原则的否定性的辩证法"②运用于对旧唯物主义的直观性的改造,使之与费尔巴哈的唯物主义的基本内核有机结合起来,成为"合理形态"的辩证法,即辩证的唯物主义。

正是因为马克思主义哲学的辩证法不仅与对现实世界的唯物主义理解密切相关,从而具有坚实的客观基础,而且是与对人的社会历史实践的合理理解内在相关的,从而更加全面、彻底。它不仅是自然辩证法,也是社会辩证法、历史辩证法、人性辩证法、思维辩证法、实践辩证法等,是真正具有广泛性、普适性和有效性的辩证法。它不仅是客观辩证法,也是主观辩证法、活动辩证法。它不仅关注和尊重人与世界关系的自在的辩证运动和过程,而且把人的感性的实践活动作为一种积极的革命的因素自觉地加入人与世界关系的辩证运动过程之中,通过实践的合目的性展开来影响人与世界关系的辩证发展方向和过程,使之向着有利于人的方向变化,创造出更加美好的、理想的和人道的进化过

---

① 马克思恩格斯全集(第42卷)[M]. 北京:人民出版社,1979:176.
② 马克思恩格斯全集(第42卷)[M]. 北京:人民出版社,1979:163.

程。当代大实践、大科学和大哲学的产生和形成,则在更大的广度和深度上揭示出自然—人—社会大系统的普遍联系和辩证运动,证明并且发展着马克思主义哲学对于世界的辩证理解和解释。

三、马克思主义哲学是历史的唯物主义

马克思主义哲学的历史性具有双重的含义:其一是在观察、理解和说明任何哲学对象与哲学问题时都加以自觉贯彻和应用的强烈而又深沉的历史视野、历史逻辑和历史方法;其二则是对于人类社会历史问题的密切关注、深刻理解和独到解释。正是在二者的结合上,马克思和恩格斯创立了自己的历史的唯物主义。

历史的唯物主义是马克思和恩格斯对于人类哲学思维进程的独创性贡献。在马克思主义哲学之前,尽管历代贤者仁人一直在探索人类社会历史的奥秘,并且不无精彩的中的之论,但在总体上由于缺乏真正符合人类社会历史进程的辩证的、唯物的、人道的和实践的观点和方法,因此从总体上来看是唯心主义历史观占着统治地位,未能达到科学的理论。

黑格尔在社会历史观发展史上第一次正确地把人类的历史描写为一个辩证运动和发展的过程,并试图揭示这个过程的内在规律性,从而显示出巨大而深沉的历史感,甚至"向我们暗中指出了唯物主义的历史观"[1]。但作为一个彻底的客观唯心主义者,他把社会历史的本质及其运动规律归结为那神秘的绝对精神及其外化,从而最终不能达到对于社会历史的唯物主义解释。恩格斯指出:"黑格尔把历史观从形而上学中解放了出来,使它成为辩证的,可是他的历史观本质上是唯心主义的。"[2]

如果说在自然观上费尔巴哈还称得上是一个尽管是直观的然而仍然是伟大的唯物主义者,那么他在对人类社会历史的哲学解释上则完全是唯心主义的。他反对黑格尔的绝对精神和宗教唯心主义,却由于直观唯物主义的历史意识和实践意识而陷入对人的抽象理解和对"爱"的新宗教的盲目尊崇,不自觉地陷入唯心主义泥坑。马克思和恩格斯

---

[1] 普列汉诺夫哲学著作选集(第1卷)[M]. 北京:三联书店,1959:482.
[2] 马克思恩格斯选集(第3卷)[M]. 北京:人民出版社,1972:423.

指出:"当费尔巴哈是一个唯物主义者的时候,历史在他的视野之外;当他去探讨历史的时候,他决不是一个唯物主义者。在他那里,唯物主义和历史是彼此完全脱离的。"①

唯物主义与历史观的辩证有机结合之所以这么困难,从根本上说,在于人类社会历史本身所特有的复杂性和多样性。作为宇宙运动中的最高级形式,人类社会历史过程包含着整个世界中从低级到高级的全部运动形式和全部过程性特点:自然的、社会的、人的、个体的、群体的、类的,物质的、意识的,感性的、理性的,需要的、动机的,生产的、消费的,理智的、情感的,现实的、理想的,必然的、偶然的,客观的、主观的,可逆的、不可逆的,目的的、手段的、结果的,观念的、实践的,自觉的、盲目的,价值的、评价的,过去的、现在的、未来的,等等。面对这样一个极其复杂的活性的有机系统整体,如果缺乏一种总体的、辩证的、历史的和实践的视野和方法,则难免陷入片面性。列宁正是在这种意义上深刻指出一切旧的历史理论的两个最主要的缺点:"第一,以往的历史理论,至多是考察了人们历史活动的思想动机,而没有考究产生这些动机的原因,没有摸到社会关系体系发展的客观规律性,没有看出物质生产发展程度是这种关系的根源;第二,过去的历史理论恰恰没有说明人民群众的活动,只有历史唯物主义才第一次使我们能以自然史的精确性去考察群众生活的社会条件以及这些条件的变更。"②

从方法论上来看,唯物主义历史观的创立依赖于马克思和恩格斯在社会历史方法论方面的伟大变革,得益于他们所建构的科学的社会历史认识模式③。在马克思和恩格斯看来,认识社会历史,"归根到底,就是要发现那些作为支配规律在人类社会的历史上为自己开辟道路的一般运动规律"④。为此他们强调把认识的出发点放在人类的实际社会生产和社会活动,并把改造社会作为引导社会认识活动及其发展方向的目标和目的,且使之贯穿在认识发展的全过程。他们强调对于自

---

① 马克思恩格斯选集(第1卷)[M]. 北京:人民出版社,1972:50.
② 列宁选集(第2卷)[M]. 第2版. 北京:人民出版社,1972:586.
③ 见欧阳康《社会认识论导论》第二章《社会认识史上的伟大革命变革》中关于"科学的社会认识模式的十个基本点"的分析. 欧阳康. 社会认识论导论[M]. 北京:中国社会科学出版社,1990:110-118.
④ 马克思恩格斯全集(第21卷)[M]. 北京:人民出版社,1979:341.

然—人—社会大系统的整体把握,注重个体、群体和类之间的交互作用,并力图在相互作用着的多种社会要素中找出最根本的具有决定性作用的因素,这就是社会的物质生产和物质关系。他们坚持"始终站在现实历史的基础上,不是从观念出发来解释实践,而是从物质实践出发来解释观念的东西"①。并在此基础上去全方位地勾画社会有机体的立体系统结构。马克思和恩格斯认为,唯物主义历史观不能满足于对社会历史一般规律的整体把握,还要把握其各种具体形态,尤其是当时所处的资本主义社会形态。他们强调在对人体的解剖中去探索把握猴体的钥匙,在物质利益的分化和阶级利益的对立中揭示阶级社会的特殊矛盾结构和阶级斗争的根本原因,并在对资本主义的历史和现实矛盾的深刻分析中揭示出社会发展的未来走向,建构起未来共产主义社会的理想模型,并通过将其诉诸群众、诉诸无产阶级、诉诸实践,来引导社会历史的发展方向,促进历史向世界历史的转变,促进人的自由全面发展,从而展示出自身的特殊社会功能。

四、马克思主义哲学是人道的唯物主义

人道是相对于物道、天道、神道等而言的,指人的尊严、价值、本质和使命等。人道主义作为一种哲学思潮,在不同的历史时代有不同的具体内涵,但总体上来看都是强调尊重人的价值,发挥人的能力,发展人的个性。马克思曾经把自己的哲学叫作"人道主义",或者叫"实践的人道主义"②。我们运用这个概念表达马克思主义哲学对人的本质、地位、价值、使命和个性的特殊关注,以及对于人类解放与人的自由全面发展的强烈追求。

人道主义最初是指一种具有人道精神,能够促进个人才能得到最大限度发挥的教育制度。文艺复兴后,人道主义成为资产阶级反对神道、反对封建教会专制的思想武器,成为要求充分发展人的个性的社会理想和精神追求。但是在马克思主义哲学产生之前,人道主义始终是资产阶级建立和巩固资本主义制度的重要思想武器,有着唯心主义的特定内涵。与资产阶级和唯心主义哲学强调人、尊重人,甚至抽象地发

---

① 马克思恩格斯全集(第43卷)[M].北京:人民出版社,1979:43.
② 马克思恩格斯全集(第42卷)[M].北京:人民出版社,1979:167.

展人的能动方面形成鲜明对照的是,旧的唯物主义却忽视人、漠视人,甚至敌视人。18世纪法国唯物主义为了反对上帝创造世界说,力图把人与自然界联系起来,将其看作自然界长期发展的产物,以至否定人对自然物的超越性。他们把人仅仅看作一种自然存在物,一种物质的东西,认为人是植物,人是动物,人是机器等,把人归结为其自然属性而忽视人的意识性和社会性。费尔巴哈比18世纪唯物主义有所进步,他把人看作感性的存在物,承认人是感性的对象,但他谈到的是人自身,而不是现实的历史的人。马克思和恩格斯说:"费尔巴哈从来没有看到真实存在着的、活动的人,而是停留在抽象的'人'上,并且仅仅限于在感情范围内承认'现实的、单独的、肉体的人',也就是说,除了爱与友情,而且是理想化了的爱与友情以外,他不知道'人与人之间'还有什么其他的'人的关系'。"①从18世纪唯物主义敌视人,到费尔巴哈所看到的抽象的人,其根本点,在于不懂得人的社会本质。马克思说:"人的本质并不是单个人所固有的抽象物。在其现实性上,它是一切社会关系的总和。"②既然人的本质是一切社会关系的总和,那么,人的本质就只有在一定的社会关系中才能得到实现。而要消灭资本主义条件下人的本质的异化,就必须与对现实社会制度的改造结合起来,而这正是共产主义的任务。正是在这种意义上,马克思把共产主义、唯物主义与人道主义内在地联系起来,指出:"正像无神论作为神的扬弃就是理论的人道主义的生成,而共产主义作为私有财产的扬弃就是对真正人的生活这种人的不可剥夺的财产的要求,就是实践的人道主义的生成一样;或者说,无神论是以扬弃宗教作为自己的中介的人道主义,共产主义则是以扬弃私有财产作为自己的中介的人道主义。"③

从总体上来看,马克思主义哲学对于人的关注至少包含着以下几个基本点。

(1)无论在现实上还是在观念中,都应以现实的、活动着的个人为出发点。马克思和恩格斯指出:"任何人类历史的第一个前提无疑是有生命的个人的存在。"④这是一些现实的个人,历史是他们的活动和他们

---

① 马克思恩格斯选集(第1卷)[M]. 北京:人民出版社,1972:50.
② 马克思恩格斯选集(第1卷)[M]. 北京:人民出版社,1972:18.
③ 马克思恩格斯全集(第42卷)[M]. 北京:人民出版社,1979:174.
④ 马克思恩格斯选集(第1卷)[M]. 北京:人民出版社,1972:24.

的物质生活条件。因此,符合实际生活的观念必须"从现实的、有生命的个人本身出发"①。我们的出发点是从事实际活动的个人,而且从他们的现实生活过程中,我们还可以揭示出这一生活过程在意识形态上的反射和回响。

(2)现实的个人本质上是一种世界历史性的存在。马克思和恩格斯认为,人有多种规定性:自然性、意识性、社会性、工具性、符号性等,而最根本的是社会性。人的本质是社会关系的总和。而"社会关系的含义是许多个人的合作"。个人正是在这种合作中形成一定的集体。"只有在集体中,个人才能获得全面发展其才能的手段,也就是说,只有在集体中才可能有个人自由。"②正是通过一定的集体,个人才能与整个社会、国家发生关系,展示和实现自己的社会性。近代以来的资本主义生产和经济,促成了历史向世界历史的转变,相应地,处于世界历史过程中的个人也成为一种世界历史性的存在。在这里,"各个个人的世界历史性的存在就意味着他们的存在是与世界历史直接联系的"③。相应地,"每一个单独的个人的解放的程度是与历史完全转变为世界历史的程度一致的"④。

(3)人的类特性是人的自由的自觉的活动,即劳动。马克思认为,整个所谓世界历史不外是人通过人的劳动而诞生的过程。劳动是人的积极的创造性的活动,是人的能动的类生活。通过劳动,"人不仅像在意识中那样理智地复现自己,而且能动地、现实地复现自己,从而在他所创造的世界中直观自身"⑤。正是劳动的丰富性,"创造着具有人的本质的这种全部丰富性的人,创造着具有丰富的、全面而深刻的感觉的人作为这个社会的恒久的现实"⑥。

(4)私有制的产生伴随着也加速了人类的阶级分化。在阶级社会中,人与人之间不仅有共同的区别于自然存在物的人性一面,还有由于对生产资料的占有不同、在劳动生产中的地位不同以及分配方式不同

---

① 马克思恩格斯选集(第1卷)[M].北京:人民出版社,1972:31.
② 马克思恩格斯选集(第1卷)[M].北京:人民出版社,1972:82.
③ 马克思恩格斯选集(第1卷)[M].北京:人民出版社,1972:41.
④ 马克思恩格斯选集(第1卷)[M].北京:人民出版社,1972:42.
⑤ 马克思恩格斯全集(第42卷)[M].北京:人民出版社,1979:97.
⑥ 马克思恩格斯全集(第42卷)[M].北京:人民出版社,1979:126-127.

而造成的阶级差异。阶级性成为人们之间社会关系的重要内容。在这时,人道性主要甚至首先通过阶级性而得到表现和实现。因此,马克思主义哲学对于人的关注,直接表现为对阶级社会中被压迫、被剥削阶级的关注。从阶级利益的分化和阶级斗争的发展来考察社会历史,考察人的阶级地位及其历史演变,考察被压迫、被剥削阶级的自由和解放,是马克思主义人学的关键之点。在这种意义上,马克思主义哲学的人道性与其阶级性之间具有内在的一致性。

(5)资本主义私有制所造成的劳动异化只有通过消灭造成异化的条件才能消除。科学技术和工业的资本主义运用,加速了阶级的分化和劳动的异化。无产阶级与资产阶级的尖锐对立和冲突,是资本主义条件下最根本的现实。劳动的异化实际上是人的本质的异化,是无产阶级的被奴役、受压榨,是世界人口的大多数人的非人道的存在。而造成这种状况的根源则是资本主义私有制。因此,消除异化,回复人的本性,解放无产阶级,以至解放全人类,其关键之点,是扬弃私有财产,是消灭私有制,是实践的人道主义的生成。而这正是共产主义的根本任务。

(6)人类解放与个性解放具有内在一致性。正因为每个单个的现实的个人都是一种世界历史性的存在,而资本主义私有制也是一种世界历史性的存在,因此,"单独的个人随着他们的活动扩大为世界历史性的活动,愈来愈受到异己力量的支配(……),受到日益扩大的、归根到底表现为世界市场的力量的支配"①,因此,单个人的解放也只有在全人类的世界历史性解放中才能得到彻底的实现。而另外一方面,"每个人的自由发展是一切人的自由发展的条件"②。因此,个性解放与人类解放,每个人的自由全面发展与一切人的自由全面发展之间互为条件,共同构成世界历史进步的共产主义运动。"这种共产主义,作为完成了的自然主义,等于人道主义,而作为完成了的人道主义,等于自然主义,它是人和自然界之间、人和人之间的矛盾的真正解决,是存在和本质、对象化和自我确证、自由和必然、个体和类之间的斗争的真正解决。它

---

① 马克思恩格斯选集(第1卷)[M]. 北京:人民出版社,1972:42.
② 马克思恩格斯选集(第1卷)[M]. 北京:人民出版社,1979:273.

是历史之谜的解答,而且知道自己就是这种解答。"①

五、马克思主义哲学是实践的唯物主义

实践性是马克思主义哲学最本质、最重要的特征之一,是马克思主义哲学区别于和超越于一切唯心主义和旧唯物主义的最根本之点,也是正确理解马克思主义哲学所特有的唯物性、辩证性、历史性和人道性之间的内在统一性的最关键思路和最有效视角,是马克思主义哲学保持自己的科学性、革命性和批判性,从而能够不断自我更新、自我发展的最根本动力。

对马克思主义哲学的实践性,或作为实践的唯物主义的基本特征,本章前面已从各个方面做了论述,这里从总体上集中指出以下几点。

(1) 以唯物主义的能动性观点科学地理解和解释实践,是实践的唯物主义的根本前提。对人类社会实践的深切关注和科学理解,并把科学的实践观作为建立新的哲学的基础,是马克思当年实现人类哲学认识史上伟大革命变革的关键一环。在马克思看来,人的社会生活在本质上是实践的。作为一种感性的现实的人类活动,实践是人与外部世界进行物质、能量和信息变换最基本的方式。但实践又是有意识、有目的地进行的,是人的理智、情感、意志等内在本质力量的对象性表现,也是人的自觉性和自由精神运动最现实的表现。实践是借助于一定的工具而展开的中介性活动,它集中地体现着人类理性的机巧,实现着由客体的自发运动形式向人的自觉活动形式的转换;它是实现人的内在尺度和外在事物的尺度的统一的现实过程。实践又是一种革命的批判的活动,是人批判地处理自己同外部世界的关系、参加自然界的辩证运动过程、能动地创造自己的社会历史存在和社会生活、建构自己所追求的理想世界的最根本最现实的途径,因而是人的创造性本质的具体表现形式、实现形式和确证形式。因此,实践是世界物质运动的最高形式和自觉形式,是同物质自然过程既相联系又有本质区别的自觉的辩证的社会历史过程,它集中表现和实现着人的本质力量和人道主义追求,是人与世界关系得以不断展开、进化和发展的最革命和最积极的力量。

(2) 从实践的角度来理解人、人的世界和人与世界的关系及其时代

---

① 马克思恩格斯全集(第42卷)[M]. 北京:人民出版社,1979:120.

特点,是实践的唯物主义的基本内容。马克思在创立自己的哲学时,一方面批判了离开感性活动、离开实践去理解人、理解主体,同时离开主体、离开人的感性活动、离开实践去理解现实、事物、客体的直观唯物主义;另一方面则批判了不知道真正现实的感性活动本身而只是抽象地发展了主体的能动方面的唯心主义。马克思强调从实践方面来理解人的内在本性和人的价值,认为对现存世界的理论批判和实践批判,对未来理想世界的观念建构和实际建构,是人的最本质的功能特征,也是人的社会价值之所在。人正是通过自己的批判性和创造性实践,参加到并影响着现存感性世界及其发展方向,促成了它向着人的世界的生成运动。马克思主义者承认外部自然界对于人的优先性和基础地位,承认"天择"对于人的活动的前提意义,同时强调人在实践中的选择、创造对于感性世界的影响和作用,强调"人择"中表现出来的人的本质和人的特性。正是通过这种自觉的选择与创造,人理论地和实践地处理自身与外部世界的关系,现实地和实际地依赖和掌握外部世界,促成人属世界向属人世界的持续转换。

(3) 批判实践、规范实践,在理论上和实际中去自觉地坚持和实践唯物主义。马克思主义者同时又是共产主义者。马克思主义哲学不仅要以哲学的方式指导人们对人与世界关系进行科学解释,尤其要教人以唯物主义方式处理和驾驭这种关系。为此,它不仅强调对现实的理论批判,还强调对现实的实践批判。而为了使这种理论批判和实践批判是真正科学的和合理的,马克思主义哲学强调对理论的非科学性和实践的不合理性进行批判,以便在理论上和实践中彻底地坚持辩证的、历史的、人道的和实践的唯物主义。既要从事对象批判,也要从事自我批判;既要从事理论批判,也要从事实践批判;既要批判理论,也要批判实践。通过这种全方位的、严格的、自觉的哲学批判,马克思主义哲学才能不断地自我变革与自我更新。

第十三章　马克思主义哲学的当代视野

研究和发展马克思主义哲学,需要树立当代意识,具备当代视野。马克思主义哲学的当代意识不仅是时间意识,也是空间意识和世界意识。马克思主义哲学的当代视野,是立足于当代实践、当代科学和当代哲学并对它们作出一体化思考和整体性反思的视野。

首先,当代人类实践体现出"大"的特征,即大规模、大技术、大效应等。在人与自然的关系上,马克思主义哲学的当代视野注重反思现代科学技术并试图建立人与自然和谐的理论。在人与社会的关系上,马克思主义哲学的当代视野关注人的主体性、人与世界关系和人性的发展。

其次,当代科学是一个既深度分化又高度综合的大科学体系,有着自然科学、人文科学、社会科学三大学科群。马克思主义哲学的当代视野关注当代科学的社会功能、时代价值及其最佳实现条件和必要途径等,并为其提供方法论指导。

再次,马克思主义哲学的发展也离不开当代哲学,马克思主义哲学从诞生起就是世界性的哲学,紧密联系当代世界哲学是马克思主义哲学的内在要求。这需要对西方哲学和中国传统文化进行批判性的吸收借鉴。

最后,促进马克思主义哲学的自我反思和自我发展,是我们全部研究的根本出发点,也是我们全部研究的理论归宿。

一、强化马克思主义哲学研究的当代意识

研究和发展马克思主义哲学,需要树立一种自觉而又明晰的当代意识,具备一种广阔而又深邃的当代视野。这里所说的当代,作为一个时间概念,是直接地区别于常用的近代和现代概念而言的。通常认为,在西方哲学发展史上,近代哲学从培根和笛卡尔哲学算起,现代哲学发端于德国古典哲学的终结,当代哲学则主要指 20 世纪以来尤其是第二次世界大战以来的世界哲学。而在我们今天①看来,当代概念则更显示出它所特有的跨世纪意蕴。它不仅意味着 20 世纪的尾声,而且昭示着 21 世纪的到来。新旧世纪之交将不仅是时间连续运动过程中平静的一瞬,而且意味着社会文化的变革、发展与创新,意味着新时代的开拓与创造。在这种意义上,提出和论说马克思主义哲学的当代视野,不仅标示着对百年来尤其是近 30 年来哲学发展历程的珍重、回顾与总结,尤其意味着对哲学发展未来前景的关注、企盼与展望。因此,马克思主义哲学的当代意识,既是一种珍重历史的世纪末意识,也是一种向往未来的跨世纪意识。

马克思主义哲学的当代意识,不仅是一种自觉的时间意识和时代意识,也是一种强烈的空间意识和世界意识。马克思曾经讲过,真正的哲学必然是世界的哲学,只有真正的世界的哲学,才能造成哲学的世界。哲学的对象世界不仅有实践世界,也有科学世界,还有哲学自身。实践、科学和哲学是人处理自身与世界关系的三个最基本的层次,也是研究和发展马克思主义哲学的三个最重要层次的对象性基础和发展动力。提出马克思主义哲学的当代视野,就是要求马克思主义哲学研究自觉面向和密切关注当代实践、当代科学和当代哲学。哲学是时代精神的精华,当代世界的时代精神正深深地蕴含在当代实践、当代科学和当代哲学之中。当代人类实践、科学和哲学各自在内部深度分化的基础上高度综合,形成具有鲜明时代特色的全球性大实践、大科学和大哲学。这里所说的"大",不仅是空间意义上的,指规模大、范围宽、面积广;也是结构方面的,指层次细、形式多、分支繁、包容性强;还是功能方面的,指效应广、影响大、综合性强;等等。在实践层面上,人与自然关

---

① 本文发表于 1997 年。

系在全球范围内的对立与和谐,在人与社会关系上历史向世界历史的转变,人性异化演变成具有全球影响的个性问题,形成在全球问题与个性问题之间保持张力的当代大实践体系;在科学层面上,由过去自然科学一花独放,到人文、社会科学逐渐分化出来,成长起来,并走到科学前沿,形成包含自然科学、人文科学和社会科学在内的当代大科学体系;在哲学层面上,一方面是古老的自然哲学、社会历史哲学、人的哲学、宗教哲学和道德哲学等传统分支哲学在当代实践与当代科学的撞击中探寻着自己的当代命运和当代意义,另一方面是实践问题、语言问题、思维问题、逻辑问题、符号问题、理解问题、解释问题、情感问题等更加鲜明地凸现出来,形成一系列新的具有当代特色的分支哲学,从而为马克思主义哲学与当代西方哲学和中国传统哲学更加有机和谐地结合起来、形成新的哲学形态提供了多种桥梁和通道。当代大实践、大科学、大哲学的形成与发展,反映着人与世界关系的历史性演进及其当代特点,记载着人类主体性的强化,为马克思主义哲学的当代发展既提供了现实的对象性前提和基础,也提供了积极的主体性条件和动力。

马克思主义哲学的当代视野不仅指向对象世界,也指向自身。作为一种时代性和反思性的学问,马克思主义哲学不仅关注作为自己对象的人与世界关系的发展,也关注自身的发展,并且努力以自身内容、结构、体系以至形态的时代性发展来记载和反映人与世界关系的时代性发展。因此,自觉地把自身纳入当代大实践、大科学和大哲学的宏大文化背景之中,并以其为参照系来观照和发展自身,是马克思主义哲学研究的重要任务,也是马克思主义哲学本性的客观要求。马克思主义哲学的本性是什么?这可以从不同侧面来揭示。根据马克思主义经典作家的一贯论述,尤其是《关于费尔巴哈的提纲》,我们认为主要可以从以下方面来理解马克思主义哲学的本性:其一,人与世界的关系及其时代特点是马克思主义哲学的主要对象;其二,人在人与世界的关系中居于中心的和主导的地位,人作为主体而对人属世界的自觉能动把握和对属人世界的自觉能动创造,影响和制导着人与世界关系的发展方向;其三,对事物、现实、感性都不能仅从客体的、直观的和自在的方面去理解,还应从主体的、能动的和实践的方面去理解;其四,应在环境的改变与人的活动的一致中合理地理解革命的实践和实践批判的意义;其五,不仅要以唯物主义的哲学方式辩证地、历史地理解和解释世界和人与世界的关系,还要以唯物主义的哲学方法帮助人们自主地、人道地和实践地改变世界,改善和发展人与世界的关系;其六,从根本上说,马克思主义哲学是辩证的、历史的、人道的和实践的唯物主义。

由上不难看出,马克思主义哲学的当代视野,正是要对马克思主义哲学的当代发展与人类实践、科学和哲学的当代发展做一体化的反观和整体性反思。一方面,立足于当代实践、当代科学和当代哲学来理解和考察马克思主义哲学及其当代发展;另一方面,把对马克思主义哲学的合理理解作为一种哲学观和哲学方法来看待和评价当代实践、当代科学和当代哲学。这里似乎有一种互为参照和解释的循环,其实质则在于马克思主义哲学与当代实践、科学与哲学一体化发展的内在相关性。我们把马克思主义哲学作为一种元哲学来理解当代实践、当代科学和其他哲学,并不把马克思主义哲学看作唯一的、至上的和绝对的真理,也不赋予它以"哲学警察"的地位,而是表明我们坚持和发展马克思主义哲学的基本立场和态度。而且,正是为了更好地坚持和发展马克思主义哲学,我们又主张借助于当代大实践、大科学和大哲学来理解和反思马克思主义哲学,并促进它自身在当代的发展。应该说,正是对当代实践、当代科学、当代哲学与马克思主义哲学之间的关系在动态和发展中的一体化和整体性思考,真正体现着马克思主义哲学研究的大视野、大观念、大思路、大方法。

马克思主义哲学对当代的把握不应是单一视角的、单一思路的线性思考,而是多视角、多侧面、全方位的综合性思考。从总体上来看,它包含以下具体方面。第一,根据我们关于马克思主义哲学现代发展的对象性基础和动力源泉的理解,马克思主义哲学当代视野的对象域主要分为当代大实践、当代大科学和当代大哲学这三个基本层面,我们把它们看作当代人类处理自身与世界的关系的三个基本方面或三个基本层次。第二,从内容上来看,人所面对的世界可以具体分为自然世界、社会世界、思维世界和人性世界等,相应地,对人与世界关系及其当代特点的考察也有必要从人与自然、人与社会、人与自身的关系等不同方面具体展开,而这种内容方面的具体差异不仅反映在实践上(如变革自然的实践、社会历史实践和人性实践等),也反映在科学(比如自然科学、社会科学、人文科学等)和哲学(比如自然哲学、社会历史哲学、人的哲学等)内部分化上,有必要分别地加以考察。第三,就其时间特性而言,以上各个层次和各个方面的内容都处在生生不息、演进发展的历史过程之中,都有历史、现实和未来等不同的时间特性。相应地,自觉地应用时间观念和时间方法,在历史中寻求当代的根据,在当代中寻找未来的萌芽,根据未来预测来调整和制导当前的现实等,不能不是重要的思路和方法。第四,就其功能而言,哲学研究不仅是描述性的,也是规范性的,因此,它不仅要尽可能客观地以唯物主义的哲学方式尽可能真实地反映和描述人与世界关系的历史和现状,还要在人的尺度和物的尺度、内在尺度与外在尺度、合目的性与合规律性的统一中评价人与世界关系的历史和现实,以作出合理性的取舍,并在此基础上指出其进一步变革和发展的方向。可以说,认知、评价与改造,应当成为各方面、各层次和各向度研究的三个基本因素。第五,我们的思考应当是一种真正的哲学思考,这种思考的视野应当以一种自觉的大哲学观为背景,不仅从我们所信奉的马克思主义哲学出发,还要关注中国传统哲学和当代西方哲学的思想成果。当代西方哲学中又包含着科学主义、人本主义、宗教哲学和西方马克思主义等各流各派。应该说,在马克思主义哲学、中国传统哲学和当代西方哲学的结合点上提出和回答问题,才是研究和发展马克思主义哲学的真正可行之路。

二、反省当代马克思主义哲学的实践基础

实践是马克思主义哲学最普遍的对象,也是发展马克思主义哲学最本质的基础。在历史上,对实践的合理理解和对实践观的合理建构,曾是马克思和恩格斯发起和实现哲学史上伟大变革的重要契机和关键所在。从此以后,实践观便成为马克思主义哲学理论体系重要组成部分和核心内容之一。然而,马克思主义对实践的理解及其实践观的内容不是一蹴而就、一成不变的,而须随着实践的发展和对实践的认识的深化而不断发展。因此,马克思主义哲学对实践的关注具有双重的任务:一方面是将发展着的实践中的问题提升为哲学问题,并以哲学的方式来加以研究和处理,使实践问题得到哲学的解释,并由此而达到对于实践发展的哲学把握;另一方面,将从实践中提升出的新的哲学问题纳入哲学实践论之中并使之得到充实、调整和发展。正是在这双重的意义上,我们可以提出和看到当代人类大实践和马克思主义大实践观之间的内在相关性。与马克思和恩格斯所处的历史时期相比,当代人类

实践在内容、形式和功能上都有许多新的时代特点,我们用一个"大"字来将其加以概括,是强调它的大规模、大技术、大效应等。相应地,当代实践的形成和发展又必然要求并促进马克思主义哲学实践观的发展,形成具有时代特色的大实践观。一方面只有立足于当代大实践,马克思主义大实践观的提出和阐发才有根据;另一方面又只有真正依据于马克思主义的大实践观才能真正从哲学层面上理解当代人类大实践。

当代大实践在人与自然关系上最显著的特征和标志是全球问题的形成和强化,这引起了全人类的日益广泛和深切的关注。全球问题有双面的意义。其正面意义是全球发展,表明人类首次在地球范围内真正作为一个整体来生存、活动和发展,形成了具有全球规模、全球计划、全球协作和全球效应的当代大生产、大实践,表明人类本质力量的巨大增长,在利用和改造自然方面达到了全球控制的整体水平。其负面意义则是全球性生存和发展的困境、危机、极限,这是全球问题作为一个当代问题而引人关注的主要地方。在马克思主义哲学的当代视野中,全球问题的哲学意蕴主要在于:重新反省和评价近现代工业技术文明和经典自然科学所实际依据的人与自然关系理论,在人的自然化与自然的人化的双向运动中建立人与自然关系的持续和谐理论。当前人与自然关系上出现问题和危机的实质在于,人的活动的主体性效应和反主体性效应同步增强,人类在长期发展中形成的巨大本质力量由于其不合理使用正在转化为巨大的破坏性异己力量,它不仅带来自然生态、环境、气候、资源、能源、耕地、物种等一系列自然问题,破坏了自然再生产的稳定与和谐,而且由此严重影响人类的整体性发展,甚至危及人类的生存。最新研究表明,地球生物圈的存在和发展,不是与人的生存和活动无关的,而是密切相关的,正是人类所特有的生存和活动方式参与到并影响着地球生物圈中的物质、能量和信息交换,使地球生物圈保持着活性与运动。在这种意义上,人类活动的范围、方式、速度和强度等,都对地球生物圈的运动发生着深刻的影响。因此,人类要对自己的行为负责,并通过自己的行为而对地球生物圈的存在和发展负责,这同时也是对自己的未来负责。在这种意义上,我们必须从人类生存发展的长远利益,从人与自然之间共生共荣的协调关系这样的高度来深刻反省和合理评估近现代自然科学和近现代工业技术文明的利弊得失,更加积极地和建设性地看待和发展作为当代实践和当代文明"龙头"的新技术革命,更加自觉地和有效地建立起有利于人与自然长久和谐的实践模式,在理论与实践的结合上促进人与自然关系的持续协调发展。

当代大实践在人与社会关系方面最显著的特征是历史向世界历史的转变,是世界历史的形成。当人类作为一个整体而在全球范围内与自然相抗衡的时候,它必然以社会内部的全球性组织和整体性协调为条件。在人与自然关系上的全球问题的形成,与在人与社会关系上的世界历史的形成,实际上是一个问题的两个方面,反映着人类主体性的全球性强化,以及人与世界关系的时代性特点。作为一个哲学问题,对世界历史的形成可以从以下方面加以探讨。其一,全球与局域的关系。在相当长的历史阶段中,人类的生存和活动被分割在区域、民族和国度的范围之中,人类社会的发展史被分写成区域史、民族史和国度史。资本主义的世界性发展引发了瓜分和重新瓜分世界的两次世界大战,促成并标志着历史向世界历史的转变。全球分工、全球贸易、全球通信、全球协作等,使区域与全球、民族与人类、国度与世界之间更加内在地、有机地和紧密地联成一个整体。在这里,区域、民族和国度的经济政治文化作用并没有取消,但它们却只有作为全球大系统中有机组成部分才能更好地生存、活动和发展。而又正是它们与全球大系统的有机联系,使得每一个局域的、民族的和国度的行为都具有全球性影响,产生全球性效应。其二,和平与对抗的关系。世界和平与局部对抗,是当今世界人类社会政治生活的总体格局和基本特征。和平是当今世界两大主题之一,其实质是各种相互对立和对峙的国际政治力量在求同存异的前提下以和平共处的方式处理国际事务和彼此间关系,尽量避免和遏制全局性的对抗、冲突以至战争。第二次世界大战以来世界整体上的50年和平发展,表明寻求和保持和平稳定是世界各国人民的共同利益和共同目标。但是,全球性的和平并没有取消局域性的战争和冲突。阶级矛盾、民族矛盾、国家矛盾在特定条件下引出民族冲突、种族冲突、国家冲突,甚至引出局域的然而异常激烈的对抗与战争。应该说,50年来,作为世界和平补充的是此起彼伏、延绵不断的局部战争,但这种战争又都被各种力量限制在常规战争的范围和水平之内。足以毁灭地球数十次的核打击,既可作为一种对世界和平的威胁力量,也可作为一种对世界和平的保障力量,就突出表明当代人类在生存意识上的整体性和相关性。其三,发展与改革。发展是相对于停滞、稳定和倒退而言的,指事物的增长、扩展、变革、更新、前进和上升的运动。寻求发展是人类生存和活动的最根本动力和最基本趋向。当代人类活动最基本的目标是谋求全球性高速持续和谐发展。发展问题正是由此而成为当今世界两大主题中的又一重要方面。从人与社会关系的角度研究发展问题,不仅要研究社会发展的动力、目标、基础等,还要研究发展的实践途径和条件,这就引出对改革问题的哲学研究。改革既不同于以改朝换代、政权更迭为目标的革命,又有别于以维持现状为目标的守旧,而是既要保留现存社会体制的基本骨架和基本特征,又使其在内容上和形式上有较大的改变,增加新的内容,发生符合时代要求的变化和更新。因此,改革实际上是社会有机体自我意识、自我调控、自我更新、自我完善的实现形式。20世纪以来,资本主义国家正是在不断的自我改革中努力克服自身日渐显明的各种问题和弊端,从内部运行机制上得到改善,从而扩大了自身的发展空间。我国当前正全力推进的改革开放,作为基本国策,正是为了使社会主义制度发挥出更高的效率和效益。这对于坚持社会主义道路具有至关重要的意义,尤其值得研究和关注。

其四,一元与多元。世界历史的发展是统一性与多样性、一体化与多元化同步增强的过程。历史向世界历史的转变强化了世界文化的一体化趋向,增强了世界各国、民族的现代化进程中的共通性、内聚性、统一性。但由于历史的和现实的原因,世界各国各民族的现代化道路又不可能是完全同一和单一的,必然有各自的特色。应该说,只有找到符合自己的历史和现状的现代化道路,一定的国家和民族才能实际地加入世界现代化的伟大进程。而这种各具特色的现代化道路又必然表现出各民族和国度之间的差异性、离散性、多样性。在这种意义上,世界的一体化发展并没有取消反而要求强化个性、差异性和多样性,而世界各国各民族的个性、特殊性又只能在这种一体化的现代化进程中才能显现出自己的特殊意义和地位。其五,传统与现代。这是任何民族、国家乃至全人类在其发展中都必然始终面对的问题。任何民族都在自己的历史延续中形成一定的传统。这种传统不仅影响着现实,也在一定程度上延续到未来。现代化本身又意味着变革与创新,意味着对传统的否定。但传统又不可能随意地被抛弃。因此,既要现代化又要尊重和弘扬传统,既要立足于传统又不能拘泥于传统,既要批判传统又不能简单抛弃传统。如何自觉有效地处理好传统与现代之间的复杂关系,既是当代人类面临的重要实践问题，也是马克思主义哲学当代视野中的重大理论问题。

人性及其合理实现，在当代人类大实践中占据着非常显著和突出的地位。从总体上来看，人性即人的社会性，它可分为人的类特性和人的个性这两个基本方面。人的类特性是为每一个体所共有而为人类所独有的那些因素和方面，它在与"非人"的存在物的比较和相互作用中得到肯定和实现。人的个性是每一个体所独有而与他人相区别的那些因素和方面，它在与他人和社会的比较和相互作用中得到展示和实现。人的类特性与人的个性相互影响和相互制约。一般说来，个性是类特性的基础。丰富的个性才能造就丰富的类特性。一方面，类特性是个性的背景和参照，它使个性得到展示和实现。相应地，人性的实现也要从人的类特性和个性的统一中来考察。这两个方面中的任何一个方面出了问题，都会造成人性的扭曲。这就是说，人与自然、人与社会和人与自身关系上出现的矛盾和冲突，都会以曲折的方式渗入人性内部，造成种种"人性问题"。马克思当年把由于资产阶级的剥削和压迫而带来的无产阶级的贫困和愚昧叫作"异化"，并力图通过无产阶级革命来消灭剥削和压迫，消除异化，促使人性的复归与重建。当代人类所面临的严峻而又紧迫的全球问题和社会问题，也必然带来严重而又广泛的人性问题，吸毒、暴力、乱伦，可以看作当代人类人性扭曲的三大典型表现形式。当前，它们已不是一种个别的局域的现象，而是一种普遍的和广泛的社会现象，成为一种新的全球性问题。马克思主义哲学的当代视野中的人性问题，既有人的本质及其异化问题，也有人的信仰及其危机问题，还有人的道德及其失范问题，以及人权与人道等问题，而其目标，则是寻求理性与非理性的和谐与统一，促使人性的合理实现和发展。

揭示当代大实践的发展动力和主体性前提，在马克思主义哲学的当代视野中占据着重要地位。马克思主义哲学关注当代大实践，不仅要揭示和阐释其历史和现状如何，还要揭示和预示其未来将如何，并在人的内在尺度和物的外在尺度的统一中揭示其应如何，指出其可能的实现途径，以便真正有效地以哲学方式帮助人们实际地认识和改变世界，去建构更加理想和美好的世界。为此，有必要批判性地吸收近现代哲学中关于主体-客体问题长期讨论所产生的积极成果，尤其应结合近年来我国哲学界在主客体理论研究方面所取得的创造性成果，根据当代人类主体性生成和主体性建构的实际,揭示当代大实践进一步发展的主体性动力和主体性条件。在我们看来,人的主体性需要和利益及其当代发展,构成了当代大实践赖以形成和发展的主体性动力;人的主体能力及其当代发展,是当代大实践得以展开、实现和发展的主体性条件;主体思维方式及其现代变革,是展开和强化当代大实践的重要精神力量;以当代新科学技术,包括微处理技术、新功能材料技术、新传感技术、新通信技术等在内的新技术群,带来人类自然机体,尤其是感知、思维和神经系统的巨大解放,造成具有全新特性和功能的主体性工具系统、方法系统和信息传输与处理系统,为当代大实践提供了必要的主体性中介。

三、反省当代马克思主义哲学的科学基础

科学是人类认识世界和解释世界的典型形式,是人类实践最为重要的推进因素和制导力量,也是哲学最重要的基础。科学的发展一方面反映着又引导着实践的进步,另一方面又要求并必然推动哲学的发展。恩格斯早就指出,随着科学的每个划时代发现,唯物主义都要改变自己的形态。既然如此,要想及时地、有效地推进和发展哲学,就必须自觉地关注科学的发展并吸收其成果。马克思和恩格斯当年正是立足于当时自然科学最新成就,并从中提升出具有时代意义的哲学问题,才促成了哲学形态的变革与发展,创造了自己的辩证的、历史的、人道的和实践的唯物主义哲学体系。一百多年来,随着人类实践在广度和深度、内容和形式上的迅猛发展,人类科学以几何级数发展起来,形成了具有鲜明时代特色的当代大科学体系。当代大科学体系的形成和发展一方面要求建立与之相应的大科学观念,从而要求并促进哲学的科学观的变革与发展,另一方面改变了当代哲学的科学基础,从而要求并必然促进当代哲学从内容到形式的整体更新。在这种意义上,马克思主义哲学对当代大科学的关注具有双重的目的和任务:一方面根据当代科学的实际发展来更新和充实自己对于科学的理解和解释,建立、完善和发展自己的大科学观,另一方面提升和概括当代科学的哲学意蕴,并以此来充实和更新自己的哲学内容,完善和发展自己的哲学形态。

哲学家对科学的关注不同于科学家对科学的关注。真正的科学家似乎是特定学科的化身,他们代表科学而关注着科学的对象,其任务在于寻求对于特定客观对象的真理性解释,而科学理论本质上则是科学

对象的存在状况、内在本质、运动过程和发展规律等借助于一定的概念范畴和语言符号体系的理性再现。哲学家对科学的关注则有所不同，他所关注的不是科学的对象，而是科学理论与科学对象的关系，是科学家的活动，是作为科学活动赖以发生的那些前提性东西，是科学之作为科学的根据和条件。罗素认为，哲学是介于神学与科学之间的东西，因此它既离不开科学又有别于科学。科学是哲学反思的一个源泉，但是按照科学的方式去描述事实却不是哲学研究的适当目标。哲学对科学的关注在于提出和回答科学自己所不能解决的前提性问题。例如，"当我们考虑什么是科学，就已经是一个哲学的问题"，就是说，哲学对于科学的关注和思考，是一种前提性思考，是对于科学之为科学的前提和根据的思考，是对于包括"科学是什么"这类对于科学的存在和发展具有根本性和制导性的问题的提问和回答。自古以来，对于什么是科学的回答发生着很大的变化。时至今日，这仍然是我们正确地理解和认识当代大科学的重要的前提性和根本性问题。立足于人类科学的当代发展，面对当代正在深度分化和高度综合之中一体化发展的大科学体系，我们认为可以尝试在更加广阔的视野和更高的层次上来解说科学。具体说来，对科学是什么的现代解答可以从以下方面展开：第一，从人与世界关系的角度来看，科学是人类把握世界的一种基本方式，这种方式有别于人类对世界的实践的、艺术的、宗教的和哲学的把握方式；第二，从人类的文化创造活动来看，科学是人类文化系统中的一个特殊的子系统，它对于人类文化的发展具有十分重要的基础性和制导性作用；第三，就其存在的方式而言，科学是一种具有内在逻辑结构的理论体系，它以具有严格规定性的人工语言符号系统为工具，以一种逻辑化和体系化的方式再现对象的本质、结构和规律；第四，就其目的和本性而言，科学是一种探索和求知的人类活动，它的焦点始终指向那知与不知、似知与非知、略知与详知、假知与真知的边界，去变不知为知，变似知为实知，变略知为详知，变伪知为真知，去拓展人类认识的广度、深度和真度；第五，就其功能而言，科学又是一种发现和证明真理的方法，它要借助于实验的、实践的、逻辑的等手段，去证伪或证实知识的真理性、科学性；第六，在这种意义上，科学又是一种特殊的评价体系和检测系统，是否具备科学信念和服从科学规律，成为衡量不同个体、集团乃至民族的智慧和文化发展水平的重要标尺。

当代科学之为大科学,最重要的标志在于它是包含了自然科学、人文科学和社会科学等多种具体分支科学在内的完整的、有机的科学体系。长期以来,"科学"一直是自然科学的代名词。迄今为止,常说的科学哲学仍然主要是自然科学哲学。人对社会的认识没有能够成为科学,也没有形成专门作为科学的人文、社会科学学科。17世纪以来,自维柯开始,人文社会科学开始了自己的分化和专门化道路。20世纪以来,尤其是第二次世界大战以来,人文社会科学获得了长足的发展,迅速走到当代科学的前沿并成为公众最寄予希望的科学(丹尼尔·贝尔语)。但时至今日,对于人文、社会科学能否成为科学,不少人仍然存有疑虑。有的人甚至断言人文、社会科学永远不能成为像自然科学那样可以量化、精确化的"硬"科学。我们认为,人文、社会科学的产生和发展本身便是当代人类认识既深度分化又高度综合的积极产物,是当代大科学体系中不可分割的内在组成部分。否定或怀疑人文社会科学成为科学的必要性和可能性,也就否定和动摇了对当代大科学的整体理解和把握。因此,说明并论证人文社会科学学科成为科学的必要性和可能性,对于理解当代大科学具有至关重要的意义。

怀疑和否认人文社会科学研究的科学性,一般是从人文社会现象的特殊性入手提出问题的。应该承认,人的活动具有目的性、意识性,社会事件具有价值非中立性和价值多元性,社会历史运动具有难以精确量化性和非简单重复性,对社会历史现象的观察不可能有观察自然现象时的纯粹客观性,对社会本质和规律的解释很难舍弃解释者的个体利益和视角差异而达成一致性,对社会发展的未来预报也不太可能达到自然预报那样的时空精确性。由于社会中多因素非线性的交互作用和预言自适应现象,会造成社会测不准现象,这使人们对人文社会现象的认识和研究显现出自己的特殊性。我们认为,注意到人文社会现象的复杂性和对人文社会的认识达到科学的艰巨性是必要的和重要的,但由此而否认人文社会认识的客观性和人文社会研究的科学性则是缺乏根据的和轻率的。这里问题的关键之点,一方面在于是否承认人文社会现象无论多么复杂,也是一种客观的、现实的、可感的、具体的活动,并且不断地生产着对象性的产品和结果,因而具有科学层面上的可知性;另一方面则在于是否能把自然科学的数理量化性和精确性作为衡量人文社会认识能否成为科学的唯一标准或绝对标准。在我们看来,科学之为科学,在于根据对象的特点来变更自己把握对象的思路和方法,以求得与对象相符合的真理。而反映人文社会现象及其本质的复杂性和特殊性,正是人文社会科学之为科学的根本标准。人文社会活动都是由人来参与的,都有人的设计和人的创造,也有人的监测和调控,因而其过程及其结构都应能为人所感知和理解,这正是人文社会现象可知性的根本之点。正因为是人作为人文社会科学家在观察、体验、评价、研究和解释人文社会现象,它们之间有一种内在的文化共通性和心灵感应性,人文社会科学才有可能成为科学。这正是人文社会科学研究科学化最重要的保证。反过来说,明知人文社会现象的特殊性和复杂性却要按照自然规律的一般性和简单性来对待它,才真正会取消人文社会科学的科学性和可能性,使对人文社会现象的认识成为荒谬和不可能。应该说,人文社会现象的特殊性和复杂性,曾经妨碍了对人文社会现象的科学化认识进程,使人文科学和社会科学大大晚出于自然科学。但正是人文社会现象所具有的种种特殊性和复杂性,又以其独特的魅力而紧迫地呼唤着人文社会科学。一旦找到了撩开人文社会现象及其基本规律的神秘面纱的正确途径,人文社会科学就会以加速度的方式沿着科学化的道路快跑,不仅迅速走到当代大科学体系的前沿,而且当之无愧地成为其中的领先学科和带头学科,发挥出越来越重要的作用。

人文社会科学的产生和形成,标志着也促进了当代科学体系的深度分化与高度综合。所谓深度分化,也就是科学研究向着更加专门化、精细化、微观化的方向发展。由于这种分化,不仅形成了自然科学、人文科学和社会科学这三大主导科学群,而且这三大科学群内部又进一步分化,形成了各种子层次和亚层次的分支学科,形成了多方面多层次的庞大有序的现代科学体系。所谓高度综合,则是各种具体科学研究之间在分化的同时在对象、规范和方法等方面要相互交叉、渗透、借鉴、移植,产生出许多交叉学科、边缘学科、横断学科。它们以各种方式把人、社会与自然更加紧密地联系起来,把对人、对社会和对自然的认识更加内在地沟通起来,把人文科学、社会科学和自然科学更加有机地结合为一体,形成跨领域、跨学科的当代大科学。现代系统科学,包括信息论、系统论、控制论、耗散结论理论、协同论、突变论等具有明显的跨越性、横断性和方法性的学科,更是集中体现着当代科学研究的综合性。我们认为,当代科学的分化是与其综合相关发生、相辅相成的,分化的深度与综合的高度在程度上和水平上也是互为条件、内在相关的。正是在深度分化与高度综合的一体化运动中,当代大科学展示着自己的生命力,并发挥出自己的社会功能和价值。

正确认识和合理估量当代大科学体系的价值并把握其限度,对于更好地发挥当代大科学的功能并预示其发展趋向具有重要的哲学意义。我们之所以尊重科学、关注科学,是因为科学对社会实践发展,对人类文化进步,对人类认识深化,对人类理性信念的巩固和强化都有非常重要的意义。为此,我们有必要根据当代大科学的本性,从人类实践方面,从人类求知方面,从人类理性信念等方面认真考虑当代大科学的社会功能、时代价值及其最佳实现条件和必要途径等。同时我们也应看到,科学从来就不是万能的,其范围也不是无限的。万能的和无限的都不是科学。而真正的科学必然是有其适应的范围和作用的限度的。我们把当代科学叫作大科学,不是认为它是漫无边际、大而无当的,也不否定它的适应范围和功能水平的有限性。在我们看来,只有正确认识并合理说明其范围和限度,才能为当代大科学的发展找到拓展其适用范围和提高其功能限度的有效途径。

对科学研究方法论的关注,历来是关于科学的哲学研究的重要内容。但与科学的自然界说相关联,过去讲的科学研究方法论也仅仅是或主要是自然科学方法论。立足于当代大科学体系和大科学观,我们有必要在新的高度上提出和探讨当代科学研究中的方法论问题,这里讲的研究方法论,涉及一系列前沿内容,例如大科学规范的内部通约与跨域转换问题、人文社会科学研究中的理解与解释问题、科学发现的模式问题、科学证明的逻辑问题、科学理论的结构问题、科学真理的标准问题、科学发现的动力问题等。目前我们还不能断言当代大科学的发展已经创设了建立统一的科学研究方法论的必要基础和充分条件,但通过对当代科学研究方法论的认真总结和提升,不仅有可能为哲学研究方法库提供新的方法,而且有利于哲学在指导当代科学研究并促进其有效发展方面发挥积极作用。

四、反思当代马克思主义哲学的世界哲学背景

马克思主义哲学的当代发展不仅必须立足于当代大实践和大科学,还必须依托于当代大哲学。哲学的发展具有很强的历史继承性和

内在相关性。任何具体的哲学的产生和发展,都离不开以前的哲学和同时代的哲学,都离不开对历史上哲学问题的回答和对同时代哲学争论的参与。当年,马克思和恩格斯正是立足于当时历史上人类文明的全部积极成果,尤其是批判地吸收了德国古典哲学中的合理思想,并立足于当时的实践和科学水平进行新的创造,才创造了自己的哲学,促成并实现了哲学史上的伟大变革。一百多年来,实践的发展和科学的发展要求也促进了哲学的发展,深度分化和高度综合的当代实践和当代科学也促进了当代哲学的深度分化与高度综合,从而改变了马克思主义的哲学背景和哲学基础。如果说创立马克思主义哲学时的主要哲学思想来源是德国古典哲学,当今研究和发展马克思主义哲学则决不能忽视和脱离当代世界哲学。应该说,马克思主义哲学作为时代性的哲学,本身就是当代世界哲学中的内在组成部分。因此,紧密联系当代世界哲学的发展来研究和发展马克思主义哲学,是马克思哲学本性的内在要求。但是,长期以来,出于种种原因,我们自觉不自觉地拒斥当代西方哲学,也脱离中国传统哲学,从而使马克思主义哲学研究实际上脱离人类哲学思维的总体发展。我们相信马克思主义哲学在当今世界的生命力和解释力,但并不把它看作唯一正确和绝对至上的哲学。我们承认当今世界的其他各种哲学流派都有一定的现实基础和存在依据,并愿意平等地与之进行认真的交流和对话,但反对任何人以任何借口来贬低和损害马克思主义哲学。我们相信并愿意通过自己的努力来强化马克思主义哲学的生命力和解释力,巩固和提升其在当代世界哲学之林的地位、价值和功能,使之为人类哲学思维的进一步发展作出更大贡献。

马克思主义哲学关注当代西方哲学的首要任务在于,从马克思主义元哲学的立场来理解和看待西方哲学,借助于当代实践和当代科学的宏大背景来考察当代各种具体的哲学流派,把握其历史渊源、现实基础、内部结构和发展趋势,加深对人类哲学思维发展规律及其当代特点的理解。具体说来,尤为值得关注的主要有以下几个问题。第一,当代西方哲学思潮的历史渊源,即与西方哲学传统的关系。乍看起来,当代西方哲学中科学主义与人本主义的分野似乎意味着西方古典哲学传统的中断,实际上是以变形方式进行的反叛和继承。从古希腊开始的西方古典哲学一直关注两个根本性哲学问题:一是世界的本原问题,一是人的理性能力问题。早期各派哲学不自觉地以理性至上为前提直接回答世界的本原问题,产生了唯物主义与唯心主义的长期争论。休谟和康德从怀疑和否定理性能力入手进而否定或部分否定世界的本原问题。黑格尔批判了休谟和康德,沿着西方古典哲学传统以绝对精神的至上性继续论证世界的精神本原。马克思在科学实践观的基础上解决了认识的可能性和世界本原的物质性问题,使西方哲学传统得以延续和发展。而当代西方哲学是以片面的方式回答了休谟和康德提出的问题。科学主义拒斥形而上学,抛弃本原问题,承认理性但又将其限定在经验的、实证的范围以内,产生了各个时代各种形式的实证主义。人本主义保留本原问题,拒斥理性,建立以人为中心的形而上学,在人的非理性方面寻求万物的本原和生命的本质,由此产生了非理性主义的各家各说。由此可见,当代西方哲学正是以特殊的方式保持着与西方哲学传统的内在历史联系。第二,当代西方哲学的现实基础主要可分为两个基本方面:一是科学问题,一是人的问题。科学的发展和人的自由个性问题,是近代以来人类面临的重要问题。科学在社会生产和社会生活中的地位和作用越来越明显和突出,成为社会进步的直接推进力量,科学主义正反映着这种现实趋向。但是近代科学和工业一方面促成了社会文化的巨大进步,但其不合理的应用也造成了双重的消极后果。一是使人类在全球范围内面临生存和发展危机,二是对人的自由个性造成压抑和扭曲,这就是全球问题与个性问题交织并相互掣肘的情况。非理性主义者即人本主义者看到这些问题并力图加以解决,他们对人的自由个性和非理性方面的重视对我们有积极意义,但他们把这一切简单归结为理性对非理性的压抑,并导致反理性主义的立场,这就走向了片面。我们认为,科学的问题和人的问题本来应当是统一的。科学应当是人道的,而人应是尊重科学的。科学主义和人本主义将这个本来内在统一的东西绝对割裂开来并对立起来,各执一端,因而各自均只有片面的基础,因而也只有部分的合理性,对它们既不能简单否定也不能捧得过高。第三,当代西方哲学的发展趋向、当代实践和当代科学各自的深度分化与高度综合,必然要求也将实际地促进当代西方哲学的深度分化和高度综合。所谓深度分化即哲学内部和哲学与非哲学之间以越来越具体的方式联系起来,从而产生出越来越多的新的分支哲学,使当代西方哲学表现出主题分化和个性强化的发展趋向。所谓高度综合则是随着当代人类实践的全球化和科学的一体化发展,各种哲学流派之间的交织与互渗日益增强,哲学规范的通约和转换渠道增加,哲学方法的互鉴互通增强,人类哲学思维在分化的基础上向着整体化方向发展。

马克思主义哲学关注当代西方哲学的又一重要任务,是从发展马克思主义哲学的角度来看待和理解当代西方哲学提出的种种问题,批判地吸收其在理论视角和方法上的合理内容,并以自己的方式进行严肃认真的和建设性的探讨,以便在新的高度上发展和完善自身。就其内容结构而言,当代西方哲学大体上可分为自然哲学、社会历史哲学、人的哲学、宗教哲学、道德哲学等具体方面,而这些分支哲学又都包含本体论、认识论、价值论、方法论等不同方面,它们各自以其特殊的视角和思路记载着当代西方哲学家对当代西方社会—自然—人的生存和活动状况的观察和反思,他们提出的种种问题相当敏锐和鲜明地标示着当代西方社会实践、科学和意识形态中的许多问题,从不同侧面反映着当代西方的时代精神。而这些往往正是马克思主义哲学研究尤其是中国的哲学研究所不甚了解甚至无法直接了解的东西。因此,认真地剖析当代西方哲学,努力回答其提出的种种问题,对于发展马克思主义哲学具有十分重要的意义。

中国传统哲学的现代化问题在中国的马克思主义哲学研究中占有十分重要的地位。哲学既是自己时代精神的精华,又是在以往的传统哲学的基础上发展起来的。中国传统哲学是一个十分浩瀚的精神世界,是一个十分庞大的和复杂的思想系统,并且有绵延近三千年的时间跨度和历史演化过程,其中学派林立,思潮迭起。这些学派、思潮在历史的进程中既互相批判、互相斗争,又互相包含、互相渗透,时有分化,时有综合,同时还有对外来哲学的同化和融合,从而形成一道错综复杂、博大深邃、波澜壮阔、源远流长的哲学洪流和哲学传统。批判性地继承、建设性地超越中国传统哲学,就是要自觉地扬弃中国传统哲学内部必然包含的过时的、陈旧的东西,同时认识、发挥和弘扬其中那些具有超时代意义的普遍的、共同的、永久的东西。一方面,中国传统哲学作为一定时代的人们以一定方式的活动处理自身与外部世界关系所创获的积极成果,必然具有其民族性、地域性和时代性的印记,包含着对当时的时代、民族和地域具有积极意义的东西。随着历史向世界历史转变,它们一旦超出了具体的历史时代,则逐渐丧失了其意义,成为过时、陈旧的东西,显现出封闭性、保守性和历史局限性,应予克服和扬弃。另一方面,人与世界的关系尽管在不同的时代、地域和民族有不同的深度和广度、不同的形式和内容,但又是一种普遍的必然的关系。相应地,中华民族在具体地域和民族中处理自身与世界关系的活动又总有其超地域、超民族的普遍的和共同的方面。而作为其理性意识的中国传统哲学也总是以征兆、端倪和萌芽的形式包含着某些超时代、超民族、超地域的东西,从而又有可能在后来被激活、放大,得以发展、成熟,成为当代中国哲学以至当代世界哲学的内在组成部分。通常认为,与中华民族长期以来生产生活方式和社会政治思想结构相适应,中国传统哲学缺乏分化、抽象化,理性、知性分析不足,具有封闭、保守、循环论的特点和弱点。但它强调天人关系、人人关系和人与社会关系的和谐,注重内省、自强,强化人文精神,主张内圣外王等,又与当代人类实践和人类科学,尤其西方的后现代理论具有暗合之处,因而又显示出自己所特有的当代文化价值和启发意义,引起当今不少有识之士的高度重视。批判地继承和弘扬中国哲学的优秀传统,就要从传统哲学与当代哲学的本质联系上,探索科学与道德相统一、文化与价值相统一、真善美相统一的具体途径,在当代人与世界关系的基础上进行新的创造,促进中国传统哲学的现代化。

五、加强马克思主义哲学的自我反思

马克思主义哲学的当代视野不仅指向当代大实践、大科学和大哲学,尤其指向马克思主义哲学自身。促进马克思主义的自我反思和自我发展,是我们全部研究的根本出发点,也是其理论归宿。而又正是对当代实践、当代科学和当代哲学的把握和透彻理解,为马克思主义哲学的当代发展提供了现实的参照系统和必要的思想材料。只有真正以哲学方式把握了当代实践、当代科学、当代哲学,马克思主义哲学才能获得对现实的超越性,并创造出社会对自己的需要,从而发挥出自己的社会功能和价值。功能决定于结构、内容和本质。对于马克思主义哲学本性,我们认为至关重要的是要在多种规定的统一中系统地加以把握。马克思主义哲学有五个基本特性或基本规定:唯物性、辩证性、历史性、人道性、实践性。马克思主义哲学正是借助于这五个特性的有机统一

而与历史上和现实中的唯心主义、形而上学、机械论、旧唯物主义等非马克思主义哲学区别开来,显示出自己作为辩证的、历史的、人道的和实践的唯物主义的本质特征,并保持着内在规定的整体性和统一性。

研究和发展马克思主义哲学,意味着什么?这可以从对马克思主义自创立以来一百多年的发展历程及其现状的分析中得到解答。马克思主义创立之初,是直接以一种民族哲学的形式出现的,代表着德意志民族哲学在当时发展的最高水平,同时也代表着人类思想的时代性水准。马克思主义哲学创立之后,适应了世界无产阶级革命的需要,在与各种形式的资产阶级哲学的斗争中迅速走向世界,为各国共产党人和工人阶级所接受,成为其指导思想,并被运用于无产阶级革命实践,在其中经受检验和发展。这是马克思主义哲学世界化的过程,同时也是其民族化的过程。各国共产党人把马克思主义与自己国家、民族和阶级的实际相结合,与自己的历史和文化传统相结合,探寻有自己特色的革命和建设道路,使马克思主义获得一定的民族形式和阶级内容。正是在这种世界化与民族化的统一发展过程中,一百多年来,马克思和恩格斯以后的马克思主义哲学主要有三种基本形式:苏俄的马克思主义哲学,以列宁和斯大林哲学为代表;中国的马克思主义哲学,以毛泽东和邓小平哲学思想为代表;当代西方马克思主义哲学,其中又有着种种流派。对于苏俄的和中国的马克思主义哲学,我们的了解和态度基本上是明确的。对于西方马克思主义,过去我们主要持批判和拒斥的态度,因而妨碍了我们对它们的了解和把握。当我们今天立足于当代大实践、大科学、大哲学来看待它们和马克思主义哲学的关系时,对他们在坚持、解释和发展马克思主义哲学,从事资本主义批判等方面的努力应予更多的关注和重视,并有必要从更加积极的和建设性的立场来正视和吸取其合理思路、视角、方法和成果,以为马克思主义哲学的当代发展奠定更加坚定的基础,积累更加丰富的思想材料。

正视并回答来自非马克思主义哲学的诘难和挑战是促进马克思主义哲学当代发展的重要环节。这里讲的"非"马克思主义不是在"反"马克思主义的意义上使用的,而是在马克思主义之"外"的意义上使用的。它既包括在哲学之外,比如来自当代实践和当代科学的成果和方法与马克思主义哲学某些观点、理论和方法等不符合,对其提出质疑,要求马克思主义哲学的发展;也包括在哲学之内而在马克思主义哲学之外的其他哲学流派在一些重要哲学问题上与马克思主义哲学的争论,这种争论,不一定是反马克思主义的,有可能是与之互补的,而且还有可能促使马克思主义哲学对某些问题进行更加深入慎细的思考,尤其是引出对一些新问题的关注,促使马克思主义哲学深化和发展;当然也有来自对马克思主义哲学的诘难和挑战,其目的在于贬损、否定和诋毁马克思主义哲学,取消其理论地位,这种情况需要认真对待,但也没有什么可奇怪和可怕的。马克思主义哲学由于其鲜明的党性而从产生的那天起就处于反马克思主义思潮的包围之中。围绕马克思主义的科学性、意识形态性、党性、社会地位等问题一直有激烈的冲突和斗争,但这并没取消反而强化和发展了马克思主义哲学。马克思主义哲学研究应当有足够的勇气并以科学的态度自觉地对待和认真地回答来自各方面的诘难和挑战,并由此而求得自身的发展。

1978年以来,以真理标准问题的探讨为先导,我国的马克思主义哲学研究取得了长足的进步,走上了一条相对独立的学术化发展道路。但要在新的历史条件下真正坚持和发展马克思主义哲学,还有许多非常艰巨的工作要做。马克思主义哲学工作者在这方面负有不可推卸的责任。在目前条件下,从方法论上来看,最为重要的是促进和加速我国哲学研究的世界化与个性化的进程。世界性是马克思主义哲学的本性。面向当代大实践、大科学和大哲学,是世界化的必要条件。世界化必须通过个性化来实现。只有发挥哲学研究工作者的个性、自觉性、创造性,马克思主义哲学的自我批判和自我超越才能获得充分的和坚实的主体性基础。

第十四章　建构马克思主义哲学当代形态的基本原则

建构马克思主义哲学的当代形态，需要关注一个半世纪以来马克思主义哲学的动态演进历程，关注其内容和形式的变化。本章给出了这项建构工作的五个基本原则。其一，实践性原则。实践性是马克思主义哲学最本质的特征，是其功能性规定。马克思主义哲学不仅以唯物主义的方式辩证地、历史地解释世界，而且要人道的、实践地改造世界，是实践的唯物主义。其二，客观性原则。马克思主义哲学认为，哲学的根本任务在于从总体上认识和处理人与世界的关系，应当对其进行客观的、如实的反映。这是马克思主义哲学的对象性规定。其三，主体性原则。马克思主义哲学以作为主体的人的自觉能动实践活动为中心，去掌握人与世界的总体性关系。这不同于唯心主义的思辨方法与旧唯物主义的直观方法，是马克思主义的方法论规定。其四，系统性原则。马克思主义哲学的当代形态应当是多方面、多层次、多分支的哲学学科群，是一个既深度分化又高度综合的有机系统。其五，整体性原则。马克思主义哲学的体系结构应该成为人与世界关系总体性结构的逻辑再现。

哲学形态是哲学的理论内容与形式结构的动态有机统一。特定哲学以其理论形式提炼和提升当时的时代精神，融会成具有时代特色的哲学形态，并随时代的变迁和哲学思维的发展而处于动态演进的历程之中。马克思主义哲学产生一个半世纪以来，其内容和形式也一直随实践、科学和哲学的时代性发展而发生着形态学意义上的变化，以致我们有必要也有可能在新世纪来探索和建构马克思主义哲学的当代形态。本章提出建构马克思主义哲学当代形态的若干基本原则。

一、实践性原则

探索和建构马克思主义哲学的当代形态，就其根本目的和功能而言，是要更好地强化和发挥马克思主义哲学不仅帮助人们以唯物主义的方式辩证地、历史地解释世界，而且人道地、实践地改造世界的社会功能。

我们曾经谈过，功能指事物的效用和价值。对一定的主体来说，功能是某事物存在及发展的应有意义和基本依据。因此，对功能、效用或价值的关注，是人们作为主体关注一定客体的着眼点。哲学的功能即哲学的社会功用或社会价值。社会需要哲学，正是因为哲学具有它独特的社会功能。功能取决于结构。一定的理论体系的内在结构本质上是其对象的内容结构的观念再现。哲学的结构作为哲学内容与哲学形式的统一，取决于哲学的对象和哲学地把握这种对象的方式及相应的形式系统。哲学在研究对象和把握对象的方式及其表现形式方面的特殊性，构成了哲学作为人类知识结构和知识体系中相对独立学科的特殊性质。而哲学功能的特殊实现途径和方式，又与哲学的特殊性质内在相关。因此，研究哲学的功能问题，必然涉及哲学的性质、对象和哲学思维的方式、方法及社会条件等一系列问题，须对它们进行一种总体性和一体化的思考。

那么，哲学有什么功能呢？马克思认为，"任何真正的哲学都是自己时代精神的精华"[①]。在他看来，任何哲学都是一定时代的哲学，只有真正触摸到了自己所处时代的脉搏，映现了自己所处时代的精神，从而真实地把握了自己所处的那个时代的哲学，才是真正的哲学。时代精

---

① 马克思恩格斯全集(第1卷)[M]. 北京：人民出版社，1956：121.

神是关于一定时代的内容的本质特征的集中表现。一定时代的内容是多方面的,包括经济、政治、文化和科学等的发展状况和水平,包括全部物质文明和精神文明。它们一起构成具有一定本质特征的时代内容。这些内容表现在人们的各种实践活动及其结果中,反映在各种具体的科学理论和观念形态中。作为时代内容的表现和反映,它们一般都具有时代的特征,因而都从不同角度并在一定程度上体现着时代精神。哲学作为人类理论思维的最高形式,则是从总体上把握时代的内容,反映时代的本质特征,因而有可能成为时代精神的精华。时代的内容是由时代的人们创造的,是时代的人们积极地处理自己同外部世界的关系的成果。人的智慧是在人们处理自身同外部世界的关系的过程中形成、发展、发挥、表现和实现的。哲学作为智慧之学,作为时代精神的精华,就是人们在处理同外部世界关系的活动、方式、智慧、精髓的一种升华。正是一定时代的哲学家通过自己的头脑,以一种特定的哲学层面上的概念、范畴体系,把人们处理同外部世界的关系的活动中最精致、最珍贵的,虽然看不见却又无处不在的智慧、精髓集中到哲学思想里来,哲学因而也就能以自己的特殊方式把握自己时代的物质文明和精神文明,成为社会文明的活的灵魂。

马克思主义哲学在现时代应当具有和发挥一些什么社会功能呢?马克思指出,过去的"哲学家们只是用不同的方式解释世界,而问题在于改变世界"①。以哲学的方式科学地解释世界和以哲学的方式指导人们自觉能动地和有效地改变世界,是马克思主义哲学最基本的功能,也是马克思主义哲学在功能上区别于其他任何哲学派别的根本之点。马克思和恩格斯曾经把自己的哲学称为新唯物主义、实践的人道主义、实践的唯物主义。他们认为,实践的唯物主义者也就是共产主义者。他们强调:"实际上和对实践的唯物主义者,即共产主义者说来,全部问题都在于使现存世界革命化,实际地反对和改变事物的现状。"②

实践的唯物主义集中地表达着马克思主义哲学的特殊的功能规定性。真正科学的唯物主义,必然是辩证的、历史的、人道的,并且是面向现实的社会实践和各类科学的;它必须以现实的社会实践和各类科学

---

① 马克思恩格斯选集(第1卷)[M].北京:人民出版社,1972:19.
② 马克思恩格斯选集(第1卷)[M].北京:人民出版社,1979:48.

的发展为基础不断丰富自己的内容,改变自己的形式;它不仅坚持以唯物主义的哲学方式科学地解释人与世界的关系,确定人在世界中的地位、作用、使命、职责,规定实现它们的合理途径,而且激励并指导人们作为主体而自觉能动地以实践方式、科学方式和哲学方式处理自己与对象世界的各种关系,不断实现、巩固和强化自身的主体地位。可以说,理论地坚持解释世界的唯物主义和实践地坚持改变世界的唯物主义,既是当代大实践、大科学对于马克思主义哲学的功能呼唤,也是马克思主义哲学的题中应有之义。

实践的唯物主义这一本质的和功能上的特征,不仅使马克思主义哲学区别于历史上只是以不同方式解释世界的各种哲学流派,而且区别于当代的科学主义和人本主义这两大基本哲学派别。我们知道,从古至今的哲学论争,不外两个基本问题:一是世界有没有一个统一的本原,这个统一的本原是什么;二是人是否有能力把握这个世界及其本原,人类理性的能力及其所及的范围有多大,程度有多深。对这两个基本问题的不同回答,区分出了唯物主义和唯心主义,可知论和不可知论,主体学派和唯客体学派,以及机械论、形而上学和辩证法等不同派别和观点。对上述两个基本问题,在近现代大体上有三种回答。一些哲学家认为关于世界的本原性和统一性存在,是人类理性所不能达到的形而上学问题,应该加以拒斥和排除;哲学只应该研究那些可以用经验方式加以严格审查和实际验证的科学问题,这就是所谓的科学主义。还有一些哲学家则肯定世界的本体性存在,但他们把这种本体性存在归结为人的情感、意志、情绪、欲望和本能等,因此,研究世界的本体性存在,就是研究人的这种存在性及其实现方式。但这是不能采用实证的方法来加以研究和把握的。因此,他们否认实证主义和实证方法。这就是所谓的现代人本主义。科学主义和人本主义各自抓住了世界多样性存在中的某一方面,虽各有一定的合理性,但又各执一端,将其片面地加以夸大,就不免陷入极端的片面性,甚至走向荒谬。

对上述两个问题,马克思主义哲学作出了科学的回答。在他们看来,世界统一于物质。世界的物质统一性意味着物质的本原性和精神的派生性。人类对于物质世界统一性的认识和理解,是在人类长期实践基础上通过人类的理性思维能力达到的。人类的理性思维能力归根到底也是物质自然界长期发展的产物,而它的最切近的基础就是人类的实践和在实践基础上发展起来的科学。劳动实践对人类自身的创造,包含着对人类理性思维能力和创造。正是由于获得了理性思维能力,人类才能从事自由自觉的活动。又正是通过这种活动,人类才能真正了解和认识自己生存和活动于其中的那个世界,并理论地和实践地对其加以研究和掌握。马克思主义哲学的创始人正是立足于实践,立足于世界由于劳动实践对人类的造就,立足于世界由于人类的出现而产生的物质与精神的二重化,立足于在人类活动中不断产生又不断解决的思维与存在、主观与客观、主体与客体的矛盾,立足于人类通过实践和科学而对人属世界的自觉能动创造和对属人世界的自觉能动创造,从而对哲学史上长期争议不休的重大问题作出了科学的和合理的回答。

马克思主义哲学之所以对人类实践尤为关注,不仅在于只有通过对实践的科学理解才能正确地解决哲学史上长期以来争论不休的哲学问题、理论问题,实现对于人与世界关系的唯物的、辩证的、历史的和人道的哲学解释,还在于认识和改变世界的实践与科学也需要正确的哲学批判和哲学制导,只有这样才能沿着合理和有效的方向正常地、顺利地发展。而以哲学方式帮助人们更加合理和有效地改变现实世界,创造更加美好的理想世界,正是马克思为自己的哲学所规定的重要功能。

马克思和恩格斯曾经指出:"共产主义对我们说来不是应当确立的状况,不是现实应当与之相适应的理想。我们所称为共产主义的是那种消灭现存状况的现实的运动。"①之所以要积极地推进这种消灭现存状况的现实运动,乃是因为现有的并不都是合理的和有效的,其中难免包含着各种无效的或有负效应的东西。不合理的生产方式、不合理的社会制度、不合理的思想观念等,都会妨碍社会文明的进步,阻碍人的自由全面发展。这种情况随着现代社会实践中人类主体性的不断增强而更加明显和突出。近代工业技术文明的发展,尤其是现代科学技术的发展,极大地增强了人在征服自然和改造社会方面的主体能力,人的本质力量不断以新质、新量和新速度在全新的水平上对象化,形成一个越来越广阔、越来越丰富多彩的人化世界。但是,人的本质力量一旦对

---

① 马克思恩格斯全集(第3卷)[M]. 北京:人民出版社,1960:40.

象化,便有着自己独立的存在形式和运动规律,并成为人们必须赖以生存的自然—社会环境世界的一部分,成为对人的一种制约力量。因此,人在改造自然、社会和自身的实践活动中的能动性的增强,总是伴随着人在自然—人—社会大系统中受动性的增强。由于人类在认识和实践中的无法克服的局限性,人类的活动不仅会产生各种有利于人类生存和发展的主体性效应,同时也不可避免地会带来大量阻碍和妨害人类持续生存和发展的反主体性效应。当前我们面临的大量的所谓全球性问题与人类困境,就是人类活动的反主体性效应的现实表现,是以"天灾"形式表现出来的"人灾"。为了发挥和增强人类活动的主体性效应,减少和防止人类活动的反主体性效应,人们必须具有宏观预见、瞻前窥远的能力和总体规划、科学决策、系统调控的能力。正是在这里,哲学思维作为理性思维的最高表现有了自己充分的用武之地。无论是对于现存世界的理性批判与实践批判,还是对于未来理想世界的观念建构与实践建构,马克思主义哲学都有自己独特的作用和功能。正是凭借着这种科学的理性批判和理想建构,人们才能在实践活动中有效地从事对现实的自然—人—社会系统的实践批判和对未来理想世界的实践建构。可以说,强化马克思主义哲学作为辩证的、历史的、人道的和实践的唯物主义的社会功能,就是要在提高哲学理性思维素质的基础上,从根本上增强人们从事理性批判和理想建构的能力,为人们更加自觉有效地从事合理的实践批判和实践建构提供哲学的工具和武器。

以唯物主义的哲学方式帮助人们科学地解释世界和合理地改造世界,意味着马克思主义哲学应当作为哲学世界观、哲学方法论和理想信念的统一而发挥作用。

马克思主义哲学首先是作为一种哲学世界观而发挥自己的社会功能的。作为人与世界关系及其时代特点的总体性的理论再现,马克思主义哲学实际上是以哲学的概念、范畴和理论体系,科学地揭示了人与世界关系的总体格局、基本性质和发展趋向,提供了一个哲学意义上的世界图景。本书前面三编所论的马克思主义的大实践观、大科学观和大哲学观,就分别从实践、科学和哲学层面上论证人在世界中的地位,揭示人与世界关系的复杂多样,描绘人处理自身与外部世界关系的方式、过程和结果,从而为人们更加自觉地、合理地和有效地处理与世界的各种复杂关系规定了必要的理论框架和逻辑前提。

其次,马克思主义哲学作为最高层次的哲学方法论,是人们自觉地处理同对象世界关系的基本规范和准则。在人们认识世界、改变世界和创造世界的自觉能动活动中,马克思主义哲学不仅作为世界观发挥作用,也是作为认识论、实践论、价值论、评价论和方法论的统一而发挥作用的,从而为人们更加自觉有效地从事实践活动、科学活动和哲学活动提供必要的思维规范、评价原则和认识方法。

再次,马克思主义哲学作为宏观的信念和理想,对人们的精神世界和社会行为起着积极的向导和激励作用。马克思主义具有独特的批判性功能,它不是简单地、刻板地描述人与世界的现实关系,而总是以一种批判性态度对这种关系作出审视与评价,并在此基础上激发人们对未来理想关系的追求与构想,探寻一条通向美好未来的理想之路。

从总体上来看,马克思主义哲学作为理论化和系统化的世界观、作为批判性和反思性的哲学方法论、作为科学性和合理性的理想信念这三个方面是互相制约、互相协调、统一地发挥作用的。它们不断地为人们的现实活动建构起合理的思维前提、理论前提、方法论前提和信念前提,同时又不断地对这些前提进行哲学的、自觉的审视和批判,实现对前提的重构,从而不仅在人们的精神世界中居于核心和灵魂的地位,而且能够作为一种非常积极的力量去推动和促进人们精神世界的自我重构与自我更新,以开拓精神世界的空间,并且强化其功能。

二、客观性原则

现代系统论告诉我们,系统的功能取决于系统的要素和结构。马克思主义哲学的理论内容应当是人与世界关系及其当代特点的哲学抽象。要强化和发挥马克思主义哲学的社会功能,就必须使马克思主义哲学体系具有与时代发展的需要相适应的新的内容和新的形式,注入新的时代精神和科学活力。哲学的体系是哲学的内容和形式的内在统一。一种哲学体系的内部结构,直接地表现为哲学概念、范畴、命题、原理之间的逻辑展开和逻辑秩序,间接地再现着哲学研究对象的内部联系和实际关系。哲学的体系结构是它所涉及的对象世界的客观逻辑结构的哲学表现,哲学的理论内容则是对它所涉及的对象世界总体内容的哲学掌握。哲学的功能,首先在于它以一定的哲学概念、范畴、命题和原理之间的逻辑联系,再现着对象世界的各种要素、层次、结构和关系之间的现实联系。正是由于哲学以一种哲学理论的方式掌握着对象世界,才能对人们与这对象世界相关的实践活动和认识活动发挥指导的功能。哲学的对象域与其功能域之间的这种特殊的对应性和相关性,决定了要强化和发挥哲学的功能,就必须着眼于正确确定马克思主义哲学的对象,并进而丰富和发展它的理论内容,使之真正具有承担其功能的内在能力。

哲学的对象是什么?这需要联系哲学的功能来考察。哲学作为人类理性思维的最高形式,其根本任务就在于从总体上教人认识、处理和驾驭自己与外部世界的关系。而要做到这一点,哲学就必须以人和世界的总体性关系及其历史演变和运动发展规律为自己的研究对象。自从有了人类,就有了人与世界的关系。人作为主体而从事的全部活动,都是从自身的存在和发展这个基本点出发而对自身与外部世界关系的自觉认识、积极改造与能动创造。人与外部世界关系的多样性,塑造和表征了人的内在本质的丰富多样性和外部世界的丰富多样性,并形成了人的丰富多样的具体的活动形式和实践方式。因此,这里讲的人,可以是个体、群体,也可以是人类总体。这里讲的世界,包括自然、社会和人自身及其精神世界。尽管对于个体、集体和人类总体各自来说,与之相对应的世界在界域和范围上有所不同,但人与世界的关系则是普遍存在的。这种存在,既是一种实体性的存在,又是一种关系性存在,同时还是一种包含着精神因素的存在。人与世界的关系,既是一种物质性关系,又包含着观念性关系,而且这些关系的具体表现形式都是多种多样的。正是在各种关系之中,人才获得和具备了自己的全部本质规定性,世界也才获得了对于人而言的各种意义。每一特定历史条件下的人类活动,则是人与世界关系在该历史条件下的具体表现和具体实现,是人们在特定的时间、空间和社会条件下处理与外部世界关系的具体活动方式。正是这些具体的活动方式及其结果,创造并建构起该时代的经济、政治、文化和科学等具体的时代内容。它们是时代脉搏的载体、时代精神的宿源,因而也是哲学赖以掌握时代文明的活的灵魂、捕捉时代精神精华的真实的现实的对象。

人与世界的关系是历史地演变着和发展着的。在不同的历史条件下,人类处理自身同世界的关系的活动各有不同的特点、历史形式和具体样态。它们构成了人与世界关系的时代性格局和历史性阶段,也构成了不同历史时期哲学家们所关注的现实对象。对人与世界关系不同的时代格局和历史阶段的哲学反思,形成了不同历史时期的具有时代性特征的哲学,它们以一定的理论形式映现着自己时代人们处理与世界的关系的具体形式和基本特征,集中表现着自己时代精神的精华。正因为这样,我们可以通过历史的比较和对照去发现哲学史上不同哲学观点、流派、思潮之间在历史性渊源、对象性前提和时代性基础上的区别,看出传统哲学与现代哲学之间的历史联系和时代差别。

马克思主义哲学按其本质来说是现时代的时代精神的精华,是现时代社会文明的灵魂。它以人与世界关系及其当代形态作为自己的直接研究对象,力求通过对当代人与世界关系的历史性和总体性研究,掌握其中的精髓,哲学地凝练着时代精神的精华。当代大实践、大科学和大哲学是当代人类自觉处理自身与世界关系的三种基本方式、三个基本方面或三个基本层次,是现时代人与世界关系的具体的、活化的存在形式,也是马克思主义哲学当代视野的主要对象。相应地,本书前面所论述的大实践观、大科学观和大哲学观,作为对当代大实践、大科学和大哲学的自觉概括和哲学提升,应当成为马克思主义哲学的重要内容和内在组成部分。

当代大实践是马克思主义哲学最普遍的对象,也是发展马克思主义哲学最本质的基础。在历史上,对实践的合理理解和对实践观的合理建构,曾是马克思和恩格斯发起和实现哲学史上伟大革命变革的重要契机和关键所在。从此以后,实践观便成为马克思主义哲学理论体系的重要组成部分和核心内容。然而,马克思主义哲学对实践的理解和其实践观的内容不是一蹴而就、一成不变的,而须随着实践的发展和对实践的认识的深化而不断发展。与马克思和恩格斯所处的历史时期相比,当代人类实践在内容、形式和功能上都有许多新的时代特点。在人与自然关系上其最显著的特征是全球问题的形成。一方面是当代人类首次在全球范围内真正作为一个整体来生存、活动和发展,形成了具有全球规模、全球计划、全球协作、全球控制和全球效应的当代大生产、大实践,另一方面则是当代人类的生存和发展在全球范围内面临着困境、危机和极限。这就要求马克思主义哲学重新反省和评价近现代工业技术文明和经典自然科学所实际依据的人与自然关系的理论,在人的自然化与自然的人化的双向运动中建立起人与自然关系的持续和协调发展理论。而人与自然关系的时代性转变,又是和在人与社会关系方面的历史向世界历史的转变,与世界历史的形成密不可分的,也是与全球范围内的人性扭曲和本质异化内在相关的。当前自然—人—社会之间在全球范围内的高度一体化和整体化发展,既是当代大实践赖以形成的基础和前提,又是其结果和表征。当代大实践的发展既为马克思主义哲学的当代发展提供了对象性前提和基础,也为其提供了客观要求和动力。正是在对当代大实践中所蕴含的哲学问题的提升、概括和解释之中,马克思主义哲学必然在内容和形式上都获得符合时代要求的新发展。

科学是人类认识世界和解释世界的典型形式,是人类实践最为重要的推进因素和制导力量,也是哲学的最重要的基础。科学的发展一方面反映着又引导着实践的进步,另一方面又要求并必然推动哲学的发展。恩格斯早就指出,随着科学的每一个划时代发现,唯物主义都要改变自己的形态。既然如此,要想及时地、有效地推进和发展哲学,就必须自觉地关注科学的发展并吸收其成果。马克思和恩格斯当年正是立足于当时自然科学的最新成就,并从中提升出具有时代意义的哲学问题,才促成了哲学形态的变革与发展。一百多年来,随着人类实践在广度和深度、内容和形式上的迅猛发展和变化,人类科学以几何级数发展起来,形成了包含自然科学、人文科学和社会科学在内的具有鲜明时代特色的当代大科学体系。当代大科学的形成和发展,一方面要求建立与之相应的大科学观念,从而要求并促进哲学和科学观的变革与发展;另一方面改变了当代哲学的科学基础,从而要求并必然促进马克思主义哲学从内容到形式的整体更新。

马克思主义哲学的当代发展不仅必须立足于当代大实践和大科学,还必须依托于当代大哲学。哲学的发展具有很强的历史继承性和内在相关性。任何具体的哲学的产生和发展,都离不开其前的哲学和同时代的哲学,都离不开对历史上哲学问题的回答和对同时代哲学争论的参与。当年,马克思和恩格斯正是立足于当时历史上人类文明的全部积极成果,尤其是批判地吸收了德国古典哲学中的合理思想,并在与各种形式的唯心主义、形而上学、非历史的和反人道的哲学思潮的论争中,创造了自己的哲学,促成并实现了哲学史上的伟大变革。一百多年来,实践的发展和科学的发展也促进了哲学的发展。当代实践和科学的深度分化与高度综合也促进了当代哲学的深度分化与高度综合,从而改变了马克思主义哲学的哲学背景和哲学基础。如果说创立马克思主义哲学时的重要哲学思想来源是德国古典哲学,当今研究和发展马克思主义哲学则决不能忽视和脱离当代世界哲学。应该说,马克思主义哲学作为时代性的哲学,本身就是当代世界哲学中的内在组成部分。因此,紧密联系当代世界哲学的发展来研究和发展自身,是马克思主义哲学本性的内在要求。

当然,马克思主义哲学对于当代大实践、大科学和大哲学的把握不应当是孤立和片断的,而应将其纳入人与世界关系及其当代形态的整体性和过程性关系中,进行一种历史性和总体性的把握。所谓历史的,即不仅要研究人与世界关系的现状,而且要回顾其历史,考察其发生渊源和由来,还要展望其未来,预测其发展趋势和前景。追本溯源、瞻前窥远,在与历史和未来的连接中把握现实,才能真正理解和掌握人与世界关系的现代形态。所谓总体性,即不仅要分别地研究当代大实践、大科学和大哲学,也不仅要研究处于对应两极中的人和世界,而且尤其要把握它们之间的关系;不仅要把握这种关系,而且要把握这种关系发生、发展和实现的前提和基础;不仅要把握这种关系的各个表现方面、各种实现方式,而且要在这些多样性关系中发掘其共通性、统一性,从而达到对人与世界关系及其当代特点的系统总体把握。

三、主体性原则

马克思主义哲学不仅有其区别于其他哲学的功能性和对象性规定,还有自己独特的方法论原则,这就是以人作为主体的自觉能动的实践活动为中心,去研究和掌握人与世界的总体性关系。这种方法既不同于唯心主义的单纯思辨方法,也不同于旧唯物主义的单纯直观方法,而是以人作为主体而对人属世界的自觉能动掌握和对属人世界的自觉能动创造为基本内容和基本线索。

毫无疑问,作为一种哲学,马克思主义哲学与一般哲学有共同的研究对象、研究方法和表述方式,即从不同的角度和重点出发研究人与世界的关系并运用哲学概念、哲学范畴和哲学命题进行哲学思考和哲学阐释。这些概念、范畴和命题所具有的高度的抽象性、概括性和普遍性,使它们能够成为哲学家们从哲学高度对人与世界关系进行哲学思辨和哲学概括的工具。这些概念、范畴和命题的逻辑展开和逻辑联系，构成了哲学家们用哲学的方式思考和再现人与世界的总体性关系的形式系统。

然而，由于自己独特的功能性和对象性规定，马克思主义哲学不仅有与一般哲学相通的研究规范和研究方法，还有自己独特的研究角度、研究思路与研究方法。这就是以人作为主体在现代社会实践基础上通过实践、科学和哲学等多种方式对人属世界的自觉能动掌握和对属人世界的自觉能动创造为基本线索和基本内容，去揭示人与世界关系的现代形态和现代特点。

马克思在创立他们的新世界观时，是以对实践和主体性的科学阐述来划清他的哲学与其他一切哲学的原则界限的。他说："从前的一切唯物主义——包括费尔巴哈的唯物主义——的主要缺点是：对事物、现实、感性，只是从客体的或者直观的形式去理解，而不是把它们当作人的感性活动，当作实践去理解，不是从主观方面去理解。所以，结果竟是这样，和唯物主义相反，唯心主义却发展了能动的方面，但只是抽象地发展了，因为唯心主义当然是不知道真正现实的、感性的活动本身的。"①在马克思看来，首先，对于事物、现实、感性不能像旧唯物主义者那样仅仅从客体的和直观的方面去理解，而是应当从主体方面、实践方面去理解，从"它同人的本质的联系上"②去理解；其次，要发挥和强调人的能动方面，但不能像唯心主义者那样仅仅从抽象的方面去发展，而应当立足于人的真正现实的、感性的活动去发展。因此，马克思尤其强调革命的、实践批判活动的意义，认为，"环境的改变和人的活动的一致，只能被看作是并合理地理解为革命的实践"③。从实践的方面、主体的方面、能动的方面去理解人与世界关系，理解人在世界中的地位，理解人对世界的自觉能动掌握和自主能动创造，是马克思主义哲学最基本的原则之一，也是其最主要的方法。

在马克思主义哲学看来，在人与世界的复杂关系中，人既是受动的，又是能动的。人是在自然界的漫长进化过程中通过自身的劳动而

---

① 马克思恩格斯选集(第1卷)[M].北京：人民出版社，1972：16.
② 马克思恩格斯全集(第42卷)[M].北京：人民出版社，1979：127.
③ 马克思恩格斯选集(第1卷)[M].北京：人民出版社，1979：17.

从自然界中分化和提升出来的,似乎有一种对于自然界的超越性。但人对自然界的超越性并没有从根本上改变外部自然界对于人的优先地位。人仍然是自然界的一部分,必须依赖自然界并服从自然界的规律才能生存、活动和发展。但是,人对自然界的依赖和服从不同于动物对自然的依赖和服从。动物只能通过机体的适应性改变来顺应自然界的变化,人则可以积极能动地作为主体来自觉地掌握和利用自然界,把自然界变成人的物质的和精神的生活与活动的一部分,使之成为人的"无机的身体""精神的无机界"。由此可见,只有从人的主体性存在、活动和发展出发,才能理解人与世界关系和人在世界中的主体地位。

人是一种社会存在物。人只有在一定的社会关系和社会组织中,以社会性主体的身份出现,才能在人的意义上按人的方式实现对自然界的掌握和利用,也才能达到对社会力量的掌握和使用。社会关系和社会组织本来是作为人掌握自然界的社会形式和工具而发挥作用的,但它们一旦形成便具有一种独立于其中任何个体的存在方式和运动形式,有自己的不以任何个体意志为转移的总体性运动规律,成为人所赖以生存和发展的世界的一部分,也成为人们必须在理论上和实践上不断对其加以认识和掌握的对象。马克思指出:"因为人的本质是人的真正的社会联系,所以人在积极实现自己本质的过程中创造、生产人的社会联系、社会本质,……有没有这种社会联系,是不以人为转移的;但是,只要人不承认自己是人,因而不按照人的样子来组织世界,这种社会联系就以异化的形式出现。"所谓"按照人的样子来组织世界",就是把人作为主体的"内在的尺度"运用到对象上去,使外部世界成为人的内在本性的合理显现,使社会关系和社会组织真正成为巩固人的主体地位、强化人的主体能力、发挥人的主体功能的积极力量。

从人的功能性特征和价值性追求来看,人作为主体总是力求掌握那个自己赖以生存的世界(人属世界),并且通过自己的自觉能动的创造活动去建构一个更加美好、完满、和谐的对象世界(属人世界)。这就要求他们不断地强化和发挥自己的创造性、主体性。历史的发展表明,在人与世界的关系中,一方面是人的主体性的强化,另一方面是对象化了的主体能力又作为一种客体性力量加入自然力量之中而对人的活动施以更大的约束,使人的受动性也相应增强起来。当代全球一体化的历史进程,一方面使个人、群体以至人类在全球范围内相互依赖、相互制约，又相互促进、相互激励，另一方面要求人的主体性在全球范围内得到增强、发挥和实现，要求人类更加自觉有效地去寻求限定中的超越，去创造更加美好的未来理想世界。马克思主义哲学自觉地以当代人类的这种时代性追求为自己的任务和使命，应当以此为基本线索，去考察外部世界怎样通过人类实践而不断转化为属人的世界，掌握自然世界、社会世界、人性世界的相关发展规律，掌握人与世界关系的历史进化过程、现实结构和未来走向，真正成为能够促进人类主体性自我强化、自我更新的主体性哲学。

四、系统性原则

根据以上各项原则，马克思主义的当代形态不太可能是单一方面、单一层次、单一学科的僵硬体系，而应当是多方面、多类别、多层次、多分支哲学内在交织、有机构成并处于不断流动、变化、更新与发展之中的哲学学科群，是一个充满生命与活力的有机动态理论系统。

马克思主义哲学形态的系统性特征是由其对象的复杂多变性、其研究主体的个别特殊性和哲学理论的自组织特性等因素综合性地造就和决定的。

从对象方面来讲，马克思主义哲学以人与世界关系及其当代特点为对象，是对现今时代精神之精华的哲学概括。人与世界关系是一个极为复杂的总体性动态系统，包含着不可穷尽的许多方面和层次，处于生生不息的运动和变化过程之中。对于这样一个系统，不仅可以通过各种具体的科学从不同的方面和不同的层次进行研究，而且在最抽象的哲学水平和层次上，也可以有不同的研究角度、重点和思路。应该说，正是人与世界各自内部关系及相互关系的复杂多变性，为马克思主义哲学当代形态的多样性和系统性特征提供了对象性前提和基础。

从哲学研究的主体方面来看，我们多次谈到，哲学研究是一种高度个性化的活动。哲学追求最普遍的、无限的东西，但哲学家对世界普遍性和无限性的真正追求及其积极成果却必须也必然是高度个性化的。只有真正具有个性的哲学才能对社会发生影响并在人类哲学思维的发展进程中留下自己的痕迹和印记。哲学的个性，可以是对人与世界关系的某些特定方面、层次、内容的专门哲学研究，是对哲学对象的特殊性的哲学概括和提升；也可以是哲学家以特殊思路与方法对某些普遍性哲学问题作出的独创性解答，它主要体现哲学家的个性和水平。在哲学发展史上，一方面是人与世界关系的时代性发展不断地提出新的哲学问题，从而作为一种对象性前提推动着哲学的形态变革；另一方面是一个个优秀的哲学家对历史上遗留的和现实中生成的哲学问题作出创造性解答，从而作为一种主体性条件推动哲学的发展。真正的哲学家都是有个性的，不同个性的哲学家之间可以互补、互渗，从而形成一定的哲学家群体。一定时代的哲学家群体之间相互论争、相互启迪，造成一定时代的哲学状况，形成具有一定时代特色的哲学形态。而这种形态必然既区别于历史上其他哲学的时代性特色，又蕴含着哲学家的个性特色。

从哲学理论的内部架构来看，对象的复杂性和哲学家的个体性，必然造成哲学理论体系在内容和形式上的多样性。这种多样性既表现为哲学形态的多层次性，也表现为同一层次哲学理论的多方面性，还表现为在同一哲学问题上的多学派性等。

正是由于上述原因，人类哲学的发展可以说是一个在不断分化的基础上持续综合的过程，也可以说是在不断综合的水平上持续分化的过程。所谓分化，即哲学内部和哲学与非哲学之间以越来越具体的方式联系起来，产生出越来越多的新的分支哲学，使后起的哲学呈现出主题分化、个性增强和层次增多的发展趋向。所谓综合，则是随着人类实践的整体化和科学的一体化发展，各种哲学流派之间的交织与互渗日益增强，哲学规范的通约和转换渠道增加，哲学方法的互鉴互通增强，人类哲学思维在分化的基础上向着整体化方向发展。

分化与综合的双向交织和互渗运动不仅是人类哲学发展的重要特点，也是各种具体哲学派别、哲学理论发展的普遍规律之一。哲学的发展既有很强的历史继承性，又有很强的时代创造性。一方面，那些最为古老的基本的哲学问题会持续地留存下来，要求各个时代的人们根据自己的认识水准和时代特点来加以回答，从而展示出哲学发展中的历史延续性，形成一定的哲学传统，使那些古老的传统哲学领域（如本体论、认识论等）能够得以延续和发展，而这些最为基本的哲学问题则成为哲学传统中的基线和中轴。另一方面，每一时代的哲学家们立足于自己的实践和时代来思考和回答这些传统哲学问题，必然力求超越前人已经达到的极限而达至新的思想高度和理论深度，展示自己的特色，从而使传统哲学问题获得新的时代特色,使传统哲学领域获得新的理论形式。不仅如此,人类实践的发展还会促进人与世界关系的演进,不同历史时代的人与世界关系还会萌生和凸现出一些新的哲学问题,诱使或迫使当时的哲学家们去加以探索,从而生产出新的哲学理论或创造出新的哲学分支学科。这些新的分支理论与学科既保持与人类哲学传统的一定联系,又有自己的独特时代内容和形式结构,从而展示出哲学发展的多样性与生动性。

马克思主义哲学的当代发展也是这样。马克思主义哲学的产生与形成,承继了人类文化的思想精华,概括了人类文明的活的灵魂,又立足于当代的社会实践和科学成果;既是人类哲学传统的继承,又是其发展。因此,它既要以自己的方式回答历史上长期争论不休的哲学问题,从而保有传统分支哲学的理论地位,又要关注现时代人类生存和发展中的重大哲学问题,从而拥有比过去的哲学更为丰富的理论内容和哲学分支。

例如,在哲学史上,人与世界的关系问题被哲学地抽象为思维和存在的关系问题。围绕思维和存在谁是本原的、谁是派生的,以及思维和存在是否具有同一性,哲学家们一直争论不休,致使思维和存在的关系问题成了哲学的基本问题。对这个基本问题的本体论方面、认识论方面的研究和回答以及由此衍生的各种哲学学说、哲学体系,构成了以往哲学的基本内容。应该说,关于思维和存在的关系问题的本体论方面与认识论方面的研究和回答,对马克思主义哲学来说也是不能回避,更是不能排斥的。因此,在马克思主义哲学中,同样包含了本体论和认识论方面的内容。当然,同其他任何哲学相比,马克思主义哲学都具有全新的意义,它作为辩证的、历史的、人道的、实践的唯物主义,切实地立足于发展着的人类社会实践,具有极大的开放性。它不满足于已有的内容,不执着于现成的形式,不把自己禁锢在一个一成不变的封闭体系内。它将随着在实践的基础上人与世界关系的开放性的展开,不断集中其中的精髓,以丰富自己的内容,并选择适应于这种内容的形式。这就为后人在新的内容和形式相统一的基础上探索和建构马克思主义哲学的新形态、新体系留下了广阔的可能性。应该说,马克思主义哲学产生一个半世纪以来,也正是沿着这种在深度分化的基础上高度综合,又在高度综合的过程中深度分化的发展道路,变得愈加丰富、生动、多样。

从总体上来看,探索和建构马克思主义哲学的当代形态,必须自觉放眼当代世界哲学,把握和促进人类哲学思维的未来发展。一百多年深度分化与高度综合的当代实践和当代科学促成了当代哲学的深度分化与高度综合,改变了马克思主义的哲学背景和哲学基础。我们必须从根本上改变忽视甚至拒斥当代西方哲学和中国传统哲学的态度及做法,把非马克思主义哲学及其研究成果纳入马克思主义哲学研究的当代视野,作为建构马克思主义哲学当代形态的重要思想资源。应当看到,在当代世界哲学中,一方面是古老的自然哲学、社会历史哲学、人的哲学、宗教哲学、道德哲学等传统分支哲学都在与当代实践与当代科学的撞击中探寻着自己的当代命运和当代意义;另一方面是实践问题、语言问题、思维问题、逻辑问题、符号问题、理解问题、解释问题、情感问题、信仰问题、生态问题、女权问题等更加鲜明地凸现出来,成为马克思主义哲学与当代西方哲学和中国传统哲学之间的新的结合点,成为探索和建构马克思主义哲学当代形态的新的问题群和生长点。

马克思主义哲学形态的当代建构,既应是我国哲学研究进程合乎逻辑的承接和发展,又应是对其现存问题和局限的克服与超越,带有形态学意义上的革命性。1978年以来,我国哲学研究取得了前所未有的发展和空前丰硕的成果,形成了马克思主义哲学、西方哲学、中国哲学三足鼎立而与其他分支哲学相伴相随的局面,相应形成了以各分支哲学为轴心的研究群体,一些哲学共同体正在形成,这是可喜的。但尚存的一个显著问题是各分支哲学之间相互分离甚至完全隔离,各研究者主要在各自学科内甚至问题域内活动而少有学科际的沟通、交流与合作。即使马克思主义哲学研究内部也存在着亚分支学科之间的严重分离与脱节。以分门别类的科学方式来研究哲学,缺乏对于哲学发展的整体视野和整体规划,难以以真正哲学的方式来研究和发展哲学。我们认为,马克思主义哲学的当代形态,无论就其理论内容还是形式结构而言,都应当是包含着多方面、多层次、多分支而又具有严密内在逻辑结构的哲学学科群。这种学科群的体系结构表达着人类哲学思维在当代所达到的广度、深度、合理度和缜密程度,代表着当代马克思主义哲学工作者所达到的哲学极限。

就其内部层次结构而言,马克思主义的哲学学科群大体上可以分为四个主要层次。

其一，马克思主义的元哲学层面，包括马克思主义哲学观、哲学形态学、哲学方法论、哲学体系学等，主要解决哲学自身发展中的元问题，即前提性、基础性、原则性问题。对这一层次问题的解答对于整个马克思主义哲学的发展具有制约和导向的作用。

其二，分支哲学间关系层面，主要处理马克思主义哲学与其他哲学分支学科的关系。按照我国国务院最新颁布的哲学学科目录，哲学内含马克思主义哲学、中国哲学、外国哲学、伦理学、逻辑学、科学技术哲学、美学、宗教学等8个二级分支学科。马克思主义哲学与其他各分支哲学之间都存在着非常密切的交织与互渗关系。如与外国哲学相交叉的有国外马克思主义哲学，与中国哲学相交叉的有当代中国的马克思主义哲学，与伦理学相交叉的有马克思主义伦理学，与美学相交叉的有马克思主义美学，与宗教学相交叉的有马克思主义宗教学，等等。它们之间互相交织、渗透、贯通，而对这些交叉、互渗学科的研究既需依托于其原有学科的整体背景，又须有马克思主义哲学的视野、思路和方法。努力理顺各分支学科之间的关系，建构起合理有效的内在体系，对于建构马克思主义哲学的当代形态至关重要。

其三，在各分支哲学内部，要注意解决其历史与现状、理论与著作、体系与问题等之间的内在关系，建立起既有相对稳定性又有极大开放性的分支哲学形态。在马克思主义哲学中，既有马克思主义哲学史、马克思主义哲学原著、马克思主义哲学原理的关系等细分主题，也有本体论、认识论、立体论、实践论、价值论、评价论、方法论等分支哲学，还有马克思、恩格斯、列宁、斯大林、毛泽东、邓小平等人物哲学，也有当代一些专业哲学工作者的个性化哲学理论与体系等，它们构成一个有机网络。只有对它们之间的关系做综合性考察与整体性建构，才能理顺其关系，建设起结构合理的分支哲学体系。

其四，亚分支哲学层面，应努力在马克思主义哲学与实践、科学、文化等的相互结合和渗透关系中建立和发展各种新兴的亚分支哲学系列，如马克思主义的社会哲学、历史哲学、政治哲学、教育哲学、文化哲学、科学哲学、社会科学哲学、语言哲学，以及生态哲学、女权哲学等；又如马克思主义的社会认识论、科学认识论、道德认识论、文化认识论等；还如马克思主义的社会本体论、社会进步论、社会评价论、社会控制论、社会风俗论、社会心态论、社会理解论、社会理想论、社会决策论、社会认识方法论、社会认识进化论等。一方面通过这么多的亚分支哲学系列而使马克思主义哲学与现实的社会实践和科学之间达到更加细致的相互沟通与渗透，使哲学能有更坚实的实践和科学基础；另一方面通过这众多的亚分支哲学而使原来处于内部分离状态的哲学分支学科之间更加有机地成为一体，形成动态有机网络体系。

五、整体性原则

马克思主义哲学的当代形态应当是一个多方面、多层次、多分支的动态哲学学科群。但这并不妨碍我们去建构多种总体性的理论体系结构。过去这方面的任务主要是通过哲学教科书来实现的。

我们认为，马克思主义哲学的体系结构应当成为人与世界关系总体性结构的逻辑再现。从马克思主义哲学的开放性特点来看，它的体系不应该局限于某种固定不变的模式，而应是多种多样的。在我国现行教科书中的马克思主义哲学体系，从宏观上来看基本上是由物质观、辩证法、认识论、历史观等几个部分组成的，其内部的范畴和原理的组合结构，也大体上遵循一种固定不变的模式。这种体系结构，基本上没有超越传统的本体论—认识论的静态组合模式。现在很多人对这种模式已经感到不满意了，并正在为建构新的马克思主义哲学体系进行探索。

如前所述，从根本上来说，哲学应该是研究人与世界的总体性关系的。因此，一个完整的哲学体系结构应该是人与世界关系总体性结构的逻辑再现，对人与世界的关系可以从不同的角度和重点进行研究，例如本体论的研究和认识论的研究（在哲学史和现代哲学中，就有所谓本体论主义和认识论主义）。而本体论和认识论也确实是哲学中的主要部分。但是，如果本体论和认识论离开了人与世界的总体性关系，或本体论和认识论互相脱离，它们就会失去自己的客观性基础。为了丰富和发展马克思主义哲学的内容，并使之具有适当的表现形式和体系结构，我们应该根据以科技革命和社会改革为中心的现代社会实践所提出的大量时代性课题，对人与世界的总体性关系及其现代形态做整体性的一体化考察。通过这种考察，我们可以建构起同人与世界关系的总体性结构相一致的马克思主义哲学体系结构。这种体系结构不仅可以不再拘泥、执着于本体论（包括社会本体论或历史观）和认识论的板块结合模式,而且可以把过去那些从哲学中分化出去的对象领域内所存在的必须从哲学层次上加以考察的普遍性问题重新纳入马克思主义哲学中来(当然,这并不是由哲学来取代具体学科对这些对象领域的独立研究,而只是使这些对象领域中的普遍性问题获得一种哲学层次上的跃迁)。这样,马克思主义哲学就能够在更加现实的基础上以自己更加完备的形式来同世界发生联系,从而在更加深广的总体上把握人与世界的关系,同时也能够在更加普遍的意义上发挥其指导人们处理和驾驭自己与世界的关系的功能。

基于以上考虑,我和夏甄陶教授曾提出以实践的唯物主义为理论基石,以现代社会实践为现实基础,以人与世界的总体性关系、人对世界的自觉能动掌握和对属人世界的自觉能动创造为基本线索和基本内容,将本体论(包括历史观)和认识论(包括实践论和方法论)内在地统一起来,在逻辑与历史、理论与现实的统一中探索马克思主义哲学的新体系。按照我们的初步构想,马克思主义哲学的新体系可以由如下几个部分组成。

(1)总论。首先论述哲学一般,包括哲学的对象、性质、特点和功能。其次考察哲学发生发展的历史逻辑及当代哲学的发展趋势。再次是阐明马克思主义哲学的产生在哲学史上所实现的变革的意义,特别要着重分析作为马克思主义哲学主要功能特征的实践的唯物主义的本质规定和当代人与世界关系的时代性特点对马克思主义哲学所提出的要求。

(2)人与世界关系的发生学前提。马克思主义哲学要研究人与世界的总体性关系及其一般规律,首先就必须研究这种关系是如何发生的。这里包括人与世界关系发生的自然史前提、人类学前提、社会史前提。在研究这些前提的时候,必须根据现代科学(包括自然科学、人文科学、社会科学)所提供的材料,从哲学上进行抽象和概括,以提供一个自然—人类—社会相统一的辩证的、历史的世界图景。

(3)人与世界关系的结构形式和内容。人与世界的关系是一个总体性提法,它本身还可以从不同的角度进行哲学抽象。但就其现实性来说,人与世界的关系是通过具体的形式表现出来的,这就是主体与客体通过一定的中介系统所发生的关系。因此,要研究人与世界关系的具体表现形式,就必须分别研究人在处理自己与世界关系中的主体地位、作为主体活动对象的客体、主体与客体相互作用的中介系统。人与世界的关系不是一种外在的形式上的关系。为了揭示人与世界关系的实质内容,还必须全面研究人对世界的依赖和掌握这两个方面的内在联系和本质。

(4)人掌握世界的基本方式。人与世界的关系是一种必然的关系。这种关系的实质和发展趋势是人类在依赖外部世界的前提下,通过自己的多种能动的活动不断掌握世界和追求与创造属人的理想对象世界。在这一部分中,除了研究人类掌握世界的目标系统以外,还要根据人类处理自己同世界的关系的基本形式,分别考察人类掌握世界的实践方式、理智方式、宗教方式和艺术方式,以及人类的自我掌握和自律方式。

(5)人与世界关系的进化结构。人与世界的关系不是一种静止的平面关系。它不仅有空间上的拓展和深化,而且有时间上的进化和发展。空间上的拓展和深化是通过时间上的进化和发展实现的,而时间上的进化和发展必然伴随着空间上的拓展和深化。人与世界关系的总的进化趋势是向着越来越"膨胀"、越来越理想的属人世界的运动。为了揭示这种进化趋势,我们认为应该分别考察人与世界关系的进化、物质运动中的新质进化阶段的特点和标准、人与世界关系进化的内在机制、人与世界关系的加速度发展以及人与世界关系的持续和谐发展。

这就是我们按照整体性原则思考人与世界的关系所提出来的研究马克思主义哲学的一个新体系的基本骨架。我们力图使这个体系的逻辑结构符合人与世界关系的总体结构,符合人与世界关系的发生、表现形式和实现方式。实质内容和目标指向以及进化趋势,都能按照历史和逻辑的统一,在这个体系中展现出来。我们还力图打破现行教科书中那种本体论(包括历史观)—认识论的板块组合结构,把教科书中所包含的关于马克思主义哲学的基本范畴、基本原理,按照这个体系结构的内在逻辑的要求而适当地展开,并且把现代社会实践所体现的人与世界关系的时代内容、时代特点尽可能地集中到这个体系中来。

当然,这只是关于人与世界关系的哲学探索中的一种构想,它并不排斥,更不拒斥其他可能的构想。我们认为,所有研究者的每次研究和每个体系建构实际上都主要从一种视角出发运用一种思路来展开自己的构想,因而都难免有其局限。但正是由于许多研究者不断地从各种视角出发运用各种思路来推进自己的研究,因而又能相互克服各自的局限,达到一种互补和互构。如果条件允许提倡这种既有个性化又有互补性的研究,并将其不断地推向深入,则马克思主义哲学的当代形态将由此而得到建构和表现。

第四编 分支哲学和问题哲学研究

对实践的唯物主义、本体论、主体论、价值论、评价论、社会认识论、文化学、社会科学哲学以及中国特色社会主义等领域的前沿问题和热点问题进行专门探索，提出和探寻了一条个性化的哲学研究道路。

第十五章 实践的唯物主义及其当代意义

探索唯物主义哲学的当代形态是当代马克思主义哲学工作者的重要历史责任。这一任务需要我们在方法、内容、规范、体系多方面展开研究。本章认为,实践的唯物主义是马克思主义哲学的一个关键规定,应从实践唯物主义的原则和方法出发,探索唯物主义哲学新形态。实践性是马克思主义哲学最本质、最重要的特征之一,只有立足于实践性,才能理解马克思主义哲学的唯物性、辩证性、历史性、人道性之间的有机统一。实践的唯物主义是对旧的直观唯物主义的超越,是"合理形态"的辩证法,是批判的、革命的、开放的。实践的唯物主义把人、自然、社会看作一个有机的系统,以实践为基础来研究人与世界的总体性关系,不断推进人的本质力量和普遍性的开放发展。在现代科学技术革命和社会改革为主流的现代社会实践中,我们应运用实践的唯物主义和"合理形态"的辩证法,强化人的主体性地位,使社会实践更加科学化、合理化。

实践是人与外部世界进行物质、能量和信息变换的感性活动,是人的本质力量的对象性表现和实现,实现着人的内在尺度和外在事物的尺度的统一。实践的唯物主义,作为马克思主义哲学的唯物主义的一个关键性规定,一方面从感性活动方面理解人,以唯物主义的能动性观点来科学地理解实践;另一方面又从人的实践的角度来理解感性世界,理解人与世界关系及其时代特点,帮助人们更好地从事对现存世界的理论批判和实践批判。这不仅使理论趋向于实践,去反映和表达实践,而且使实践趋向于正确的理论,在双向批判的基础上去从事双向建构,发挥出自己的创造性社会功能。实践的唯物主义,代表着马克思主义哲学的重要方面,是唯物主义哲学的当代形态。立足于实践的唯物主义,才能更好地理解马克思主义哲学的辩证法,使之成为一种合理形态的辩证法。也只有强化马克思主义哲学作为实践的唯物主义的功能,才能更好地克服和削弱人类实践的反主体性效应,强化其主体性效应,发挥出马克思主义哲学的当代社会功能。

一、探索唯物主义哲学的当代形态

恩格斯曾经指出,与唯心主义一样,唯物主义哲学也要随着科技革命和社会运动的时代性发展而不断地改变自己的形态。哲学形态的改变不是自发地和自然地实现的,而是通过哲学家们的自觉研究和创造性探索活动而实现的。探索唯物主义哲学的当代形态是当代马克思主义哲学工作者的重要历史责任。

哲学形态是哲学内容与哲学形式、哲学方法与哲学体系的有机统一。探索唯物主义哲学的当代形态,需要我们在多方面展开工作:一是研究新的唯物主义哲学方法,二是充实新的唯物主义哲学内容,三是提炼新的唯物主义哲学规范,四是建构新的唯物主义哲学体系。在以上四个方面中,研究方法的科学更新,即从方法论上吸收自然科学与社会科学的积极成果,借鉴、移植和改造自然科学与社会科学研究方法,在哲学形态的更替中居于前导的地位。运用唯物主义的新方法去把握科技革命和人类解放运动的时代性进步,必然造成哲学理论内容的实质性突破、充实和发展。哲学内容的丰富和发展与哲学规范的科学更新以及新的哲学概念、范畴体系的形成是相辅相成的。哲学内容与哲学形式的相关变化必然酿出新的哲学体系,演化出新的哲学形态。

哲学形态的历史性更替,直接地反映着当时先进的哲学思想家们在研究视角上的转换和研究水平上的深化,遵循着哲学发展的内在逻辑和哲学自己构成自己的道路;从根本上来说,则依赖于哲学对象的时代性发展,是一定历史时代的精神和时代特点的哲学再现。因此,探索唯物主义哲学的当代形态,归根到底,是要以哲学方式更加科学地把握当代社会实践的本质内容,集中再现当今时代的本质特点。应该说,与马克思和恩格斯所处的那个历史时期相比,科技进步与人类自由解放这两大基本潮流和基本趋向并没有变,但它们在内容上和形式上却发生了相当大的变化。社会的全面信息化使当代社会实践在高度分化的基础上高度综合,人类在社会历史活动中主体性的不断强化加速了人的对象化和自然界的人化这一双向运动过程,人在越来越大的范围、越来越广的领域和越来越深的层次上成为自己生活的世界的主人,同时也越来越严重地受到自己所创造的对象世界的制约和限制,人作为主体而对于人属世界的自觉能动掌握和对属人世界的自觉能动创造显得日益突出和重要,也变得日益复杂和困难。现代信息论、控制论和系统科学的迅速兴起,体现并促进着当代自然科学和社会科学相互交织、渗透和综合化的发展趋向,也使得建立起具有时代特色的一体化方法论体系成为可能。当代社会实践的发展,不仅为唯物主义哲学形态的时代性发展提供了对象性前提、方法论基础,也提出了功能方面的要求,马克思主义哲学作为实践的唯物主义的本质特征变得更加明显和突出。

马克思主义哲学是一种立足于批判的、革命的实践活动,从总体上反映人与世界的关系的根本特征的唯物主义哲学,是超越了唯心主义和旧的、直观的唯物主义的崭新的哲学,即实践的唯物主义哲学。

马克思在 1845 年春天所写的《关于费尔巴哈的提纲》,实际上就是一个关于实践的唯物主义哲学的基本纲领。恩格斯把这个提纲看作"作为包含着新世界观的天才萌芽的第一个文件"。我们认为,所谓新世界观,实际上也就是实践的唯物主义。在这个提纲中,马克思明确地把"实践活动的唯物主义"同旧的、直观的唯物主义对立起来,突出强调了"革命的""实践批判的"活动的意义,包含着既要从感性活动、从实践来理解人、主体和人的社会生活,又要从人的、主体的感性活动和实践方面来理解对象、现实、感性,来理解人的思维的现实性和力量,来理解人与现存世界的关系的思想。马克思既批判了离开主体,离开人的感性活动、实践去理解对象、现实、感性的旧的、直观的唯物主义,又批判了不知道真正现实的、感性的活动本身,而只是抽象地发展了能动方面的唯心主义。在这个提纲中,马克思不仅把现实的实践作为自己整个哲学理论赖以建构的现实基础,使自己的哲学具有同自己时代的实践(正是这种实践创造了具有自己时代特征的文明和时代内容,而哲学则是这种文明和时代内容的灵魂和精华,因而也是这种实践的"精髓")相适应的内容,而且还特别强调"哲学家们只是用不同的方式解释世界,问题在于改变世界",明确指出了实践的唯物主义哲学应有的功能。

不久之后,马克思和恩格斯在他们所写的《德意志意识形态》这一著作中,更明确地把共产主义者直接叫作"实践的唯物主义者",并强调对实践的唯物主义者来说,"全部问题都在于使现存世界革命化,实际地反对和改变现存的事物"。在这一著作中,马克思和恩格斯指出了费尔巴哈"把人只看作是感性对象,而不是感性活动"的局限性,同时也指出了他对感性世界的理解仅仅局限于"单纯的直观""单纯的感觉"的缺点;他们强调自己的出发点"是从事实际活动的人",并把人的现实的感性活动看作人的"整个现存的感性世界的基础",人们周围的感性世界"是世世代代活动的结果"。

我们认为,实践的唯物主义集中地表达了马克思主义哲学在内容上和功能上的根本特征。在这两方面,它都实现了对唯心主义和旧的、直观的唯物主义的超越。因此,马克思主义哲学按其本质来说,是实践的唯物主义。

"实践的唯物主义"包含着双重的含义:一是坚持唯物主义的方式理论地解释世界,二是坚持以唯物主义的方式实践地变革世界。在科学的实践观基础上研究和探索其他各种哲学问题,是马克思和恩格斯当年创立自己的哲学体系的基本出发点。实践的唯物主义不仅表明了马克思主义哲学的本质特征,而且规定了马克思主义哲学的基本对象和基本内容,是我们今天研究当代社会实践,掌握时代精神,以哲学方式概括和再现时代精神精华的重要指导原则和理论基石。马克思主义的哲学唯物主义既是辩证的、历史的,又是实践的。马克思主义哲学的辩证性、历史性根源于它的实践性。因此,如果说辩证唯物主义和历史唯物主义主要是从性质上标示马克思主义哲学的特征,则实践的唯物主义侧重从功能方面标示马克思主义哲学的特征。相比之下,实践的唯物主义更确切地表达了马克思主义哲学区别于历史上的各种哲学体系和现代西方各种哲学流派的功能特征。建立马克思主义哲学的新体系，探索唯物主义哲学的新形态，有必要认真发掘马克思主义创始人在这方面的丰富思想，根据当代社会实践的特点进行新的哲学理论概括，并把实践的唯物主义作为一条基本线索贯穿于对哲学新体系的建构和对哲学新形态的探索之中。

以实践唯物主义的原则和方法去建构马克思主义哲学的新体系、探索其新形态，这可以在不同的方面和层次上展开：一是对于哲学体系的总体建构；二是在本体论、历史观、认识论、方法论意义上的分别研究。在这些方面的研究中都应切实贯彻实践唯物主义的基本原则。

现代意义上的唯物主义本体论研究不应是脱离人类存在和活动的自然本体，而应是包括人的社会历史存在和自觉能动活动在内的本体，是人的实践活动参与其中的现实世界的运动和发展。因此，这里讲的本体，是自然本体、社会本体和人类本体的统一，是物质存在和精神存在的统一，是实体存在、关系存在和规律存在的统一，是物体运动、机体运动和人类活动的和谐与统一。本体论研究的现代意义，正在于以哲学方式描绘出与现代人的生存、活动和发展有关并以其为中心而结合为一体的现代世界哲学图景，给人们以科学的哲学世界观，从根本上帮助人们正确认识和确定自己在世界总体复杂历史运动中的位置、职责、使命和任务，更加自觉和合理地处理自身与世界的各种关系。

现代意义上的唯物主义认识论则应科学地揭示人类认识向着实践目的的辩证运动。认识运动是一种有方向的运动。认识运动的方向性根源于并体现着它的实践性。人们在认识中对真善美的观念追求和理想建构，归根到底是为了在实践中创造真善美。正是在对真善美的统一追求和认识中，才有了主体的指向客体功利效用的价值目标和向往完美和谐的审美尺度，才有了认知因素与非认知因素的交织和渗透，才有了理性因素与非理性因素的融汇和转换问题，也才有了理论理念向实践理念的转换和过渡问题，等等。认识中的主体性原则归根到底只能在认识向着实践目的的趋向和接近运动中得到合乎实际的说明。

现代意义上的唯物主义方法论，则应立足于人类的自觉能动实践来揭示主体—客体交互作用的方法系统。人类对物质自然界的优越性并没能从根本上改变人对外部世界的绝对依赖性，人类作为主体所从事的全部活动都是为了在承认外部世界对自身的优先存在的前提下实现对外部世界的能动掌握。主体对客体的掌握是一种有中介的活动。主客体交互作用的中介系统包含着硬性的工具系统、中性的语言符号系统和软性的方法系统。方法系统作为主体操作工具系统和语言符号系统的规则和模式,实现着客体的自发运动形式向主体的自觉活动模式的转换,促使着主体活动规律向客体运动规律的趋近和靠拢,在中介系统中居于极重要的地位。过去谈到方法,仅仅谈到认识和思维方法,这是不全面的。当代社会实践的显著方法论特点是认识方法与实践方法、感性方法与理性方法、实证方法与逻辑方法等交错渗透,形成综合化、一体化的方法论体系。从哲学角度对方法论的现代发展作出科学的概括和总结,建立起充实有效的哲学方法库,无疑是现代哲学的重要任务。

还应有一门分支学科来研究人类实践活动,可以把它看作狭义上的唯物主义实践论。在广义上,社会生活在本质上是实践的。在狭义上,实践仅指人们积极地变革对象世界的活动。生产实践、社会变革、自我改造活动等都是这种意义上的实践论的主要研究对象。人类实践是一种积极的具有客观实在性的创造活动,在自觉意识支配下的直接现实性是实践活动的主要特点。过去我们讲实践和实践观,主要是在认识论意义上讲的。由于迄今为止,尚没有建立起完备的实践论体系,这样就不仅使得对认识问题的研究难以深化,也妨碍了我们对社会历史运动的实践本性的深入理解,使对社会历史观的研究难有真正的突破。

在上述分门别类地多角度全面研究的基础上,可以考虑建构实践唯物主义的完整理论体系。实践唯物主义哲学的全部功能可以归结为帮助人们更好地认识世界和改造世界,处理自身与外部世界的关系,当代社会实践则是现代人处理自身与外部世界关系的活动的当代形态。因此,人与世界关系及其时代特点可以看作实践唯物主义哲学的基本对象。在人与外部世界的关系中,不论是个体、群体还是人类总体都不是纯粹消极的和被动的,而是积极的和能动的。强化和发挥人在自己活动中的积极性、能动性和创造性,正是实践唯物主义哲学的重要任务。这样,就可以考虑以人作为主体而对人属世界的自觉能动掌握和对属人世界的自觉能动创造为基本线索,对人与世界关系从历史发生、现实结构、基本内容、当代形态、未来发展等各方面加以研究和探索,在历史与逻辑、理论与现实的统一中建构起新的哲学体系。这个体系是从多种角度运用多种方法综合考察人与世界关系及时代特点的理论成果,它包含了现有的本体论、历史观、认识论、实践论和方法论的基本内容,但不是它们简单相加构成的板块结构,而是逻辑严密、体系严整的具有时代特色的唯物主义哲学的当代形态。

二、实践的唯物主义与合理形态的辩证法

我们强调马克思主义哲学是实践的唯物主义,那么我们又怎样看待马克思主义哲学是辩证唯物主义和历史唯物主义这一传统的习惯说法呢?我们突出强调马克思主义哲学的实践性,又怎样理解它与马克思主义哲学的辩证性、历史性、人道性的关系呢?我们认为,实践性是马克思主义哲学最本质、最重要的特征之一,是马克思主义哲学区别和超越于一切唯心主义和旧唯物主义的根本之点,是正确理解马克思主义的唯物性、辩证性、历史性和人道性之间内在统一性的关键思路和有效视角,也是马克思主义哲学保持自己的科学性、革命性和批判性,从而不断自我更新、自我发展的根本动力。在这种意义上,只有立足于实践性,才能更加深刻地理解革命的人道主义、革命的辩证法。马克思主义哲学同时是"合理形态"的辩证法。

1. 实践的唯物主义对旧哲学的超越性

在这里,我们要着重指出的是,马克思之所以要把实践的唯物主义同旧的、直观的唯物主义加以区别,是因为前者不是离开主体、离开人的实践,单纯以直观的或"纯粹客观"的形式来理解现存世界(包括社会)及其辩证运动的。恰恰相反,它是从主体的方面,在人的感性活动、人的实践的基础上来理解现存世界及其辩证运动的。不仅如此,它还把作为主体的人的感性活动、实践作为一个必要的因素,甚至作为基础,包含于我们周围的现存的感性世界的辩证运动过程之中。实践本身就是以人为主体的属于人的感性世界的一种基本的自觉的辩证运动形式。作为辩证运动过程,人的感性活动、实践和属于人的感性世界,都是历史性的,它们既是同一定的历史前提相联系的历史的结果,又是历史本身。在马克思(和恩格斯)看来,只有这样,才是"按照事物的本来面目及其产生情况来理解事物"。同时,实践的唯物主义还在自身内蕴藏着一种内在的生命力,即它将随着人的感性活动、实践的发展,随着现存感性世界的辩证运动的展开,而不断丰富自己的内容,改变自己

的形式。因此,实践的唯物主义内在地包含着辩证的和历史的观点。但这里所谓辩证的和历史的观点,不仅同唯物主义紧密地联系在一起,而且是以实践和对实践的科学理解为基础的。正是在这个意义上,可以说实践的唯物主义比我们通常所说的辩证唯物主义和历史唯物主义,更能本质地体现马克思主义哲学在内容上和功能上的特点。

大家知道,实践的唯物主义虽然实现了对唯心主义和旧的、直观的唯物主义的超越,但并没有否定它们的合理的内容。比如,它只是否定了唯心主义对能动的方面的抽象的发展和神秘的理解,而没有否定能动的方面本身;它只是否定了旧唯物主义的单纯的直观性,而没有否定唯物主义的本体论前提。上述超越的意义就在于,以人的实践和对实践的科学理解为基础,把能动的方面作为新唯物主义的一个内在规定包含于自身,从而把辩证的和历史的观点同唯物主义的观点有机地结合起来成为一个整体(不是板块组合)。

因此,实践的唯物主义既承认现存感性世界的现实的客观存在和它作为人的活动的前提的优先地位;同时,它又不把现存的感性世界看作是某种开天辟地以来就已存在的、始终如一的东西,而是一个有人的感性活动、有人的实践参与其间的辩证的、历史的运动过程的结果。用马克思和恩格斯的话来说,人们周围的感性世界,"是历史的产物,是世世代代活动的结果"。很显然,实践的唯物主义这种立足于人的感性活动、立足于人的实践的对现存感性世界的理解是真正辩证的、历史的,因而它的内容必然内在地包含着深刻的辩证法,而这种辩证法同时也是关于现存世界、现存事物的深刻的历史的观点。这是一种以实践和对实践的科学理解为基础,并且是作为实践的唯物主义的内在规定的"合理形态"的辩证法。正因为如此,我们可以说实践的唯物主义同时也就是"合理形态"的辩证法。

马克思在创立和发展实践的唯物主义哲学的过程中,一方面批判了费尔巴哈的直观的唯物主义,另一方面又批判了黑格尔的建立在唯心主义基础之上的"神秘形式"的辩证法。

黑格尔的辩证法把思维过程或观念变成独立的主体,并把它看作现实事物(以及历史)的创造者,而现实事物(以及历史)只是它的外部表现。因此,马克思认为,"辩证法在黑格尔手中神秘化了"。而这种"神秘形式"的辩证法,在当时"成了德国的时髦东西,因为它似乎使现存事物显得光彩"。辩证法在黑格尔那里是倒立着的。"必须把它倒过来,以便发现神秘外壳中的合理内核"。马克思坚持的是"合理形态"的辩证法。这种辩证法不仅认为"观念的东西不外是移入人的头脑并在人的头脑中改造过的物质的东西而已",而且认为"在对现存事物的肯定的理解中同时包含对现存事物的否定的理解,即对现存事物的必然灭亡的理解;辩证法对每一种既成的形式都是从不断的运动中,因而也是从它的暂时性方面去理解;辩证法不崇拜任何东西,按其本质来说,它是批判的和革命的"。这种"合理形态"的辩证法,实际上也可以说就是实践的唯物主义,因为实践的唯物主义的本质就是批判的和革命的。反过来说,实践的唯物主义也可以说就是"合理形态"的辩证法,因为"合理形态"的辩证法按其本质来说也是批判的和革命的。总之,在马克思的哲学中,实践的唯物主义必然同时是"合理形态"的辩证法,"合理形态"的辩证法必然同时是实践的唯物主义。

2. 实践与辩证法的革命性

关于马克思的同实践的唯物主义不可分的"合理形态"的辩证法,首先必须指出的是,它不是对现存世界或现存事物的自发辩证运动的简单的直观或"纯粹的"客观描述。它对现存世界或现存事物的辩证运动的理解和掌握,是以人的感性活动、人的实践的展开为基础的。马克思和恩格斯在批判费尔巴哈的唯物主义的直观性的时候写道:"费尔巴哈特别谈到自然科学的直观,提到一些只有物理学家和化学家的眼睛才能识破的秘密,但是如果没有工业和商业,哪里会有自然科学呢?甚至这个'纯粹的'自然科学也只是由于商业和工业,由于人们的感性活动才达到自己的目的和获得自己的材料的。"

我们同样可以说,即使是"纯粹的"自然辩证法,也只是由于人们的感性活动,由于人们的实践的展开才被揭示的,而不是由哲学家的眼睛来识破的。当然,这里需要有高度发达的哲学理性思维,才能达到对自然辩证法的理论的理解和掌握。但是,哲学理性思维也必须通过人们的感性活动,通过实践,才能获得自己的材料,达到自己的目的。而且,哲学理性思维的发达,也是同人们的感性活动,同人们的实践的充分发展密切相关的。高度发达的哲学理性思维本身就是一种辩证思维。因此,从实践的唯物主义观点来看,现存世界、现存事物的辩证运动,必须在人们的感性活动,在人们的实践充分展开的基础上,并通过高度发达的哲学理性思维,才能得到合理的理解和如实的掌握。现存世界、现存事物由于其辩证运动,无论就其产生和存在来说,还是就其发展变化来说,都是历史性的;人们的感性活动、实践以及哲学的理性思维也是历史性的,因而人们对现存世界、现存事物的辩证运动的理解和掌握,也必然具有历史性。

但是,对实践的唯物主义或"合理形态"的辩证法来说,问题还不只是以人们的感性活动、实践为基础(通过哲学理性思维)表达对现存世界、现存事物的辩证运动的理解和掌握,以满足哲学理性思维的需要,更不是通过对现存世界、现存事物的辩证运动的客观描述,使它们"显得光彩",以便人们在精神上或感情上得到某种安慰和满足,重要的是把人们的具有批判性和革命性的感性活动、实践作为必要的因素,包含于或渗透于现存世界、现存事物的辩证运动之中,甚至作为这种辩证运动的基础,使之朝着有利于人的生存和发展的方向前进。人们的感性活动和实践的批判性、革命性本质,就是既要从现实出发,又要改变和超越现实,创造符合于人们需要与追求的理想的世界和对象。这可以说是人、人的世界和人与世界的关系的存在和发展,通过人的感性活动、实践所实现和表现出来的辩证法的本质。

马克思和恩格斯曾指出,对实践的唯物主义者来说,"全部问题都在于使现存世界革命化,实际地反对和改变现存的事物",这正是对"合理形态"的辩证法的批判的和革命的本质的概括表述,也是马克思的"合理形态"的辩证法不同于黑格尔的"使现存事物显得光彩"的"神秘形式"的辩证法的根本之点。

所谓使现存世界革命化,包括两个方面:一是通过理论的批判,使现存世界在理论上革命化;二是通过实践的批判,使现存世界在实践上革命化,这就是要实际地反对和改变现存的事物。这两个方面是互相联系、互相依赖的。但是,使现存世界革命化,实际地反对和改变现存的事物,首先必须肯定和认识现存世界、现存事物的"实有"或"本有",并从其肯定性存在中发现其否定性方面,从其现实性中发现其转化为新的现实的可能性;然后按照人们自己生存和发展的需要的尺度,对它们进行批判(包括评价、观念的或理论的加工改造和实践的加工改造),使之革命化,按照对人来说是"应有"的方向发展,并转变为对人来说是"应有"的(现实)世界和对象。

对现存世界、现存事物的理论的批判，使之在理论上革命化，是对现存世界、现存事物的实践的批判，使之在实践上成为革命化的前导。但理论的批判、理论上的革命化，又是根源于实践的批判、实践上的革命化的，并且前者不能取代后者。因为只有通过实践的批判、实践上的革命化，才能实际地改变和超越现存世界、现存事物。正如马克思所说的："批判的武器当然不能代替武器的批判，物质力量只能用物质力量来摧毁。"所以，如果没有批判的、革命的活动和实践，就不会有人和世界的关系，不会有人的世界甚至人本身的存在和发展。当然，离开了人的批判的、革命的活动和实践，也不可能真正辩证地和历史地理解人们面前现存感性世界的"本来面目及其产生情况"（马克思、恩格斯语）。因为人们面前现存的感性世界，正是以往人们的批判的、革命的实践活动的结果。

3. 实践和人与自然关系的辩证性

就人同自然界的关系来说，实践的唯物主义毫无疑问地肯定自然界对人的优先存在及其辩证运动的客观性。在人类产生以前，优先存在的自然界的辩证运动，是人类自然发生的自然史前提。在人类产生以后，它又是人类赖以生活、赖以活动的对象性基础。大家知道，人和动物一样，只有依赖于外部自然界才能生活。但是，人和动物不同，不是消极地、片面地适应现成的自然界，而是通过对自然界的掌握来实现自身的存在的。所谓对自然界的掌握，包括对现成自然界的改造和人化自然界的创造。而这种改造和创造，又包括观念的或理论的改造与创造和物质的或实践的改造与创造。通过这种改造和创造，自然界的事物转变为人们可以在精神上（自然科学、艺术）和物质上（物质生活、物质生产）享用和消化的对象，成为人的精神的和物质的生活与活动的一部分，成为人的自然界。

因此，从人的需要和功能特征上来看，人不满足于现实自然界的自发的辩证运动。人一方面必须利用自然的辩证运动规律，另一方面又必须把自己的感性活动、实践作为一种批判的、革命的因素，加入自然的辩证运动过程之中，使现实的自然界朝着有利于人的方向变化发展，并在符合于人的需要的形式上产生出自然界不会自然产生或不以这种形式产生的对象。因为按照自然界的自发的辩证运动，虽然在现存事物的肯定性存在中包含着自身否定的方面，在其现实性中包含着转化为新的现实的可能性,但这种自发的辩证运动不是有目的地向着人的(尽管它可以为人所利用,并且是人的有目的的活动所依据的客观尺度),自然界也不会自动地满足人,因而人决心主动地通过自己的活动按照自己的需要改造自然界,创造能满足人的需要的对象。这种改造和创造,既是按照自然界辩证运动的尺度进行的,又是按照人自己辩证地发展的尺度进行的,改造和创造的活动过程及其结果,是两种尺度的辩证统一。因此,这种改造与创造,是人与自然界之间的一种本质的辩证关系。

很明显,从实践的唯物主义和"合理形态"的辩证法的观点来看,人的活动、实践,是人能够赖以生活的自然界的辩证运动的一个必要因素,甚至是这种辩证运动的必要基础。如果没有这种因素和基础,尽管外部自然界的优先地位仍然保持着,它的自发的辩证运动仍然继续着,但不会有人的自然界。然而在实际上,人们现在生活于其间的现实的感性的自然界,早已不是先于人类历史而存在的那个自然界,而是一个包含着人类世世代代的改造和创造活动的结果的自然界。并且这个自然界正在随着人类的改造和创造活动的展开而不断扩展,优先存在的自在的自然界正在越来越广阔的范围内转化为人的自然界。

按照实践的唯物主义和"合理形态"的辩证法的观点,自然和历史不是两种互不相干的东西。在人们面前始终有历史的自然和自然的历史。在人们的感性活动、实践及其所创造的结果中,本来就有"人和自然的统一",而这种统一在每一个时代都随着人们的感性活动、实践及其结果的或快或慢的发展而不断改变。"人与自然的统一"就是人的自然界。人的感性活动、实践越发展,越具有普遍性,人的自然界也就越广阔。

4. 实践和人与社会关系的辩证性

人为了生活,不仅同自然界发生关系,而且在人与人之间必然发生一定的社会关系,首先是人们借以进行生产的社会关系,即社会生产关系。这种关系的总和就构成所谓社会。人总是生活在社会中,作为社会存在物同自然界发生关系。按照实践的唯物主义的观点,人的全部社会生活在本质上是实践的。正是通过实践(其中包括物质生产实践和社会变革实践以及满足人的其他社会生活需要的实践),人们不断生产和再生产自己的物质生活以及全部社会生活,不断建立和革新自己的生产关系以及全部社会关系。人的社会实践表现为双重关系:一方面是人与自然界的关系,另一方面是人自己的社会关系。这两个方面的关系是互相联系、互相依赖、互相促进的,并且是历史地互相适应的。这样我们就可以看到,人们赖以生活的或直接呈现在人们面前的感性世界,不仅有同人发生关系的自然界,而且有表现人自己的关系的社会。所以,属于人的感性世界,是一个统一的"自然—社会"系统。

社会是一个由人的各种关系结合而成的有机系统,是一个充满矛盾的辩证运动过程。而社会的辩证运动则是通过人们的批判的和革命的实践活动来实现和表现的。因为社会的各种矛盾产生于人们的实践活动,又只能通过实践活动来解决;解决原有的矛盾之后,又会产生新的矛盾。所以人们的社会实践活动本身是一个矛盾不断产生和不断解决的过程,是社会辩证运动的基本实现方式和表现形式。社会实践活动的连续前进过程,就构成人类社会的历史。离开了人们的社会实践活动,就不可能有人类社会和人类社会的历史。所以马克思和恩格斯指出:"历史什么事情也没有做,它'并不拥有任何无穷尽的丰富性',它并'没有在任何战斗中作战'!创造这一切,拥有这一切并为这一切而斗争的,不是'历史',而正是人,现实的、活生生的人。'历史'并不是把人当作达到自己目的的工具来利用的某种特殊的人格。历史不过是追求着自己目的的人的活动而已。"

但是,人的实践活动不是随心所欲的。人不能自由选择某一种社会形式,也不能任意创造社会历史。人们从一开始活动就总是碰到由前一代人所创立的社会形式。这种社会形式就是人们生活和活动于其间的现实的社会环境。当然,人们并不满足于现实的社会环境。特别是当这种环境妨碍着人们的发展需要甚至妨碍着人们的基本生存需要的满足时,人们就会通过批判的、革命的实践活动,力图改变和超越现实的社会环境,创造一种新的社会环境。但现实的社会环境又总是作为前提,制约着人们活动的方式和方向,并预先规定着未来社会环境的形式和性质。这一事实,就形成人们活动的历史中的联系,就形成人类社会的历史。马克思和恩格斯说:"历史的每一个阶段都遇到一定的物质结果,一定数量的生产力总和,人和自然以及人与人之间在历史上形成的关系,都遇到前一代传给后一代的大量生产力、资金和环境,尽管一方面这些生产力、资金和环境为新的一代所改变,但另一方面,它们也预先规定新的一代的生活条件,使它得到一定的发展和具有特殊的性质。"

这就是关于人类社会历史的实践的唯物主义观点,也是关于人类社会历史的"合理形态"的辩证法观点。按照这种观点,每一代人所生活于其中的现存的社会,都是前人实践活动的结果,而现存的社会又为新一代人的实践活动所改变。离开了人的实践活动,现存社会的存在和变化发展以及整个人类社会的历史,都不可能得到合理的解释。

5. 实践与人的普遍性

实践是人处理自己同外部世界的关系的一种最根本、最现实的形式。它既现实地表现出人的普遍性,又现实地标志着人赖以生活的世界的范围。也可以说,它是人的普遍性和人赖以生活的世界的范围之间的相关性的现实表现与现实标志。人的普遍性的内在根据是人自己的本质力量。但人的本质力量又不是在人自身内部凭空生长起来的,而是在人不断地处理自己同外部世界的关系的过程中,通过实践或在实践基础上通过其他形式(比如观念形式)改造外部世界所创获的成果的自然性积淀和社会性积淀。这种本质力量一经通过不同的方式为人所具有,它就成为人的普遍性的内在根据。而人的普遍性的外部表现则是通过实践或在实践基础上通过其他形式对外部世界进行改造,使之转化为人的精神的和物质的生活与活动的一部分。人也就因此而进一步获得和发展自己的本质力量。因此,在实践的唯物主义看来,实践是人获得和发展自己本质力量的基础,又对象性地实现、表现和确证着人的本质力量及由它所决定的人的普遍性,因而它也就必然现实地表现出和标志着人的普遍性和与此相适应的人赖以生活的世界的范围。

实践在本质上是批判的、革命的,因而也必然是开放性的。随着实践的开放性的展开,人的本质力量会越来越强大,人的普遍性会越来越发展,人赖以生活的世界的范围也会越来越广阔。但是,人的实践总是受一定历史条件的制约,它所表现的人的本质力量和普遍性都是历史性的,因而实践也是历史性的。实践的唯物主义虽然强调批判的、革命的实践活动的意义,并认为实践是现实的,但它并不认为任何现实的实践都是合理的。因此,它不仅强调要对现存世界、现存事物采取批判的、革命的态度,而且认为对实践本身以及在实践基础上形成的人的本质力量和普遍性也应该采取批判的、革命的态度。它并不把人的实践安置在一个固定不变的模式里,也不为人的本质力量和普遍性以及它们的实现形式设置某种固定不变的界限和范型。实践的唯物主义对现实的实践,对人的现实的本质力量(包括认识能力和实践能力)、普遍性和它们的实现形式及由这些实现形式所产生的结果,也总是用辩证的、历史的观点进行批判性的反思,通过这种批判性反思,探索变革、超越实践和人的本质力量与普遍性的现有模式、界限和范型的途径,以推进它们的开放性发展。而人的实践、本质力量和普遍性的开放性发展,又必将促进和扩展使现存世界革命化,实际地改变和超越现实的历史进程与空间范围。由此可见,实践的唯物主义对实践本身以及由实践所生成和表现的人的本质力量及普遍性的看法,也贯彻了"合理形态"的辩证法的观点。

实践的唯物主义哲学是以实践为基础来研究人与世界的总体性关系的。实践的唯物主义作为"不崇拜任何东西"的"合理形态"的辩证法,强调批判的、革命的实践活动的意义,也强调自己的批判性、革命性功能,因而它在本质上也必然以辩证的、历史的态度对待自己,不把自己看作一个最终完成了的封闭的体系。实践的唯物主义要研究和反映在实践基础上开放性地展开的人与世界的总体性关系,它本身就必须是开放性的。随着实践的发展,随着人与世界的关系的展开,实践的唯物主义也应该得到丰富和发展。只有这样,它本身才能真正成为"合理形态"的辩证法。

如前所述,实践的唯物主义强调使现存世界革命化。这种革命化一方面要诉诸理论的批判,另一方面要诉诸实践的批判。这两方面的批判都是人的本质力量和普遍性的实现方式。为了使理论的批判和实践的批判能够在更广泛的范围内和更深刻的程度上更有效地展开,实践的唯物主义还要求对理论的批判和实践的批判进行批判的反思。通过这两方面的批判和对它们的批判的反思,将不断地揭示人和世界以及它们之间的关系的丰富的和本质的内容。把这种内容哲学地集中起来,就一定能使实践的唯物主义得到丰富和发展。而这种丰富和发展,同时也包括对实践的唯物主义本身的批判性反思。

但是,实践的唯物主义哲学不能作为独立的主体实现自我丰富、自我发展和自我批判性反思。它只有通过哲学家(实践的唯物主义者)的头脑的思维,对人们处理自己同外部世界关系的理论的和实践的批判性活动进行批判性反思,把其中"最精致、最珍贵和看不见的精髓"哲学地集中起来,才能实现对实践的唯物主义的丰富和发展。但要实现这种丰富和发展,必须同时对实践的唯物主义的原有形态进行批判性反思。在这里特别重要的是,一个真正的实践的唯物主义者,必须正确理解实践的唯物主义和作为"合理形态"的辩证法所固有的批判性和革命性以及由此所决定的开放性的本质,并具有按照这种本质来对待实践的唯物主义的高度自觉的意识。而要做到这一点,又必须正确理解人们开放性地处理自己同外部世界的关系的批判性、革命性活动的意义,并正确处理实践的唯物主义同这种批判性、革命性活动的关系。

在现代,科技革命的蓬勃发展和社会改革的广泛兴起,表明人类对世界的理论掌握和实践掌握正在向更深更广的方向迅速展开。人与世界的关系以科技革命和社会改革为契机,已经跃进到了一个崭新的阶段。这是一个充分显示人的本质力量,使人的主体性迅速高扬、人的普遍性迅速发展的时代。特别应该指出的是,这个时代的一个突出特点就是人类通过以科技革命和社会改革为主流的现代社会实践,"使现存世界革命化、实际地反对和改变现存的事物"所表现出来的批判的和革命的精神。这种精神在客观上正是马克思的实践的唯物主义和"合理形态"的辩证法的确证。当然,这并非说现在的人们都在自觉地运用和贯彻实践的唯物主义和"合理形态"的辩证法。同时,现代社会实践中所表现的批判的和革命的精神也还没有以哲学理论的形态集中起来。但这种精神却表明了马克思的实践的唯物主义和"合理形态"的辩证法确实是植根于具有批判性、革命性的人类社会实践的;而人类社会实践的新的发展,必然为实践的唯物主义和"合理形态"的辩证法提供新的生长点。我们现在的任务是把现代科技革命和社会改革中那种富有时代特征的精神,亦即现代社会实践中最精致、最珍贵的精髓,哲学地集中起来,使之具有哲学理论的形态,以丰富和发展实践的唯物主义和"合理形态"的辩证性。

三、实践的唯物主义与强化人类活动的主体性效应

实践的唯物主义不仅要帮助人们以理论的方式科学地解释世界,而且要帮助人们以实践的方式更加合理有效地改造世界。然而我们应当看到,以现代科技革命和社会改革为主流的现代社会实践,一方面产生了巨大的主体性效应,另一方面也产生了一系列强大的反主体性效

应。面对现代人类社会实践中的这种内部冲突，我们应该运用实践的唯物主义和"合理形态"的辩证法的观点和方法，对现代社会实践（包括它的理论的和观念的背景）进行批判性反思。这种批判性反思不仅对于坚持和发展实践的唯物主义和"合理形态"的辩证法是必要的，而且对于从总体上使现代社会实践在更加科学化的基础上进一步合理化，以扩大其主体性效应，防止和减少反主体性效应也是必要的。

当代科技革命所创获的日新月异的巨大成果，表明现代人类在理论地解释世界方面和实践地改造世界方面，都跃进到了一个崭新的阶段，表明人们对于世界的理论掌握和实践掌握都在向前所未有的广度和深度拓展。各种新的理论创造，各种新的技术发明，现实地表明潜藏在人身上的无穷的智慧和才能正在源源不断地释放出来，转化为对象性存在。这是人的普遍性扩展、主体性高扬的有力确证，也是人与世界关系中的实践唯物主义精神的更加突出的表现。

现代科技革命是人与物质世界关系中最重要的现代实现形式和表现形式。科技革命的发展，使人类掌握了日益强大、日益精致的多形式、多功能的手段，能够在越来越广阔的范围内和越来越深刻的程度上，按照自己的需要和内在尺度"自由自觉"地确定活动的目标和方式，对自然界施加影响和改造，使之转化为人的生活和活动的组成部分。这充分显示了作为主体的人的智慧和理性的机巧的巨大威力。各种自然奥秘迅速被揭示，各种自然资源迅速被开发，人与外部物质世界的物质、能量和信息变换越来越深广和迅速。人作为主体越来越懂得按照外在事物的尺度进行活动并把自己的内在尺度运用到对象上去。随着人的智力活动影响的扩大，智慧圈、人化自然界正在迅速膨胀中，人赖以生活的物质世界的范围日益广阔，由此必然使人的物质的和精神的生活无论在内容和形式上都更加丰富多彩。这一切都表明，人类凭借着自己的智力活动，施展理性的机巧，使自身在生物圈中所处的主体地位空前地加强了，并产生了强大的活动正效应即主体性效应。"人择"原理似乎成了人与自然界关系中的支配原理。

然而，人的智力活动、理性的机巧及其所创获的对象性存在，也产生了不少人们始料未及的严重后果。这些后果以一定方式在一定范围内和程度上危害着人类的正常生存和发展。这是人类活动所造成的一种负效应即反主体性效应。这种对主体的生存和进一步发展的负效应，显示出有一种同"人择"原理相对立的"天择"原理。应该说，"天择"具有有利于人的一面。它不仅是自然界向着人的生成的自然根据，而且在人生成以后，还为"人择"提供了形而上的和形而下的前提。但"天择"仍然有自己的必然性尺度，并不以人的主观意志为转移。"天择"并不是有目的地向着人的。人固然可以利用"天择"的尺度创造自己所希望的对象世界，但它又有抗拒"天择"的一面。所以，人作为主体一方面凭借自己的智力活动，施展理性的机巧，创造自然界并不存在也不会自然产生的对象性存在物，使自己智力活动和理性机巧所影响的范围越来越大，形成一个日益膨胀的智慧圈或人化自然界。这无疑是处于主体地位的人掌握和控制自然界所造成的主体性效应。但对象性存在物被创造出来以后，往往具有这样一种趋势，即在自然系统统一尺度的强有力支配下，变成一种脱离人的掌握和控制的异己力量，回归整个自然系统中，使自然系统的平衡关系发生变化，而这种变化并不一定是人所期望的，甚至是对人的持续生存和发展不利的。这就是人的智力活动和理性机巧揳入自然系统以后所造成的反主体性效应。而这种反主体性效应，正是"天择"对"人择"、对人的智力活动和理性机巧的抗拒与报复。

应该承认，自从人类产生以来，在人们处理自己同自然界的关系的活动中，就始终存在着"人择"与"天择"的矛盾，主体性效应与反主体性效应也总是相伴而生的。但是，在以往很长的历史时期中，由于人所掌握的中介手段系统和人作为主体的本质力量的局限性，人的普遍性没有充分的发展，实践的规模十分狭小，人的智力活动和理性机巧揳入自然系统的范围和程度都十分有限，因而所招致的反主体性效应或来自自然界的报复（不是指真正意义上的自然灾害）相对说来还是局部的和有限的。然而，人们越是强有力地抗拒这种掌握和控制，自然界也越是强有力地抗拒人们。并且，自然界是一个巨大的整体系统，而人对自然界的掌握与控制总是难免有缺失的。当人的活动只是按照自己所需要的那一点揳入自然系统时，又会造成自然系统的缺失。但在这种情况下，自然系统会按照其自身统一的尺度自然地改变其内部关系。人所造成的缺失越大越深，自然系统内部关系的改变也越剧烈。而这种关系的改变对人来说往往是反主体性的。这就是"天择"对"人择"的抗拒。

现代科技革命所取得的巨大成果，使人类获得了前所未有的强大的物质手段和精神手段；人作为主体的本质力量和组织化程度空前提升，人的普遍性得到了充分的发展；渗透着具有巨大威力的智慧技能和理性机巧的实践活动的规模空前扩大，因而它楔入自然系统的范围和程度，都是人类以往的活动所不可比拟的，它给人类所带来的积极成果、所产生的主体性效应也是空前巨大的。尽管如此，人类今天对自然系统的掌握和控制仍然是有缺失的，而人类实践活动对自然系统的楔入，也仍然在造成自然系统的缺失。这种楔入越广越深，所造成的缺失也会越大，自然系统内部关系的改变也越剧烈，并越来越具有全局性、整体性，相应地，它所产生的反主体性效应，也带有全局性、普遍性。我们看到，当前举世瞩目的大气成分改变、气候恶化、环境污染、生态危机、生物圈退化、自然界再生产能力被破坏等等，已经不再是局部性、地域性的问题，而是全局性、全球性的问题了。人们不无担心地感到，这些问题正在严重地威胁着人类的持续生存和发展，表明人与自然界的关系出现了一种严重不和谐的紧张状态。这是具有主体性责任感的人们不能不重视的紧迫问题。

人的持续生存和发展，绝对地依赖于自然界，因而必须保护自然界的再生产。人作为有智慧、有理性的强者，作为有主体性责任感的主体，就应该像马克思所说的那样，再生产整个自然界。人作为主体，不应该是自然界的掠夺者；人掌握和控制自然界，创造理想的人化自然界，也就是要把人择和天择、人类系统的统一尺度和自然系统的统一尺度结合起来，同时再生产整个自然界。物质自然界本身是有再生产能力的，它在各种物质自然形态的自然分解和自然组合的过程中，不断地再生产自己。物质自然界本身就是一个永恒不断地再生产和创造自己的自然过程。莱布尼茨认为，造物主所创造的这个世界，是一切可能世界中最好的，不可能有比现在更好的宇宙秩序。我们不相信有什么凌驾于这个世界之上的创世主，也不认为这个现存的世界及其秩序对人来说处于再也不用改变的最终完满状态。事实上，自然界不会自动地满足人，人决心通过自己渗透着智慧和理性的实践活动改变它。但是，至少就我们目前所知的范围来说，只有地球才在自己的进化中形成了生物圈，为人类的生成、存在和发展提供了最合适的生态环境，为人类的渗透着智慧和理性的全部对象性活动提供了最合适的自然基地。这个我们直接生活和活动于其间的自然界,由于它不断再生产自己,也保证了人类的持续生存和发展。而人类作为自然界的一部分,他们的持续生存和发展,又是自然界自身再生产的重要组成部分和具体实现形式。因此,人类理所当然地应该保护这个自然界,保护它的再生产能力,促使它的再生产顺利实现,而这恰恰也是为我们人类自身的持续生存和发展创造条件。

当然,自然界本身的状态和秩序不是凝固不变的。在物质自然界的进化史中,地球生物圈内曾经生存、繁衍的若干生物物种,由于生存环境的剧烈变化,在"天择"的作用下被淘汰因而趋于灭绝,原有的生态平衡关系被打破了。但按照自然界的统一尺度,经过物质、能量的重新组合,信息的重新编码,又会演化出新的生物物种,再生产出新的生态平衡关系。这是一种服从于自然系统统一尺度的自然过程。但是,有了人以后,在人的生活和活动所及的范围之内,自然进化过程便与人的自觉活动过程内在地交织起来了。人类的渗透着智慧和理性的实践活动,尽管既不能创造物质,也不能消灭物质,却可以实际地改变具体物质形态的形式、结构以及不同物质形态之间的关系,甚至人为地消灭某些具体的物质形态。在这种情况下,如果人们在活动中不考虑自然界(比如生态系统)再生产的统一尺度,人为地消灭某些物种,造成生物链的中断和生态平衡的破坏,就会在生物圈内的生态网络中造成越来越多、越来越大的缺失,进而威胁到人类自身的生存和发展。

由此看来,当我们在人与自然界的关系中强调发挥人的主体功能、实现人的主体地位时,决不能否定或忽视外部自然界(包括人化自然或人类学的自然界)的优先地位和客观实在性,不能否定或忽视人在自然-社会大系统中的受动方面和被动地位。我们重视"人择"原理的意义,强调人在认识世界、改造世界和创造理想世界过程中的主体性作用,但决不能忽视和否定"天择"原理,尤其是自然界对于人类的不合理行为的一种无言然而持续有力的抵制和抗拒。我们既不是盲目乐观的唯心主义者,也不能成为悲观消极的唯物主义者,在自然-社会大系统所提供的可能条件下去最大限度地争取主动,争取自由,争取限定中的最大超越,争取最优最佳的主体性效应,这才是一种真正自觉的主体性,一种真正科学的实践唯物主义精神。

第十六章 本体论的兴衰与哲学观念的变革

本体论问题作为最古老也最为基本的哲学问题,始终值得我们研究。从发生学角度来看,本体概念的形成标志着人类思维由神话思维向哲学思维的跃迁,人类理性的哲学追求的真正表达形式也是借助本体论概念和本体论问题才得以实现的。在哲学史上,本体论受到了一次又一次的诘难,一直到康德、黑格尔,也未能摆脱柏拉图式的窠臼。在当代西方哲学中,实证主义的反形而上学在逻辑实证主义那里又以"本体论承诺"的形式复兴,人本主义把本体论变成了人的本体论,其地位仍相当突出。人的本体论追求最突出地体现着哲学思维的致极性和超越性特征。我国哲学界出现的"本体论复兴"现象,实际上是我国各分支哲学研究深化的一种客观要求和积极表现。应当倡导、鼓励和保持对于本体论问题和其他所有哲学问题的个性化研究,在深度分化的基础上高度综合。

一、考察本体论命运的基本思路

本体论问题在当前引起国内哲学界的重新关注,有着多种原因。笔者认为,其中的一个关键在于,它意味着哲学观念的又一次自我调整和自我变革,是当代中国的部分哲学家对于哲学的性质、特点和功能等的一次再反省和再确认。我历来赞同并信奉一种"整体论"的哲学观,就是说,哲学总是以一种整体性的方式把握对象,也应当以这种整体性的方式把握自身。哲学是一个问题体系,对每一个单独的哲学问题的理解和回答,都依托于并体现着对于哲学总体的理解和回答。哲学是一个大家族,包含着许多分支和部门,各个分支和部门的地位和功能,最终都取决于其各自在哲学内部总体结构中的位置和使命。哲学的发展是一个不断地提出新的哲学问题和创设新的哲学分支的历程。但新的哲学问题的提出和新的哲学分支的创设,并不取消和替代老的哲学问题和老的哲学分支,而是要求立足于新的哲学理解来回答老的哲学问题,并立足于新的哲学整体来安置过去的所有分支。哲学的发展历程,有如充满涡流的江河,在一定的历史时代有着一定特色的哲学主题和哲学分支,它们构成了当时哲学涡流的中心,而其他的哲学问题和哲学分支则围绕着这个中心来旋转,并且在这个不停息的旋转中重新解说和展示自身,并寻找和确定自己的位置。本体问题作为最为古老也最为基本的哲学问题之一,曾经长期居于哲学涡流的中心并作为一种普照的光影响着对于其他几乎所有哲学问题的理解和回答。无疑,它也在哲学的漫长历史发展中经历了最多的诘难和挑战。相应地,本体论作为初始的哲学形态和古老的哲学分支,也曾经长期处于哲学体系中的主导或核心地位。随着哲学涡流中心的时代性转移,它相应地不断变换着自己的位置,发挥着自己的功能。既然如此,一方面,我们有必要和可能通过对不同哲学家或哲学流派对于本体问题和本体论的不同理解来透视其所依托和凭借的哲学观念和哲学背景;另一方面,我们也只有立足于哲学观念的变革和发展才能真正理解本体论问题的兴衰和本体论的沉浮。

二、本体概念的形成与哲学思维的发生

从哲学发生学的角度来看,本体概念的形成是神话思维向哲学思维跃迁的关键一环,也是哲学发生的重要标志。人类理性思维区别于

和超越动物知性思维的最关键和最高明之处,在于它立足于现实却又力求超越现实,根据于有限却不满足于有限而力求超越有限去追寻无限,生活于特殊却不滞留于特殊而去追寻普遍。哲学思维正是人类理性思维的这种无限性、普遍性、致极性追求的最典型和最集中的表现和实现。恩格斯把人类思维的这种特性叫作"至上性",认为人的思维是至上的和非至上的统一。就其本性、使命、可能和历史的终极目的来说是至上的、无限的,就其每次实现和个别实现而言则是非至上的、有限的。也许正因为每次实现和个别实现都是非至上的、有限的,才有了对于至上性和无限性的永恒追求,这正是哲学的生命力和活力之所在。哲学思维是人类理性最抽象和最高级的形式。有了哲学思维,人类理性才是健全的和完整的。从发生学意义上可以说,只有当人类理性发展到了哲学层面和哲学水平,它才是真正完备的、成熟的和健全的人类理性。回顾哲学思维的历史发生(我们又将其叫作系统发生)过程,其经历了由动物思维经过神话思维向健全完整的人类理性思维的漫长演进和跃迁,而本体概念的形成和本体问题的探索则是人类理性从事哲学探索的关键一步,是神话思维向哲学思维提升和跃迁的关键一环。现在我们通常把西方哲学史的发端定位于古希腊的泰勒斯,认为他提出水是万物的始基是关于世界本原的第一种哲学表达,其实正如亚里士多德曾经指出的,早在泰勒斯以前很久的古希腊神话中,就已包含了关于"海洋之神"之类的古老传说,孕育了水是万物的始基的相似看法。泰勒斯的"水"、赫拉克利特的"火"等,无疑既有现实的、感性的、有限的含义,更蕴含着当时的人们对经验世界多样性中的统一性的追求和对那种一切都产生于它、根据于它和复归于它的"终极存在"的探索,是对于超现实的、普遍的、无限的追求,是一种人类理性的哲学追求。然而,严格说来,人类理性的哲学追求的真正哲学表达和哲学形式,是借助于本体论概念和本体论问题才得以实现的。柏拉图的"共相"(universal)、"本体"(noumenon)、"理念"(idea),亚里士多德的"实体"(substance)、"本体"(entity)、"存在"(being)等一系列真正的本体论概念,为人类理性的哲学追求提供了必要的哲学概念和哲学范畴。而他们在众多著作中表达的超越物理世界、超越现象世界、超越有限世界,探索终极存在、终极原因、寻求终极解释和终极价值的哲学追求,则代表了人类理性的哲学升华与哲学跃迁。在这种意义上,我们认为,有的学者把柏拉图、亚里士多德哲学看作西方哲学史的真正起点,是不能说没有一定道理的。

三、本体论的沉浮与哲学观念的历史演变

在哲学发展的历史漩涡中,本体论问题受到一次又一次的诘难与挑战,并且逐渐游离于哲学漩涡的中心,这是哲学观念变革的必然要求,也是哲学发展的一种必然结果。亚里士多德是古代本体论哲学的最大代表,他把本体的问题确定为形而上学的核心问题,把哲学规定为关于第一本体和最高原因的理论,他在多种本体中寻找第一本体,在多种原因中选择出四个主要原因,又在四个原因中确定出极因,表明了人类理性寻根究底的致极性追求,确立了"哲学就是形而上学,就是本体论"的基本观念。自此之后,在相当长的时期内,本体论问题成为哲学探究的核心问题,其他任何问题,比如认识论问题、价值论问题等均以本体论问题为中心而旋转。其最辉煌的例证之一便是中世纪至善的神学也不得不为万能的上帝寻找其存在的"本体论证明"。近代以来,认识论问题逐渐凸现出来并且成为哲学漩涡的中心,但这并不意味着本体论问题的完结或消失,而是其在另一个层面上的延伸与深化。近代哲学中的唯理论和经验论之间展开争论的问题很多,但其根本性问题,却是普遍必然性知识的真实基础问题,其中也就当然地包含着对世界的终极存在的终极解释是否可能的问题。古代哲学家们不大区分世界的终极存在和对世界的终极存在的解释,将自己对世界的终极存在的解释看作世界的终极存在本身,从而陷入许多难解的困惑之中。认识论问题的突出,意味着人类理性的自觉性提高,人们开始以哲学方式对自己的理性行为进行自我反观和反思,在更加自觉合理的程度上把自己与外部世界更加真实地区分开来又联系起来。康德开创了哲学史上的"哥白尼式的革命",使哲学的视野由围绕客体旋转,用客体来说明主体、说明知识,转向围绕主体旋转,用主体来说明客体、说明知识。这是哲学观念的一种真正的革命,是对传统的客体中心主义的一次真正突破,也是对旧有的自然本体论、物质本体论和心灵本体论的一次深刻革命。在康德看来,旧的认识论不考察人的认识能力便去探究普遍必然性知识的可能性,这种探究本身便是不可能的。而旧有的本体论不考察人是否具有把握世界本体的能力便大谈世界的本体如何,这也是不

可能的。他的任务便是在认识之前考察人的认识能力,由主体认识能力的范围和限度来说明知识的可能性、必然性及其范围和限度。尽管康德由这种考察为自己所得出的结论是消极的,他限制理性并把可知的自在之物留在了神秘的彼岸,但他的哲学对后来哲学的发展却是有积极意义的,因为他开启了哲学研究中的主体性思维方式,开启了以主体的自我反思为出发点去观察、理解和把握世界的全新视角,这实际上是哲学观上的一次重大突破。也许正是因为有了康德,才有了后来的黑格尔。黑格尔是近代本体论哲学的集大成者。他的突出贡献在于把旧有的本体论、认识论、逻辑学在主体论的基础上结合起来,提出本体即主体的重要命题,并在此基础上建构他的大全哲学体系。他的失败则在于把主体归结为无所不包、无所不在的绝对精神,从而使他的本体论哲学最终未能摆脱柏拉图式的窠臼。

四、当代西方哲学中的本体论论争

实证主义哲学对形而上学的拒斥使哲学更加贴近科学,但对本体论的追求在逻辑实证主义者中戏剧般地重新崛起,再次展示出本体论问题的永恒魅力。发端于孔德的实证主义哲学高举拒斥形而上学的大旗,把本体论问题看作既永远无法解决又无法加以证实的思辨哲学而逐出了自己的视野。在他们看来,哲学应该接近科学,学习科学,接受自然科学的实证精神,超越唯物主义与唯心主义的对立,重塑经验主义传统,从康德、黑格尔那里回到贝克莱,回到休谟,并把自己的经验论建立在现实实证自然科学的坚实基础之上。从第一代实证主义者孔德、斯宾塞,到第二代经验批判主义者马赫、阿芳那留斯,到第三代逻辑实证主义者,无不把自己的哲学基础自觉地奠基于当时的科学成就,尤其是自然科学成就之上,从而使哲学与自然科学联盟,展示出哲学研究中科学主义倾向的巨大力量。如何看待实证主义哲学对于形而上学的拒斥,我们认为,从积极的方面看,它实际上是提出并要求我们重新思考一系列带有根本性的元哲学问题,例如:什么是哲学?哲学与科学的关系如何?哲学家到底应在哪些范围和层面上活动?本体论问题是否是真正的哲学问题?哲学除了研究传统的本体论问题以外是否还应研究一些其他什么问题,比如科学问题、语言问题、逻辑问题?是否应当回到或降到现实的生活层面、实践层面和科学层面,去争取更大的解释力和更广泛的社会功能?从总体上来看,我们认为,实证主义者所追求的科学主义倾向是有其积极意义的,它给了哲学以更加广袤的空间去发挥自己的作用,实现自己的功能。但是,实证主义者断然拒斥和根本否定包括本体论问题在内的传统哲学问题又是极端的、片面的、不可取的,它割断了自己与哲学历史和哲学传统的联系,从而否定了自己的历史基础和理论基础,否定了自己的理论前提。也许正是这方面的缺陷阻碍着它的自身发展,于是当代最有影响的逻辑实证主义者奎因提出了自己的本体论承诺,重新把对本体论问题的回答看作进一步回答认识论问题的必要前提。在奎因看来,本体论问题可以简单地表述为存在什么(what there is)的问题。而从术语学上来看,对存在什么的表述又可以分为两种,即本体论概念的两种含义:一是用于表述在时间和空间中实际存在的客体的存在;二是用于表示作为观念的部分的存在。这种区分也就是实际的本体存在和对本体存在的表述的区分。奎因认为,哲学应当研究存在什么的问题,即本体论问题。科学理论就是对存在什么的一种表述,因此,"在任何程度上,接受任何一种作为语言事实的科学理论,也就是接受一种本体论","我们对于本体论的接受,与我们接受一种科学理论是同样的道理"①。这样,奎因就把以往的本体论问题转换成了理论的前提和预设问题,而这种前提的预设是约定的,具有相对性,承认某种存在物的存在作为理论的前提和预设,也就是作出某种本体论承诺。不难看出,奎因的本体论承诺与传统哲学的本体论研究已经大相径庭,但他毕竟从逻辑实证主义内部提出并以严密的逻辑方式论证了本体论预设与本体论承诺的必要性,这无论是对于逻辑实证主义的现代转向还是对于本体论哲学的现代发展都产生了不可低估的影响。在此之后,牛津学派的重要代表斯特劳森(P. F. Strawson)发表了他的重要代表作《个体》(*Individuals*),提出了描述的形而上学,并以之反驳和取代修正的形而上学。在斯特劳森看来,"描述的形而上学是对我们关于世界的思想的实际结构的描述,而修正的形而上学则与生产一个更好的结构有关"②。修正的形而上学的作品永远有意义,

---

① Quine W V. From a Logical Point of View: Nine Logico-philosophical Essays[M]. Cambridge: Harvard University Press, 1980: 16-17.

② Strawson P F. Individuals: An Essay in Descriptive Metaphysics[M]. Bristol: J. W. Arrowsmith Ltd., 1971: 9.

但并不是思想发展历程中的关键作品。在历史上,笛卡尔、莱布尼茨、贝克莱属于修正的形而上学,亚里士多德和康德属于描述的形而上学,休谟则游离于其间。斯特劳森高度重视殊相(particulars)在认识和思维结构中的地位和结构,认为它们是认识的起点、思维结构的基础。殊相指个别的物体、个别的人、特殊的事件和过程,以至特殊的感觉和精神状态等。其中个别的人和物体是最基本的殊相,因为它们在时空中存在而且能够被公共地观察到。殊相与共相的关系是描述的形而上学研究的核心问题之一,而描述的形而上学又与认识论有着特别密切的关系,其目的在于描述一种具有可识别性和前后逻辑自洽的概念体系和思维结构,也就是一种形而上学体系。斯特劳森将分析哲学引出了仅仅研究语言的狭隘胡同,开启并推进了形而上学的复兴,今天仍在西方哲学中发生着非常重要的影响。维也纳大学不断推进的"建构实在论"研究,从另一个侧面提出并强化了本体论的现代研究。

现代人本主义思潮实际上是以变形的方式承接了人类理性对于本体论问题的意向性追求。与科学主义思潮一样,人本主义反对传统哲学的绝对主义、本质主义、理性主义。但与科学主义思潮不同的地方在于,人本主义者并不是一般地反对研究存在,而是反对研究那些与人无关的终极存在和终极解释。在他们看来,哲学就是研究存在的学问,但哲学研究的存在既不应当是自然物质的存在,也不应当是抽象的精神存在,而应当是人的现实存在,即所谓"此在"。海德格尔认为,问题不在于研究不研究存在,而在于研究什么样的存在,在于"我们应当在何种存在那里解答存在的意义?我们应当把何种存在者作为出发点,以便存在得以展开?出发点能够随意选择吗?也许在我们拟定存在的问题的时候,某种存在者便已具有优先地位?我们应当选择什么存在作为我们的模本呢?他在何种意义上具有优先地位呢?"[①]。这就是哲学应当研究和回答的问题。海德格尔所说的这种能够作为出发点并具有某种优先地位的存在,就是人的存在,人作为存在者能够观察、体验、理解、选择,能够发问和答问。"这种存在者,就是我们历来所是的存在者,就是除了其他存在的可能性之外还能够发问的存在者,我们用此在这个术语来对其加以称呼。"此在,就是人的生存状态,哲学就是研究人

---

① Heidegger M. Being and Time[M]. Hoboken:Blackwell Publishers Ltd.,1992:26.

的生存状态的本体论——人的本体论或叫人本主义。海德格尔把人的生存状态作为哲学研究的主要对象,对后来整个人本主义哲学的发展具有导向性作用。整个人本主义哲学的延续和发展,就是把本体论式的意向性追求投向人自身,去探寻人的生存活动中那些最为基础、最为根本的东西。力必多、性欲、生命冲动、情感、意志、价值、烦恼、焦虑、恐惧等成了哲学的主题,非理性主义、相对主义成为哲学研究的主导原则。我们认为,人本主义思潮对人的理解尽管不无偏颇、极端之处,但他们强调哲学应当关心人、关心人的现实状态,却不无可取之处。在人自身的存在活动和发展问题上寻根究底,为人的自由全面发展和彻底解放探寻道路,这正是哲学对于人类自身应当具有的终极关怀。

从总体上来看,以本体论问题为核心的形而上学在当前英美哲学界的教学与研究中仍然占据着相当显要的位置并拥有非常广泛的领域。1995年8月出版的《牛津哲学指南》中提供了一个哲学图解系列,其中一幅图用三个同心圆将各分支哲学加以定位。其中形而上学、认识论、逻辑学和哲学逻辑这三门分支位于第一层同心圆,而心灵哲学、科学哲学、道德哲学、语言哲学位于第二层同心圆,社会哲学、历史哲学、政治哲学、宗教哲学、法哲学、美学、数学哲学、教育哲学等位于第三层同心圆。形而上学的位置仍然非常突出[①]。1995年12月出版的《布莱克威尔哲学指南》中著名哲学家蒙·布莱克伯尔尼教授撰写了《形而上学》这一章。其文前的提要对"形而上学"做了这样的介绍:"形而上学是对于世界的最普遍特征的探索。我们以多种高度抽象的方式来构想我们周围的世界。它是在时间和空间中有序地构成;它包含了物质和心灵、事物和事物的属性,充满了必然性的各种事件,因果关系,富于创造、变化与价值,包含着事实和对事物的陈述。形而上学寻求更好地理解世界的这些特征。它的目的在于尽力说明事物相互依存的方式。"[②]综观英美近年来出版的一些有关形而上学的学术专著和大学哲学教材,不难看出,形而上学的研究包含着相当广泛的领域和非常丰富的课题:存在、实在、本体、本体论、宇宙论、物质、精神、心灵、时间、空

---

① Honderich T. The Oxford Companion to Philosophy[M]. Oxford: Oxford University Press, 1995: 927.

② Bunnin N, Tsui-James E P. The Blackwell Companion to Philosophy[M]. Hoboken: Blackwell Publishers Ltd., 1996: 64.

间、人、机体、个体和整体、特殊与普遍、现象与本质、自由、意志自由、命运、决定论、神、相互作用等等①。而在比较严格意义上使用的本体论，其研究范围则相对专门一些。一部名为《世界的存在——本体论导论》的学术专著主要讨论了以下五个方面的问题：其一，世界的发现——非时间的存在；其二，世界之上的战场——共相；其三，世界的结构——范畴；其四，世界的基础——存在；其五，世界之谜——否定性。② 由此我们可以看出，科学主义者与人本主义者从不同角度对本体论和形而上学的拒斥与否定，并没有能够取消其在哲学研究中的实际地位，形而上学问题作为一种真正的问题，还会长期保有其哲学生命。对于我们来说，问题在于根据新的历史要求而使其有所前进和深化。

五、本体论追寻与哲学思维的致极性和超越性

人的本体论追求最突出地体现着哲学思维的致极性和超越性特征。本体论探究尽管历经诘难但至今仍在继续，一个重要原因在于，就其思维方式而言，它最突出地体现着人类哲学思维的致极性和超越性特征。哲学思维有什么特点，这可以借助不同的参照系来从不同方面加以研究和概括，例如，总体性、整体性、根本性、思辨性、反思性、对答性、体系性、继承性、并存性、实践性，等等。这些不同的特点存在和表现于不同的方面、场合，又综合性地贯穿在人们对哲学的思考和以哲学方式对对象的思考中，通过哲学提问、哲学释义、哲学表达而得到实现。从过程上来看，哲学思维还有两个最重要的特征，这就是它的致极性和超越性。极，就是极限，它通过终极、极端、彻底等而表现。致极，就是追求极限，达至极限，就是寻根究底，寻求终极存在、终极原因、终极解释、终极意义、终极价值等，也就是去追求最大的普遍性和最彻底的根源性。过去有一种比较简单的说法，即科学是有限思维，哲学是无限思维。我也曾赞同这种说法。其实仔细想来，并不准确。说科学是有限思维，这没有什么；但说哲学思维是无限思维，这就需要解释。人类思

---

① Taylor R. Metaphysics[M]. Hoboken：Prentice Hall Inc.，1963. Hamlyn D W. Metaphysics[M]. Cambridge：Cambridge University Press，1994. Chishom R M. On Metaphysics[M]. Minneapolis：University of Minnesota Press，1989.

② Grossman R. The Existence of the World：An Introduction to Ontology. London：Routledge Press，1992.

维有至上性特征,它追求无限,这没有问题。但至上的人类思维是在现实的不至上的个体思维中实现的,对于每一代个体的不至上的思维来说,无限都是不可达到的,那么如何能说哲学就是无限思维呢?怎么能要求现实的、有限的人去从事无限的哲学思维呢?如何从现实的有限进入哲学的无限呢?这里采取简单的跳跃是不可能的。我现在认为,哲学思维,无论就其历史性还是就其现实性而言,都只能是一种极限思维。极限是有限与无限的边界,是最大、最多、最全、最深、最广、最完整、最根本、最彻底的有限。在极限的范围内是有限,在极限的范围之外是无限。极限是有限向无限过渡、转化的关节点、度、临界点。超过了这个关节点、度、临界点,则实现了有限与无限的转换。就现实的人和人的思维来说,他的出发点是有限,立足于有限的基础去追求无限,但对于有限的和非至上的人类思维来说,他所能达到的无限即是极限,是有限的边界。这个极限也就是人类生存、实践、认识、思考能达到的最大边界。哲学思维作为一种极限性思维,就是力图通过超越有限、达到极限而去接近无限。人所追寻的终极存在、终极原因、终极解释、终极价值、终极意义,尽管就其目标而言总希望它们是永恒的、不变的、最终的、无限的,但实际上却总是在有限认识中达到的。即使在最好的情况下,它也是在一定条件下所能达到的最充分、最完备、最全面、最深刻、最合理、最能被人们所理解和接受的说明和解释。当然,在不同的时代和不同的哲学家那里,所能达到的极限是有所不同的。从进化论的角度来看,对极限的突破是一个现实的历史性进程,知识的积累和思维方式的变革会使已经达到的极限不断被突破、被超越。超越极限从而在更大的范围内逼近无限,是每一代哲学家的自觉追求,这就是与哲学思维的致极性特征相关联的超越性特征。每一代、每一位有成就的哲学家都把前人已达到的极限看作有限而力图将其加以超越,去寻求新的极限以逼近无限,这正是哲学这门学科具有永恒魅力的根本原因之一。而本体论问题,由前所述,正是这样一种真正的极限性问题,它关注的正是一些终极性、根本性问题。每一个时代的哲学家都在寻求自己那个时代所能达到的终极性答案,但他们所达到的结论又只是时代所允许的极限,这就为后代哲学家和同时代哲学家之间相互超越留下了余地,创造了契机。这正是哲学发展的永恒内在动力之一。

六、"本体论复兴"与我国哲学变革

我国哲学界出现的引人注目的"本体论复兴"现象,实际上既是我国各分支哲学研究深化的一种客观要求,也是其积极表现。我国的哲学研究,长期以来存在的一个严重问题,就是既缺乏深度分化,又缺乏高度综合;既缺乏对各分支哲学的专门研究,又难以在较高的元哲学层面上进行概括和提升。在这种意义上,与其说当前现象是本体论复兴,不如说是本体论专门研究的一种发端。近年来本体论问题引起关注,实际上是多种分支学科分别活动、相互交织导致的。首先,自然哲学问题被明确提出来并形成了一定的研究群体。过去我国哲学界对自然哲学的研究主要是在自然辩证法的名目下展开的。而自然辩证法研究又基本上是在恩格斯《自然辩证法》的模式和框架下进行的,有其自身的局限性。恩格斯曾经说过,对自然的认识一旦科学化,则自然哲学也就没有存在的必要了。由于对这话的片面和教条式理解,自然哲学研究未能真正独立开展,远远落后于当代自然科学对自然世界和宇宙本质特性的揭示。因此,根据现代科学的最新成果来建构具有时代特色的自然哲学,揭示出当代人类在自然认识方面所达到的"极限",建构关于宇宙存在的哲学图景,已经势在必行。其次,社会哲学问题向着社会本体论方向拓展。我们过去没有专门的社会哲学,历史唯物主义被看作既是关于社会存在的本体论,又是其认识论、方法论。但历史唯物主义的实际内容却远未能真正履行如此众多的社会理论职责。我和一些同仁长期倡导并创建社会认识论,并致力于将其不断推向前进。但社会认识论研究的深化,却使我日益感到需要对社会本体论作出更加深入细致的探讨,以更好地解决社会认识论研究的对象性前提和主体性基础问题。社会认识论是以研究对社会的认识论活动的模式、过程、规律与方法方面的特殊性为己任的,社会作为客体的特殊性决定了社会认识活动的特殊性。如果不能对社会本身的特殊性作出更加深入细致的研究,不能达到当前人类社会自我认识已有的极限,则社会认识论的研究也难以真正逼近自己应有的极限。再次,人的哲学问题研究全面展开。1978年以来我国哲学的最大突破就是把人的问题提到了哲学论坛的前沿。如何研究人,这可以有不同的视角、思路和方法,对现实的、活动的、自觉的、实践的、自主的、创造性的人及其本性的关注,不能不是其重要维度。既要借鉴当代西方人本主义在长期探索中取得的丰硕成果和有效方法，又要走出自己的特色，研究出自己的特色，其中不能没有本体论的思路和视角。

马克思主义哲学不能被归结为某种本体论，但马克思主义哲学应当有自己的本体论。应当承认，受苏联哲学模式和某些僵化思想的影响，过去我们对马克思主义哲学的理论主要是在本体论意义上过多强调它作为世界观的一面，在研究中自觉不自觉地贯彻着一种客观主义和自然主义的态度和方法，侧重于说明马克思主义哲学作为一种唯物主义与各种形式的唯心主义之间的区别，而忽视了对于现代社会、人化自然的丰富性和多样性统一的全面理解和哲学解释。近年来，国内一些学者从不同角度尖锐批评过去在马克思主义哲学研究中自觉或不自觉地贯彻的本体论思维方式和本体论倾向。这不能说完全是"无的放矢"的。本体论既是一个哲学领域、一种哲学分支，也是一种思维方式和研究方法。在研究本体问题和建构本体论体系时，当然应当自觉贯彻和运用本体论的思维方式和研究方法。但同时也应当看到，本体问题又只是众多哲学问题中的一个问题（不管这个问题多么重要），本体论只是众多哲学分支中的一个分支（不管这个分支有多么基础性的地位）。因此，本体论思维方式只是适用于有限领域有限分支的有限方式和有限方法。哲学还包含着许多其他领域和分支，如认识论、价值论、逻辑学、方法论，等等。这种具体分支也有自己与之相适应的研究方式和思维方法。如果忽视在不同分支领域中不同思维方式和研究方法存在的必要性和必然性，而仅以一种本体论的思维方式和研究方法去开展研究，则必然会抹杀其他各分支哲学的特殊性而造成一种全面本体论化的局面，使马克思主义哲学仅仅成为一种本体论，这显然不符合马克思主义哲学的本来面目。马克思主义哲学不能被归结为本体论，但马克思主义哲学也不能没有自己的本体论。虽然马克思主义哲学不能只被归为一种世界观，但它首先仍然是一种世界观，它不仅应当对历史上长期争论不休的本体论和形而上学问题作出自己的具有时代特色的回答，而且应当依据当代科学（包括自然科学、社会科学、人文科学）的最新成果对世界的多样性统一问题在真正的哲学层面作出具有时代水准的回答，去追寻在当前所能达到的极限性解释与描述，并在此基础上以哲学方式帮助人们更好地改造世界和改造自我，真正发挥出自己作为实践的唯物主义的哲学功能。马克思主义哲学的当代视野，应当包含对本体问题和本体论领域的全面自觉的把握，以及对本体论思路与方法的自觉合理的运用。马克思主义哲学的唯物性、辩证性、历史性、人道性和实践性应当在对外部世界和自身的全面自觉反思中得到时代性的展示。

应当倡导、鼓励和保持对于本体论问题和其他所有哲学问题的个性化研究。哲学是追求最普遍、最一般、最抽象东西的学问。但所有具体的哲学追求又都是由最个别、最特殊、最具体的哲学家来作出的。因此，哲学家的个性客观要求也必然造成各种具体的哲学理论和哲学学说的个性。翻看哲学史，真正在人类哲学思维发展历程中留下痕迹、作出了贡献从而具有不朽价值的东西，都是那些真正具有个性特色的东西。真正的个性就是哲学家个体作为当时的人类理性思维的时代性代表在哲学探索方面所能达到的极限，它既是个体的极限，在某种意义上也是当时的时代所提供和所允诺的极限。这种极限在后来也许被别的哲学家所超越，但它却已经作为一种"里程碑"或"极限标志"而永远地留在人类哲学思维发展的历史进程中。哲学的个性是相对于整个历史上和同时代人类的哲学思维而言的，因为难以达到，故需要鼓励人们长期以至花费毕生精力去追求。但个性化的东西一旦真正获得便具有社会化、世界化的内在冲动和可能，而且其社会化和世界化的范围与其个性化的水平之间常常具有一种正比递进关系。个性化的水平越高，则社会化、世界化的范围越广。但个性化的东西在现实中又常常是以"片面的深刻"而出现的，这就需要社会的宽容与保护。对于每一个哲学家来说，强化个性，说来容易，做来不易。它需要一种科学的批判精神，以批判性的眼光合理地审视和评价历史上与现实中的一切思想成果及其理论方法，把握人类哲学思维已经达到的极限及其超越的可能途径。在此基础上进行一种自由的开放式创造，去追求自己所能达到的极限。这里还应注意的是，尊重别人的个性与强化自己的个性具有同等重要的意义。兼容别人的个性正是强化和发展自己的个性的重要途径。因此，创设一种既彼此尊重又互相批判，既相互激励又相互协作的社会环境和学术氛围，对于促进我国的学术繁荣具有格外重要的意义。

第十七章 主体性与主体性原则辨析

主体性问题是我国马克思主义哲学研究中的热点问题,其中的探讨、争论在深层上反映出人们对马克思主义哲学本质的不同理解。马克思主义哲学最根本的地方是从人的主体性存在来揭示人与世界的关系并帮助人们有效地处理这些关系。明确主体性问题在马克思主义哲学发展中的地位,是深化主体性研究的重要条件。

如何界定主体与客体,有着多种解释。本章认为,主体和客体主要是一对功能范畴:主体意味着主动、能动、积极、支配地位等,客体意味着被动、受动、消极、受控地位。人的主体性体现为,不是被动接受对象的属性,而是主动地选择、加工、发掘并培养自身的能力,对客体进行变革与创造。人具有自然物质性、意识性、社会性、中介性、实践性,人的主体性是这些性质功能的整体与综合。人的主体性的内在依据在于对客体的需要、主体功能的实现、主体活动、自我意识以及主体对其活动的控制。人的主体性的确立不是一蹴而就、一劳永逸的,而是需要不断巩固的。

马克思主义的主体—客体理论为我们提供了几项基本的主体性原则:第一,主体性原则不是一个本体论命题,而是一种活动论规范,是一种功能原则;第二,主体性原则是以承认客体制约性和主体自身的限定性为前提的;第三,主体性原则不是马克思主义的唯一原则,而是马克思主义原则体系中不可缺少的一条,不能人为拔高或无端贬低;第四,主体性原则不是空洞贫乏和纯粹抽象的理论原则,而是内容丰富和现实具体的实践原则。

主体性问题是近年来我国马克思主义哲学研究中的热点问题。围绕主体性和主体性原则所展开的争论,实质上根源于对马克思主义哲学本性的不同理解。我们认为,一方面,马克思主义哲学关心人,但关心的不是一般的人,而是作为主体的人;另一方面,马克思主义也不是一般地关心人,而是从人的主体性生成、发展及其合理实现方面关心人。因此,从功能角度深化主体性问题研究,全面把握人的主体性所赖以生成和实现的现实基础和复杂条件,探寻主体性原则的合理界说,对于马克思主义哲学的当代发展和当代实现具有极为重要的意义。

一、主体性探讨的实质和背景

目前我国哲学界在主体性问题上所展开的讨论,直接地看似乎主要是概念之争,表现在对主体、主体性、主体性原则及与之相对应或相关联的各种概念及其相互关系等的不同界定、解释和态度上。深层地考察和分析,却不难看出隐含在这种争论背后并且引导着这场争论的东西——人们在哲学观念和思维方式方面的差别,尤其是对马克思主义哲学本质的不同理解。应该说,除了极少数来自非学术方面的观点和议论外,争论中的各方基本上都认为自己是从马克思主义的基本原则和方法出发,并力图坚持唯物的、辩证的、历史的和实践的等一系列被认为是马克思主义的基本观点的。但正是他们在主体性及相关问题上所持的不同观点和研究思路,所强调的不同侧面和重点,实际上明显地反映着他们对马克思主义的哲学本质及其方法论原则的不同理解。可以说,学者们目前在主体性问题上所存在的分歧,不是孤立的,而是与他们对一系列非常根本的哲学问题的不同理解有关,根据于并映现着他们各自的哲学观念。这种分歧也不是突发的,而是十多年来一系列哲学争论的继续和展开,是哲学研究深化的结果和表现。既然如此,要想进一步深化主体性问题研究,就不能仅就主体性谈主体性,而应当把主体性问题纳入更大的理论背景之中,把它与对哲学尤其马克思主义哲学本性的探讨联系起来,与对十多年来马克思主义哲学在中国的历史发展及现代走向的探讨联系起来,在对马克思主义哲学观及其方法论原则的反省与调整中探索深化主体性问题研究的合理视角和思路。

首要的恐怕是如何看待和评价目前国内学术界在主体性问题以至马克思主义哲学本性等问题上所存在的学术分歧和争论:它是正常的还是非正常的?是必然产生的还是偶然产生的?是必要的还是多余的?是有益的还是有害的?对其应当肯定、允许、欢迎甚至鼓励,还是应该否定、制止和反对?我们认为,这里问题的关键在于如何理解马克思主义哲学的真理性、科学性及其对研究方式和方法的要求。

马克思主义哲学是科学的真理体系。它的科学性和真理性不在于它是一蹴而就、一劳永逸、包罗万象和无所不能的绝对真理和终极体系,而在于它具有随着对象世界的发展尤其是社会实践的发展而不断自我更新和自我发展的内在冲动和实现机制。马克思主义哲学的这种自我更新与自我发展不是绝对知识的自在运动,而是通过马克思主义哲学工作者不断的探索和创造而实现的。哲学家是哲学研究和哲学发展的主体,他们的研究能力和思想水平决定着哲学理论的层次和水平。与任何真理性的探索活动一样,马克思主义哲学研究也不可避免地具有个性化的特征,是通过个体的创造性思维活动而展开和实现的。一方面,个体在知识范围和思维能力方面的局限性,要求不同个体之间的相互补充,因此哲学研究不是某一个或几个天才人物的事,而是群体性的和社会性的事业。另一方面,不同个体之间在知识、经验、思维、情感、意志等方面的差异,必然带来他们在观察方式、理解方式、阐释方式和表述方式等方面的差异,并进而造成对同一问题的不同理解,产生出不同的观点、学说甚至学派。它们各自从不同侧面反映着复杂事物的一定方面、层次或程度,各自可能都有或都只有一定的"片面的深刻性"或"部分的真理性"。但它们之间的争论、碰撞、互补与融合,却有可能使认识逐步达到一种"全面的深刻性"和"整体的真理性"。在这种意义上,不同观点、学说的产生、存在和它们之间的讨论与碰撞,不仅是必然的,而且是必要的,它有益于科学的进步,是真理发展和完善的内部动力和实现机制。马克思主义哲学也是这样。在我们国家的阶级和政党的政治思想生活领域中,它是指导思想和理论基础,有着不容置疑和不可动摇的核心地位和主导作用。但对于哲学理论工作者来说，要坚持和发展马克思主义哲学，又必须把它作为研究的对象，在它与当代社会实践的关系中进行一种学术性和科学性的探索，并且根据新的实践和新的时代进行大胆的补充、修订、完善与创造。而这本身只有通过个性化和学术化的研究才有可能。应该说，党的十一届三中全会以来，正是党中央号召全党解放思想、大胆探索和创新，中国的马克思主义哲学研究才重新走上了一种真正个性化、学术化和科学化的研究道路。这个过程中，尽管也不免出现个别的偏差和失误，但主流却是健康的、合理的，大胆的探索和平等的讨论克服和消除了各种偏差和失误，带来了哲学的繁荣和发展。今天在主体性问题上所展开的热烈讨论，正是马克思主义哲学研究沿着学术化、科学化和时代化方向不断发展的过程中必然产生的正常情况。作为一种内部动力和实现机制，它是马克思主义哲学自我发展、自我更新的必要条件和促进因素，有益于哲学进步和思维方式的更新。因此，我们不仅应当肯定其存在的价值，允许其展开，欢迎其深化，而且有必要鼓励和创造条件促使这种争论沿着正常的轨道合理地展开并发挥其功能——促进马克思主义哲学的现代发展。

明确主体性问题讨论在马克思主义哲学发展和当前哲学讨论中的地位，也是深化主体性研究的重要条件。这里的定位包含着历史与现实、理论和实践这两个基本方面。

我们知道，在历史上，对主体性问题的关注不是从马克思和恩格斯开始的。但正是他们立足于科学的实践观而在唯物论、辩证法和科学历史观相统一的基点上对主体-客体问题的深入研究和全面阐释，才使得主体性问题能够奠基于社会历史实践的坚实基础上并且升华到更高的科学水平。

近年来中国的马克思主义哲学工作者对于主体-客体问题的重新关注，是以真理标准探讨为引子并在思想解放的大背景下展开的。它最初是从理论研究的逻辑推论和概念辨析中引申出来的，直接地发端于对主体与客体、主观与客观、思维与存在、精神与物质等成对范畴之间异同的细微辨析和严格界定。后来，改革开放和社会主义现代化建设要求充分调动每一个体、集团以至全民族的积极性、自觉性、能动性、创造性等，进而把提高和强化人的主体性作为一个紧迫的理论问题和实践问题提交到了哲学家的论坛上。正是在这双重的驱动下，我国的主体-客体问题研究迅速开展了起来,并成为哲学论坛中一个重要的热点问题。

对主体性问题的关注既突出体现着马克思主义哲学研究的根本宗旨——服务于和服从于人的自由解放和全面发展,尤其标示着马克思主义哲学思考人的问题的特殊视角——从人的主体性存在来揭示人与世界的复杂关系并帮助人们作为主体来正确有效地认识和处理这种关系。马克思主义哲学不是无人的和非人的抽象理论,而是现实的关于人和为了人的科学学说。它以人与世界关系为自己的基本对象,以帮助人们正确地认识和有效地处理自身与世界的关系为基本宗旨,以促进人的自由全面发展为自己的最高目标。而这一切只有当人真正作为主体来生存、活动和发展时才有可能。因此,一方面,马克思主义哲学关心的不是一般的人,而是作为主体的人,这种人既不同于唯心主义者眼中的纯粹抽象的精神存在,也不同于旧唯物主义者眼中的毫无生气的自然物质存在,而是物质性与意识性、受动性与能动性、自觉性与创造性相统一的人。另一方面,马克思主义哲学也不是一般地关心人,而是从确立和保障人的主体地位,强化和发挥人的主体功能这个特殊视角来关心人。正是这两个方面的结合,使主体性问题研究在马克思主义哲学中占据着十分突出而且重要的地位,成为一个连接历史与现实、理论与实践、分支学科与总体学说的关键性问题,正是在这种意义上我们也可以说,主体性问题在今天引起人们的普遍关注不是偶然的,而是必然的,不是多余的,而是必要的,它既是马克思主义哲学研究深化的一种标志和表现,也是其进一步发展的要求和条件。因此,主体性研究的真正深入发展及所取得的建设性成果,不论是对于马克思主义哲学的各个分支和总体结构的深化与完善,还是对于马克思主义哲学更好地在中国的社会主义现代化建设中发挥其社会功能,都具有非常重要的作用和意义。

二、主体、客体概念的探微与辨析

如何界定主体和客体,这是目前争论中的重要问题之一。追根溯源,不仅在历史上人们对主体和客体有过完全不同的界定,而且马克思也曾在不同的含义上使用过它们。

其一,主体是本原、实体、存在意义上的主体。针对近代哲学中对于主体-客体关系的唯心主义解释,尤其是黑格尔把绝对精神看作一切运动变化的主体和世界的本原的极端唯心主义倾向,马克思以唯物主义方式解释主体-客体关系。马克思指出,在黑格尔那里,"神秘的实体成了现实的主体,而实在的主体则成了某种其他的东西,成了神秘的实体的一个环节"①。"因此,主词和宾词之间的关系被绝对地相互颠倒了。"②正确的应当是,"物体、存在、实体是同一种实在的观念。决不可以把思维同思维着的物质分开。物质是一切变化的主体"③。

其二,主体是与自然界相对应、与人等价意义上的主体。针对唯心主义者和旧唯物主义者对于人与自然关系的错误理解,尤其是在异化劳动下人与自然关系的实际颠倒和错位,马克思把主体与客体关系和人与自然关系联系起来,明确指出:主体是人、客体是自然。一方面,人是自然界长期发展的产物,是自然界的一部分,依赖于自然界而生存,自然界作为人生存和发展的物质基础和现实对象而制约着人。另一方面,人借助于长期进化发展和劳动实践而积聚起的内在本质力量以观念的和实践的方式作用于自然界,对其进行观念的或实际的掌握、利用、改变或创造,使之变成自己"无机的身体""精神的无机界",由此而实现自身作为主体对自然界的掌握。

其三,主体是与特定受动客体处于对象性关系之中的能动主体。针对私有制下人的片面发展,尤其是异化劳动造成人的主体本质的极度贫乏和个性的丧失,马克思强调,主体与客体处于密不可分的对象性关系之中,客体是受动的、受支配的,主体是能动的、支配的,主体在与客体的对象性关系中居于主导的方面。马克思说:"对象如何对他说来成为他的对象,这取决于对象的性质以及与之相适应的本质力量的性质;因为正是这种关系的规定性形成一种特殊的、现实的肯定方式。"④一方面,"只有音乐才能激起人的音乐感"⑤,客体的特定有用属性是主体-客体关系建立的必要前提和基础;另一方面,"对于没有音乐感的耳

---

① 马克思恩格斯全集(第1卷)[M].北京:人民出版社,1979:273.
② 马克思恩格斯全集(第42卷)[M].北京:人民出版社,1979:176.
③ 马克思恩格斯全集(第2卷)[M].北京:人民出版社,1979:164.
④ 马克思恩格斯全集(第42卷)[M].北京:人民出版社,1979:125.
⑤ 马克思恩格斯全集(第42卷)[M].北京:人民出版社,1979:125-126.

朵说来，最美的音乐也毫无意义，不是对象"①，因为任何一个对象对主体的意义都以主体的相应需要和能力为限。因此，正是人的主体需要使主体与客体之间的对象性关系的建立成为必要，主体能力则使这种关系的现实建构和实现成为可能。而这一切又都只有通过主体的自觉能动活动才能达到，正是在这种意义上，马克思尤其强调劳动、实践在主客体关系发展和社会文明进步中的特殊作用。

以上当然不是马克思关于主体-客体的全部界定，却是他有针对性地明确使用过的几种基本用法，其他具体用法大体上总与上述某种用法相接近或相关联。这几种用法各自是针对一定的倾向或偏向的，有自己的特定含义和使用范围。它们相互联系构成整体，不能割裂开来孤立地加以理解和使用，也不能脱离原有的适用范围。一旦超出了其特定的适用范围来使用，则难免会背离马克思的原意。

有人自觉或不自觉地把主体与主观、客体与客观等同起来，把主体性和主体性原则等同于主观性和主观性原则，并将其与客观性和客观性原则绝对对立起来，认为强调主体，弘扬主体性，坚持主体性原则就会否认客观、客观性和客观性原则，走向唯心主义、主观主义。因此，在他们看来，要坚持唯物主义的客观性和客观性原则，就必须否认主体、主体性和主体性原则。这里的问题除了把不同层次和领域的问题硬拉到一起以外（对此我们后面还要谈到），恐怕与对马克思关于主体概念的第一种用法的误解是分不开的。在马克思那里，作为本原、实体、存在意义上的主体，实际上是"物质"的代名词。它以将世间现象分为物质和精神、存在和思维这两大类为前提，从本原与派生、第一性与第二性的角度考察物质对于精神的本原地位和决定作用。很明显，这里的"主体"是在本体论意义上使用的，指的是一切运动变化的承担者、载体，而并不指主观。主观和客观是一对认识论范畴，是思想、观念与其对象、原型之间的关系。主观是人的意识方面，包括人的感觉、知觉、表象、思维、情感、意志、立场、态度等，是以思想内容的形式出现在人脑中的客观世界，是外部世界在人脑中的反映形式。客观则是相对于主观而言的，指为人的意识所反映，作为主体思想观念的内容原型的外部现象。主观反映客观，是客观对象的观念形态和思想形式；客观是主观的

---

① 马克思恩格斯全集（第42卷）[M]. 北京：人民出版社，1979：126.

源泉,是主观意识的真实内容和原型。可见,主观和客观的关系既有别于物质和意识的关系,也有别于主体和客体的关系,它们不能相互混用和简单替代。如果硬要用主观来替代,那么,马克思所说"物质是一切运动的主体",就成了"物质是一切运动的主观",这显然有悖于马克思的原意。

也有论者从人与自然关系的角度来界定主体和客体关系,用人的规定性来界定主体,用自然的规定性来界定客体,这大概与马克思的第二种界定有关。这种看法当然有正确的一面。因为在人与自然的关系上,只有人才是主体,而自然只能是客体。但这种说法明显地也有不足之处。一方面,客体不仅包括自然,而且还包括社会和思维,它们也与主体处于不同的具体的对象性关系之中;自然也不都是客体,只有与主体发生了对象性关系的自然存在物才转化为客体。另一方面,人并非总是和都是主体,人也有作为客体而存在和活动的时候;而且人也不总是作为类和自然界相对立,还作为一定的个体或集团来相互对立和相互作用,这就产生出人与人之间互为主体和客体的情况。

从特征分析的角度考察主体和客体的规定性,可以看出,主体有自然性、社会性、意识性、实践性、能动性等,客体则有客观性、对象性、社会性、历史性等。这种分析和界定深化了对主体和客体各自的特性及其关系的认识,当然是必要的和有意义的。但是,在社会历史发展过程中,主体人和客体人之间在以上几个方面的规定性几乎是共同的。作为主体的人不等于纯粹的精神,他们不仅有意识性,也有客观性、对象性;作为客体的人不等于纯粹的物质,他们不仅有自然性,也有意识性、实践性等。因此,仅仅凭借这些为主体和客体所共有的规定,我们实际上无法有效地区分具体的主体和客体。

有人进一步从内容和关系的角度分析主体与客体范畴,提出主体与客体之间始终处于物质、能量和信息的变换关系之中。这种变换关系包括实践关系、认知关系、价值关系、审美关系等。这些关系有其不同的具体内容、表现形式和实现方式等。这种研究丰富了我们对主体与客体之间关系内容的认识。但是,仅仅了解这些关系还是远远不够的,还必须找到一个标准或一种规定来区分这种种关系中的主体和客体,说明什么样的人在何种条件下何以成为这种种关系中的主体,以及什么人或物在何种条件下何以成为这种种关系中的客体。

由上可见,这里问题的实质和核心在于如何界定和解释人与人关系中的主体性问题。在人际关系的社会网络之中,有人在一定的对象性关系中成为主体,则必然有人相应地成为客体;主体和客体之间的区分具有极大的相对性。正是这种情况要求我们找到或设置一种具有广泛适用性的科学标准,以便将在各种复杂关系、各种具体内容和各种情况下的主体和客体相对准确而又简便地区分开来。在我看来,功能标准正好适合并能满足这种需要。

三、从功能角度考察主体-客体关系

这里已有两个前提:第一,主体是人,不能是其他任何非人的存在;第二,人并非都是和总是主体,也有作为客体的情况和状态。因此,主体只是处于特定情况和状态下的人。这样问题便发生了转化,即人在什么情况和状态下成为主体,又在什么情况和状态下丧失其主体地位。这时,对主体的规定显然不能用人所共有的属性来加以说明,只能由人在特定条件下所实际达到的状态来说明。这里讲的条件,就是人与特定客体的对象性和相关性条件;这里讲的状态,则是人在这种与对象的相关性中所处的特殊的功能状态。在这种主体性功能状态中,人对一定的客体采取主动态势,持积极态度,发挥能动作用,并处于支配地位。客体则相应地在与主体的这种对象性功能状态中处于受动态势,持消极态度,居于被动方面,处于受控地位。换言之,主体是在与特定客体的对象性关系中处于主动、能动、积极和支配地位的人,客体则是相应处于被动、受动、消极与受控的一方。主体和客体之间处于主动与被动、积极与消极、能动与受动、支配与受控的功能关系和功能状态。

由上我们认为,主体和客体范畴既不是纯粹的实体性范畴,也不是一般的关系范畴,而是或主要是一对功能范畴。功能通常指一定事物或人在一定对象性关系中的地位、作用、影响和意义等。而"主体"和"客体"则是标示一定的人或事物在一定对象性关系中的特殊地位、作用、影响和意义的功能范畴。从功能方面来看,主体意味着主动、能动、积极、支配等,客体意味着被动、受动、消极、受控等。因此人们又常常把主动态势、能动作用、积极态度和支配地位等看作一种主体性功能,把被动态势、受动作用、消极态度和受控地位等看作一种客体性功能。在功能方面来看,主体与客体之间的关系即主动与被动、能动与受动、

积极与消极、支配与受控的关系。

人的主体性即人在与一定对象的关系中所具有的主动态势、能动作用、积极态度和支配地位。当一定的人在与一定对象的关系中获得并实现了这种功能属性时,他(们)便成为这一对象的主体,这一定对象相应成为其客体。而人们在一定对象面前丧失了这种功能属性时,则相应地失去其主体地位。

人的主体性在主体与客体的各种关系中都必然地以一定方式具体地表现出来并相应地得到实现。

在认知关系中,人作为认识主体,不是消极被动地等待客体信息和直观地反映客体的表象,而是积极主动地识别、选择、接收和采集客体的各种信息,并自觉地进行信息加工、处理、检验、评价、储存和传输,由现象进入本质,由表层进入深层,在不改变客体的现实存在状态的前提下,借助于一定的语言符号系统,使客体以信息内容的方式进入人脑,成为思想观念的内容,成为人的精神世界的一部分。人则由此而达到作为主体对于客体的观念掌握。

在价值关系中,人作为价值主体,不是被动地等待客体功用的自我呈送,也不是简单享用客体的现成属性,而是力图根据自身的复杂需要和价值追求,去发现和发掘客体对于自身的有用属性,对其作出恰当的评价与选择,决定如何对其作褒贬取舍,并通过自己的积极努力,去创设各种必要的条件,克服、限制、减弱和预防客体的消极属性和不利功用,获取、发挥、强化和创造客体的积极属性和有利功用,使客体的价值属性得到最大程度的发挥和实现,使自己的价值需要得到最大程度的满足。人则由此而达到作为主体对于客体的价值掌握。

在审美关系中,人作为审美主体,不是满足于对客体的审美特性的自然观照,而是积极培养、发掘和强化自己的审美需要和审美情感,并据此积极地发掘和体验客体的审美特性,达到一种情感的体验和心灵的沟通。不仅如此,主体还根据自己的审美需要和审美追求努力抵制、消除和批判客体中的虚假、邪恶和丑陋的方面与因素,努力培养、塑造那些真实、善良、崇高的方面与因素,进行美的建构与创造。人则由此而达到作为主体对客体的审美特性的全面占有与掌握。

在实践关系中,人作为实践主体,不是满足于简单适应客体的现实存在状况,而是力图根据自己的发展着的需要和能力,在一定目的和意图的支配下，对客体进行实际的变革与创造，并对其进行实际的享用和消费，使之实际地进入自己的生活世界，以至转化为自己有机身体的内在组成部分，成为自己的主体性存在的现实物质基础。人由此而达到自己作为主体对于客体的实践掌握。

在实际生活中，主体与客体之间的多种关系并不是完全分离和各自独立的，而是内在统一和相互协调地交织在一起的。相应地，人的主体性也往往是在与具体的客体之间的多种关系的统一中综合性地表现出来并具体地得到实现的。

四、人的多重规定与主体的整体性功能

主体性是主体在特定条件下相对于特定客体而言所具有的特殊的功能属性。人的主体功能属性不是凭空产生的，而是依赖和奠基于人的其他各种本质属性和规定，是它们的有机结合、综合应用和现实实现，是主体性功能的基础因素、必要条件和实现机制。人的属性和规定很多，最基本也是最重要的有以下方面。

（1）人的自然物质性。人是有生命的自然存在物，有着与自然物质相沟通相交换的自然机体，它包括感知-思维器官系统和活动-效应器官系统这两个基本方面，它们结合而成为"人本身的自然力"。正是人的自然存在和人的生命，既提出了人最基本的需要，也为人的感知意识思维活动和现实实践活动提供了必要的机体条件，成为人的主体性最本质的基础和最深厚的源泉。

（2）人的意识性和自我意识。人是有意识和自我意识的存在物。人凭借其特有的感知-思维能力，不仅将外部世界设定为自己的意识思维的对象，产生出对象意识，而且将自己的生命和意识思维活动设定为对象，产生出自我意识。凭借着这种对象意识和自我意识，人们不仅观念地回顾过去、观照现实，并且展望未来，创造理想世界，设计出达到理想境界的途径，从而产生出人的活动所特有的自觉性、目的性和计划性。意识和自我意识既是人的主体性的重要标志，也是其必备条件。

（3）人的社会性。人是社会的存在物。各种形式的社会关系及相应的社会组织，把人的个体存在纳入群体，结为整体，产生出个体之间的协调与合作关系，创造出非加和关系的整体功能。个体的缺陷由此而得以克服，个体的能力由此而得以放大，人得以作为群体而存在和活动。

（4）人的中介性。人是利用、制造、保存和使用工具的动物。各种类型、形式和功能的工具，作为主体实际把握客体的中介和桥梁，延长了人的感官和肢体，强化了人的智慧和体力，消除了人与对象之间在时间、空间和性质上的隔离状态，使主体和客体之间不能直接发生的相互作用以间接的方式成为可能，人由此而作为主体不仅观念地反映和建构客体，而且实际地改变和创造世界。

（5）人的实践性。人是实践的动物。一般动物只是通过本能活动来顺应环境，人则通过现实的创造性实践活动而改造环境，并不断创造出更加适合自己的内在本性、有利于自身发展的外部环境，并在这种发展着的环境中不断强化和发展自身。实践性既是人的主体性的重要表现，也是其赖以实现的重要途径。

正是人的这些本质属性和规定，为人的主体性的发生、展示和实现提供了可能，它们都是主体性得以确立的必要条件。也就是说，离开了其中任何一种属性都不可能有人的完整的主体性功能，正是以上条件的有机综合才产生出人的整体性主体功能。但是，就这些属性各自来说，它们却又都不是充分条件。只有其中的一种或数种属性，不可能有人的完整的主体性功能。在这种意义上，我们既不能仅用上述的任何一种属性来界定主体性，也不能把主体性还原为人的多种属性中的任何一种，比如主观性、意识性等等。主体性是综合人的各种属性而在特定对象和环境中得以表现和实现的综合功能。

人的主体性的发挥不是无条件、无制约的，而是有条件和有制约的，正是在对这些条件的把握和对各种限制的超越中，显示出发挥人的主体性的必要性和特殊意义。相应地，否认和忽视这些条件和限制，则不仅对人的主体性的强调失去了必要，主体性研究也有可能走偏方向。因此，我们有必要对各种可能的"误区"予以特殊的关注，在此基础上正确地研究和发挥人的主体性。

在人与自然的关系上，应承认外部自然界对于人的外在地位和优先地位，在这一前提下强调人的主体性。因此，在自然关系中的主体性表现在承认外部自然的现实制约性的前提下对于自然物质运动的自觉能动掌握和对人化自然界的积极能动创造。

在认识领域，应在承认认识对象性的外在性和客观性前提下强调人在认识中的主体性。认识的最重要的本质是反映，是对于客观对象的观念再现。反映论的前提是认识对象的客观性和可知性,并在此基础上强调思想观念与其对象的一致、接近和符合。但反映又不可能是镜面似的直观照射和全面、无遗漏的直观映现,而是主体的内在认知定式与客体之间的交互作用,是通过主体的有选择、有过滤、有筛选的积极能动的信息接收、加工、保存和传输过程,在对各种偏见的克服、对有效信息的采集、对真实意义的理解和对深层本质的观念把握中,显示出认识主体的自觉能动作用,发挥出主体的认知功能。因此,强调人在认识活动中的主体性,不是否定和远离了认识的客观性,而是更好地说明了认识的客观性及其实现途径。正是由于认识的对象是客观的、不易全面加以把握的,才要求人们更好地发挥主体性,而只有正确有效地发挥和强化认识的主体性,才有可能真正达到认识的客观性。

在社会历史领域中,应在承认社会历史总体运动过程和客观规律性的前提下,强调发挥人的自觉能动作用和创造性功能。社会历史过程是人的生存、活动和交往过程的统一。它既是一种自然历史过程,又是自我创造过程和自我意识过程。人是社会历史的主体,但社会历史又有其超越于其中的任何个体的总体运动形式和发展规律。个人的生存和活动、个体主体性的发挥必然有其社会制约性并由此而具有某些不可避免的局限性。但正因为个体是社会最基本的要素和细胞,因此,他们的生存和活动、个性和特质必然以各种方式在不同程度上影响社会的总体结构和面貌。而又正是人们作为个体主体和群体主体而对社会历史和现状的不断回溯与评估、对社会发展模式的不断选择和建构,以及对理想社会的不断追求与创造,构成了社会运动的实际过程,并影响甚至制导着社会发展的方向。正是在这个过程中,人显示出自己作为社会历史主体的特殊地位和功能。

以上种种情况,从根本上来说,就是应当在承认主体对客体的需要与依赖、客体对主体的制约的双重前提下,强调和发挥人的主体性。主体对客体的兴趣和趋向,生发于对客体的需要及相应产生的对客体的某种依赖性。客体则有某种满足主体需要的属性,可能获得对主体的某些制约权。在这种对象性关系中的人之所以成为主体,正在于通过自己的主动态势、积极作用而观念性地和实际地占有和掌握客体,实现对客体的控制和支配,满足自己的需要。这就是人的主体性或作为主体的人的特有功能属性。

五、人的主体性的内在根据

人的主体性不是凭空而起的,也不是无限的和万能的,它有着自己特殊的根源、背景及实现方式,有独特的检测标准和不同的实现程度。

首先,人的主体性功能根源于人们对一定客体的功能需要和客体对主体的制约性。人作为主体有各种形式和内容的主体需要,它们是人作为主体而生存、活动与发展的各种内在必要性。人的主体需要只能通过与一定客体(包括环境)的物质、能量和信息变换来满足,由此而产生出对于外部世界和对一定对象物的依赖性。那些具有满足主体需要的属性的一定对象物由此而转化为客体,并相应获得对于主体的作用力和制约性。人作为主体对客体的需要和依赖不同于动物对世界的需要和依赖。人作为主体而对世界的需要和依赖是通过自己的自觉能动的创造活动而对世界的掌握和运用来实现的。因此,承认人的主体性,首先是以承认人对外部世界的依赖性和对象世界对于人的外在地位和制约作用为前提条件的。

其次,人的主体地位的确立和主体功能的实现,根据于人的主体能力。主体能力是在社会实践中形成而又潜在于人的机体内部并在主体与客体的对象性关系中表现出来的客观的能动的力量,是作为主体的人所具有的为了满足自己的主体需要而在一定社会关系中从事主体性活动的内在根据和内在的可能性。如果说,主体需要使人们对客体的主体性活动成为必要,则主体能力使人们对客体的这种主体性活动成为可能。主体能力作为人的内在本质力量,包含着"人本身的自然力""经验-知识力"和"情感-意志力"等多种要素,是个体人在其孕育、萌生和成长的过程中,通过对人类长期积累形成的社会历史文化的学习、吸收和同化而发展起来的。作为一种必不可少的内在根据,主体能力的性质和类别,决定了人们可能采取的主体行为与活动方式,决定着人的主体性功能的作用方向;主体能力的大小和强弱,则决定了人们从事活动的效能与效率,决定着人的主体性功能的层次与水平。

再次,主体活动是人的主体性功能的实现途径。活动是人的内在本质力量在一定环境条件下对一定对象的施展和运用,它包括认识、评价、审美和实践等多种具体形式,是人的能力的一种有方向、有程序、有节制的输出与发挥。在主体性活动中,发展着的主体需要被人们自觉意识到并设置为活动的目标,客体的运动逻辑需要为人们的观念所掌握并转化为主体的活动逻辑。随着人的工具性操作和中介化动作,人的主体性功能在环境的合目的性改造和客体的合目的性变化中得到表现和实现。

人的主体性功能的实现不是自发的、盲目的,而是自觉的、有目的的。自我意识是人的主体性的重要标志,也是自觉主体的重要条件。在内容上,人的自我意识包含着对自身作为主体的需要与能力、职责与使命、优势与缺陷、目标与方向、途径与手段等的认识,因此在本质上是一种主体意识。在活动过程中,人作为主体的自觉性是通过自决、自主、自控等功能状态表现出来的。自决指人作为决策主体对自身活动目的及行动方案的相对独立的认识、选择、预见和决策。自主指人们作为活动主体而主动地发起一定的活动并积极地排除干扰将其推向前进。自控指人们作为调控主体而在活动过程中对活动方向、方式、强度、速度、节奏、频率、周期等不断进行的自我监测、及时调节和有效控制。

人的主体性功能,实现于人对活动过程的有效控制及对活动结果的有效掌握,其标志是人的主体性需要得到满足,人的本质力量得以对象化、现实化,人的主体地位在新的水平上得以重新确立、巩固和升华。在人与自然的关系上,它表现为自然界的人化和人的自然化之间的双向运动,是自然界为人的生成,也是人在更高的水平上复归又超越于自然。在人与社会的关系上,它表现为个体的社会化和社会的个性化,是社会结构的进化和个性的进一步升华。在人与人的关系上,它表现为不同的个体(及相应的集团)之间互为主体-客体的交互作用,在这种交互作用的基础之上通过自发的或自觉的协作、冲突与融合而形成的群体力、合力,以及人的在更广泛基础上和更高水平上的全面发展。在人与自身的关系上,它表现为自我意识的不断强化和自我调控能力的不断增强。总之,人们的一次次活动为自身的进一步加速发展奠定了更坚实的基础,提供了更强劲的动力,创造了更优越的条件。这就是人类活动的主体性效应,也是主体性功能的现实实现。

常常也有这种情况,由于种种原因,一定的活动过程及其结果脱离了主体的控制与掌握,转化为一种异己的对象或力量,带来了大量的非预期的不良作用和影响,妨碍了人作为主体的进一步生存、活动与发展,成为人类进步和历史发展的阻力与障碍。它们实质上是人类活动的反主体性效应,是对人的主体性功能的否定与反对,削弱甚至破坏着人的主体地位。目前人类在世界范围内感受到的"生存危机""发展的极限"等全球性问题,就是人类过去的非合理化活动所造成的反主体性效应的集中而又典型的体现。

可见,人的主体性地位的确立和主体性功能的实现不是一个一蹴而就、一劳永逸的事,而是随时面临着被削弱以至丧失的危险,需要在新的条件下和新的水平上不断加以巩固、重新确立并不断升华。可以说,在任何时代和任何条件下,最大限度地追求、创造和发挥人的主体性功能,最大限度地克服、预防和消除人类活动的反主体性效应,都是人们活动的基本宗旨,也是我们今天所说的主体性原则的基本要求。

六、主体性原则的基本规定

主体性原则是承认、尊重人的主体性,并为了更好地发挥人的主体功能,保障人的主体地位而提出的一个活动原则。它以马克思主义的主体-客体理论,尤其是人的主体性理论为基石,以人在世界历史运动中的主体地位和主体作用为依据,要求尊重、确立和爱护人的主体地位,保障、发掘和发挥人的主体功能,并将这种要求作为一种基本的指导思想、活动目的和行为准则贯穿在一切活动中,成为一个普遍的指导原则。具体说来,它包含以下要点。

第一,主体性原则不是一个本体论命题,而是一种活动论规范,它反映了人在世界中的主体地位,揭示人应当如何通过自觉能动的创造性活动来处理自身与世界的关系,以创造出最大的主体性效应。主体性原则作为马克思主义的主体-客体理论在主体活动中的现实运用,本质上是一种功能原则、效应原则、价值原则。

我们知道,无论从字面上还是实际含义上理解,"原则"作为言论或行动的规范和准则,都是并只能是从活动论的意义上提出并在制约和制导人的活动方式与方向上发挥作用。马克思主义的主体性原则作为一种科学的活动原则,一方面在于它客观地反映了人在世界中的主体地位和人在处理与世界关系活动中自觉不自觉地所采取的主体态势和主体方式;另一方面则在于它把确立人的主体地位、发挥人的主体功能、追求主体性效应作为一种目标和目的,转化为一种规范、标准,上升为一种普遍的活动原则,以制约和制导人的活动。人并非都是和总是主体,只有在与一定客体的关系中通过自己的自觉能动活动而获得对其的主动态势,发挥出能动的积极作用并取得支配地位的人,才成为主体。主体性则是作为主体的人所具有的功能属性,它在人们的自决、自主、自控的活动过程中得到表现,并在活动结果及其所产生的有利于人的主体性生存、活动、发展的积极效应中得到实现。因此,人的主体地位不是天然具有的,而是靠人通过自觉能动活动而争得和创设的;这种地位也不是一蹴而就、一劳永逸的,而是随时面临着丧失和削弱的危险,需要不断地巩固、强化并在新的基点上重新确立。正是对于主体性效应的追求,作为一种目标和规范,作为一种价值取向,制约着人的整个活动方式和过程,使人成为主体,使自发的潜在的主体转化为现实的自觉的主体。主体性原则,正是人的这种功能追求和价值取向的提炼、概括、强化和升华,它突出体现着马克思主义对人的特殊关心和关心人的特殊视角。马克思主义关心的不是一般的人,而是作为主体的人;马克思主义也不是一般地关心人,而是从人的主体性生成、活动、实现和发展的角度来关心人。只有按照这种科学的主体性原则来行动,人们才能不断地强化自己的主体意识,真正成为自觉的现实的主体。

第二,主体性原则不是随心所欲的原则,而是以承认客体制约性和主体自身内在限定性为前提的原则,是要求主体发挥内部潜能,创造条件去超越外部制约性,有效地掌握客体的原则。

马克思主义哲学认为,人是受着各种限定和制约的受动的存在物,人的历史发展不是消除了人的受动方面,只是改变了受动性的具体内容和形式。人的能动与人的受动之间在性质和量级上呈正向相关性。人的主体性则在于自觉地认识、掌握和超越这些限定和制约,变受动为能动,在新的必然面前去争取自由。因此人的主体性不是凭空而起和随心所欲的,而是有其特殊的前提条件和内部根据的。具体说来,人的主体性来源于两个方面:其一,根源于主体对客体的功能需要和客体对主体的制约性;其二,根源于主体观念地和实践地掌握客体的能力与客体的可知性、可塑性。主体对客体的需要与依赖性和客体对主体的功用和制约性之间,与主体把握客体的能力和客体的可知性、可塑性之间,在内容、性质、范围和水平上都具有对应性和相关性,它们是主体-客体关系得以建立的双重必要条件,构成主体-客体相关律的具体内容。

马克思主义的主体性原则正是主体与客体之间这种以客体为基础、以主体为主导的特殊相关律在主体的活动指导原则中的表现和运用，它以承认各种内部和外部制约性为前提，要求人们发现和提升内在需要，发掘和发挥内部潜能，不断强化和发展自身的主体地位。在这里，如果否定外部环境和客体的制约性，则人的主体性就会失去对象性前提和实际意义。而离开了主体的自觉能动的创造性活动，则主体-客体关系既无从建立，也无从发展和实现。

第三，主体性原则不是马克思主义的唯一原则，也不是最高原则，而是马克思主义原则体系中不可缺少并与其他原则并存和协调发挥作用的重要原则。

马克思主义哲学既是科学的世界观、历史观、人生观，又是科学的活动论、价值论、方法论，它应当而且能够从科学信念与行为准则等方面给人的活动以科学的指导。对主体性效应的追求对所有人类活动都具有导向作用，因此，主体性原则在马克思主义原则体系中必然占有显著地位并将随着人类主体性的不断强化而日益突出。但是人类活动受着多方面的制约，人的主体性的发挥与实现也有着复杂多样的具体形式和内容，因此，马克思主义的活动原则不是单一的，而是多种相关原则有机协调而成的原则体系，主体性原则作为这个原则体系不是与其他一系列原则相背离或相抵触的，而是相互顺应和相互补充、共同发生作用的。应该说，背离了或否定了其他各种原则，则主体性原则难免走偏方向，而否定或抛弃了主体性原则，则其他原则也难以得到有效的贯彻和实现。

在人与自然的关系上，主体性原则并不否定自然界的外在性和优先地位，而是要求人们在承认自然界的现实制约和优先地位的前提下，以主体的姿态积极从事活动，参与自然物质运动，并在最大的范围内和最高的程度上从事对于自然物质运动的自觉能动掌握和对人化自然的积极能动创造。在认识领域，主体性原则并不否定认识的客观性原则。认识的最重要的本质是反映，是对于客观对象的观念映现。但反映又不可能是镜面似的直观照射和简单映现，而是主体的内在认知定式与客体信息之间的交互作用，是主体有选择地接收、采集、加工、保存和传输客体信息的过程。人在认识中的主体性不是否定和远离认识的客观性,而是为了实现认识的客观性、科学性、真理性。在这种意义上,只有真正坚持和贯彻了科学的主体性原则,才能真正理解并切实达到认识的客观性。在社会历史领域,主体性原则并不否定历史过程的规律性和决定论原则。社会历史运动既是一种自然历史过程,又是人的自主创造过程和自我意识过程。人是社会历史的主体,个人是主体活动最基本的单位。社会历史又有其超越于其中任何个体的总体运动形式和发展规律。因此,个体主体性的发挥必然有其社会历史制约性并带有不可避免的局限性,但个体的生存、活动个性和特质必然以各种方式在不同程度上影响社会的总体结构和面貌。只有强化人的主体性,才能增强历史运动的自觉性;只有坚持科学的主体性原则,才能真正说明和贯彻科学的辩证的历史决定论原则。

第四,主体性原则不是空洞贫乏和纯粹抽象的理论原则,而是内容丰富和现实具体的实践原则,它鼓励人们自觉努力地追求和创造真、善、美、利的具体历史统一,具有鲜明的时代性和实践性。

人的主体地位是通过人的自觉追求而得以确立、巩固、强化和发展的。真实性、功利性、合理性、正当性、完美性、协同性、正义性等,既是人的主体性得以确立的条件和标志,也是主体追求的具体目标和内容。相应地,它们也是主体性原则的具体内容。它们作为一种人的"内在尺度"和价值倾向而贯穿和渗透在人的各种活动中,既作为一种内在驱动力,又作为一种目标体系而激发和制导人的主体性行为,并在主体性活动过程及其积极结果和主体性效应中得到实现,从而成为人类主体性发展和社会文明进步的积极因素。主体性原则在内容上也是具体的、历史的,在当代中国,它集中表现在"建设有中国特色的社会主义现代化"这个总目标、总任务、总原则上。中国特色的社会主义现代化,有着丰富的理论和实际内容,它立足于中国的特殊历史与现状,顺应了世界现代化的历史趋势,坚持了社会主义的基本方向,走出了一条中国特色的特殊道路,体现了中华民族的根本利益和中国共产党的基本宗旨,代表了中国人民在现阶段的共同追求,从而能够切实有效地调动和激发全国人民的主体性,产生出巨大的感召力、凝聚力和创造力,成为全民族意志统一的基本精神力量。

第十八章 现代认识论研究的基本趋向

回顾1978年以来，我国认识论研究从真理观问题开始，不断深化拓展，成为了一门相对独立的学科。它突破了长期流传的简单机械的认识模型，深入到认识发生发展的社会文化心理背景中去揭示认识活动的内在机制和规律，取得了一系列的成就。

目前的研究还有待付出更大的努力达到突破和发展，本章对未来深化认识论研究提出了几点基本思路：把强化人的主体地位作为深化认识论研究的根本宗旨；注意认识的本性，探索符合其本性的理解方式；从人类系统的历史和个体两方面追溯认识的发生过程；注重人的主体性，关注主体的自觉能动活动；在个人的意识活动和社会文化交往的统一中考察认识机制；抛弃简单的模型，建构多项式的复合认识模型；关注认识的时间进程；重视认识演进的社会化过程；对实践观念与人类认识向着实践目的的运动进行进一步的阐释；追求真、善、美、利四者的具体历史统一。

1978年以来,在我国马克思主义哲学研究的长足发展中,认识论研究始终处于带头的和领先的地位。这种情况,既反映着当代人类认识和自我认识能力的强化和发展,也记载着对人类认识和自我认识的哲学反思的深化和发展。人类认识和自我认识在当代人类全部活动中的领先和向导地位,决定了认识论研究在整个哲学研究中的主导和核心地位。而认识论研究的深化不仅对强化人类认识和自我认识能力,促进人类认识的科学化发展,增强人类在实践中的自觉性、合理性和有效性发挥着积极作用,而且对整个哲学的发展也有非常积极的推进作用。因此,认真回顾1978年以来十多年里我国认识论研究的发展道路,总结其方法论的得失,提出深化认识论研究的基本思路,不仅有其重要的理论必要性,也有其现实的实践紧迫性。

一、认识论研究的回顾与透视

1. 我国认识论研究的发展历程

我国认识论研究的重要进展,是以1978年的真理标准讨论作为契机和发端的。关于实践是检验真理的唯一标准的讨论,不仅为恢复和发扬党的实事求是的思想路线、解放思想、确立和贯彻党的十一届三中全会路线和政策提供了理论基础和方法论指导,开始了中国社会改革和现代化建设的新阶段,而且为马克思主义哲学反思和发展提供了一个科学的参照系,开始了我国马克思主义哲学研究的新阶段。而真理标准讨论本身又首先是从认识论、真理观的角度提出问题的,因此,它又首先推动和促进了我国认识论的研究和发展。

从过程上来看,十多年来中国认识论研究不断深化、拓展和进步的道路有以下几个特点。其一,由外向内。由在实践与知识、观念、真理的关系中考察真理标准的权威性、唯一性、可靠性等,进入对实践本身的内部构成要素、结构、特性及其相互关系的探讨。关于目的是否属于实践要素的讨论,是其中的阶段性标志。其二,由静到动。由对实践内在结构的静态的解剖学意义上的分析,转向对其动态的活化的过程性分析,进而引出了对活动中的主体、客体、中介及相互之间对象性、相关性的分析,引发了对认识过程及发展阶段的全面反省。关于理论回到实践的中间环节的研究,可以看作其阶段性标志。其三,由点到面。由对传统认识论中各个基本概念、范畴的重新界定和个别命题、原理的重新阐发,转向从不同角度发掘新课题,开拓新领域,创建新分支学科,并尝试建立不同特色的认识论研究体系。其四,由分到总。由分门别类地孤立地研究纯粹认识现象,转向对与认识现象有关的各种社会文化现象和内在心理、生理现象的相关研究和综合研究,使认识论研究真正植根于现代心理学、生理学、脑科学、自然科学方法论、社会科学方法论、系统科学方法论等具体科学的最新成果之上,又促使认识论与哲学中其他分支学科,如本体论(包括历史观)、价值论、实践论、方法论等的相互渗透和结合,对建构全新的马克思主义哲学大体系产生了积极的影响。

2. 认识论研究的主要成就

十多年来认识论研究发展的一个最显著标志,是它从哲学中的其他分支学科和其他非哲学学科中分化出来,成为相对独立的学科,开始了自己真正学术性和科学化的发展道路。而认识论研究本身的一个重要进展,是突破了长期流传的"S→R"(刺激→反映)的单向式机械直观的认识活动模型和"实践→认识→实践"的简单化线性认识过程模型,由对认识问题的现象描述,进入在认识发生发展的社会文化心理背景中揭示认识活动的内在机制和规律。具体说来包含着以下几个方面。

第一,提出和提升了一批新的认识论范畴,如主体、客体、中介、信息、要素、结构、功能、目的、情感、意志、反馈、调节、控制、对象意识、自我意识、认知定式、认知格局、主体图式、思维模式、心理结构等。它们为从新的角度概括和表征认识现象,提供了工具和形式系统。

第二,提出和研究了一些新的认识论命题,如"认识自己构成自己的道路",人类掌握世界的理论方式、观念形态,主体-客体相关性与相关律,认识结构的中间变量,认识的滞后性、超前性、指向性、选择性、创造性,认识的客观性原则、主体性原则,认识系统的进化结构,真、善、美的内在统一性等。它们反映着对认识论基本问题的重新理解和探索。

第三,移植和提出了一些新的研究方法,如发生学方法、共时态比较方法、历时态比较方法、要素-结构分析方法、结构-功能分析方法、系统-综合方法、解剖-分析方法、历史-逻辑方法等。它们表明了认识论视角的转换和手段的更新。

第四,开拓了一些新的研究领域和研究课题,如情感、意志等非认知、非理性因素在认识中的地位和作用,需要、价值、功利等社会因素对认识的诱导和制约作用,民族文化背景和时代性心理结构对认识的影响和渗透,认识的个体发生、种族发生,认识活动的微观机制,对社会的认识何以可能和如何达到科学,认识系统的综合研究等。这些表明认识论研究成了一个多方面、多层次、多向度的立体网状系统。

第五,找到了认识论研究的重要原则。这就是认识论研究中的客观性原则和主体性原则。近年来认识论研究的最重要突破发生于对主体-客体关系的研究,尤其是提出了认识中的主体性原则。这意味着认识现象不再被看作无主体的纯粹知识的自在运动,而是人作为主体而以观念方式能动地掌握客体的活动。主体-客体关系是近年来认识论研究多元发展的重要发端,也是其进一步深化和拓展的方向。

第六,开发了一系列认识论研究的新领域,形成了一系列新的认识论分支学科。例如:

(1)认识发生论研究。应用发生学的方法和原则研究认识问题,不仅研究个体儿童的心理和认识能力的内在发生和发展,揭示成熟的主体认识能力的形成过程和历史依据,而且研究人类认识的原始系统发生和种系进化,对整个人类认识现象寻根究底,还要考察现实认识活动的个别发生,研究其必要性、必然性、合理性,揭示人类认识自我校正的科学化道路。

(2)认识系统论研究。运用现代系统方法,在宏观层次上对认识活动中的各种要素(如主体、客体、中介)、影响认识结果的各种因素(如认知与非认知、理性与非理性因素等)、各种形式的认识活动(如对自然的认识、对社会的认识、对个体自我的认识等)、认识活动的各个层次(感性与理性、经验与理论等)、认识活动的各个向度(历史认识、未来预见、现状追踪等)、认识活动的各种方法(观察、实验、逻辑方法等)等,在总体上和动态中进行综合性的研究,把握认识现象的系统运行和系统功能。

(3)微观认识论或认识的微观机制研究。顺应当前国际上认识论研究微观化的趋势,改变我国过去认识论研究只注意并停留在宏观层次上的弱点,积极吸收现代心理学、生理学、脑科学、认知心理学等的研究成果,把认识现象看作人类在环境中通过自觉活动而展开的自组织运动的内在组成部分和内在机制来加以把握,揭示人类认识活动得以实现的微观机制,使认识论研究进入打开"黑箱"、揭示微观机制的微观层次。

（4）社会认识论研究。把认识论与历史观的研究内在地结合起来,在"自然历史过程""自觉创造过程"和"自我意识过程"的统一中把握人类社会历史,在社会历史文化的宏观背景中考察对社会的认识问题,在个人对社会的对象性认识和社会总体自我意识的统一中揭示社会认识的内在机制,使认识论的研究向着"对社会的认识何以可能和如何达到科学"的层次有所深化、有所拓展。

（5）认识系统的进化结构研究。运用共时态与历时态相结合的比较研究方法,在认识活动的预期目的、所用手段和达成结果的统一中,揭示认识系统的进化机制和时间不可逆特性,在人类认识结构的历史进化与发展和个体认知结构的不断调整与更新中,揭示认识活动的进化规律,并预示人类认识系统的发展趋势。

3. 深化认识论研究的现代意义

当然,目前认识论研究还不能说已进入高潮,而只是处于过渡时期,若要达到真正重大的突破和发展,还需要一个漫长的过程,还需付出极大的努力。

其一,哲学是世界性的,认识论的研究要以人类认识活动为对象。相应地,对中国认识论研究现状的评估,要以世界上认识论研究的先进水平为参照系。目前我国认识论研究与国外一些同行的研究在思路、课题、方式和方法上有所接近和靠拢,增加了互相沟通、对话、交流和开展合作研究的可能,但我们在研究的水平上还差距很大。中国的认识论研究,应当在回答人类所共同面对的时代性认识问题中得到发展。

其二,正确认识现时代的特点,总结出具有世界意义的时代性哲学认识论课题,这是发展认识论的重要一环。如何从认识论角度概括现时代的特点,我们认为现时代最根本的特点是全球性社会化趋势,其主要表现是经济领域中的经济全球化,政治领域中的民主化、公开化,文化领域中各民族文化的相互趋同。全球性问题的出现,要求认识论研究面向全球性世界性问题全方位展开思路,尤其是对主体意识加以批判性审查和扩展。现时代人类认识活动的特点是寻求合理性,合理性是合规律性与合目的性的统一。在科学认识中,合理性又与可接受性相联系,涉及理论的覆盖面及所达到的深刻程度。因此,现代认识论不仅要解决知识的真与假问题,还要研究合理性与可接受性等问题。现代认识论存在的根据和特殊社会功能,应从强化人类活动的主体性效应和减弱、预防、克服其反主体性效应这个高度得到体现。重新确立和强化人在自然-社会大系统中的主体地位,保证人类自身行为的合理化和认识的科学化,这是现代认识论的根本任务。

其三,保持认识论研究在学术思想上的相对独立性和充分自由度。认识论研究要联系实际,关心政治生活和政治改革,但必须有自己的特殊方式,并侧重于研究政治生活中的认识方向,不能把这种研究本身变成政治问题。

其四,克服误区。正如视觉中有盲点一样,理论研究中也会有误区,会导致走弯路,浪费时间和精力,因此要注意经常反思研究思路和方法,增强自觉性。从某种意义上可以说,认识上走入误区是不可避免的,只有进入误区才能通过试错发现误区,因此要允许犯错误,提倡个性化的研究,允许从不同角度进行自由探讨。

其五,解决好元认识论问题,这包含不同层次。就整个认识论研究来说,对什么是哲学以及一些哲学根本问题的看法,是重要的前提性问题。在这个层次上,要注意正确处理认识论与本体论、历史观、价值论、方法论、实践论等的关系。就其他各种具体认识问题来说,对认识是什么及其本质问题的看法,是重要的前提性问题。在这个层次上要注意搞清认识论与意识论、知识论、反映论等的关系。对目前关于认识本质问题的争论中,有人认为,在认识活动中反映、再现、选择、重构、创造等都是有的,单从其中的任何一个侧面来谈认识的本质,并归为"选择论""重构论""创造论"等,而排斥其他,这在思路和方法上都是片面的。研究认识本质问题不是要将其归结为其中的某一点,而是在综合研究中揭示认识发生发展的实际运动。

其六,注意视角的转换和方法的更新。比如,从纯粹的知识论研究转向基于人类自觉活动的真正认识论研究,由研究无主体的知识运动,到关注主体与客体通过中介而展开的相关性和相互作用;由考察纯粹意识思维活动,转向研究复杂社会文化背景中知情意与真善美相统一的认识活动;由现象描述,转向揭示内部机制;由无时间特性的线性过程描述,转向以揭示时间特性为主的过程分析;由无方向的循环式过程研究,转向对认识过程的进化方向和进化速度的相关研究;等等。

下面我们就分别谈谈深化认识论研究的具体方面。

二、深化认识论研究的基本思路

自真理标准讨论以来,我国的认识论研究取得了长足的进步。为了强化和实现马克思主义哲学认识论的社会功能,有必要在已有成果的基础上进一步拓宽视野,更新思路,探索其现代形态。

1. 强化人类活动的主体性效应——深化认识论研究的根本宗旨

认识活动在人类社会历史运动中的地位及其变化,决定着认识论在人类科学体系中的地位及其变化。认识论在当代人类知识体系和科学活动结构中的地位日益强化和突出,正反映着由于"行为的合理化"而突出的"认识的科学化"这个时代性紧迫课题。可以说,尽可能减弱和防止人类活动的反主体性效应,保障和增强人类活动的主体性效应,在新的历史条件下重新确立和维护人在自然-社会大系统中的主体地位,发挥其主体功能,正是深化认识论研究的根本宗旨。

人类的存在,本质上是一种主体性存在。自然界在其漫长的进化史中对人类的孕育和造就,从根本上来说,正是对人所独具的那些超越于普通物质存在的结构、特性和功能的创造。意识、精神、思想以及相应的社会性行为,是这种功能最集中的表现。人通过劳动实践将自身从动物界中提升出来,正是对这种特殊机体结构、存在方式和活动功能的建构和创造。这种特殊的机体结构,正是一种主体性结构。它孕育着人的主体能力,产生出人的主体功能。人类的进化,本质上正是这种主体能力和主体地位的进化。在这时,人仍然是自然界的一部分,但人却只有把自然界变成自身机体和精神世界的一部分才能真正成为自然界的内在组成部分。在这时,人仍然绝对地依赖于自然界而生存和发展。但人对自然界的依赖却只有通过对自然界的掌握才能实现,而且只有为人所掌握了的自然界才能真正成为人所依赖的对象。人对世界的掌握包含着认识、理解等观念方式,包含着价值、审美等评价方式,包含着占有、改变、创造等实际方式。通过这些方式及其相互作用,人不断地生成和积聚着自己的主体能力和主体意图,又使之通过自己的创造性活动而对象化、实在化,使外部世界发生一种合目的性变化,由自然存在转化为社会存在,由人属世界转化为属人世界。正是在对人属世界的自觉能动掌握和对属人世界的自觉能动创造中,人积聚和施展着自己的主体能力,表现和强化着自己的主体功能,实现和确证着自己的主体地位。

但是,人类的主体地位的确立和实现,并不是一蹴而就、一劳永逸的。环境的改换,历史的变迁,时代的进步,都会赋予其新的内容和形式,给其以新的挑战和考验,要求人们为之作出新的努力和持续的奋斗。在这种意义上可以说,人类历史的进程,就是人的主体地位不断确立又不断受到威胁和挑战,经过持续努力而在新的条件和水平上不断重新确立的过程。这个过程,实际上是人的内在本质力量外化、对象化的过程。人的潜在的内在本质力量、主体能力只有在这种外化、对象化的过程中才能得到表现、实现和确证。但是,人的本质力量一旦外化、对象化,便存在着这样一种可能,即脱离力的发出者、作用者本身的控制,成为一种异己的力量,并对人本身的生存、活动和发展带来阻挠、妨碍甚至危害,成为一种消极力量。这种情况在实际生活中常以多种形式表现出来。即使那些按照人类意愿而建构和创造出的新的对象、新的环境,一旦产生和发生作用,便也具有一些自己独特的运动形式和发展规律,要求人们重新认识和掌握它们,否则也会成为必然世界的一部分,并作为自在的、异己的力量发生作用。这表明,人类本质力量的对象化与这种对象化了的本质力量的异化问题总是相伴而生,人类活动的主体性效应与反主体性效应总是相互跟随,而且在程度上也有同步增长的趋势。这就提出了强化人类认识的永恒任务。这无疑正是认识论研究的地位随着历史进程而日益显著、突出的根本原因。

深化认识论研究的紧迫性正是在这样一种背景下凸现出来的。如果说,人的本质力量的对象化和对象化了的本质力量又发生异化的情况是一种普遍现象的话,则它们在近代兴起的大机器工业发展时期得到了格外突出的表现。工业是自然界无论如何也不会自动发生的物质运动过程,而是自然物质力、理性创造力、科学技术力、社会协作力等的有机统一,是人的本质力量的积极展示和最高表现。它给人们带来巨大的生产力,产生了极大的主体性效应,影响和制导了世界历史的进程。但它同时也带来了社会的分化、阶级的对立、劳动的异化等极为严重的社会问题,产生出巨大的反主体性效应。在 20 世纪下半叶,这种本质力量的异化已成为全人类的、全球性的共同问题。今天举世瞩目的全球性"生态危机""人类困境"等,表面上看来是"天灾",实际上是

"人灾",是以"天灾"方式表现出来的"人灾"。它们表明,人类的经过长期积累建构起来的几乎是无限的建设能力由于被不合理地利用,正在脱离人类的控制而逐步地转化为强大的异己的破坏性力量,破坏着人与自然的和谐关系,造成大量的反主体性效应,损害着人类自身最基本的生存和发展条件,危害着人类的主体性地位。

现实是历史造成的,现实中的一切都应该在历史上人们行动的合理与否中找到原因和说明。历史上人们的行动是在人们当时的思想和观念支配下进行的,当时认识的科学性及其程度制约着行为的合理性及其程度。因此,对现实中还能感受到的历史痕迹都有必要从当时认识的水准上寻找原因。历史造成了现实,现实又谱写着未来的历史。这就把"认识科学化"的问题提到了紧迫的地位,成为在新的历史条件下确立和强化人的主体地位的关键一环。相应地,这也成为深化认识论研究的根本出发点。

2. 探索符合认识本性的理解方式

黑格尔曾经指出:"精神的运动就是概念的内在发展:它乃是认识的绝对方法,同时也是内容本身的内在灵魂。——我认为,只有沿着这条自己构成自己的道路,哲学才能成为客观的、论证的科学。"[①]列宁肯定了黑格尔这段话中的合理成分,在更广泛的意义上指出:"'自己构成自己的道路'＝真正的认识、不断认识、[从不知到知]的运动的道路。"并强调,"据我看来,这就是关键所在"[②]。认识的发展沿着一条"自己构成自己的道路",这对于我们的认识论研究有着极为重要的方法论意义,要求我们按照认识自我突破、自我更新、自我发展、自我完善的逻辑,去揭示由不知到知,由知之不多到知之较多,由不全面不确切的知到比较全面比较确切的知的认识进化过程。认识论作为对认识的反思,无疑应该按照认识发展的内在逻辑去展开自己的全部思路,探索一种真正符合认识本性的理解方式。正是在这种意义上,可以看出认识论与本体论在研究和理解方式方面的区别和差异。

认识论与本体论的区别,不仅是学科性质和研究对象方面的,也是研究方法方面的。本体论作为关于世界的本体存在及其方式的学说,

---

① 黑格尔. 逻辑学(上卷)[M]. 北京:商务印书馆,1966:5.
② 列宁全集(第38卷)[M]. 北京:人民出版社,1959:84.

以包括自然、社会、人类、思维在内的整体世界为对象,力求在对复杂多样的世界形态的描述中揭示其内在深层本质和规律性。对世界本原问题的关注,是本体论研究最基本的问题。本体论研究的最基本的方法论特征,是逐层归结和还原,力求在世界的无限丰富的和各级、各层、各类的存在形态中寻求其最根本的和终极的本质,于是产生了历史上的唯物主义、唯心主义和二元论等各种本体论学说的基本派别。认识论则有所不同。作为关于人类认识活动及内在规律的学说,认识论以历史上尤其现实中的人类认识活动为对象,力求在对人类认识的历史发生、发展条件、活动方式、进化结构和实现过程的分析中揭示认识现象的一般本质及普遍规律,为人类认识与理解认识的自觉性和科学化提供理论指导和方法论原则。因此,对认识的合理性和知识的真理性的关注,是认识论研究的根本之点。相应地,认识论研究最根本的方法论特征,是带着明显的活动论和主体性倾向的,即从人作为认识主体通过自己的主体性认知活动而观念地接近和掌握客体这个基本的角度,来建构人类认识和个体认识中的活动模型,揭示其方法论特征。因此,对人在认识活动中自觉性、能动性、创造性的特殊关注,是认识论研究的独特思路和研究方法。

　　从理论上来看,认识论研究方式与本体论研究方式之间的区别是显而易见的,但研究者在其研究活动中却往往难以将二者自觉地区别开来,要在认识论研究中真正贯彻一种认识论的理解方式和研究方法也不是所有论者都能做到的。在本体论的研究方面人们对世界本质的肯定回答中,包含着对理性能力的肯定回答:之所以肯定世界的本质是物质的或精神的,是因为我们有能力并已经认识了世界的本质。对认识论问题的肯定回答成了本体论研究的不言而喻的前提。怀疑论者从怀疑人的认识能力入手,否认探讨世界本质问题的必要和可能,从而引起了人们对认识论问题的关注。康德从区分人的知性认识能力和理性认识能力入手,划分出世界存在的此岸与彼岸、自在世界与为我世界,无疑体现着一种真正认识论研究的视角和方法。康德力图从认识论的角度来解决本体论问题的尝试,引出了近代哲学对认识论问题的特殊关注。但是,黑格尔在彻底的唯心主义立场上对康德的武断批判,否定了康德学说中这方面的合理思路与方法,其理性主义的本体论界说堵塞了认识论研究相对独立展开和进一步深化的可能道路。后来的一些唯物主义否定了黑格尔对世界本质问题的唯心主义回答,却未能真正摆脱他以本体论方式来界定和考察认识论问题的方法论特征。在历来的逻辑经验主义和客观知识论中,对知识增长和科学进步的关注演化成为对纯粹知识自在运动的"客观描述",其实质正在于将一种本体论的研究视角和研究方法移入认识论的研究,知识被看作一种独立于人、人的活动和客观对象的实体而存在并自在地运动的东西。在马克思主义认识论研究中,则集中地表现为对反映论与真理论等的重视,虽然马克思本人重视过主体性问题,但后来的马克思主义者,对主体性问题重视不够。

其实,一定意义上来看,认识论的研究应当是一种突出主体性的研究,即把认识活动看作一种主体性活动,这就是说,认识一方面是以承认客体本身相对于其思想、观念的客观性、外在性为前提的,另一方面又强调人作为主体而以一种特殊的观念方式对客体的自觉能动掌握。这种对于客体的观念掌握,从根本上来说,是服从于和服务于主体对客体的实践掌握的,对其有向导和监督作用,是人类主体性活动中的内在组成部分。但它又有自己的独特方式、过程和方法,可以作为相对独立的研究对象,从而使认识论研究作为一门相对独立的学科和方式成为可能。而且认识论研究的根本目的正是为了强化人们在认识活动中的主体性,并进而强化人类在整个活动中的主体性,这正是认识论研究在现代科学体系中的特殊使命和社会功能。

3. 追溯人类认识的系统发生和个体发生

人类认识不是从来就有的,而是有其发生、演进的漫长历程。今天的各种现成的、既定的和成熟形态上的社会认识形式,是由相对而言不那么成熟、不那么定型的社会认识形式演化发展而来的,经历了发生、积淀、更新和进化的历史过程。现实主体的认识结构也不是生而具有的,而是有其孕育、发生、形成和成熟的现实过程。因此,无论是要真正把握现实人类认识系统还是个体认识结构,都必须把握其发生和演进的基本过程和内在规律。为此,现代认识论研究必须具有一种强烈而自觉的发生意识和历史意识。

从历史的角度来考察,人类认识的系统发生是在历史上无数原始个体认识的不断发生过程中实现的。我们所说的人类认识的系统发生,是就人类作为一个总体、系统而言的,指人类的认识能力和认知结构,达到了足以作为与自然、社会和自身相对峙的独立一方,并以主体的姿态而以一定方式在一定水平上观念地掌握和再现客体。人类总体作为一个系统,是在无数个体的存在和活动中表现出来并得以实现的。人类认识的历史起源和原始发生(系统发生)也是在无数的原始个体的认识能力的产生、形成和发展中实现的。作为一个过程,人类认识的系统发生经历了漫长的起源、发生和演化的历史过程。正是无数原始个体的心理、意识、思维、理性方面的不断发生、发展和进化,构成了人类认识原始发生的连续过程,使得人作为一种类存在能逐步地并最终超越于动物心理和动物感觉,成为具有人的感知意识思维能力的社会性和意识性相统一的存在物。这个漫长的历史发生和进化过程是在无数具有不同水平的原始个体的世代更迭和延续发展中实现的。就这个过程中的每一个体的认识能力和认知格局的形成而言,其都以一定方式重演和再现着其前的人类认识发生和发展的历史过程,都与其前的总体性认识发生过程有着重演关系。正是这种关系和联系,使得人类的已有认识能力和认识成果能够得到保存、延续和巩固。而他们运用自己所获得的认识能力在实践活动中进行观念的创造,不断地有所突破、有所发展,并融汇到人类认识的总体能力和结构之中,在后代中得到遗传、巩固、保存和强化,并对人类认识的总体进化发生着积极的影响,起着促进的和推动的作用,使人类认识在总体上能有所发展、有所推进。可以说,前面我们谈到的人类认识系统发生的历史过程,正是在无数世代中在能力水平方面相差甚远的原始个体认识能力的不断发生和发展过程中实现的。

在其现实性上,每一时代的个体在其生成和发育的过程中又都以缩影方式重演着人类机体的种系发生和人类认识的系统发生的基本过程。之所以有这种过程性的重演,从根本上来说,在于现实个体的每次发生都以人类总体的种系发生和人类认识系统发生、进化所获得的结果和产物为自己的前提和基础,并且作为其延续和发展而实现。人作为一种类存在,是生命进化的最高产物,它在机体(包括感知-思维器官系统)方面把生命经过亿万年的长期进化所获得的全部积极因素和成果,都以遗传基因和密码方式巩固和保存下来,成为人类世代延续的最基本、最稳定、最重要的因素,并在个体的发生发展中依次重演。个体的产生,发端于精卵的结合。这种结合,意味着父母亲代通过生物性遗传方式把自己在祖先那里获取的最基本的规定作为前提和基础赋予了个体。遗传基因作为人类的种系延续和保存最基本的链条,预先地规定了个体在机体(包括感知-思维器官系统)的结构形态和功能上所应该和能够达到的样式和水平,也规定了个体达到这种样式和水平必然经过的道路和途径。而遗传基因本身作为生命和人类亿万年进化过程的产物,也必然地以一定方式将这个过程的基本秩序和发展阶段刻写在自身中,并使之在个体的孕育和发展过程中展开和表现出来。因此,个体的生成、发育的过程,必然以一定方式再现和重演人类的种系进化史和精神发展史。这种重演和再现,正是人类的种系延续的一种过程性条件。

所谓"重演",是生物存在和进化过程中的普遍现象,指生物机体的个体发育与其种系进化之间在过程性上的一种相似性、相关性或同构性。生物个体的发生和发育过程在其展开方式、先后秩序、发展阶段、动态模型和进化规律等方面总是以一定方式和在一定程度上重演或再现着其种系生成和系统进化的历史过程。19世纪著名生物学家、达尔文主义者赫克尔等把生物机体的个体发生对于其种系发生的重演关系叫作"生物重演律",由于这种重演是在生物的个体发生过程中得到表现的,因此又将其叫作"生物发生律"。

重演是生物个体与其种系整体之间发生联系的最基本的形式之一。通过这种发生过程方面的重演,种系最基本的特性和本质规定在个体的发生和发展中得到保存、巩固和再现,个体则由此而获得与种系的相似性质和承继关系。因此,重演关系又可以看作生物个体与其种系之间的一种最本质的联系形式。正是在这种意义上,赫克尔把生物重演律看作"有机体进化之根本律",或叫"生物发生学之根本律"①,即生物种系存在、延续和进化的根本规律。

当然,对这里讲的"重演"不能做绝对化的理解。生物的个体发生与其种系发生毕竟是在完全不同的时间、空间等条件下进行的,因此,它们之间在发生过程上的相似、相关或同构,不仅不可能是刻板的、严格的、绝对同一的,而且在方式、程度和水平上都会有极大的差异性。生物的个体发生只能以一种简化的形式和简短的过程去重演种系发生

---

① 赫克尔. 宇宙之谜[M]. 北京:中华书局,1958:61.

过程的主要阶段和主要环节,使之在时间和空间上以一种缩影的形式再现出来。赫克尔在谈到生物个体的胚胎发育史与种系形成史的关系时就曾明确指出:"据有机物进化之根本律,胎生史即种族史之缩本。"①或者可以说,"因遗传(生殖之事)及顺化(营养之事)之生理机能所决定,胎生学实为物种起原学既简且速之复案。"②所谓"缩本"即缩影,一是在规模上与空间结构上的浓缩,二是在时间过程上的减短。只有这样,生物个体才有可能在自己发生和发育的有限时空中简洁快速地重演种系发生的主要阶段,再现其发生过程的主要特点。

对于种系发生的重演是生物的个体发生与发育过程中的普遍现象。重演律是有机生物生存、延续和发展过程中的普遍规律。这种规律不仅"适用于其他一切有机物,亦适用于人类"③。而且,人类作为生命进化的最高形式,人类社会的历史性存在作为总体性与个体性、生物性与意识性相统一的运动过程,其个体发生与种系进化之间的重演关系显得格外突出,重演律的作用表现得尤为明显。而且更重要的是在于,这种重演关系和重演律不仅存在于和表现于个体的机体发育方面,尤其存在于和表现于人的智力发育、认识发生方面。赫克尔就曾指出:"个体及种族进化之因果关系……亦适用于心理学,与形态学无异。"并认为"此二者之关系,在人类尤为重要"④。恩格斯则更是根据当时生物和心理科学的研究成果明确指出:

> 正如母腹内的人的胚胎发展史,仅仅是我们的动物祖先从虫豸开始的几百万年的肉体发展史的一个缩影一样,孩童的精神发展是我们的动物祖先、至少是比较近的动物祖先的智力发展的一个缩影,只是这个缩影更加简略一些罢了。⑤

人类个体的胚胎发育史以缩影方式重演和再现人的动物祖先在几百万年内的起源、发生和形成过程,这是已为现代人类胚胎学和古人类

---

① 赫克尔. 宇宙之谜[M]. 北京:中华书局,1958:98.
② 赫克尔. 宇宙之谜[M]. 北京:中华书局,1958:62.
③ 赫克尔. 宇宙之谜[M]. 北京:中华书局,1958:98.
④ 赫克尔. 宇宙之谜[M]. 北京:中华书局,1958:98.
⑤ 马克思恩格斯选集(第3卷)[M]. 北京:人民出版社,1972:517.

学的研究成果所初步证明的事实。对于人类个体的认识发生和精神发展史如何以缩影方式再现人类认识的系统发生和历史起源,现代儿童心理学、思维发展心理学和发生认识论的研究也已为我们提供了比较丰富的材料,需要我们在对人类认识系统发生的全面研究基础上对其进行深入的对比分析,在哲学的层次上做出全面的概括和总结。

我们认为,以缩影、概括和简略的形式再现人类认识的漫长的起源和发生的历史过程,作为人类认识的个体发生与系统发生之间重演关系的具体表现和实现形式,既体现着人类总体的存在和运动过程对于个体的存在和活动方式的制约和统摄作用,以及个体的存在和发展对于人类总体运动的服从、顺应的一面,也体现着个体的存在和发展作为人类总体的具体存在和实现形式对于总体运动的积极的能动的一面。

但是,人类个体发育史对于人类的种系进化史的重演,以及人类认识的个体发生对于人类认识的系统发生的重演,毕竟又是在与其原始生成、原始发生和原始进化过程完全不同的自然-社会条件下进行的,并且是以其相对成熟和完善意义上的结果作为前提的,因此,个体人的机体发育和认识发生又有着原始进化过程远不可比拟的更高的基点和完善的条件,这就使得现实人的个体发生能以更加简略、概括的缩影形式重演系统发生的漫长过程。这里的所谓"缩影",具有丰富的含义和重要的认识论意义。

首先,在空间结构上它具有浓缩、聚拢、收敛之意,指人类总体的种系起源和认识的系统发生在个体形成和机体发生中得到集中的表现和再现。相应地,通过对个体的机体形成和认识发生过程的掌握,并对其加以放大,就可以进一步了解种系起源和系统发生。

其次,在时间结构上具有简化、加速、缩短之意,指人类的种系起源和认识系统发生所经历的漫长、缓慢、渐进的历史过程以简短的形式在个体的发育和成长过程中得到再现和重演,从而不仅使得人们对它的现实的具体的过程性把握成为可能,而且能够在对这个简短过程的延长、拓展的意义上,去理解和勾画历史起源和系统发生的全过程。

再次,在内容上它具有概括、精炼之意,指人类的种系起源和认识发生中经历的复杂过程、进化方式以简洁的方式在个体的发育过程中得以再现。个体生成和发育并不重演历史过程的一切细节和一切方面,而是以简短方式再现主要方面、关键环节和基本阶段,这就使人们能够在对这个简化过程的主要之点的把握中去了解种系进化和系统发生这一复杂历史过程中的主要方面。

4. 关注主体的自觉能动活动

从重新确立人的主体地位、强化人的主体功能这个基本角度来考察现代社会中的认识现象和认识论问题,一个突出的方法论要求,就是抛弃把认识看作纯粹知识的自在运动的研究思路,把认识看作一种主体性活动,而且是以观念方式掌握客体的自觉能动活动。

由于种种原因,过去的认识论研究自觉不自觉地贯彻着一种本体论的研究视角和思维方式,其突出表现是认识论与知识论的混淆。知识被看作一种独立于人、人的活动和客观对象的实体而存在并自在地运动的东西,认识论研究转化为对知识外在形式的描述;对认识活动和过程的研究往往是直观、片面、单一和线性的。在对感觉、知觉、表象,概念、判断、推理,感性、知性、理性,具体、抽象等的简单逻辑推演中,既看不出主体和客体借助于中介而展开的相互作用,也看不出人的自觉努力、情感追求和创造性意识思维活动。丰富生动的认识活动被简单化、概念化,认识活动的立体结构被压缩成平面结构,共时态并存的认知形式被简单地加以历时态的排列组合,而后又被改变成单线式的链条,并被视为认识运动的唯一的和单向的道路,认识活动变成了一种无主体的纯粹知识形式的自在运动,认识论研究脱离了人们的实际认识活动和实际过程,简单贫乏,难有什么生机和活力。

认识活动是认识主体和认识客体通过中介而展开的相互作用。在这个多种因素的非线性相互作用过程中,既有客体的主体化,即客体的信息内容以特定方式转化为主体的意识、观念或思想,成为观念的存在,又有主体的客体化,即主体的内部观念状态也相应地受客体的影响和作用,或创造出新的客体观念并通过自己的行为使之对象化。在这个复杂的双向运动过程中,主体、客体和中介都作为认识系统中不可或缺的要素对系统结构总体发生着影响。任何一个要素的性质和状态变化,都以一定方式影响和改变着系统的总体结构和功能。而在现实的认识活动中,主体、客体和中介都有着多样的方面、类别、层次和性质。按照主体-客体相关律,这些不同方面、类别、层次和性质的主体、客体与中介之间可能有无数不同的具体组合方式,这就必然形成特定认识主体、特定认识客体和特定认识中介之间交互作用的特殊活动模型。

现实中的认识活动正是以近乎无限多样的模式和形态实际地展开和发生着。认识论的研究作为一种哲学探索,当然不可能也不必要一个个地对它们加以描述,而是力图把握其共通普遍的方面,但对这共通的和普遍方面的把握却也只能建立在对各方面、各类型、各层次的认识活动的深刻了解和掌握之上,而且那些共通的和普遍的认识模型也必须从各相关侧面来剖析和建构才能真正显示其在空间、时间和组织方式上的立体动态特征。因此,对人类认识的活动模型的建构必须分层面、多向度地展开。

认识论研究应当是一种主体性研究,其重要前提正在于把认识活动看作一种主体性活动,是人作为主体而以观念方式自觉能动地掌握客体的活动。观念地掌握客体,是区别于实践地掌握客体而言的。实践地掌握客体,意味着要实际地改变客体的现状,使之发生合目的性变化,并通过一定方式而实际地占有客体,满足自身的某种主体性实际需要。观念地掌握客体,意味着要在不实际改变客体现实存在状态的条件下,通过对客体信息的接收、采集、加工、处理,使之以信息方式进入人脑,成为思想、观念的内容,成为人的精神世界的内在组成部分,满足人的某种主体性精神需要。但是,客体不会自动地进入人脑,转化为思想观念的内容。要达到对于客体的真实反映、正确理解和深层把握,需要主体排除来自内部的和外部的各种干扰,克服各种障碍。因此,强调人在认识中的主体地位,并不否定和削弱认识的客观性,而正是为了达到和实现认识的客观性。一方面,强调发挥认识者的主体功能,正是以承认客体的客观性、外在性为前提条件的。否认了这种客观性,认识的真理性、正确性也就无从谈起。而另一方面,正是由于客体是客观的、外在的,要达到对它们的全面、真实、完整、准确和及时有效的观念掌握,就要求主体发挥自己的主动性、积极性和创造性。在这种意义上可以说,正是为了达到认识的客观性才需要发挥认识者的主体性;也只有充分而有效地发挥了人的主体性才能真正达到对于客体的科学的观念掌握。全部科学史向我们表明,任何真理的获得和任何谬误的排除,都离不开科学家坚持不懈地探索、求知和创造活动。正是因为他们的主体性的最大限度的和合理的发挥,人类才能不断地更新知识、逼近真理,才能在实践中不断成功、不断进步。相应地,认识论也只有正确地从人的主体性活动这个角度来揭示认识规律和认识方法,才能为人的主体性的合理发挥和有效实现提供借鉴和指导,也才能发挥自己的社会功能。

5. 在个人的意识活动和社会文化交往的统一中揭示认识机制

主体性的认识活动到底怎样展开,怎样实现,怎样趋于科学?这是认识论研究的重心。

谈到认识活动的内在机制,人们就自然地会想到个人的内在神经生理-心理过程。这是可以理解的。认识活动直接地总是以个人活动为基础而展开的。从感受一定客体的外部刺激起到输出关于该客体的某些思想观念止,其间要经过人体内部的一系列复杂的神经生理-心理活动,一系列复杂的意识-思维活动。它们是认识活动的内过程。没有这个过程,认识活动是不可能的。而对这个过程目前我们仍知之不多。对于内在感知-思维器官系统的实际工作状态、内在神经生理运动向心理活动的功能转换,尤其是脑机能组织在逻辑与非逻辑化方式中的实际运动,我们更是知之甚少,几乎仍处于一种"黑箱"状态。打开这个"黑箱",揭示人类意识思维活动的内隐过程,对于强化人类的主体认识能力,促使认识科学化,无疑有极为重要的作用。目前认识论研究中的微观化动向,着力于这方面的探索,使认识论研究与神经生理学、心理学、认知科学、脑科学等更加密切地结合起来。

但是,如果仅从个人的生理-心理过程方面来理解和揭示认识活动的内在机制,又显然是偏狭和片面的,甚至是不可能的。认识过程的内在机制,不仅是个体的,而且是群体、社会以至类存在方面的;不仅是物质载体和机体结构方面的,而且包含着信息内容及其处理方式;不仅有生理-心理方面的,而且有社会文化背景方面的;不仅有现实感受和直接经验,而且有历史的经验和他人的思想成果;不仅有对客体信息的每次处理,还包含着认识的发生、遗传、进化等各方面……因此,揭示认识活动的内在机制,不能仅仅关注个人的内在生理-心理过程,还必须揭示其外在的社会文化交往过程,在这两个方面的统一中真正揭示人类认识的内在奥秘。

如何揭示人类认识的社会文化机制,是一个新课题,需要从各种角度进行探索。就笔者看来,至少有以下方面或环节需要着力考察。

(1) 从系统发生学的角度来看,人类文化的形成和发展对个体认识能力在性质、结构和水平上的影响如何,这种影响怎样发生和实现,经历了怎样的历史进化过程？

（2）从个体发生学的角度来看，每一时代的社会文化结构和民族心理素质如何"内化"为个体的认识能力？这里包含着总体文化个体化、社会文化内在化和个体社会化等多种具体环节和转换机制。

（3）个体已有的知识、经验、情感、意志、思维方式等文化素质如何通过现实的认识活动而影响到对客体的认识、理解，并积淀到认识的结果之中？

（4）个体的新经验、思想如何外化、社会化，成为集体、社会、民族的共同成果？社会心理、社会意识、社会文化的具体形成机制是什么？

在这里，"内化"和"外化"是两个基本的环节，它既依赖于个体人的感知-思维器官系统及相应的"内过程"，又超越于它而展现为社会文化交往的"外过程"。内外结合、交织、渗透，互为前提，又互为因果，认识的发生、发展、进化和实现才真正成为可能。

6. 建构多项式和多级中间变量的复合认识模型

建构认识活动的理论模型，是现代认识论研究的重要任务和重要方法。从主体活动的角度来考察认识现象，必然要求抛弃旧有的"S→R"（刺激→反应）模型，从主体与客体之间通过多级中间变量而实现的相关性方面来建构现代认识活动的理论模型。

近年来不少论者已撰文批评过"S→R"的直观反映论认识模型。这种模型，究其渊源，至少可以上溯到生理学意义上的感觉能力测试。这在原有的论域中当然有其合理性。但一旦将其泛化为普遍性的认识论模型，则必然误导认识论的研究思路。认识论的活动模型必然是多元的、多样化的，这是从"主体—中介—客体"这种三项式复合结构来考察认识活动、建构理论模型的必然结论。

从主体与客体之间通过中介（中间变量）而展开的复杂相互作用去开拓新领域、建构多元的认识模型之所以可能，在于一个多项式复合结构中的任何一项发生变化，都会引起整体结构的相应变化。这也正是现代系统论所揭示的一个普遍原理。在多要素的复合系统中，任何一个要素本身的变化都会引起相关要素之间关系的相应变化，进而引起系统的整体结构和功能的相应变化。要描述和阐释这些不同要素、不同结构和功能的系统，必然产生不同的系统理论模型。认识系统的多样化模型正是由此而具有产生的必然性。

人类认识活动是在近乎无限多样的情况下和关系中以极其复杂的方式展开的。认识活动中的主体、客体和中介各要素,都有着复杂的内部结构、素质、性质,可以依不同的标准分出若干的方面、层次和类型。不同方面、层次和类型的主体、客体、中介之间的相互作用必然各有其特点,展开为不同的活动结构、发展过程和进化规律。要真实地揭示和再现它们,便有必要分别地建立不同要素、结构和功能的认识模型。而且,这些不同要素之间的组合方式必然是相当多样的,只有借助于极其多样的活动模型才能比较全面地掌握它们,这就决定了认识论的理论模型也必然是多样化的。在学科分类上,这种多样化直接表现为认识论研究的层次增多、类型分化,表现为多种认识论分支学科的建立。比如,自然认识论、社会认识论、思维逻辑论、自我意识论、道德认识论、价值认识论、审美认识论、个体认识论、群体认识论、社会主体认识论、认识中介论、认识工具论、认识方法论、符号中介论,等等。在多方面多层次研究的基础上,形成认识论研究多样化统一的主体结构。

7. 关注认识过程的时间特性

对于认识过程的考察来说,时间因素显得格外重要。任何形式的认识活动,都是在实际的时间和空间中展开的,都有一定的时间特性。从主体方面来看,不论是感知还是思考,总需要一定的时间延续性。从客体方面来看,任何客体都是一定时空中的存在,即便是精神、观念和思想客体,也总是借助于一定载体并作为一种时间中的运动才能为人们所掌握。主体和客体之间的信息传输也需要一定的时间并以一定空间方式(如信息场)展开。这样,认识过程作为主体观念性地掌握客体的活动也必须在一定的空间中并经历一定的时间流程才能实现。认识过程研究的根本之点,正是揭示认识活动在时间中的这种运动。而这种研究,在当代社会实践条件下无疑显得格外重要。现代人类实践的重要特点是活动加速、节奏加快、周期缩短、频率增加,单位时间中容量增大,社会运动的时间特性更加明显和突出,未来问题显得更加紧迫,预见问题显得更加重要。实践活动中的时间问题对认识论的时间研究提出了紧迫的要求,使之成为认识论研究的重要课题。

对认识过程的时间方面的研究,也是一个新课题,需要从各方面展开思路。在笔者看来,这里的关键之处是主体与客体之间的"时间关系"及其对认识活动和过程的影响,是主体与客体之间的"时间差"矛盾及其克服方式和方法问题。

对于主体和客体之间的复杂关系,过去我们主要是从空间特性方面来加以探讨的,按性质和内容分为实践的、认知的、价值的、审美的等。从时间特性来考察,任何主体和客体之间还存在着一种重要关系,即时间关系。任何现实的主体都只能生存和活动于一定的时间区段之中,而世界本身却处于生生不息、古往今来的运动之中。因此,对于任何主体来说,都面对着多种不同时间特性的客体:过去时间中的已逝客体,现实时间中的现实客体,未来时间中的可能客体。主体与不同时空中的客体各处于不同的时间关系之中,存在着时间差的矛盾。要以观念方式来把握它们,就必须克服这种时间差的矛盾。而正是因为克服这种时间差需要一定的时间,认识活动才展现为一个过程。比如说,对历史客体的认识,就要求认识主体的感知-思维器官沿着时间链条做正方向的运动,而思想(关于历史客体的观念)却沿时间链条做反方向的运动,达到现实主体对历史客体的掌握。这种认识明显地带有"回溯"的性质。而对未来客体的认识则有所不同,它的特征是超前反映和预见,因此,要求认识主体的感知-思维器官和思想都沿着时间链条做正方向运动,但思想的运动速度要超越客体的现实发展速度,从而预见到未来特定时空中才可能发生的事件和可能产生的客体。这种认识明显地具有"前瞻"的性质。对现实客体的认识则又有所不同,主体与客体存在于同一时间条件下,并共同在时间中生存和运动,这就要求主体的思维活动尽可能与客体的运动同时展开,同步运动,这种认识明显具有"追踪"的性质。对历史客体的"回溯",对未来客体的"前瞻"和对现实客体的"追踪"无疑都是一种过程,而过程的实质正在于克服主体与客体之间在时间关系上的矛盾或时间差。揭示不同时间特性的认识过程,不论对于帮助人们从事各种具体形式的认识活动,还是丰富和深化关于认识活动的过程理论,都是极其重要和紧迫的。

从时间特性方面来研究认识过程,必然引出又一重要的认识论研究课题,即认识系统的进化结构问题。对进化的把握只有对同一事物在两个不同时区中的性质、结构、数量、功能等进行比较才能实现。认识的进化既是社会进步的观念表现,又是其精神动力。因此,积极研究认识系统的进化结构,揭示进化机制和进化规律,是认识论研究的重要课题。

从时间方面来考察认识过程,还有个认识进化的加速度发展问题。人类历史的进步按照一种指数规律而加速度发展,这是已为不少论者运用大量的历史和现实材料加以实证地研究和说明的现象。但这种加速度发展如果离开了对认识发展的加速度运动的科学说明,则至少是不完全、不充分的。人类认识的加速度发展,包含着知识累积加速、规范更新加速、方法更替加速等各个方面。可以预料,对认识进化速度和加速度的认识论研究一旦真正取得突破性进展,认识论必将为人类认识的加速发展和社会历史的加速进步作出积极的贡献。

8. 重视认识演进的社会化过程

系统观告诉我们,要从整体上把握特定系统,一方面要深入系统内部分析其构成要素、组合方式、层次结构和实际功能,另一方面则必须变换坐标系,将其纳入更大系统并作为其中的子系统,借助于更广阔的背景来确定其实际地位和整体功能。对于目前认识论的研究来说,这两个方面均有待开拓。一是深入主客体对象性关系尤其是主体及其活动内部,揭示感知-思维活动的内在机制和知、情、意统一的实际方式及具体过程;二是把认识活动当作一种社会现象来考察,把认识论的研究与社会历史观的研究内在地结合起来,在社会历史的宏观背景中把握认识的系统发生和个体发生及其进化、发展过程。上述两个方面中,前者已为不少识者所注意,后者则还须给予一定的说明和呼吁。

把认识问题当作一种社会问题来研究,这当然首先是由认识活动在社会生活中的地位决定的。知识生产是人类独有的一种社会现象,而认识活动作为人的一种自觉能动活动本身便是社会活动不可分割的组成部分。认识过程不仅内在于社会过程,而且以不同方式存在于社会生活的各个领域和发展的各个阶段,并贯穿其始终。正是由于认识活动的处处参与,人在活动中的自觉性问题才具有了普遍性。而人的能动性、主动性、自控性和创造性等所有人类活动的特征才成为可能。认识的深化,既是社会进化的必要条件和精神动力,又是其精神成果和观念表现。因此,要真正把握认识活动,便必须将其置放到它赖以存在、发展、表现和实现的社会整体运动之中来加以考察。列宁说,"逻辑和认识论应当从'全部自然生活和精神生活的发展'中引伸出来"[①],无

---

① 列宁全集(第38卷)[M]. 北京:人民出版社,1959:84.

疑就是指的这个意思。认识论以研究人类认识发生、发展和进化规律为自己的任务。但现实生活中并不存在任何纯粹形式的认识活动。人的认识总是在人们的实际社会生产和生活过程中发生并伴随这种过程而发展的。人类认识深深地植根于人类全部活动的坚实基地之中。既然如此,认识论的眼界便应该面向全部活生生的人类社会生活,在此基础上去科学地解开人类认识的斯芬克斯之谜。列宁为认识论研究所规定的知识领域,不正是具有这样广袤的覆盖面吗?

但是,过去我们认识论的研究领域相较于应该涉足的范围来说要狭窄得多。由于我们追求着实际生活中子虚乌有的"纯粹"认识现象,便不得不动用思维的力量将感知活动和思维活动从社会生活中活生生地剥离出来。随着这种剥离,现实生活中形形色色、生动多样的认识活动和认识形式被舍弃了,非认知因素、非理性因素等被驱逐出了认识论研究的视野。全部认识论被置放到片面对象的基地上,由此而生发出来的认识过程研究,除了在感性与理性(加上知性)等纯粹认知形式之间分类划段、罗列推演外,实在没有更多的事情好做,难以真正深入下去。

认识是主体和客体借助于一定中介而在一定社会条件下交互作用的活动和产物。主客体之间的关系不仅有认识关系,还有价值与评价关系、实践与变革关系、审美关系等。它们同时存在于任何主体与客体之间的任何一次实际交往之中,都对认识的发生和发展发生着不可忽视的影响和作用。把认识问题当作社会问题来考察,就是要让认识论的研究超出考察"纯粹"认识关系的眼界,把认识关系放回到主体和客体之间全部复杂关系的网络系统之中,放到这种关系由以产生、实现和发展的社会系统之中,考察认识关系如何依存于又独立于、受制于又作用于其他关系,如何随着主体和客体之间对象性关系及相应社会条件的进化而发展。这样一来,认识进化的动力系统和条件系统问题,认知因素与非认知因素、理性因素和非理性因素之间的内在交织和相互作用问题,知、情、意与真、善、美在人们实践-认识结构中的统一和进化问题等,才有可能借助于广阔的背景而在认识的进化结构和过程中得到合理的说明。由此看来,从这个方面变换我们的眼界,调整我们的坐标系,对于深化认识过程研究无疑有着非常积极的意义。

9. 阐释实践观念与人类认识向着实践目的的运动

观念地掌握世界是为了实际地变革世界。实际地变革和改造世界的需要作为目的制约和制导着认识运动的方向。认识作为人们的一种自觉能动活动,是一个向着实践目的的运动过程。认识向着实践目的的接近,是在能动地建构实践观念并使之有效地付诸实施的过程中实现的。这个过程,既是主体能力不断增强并发挥作用的过程,也是认知格局不断拓展和认识形式不断更新的过程。在实践观念的形成与实现过程中揭示人类认识向着实践目的的自觉运动,也许是深化认识过程问题研究的又一可行思路。

实践观念是相对于理论观念而言的,在内容上,它除了理论观念所揭示的关于客体的存在状况、内部结构、本质属性、运动过程等的知识外,还加上了关于主体需要、主体能力、主体活动等的认识;除了关于主体和客体对象性关系的历史和现状的知识外,还加上了对这种关系的未来发展的预测;除了关于主体和客体关系"是如何"和"应如何"的知识外,还加上了主体为了达到自身目的应该"怎么办"的知识。因此,实践观念的形成不是已有理论观念的简单逻辑推演,而是人们的认识在内容上和形式上沿着"真"与"善"这两个方面的统一,向着"美"的目标前进、深化、丰富和发展的过程。

实践观念的形成作为一个过程,是人们的认知格局在特定主客体对象性关系中逐步展开和拓宽的过程。认识格局是人们认识活动的实现方式,它是特定认知客体、认知主体和认知手段在认识活动中的组合方式,是认知因素和非认知因素在具体的主客体之间认识关系的实际相互作用中形成的一种相对稳定的认知结构。主体的认知定式,包括知识背景、感知思维方式、兴趣、爱好、意志、情绪和文化心理结构等,都对认知格局的形成发生积极的影响。认知格局内在于主客体关系,外化于主体观念地把握客体的认知活动中,对实践观念的形成有着决定性的意义。在实践观念的形成过程中,人们的目光由客体转向主体,由主体和客体关系的过去和现在转向这种关系的未来,由对未来图景的观念建构转向实现这种图景的具体方案,等等。这一过程,反映人们认知眼界的转换。感知-思维空间的拓广,认识层次的深化,结果是知识产品的丰富、具体化和升华。因此,实践观念的形成是认知格局拓展的结果和产物。

认知格局的拓展之所以可能,在更深的层次上应由主体认识能力的发展来说明。主体能力是作为主体的人所具有的为了满足自己的一定社会需要而在一定社会关系中从事对象性活动的客观可能性和能动的力量。主体能力包含着三个最基本的要素:人本身的自然力,即智力和体力的统一;进入主体活动为主体所掌握的知识;对实现主体活动目的起积极作用的情感和意志等。① 它们以不同的方式共存于主体的任何一项自觉能动活动之中,使主体和客体之间的物质、信息与能量变换成为可能。以观念的方式把握客体,是主体认识能力所具有的特殊功能。正是因为主体认识能力在特定场域中面对和指向特定主体和客体之间的对象性关系,主体对客体的观念把握才成为可能。因此,认识活动不过是主体认识能力在特定条件下对特定对象的展开和运用,而认知格局则不过是主体认识能力的内在结构在特定主客体关系中的外化和实现。这样,要研究实践观念的形成,便不能不研究认知格局的拓展,而要说明认知格局的拓展,便不能不研究主体认识能力的发展、变化。这样,研究主体能力发展的动力系统、条件系统、实际过程和具体途径等一系列问题,便成为研究认识过程不可回避的重要方面。

问题谈到这里还不能算完。实践观念的形成、认知格局的拓展和主体认识能力的发展,都是在主体的认识活动中得到表现、实现和确证的。离开了对具体的认识活动形式的把握,对上述一切的探讨便脱离了现实的和具体的对象。在实践观念的形成过程中,有三种形式的认识活动具有代表性,需要我们给予特殊的关注。首先是观察,对客体的观察和对主体自身的自我观察;其次是预测,对主体和客体之间价值关系及未来发展前景的预测;再次是抉择和决策,对主体为实现理想意图的多种行为方案的选择和决定。与这三种活动相对应的是实践观念包含的三种内容:对象性知识、预见性目的和实施性方案。它们之间具有在时间上前后相继的特点。这样,从过程性上来考察实践观念的形成问题,我们就可以排出两个基本的序列。从活动方式上来看,观察和反映,预见和预测,抉择和决策,它们构成了认识活动发展的三级阶梯,也可以看作实践观念形成过程中的三个阶段。从活动结果上来看,对象性知识,预见性目的,实施性方案,它们构成了实践观念的基本内容,也

---

① 欧阳康. 论主体能力[J]. 哲学研究,1985(7).

反映着实践观念内在运动、自己构成自己过程中的三个基本层次。正是这种连续性与间断性、过程性与前进性的统一,构成了实践观念由以生成和进化的内在机制。

10. 知、情、意与真、善、美、利的具体历史统一

现实中的认识活动与认识结构形式多样,都是主体借助于中介而自觉努力地以观念方式掌握客体的活动,是一种主体性活动。主体性原则是认识活动的基本原则,也是统摄和建构认识模型的中轴和基线。在内容与形式的统一中,揭示人类认识中的主体性原则,是深化认识论研究的重要任务。

主体性是一个属性和功能范畴,指人作为主体而对一定客体所具有的主动态势、能动状态、支配地位和积极作用。人们在认识活动中的主体性,生发于又服从于他们在社会历史实践中的主体性。从认识论的角度来看,人们通过实践活动而对于客体的实际改变和能动创造之所以是可能的和有效的,其重要的主观条件,在于人们能在实践活动之前对于实践目的及其实现途径进行观念的认识和建构,在实践地掌握对象之前进行观念的掌握。因此,尽可能真实完整地以观念方式掌握客体,以便尽可能合理有效地以实践方式掌握客体,从而在对于先在于和外在于自己的外部世界的绝对依赖前提下去寻求限定中的超越,达到对于客体的占有,这是人处理自身与外部世界关系的两个基本方面,也是人的主体性的题中应有之义。

认识中的主体性原则,是主体-客体相关律在主体的追求和创造活动中的表现和实现。在实践活动中,主体的追求是全面的,不仅按照任何一个种的尺度来进行生产,而且处处都把自己的内在尺度运用到对象上去,在两种尺度的实际统一中实现按照美的规律来生产和建造。美是人类追求的最高境界,是真与善、需要与价值、功利与效益的统一。这种统一要在人们的实践活动中得到贯彻和实现,必须首先在观念中得到统一。因此,对真、善、美、利的统一追求,构成了认识中的主体性原则的实际内容。

我们前面谈过,"认识的科学化"是现代人类"行为合理化"所突出的时代性认识论主题。但现代意义上的科学化、科学性,显然不能像过去那样仅理解为真理性,而应该还包含着合理性和可接受性等实际内容。因此,认识的科学化,就不仅仅是合规律性(真),还包含着合目的

性(善)、感受性(美)、价值性(利)等,是它们的有机统一。这种统一,在主体内在结构方面,是知、情、意的统一。人们不仅以认知方式,而且以情感方式和意志方式把握对象,因此,认知与非认知、理性与非理性的因素都必然以自己的方式参加到认识活动之中,并对认识方式和认识过程发生影响,积淀到认识的结果之中。任何正确的观念产品,都是理智感、道德感、审美感和功利感的凝聚和结晶,都意味着对真、善、美、利的追求和对假、恶、丑的批判与扬弃。这种统一,在主体的认知活动中,则是反映、选择、建构与创造的统一。反映是基础。但主体的反映又不是镜面式地直观的和毫无遗漏的,而是有选择地进行的,体现着主体的价值取向和好恶追求。客体以信息方式在主体思想观念中的存在,还包含着对客体信息的分解、综合、重组、建构,通过这种建构,主体已有的经验、知识和内在心理状态也参加到对客体的描述和阐释中。而且,认识还要指导实践去创造现实中没有的东西,去预见世界发展的未来,因此,认识还包含着超前反映和观念创造。预见和创造是人类认识更本质的特征。通过预见,揭示出事物发展的可能前景和发展趋向,通过创造,建构起现实中没有的理想客体和美好世界,并使之成为目标、目的而激发出实践的冲动,引发出人们对于现实世界的改造和对理想世界的创造。

第十九章 社会认识论的建构与拓展

社会认识论是20世纪80年代以来的新兴学科,受到了学界的普遍关注。在我国,社会认识论研究产生了丰硕的成果,确立了研究课题,确定了学科界说和理论地位,初步建构起了研究体系,大致扫清了这门研究的外围障碍。本章参照拙著《社会认识论导论》,对社会认识论研究提出了基本构想。首先,提出了十个难题:社会认识系统中主体与客体自我相关;社会历史的可知性与社会认识的真理性;社会价值的多元性与社会评价的多义性;个人对社会的对象性认识与社会总体的自我认识;社会活动的自觉性与社会规律的客观性;认识活动的时空有限性和社会历史进程的无限性;社会观念与社会现实的内在交织;社会交往中社会规范的通约与转换问题;文化体系的中介功能与屏障作用;认知与评价、审美、功利追求的交错与冲突。为此,社会认识论要立足已有基础,在如下几个方面寻求突破:以难题为导向,尽快从社会认识论研究的"外围"进入核心地带;加强国际对话,吸收前沿成果;深入中国的历史和现实,总结经验教训;从科学化认识社会的高度着力。

社会认识论是国内外20世纪80年代以来兴起的新兴学科。在我国,经过众多学者的共同努力,社会认识论研究取得了开拓性进展,其学术成果和理论地位为学术界所普遍关注、承认和重视。但从真正建设起一门相对独立的认识论分支学科的高度来看,尤其是面对当代中国和人类实践所提出的大量挑战性实践问题和理论难题,我们已经做过的工作,严格说来还只能算得上是一种前期的基础性和外围性工作。要把这门新兴学科真正建立和巩固起来并使之趋于完善,还需要我们在视野、思路和方法上有更大的自我突破与自我更新。为此,我们有必要在简略回顾和总结社会认识论研究历史和现状的基础上,分析和透视目前面临的重点难题,并根据现时代的特点,提出开展社会认识论第二期研究的基本构想,把社会认识论研究不断引向深入。

一、社会认识论的探索与建构

1. 我国社会认识论研究的发展过程

我国的社会认识论研究是在1978年以来国内哲学研究大发展的宏观背景中逐渐发展起来的,80年代初期便有有识者提出开展社会认识问题研究的倡议。真正比较深入、专门和系统的研究则是在80年代中期。当时各地的一批在读博士、硕士研究生不约而同地选此课题作为主攻方向,并在各自导师指导下撰写相关博士、硕士学位论文。于是,一批研究力量投向了社会认识论。1987年下半年起,景天魁和笔者分别在中国社会科学院哲学研究所和中国人民大学哲学系通过博士学位论文答辩,所撰博士论文《社会认识的结构和悖论》[①]与《社会认识论导论》[②]经修改后分别由中国社会科学出版社选入胡绳先生主编的"中国社会科学博士论文文库"出版。在此前后,一批本方向的专题学术论文论著相继在国内一些重要的学术刊物上发表。1989年4月,由中国认识论研究会、四川省社会科学院哲学研究所和陕西师范大学政教系等单位联合发起的"全国首届社会认识论学术研讨会"在四川乐山举行,近50名学者与会,提交论文30余篇,掀起了社会认识论研究的又

---

① 景天魁. 社会认识的结构和悖论[M]. 北京:中国社会科学出版社,1990.
② 欧阳康. 社会认识论导论[M]. 北京:中国社会科学出版社,1990.

一个小高潮①。笔者自 1988 年以来将本人关于社会认识论的研究成果引入研究生教学,先后为七届硕士研究生开设学位必修课,并于 1989 年起首家招收社会认识论研究方向的硕士生,先后指导数名硕士生分别撰成《社会认识的发现机制》《社会认识的评价机制》《社会认识的进化机制》等系列硕士论文,他们顺利通过答辩并获硕士学位。1994 年起先后招收 6 名社会认识论研究方向博士生,社会认识论研究作为教学课程进入我国学位培养的最高层次。1991 年以来,围绕拙著《社会认识论导论》等本为学科奠基的专著,《中国社会科学》《哲学研究》《中国哲学年鉴》《人民日报》《社会科学战线》等十多家报纸杂志先后发表了十多篇书评书讯。学者们对社会认识论的研究现状评头论足,褒扬贬抑,各抒己见,宣传和深化了社会认识论研究。

在国际学术交流方面,笔者自 1988 年以来先后与美国、英国和原苏联加盟共和国等地的社会认识论研究者建立了友好的学术联系,先后应邀为美英加日等国合编的国际英文学术刊物 *Social Epistemology*(《社会认识论》)撰写了 *The Research of Social Epistemology in P. R. China*(《中国的社会认识论研究》)长篇英文稿,该文连同拙著《社会认识论导论》的英文目录和一些评论文章一道发表在该刊 1993 年第 2 期上。笔者与美国第一部《社会认识论》英文专著作者、美国弗吉尼亚社会科学研究中心研究员斯蒂夫·富勒(Steve Fuller)就社会认识论问题长期进行通信探讨,其成果被编译成《关于社会认识论的对话(上、下)》发表在《哲学动态》1992 年第 4、5 期。我们已将英国伦敦都市大学教授安东尼·夫诺(Antony Flew)所著《关于社会认识的思考》(*Thinking about Social Thinking*)和斯蒂夫·富勒的《社会认识论》(*Social Epistemology*)二书翻译成中文并付梓出版。

我们作为社会认识论第二期研究计划的《社会认识方法论》被国家教委②列为"八五"人文社会科学规划项目,通过几年的努力,我们已基本完成该书初稿,并在此基础上拟定出社会认识论研究的第三期计划。

2. 社会认识论第一期研究的主要成果

综观社会认识论的第一期研究情况,笔者认为,它主要是围绕论题

---

① 李明华. 全国首次社会认识论学术研讨会综述[J]. 哲学动态,1989(9).

② 现教育部。

的确定、学科的界说、体系的建构、特点的探析和对社会认识活动的分类分层概括而展开的,其成果涉及以下主要方面。

(1) 关于社会认识论研究课题的确立和论证。

从笔者已经接触的材料来看,各国学者都是在20世纪80年代以来才开始对社会认识问题进行专门研究的。由于这种研究一开始是在不同的社会文化和学术背景中相对独立地展开的,因此各有不同的角度和思路。苏联学者是从坚持历史唯物主义和反映论的原则,批判资产阶级哲学尤其是反对新康德主义入手,并从社会事件可知性和社会发展规律性的角度提出问题和展开思路的。他们从社会存在与社会意识的关系入手,辨析社会认识与社会意识的异同,把社会认识作为社会管理的必要准备,从加强社会管理与控制的角度提出开展社会认识问题研究的必要性。① 相比之下,英国学者则更多受到大陆经验哲学传统的影响。安东尼·夫诺在80年代中期出版的《关于社会认识的思考》一书实际上是他《关于认识的思考》一书的继续。他力图在自然与社会、自然事实与社会事实、自然试验与社会试验、自然科学与人文科学等的对比分析中,在对人的理性、人的行为、人的价值等的探讨中揭示社会认识的特点。他上承培根、休谟,中接康德、孔德、马克思,直面以波普为代表的现代思想家,力图对现代人类认识中的一些难题作出自己的回答。② 大概与其社会的科学与文化背景相关联,美国学者斯蒂夫·富勒对社会认识论的研究富于实证的色彩。他的《社会认识论》一书从认识论的现代发展入手,在社会认识论与社会本体论的对比中立论,以西方社会中发达的科学技术与社会现实为背景,在对现代社会科学、人文科学尤其是语言学、心理学、社会学、生态学等的具体考察中揭示人类认识的特点,对知识生产的社会组织和哲学在知识生产中的特殊作用作了全面具体的分析,在美国学术界产生了较大影响③。

我国学者对社会认识问题的关注尽管各有侧重,但对把它作为深化哲学理论研究和深入当代人类实践的一个重要结合点,却是普遍认同的。从理论方面来看,它意味着打破过去认识论研究与社会历史观

---

① 波波夫,休休卡诺夫. 社会认识和社会管理[M]. 上海:上海译文出版社,1986.
② Flew A. Thinking About Social Thinking[M]. Oxford:Blackwell Press, 1985.
③ Fuller S. Social Epistemology. Bloomington:Indiana University Press, 1988.

研究相互隔离的状态,使之在新的层面上真正有机、合理、融洽地内在结合起来。一方面,历史观的研究要关注人,关注人的活动和人的自我意识,在"自然历史过程""自主创造过程"和"自我意识过程"这三者的具体历史统一中理解人类社会的存在、活动和发展,真正揭示人类社会作为有意识、能创造,以及善于自我更新、自我完善的自组织系统所特有的生机、活力与进化机制。另一方面,认识论的研究不仅要积极深入个体认识活动的内在生理-心理机制,而且应当拓展到既是其对象又是其宏观背景的人类社会历史文化方面,从而向着"对社会的认识何以成为可能和如何达到科学"的层次上有所前进、有所深化。从社会实践方面来看,它意味着从科学地认识和合理地决策的角度重新审视当代人类所面临的"全球问题"与"个性问题",沿着认识和自我认识的非科学化导致决策的非科学化从而引出大量的不合理实践这条思路,去发掘和揭示当代活动造成大量反主体性效应的深层原因,寻根治本,少犯错误,少走弯路,提高效率,增强效益,自觉促进人类文明的加速度发展,适速高效地建设中国特色的社会主义。在这种意义上,开展和深化社会认识论研究,既有其深刻、充分的理论根据,又有其现实、紧迫的实践根据。

(2)关于社会认识论的学科界说及其理论地位探析。

一门新兴学科能否建设起来并得到承认,相关因素很多,但最重要的有两条:一是看其是否有比较确定和相对独立的研究对象、任务及方法等;二是看其能否处理好与相关理论的周边关系,即在现有理论体系中找到自己的恰当位置。这两个方面当然地也成为社会认识论第一期研究的关注重点。

尽管对什么是"社会认识"人们曾有过不同的理解,但深入的讨论却帮助人们达成了共识。主导性意见认为,"社会认识"即对社会的认识,或以社会为对象的认识。在这里社会是认识客体、对象、宾词,社会认识活动即认识社会的活动,后者区别于对自然和一切非社会客体的认识活动。相应地,社会认识论,即关于人们如何认识社会的哲学理论,它以人们认识社会的活动及其结果为对象,力图借助多种参照系来揭示社会认识活动的特殊本质、特点、方式及规律,其目的在于帮助人们更加科学有效地认识社会、改造社会。社会认识论不是研究一般的认识活动,而是研究以社会这种特殊客体为对象的认识活动;它也不是一般地再现认识活动,而是在人们对社会的认识何以可能和如何达到科学的高度上提出问题和展开思路。由于社会认识系统中主体和客体这两个方面自我相关、自相缠绕，因此，人们对社会的认识，实质上又是社会总体的自我认识的实现形式。人们在各方面、各层次和各向度上对社会的认识及其成果，只有以一定方式在一定程度上转化为社会（集团、民族、国家以至人类）的自我意识，才能真正发挥出自己的功能，显现出自己的价值。在这种意义上，社会认识论又是关于人类自我意识的学说，其深层含义在于回答"人类社会的自我认识何以成为可能和如何达到科学"这个更高层次的问题。应该说，在人们对社会的认识和社会总体的自我意识的统一中把握社会认识活动，正是我们从事社会认识论研究的独特思路，也是其独特社会价值之所在。

对社会认识论的学科地位的分析是借助多种参照系多方面多层次地展开的。就其归属而言，社会认识论属于哲学认识论，是其中的一个分支。一般认识论在最普遍的意义上研究人类的认识活动，社会认识论则在相对具体的层次上研究人们对一种特殊客体——社会历史——的认识活动。因此，社会认识论与认识论的关系可以看作特殊与普遍、具体与一般的关系。正是由于社会认识论以人们认识社会的活动为对象，因此它又与社会历史观有着十分密切的特殊关系。社会历史客体的特点要求人们对它的观念掌握要有自己的特殊方式、方法、活动过程和规律，因此，社会历史观对人类社会存在特性的揭示当然构成了社会认识论研究必不可少的本体论前提和对象性根据。而另一方面，社会历史观作为一种关于社会存在的本体论，以人类社会本身的存在和发展为对象，是社会历史运动及其规律的观念再现，而社会认识论则作为一种关于社会存在的认识论，以认识社会的活动及方法为对象，揭示社会认识活动的特殊方式、方法和规律。二者之间在研究的具体对象、思路、方法和结果上都有所不同。

在同层次上，社会认识论主要区别于自然认识论。按照主体-客体相关律，认识系统中无论主体还是客体的变化均会影响到主体和客体之间的具体关系及相互作用的样态。当我们把社会作为客体系统而剥离和凸现出来时，其最直接的参照系便是自然。正是社会客体区别于自然客体的特点使认识社会的活动产生出有别于认识自然的活动的特殊性，使社会认识论研究成为必要和可能。而又由于迄今为止对社会的认识尚远远落后于对自然的认识，才使得今天全面深入开展社会认识论研究显得格外紧迫和重要。

在下一层次上,社会认识论直接面向各方面、各类型、各层次、各向度的社会认识活动,是对其中相对普遍、集中、共通和相似的那些认识方式、方法的概括、提炼和总结。"社会"不是一个抽象空洞、内容贫乏的僵死概念,而是极为具体丰富、生动活跃的生命有机体。就其内容而言,它包含着经济、政治、道德、宗教、法律等各个方面;就其类别而言,它包含着物质的、精神的、实践的、决策的、评价的、审美的等各种类型;就其层次而言,它包含着日常的、理论的、规划的、操作的等各个层次;就其向度而言,它不仅有沸腾的现实,还有消逝中的过去和急速奔来的未来等各个向度,诸如此类。它们都是社会认识的对象。认识社会的活动正是面向各方面、各层次、各向度的具体社会现象而以各种具体方式实际地展开的,并由此而使人类社会从总体到局部均显现出自觉性、目的性和方向性。相应地,社会认识论也正是在对这些社会认识活动的全面系统的观念把握中获得自己的坚实基础和丰富内容。

(3) 关于社会认识论研究体系的初步建构。

哲学是一门体系性的学问。一定理论的体系结构既从一定侧面反映和再现着对象的内容和特点,是对象逻辑的一种观念再现,又体现着研究者的观测重点和研究思路,是研究者的主体性的一种表现和实现方式。因此,以不同的理论体系来研究和再现同一对象或课题,既是对象复杂性的必然产物,也是研究者们协同攻关的必要条件和实现方式。在这种意义上,我们这里的任务不是对社会认识论的现有理论体系评优品劣,道长论短,而是探索其侧重点和视角,把握其思路和方法,揭示其作用和功能,以寻求以理论方式科学地把握和再现对象所应有的全面视野和合理思路。限于篇幅,本文仅就国内现有几部社会认识论专著的研究体系略示其要。

景天魁把他的《社会认识的结构和悖论》作为他研究"社会认识方法论"这个总体课题的导论,并希望通过它而朝着"哲学—专门科学—社会技术学"的方向努力,因此该书体系明显带有从总体上提出问题、确定边界的特点。作者从探讨社会认识的基本问题入手,在第一篇中辨析社会认识、社会认识方法论和社会认识系统等概念,在第二篇中横向分析社会认识系统的内部结构,将其分为日常的认识方式、科学认识方式、技术认识方式、艺术认识方式、价值认识方式、宗教认识方式、哲学认识方式等而具体加以剖析,然后在第三篇中分析社会认识系统的悖论,并在第四篇中揭示社会认识方法论的思维基础。整个体系展示出作者的广阔视野和深刻思考。

拙著《社会认识论导论》所提出的任务在于尽可能客观科学地揭示社会认识活动的特点,再现人类社会自己认识自己的特殊道路,因此其体系结构实际上是作者尝试运用发生学方法、历史-逻辑方法、要素-结构方法、活动-功能方法、进化-发展方法等研究古今中外社会认识活动所必然需要的理论表述和逻辑展开。以"绪论"立论,由"历史篇"发端,经过"结构篇""活动篇"而落脚于"方法篇",沿着由历史到现实、由要素到结构、由静态到动态、由活动到功能、由现状至发展、由理论至方法的思路,系统概括社会认识系统的原始发生、历史演变、现实结构,活动的层次、过程与向度,归纳出科学地认识社会的方法论原则。这种体系既是作者初步探索社会认识问题的理论成果和逻辑思路,也是进一步探索的理论框架和基本指导,具有相当的包容量和开放度。

二、社会认识方法论的拓展与构想

1. 社会认识论研究的十个难题

从方法论上来看,所谓开拓新领域,实质上就是发现新的问题,而研究的深化,也就是在更高、更深的层次上去发掘和阐释新问题。社会认识论是个综合性很强、反思程度很高的课题,其建构之艰难,正在于发现和回答深层次问题之不易。在这种意义上,我们充分肯定第一期研究所取得的成绩,不仅因为它标志着我们已经抓住和获得了不少成果,尤其因为它意味着我们已初步突破了外围,扫清了基地,并进入核心地带,发现了一系列深层难题,从而有可能在对它们的深入探索中获得新的突破性进展。具体说来,社会认识论研究目前至少面临以下难题。

(1) 社会认识系统中主体与客体自我涉及、自我相关。

这是社会认识系统区别于非社会认识系统最本质的特征之一,是主体-客体相关律在社会认识系统中的特殊表现。马克思主义的主体-客体理论向我们显示,无论在性质、范围、程度和方式上,认识主体和认识客体之间均有某种内在的对应性和相关性。主体对客体的需要和把握客体的能力决定了外部事物转化为客体的范围、程度和层次,成为主体-客体关系建立所必不可少的主体性条件。客体对主体需要的有用性和客体的可知、可塑性则使主体对客体的关注成为必要和可能,成为主客体关系所必不可少的对象性前提。现实的主客体关系正是按照这种主体-客体相关律建立起来的。而在社会认识系统中的主体和客体则更进一步呈现出一种特殊的自我涉及和自我相关。认识的主体是人,是生活在社会之中的人,认识的客体是社会,是人们存在、活动和发展于其中的社会,主体和客体之间共质同构,密不可分地自我相关着。作为社会人的主体要认识的客体是包含自身在其中的社会,社会认识即社会人对自己生活在其中的社会的认识。不仅如此,这种认识社会的活动本身又是一种社会活动,它也应当被纳入社会认识的对象范围。这就好像埃舍尔自画像中那个神奇的"反光球",它不仅反射出举着球的画家、画家的书房,而且要在反光中反射出球自身①。正是由这种奇妙而又难解的自我相关,派生出社会认识系统的众多难题。

(2) 社会历史的可知性与社会认识的真理性。

可知论是认识论研究的必要前提。社会认识论也离不开对社会可知性的论证。社会历史是人的历史,人的自觉活动构成了社会历史的基本内容。社会运动既有目的性、合理性,也有规律性、客观性,因此,社会历史可以被认识,这在过去看来似乎是不言而喻的。但现在这种论证受到了来自多方面的挑战,需要我们在更深的层次上作出回答。其一,社会事件具有单一性,社会过程具有不可逆性,一定社会事件一旦转化为历史便成为后人永远不可能直接把握的"本文",以后的认识对它说来永远只能是一种解释,而且这种解释是否符合历史"本文"本身,既无法度量,也无法判别。因此,有人认为永远不可能有真正的历史,只能有观念中的历史,而且有多少研究者就有多少观念中的历史,历史认识的真理性是不可能的。其二,社会现实中认识主体与认识客体自我相关,互为主客体,由此必然产生出相互补充、相互顺应或相互制约、相互避讳的"自适应"情况,再加上利害关系和情感因素的渗入,都会从正面或反面妨碍对社会客体的客观正确把握,从而造成社会认识过程中所特有的"社会测不准"现象。其三,社会发展不是单一的而

---

① 道·雷夫斯塔特. GEB——一条永恒的金带[M]. 成都:四川人民出版社,1985.

是多元的,不是宿命的而是选择的,受着知识增长的强烈影响,而有限的理性无法对知识的增长作出准确的预测,因此对社会未来的预测是不可能的,这样,他们(比如波普)便由对历史决定论和理性普遍性的否证而否定了社会的可知性和社会科学的真理性。以上这些观点当然是我们所不能赞同的,但欲达到对它们的有力驳斥还需精微细致的论证。恩格斯也曾说过,在对社会的认识中绝对真理几乎没有。那么相对真理又怎样才能更加有效地逼近和达到呢?

(3) 社会价值的多元性与社会评价的多义性。

认知与评价的内在交织是社会认识活动最显著的特点之一,而社会评价中,"公说公有理、婆说婆有理"的普遍性则妨碍着对社会评价合理性的理解。在对自然现象的认识和评价中,由于自然客体的价值中立性,不同的人们可以对它作出相对客观的认识和比较一致的评价,认识的真理性与评价的公正性比较容易获得承认。社会事件总是一定主体为了满足自身需要而设计、发动和推进的,其过程和结果必然带有明显的价值指向性,它可以满足一定主体的需要却往往难以满足一切人的需要。在社会存在不同甚至背反的利益集团的情况下,一定社会事件及其结果对一定主体的价值满足有时甚至要以牺牲或损害他人的利益为条件,在阶级社会中这种价值的冲突更为明显和尖锐。因此,社会事件的价值往往是不中立的、有指向的、多元的。不同的价值主体与同一社会事件可能处于完全不同甚至根本背反的价值关系中。这种情况必然影响甚至支配着他们对该社会事件的认识和评价,使其不仅会得出不同甚至相反的观念印象,直至产生偏见,而且会产生不同甚至根本对立的评价,从而导致社会评价产生出明显的多义性。那么,这是否意味着社会评价中不可能有公正合理性呢?当然不是。那么,又怎样来理解和实现社会评价的公正性、合理性呢?这无疑是社会认识论研究的一个重要难题。

(4) 个人对社会的对象性认识与社会总体的自我认识。

我们曾经提出,人们对社会的认识本质上是社会总体的自我认识的实现形式。个体对社会的认识只有转化为和上升为社会总体的自我认识才能实现和发挥作用。但社会总体由于没有超人类的意识思维器官因而只有借助于人们对社会的认识才能达到充分的有效的自我意识。正是在这种意义上,我们认为社会认识论既是关于人们如何科学地认识社会的理论,也是对于人类社会如何科学地从事自我认识之谜的哲学探索。在个体对于社会的认识与社会总体的自我认识的统一中把握社会认识问题,是我们开展社会认识论研究的独特思路。如果这种思路是有意义的和可行的,则向我们引发出一系列有趣而又有必要深入探析的问题:何为社会总体的自我意识?它有哪些具体内容、形式和层次?它需要哪些中介和载体?它何以发生和发展?有什么特点和功能?如何得到实现和检验?个体对社会的对象性认识转化为社会总体自我认识的途径、方式是什么?需要一些什么特殊的转换机制和通道?如何有效地促使这种转化更加及时合理地得到实现?等等。对这些问题的科学回答无疑会极大地加深我们对于社会认识问题的理解。

(5) 社会活动的自觉性与社会规律的客观性。

认识社会是为了改造社会。追求最高的效率和最大的效益,创造最佳的主体性效应,是科学地认识社会的最高目的。人们总是在一定需要的驱使下按照一定目的而有计划地展开自己的活动,活动中的自觉性突出表现为对活动目的的预期性和活动方案的选择性。但在实际的社会历史过程中,我们常常看到,预期的目的并不都能得到实现,活动目的的预期性和活动结果的非预期性之间常常显现出巨大的反差,甚至根本背离,而对活动方案的选择也常常受到来自各方面的限定,因而常常陷入"不得不如此"和"不得已而为之"的困难境地。局部的自觉活动之间常常发生的摩擦、碰撞和冲突,不仅常常消解了活动者的预期目的,造成了大量偶然因素和随机事件,而且带来社会整体运动的盲目性、自发性。就像在商品经济体制中,每一个局部的交换都是自觉自愿地进行的,而整个市场却服从于那只"看不见的手",服从于价值规律的自发调节。恩格斯曾经讲过,只有借助于那无数个力的平行四边形,分散的相互冲撞的力量才能形成一种合力,才能有支配社会总体运动的社会规律。这种情况,无疑又为社会认识论研究提出了难题——如何才能真正科学地把握社会规律?认识社会,当然要以把握社会规律为己任。但对所有现实的认识者来说,直接所能接触的都是人们的具体的自觉的社会活动,那么,能否从现实的具体的有限的社会生活和个人(或集团)行为中概括出具有普遍必然性和客观性的社会规律呢?回答应当是肯定的。那么,怎样才能真正做到这一点并使之得到科学的证明呢?

(6) 认识活动的时空有限性和社会历史进程的时空无限性。

时间和空间既是事物存在最根本的方式和坐标,也是人类认识最重要的尺度和方法,在社会认识中有着更为特殊的意义。任何具体的社会现象都有其特殊的空间和时间规定性。社会空间既包含有物理学意义上的三维空间,又有不可用数理方式来加以度量的社会关系空间、思维空间、情感空间、感知空间等。时间是生命的专有尺度,也是进化的特有标杆。社会时间既有物理学意义上的一维性、不可逆性、无限性,又侧重标示着社会事件所特有的过程性、流动性、周期性、间隔性、进步性等。社会空间与社会时间的这些丰富内涵,使得在社会认识中对时间方法和空间方法的应用显得格外重要,也格外复杂,派生出许多复合式矛盾,例如具体的社会事件的时空具体有限性与认识的抽象无限性的矛盾,空间的三维性与思维的多维性的矛盾,时间的一维性与认识的多向性的矛盾,社会事件的流动性、易逝性与认识的稳定性、超越性的矛盾,等等。正确灵活运用时空方法去全时空地把握社会历史,是深化社会认识论研究的重要突破口。

(7) 社会观念与社会现实内在交织。

社会存在与社会意识的关系问题是社会历史观的基本问题。社会存在决定社会意识,社会意识反作用于社会存在,二者之间本原与派生的关系不容混淆和颠倒。但在人们的实际生活中,这二者却密不可分地内在交织在一起,成为同一社会现实的两个侧面。一方面,社会观念是社会存在的反映,是其观念化、理论化,而社会存在则是社会观念的模型,是其对象和根据。另一方面,社会观念又通过指导实践活动而不断地转化为现实社会存在,而社会存在则是社会理想(观念)的现实化、对象化。社会观念与社会现实的这种特殊结合,为社会认识设置了新的难题。任何方面和层次上的社会认识活动所面对的客体,都既不可能是纯粹的观念性存在,也不可能是纯粹的物质性存在,而是观念化了的社会现实和现实化了的社会观念。因此,要真正科学地以观念方式把握社会,一方面,既要在社会现实的表象背后去追究造成这种现实的社会观念,又要在对社会观念的深层透视中找到其现实的依据和原型;另一方面,既要努力深刻理解社会现实以验证和发展社会观念,又要努力探索和创造出新的更加美好的社会理想并促使其现实化、对象化,以造就更加美好的现实世界。

(8) 社会交往中社会规范的通约与转换问题。

对语言符号系统的自觉广泛运用,是人类意识思维活动的特有功能。在对自然的认识中,语言符号系统作为一种人工系统,外在于对象,既不受对象的影响,也不影响和改变对象的现实,因而能够比较超脱、中性、客观地发挥作用。除了一些转换技术方面的问题外,对自然科学规范的规定和使用,人们也比较容易达成共识和一致。而在对社会的认识中,情况则有很大不同。语言符号系统本身已经成为人类生活的重要组成部分。符号化的思维、符号化的行为成为人类活动最本质的特征之一。相应地,对语言符号系统的认识和阐释,本身便成为社会认识的题中应有之义。不仅如此,由于社会世界本身是个价值世界、文化世界,用于记载和表述这种价值文化世界的语言符号系统,尤其是其中专用于表征社会价值文化内容的那些社会规范也不能不染上价值的色彩,被打上文化的烙印。而由于不同时代、不同民族、不同阶级和阶层之间在价值观念、文化背景方面的巨大差异,语言符号系统尤其是社会规范体系在它们之间的"不通约性"是始终和普遍存在的。这里的不通约性,不仅指不同语言符号系统之间在功能特性和相互转换方面的技术性隔离,尤其指它们在所蕴含的价值观念、文化体系、思维方式等方面的深刻隔阂和冲突。而这种不通约性妨碍着人们之间跨区域、跨民族、跨阶层、跨文化的相互交往、理解、沟通与合作。在全球一体化的今天,研究并切实帮助人们消除这种社会规范的不通约性和隔离,探寻和建立切实有效的规范转换机制,促进人类文明的内部协调与发展,无疑也是社会认识论研究的重要任务之一。

(9) 文化体系的中介功能与屏障作用。

人是文化的存在物。人正是作为一定文化体系中的具体存在才获得自己真正区别于自然界的特殊规定性。因此,认识人和人的社会,本质上就是要认识人和社会的文化特质及其历史演变和时代特点。因此,在社会认识系统中,一定类型和形式的文化特质,既是作为主体的人的规定性,也是作为客体的社会的规定性,还是所有认识中介和工具的共同规定性。文化中介与社会认识结构中的对应两极处于同质同构的自相缠绕状态之中,发挥着沟通、连接、转换、媒介等积极功能,这是问题的一方面。另一方面,迄今为止,人类文化还不是完全同质和一体的,有着明晰的和严格的内部分化。一定性质和类型的文化体系既然把一定的人和社会联系起来,沟通起来,也就必然将他们与别的文化体系分割开来,隔离起来。在这种意义上,文化体系和文化圈层的差异实际上又成为社会认识的屏障和遮蔽。不同文化体系的差异,从根本上来说正是价值观念和思维方式的差异,它们又通过理想信念、认知模式、情感方式、生活状态等差别具体地表现出来。这些差别与语言符号系统尤其是社会规范体系的不通约性交织和混杂在一起,就会产生某种扩散和放大的效应,严重妨碍不同文化特质的人们之间的沟通和理解,甚至造成民族性的敌意与仇恨,破坏人类的和平、安全与稳定。在这种情况下,强化和发挥文化体系在社会认识活动中的中介性积极功能,减弱和防止其屏障性消极功能,应当成为社会认识论研究的题中应有之义。

(10) 认知与评价、审美、功利追求的交错、互渗与冲突。

人是追求和创造理想世界的动物。人的理想境界在不同的历史时期有着不同的具体内容,但都以一定方式和成分包含着人们对真、善、美、利的具体理解和观念创造。正是对建设更加美好的理想世界的企盼与渴望,作为一种最为根本、持久的内在冲动,激发出人们内在的所有认知与非认知、理性与非理性因素,并使之形成一种对外扩展和自我实现的神圣力量,去求真、求善、求美、求利,去批判性地审视自己的历史与现实,去创造性地建构更加理想的未来。人们不仅从事观念的批判和建构,而且从事实践的批判和建构,观念地和实际地创造新世界。对理想世界的追求和创造,是社会认识的崇高目的。但也应当看到,真、善、美、利这几个方面并不总是协调一致、互相促进的,它们之间有可能出现分离、背反甚至冲突,使人处于几者不可兼得,而必须有所舍弃或牺牲的境地。在这种情况下,价值评价、审美偏好和功利追求等有可能妨碍真理性认识的获得,甚至导致认识的偏差和失误。另外,由于不同社会体系中人们对真、善、美、利及其相互关系的理解方式和判别标准可能不同甚至正好相反,这就会造成社会理想的冲突,并引发出各种类型的社会矛盾以至战争。如果我们对这方面缺乏足够的重视,对社会认识和社会决策中可能出现的干扰和冲突缺乏警戒和研究,就难以帮助人们自觉地提防和消除干扰,更好地执行自己应当承担的社会功能。

2. 社会认识方法论研究构想

如果说社会认识论的第一期研究主要是围绕学科的创立和建设这个中心来展开的,则第二期研究应当巩固并立足已有基地,紧紧抓住已经发现的理论和实践难题深入探索,突出"社会认识方法论"这个中心议题,深刻把握当代中国和世界各国的社会实践,在"如何科学地认识社会"这个层面上真正有所突破,有所贡献。

(1)以"难题"为向导,尽快揳入社会认识理论的核心地带。

科学研究的焦点,总是指向那知与不知、似知与非知、略知与深知的边界。本文前面所列社会认识论研究的部分难题,尽管概括并不一定全面准确,表达也不一定精当,却是我们对社会认识问题深层思考的一些要点总结。它们一方面反映着社会认识系统的复杂体系结构和深层内在矛盾,另一方面表征着我们的研究思路和视角。能够将它们提出来,说明我们对它们已有一定的觉察和了解,而称之为难题,则表明我们对它们的认识尚处于似是而非、若明若暗之中。也正因为如此,它们能唤起我们的求解欲望和探索热情。这些难题不是彼此隔离、孤立存在的,而是相互交错、相互制约,织成了一张错综复杂的谜网、一个深不可测的迷宫。但也正因为它们深深地根植于社会认识之谜的深处,因此就像古希腊神话中那条"阿里阿德涅之线",只要我们沿着它不断地探索、前进,就有可能以它为向导去解开谜网,走出迷宫。当然,谓之难题,正在于回答它们之不易。对于它们,也许我们永远不会得到最终的解答。但通过对它们的持续思考和探索,也许还会引出更多有趣而又深刻的新课题,从而帮助我们进入社会认识论的第三期、第四期研究。

(2)继续加强国际学术对话,真正面向人类文化精华。

作为人类自我认识之谜的哲学探索,社会认识论研究应有足够的"全球视野"和"人类意识"。过去我们在国际学术交流方面所做的工作,主要局限于与国外的社会认识论研究者进行讨论。由于国外的这方面研究也起步不久,因此还有必要继续在研究中携手共进。除此之外,有两个方面的工作尤须加强:一是对于世界各国人民认识社会活动的全时空考察和概括;二是对于一百多年来尤其是第二次世界大战以来迅速崛起并占据现代科学体系前沿的人文科学、社会科学和现代哲学方法论的概括与提升。自从有了人和人的社会,就有了人对社会的认识和社会总体借助于这种认识而实现的自我认识。这种认识,从空间差异上来看有东南西北的文化差异,从时间流程上来看则经历了漫长的演进过程,它们有着极为丰富的内容和多样的形式,是社会认识论研究最基本的对象。所谓对它们的全时空研究,就是既要在同时态意义上比较其在东西南北不同文化体系中的方法异同,又要在历时态意义上把握各种认识方式在各个历史时代的沿革变迁,还要将二者结合起来概括出人类社会自我认识的基本方式和基本特征。现代人文科学、社会科学和哲学是现代人类自我认识的专门方式和典型形式,既包含着人类自我反观、自我理解的基本内容,又记载着人类自我探索的基本思想进程,代表着目前人类认识的最高水准和最先进方法,应当成为社会认识论研究的重要内容。

(3) 深入中国的历史和现实,总结社会认识活动的成功经验和失败教训。

古往今来,中华民族历来重人文,重群体,重内省,在社会认识和自我认识方面积累了极为丰富的思想理论和方法。近代以来的中国革命与建设史,既是一部艰苦卓绝的奋斗史,也是一部反复曲折的求索史。成功与失败,经验与教训,需要认真反思,提炼升华。而今改革开放,建设社会主义市场经济,探索一条有中国特色的现代化道路,更是在全新国际背景中的探索和创造。艰难曲折,责任重大,不容丝毫的闪失,需要有科学的社会认识理论的指导和科学方法论的辅助。中国的社会认识论研究,不仅有此便利,尤其有其责任,在对中国的社会认识历史和现实的深刻把握中求得自己的发展,并借此为人类社会进步做出自己应有的贡献。

(4) 突出社会认识方法论,在"如何科学地认识社会"这个高度上寻求突破。

社会认识论研究的任务不是简单再现人们认识社会的活动,而是探索社会认识科学化的道路,以便为人们更加科学地认识社会提供理论原则和方法论指导。因此,以社会认识方法论为第二期研究的主题,在"如何科学地认识社会"这个高度上立论着力,既是社会认识论的理论逻辑展开的必然,也是社会实践的紧迫呼唤。研究社会认识方法论,当然不能离开人们认识和研究社会的各种具体方法,但作为一种对于方法论的哲学研究,它不应该是对这各种具体方法的简单罗列和描述,而应侧重揭示如何合理有效地使用各种具体认识方法,即"方法的方法",或者说方法论原则。因此,社会认识方法论既有相对于各种具体的社会认识方法的普遍性,又有相对于各种一般认识方法和对非社会客体认识方法的特殊性。相应地,对社会认识方法论的探索和建构,既要借助现代科学方法论的宏观背景定位,又要在对古今社会认识方法的历史考察中创新,还要在对中外社会认识方法的横向比较中求同。它将对社会认识的发现、评价、决策、检验、进化方法论等分门别类地加以探讨,并概括出科学的认识社会所必须遵循的方法论原则等。这种研究应以"案例"研究为基础,对古今中外的重要的和典型的社会认识活动进行全过程的细致研究并加以总结和提升,在案例研究基础上进行类别研究,纵向探索各种主要社会认识方法的历史发生、演变及现代特点,进而进行跨文化方法比较研究,揭示中外、东西认识方法的差异及利弊,最后在全面分析的基础上高度综合,建构起具有全方位结构和功能的社会认识方法论体系。

第二十章　人文社会科学哲学研究构想

人文社会科学是当代科学的热点和前沿领域，在我国，人文社会科学哲学是从社会认识论研究的角度提出来的，也是第一、二期社会认识论研究之后，第三期研究应该主攻的方向。

本章提出了人文社会科学哲学研究的几个前提与方法问题：首先，人文科学与社会科学既有区别，又有共性，人类社会生活的内在统一性决定了我们应该进行统一研究；其次，人文社会科学哲学是探索人文社会科学的基础、前提及方法论问题的学科，其任务是促进人文社会科学的发展；再次，反思性是人文社会科学的基本性质，而人文社会科学哲学本质上是对这种反思的反思；最后，我们应遵循的基本研究思路是，以难题为向导，吸收借鉴古今中外已有成果，抓住重点问题来建构体系。

本章提出的人文社会科学哲学的研究构架大致如下：进行学科界说；回应热点争论；阐发马克思主义哲学的基本思想；明确对象性前提；探讨人文社会科学研究中的基本理论与方法问题。其中，最后一点是人文社会科学研究的主体性内容。

当代科学发展的重要趋势是人文科学、社会科学迅速发展起来并走到科学前沿,成为当代大科学体系中的重要组成部分。相应地,人文社会科学哲学也日益凸现出来并成为当代哲学的重要前沿分支。然而我国哲学界在这方面的研究严重滞后,迄今尚少见这方面的专门学术著述。本章立足于当代大实践、大科学和大哲学的整体背景,依托于关于社会认识论前两期研究的已有成果,批判地吸收当代西方人文社会科学哲学研究的积极成果,探讨当代人文社会科学哲学研究的若干重要问题和基本构架,提出关于开展社会认识论第三期研究的基本构想。

一、从社会认识论到人文社会科学哲学

揳入一个新的学科,不同的人可能有不同的出发点和视角。我们对当代人文社会科学哲学的关注,是从深入开展社会认识论这个新兴分支学科研究的角度提出来的。

自笔者于1986年前后在国内哲学界倡导并实际开展社会认识论研究以来,社会认识论的已有研究大体可分为两个阶段。第一期研究主要是为将社会认识论建设成一个相对独立的分支学科奠基。研究工作主要是围绕论题确立、学科界说、体系建构、特点探析和对社会认识活动的分类分层概括而展开的,其理论成果主要体现为此后相继发表的十数篇本领域中英文学术论文和《社会认识论导论》等专著、译著。这一时期的又一主要工作是自1988年起尝试将社会认识论研究的已有理论成果引向本科生和研究生教学。1989年起在国内首家招收社会认识论研究方向硕士生,1994年起开始招收社会认识论研究方向博士生。到目前为止,已形成了具有一定规模和水平的社会认识论研究群体。这样,社会认识论从无到有,由一种个体性研究成果到逐渐为学术界所承认[①],成为不少学校的硕士生课程,并在武汉大学成为博士生培养的新方向。

第一期的研究和教学为社会认识论研究的深化扫清了外围,奠定了基础,也暴露出了一系列深层的理论难题,这就引发了社会认识论的第二期研究。在《深入探析人类社会的自我认识之谜——社会认识论

---

① 当代哲学丛书编委会.今日中国哲学[M].南宁:广西人民出版社,1996:518-542.

研究的回顾、透视与展望》①一文中,我们提出并初步解析了社会认识论研究中的十个难题:①社会认识系统中主体与客体自我涉及、自我相关;②社会历史的可知性与社会认识的真理性;③社会价值的多元性与社会评价的多义性;④个人对社会的对象性认识与社会总体的自我认识;⑤社会活动的自觉性与社会规律的客观性;⑥认识活动的时空有限性和社会历史进程的时空无限性;⑦社会观念与社会现实内在交织;⑧社会交往中社会规范的通约与转换问题;⑨文化体系的中介功能与屏障作用;⑩认知与评价、审美、功利追求的交错、互渗与冲突。我们给社会认识论第二期研究提出的任务是以"难题"为向导,以"解难题"为契机,尽快揳入社会认识理论的核心地带,在此基础上突出社会认识方法论,在"如何科学地认识社会"这个高度上寻求突破。为此,一方面继续扩展视野,加强国际学术对话,真正面向人类文化精华;另一方面深入中国的历史和现实,总结社会认识活动的成功经验和失败教训。我们这个社会认识论研究群体经过集体努力,完成了由我主持的国家教委"八五"人文社会科学规划项目"社会认识方法论",形成了《社会认识方法论》学术专著。该书从方法论上回顾近代以来西方社会和中华民族自我认识的历史发展,透视当代人文社会科学和人文社会科学哲学的方法论特征,将社会认识活动分解为社会观测、社会发现、社会预测、社会评价、社会传播、社会决策等具体的活动方式,从活动方法的统一中加以探索,在此基础上探讨社会科学知识的检验与进化问题,并提出了科学地认识社会所应当遵循的方法论原则:客观性原则、具体性原则、整体性原则、实践性原则、主体性原则。

社会认识论第二期研究的主要进展是将研究由理论层面向方法论层面延展,使社会认识论理论转化为可供实践和操作借鉴的方法论及其原则,从而使社会认识论研究更贴近社会认识活动的现实,为人们更加科学地认识社会提供方法论指导。在研究中我们致力于从方法论上回答和解决前面曾经提到的十个难题并取得了一定进展,同时我们也感到上述难题并非都是在方法论层面可以得到解答的,它们更需要在哲学层面作出更加概括性和统摄性的分析和解答。这就是说,社会认

---

① 欧阳康.深入探索人类社会自我认识之谜——社会认识论研究的回顾、透视与展望[J].武汉大学学报,1995(2)(百年校庆特刊).

识论研究的演化要求我们将其提升到哲学层面,而这正是引导我们关注当代人文社会科学哲学的重要缘由。换言之,这种思维层次的演进是我们思维推进的必由之路。

社会认识论与人文社会科学哲学如何内在关联呢?在我们看来,社会认识论是关于人们如何认识社会和社会如何通过人们对社会的认识而达到自我意识的哲学理论。人们对社会的认识活动大体上可以分为日常的社会心理层面、阐释的社会理论层面和决策的社会规划层面三个主要层次[①]。人文社会科学则是在理论层面上展开的社会认识活动的专门化和典型性形式,也是人类社会自我意识的科学理论层面和科学认识方式。社会认识论要在帮助人们更加科学地认识社会和自我方面发挥作用、实现功能,就必须关注人文社会科学,将其提升到哲学层面来加以研究和探索,而这也正是人文社会科学哲学的任务。于是我们将人文社会科学哲学作为社会认识论第三期研究的主攻方向。本研究构想得到了上级主管部门的支持,被批准为国家教委"九五"人文社会科学规划项目。

二、研究人文社会科学哲学的几个前提与方法问题

1. 人文科学、社会科学及其统一性问题

人文社会科学哲学是以人文社会科学为对象,对其进行哲学的研究和分析。那么,什么是人文社会科学?人们对其有不同的理解和界说,有必要做些分析,以确定我们的对象域。

在包括中国和美国在内的不少国家,人文科学和社会科学有着相对明确的区分。社会科学主要面向对人类关系的学习和研究领域,包括经济学、政治学、社会学、人类学、心理学、人口学等,而人文科学则是关于人类思想、文化、价值和精神表现的学科,包括语言学、文学、历史学、考古学、法学、艺术、音乐、舞蹈、戏剧、美术、哲学等。在英国,尽管有 humanities(人文科学)这个词,却基本上没有将其作为一个独立的科学领域,而是将其归为社会科学。在德国,则不用社会科学,而是以精神科学(或人文科学)将其统摄和概括。在我们看来,这里的分歧,从

---

① 欧阳康. 社会认识论导论[M]. 北京:中国社会科学出版社,1990.

根本上说根源于人类知识在其发展过程中既深度分化又高度综合的复杂情况,也从一个侧面反映了人文社会现象的复杂性以及人文社会问题研究的多样性与综合性。严格说来,人文科学和社会科学之间在研究重点和研究方式等方面是各有侧重、存在区别的,而且它们之间的分化与综合也许正是当代大科学进一步深度分化和高度综合的重要领域和可能方向。但是,从社会认识论的眼界来看,正如人与社会内在一体,人对社会的认识和社会总体的自我认识互为条件一样,人文科学和社会科学之间具有更多的内在相关性和共通性,它们之间的区别相对于各自与自然科学的区别而言又属次级的、次要的和不那么显著的。人类社会生活的内在统一性决定了我们可以舍弃人文科学与社会科学之间的区别与差异,而侧重关注其共性和统一性方面,以便在与自然科学的比较和对照中探讨其现代特点及其发展趋势。

2. 人文社会科学哲学的基本规定

如何界说人文社会科学哲学?它有什么功能和使命?人们对其有不同的看法。我们不妨先看看西方哲学界对社会科学哲学的规定与界说。

当代西方哲学中对社会科学的规定五花八门,但概括起来,主要有四种观点[①]。

其一,统一社会科学论,即认为哲学应当通过运用某些普遍概念而使多种多样的社会科学学科得到统一的说明;社会科学哲学的任务在于为各种社会科学提供统一的概念框架,以使其本质、特点和功能等得到批判性的度量和解释。

其二,社会科学的哲学方法论,即认为社会科学哲学应当提供对社会科学的哲学分析和分析方法,以解剖社会科学,消除概念的模糊性并为社会科学的理解提供哲学方法论。

其三,批判社会科学论,即认为社会科学哲学应当对社会科学的使用进行批判和评价,通过为社会科学研究提供道德规范,使社会科学家明确其道德责任,以使社会科学更好地发挥其功能。

其四,社会科学增长论,即哲学应当建构关于社会科学增长的理论

---

① Martin M, McIntyre L C. Readings in the Philosophy of Social Science [M]. Cambridge: Massachusetts Institute of Technology Press, 1994.

模型,以对社会科学知识如何才能更好地增长和发展提供说明。

在我们看来,以上关于社会科学哲学的几种规定尽管有所不同,但它们之间并不是相互排斥的,而是各有侧重、相互补充的,展示出在社会科学哲学界说中的不同视角和测度。借鉴它们,结合我们研究的实际,我们可以作出关于人文社会科学哲学的基本界说。

罗素曾经说过,当我们问"科学是什么"时,我们就已经提出了关于科学的哲学问题。同理,当我们提出和回答人文社会科学是什么之类的问题时,我们就是自觉或不自觉地进行关于人文社会科学的哲学探索。人文社会科学哲学是关于人文社会科学的本质、特点、规律、方法等问题的哲学探索,它舍弃人文社会科学内部各具体学科之间的差异和区别,在与自然科学的参照与比较之下,就人文社会科学是否、能否和何以成为科学等基础性和前提性问题进行探索,为人文社会科学研究提供哲学方法论指导,其任务在于以哲学方式规范人文社会科学研究活动的方式与方法,促进人文社会科学的健康全面发展。

3. 人文社会科学哲学的性质

就其性质而言,人文社会科学哲学是一门高层次的关于反思的哲学。反思,又叫后思。黑格尔曾经说过,"反思以思想的本身为内容,力求思想自觉其为思想"[①]。我们曾经谈到,人文社会科学是人们在科学理论层面上对社会的认识,以及社会通过这种认识而在科学理论层面上进行的自我认识,因此在本质上是一种反思性认识。而人文社会科学哲学作为对于这种反思性认识的哲学认识,本质上是对反思的反思,它以在科学理论层面上进行着的社会认识和自我认识为对象,是对人文社会科学的哲学反思。

4. 研究人文社会科学哲学的基本思路和方法

(1) 以难题为向导,将问题提升到哲学层面来加以解答。我们对人文社会科学哲学的关注与重视在一定程度上是由社会认识论第一、二期研究中所发现和遗留的"难题"所引发的。因此,认真研究和解析这些难题对于人文社会科学哲学的开拓性研究仍然具有非常重要的向导作用。社会认识论研究的困难正在于它面对着一个又一个的"怪圈",以及由这一个个怪圈相互交织而成的"迷宫"。回避或绕开了它们,我

---

① 黑格尔. 小逻辑[M]. 第2版. 北京:商务印书馆,1980:39.

们就无法求得对于谜底的真正解答。这一个一个的怪圈就像一条条的"阿里阿德涅之线",我们只有沿着它们不断地深入探索,才有可能以它们为向导去解开谜网,走出迷宫,求得谜底。这正是我们的人文社会科学哲学能够有所进展的关键之点。

(2) 认真借鉴而又不拘泥于西方人文社会科学哲学研究的已有成果。正像当代西方哲学界在科学哲学方面研究的时间和水平各方面远远领先于我们一样,当代西方人文科学哲学研究也在相当大的程度上和成分上领先于我们。笔者在英国访问期间发现今天我们自己在研究讨论的不少问题,在20—30年前的西方哲学界已经讨论过,而当前西方哲学界对人文社会科学哲学的研究在体系上已经相当完整,在程度上已经相当细致和深入。因此,认真学习和借鉴当代西方人文社会科学哲学的已有成果是有效开展我们的人文社会科学哲学研究的捷径,由此可以迅速缩短我们与当代西方哲学界的距离并避免不必要的重复和曲折。但是,学习、借鉴只能帮助我们跟上当代西方哲学的步伐而不能引导我们对它们的超越。因此,我们不能拘泥于它们的研究成果而忽视我们自己的开拓性和创造性研究。应该说,在认真学习和借鉴当代西方人文社会科学哲学研究已有丰硕成果的同时努力强化我们的个性意识和创新意识,积极地开展创造性和开拓性研究,是使我们的人文社会科学哲学在不长时间内赶上世界已有水准并达到有效接轨对话的重要保证。

(3) 放眼世界而又切实立足于中国的历史和现实。哲学是没有国界的。当代人文社会科学哲学应当面向当前世界各国尤其是发达国家的人文社会科学,去概括、提升和解析其中的哲学问题,因此,研究者应当具有足够的世界意识和全球意识。但对世界性、全球性问题的研究又必然是而且应当是民族化和个性化的。因此我们对当代人文社会科学哲学的研究又必然是而且应当是立足于我国的历史和现状。从历史的角度来看,要重视、总结和提供中国传统哲学中的人文精神,使之在新的哲学体系中得到提升和弘扬。从现实的角度来看,则要立足于我国在深度分化与高度综合中迅速发展的人文社会科学,从哲学角度对其进行反思和提升其哲学问题,为我们的个性化研究奠定坚实的基础。

(4) 抓住重点,从问题到构架。着手之初,是先搭架子还是先抓问题?这是一个重要的方法论问题。哲学的逻辑,本质上是一种问题的逻辑。问题之间的联系和对问题的解析,构成体系的骨架。问题不明,则逻辑必然不清。因此,从问题到构架,是我们开展当代人文社会科学哲学研究的重要路径。既然我们是从解难题入手来提出问题和回答问题的,则我们目前尤应关注的不是建构一个完备的人文社会科学哲学体系,而是发现和发掘当代人文社会科学研究中的哲学问题、哲学难题,在对这些问题和难题的解答中整理出一个问题逻辑,并将其演化为一种形式化的体系结构。正是在这种意义上,我们提出以下问题,作为当代人文社会科学哲学的研究构架。

三、当代人文社会科学哲学研究的基本构架

1. 学科界说

这既是一个前提性问题,也是一个结论性问题。我们依据于对人文社会科学哲学的一定理解和初步界说来展开我们的研究,而对其作为一个相对独立的分支哲学的比较全面、完整和深刻的理解却实际上只能作为全部的结果而达到。作为研究结果的理论前提和演绎性体系构架,实际上是通过在研究过程中对前提的不断反诘、质疑和对问题的不断概括、提升、归纳而得到的。在研究中我们将尤其关注并论证与人文社会科学哲学的学科界说有关的以下问题并使之作为结论而最终得以确立:①在深度分化的基础上高度综合:当代人文社会科学哲学产生、形成、发展的必然性、必要性和历史—逻辑进程;②当代人文社会科学哲学的性质、对象、任务、特点等;③当代人文社会科学哲学的功能、价值及在当代大哲学体系中的地位。

2. 当前西方人文社会科学哲学研究中的一些热点问题以及我们的回应

(1) 自然主义(naturalism)与反自然主义(anti-naturalism)的争论。当代西方社会科学哲学中的自然主义者主张对社会现象的科学研究应当采用与自然科学研究自然现象一样的方式来进行。某些自然主义者尽管也承认人类行为比自然现象更复杂,因而探索社会科学规律比探索自然科学规律更困难,但他们否认这种差别是本质性的、根本的。他们认为,社会现象与自然现象尽管在形式上有所不同,但在本质上都是客观的、因果性的、有规律的,因而是可以观察、试验和概括的;社会科

学与自然科学之间除了研究的具体内容不同外,在研究逻辑和研究方法上并没有什么大的区别,自然科学方法在社会问题研究中具有同等的有效性;社会科学的研究结果与自然科学知识一样具有客观性和普遍性,并成为社会科学知识累积性增长的内在组成部分。反自然主义根本否认在人文社会科学研究中运用自然科学方法的必要性和可能性。在他们看来,人文社会现象与自然现象是根本不同的,自然现象具有确定性、普遍性和可量化性,可以对其加以客观的实证的解析与说明,而人文社会现象,尤其是人的思维、情感、意志和行为等则具有非确定性、个别性和非量化性,它们本质上是个意义世界、价值世界,不可能被客观地加以解析和说明,而只能通过理解才能把握。因此,人文社会科学不可能运用自然科学的方法,而必须有自己的独特方法,这就是理解[①]。自然主义与反自然主义的争论源远流长。自然主义可以上溯到孔德开创的实证主义社会学,反自然主义则可以上溯到德国宗教哲学大师施莱尔马赫的解释学。二者均在一定程度上得到了经验材料的支持。目前自然主义在人文社会科学哲学中的影响正在减小,但远未消失。

在我们看来,自然主义与反自然主义之间既存在着某些共同基础,又在许多重要问题上存在根本分歧,既有若干我们可以借鉴的地方,也有各自的片面性。深入地回答它们所提出的问题,需要我们在以下四个层面上展开思路,作出解析:第一,人类社会历史过程中是否存在着像自然过程中那样的客观的、重复的和普遍有效的规律,这是全部探讨的本体论基础和前提;第二,在认识论意义上,人文社会现象及其规律是否可以科学地认识以及如何使认识达到科学,这是确定人文社会科学可能性和特殊性的认识论基础;第三,在价值论意义上,人文社会现象的价值特性及其对人文社会科学研究的影响,这是人文社会科学的价值论和评价论基础;第四,在方法论意义上,人文社会科学研究与自然科学研究之间是否存在着方法论上相互沟通和借鉴的可能性,这是人文社会科学可能性的方法论基础。我们应当在以上几个方面的统一中寻求解答。

[①] Martin M, McIntyre L C. Readings in the Philosophy of Social Science[M]. Cambridge: Massachusetts Institute of Technology Press, 1994.

（2）多元主义（pluralism）方法论与批判的社会科学（critical social science）。这是从自然主义及自然主义的争论中衍生出来的。多元主义方法论认为自然主义与反自然主义并不是截然对立、水火不容的，而是相容的、互补的，它们各自有助于说明人类社会生活的不同方面，因而可以同时在人文社会科学研究中得到应用，并帮助人们达到对于人类行为的全面完整的理解。批判的社会科学从另外一个角度提出问题，他们认为我们关于阶级、种族和性别等的许多深层无意识偏见妨碍着我们对人类社会的科学研究，并以变形的方式表现在各种社会思想观念之中。社会科学研究的任务就是以批判的眼光暴露这种种隐藏在社会思想和观念背后的偏见和意识形态，将其提升到自觉的意识层面以使我们能够超越其影响而变得更加自由。例如，英美盛行的女权主义者便认为当前的社会科学中存在着反对女性的深层意识，而社会科学的研究就是要把它们提升到自觉意识的表层并以科学方式来加以研究，使其得到批判和否定。通过社会科学批判而帮助人们从偏见、歧视下解放出来达至自由，是批判的社会科学为自己规定的基本任务①。

在我们看来，多元主义在方法论上表现出来的灵活性和务实性，以及批判的社会科学对人文社会科学的社会批判功能的特殊关注都是不无道理的，值得关注和借鉴。但它们自身并没有能从根本上对自然主义和反自然主义的争论作出正面的回答，因此还缺乏理论上的坚实基础。我们可以借鉴它们的思路而展开我们的研究却不能滞留于他们的结论。

（3）方法论个体主义（methodological individualism）与方法论整体主义（methodological holism）的争论。解释社会现象应当从个体出发还是从整体出发，这是当代社会科学中方法论个体主义与方法论整体主义争论的焦点问题②。方法论个体主义认为个体及其行为是社会运动和社会结构的基础，因此对社会现象的说明和解释只能立足于个体。而方法论整体主义则认为在社会中的个体是为社会整体结构所规定的，整体决定要素，因此对社会现象的解释必须从整体出发。方法论个

---

① Winch P. The Idea of a Social Science and its Relation to Philosophy[M]. London：Routledge & Kegan Paul Press，1977：15.

② Bhargava R. Individualism in Social Science[M]. Oxford：Clarendon Press，1992：55-60.

体主义与方法论整体主义的争论基于对社会个体和社会整体及它们之间关系的不同理解，有其社会本体论的分歧。在我们看来，他们各自对个体与社会（以至人类整体）的关系做了片面的理解。一方面是没有独立的个体，则没有真实的人类，另一方面没有完整的类也不可能有真实的个体。在个体与人类这社会结构的两极之间保持张力，才能对社会现象作出科学的说明。

当代西方人文社会科学哲学研究中还有许多其他热点问题，例如社会科学研究中的说明与理解、真理性与合理性、系统与功能、自我与角色、价值与评价、理性与反理性、合理性与相对主义等等。我们将其列入我们关于人文社会科学研究中的基本问题来加以探讨。

3. 马克思主义哲学关于人文社会科学的基本思想及其现代阐发

马克思和恩格斯所创立的辩证的、历史的、实践的、人道的唯物主义既是社会思想史上最伟大的理论成果，也是最重要的方法论创造，是我们开展人文社会科学哲学研究最重要最丰富的思想理论源泉之一，有必要加以深入的发掘和系统的整理。这里的研究应当是全面的、系统的，有两点在当前尤为重要。

一是要正面回答包括波普在内的对于马克思主义历史理论和方法的诘难和攻击。我们知道，波普把马克思的历史唯物主义称为历史决定论，通过否定社会规律的重复性和普适性、否定社会预测的可能性来攻击历史决定论，否定社会科学的可能性[①]。在我们看来，波普用绝对的重复性和普遍有效性作为标准来否定社会历史规律，实际上是用近代的带有形而上学特色的自然科学规律观来硬套在比自然界复杂不知多少的社会历史运动上，这不仅在方法论上是不合理的，也暴露出他在思维方式上的形而上学性。其实，不是社会历史运动没有规律，而是波普由于其历史的局限而缺乏把握社会历史规律的理论、原则和方法。马克思的历史唯物主义为我们科学地认识社会历史及其规律性提供了正确合理的哲学方法论。

二是要深入发掘和全面阐发马克思关于"人的科学"的基本构想。在《1844年经济学哲学手稿》中，马克思立足于他所特有的实践的唯物主义即共产主义的立场，在深刻批判资本主义劳动异化的基础上，论述

---

① 卡尔·波普. 历史决定论的贫困[M]. 北京：华夏出版社，1987：1-2，86.

了人与自然通过工业和科学而实现的内在统一性,并进而论述自然科学与人的科学的内在统一性,认为"自然科学往后将包括关于人的科学,正像关于人的科学包括自然科学一样,这将是一门科学"①。这种科学将通过工业日益在实践上进入人的生活,改造人的生活,为人的解放作准备,并在这个过程中实现和发展自身。这就从功能和价值上为人文社会科学及其演进发展规定了方向。

4. 当代人文社会科学何以可能的对象性前提研究

科学的特点在很大成分上是由对象的特点造成的。前面我们看到,当代西方人文社会科学哲学研究中的几乎所有争论都根据于或根源于对人类社会现象的理解和解释。因此,对人文社会科学的可能性的研究有必要从对人文社会现象的科学理解中求得其对象性依据。这里主要涉及以下复杂关系:人与社会,个人与人类,社会历史活动中的规律性与目的性、决定性与选择性、必然性与随机性、受动性与意志自由,人在活动中的愿望与条件、目的与结果、理想与现实、预见与反馈、因果关系与偶然突变、预言自适应与社会测不准,行动规律、心理规律与社会规律,意志自由与道德责任等。同时涉及对自然—人—社会及其相互关系的现实形态及其当代理解。

5. 人文社会科学研究中的基本理论与方法问题

这是当代人文社会科学哲学的主体性内容,其中至少应当包括以下重要问题。

(1) 人文社会科学研究中的客观性和主观性问题。

客观性和主观性问题是认识论的基本问题,也是人文社会科学研究中的一个基本问题。一般说来,主观性和客观性都是描述主体的意识特征的范畴。主观性指主体意识依赖于主体的生理心理特性和语言符号形式方面,客观性则指主体意识依赖于相应客体的对象性内容方面。正是主体意识具有对于客体的对象性内容的依赖性,它才可以借助于一定的检验方式从与对象性内容的符合、一致关系中得到客观性的检验,并由此而得到真理性的说明。客观性是科学之为科学的最基本要求之一。然而在人文社会科学研究中,客观性的追求却显得格外困难。其一,人文社会生活中所蕴含的大量的心理、情感、意识等方面

---

① 马克思恩格斯全集(第42卷)[M]. 北京:人民出版社,1979:128.

的因素深藏于人们的心灵内部,不太可能纯客观地得到反映和再现,需要深层的理解和沟通;其二,社会认识和交往中存在着人们之间互为主客体的情况,假象和人为遮蔽常常妨碍客观性的认识和理解;其三,人文社会科学试验中存在着独特的 resenthel 效应,即试验的愿望影响试验的结果;其四,社会观念与社会现实内在交织,常常造成观念对现实的扰动;等等。在这种情况下,如何对人文社会科学研究中的主观性和客观性问题作出更有说服力的说明,尤显重要。

(2) 人文社会科学研究中的说明与理解问题。

这是当代西方人文社会科学哲学中科学主义与人文主义争论的重要问题之一。科学主义主张社会科学应当也可以像自然科学一样客观地描述和说明对象。人文主义则认为人文社会科学研究不能是描述性的和说明性的,而只能是理解和解释,是理解基础上的解释和解释基础上的理解。在我们看来,说明和理解方法之间并不是完全对立、水火不容,而是可以相互补充的。这里问题的关键是要自觉地立足于人文社会现象的复杂性和多样性。多样的和复杂的人文社会现象不可能用单一的方法加以把握,而需要对多种多样的方法进行综合运用。我们认为,人文社会科学研究既应当是实证性的也应当是规范性的,既应重视文本的制约作用,又应注意解释和理解的相对性、个体性,努力建构科学合理的解释模型,以特殊有效的方式合理地进入和走出社会理解中的解释学循环。

(3) 人文社会科学研究中的价值与评价。

社会事实区别于自然事实的最重要之点在于它同时也是价值事实。任何社会行为和社会事件都有其一定的价值规定性和指向性,因此,对社会事实的认识同时也包含对其价值事实的认识,对社会现象的理解同时也就是对社会价值的评价。不仅如此,社会价值事实还有一个重要特点,即价值非中立性。各种社会活动都有一定的价值指向性,其结果均服从于和服务于一定价值主体的需要。在存在着利益差别的个体、群体、民族和国度之间,这种价值非中立性和价值指向性还常常造成价值取向和价值观念的冲突。一定主体的价值的实现甚至以牺牲他人的价值为条件和代价。这种社会价值事实的内部冲突不仅作为一种对象性事实而影响到对其的认识和评价,还直接影响到作为社会成员的人文社会科学研究主体,对其的认识活动和评价活动及其结果造成干扰和影响。这也从另一个侧面妨碍着人文社会科学研究的客观性和评价的公正性。在这种意义上,尤需我们加强对于人文社会科学中价值事实和价值评价问题的研究,以为建立更加科学合理的价值评价指标体系提供价值论和方法论指导。

(4) 人文社会科学研究中的合理性、非理性与反理性问题。

开展人文社会科学哲学的研究是为了促进人文社会科学的健康有效发展,而人文社会科学的重要社会功能是促进人类社会的健全和协调发展。因此,人文社会科学不仅应当是描述性的,而且应当是规范性的。它们不仅要尽可能客观真实地揭示人文社会运动的历史和现实及其规律性是什么,还要尽可能准确合理地发掘和展示其价值和意义怎么样,并在此基础上对社会发展的未来应如何做出具体的规划和预设。相应地,合理地以观念方式建构合理社会以规范现实行为成为人文社会科学的重要任务,也当然地成为人文社会科学哲学研究的重要内容①。合理性是个评价概念,它既与理性相关联,又与非理性和反理性相对应,需要在与它们的比较中得到澄清和研究。对合理性的研究,从定性方面来看包含着合理性假设、合理性类型、合理性基础、合理性的相对性等一系列问题②;从定量方面来看,则包含着合理度及其检测标准和检测尺度等一系列问题。在定性与定量的统一中深化对于合理性问题的研究,是推进人文社会科学哲学研究的重要方面。

(5) 人文社会科学中的特殊科学和学科际沟通问题。

当代人文社会科学是由若干方面具体的人文社会科学学科组成的,这各方面的具体学科又可分出许多层次的亚学科、子学科、分支学科等。各方面、各层次的具体学科都有其特殊性质、对象、任务、特点、功能,从而在当代大科学体系中占有自己的特殊地位。而这些学科之间,又必然存在着相互沟通和内在协调的问题,因此,学科际沟通也成为人文社会科学哲学研究中不可忽视的重要问题。

(6) 人文社会科学的进步与发展问题。

人文社会科学哲学既然以促进人文社会科学的进步与发展为己

---

① Taylor C. Philosophy and the Human Sciences [M]. Cambridge: Cambridge University Press, 1985: 116-118.

② Hollis M. The Philosophy of Social Science [M]. Cambridge: Cambridge University Press, 1994: 183-189.

任,就不能不特别地关注进步与发展问题。人文社会科学在社会生活中的地位和作用,决定了人文社会科学的进步与发展对社会文明的变革与进步的特殊作用。马克思主义认为,科学技术是第一生产力,这里的科学技术,当然地应当包括人文社会科学和社会变革技术。与社会变革一样,人文社会科学的变革也有常规发展与科学革命之分。人文社会科学的变革是在双重批判和双重建构中得到实现的。一方面,科学地批判已有的社会理论,另一方面,科学地批判社会现实;一方面,在发展了的社会实践基础上从事理论批判,另一方面,依据更新了的理论从事实践批判;一方面,观念地建构更加合理美好的人文社会科学理论,另一方面,观念地建构更加科学合理的人文社会蓝图;一方面,依据新的人文社会科学理论去建构更加美好理想的现实社会,另一方面,依据发展了的社会现实去发展人文社会科学理论。正是在这种观念与现实、批判与建构、观念的批判与实践的批判、观念的建构与实践的建构的交互作用中,人类社会文明得以发展,人文社会科学得以进步。

第二十一章 价值论与人生价值的特点

价值论是一门哲学分支学科,在我国最初是从认识论角度,在对事实、价值与真理的讨论中提出来的。我国近年来的价值问题研究已经取得了初步成就,但仍存在一些问题,主要有:研究层次较为抽象而不够具体,研究对象尚未深入生活,参照系不够充分,研究方法有待深化。

深化价值论的研究具有重要意义,本章对此提出了几点构想。价值本质上是关系范畴,考察价值的本质要从主客体两方面进行,并且不能忽略现实性的功能和效应。价值的判定取决于价值评价,而价值评价又有评价标准和评价事实两方面的因素,我们应立足于价值事实,结合社会文化进步和人的全面发展来寻找价值评价的尺度。创造理想世界是人的最高价值追求,价值研究应该自觉把握这个重要问题,起到激发和提升人的价值追求的作用。

人生价值的研究是价值论研究的一部分,人生价值实质上是人对他人或社会的功能和作用,其研究实际上是一种功能研究。人生价值在人生问题中居于核心地位,是人生科学研究的出发点和归宿。本章最后探讨了人生价值的十对特点,提出了人生科学研究的方法和根本任务。

自真理标准讨论以来,价值论研究作为一门新的哲学分支在中国哲学界迅速兴起,取得了丰硕的研究成果,争得了相对独立的学术地位,为广大哲学工作者承认和关注。这种情况既以哲学方式反映了价值和意义问题在人类生活中的特殊地位和作用,也记载了哲学研究在拓宽视野、转换主题、接近生活方面所取得的积极成果。当代实践强化了人类在活动中的自觉性、目的性、指向性,中国特色的社会主义现代化建设也要求建立与之相适应的价值观念和评价体系,这都把价值问题、意义问题及其评价问题提到了更加突出的地位,要求我们在新的高度和层面上来关注和研究价值和评价问题,深化马克思主义哲学的价值论与评价论研究。

一、价值论研究的回顾与透视

1. 我国价值论研究的发展历程及主要成就

在我国,价值问题研究最初是从认识论角度提出来的。关于价值与事实,价值认识与事实认识,价值真理与事实真理,价值、评价与真理等关系的辨析和讨论,首先推动了认识论、真理观的发展。关于价值真理是否具有科学性、阶级性和多元性的讨论,引出并深化了对于价值问题的专门探讨。价值现象不是独立存在的,总是与人的功利、道德、审美追求相联系的,并只能在人的社会历史实践过程中展开和实现。因此,进一步的研究必然要求把价值问题与功利问题、伦理问题、审美问题联系起来,与实践问题、社会问题、文化问题、历史进步问题联系起来,与人的本性、需要、能力、理想、创造等问题联系起来。这样,价值论研究便在与包括伦理学、美学、社会学、文化学、知识论、实践论、真理观和关于人的各种学说在内的众多相关学科的分化与综合中相对独立地发展起来,获得了自己的丰富内容并有了更深的专门开拓,取得了自己的理论地位,成为马克思主义哲学重要的组成部分,以及一个相对独立的重要分支学科。

近年来,不少论者在价值定义、价值本质、价值观念、价值评价、文化价值、人的价值、价值历史观、中国古代价值观、西方价值和评价理论、马克思主义价值理论等方面继续探索,推出了不少论文、论著和译著,这是非常可喜的。从总体上来看,价值论研究在以下方面的成就尤应关注。

其一,把价值问题确立为一个哲学问题。廓清其与其他哲学问题的关系,并在与种种相关概念的联系和区别中规定价值概念,对价值问题的一系列相关概念作出哲学的界说。

其二,把价值论确立为哲学分支学科。立足于价值追求在人类全部活动中的导向地位和价值问题在哲学问题中的特殊地位,分析价值问题研究在整个哲学研究中的特殊作用和功能,并在与其他哲学分支学科的相关性和差异性中确立价值论作为相对独立的哲学分支学科在整个哲学理论体系中的地位和功能。

其三,建构价值论研究的理论体系。国内出版的一批价值论学术专著,尽管各自有不同的视角、体例、思路和方法,各具特色,但都大体包含着价值本质论、价值活动论、价值评价论、价值观念论、价值创造论、价值实现论等,并包含着对中外古今价值思想的回顾与整理、批判与继承等,从而形成了具有相当开放性和包容量的研究体系。

其四,对价值论的一些基本理论问题作了比较深入的探讨。比如对价值的本体、本质、类型,价值认知与价值评价的关系,价值评价的合理性,价值与真理,价值观念及其变革,价值的创造与实现等问题的深入研究,为整个价值论研究的全面深化奠定了比较坚实的理论基础。同时对价值与文化、价值与社会历史进步、价值与人的发展等相关理论问题的探讨,则使价值论研究与更加广泛的理论研究领域结合起来,找到了自己的广阔文化依托。

2. 价值论研究中尚存的主要问题

当然我们也应看到,作为一个新兴分支学科,价值哲学研究所取得的成就还是初步的、有限的,研究过程中人们不断回到一些初始问题和基本问题的反复论争和论证上,真正深入系统的探讨却显艰难。其主要原因似乎在于:

(1) 在理论层次上,价值论研究尚主要停留在最抽象、最一般的"价值"层面上,还未能深入内容、特性、形态各异的各类具体的价值关系、价值现象和价值运动,远离具有丰富的自然—人—社会历史文化内容的价值世界、意义世界,很多深层次的重要领域和议题尚未开发和确立起来。

(2) 在研究对象上,价值论的理论探索尚未能真正深入现实的价值生活,未能对现实的价值运动作出真正全面系统的说明,难以从中汲取必要的和充分的营养和材料。既难以对深入批判陈旧的价值观念发挥充分作用,又难以为建构新时代的价值观念发挥促进作用。

(3) 在参照系统上,由于对中国历史上丰富的价值思想缺乏足够的发掘和弘扬,对国外的价值和评价理论缺乏足够的介绍和评述,对马克思主义创始人的价值思想缺乏系统的整理和深刻的阐释,因而尚缺乏建构完整的、科学的价值论体系所必需的足够的思想材料。

(4) 在研究思路上,价值论探讨尚未完全摆脱本体论、认识论的研究思路,尚未形成符合价值特性的独特的研究思路和方法。这就在一定程度上妨碍了价值论研究的深化。

3. 深化价值论研究的现代意义

我们认为,无论从推进马克思主义哲学的现代发展,还是从加速中国特色的社会主义现代化建设的角度来看,都有必要进一步深化和繁荣价值论研究。

首先,从国内外的政治形势和意识形态方面的斗争来看,社会主义与资本主义这两种思想体系、两种实践模式和两种社会制度的斗争,都蕴含并贯穿着两种根本对立的价值观念和评价指标体系的斗争。理想的冲突,从根本上说,是价值意识体系的冲突。深化价值论研究,对于从哲学高度理解和解释这种理想的冲突,对于坚持社会主义思想体系、发展社会主义实践模式、健全社会主义制度具有深层阐释、宏观定向和方法论指导的重要功能。

其次,中国特色的社会主义现代化建设,本质上是一种主体性建设,它意味着对旧的生产方式、生活方式、思维方式、行为方式、情感方式、评价方式等的扬弃和超越,意味着对符合世界现代化潮流、符合社会主义方向、具有中国特色的价值观念体系的探寻和建构。这一切绝不可能自发地实现,只能通过亿万民众的自觉的价值追求和价值创造才可能实现。因此,从哲学价值论的高度研究和探索有中国特色的社会主义价值观念体系,既是价值理论内在逻辑的必然趋势,也是全社会对马克思主义价值理论的紧迫呼唤和神圣期望。

再次,价值论研究的深入对于激发和提升人的价值追求具有重要意义。这正是价值论研究的独特社会功能。激发和提升人的价值追求,意味着强化人的价值意识,激发人的价值需求,调控人的价值取向,完善人的价值观念,开发人的创价潜能,制导人的创价活动,促进人的全面发展。

二、深化价值论研究的几点构想

1. 从功能和效应角度考察价值及其本质

什么是价值？价值的本质是什么？这是价值论研究最基本的问题之一。对它们的回答对于整个价值论研究具有制导和定向的作用。过去尽管人们对此存在众多的不同见解，但把价值看作一个关系范畴，在主体需要和客体属性的相关性中界定价值，却是受到普遍认同的，由此产生了价值主观论和价值客观论的不同倾向。笔者认为，这样来界定价值当然不是错的，但仔细推敲起来却很难说是准确的，因为它是以两个并非充分的假定作为前提条件的。其一，从客体方面看，它假定客体已经现成地具备了能够满足主体需要的某些属性，而且一旦主体需要则这些属性便能够自动地完全地成为主体的一部分。而在实践中我们却看到各种对象物往往只是在经过人们的多次加工处理并与其他客体相结合后才真正具备了符合人们需要的某种属性或形式，而在这之前，客体只是具有某种可能的功用性而远非现实性。其二，从主体方面看，它只是考虑到主体对客体属性的需要而未注意主体掌握客体属性的能力，似乎只要主体需要客体，则客体就会将自己的有关属性自动地呈现和供奉于主体，或主体自然能够完整有效地掌握客体的各种有用属性。而在实际中我们处处都看到在一些客体面前人们力不从心、束手无策、望洋兴叹的情况。应该说，主体的能力是客体价值实现的又一重要条件，正是主体能力的性质和水平决定着客体属性转化为主体效用的范围、程度和水平。由此我们认为，过去对价值定义和本质的探讨，更多的是在一种理想化的状态下进行的，它所规定的还只是一种可能的价值关系，或者说是一种潜在的价值关系。而这种潜在的价值关系向现实的价值关系的转化，还需要若干不可缺少的中间环节，其中最主要的就是人的价值创造活动。这种创造价值的活动是一种主体性活动，它一方面以主体的某些需要为依据并将其在观念中转化为预期目的和理想结果；另一方面以客体的某些有用属性为前提，对客体的属性进行选择、加工、处理。在这种创造价值的活动中，主体的内在本质力量按照客体的发展逻辑和主体自身的活动逻辑以一定方式有序地展开为指向一定目标的活动,直接或间接(通过中介)地造成客体的合目的性改变,带来一定的活动结果和效应。正是通过对这种结果和效应的享用、消费和占有,客体以一定方式实际地转化为主体的内在组成部分,实现自己的功能和效用,主体则由于获得(同化)客体而满足自身的某种需要,巩固、强化和发展了自身。正是在这种意义上,我们认为,在其现实性上,价值是一种功能和效应范畴,它所标示的一方面是通过人的创造价值活动主体实际地占有、享用、同化一定客体的数量、质量和程度,一方面则反映着客体对于主体的生存和发展所具有的实际作用和效能。这种功能和效应如果对于主体的生存和发展是积极的、健康的,则是正价值,反之,则是负价值。而不管其价值方向如何,价值量均与功能度和效应量成正比。

2. 立足于价值事实来研究价值评价

价值的有无、正负及其大小判定,总离不开价值评价。评价问题是价值论研究的核心问题之一。在评价问题上目前的一个突出难题是评价的客观性和公正性问题。面对着社会历史过程中普遍存在的"公说公有理,婆说婆有理"这种现象,有人要么否认了评价中的客观性和合理性,要么否认价值评价中的多样性、差异性。笔者感到,这里问题的关键在于把评价问题研究切实奠基于对具体的价值事实的科学分析上。

影响价值评价的因素很多,其中最基本的是两个,一是评价标准,二是评价事实。评价标准是主体对自身内在价值尺度的一种自我意识,它以一定的价值观念为指导,以一定的评价指标体系的方式存在和表现,受主体的即时情感、愿望、兴趣的影响,是评价活动的基本依据。价值事实即主体与客体之间的价值关系及其实现状态,即通过主体的创价活动,主体与客体之间实际交互作用所产生的实际结果、作用、功能和效应。科学的价值评价则是在正确认识价值事实的基础上运用合理价值评价标准对其功能和效应作出恰当的评价和界定,产生出对其正确的态度。

这里的问题在于,对一些自然事物或事件,人们对它的价值评价往往比较接近并趋于一致,而对各种社会事件,不同的个人、集团或阶级往往有不同的甚至根本相反的评价和结论。如对于资本主义制度,无产阶级贬为地狱,资产阶级则誉为天堂。对于这种情况,过去人们仅仅从价值标准的差异性方面寻找原因,不自觉地否认历史认识中的真理性和历史评价中的合理性。我们认为,这里一个重要的思路和方法是具体分析和认识社会历史过程中价值事实的多元性、复杂性。价值事实是价值主体与价值客体交互作用所产生的结果、功能和效应。在社会历史活动尤其阶级社会中,任何社会事件或活动都是人们出于一定需要而在一定目的的支配下发动和展开的,服从于并体现着人们对活动结果及其功用的一种追求。因此,在正常情况下,这种活动及其结果的价值只是对于活动的发起者而言的。在阶级社会中,由于不同个体、集团尤其是对立的阶级之间的需要和利益常常是相互背离甚至根本冲突的,这不同的需要和利益往往都要借助于不同甚至根本对立的社会行为来满足,于是不仅有了价值观念的冲突和理想的冲突,而且有了行动的冲突。不仅为了不同需要而发起的具有特定价值取向的社会活动及其结果之间是相互背离甚至冲突的,即使同一事件也会对利益根本对立的个人和集团发生不同的效果和影响,具有完全背离的甚至根本冲突的价值。资本主义制度,保护了资产阶级的利益,对资产阶级是适合的、合理的,具有正价值,同时又以损害和牺牲无产阶级、劳苦大众的利益为条件,对无产阶级具有负价值。可见,同一社会事件、人物或社会制度,对于不同的价值主体来说具有不同甚至根本相反的功用和价值;或者说,不同价值主体与同一价值客体处于完全不同性质的价值关系之中,由不同价值关系运动产生出不同的结果、功能和效应,构成不同的价值事实。这些价值关系和价值事实都是客观的和实际存在的。在这些价值关系中处于不同地位的价值主体从自身的特殊地位来认识这些价值事实,并运用自己的特殊的评价标准来评估它们,必然得出"好得很"与"糟得很"等根本不同的价值评价,产生根本对立的态度。可以说,作为不同主体作出价值评价的知识前提的价值意识,基本上反映了与其相关的价值事实。对于具有性质与方向相悖的多种功用与价值的社会事件、人物、制度等,从不同方面揭示其与不同主体之间的价值关系和价值事实,并用不同的评价标准来作出不同的价值评价,正是阶级社会中价值关系具体性和价值评价标准具体性的客观要求,也是价值评价研究尤其应予关注的重要问题。

当然,要对具体的社会历史事件作出科学的价值认识和价值评价,不仅要考察其与当事人的价值关系,并从当事人的角度进行价值评价,还应超出当事人的眼界和视野,考察其与社会历史运动总体过程的价值关系。尤其应结合社会文化进步和人的全面发展这个总目标、总过程的作用与功用,从这个角度作出价值认识和价值评价,把社会文化进步和人的全面发展看作一切社会运动合理性内容的共同实质,把是否有利于社会文化进步和人的全面发展看作衡量历史上和现实中一切社会事件是否具有价值和价值大小的最终尺度。因而这是科学地认识和评价社会历史人物和制度的根本方法。应该说,建立多层次的价值评价体系正是评价论研究的重要任务。

3. 创造理想世界是人的最高价值追求

研究和评价价值问题,不仅有个正负、有无的定性问题,还有个价值大小、高低、多少的定量问题。过去的研究对定性和分类的方面比较注意,对定量方面则似乎注意不够。

价值问题的量化研究,有两个基本的方面:一是价值量的大小、多少,这需要与具体科学相结合在实际中具体地加以度量;二是价值追求的高低、能级和水平,这是可以相对独立地加以分析和研究的。

无论价值的产生还是价值的实现,都是在人们追求和创造价值的活动中达到的。价值追求和创造是人们活动的永恒目标与动力,这是普遍的。但与主体每次活动所依据的内在需要(转化为活动目的)和客体满足主体需要的档次(可能前景)相关联,主体的价值追求活动也可以分出不同的层次、档次和水平。按照现代心理学研究,人的需要可以分为基本的生存需要和发展需要两大类,由这两种需要分别生长出缺失性动机和超越性动机,前者引出以满足基本需要为目标的价值创造活动,后者则引出以满足发展需要、超越自我的价值创造活动。在这两类活动中,满足基本需要的创价活动是首要的、基本的、优先的,人们只有在满足生存、安全和尊重等基本需要的前提下,才能进一步追求自身的完善和发展。另一方面,以满足基本需要为目标的创价活动又不是人类活动的终极目标,它们只有作为人们更高追求的基础和前提才获得自己的意义。因此,一旦最低的基本需要得到一定程度的满足,人们就开始去追求和创造相对而言更加美好的世界,去追求自身的完善和发展。正是这样,才产生了原始的艺术和文化,才有了人类文明的不断进化和发展。在人们的所有创价活动中,创造理想世界的活动属于最高的层次。我们通常都讲人的自我实现。人们力求实现的自我是什么?是理想的发展的自我。这正是人类本性最重要的特点。

人是什么?千百年来,人们对此有多种的概括和界定。从功能和目的方面来看,可以归结为一点,人是创造理想世界的动物。人在其他各方面的属性和规定,最终都被统摄到对理想世界的追求和创造之中并成为其中的内在要素和组成部分。

理想是对美好未来的想象和展望,不同于空想和幻想,具有某种逻辑的和历史的必然性,是在人们头脑中预先建构起的世界未来图像。理想根源于现实又超越于现实,产生于对现实的否定性价值评价。正是由于对现实的不满足,激发起人们在观念中建构高于现实的思想前景,并作为目标和目的而激发和制导人们实现它的实际行动。正是通过对现实的观念批判而引发出对未来理想的观念建构,又通过对现实的实践批判实际地建构未来理想世界。在这个过程中人自身不断得到充实、完善、发展,人性得到升华,社会文化不断进步。

正是在这种意义上,我们认为,对理想境界的追求和创造,在人们的价值追求由低级到高级的多种层次和能级阶梯上,居于最高的层次和能级,这是最重要的人类本性。正是对理想世界的追求和创造,使人们各种形式的活动(比如认知、评价、审美、创造活动等)集中到一个统一的方向,使人的各种层次的追求不断升华并指向一个更加宏伟和高级的目的。当然,在现实生活中,作为人们实际追求目标的理想是具体的、历史的,在不同阶级、民族和国度中有不同的具体内容,在不同的时期有不同的时代特点。理想的差异带来人们生活和行为的差异,理想的冲突则引发人们的实际对抗和冲突。而共同理想则把不同语言、肤色、民族的人紧紧地联结起来,成为团结协作的整体。正是由于人们在任何条件下总是执着地追求并且努力地创造着自己的理想世界,才促使社会持续不断地进步,促进人类自身的持续发展。价值论研究应当自觉地抓住这个最为重要的问题。

4. 激发和提升人的价值追求——价值论研究的独特社会功能

这个问题也是价值论的社会价值问题。

过去我们对价值论研究的理论功能比较关注,强调价值论研究应全面描述和概括复杂的价值现象,深层分析价值现象的本质及其特点,把握价值系统的要素和结构,揭示价值运动的过程及规律性,建构价值学说的科学理论体系,为认识论、实践论、评价论、方法论等提供必要的思想材料,等等。这些当然都是非常重要的。那么,这一切努力的社会意义又何在呢?笔者认为,从根本上来说,价值论研究的社会意义就在于激发和提升人的价值追求。具体说来它包含着以下基本方面。

(1) 强化人的价值意识。价值意识也就是功能、效益和效应意识,它在人们的活动中常常以目的和效率指标等方式出现,对整个活动起着制约和制导的作用。强化价值意识,意味着更加重视活动的效率和效益,力求以最小的投入,求得最大的产出。

(2) 激发人的价值需求。需要既是价值追求的动力,也是价值实现的尺度。需要的内容、层次和数量,决定着人们行为的方式、层次和强度。只有不断地提出和创造出新的健康的需要,才能把满足需要的社会行为引向积极、健康和有效的方向。因此,激发价值需求,包括鼓励和创造各种积极、健康、向上的需求,抑制、克服和消灭一切消极、有害、低级的需求,调整好社会的需求方向。此外,还应提高人的需求档次,逐步扩大高档次的需求在整个需求系统中的比例,在满足了基本的生存需要的前提下,不断扩大自我发展、自我完善、自我实现的需要,把创造理想世界作为人们的自觉需要贯穿到他们的各项活动之中。

(3) 调整人的价值观念。价值观念是人们从事价值认识和价值评价的重要参照系统,尤其是其中的价值评价指标体系,自觉不自觉地左右着人们的价值选择和价值追求方向。调整人的价值观念,就是要根据社会进步和人的全面发展这个总体尺度,结合每一个时期的不同特点,帮助人们建立合理、科学、正确的价值评价体系。在目前情况下,尤其要引导人们正确认识和处理个人、集体和国家利益,眼前、近期和长远利益,以及局部、区域和全局利益,消费、留存和发展利益等各种价值关系,把国家的、长远的、全局的和发展的需求放在重要的位置上,加速社会的总体进步和发展。

(4) 开发人的创价潜能。主体能力是价值创造和价值实现的又一重要因素,是主客体之间价值关系由可能性转为现实的重要主体性根据。人的创造价值的能力不是先天就有的,需要不断培养和强化。人的内在创造价值潜能也不是随时都可以有效地和充分地发挥出来的,而是有一个如何更好地开发和运用的问题。尤其是随着社会进步和文明发展,人们高层次的价值需求占的比重越来越大,对人的综合创造能力的要求越来越多、越来越高,因而需要对其积极地加以开发、培养和塑造。只有伴随着主体创造价值能力的不断强化、更新和升华，人们才能不断地给自己提出更加高级和宏伟的任务，在观念中建构起更加合理、美好的理想世界，并在它的激励和指导下去创造出更加美好的现实世界。

（5）制导人的创价活动。价值的创造和实现是一个过程，其中有着各种复杂的环节和阶段，在这些环节和阶段中的任何一个地方出现问题，都可能影响到总的过程并影响甚至改变活动的结果。因此，我们关注创造价值活动的最终结果、功能和效应，就必须关心并控制创造价值活动的过程，对其进行不断的检测、追踪和控制，使之始终进行在合理的道路上并不断逼近正确的方向。成功地制导创价活动，是保证价值实现的重要条件。

以上几个方面，代表着人的价值追求的基本内容，也是价值论研究的重要内容。只要价值论研究确实注意到了这些问题并作出了符合实际的理论创造，它就必然能够在人们的价值追求活动的各个方面、各层次和各环节上发挥积极作用，在推动人类文明进步的活动中发挥自己的社会功能。

三、人生价值的特点与人生科学的研究方法

1. 人生科学的基本规定

人生科学，就其学科界定而言，直接地首先区别于一般意义上的自然科学和社会科学。它不是以自然界和社会有机体为对象，而是以人为对象，研究人的生存、发展问题，是关于人的生存意义和发展条件及其实现规律的学问。当然，人的生存和发展总是依赖于自然界和社会并在自然-社会大系统中得以展开和实现的，因此，人生科学与自然科学和社会科学也不是相互隔绝和对立的，而是相互联系和补充的。从根本上来说，自然界造就了人，人仍然是自然界的一部分，自然界的人化和人的自然化，既是人类生存意义的实现条件和基本标志，也是其外在表现和实现途径。因此，对人生问题的研究，也离不开对自然界及其历史演变的关注。但是与自然科学力图客观地按照物质自然运动的本来面目和内在规律研究和再现自然界不同，人生科学对自然界的关注是从人的角度出发并以人的发展为归宿的。它把自然界看作人生存、

活动和发展的基础,侧重从人与世界关系及其演进的角度考察自然界的演变对人生价值及其实现途径的意义和作用。而另一方面,社会也不是超出人类活动的独立存在,人的生存、活动和发展构成了社会存在最基本的内容。人的社会化与社会的个性化,既是社会运动的重要内容,成为社会科学研究的重要课题,也是人生活动的基本内容,成为人生科学研究的重要领域。正是在这里,人生科学显示出与社会科学更加紧密的内在联系。但与社会科学立足于人的个性存在而侧重考察其超越个体特殊性的那些总体性社会联系、社会交往、社会存在方式不同,人生科学借助社会大背景、大系统而侧重于考察人的个性发展、个体特点和个人价值,并在此基础上阐明一定的群体价值和民族生存价值等。

在更严格的意义上,人生科学还只是关于人的众多学科中的一个分支学科。在同等层次上与其相区别的还有人体科学、思维科学、生理学、心理学、行为科学等具体学科,它们分别研究人的不同方面或因素。相比之下人生科学最显著的特点是对人的生活价值、生存意义的特殊关注。它以活的人的生存、活动与发展问题为对象,借助于一定的价值系统为参照体系,考察人生的价值和意义。由于人生价值和意义总是在与一定价值主体和受体上表现出来的,因此这种研究本质上是一种价值研究,是关于人生价值的比较研究。而人生价值实质上是人对他人或社会的功能和作用,因此,人生问题研究实际上又是一种功能研究。人生科学把人的活性存在置放到与环境之间的交互作用之中,考察人的生存与活动对于环境的改变和自身发展的积极意义。在这种意义上,人生科学又是人类对自身生存意义的自我意识和自我反思。通过这种自我意识和自我反思,人生的意义和价值问题得以理论化、系统化,得到升华。相应地,人们对人生价值与意义的认识与评价变得更加自觉和主动,人们对人生价值与意义的探索与创造变得更加积极和有效。这正是人生科学研究的意义,也是建构人生科学的积极的社会功能。

由此我们可以看到人生价值在整个人生问题中的核心地位。人生价值,即人生在世生存、活动和发展的社会作用、意义和功能问题。人生在世,作为一种现实的、感性的、活性的存在,总要以一定的方式作用于外部世界,对其发生某种影响,且显现出存在的意义,这就是人生价值。人生价值,有正负良莠之分,也有大小多少之别,却无有无之别。任何人作为现实的活动的主体,总是要通过积极的探索与创造,去追求与实现自己的人生价值。人的价值追求和理想境界也总是在一定的程度上得到实现。对最大的人生正价值的追求与创造,既是个体行为的根本动力,也是社会发展的重要源泉。因此,对人生价值的特殊关注,既是人生科学研究的出发点和归宿,也是其核心问题和基本线索。

2. 人生价值的十对特点

人生价值有其特点,正是这些特点构成了人生价值的基本规定性。这些规定性要在每一个体以至民族的生存与活动中表现出来,并对人生问题的研究有着自己的方法论要求。人生科学的重要任务,正在于揭示这些特点及演变规律。对人生问题的研究要真正成为科学,就必须充分认识和理解这些特点,并采取相应的研究方法和建构原则。

本节探讨人生价值的以下十个成对特点及其对人生科学研究的方法论要求。

(1) 人生价值的对象性与自反性。

什么是人生价值?它首先是一个对象性概念,可以也有必要从多方面和多层次来具体分析。首先,人是相对于物或其他非人的存在物而言的,人的价值也是相对于物的价值而言的。在对于物的价值关系中,价值主体是人,价值客体是物,物的价值(正价值)指物对作为一定价值主体的人的有用属性、功能和效用。在对于人的价值关系中,价值主体是人,价值客体也是人,人的价值则指作为一定价值客体的人的生存与活动对于作为一定价值主体的他人、集团和社会的积极作用、意义和功能。其次,生是相对于死而言的,人生价值是对于死亡而言的。人生有涯,短暂急促。对有限人生的珍视总是与对死亡的恐惧相联系的。生命的可贵正在于积极地为他人、社会和自身作出的积极探索与创造,从而显示出人生的价值。再次,此一人生是相对于彼一人生而言的,不同的个体之间对他人和社会所作贡献的类别和数量都是存在差别甚至相去甚远的,从而显现出不同性质和量级的人生价值。在以上几种意义上,人生价值都是价值客体在与作为一定价值主体的人的价值关系中的对象性存在。

人生价值不仅具有对象性,也有自反性。它不仅是相对于一定的他人、集团和社会的,同时也是相对于自身的。通过积极活动而创造了有益于社会和他人的人生过程的人,在满足他人和社会的一定需要的同时,也实现和发展了自身,从而也获得了对于自己的价值意义。这包含着多重含义。首先,个人对他人、社会的奉献是以发展自身能力为条件的,因此,对人生价值的新创造必然带来个体能力的新发展。其次,在正常情况下,个人对社会的价值实现必然带来社会对个人的一定报酬,进而转化为个人进一步生存发展的条件。再次,个人对社会的奉献融汇到社会文化的进化与发展的洪流之中,实际上也为个体创造了更好的人生环境。最后,个人在对社会的奉献中所达到的自我实现与自我发展必然通过自我意识而转化为进一步创造美好人生的信念和动力。

既然人生价值是对象性与自反性的统一,这就要求我们在研究人生价值时把人生意义的社会方面和自我方面紧密地结合起来,既注意人生价值的社会实现方面,也注意其自我实现方面,在对象价值与自反价值、社会价值与自我价值的统一中把握人生问题。

(2) 人生价值的个体性与整体性。

人的生存和活动直接地是以个体为基本单位和细胞的。每个人通过自己的自主的、相对独立的社会性活动而谱写自己的人生,创造出自己的人生价值。每个人都有自己的人生价值,它包含着人生价值的各种要素。整个社会的生存、运动与发展正是在无数社会个体对自身价值的探寻与创造的积极活动中实现的。个体生存价值是人生价值最基本的层次,也是研究人生价值问题最基本的对象。

而另一方面,人的个体绝不能作为纯粹的独立的个体而生存,他们不仅必须作为社会的组织细胞,而且只有结合起来,作为群体,才能真正从事社会性活动。正是由此,产生了作为若干个体有机结合而成的群体、社会、民族以至人类。它们作为放大了的个体而从事个体所无法从事的社会活动,创造出新的整体性功能,显现出对于一定价值主体而言的积极功能,即人生价值。这种价值本身并不脱离其中的个体的人生价值,却具有比它更大的范围,不同的性质和更大的能量,因而是一种群体价值、民族价值、人类价值,是一种整体价值。当然,这里讲的整体性也是相对于一定的系统而言的,它表明一定范围、层次和领域的人们通过共同的创造性活动而创造出一定的整体功能。小至一个区社、一个企业,中到一个地区、一个部门,大到一个民族、一个国家,都有其特定的功能和价值。正是在这种整体的功能和价值创造中,个体的人生价值以自己的特定方式在一定程度上得到实现。

既然人生价值是个体性与整体性的统一,这就要求我们在研究人生价值时将其个体实现与整体实现有机地结合起来。一方面,把个人价值纳入或提升到群体、民族、国家以至人类的价值创造活动中来加以考察,使其意义得以凸现和升华;另一方面,在个人创造自身价值的积极活动中寻找群体、民族、国家以至人类价值创造的源泉和动力。

(3) 人生价值的多样性与综合性。

人生价值的多样性指每一个体都可以从多方面以多种形式对他人、对社会作贡献,发挥自己的多种社会功能,从多方面显现自己的人生价值。每一个人都具有多种社会角色并相应地具备多种主体能力,与不同的价值主体处于不同的价值关系之中。他可以通过多种具体形式的活动满足他人、社会的多种需要。这里,每一种具体的需要与满足这种需要的能力与活动都是对应的、特殊的,具有独特的内容和表现形式,但每个人都有多种社会角色和多种能力,因而可以在多方面表现和创造出自己的人生价值。正是因为每一个体的人生价值都是独特性和多样性的统一,整个社会中形成了纵横交错、复杂多样的人生价值网络,形成了多样化的人生价值世界。

另一方面,人生价值又具有综合性。从个体方面来看,这种综合性表现为每一个体在内容和形式上独特多样的人生价值之间具有内在统一性,可以综合地加以分析和度量、评价,从而形成一种个体的综合人生价值。从社会方面来看,则在于不同个体的积极人生价值可以相互补充和协调,形成一种推动社会进步和文明发展的综合力量。个体的综合人生价值的形成,从根本上来说,在于个体是多种社会角色的统一。个人的不同社会角色之间尽管有所区别,但毕竟产生和存在于个体在社会的统一生活之中。而个体从事活动的能力,尽管具有一定的指向性和独特性,但无论在生理、心理结构上还是功能的实现方式上,又都有统一性。相应地,个体以不同社会身份所从事的不同形式的活动之间在本质上具有统一性和相关性,而这种形式上不同的活动之间在作用上及发生的效果上也必然具有一致性,由此而显现出个体自身的人格统一和对社会的价值、功能的综合性。个体人生价值的综合性是在社会机体的统一运动中实现的,从而必然促成社会的综合人生价值的形成。

既然人生价值是多样性与综合性的统一,这就要求我们在研究人生价值时既要看到人生价值的独特性,重视个性特征和个性表现,重视个人所做的一时一事,一功一德,同时又要把各种表现、各种行为结合起来,运用综合价值指标体系进行考察,看其全部工作和全部表现,对其各方面的人生价值做出全面的和综合的评价。

(4)人生价值的正向性与负向性。

人生价值,作为人的存在和活动对他人、社会或自身的作用、功能和意义,在价值方向上可分为两个基本的方面,即正向价值或正价值、负向价值或负价值。正价值即人们的活动所产生的好作用、正效应、积极意义,它们对人类进一步的生存活动与发展带来的良好的、积极的作用与结果,是一种主体性效应。对自身活动的最大的主体性效应即正价值的追求,是人类活动的重要目的。负价值即人们的活动所带来的坏作用、负效应、消极意义等,它们阻碍人类的进一步生存、活动与发展,妨碍人类进步,是一种反主体性效应。对自身活动的反主体性效应或负价值的克服和预防,是人类活动的重要任务。在正价值与负价值之间还有"零价值"的情况,即人们的一定活动既没有造成积极的作用和影响,也没有带来明显的消极作用和影响。但这种情况并不多见。如果消耗了一定的时间、精力、财力而无正面的建树,这种活动的价值实际上已经向负方向倾斜了。

对人生正价值的追求与创造,我们将在以后继续讨论。这里就人生的负价值问题作些分析。人生价值的正负判别,取决于一定的价值尺度。人生负价值的产生有多种情况。一是良好的愿望带来不良的后果,造成动机与效果的对立。二是预定的计划由于各种偶然因素的冲击和干扰而造成非预期的不良后果。三是一定的活动直接地看取得了积极的正效应,却间接地带来了大量的负效应。四是一定的活动的结果在局部范围内看是积极的正效应,而从全局范围内看则是消极的负效应。五是一定活动的结果对一定价值主体而言是正价值,对别的与之取向不同的价值主体而言则是负价值。这种情况,在不同利益的个体或集团之间,以及在对立的阶级与阶层之间表现尤为明显,并必然导出对同一人生价值的不同甚至根本对立的评价。

既然人生价值是正向性与负向性的统一,这就要求我们在研究人生价值时尤其注意对评价标准的分析、比较和评价。在动机与效果、直接结果与间接效应、必然结果与偶然结果、局部作用与全局影响、暂时效应与长远效应的统一中考察人生价值问题,对一定个体、集团的人生价值作出全面而准确的定性分析。

(5) 人生价值的绝对性与相对性。

人生价值作为人们活动结果的一种功能体现,不仅有性质上的正向与负向之分,还有数量上的大小多少之别。绝对性与相对性即是对人生价值的一种量化分析。

人生价值的绝对性,即人们的活动总要产生一定的结果,造成一定的影响,产生一定的效应。因此,任何人生都有一定的意义或价值(或正或负),这是绝对的。而具有一定人生价值的人也必然地从社会上相应地得到一定的报偿,或褒或贬,或奖或惩,或扬或抑。按劳分配制度,是社会主义条件下对人们所付劳动的一种经济报偿原则。各种形式的奖惩制度,则是对各种超常表现的人生价值的一种补充报偿方式。可以说,任何人生都是有一定量度的价值的,这是普遍的、绝对的。

另一方面,人生价值又是相对的。人生价值的相对性在于,首先,人们的活动为他人、社会所创造的成果及发生的作用中,有许多是难以用数字来加以精确度量的,比如在精神、思想、观念领域所发生的作用即是如此。其次,不同社会领域中的人们以不同方式所作出的贡献由于性质不同而难以运用同一标准来加以度量和比较,比如社会科学家与自然科学家作出的贡献。再次,不同个体之间为他人和社会所做出的贡献在绝对量方面是有所不同甚至差距甚大的,从而显现出其人生价值的相对差异。最后,人生价值的真谛还在于个体的内在主体能力与其所实际付出之间的比例大小,能力大者未尽全力,虽然作出的贡献在绝对量上较大,仍不及能力弱者在竭尽全力时取得的人生价值。后者虽然作出的贡献在绝对量上相对较小,却体现了一种更加积极努力、进取奉献的人生精神。

人生价值的相对量以绝对量为基础,总要在一定数量的人生奉献基点之上才能对不同人生之间进行相对的比较和评价。而绝对量则正是在相互之间的比较中显现出自己的相对地位,找到自己的位置。既然如此,就要求我们在研究人生价值时,既要看到每一个体、集团为社会所作的实际贡献,寻求恰当的度量标准和指标体系来加以测度,明确其绝对人生价值,又要在不同个体、集团之间加以量的比较,在个体、集团的能力与实际付出之间进行量的检测,确定其相对人生价值,在相对与绝对的统一中把握人生价值的量度方面。

(6) 人生价值的条件性与能动性。

人们对自身价值的探索与创造是有条件的、受制约的,受到自然、社会历史环境的约束与限定。首先,人们只有在先辈们所提供的社会环境中才能孕育、萌生和发育,学习和吸收历史文化传统是个体从事自己的人生创造的必不可少的历史前提。其次,发育成熟的个体仍然只能在社会历史的总体背景中从事活动,受到各种环境条件的制约。再次,任何伟大的人生创造都只有借助于先辈创造和现实提供的物质与精神条件才能进行,只有立足于前人的肩背才能有所创造。可以说,人们只有首先顺应环境,才能进而改变环境;只有首先满足社会的要求,才能进一步要求社会;只有首先达到限定,才能超越限定,作出独特的创造与贡献。

但是人们对环境条件的顺应又不是消极的、被动的,而是积极的、主动的,并显现出人所特有的能动性。与动物消极被动地通过改变自身来适应外部环境及其变化不同,人们总是通过积极主动地改变环境来适应环境。人们对前辈所创造的优秀文化成果,是通过积极的学习活动来能动地加以掌握的,对现实的自然-社会大环境是通过积极的生产、生活与交往活动来参与和掌握,使之变为自己的生命世界的一部分的。个体对自身独特的人生价值的创造更是通过自己的创造性劳动和实践活动而积极地探索和建构起来的。能动地创造新世界,这才是人生价值的真谛。

既然人生价值是条件性与能动性的统一,这就要求我们在研究人生价值时首先要注意考察个体所赖以生长和生活的社会历史条件和时代性背景,看当时社会历史已经达到的水平和赋予特定个体的能力与特质,要富于社会感、历史感、时代感,同时又要考察个体在特定历史条件下所作出的新创造、新贡献,测度其能动性发挥的程度和水平。而从社会政策方面来看,则既要尽其所能为所有个体创造充裕优厚的社会历史环境,增厚他们的活动基础,增高他们活动起点,又要教育和鼓励所有成员发挥自己的主动精神去超越限定,作出新的探索和更高的创造。

(7) 人生价值的理想性与现实性。

人们对人生价值的创造是在理想与现实的持续转换中实现的。

一方面,人是追求和创造理想世界的动物。对人生理想的憧憬和向往是人类活动的积极动力。人生理想是人们对自身与世界关系发展未来美好前景的展望与构想,它以对现实的不满足和否定性评价为前提,包含着对发展中的未来需要的积极预测,以及对理想的人生价值的向往与追求。正是由于具有这种人生理想,人们能够忍受现实的痛苦与磨难而积极地从事艰苦的探索与创造。也正是由于具有这种人生理想,人们为了整体利益而牺牲局部利益,为了长远利益而牺牲暂时利益,为了间接利益而牺牲直接利益,为了他人的更大幸福而作出英勇的自我牺牲。各种类型的理想人格作为典范、楷模、榜样而给人们以感召、激励和鼓舞,转化为人们学习和尊崇的对象,内聚为强有力的内部冲动,激发着人们去从事积极的创造性实践,去完善自我,创造出一个个光辉灿烂的美好人生。

另一方面,人生价值更是现实的,是在现实生活中得以表现和实现的。无论对未来的观念构想还是实际创造,都必须也只能从现实出发。现实是理想的大地,是理想追求的出发点,也是其归宿。脱离了现实,理想不过是虚幻、缥缈的幻想,不着边际的梦呓。只有现实才能纠正理想中的虚妄与空幻,使之真正具有力量。理想的人生,无论多么美好,总要从现实的起点出发才能步步逼近,逐步得到实现。因此,对人生的热爱,对未来的向往必须转化为现实的活动,这样才能有真正有益的创造。

既然人生价值是理想性与现实性的统一,这就要求我们在研究人生价值时要从现实人生出发去设置人生理想,使理想奠基于、立足于现实,又返回于对现实的支配、调节与控制;另外,要使现实趋向于理想,并在实现理想的过程中获得意义,让理想制导现实活动的发展方向、途径和基本轨迹,使人生行进在由人生现实奔向理想人生的不断进步的大道上。

(8) 人生价值的客观性与自觉性。

人生价值的客观性在于,人们在有限的生涯中为他人、社会和自身所作出的贡献及其作用总是通过现实可感的形式而存在并可以实际地加以捉摸和度量的。其存在是不以一些人的主观意志为转移的,是一种客观的存在。它所造成的影响,留下的结果都是客观的。

人生价值的自觉性在于,首先,创造人生价值的活动是在人们追求一定人生理想的活动中自觉地展开的。人生理想转化为一系列的活动目的并成为激励人们活动的目标和动力,也成为人们在活动中不断自我调控、自我修正的依据,自决、自主、自控是人们作为自觉主体从事活动的三个功能性特征。其次,对人生活动的结果,人生价值的实现程度,人们自己始终保持着一定的自我意识,不断地进行着自我评价,并依据这种自我意识和自我评价而进行自我调整与自我激励。可以说,人生价值创造、发挥、实现的程度与水平,与人们的自觉意识的程度和水平之间处于正比递进的关系。

既然人生价值是客观性与自觉性的统一,这就要求我们在研究人生价值时不仅要从结果和活动方面对人们的现实行为进行考察和分析,而且要从自觉意识和自我评价方面进行考察,看其对自身发展目标的认识是否正确和充分,帮助他们正确地进行自我批判与自我定向,鼓励他们积极地从事自我完善与自我塑造,去创造更加美好的人生。

(9) 人生价值的即时性与过程性。

人生价值的创造与实现是一个过程,一个贯穿在人生的起始与终点之间的过程。对每一个体来说,从生命的孕育到生命的死亡,其间贯穿着生命的运动,也体现着生命的价值。死亡,并不意味着个人价值的完全消失,却往往是生命的延续,甚至是以另一种形式而生存的新起点。而在人生过程中的每一次活动,也都是一个过程,是生命在时间中的消费与延续,也是生命价值的表现与创造。正是由于人生价值贯穿在生命活动的全过程中,人们能够通过对理想人生的持续不断的追求而不断地改造世界和改造自己,创造世界并创造自身。因此,作为一个过程,人生价值既意味着延续,又意味着发展;既意味着继承,又意味着创新;既意味着从始至终的滑动,又意味着阶段性的跃迁;既贯穿着一条中轴与基线,又有着丰富的内容,充满着游离、偶然与突变;等等。

而另一方面,人生价值的过程性又是在无数的瞬间和片断中得以展开的。人的每一时刻都在谱写自己的人生,一个个短暂的活动相继发生,构成了总体链条。一时一事,都以自己的方式参与到总过程之中,并影响到后来的发展阶段;一德一功,都为个体的人生增添光彩。因此,抓住眼前这一秒,才能抓住短促的人生。

既然人生价值是过程性与即时性的统一,这就要求我们在研究人生价值时既要考虑到一时一事、一德一功,又要看全部历史和全部工作。只有把每一片刻都纳入总体,才有准确的历史定位,真正达到对现实人生的把握。而又只有把漫漫人生落实到时时、处处、事事,创造人生价值才不是一句空话。

（10）人生价值的片面性与全面性。

人生价值的全面性,指人生在世,应当使自己的全面的内在本质以一定方式得到实现,从而以一种全面的方式表现自己的价值,并以一种全面的方式通过自己和世界的对象性关系而占有世界。为此,人们必须有一个全面的生活环境、全面的内在需要、全面的能力结构、全面的活动方式,并使自己得到全面的发展。正是在这种意义上,马克思把促进世界的每一个人和一切人的自由全面发展看作社会发展的基本目标,看作共产主义社会的使命和基本规定性。

但是,在一定的社会历史条件下,人生价值的实现却很难甚至不可能是全面的。社会分工使个人成为社会生产机体的特定部分或细胞,他们分担着社会生产的各个方面,个体的片面性成为社会体系全面性的条件。个体能力的片面性与需要的片面性相关联,妨碍着个性的全面发展和人生价值的全面实现。在人类历史上,曾经有过前资本主义社会在低下的平均水平上的个体的全面性,也有资本主义社会中以个人的片面发展为代价而达到的社会的全面生产体系。只是在未来共产主义社会中,每一个人的自由全面发展才成为一切人自由全面发展的前提。

既然人生价值是全面性与片面性的统一,这就要求我们在研究人生价值时既要注意每一个体在现实社会条件下的发展状况和发展水平,看到其历史时代烙印和特有局限,又要为人生的全面发展探寻道路,指出方向,规划途径。应该说,促使全体社会成员在现有条件下尽可能全面地发展自身,创造尽可能全面的人生价值,这正是社会文明进步的实现途径,也是人生科学研究的根本任务。

第二十二章　评价与社会评价的特点

评价问题是价值论研究的核心和难点问题,我国对评价问题的研究尚处在基础阶段,有待进一步深化。评价是一种高度对象化和个性化的活动,受评价对象、评价主体、评价环境、评价标准等多方面因素的影响,需要进行差异性的研究。

社会评价是以社会客体为对象的评价,本质上是人类社会总体自我认识和自我评价的实现形式。社会评价要从客体与主体两方面来考察。从总体上来看,社会客体主要有以下价值特点:存在利益分化和价值取向的冲突;价值事实的功能具有非中立性和多元性;价值目标和结果具有预期性和非预期性;社会事件的即时价值与历史价值之间存在背离。

从客体方面看,社会评价的相对合理性根源于社会事件的功能非中立性和多元性。从主体方面看,则在于评价主体和评价标准在地位和结构方面的复杂性,主要有以下几点:评价主体与事实自我相关;社会评价标准本身蕴含着较大的个体差异和歧义;社会评价中存在合理性程度的差异。

强调社会评价的相对性,不是要排除客观性和科学性,而是在相对性中作出提升和概括,得到更加客观科学的结论。社会评价要具有科学性,需要具备大空间、长时段和进化论意识。

一、深化评价论研究的理论层面

评价问题是价值论研究的核心和难点之一。深化对评价问题的研究,对整个价值论研究的拓展和突破都具有重要意义。如何深化评价论研究,笔者觉得当前一项重要的工作是转换研究层面,由比较抽象、笼统和概念化的"评价一般"层面,进入比较特殊、多样和个性化的"评价具体"层面,由一般层次上的评价研究进入对各种具体客体的实际评价活动的研究,去把握与不同对象相关联的不同类型的具体的评价活动和评价方法。

我国对评价问题的哲学研究是随着价值论研究的深入而逐渐发展起来的。拓荒之始,除了引进和评价国外已有著述外,人们的主要精力自然集中在概念辨析、论题确立、体系建构、意义阐释等方面的工作上。应该说,这些工作对研究评价问题是非常必要且重要的,也取得了令人瞩目的成就。但严格说来,它们又还只是一些基础性和外围性的工作,还没有深入评价活动的具体层面、具体类别和具体方法,因而与实际的、多样的和个性化的评价活动还有相当的距离。如果停留于此,则必然妨碍评价论研究的深化。

实际上,评价是一种高度对象化和个性化的活动。评价对象不同,评价主体不同,评价环境不同,评价标准不同,都会影响评价系统的整体结构,造成评价活动的模式差异并影响到评价结果的客观性、合理性和准确性等。对于评价论研究来说,只有全面深入地把握了这种在具体层面上针对各种具体对象,而在各种条件下以各种具体方式展开和实现的评价活动和评价方式,搞清了具体评价活动中的多样性、差异性、相对性、特殊性等,进而异中求同,多中求一,相对中看绝对,特殊中看普遍,进一步加以总结、概括和提升,才能作出更加富于概括性并具有充分说服力的总体性理论创造。

对评价差异性的研究可以从不同方面来展开。评价客体的差异性及对主体评价行为的影响是其中的重要方面。评价是一种主体性行为。评价主体的重要职责正在于根据评价客体的差异性而建立或采用与之相适合的合理评价指标体系和确定合理的评价方法。客体的差异性是评价差异性的重要的对象性前提,无疑应当成为评价的差异性研究的重要内容。根据客体的差异性,我们通常将客体分为自然客体、社会客体、思维客体等。这些不同方面和类型的客体无论作为认识客体、实践客体、审美客体、价值客体还是评价客体,都由于自己的内容特点而影响到主体的认知、实践、审美、创价和评价活动,有必要分别加以探讨。也正是由于这种差异性,在认识论中产生了科学认识论、社会认识论、思维科学论、自我意识论等不同分支,在美学中产生了科学美学、社会美学等分支,在价值论中提出了自然价值与社会价值的区别等。相应地,从评价论的角度来看,自然客体与社会客体之间在价值中立性与价值非中立性方面的巨大差别,更是对评价活动发生着重要的影响,需要分别加以研究和探讨。正是基于这种考虑,也出于深化和拓展笔者一直从事的社会认识论研究的需要,笔者提出并呼吁价值论和评价论研究者转换研究层面,积极开展关于社会评价问题的研究。

二、社会评价的问题域及其研究意义

什么叫"社会评价"？迄今人们对其有不同的理解和用法。

其一,社会性评价。有的学者强调评价区别于生理和心理反映的社会性,认为主体对客体价值的反映有不同的层面,由低到高经历着生理水平、心理水平、意识水平和社会水平的发展。真正的评价是在意识水平上对客体正负价值的高级反映形式,而人们的意识总是有社会性的,因此,社会评价指的就是在意识层面上展开的具有社会性的评价。在这种意义上,研究社会评价就是研究评价的社会性、意识性。

其二,社会主体的评价。有的学者强调评价主体的层次差异,认为,"社会评价,就其区别于个人评价、群体评价和人类历史评价的狭义来说,是指从一定社会的角度来考察和评定现象的社会价值,判明现象对社会的作用之善恶、美丑、功过及其程度"[①]。这种评价面对包括自然、社会在内的整个世界中出现的一切与社会有价值关系的现象,考察它们对社会本身所具有的价值和意义,而不仅是反对个体或群体的价值和意义。相应地,这种意义上的社会评价研究,主要是在与个体和群体的联系与区别中考察社会整体的价值需要以及相应的评价标准的。

其三,对社会的评价。关于社会评价的又一种理解是对社会客体的评价,即以社会现象为客体的评价,它强调社会客体区别于非社会客

---

① 李德顺. 价值论[M]. 北京:中国人民大学出版社,1987:312-313.

体的差异性及其对评价活动和评价方法的影响和作用,专门探讨对社会客体的评价活动、评价标准、评价方法等的特殊性。

关于社会评价的以上三种理解并不是相互排斥的,而是相互交叉、相互补充的,它们反映着社会评价活动的复杂性、多维性,也表征着社会评价研究的不同重点和不同思路。它们之间各有侧重,却又相互补充,从而使社会评价研究更加完整和全面。当然,对于一定的研究者来说,每次研究只能或最好主要采取其中的一种理解来展开思路,并从一定侧面来旁击两侧,涵盖整体,以保持逻辑和体例的统一。基于这种考虑,这里主要在第三种含义上理解和运用社会评价概念,集中探讨对社会的评价在方式、方法方面所具有的特点和规律性。

社会评价即以社会客体为评价对象的评价。这里的"社会"主要是在区别于"自然"的意义上使用的,是广义的社会,是人们生活在其中的社会,是人们依赖于它、受制于它又力图对其加以掌握的社会,是与具体的价值主体发生价值关系而又为评价主体力图加以掌握的社会。按照主体-客体相关律,主体不同,与之相对应的客体也会有所不同。在社会历史过程中,还存在着人们之间互为主客体的特殊情况。在这种意义上,作为社会评价对象的社会也可以在不同方面、不同层次、不同范围和不同向度上被使用。它既可以特指相对于个体、群体和人类总体而言的一定社会整体,即社会有机体,也可以泛指作为社会有机体内在组成部分的个体、群体、社区、国度以至人类;它既可以指社会的物质生活和经济运行过程方面,也可以是社会的政治、思想、法律、道德、宗教、文化等方面;既可以是具体的社会事件和社会人物,也可以是抽象的社会理想、社会观念;既可以是各种具体的社会组织、社会关系,也可以是宏观的社会制度、社会政策;既可以是立足社会上层由上自下俯视时所看到的社会整体格局,也可以是立足社会下层由下自上瞻望时所看到的社会塔顶;既可以是历史上的已逝社会事件、社会人物和社会过程,也可以是现实中正在发生和展开的社会事件和运动过程,还可以是未来将要发生和发挥作用的社会事件和运动趋向;既可是丰富纷繁、变动易逝的社会现象,也可以是相对沉静、相对稳定的社会趋势、社会规律……也就是说,社会评价是一种与社会认识和社会实践共生共存、相伴相随的普遍现象。依具体评价主体的不同,它可以针对不同方面、不同类别、不同层次、不同向度、不同性质、不同范围的社会客体以各种具体方式而实际地展开,从而显现出多样性、丰富性和个体性。在这种意义上,应当说社会评价相对于一般评价研究而言是更具体的层面,但与在社会生活的各方面、各层次、各领域中以各种具体方式而实际展开的社会评价活动相比较而言,它又是一种普遍性、共性。社会评价研究正是要深入这些具体社会评价的特殊、个性之中概括出其普遍性、共性,又在与自然客体评价的对比分析中揭示其特殊性、个别性,从而在普遍与特殊、共性与个性的张力和统一中达到对社会评价的全面准确把握。

对社会的评价之所以必要,从根本上来说,一方面生发于人对社会的依赖性和社会对人的制约性,另一方面根源于人在社会历史活动中的主体性、自觉性。人是社会的存在物,只有依赖于一定的他人、社会组织和社会环境才能真正作为人来生存和发展。一定的社会关系和社会组织是人为了一定的社会需要而创设和建立起来的,它们本应成为人们活动的积极环境和必要条件。但它们一旦建立起来,便有着超越于其创造者的特殊运动方式和组织形式,并且有对其中所有个体的某种制约性。人既依赖于这种社会关系和社会组织,也就受制于这种社会关系和社会组织。为了更好地顺应和利用这种社会关系和社会组织以加强同自然界斗争的能力,也为了改进和发展这些社会关系和社会组织以促进自身的发展和完善,人们必须把他人、群体和社会整体转化为客体来加以认识、评价和掌握,从而展示和实现自己在社会历史运动中的主体性、自主性、创造性。

正是在这种意义上,我们认为,人们对社会的价值认识和价值评价,本质上又是人类社会总体自我认识和自我评价的实现形式①。人类社会作为有机整体,之所以具有特殊的自组织功能,正在于它具有特殊的自我认识和自我评价机制。社会的自觉性和目的性运动,是通过社会成员的自觉努力而实现的。生活在既定社会历史条件下的人们不断地认识和评价着自己周围的他人、社会和自身,努力预测社会发展趋势和未来前景,探索历史运动的内在脉搏和基本规律,依据它们在观念中不断地建构起来的关于未来社会发展理想前景的诱人蓝图,在实现它的多种可能途径中反复比较研究,力图依据主观需要与客观可能这内外两种价值尺度的有机统一而对自身行为作出合理的抉择和决策,然

---

① 欧阳康. 社会认识论导论[M]. 北京:中国社会科学出版社,1990.

后据此去积极地发起一定的社会实践活动,并自觉地对这种活动进行有效的监测、评价、调节和控制,使之始终沿着合理化的目标前进以达到预期的目的并争取最佳的效益,而社会的总体运动也由此显示出特有的目的性、方向性、自觉性。在这里,现实的人们总是从特定方面和角度来认识和评价社会,因而总是认识和评价社会的一定侧面或一定层次,不可避免地有其局限性,但正是无数个体从不同角度认识和评价社会的不同方面和不同层次,结合起来却能大体上以观念方式再现社会的总体形象,使之获得一种自我意识和自我评价。当然,并非所有人对社会的认识和评价都能转化为社会总体的自我意识和自我评价,只有当个体对社会的认识成果和评估判断以某种方式为社会所承认,成为社会意识的一部分时,个体关于社会的对象性意识和对象性评价才能转化为社会总体的自我意识和自我评价。而哪些方面的哪些内容能在多大程度上转化为社会意识,则取决于个体认识的真理性水平和个体评价的合理性程度。在这种意义上我们可以看出社会评价问题研究的巨大理论意义和实践意义。它不能取代人们在实际生活中广泛进行的社会认识和社会评价,却可以为人们更加科学合理地认识和评价社会提供必要的理论原则和方法论指导,从而不断地提高社会总体自我认识和自我评价的水平,推进人类的自觉进步和有效发展。

三、从评价论角度来看社会客体的价值特点

既然社会评价是对社会客体的价值评价,那么,社会客体的价值特点必然作为对象性前提而影响和制约着社会评价。相应地,从价值论和评价论的高度来把握社会客体的价值特点,对社会评价特点的揭示具有关键性的意义,它当然地应当成为社会评价研究所不可缺少的内容。从总体上来看,社会客体主要具有以下价值特点。

1. 利益的分化和价值取向的冲突

这是阶级社会最根本的价值特点。由原始无阶级社会向阶级社会的过渡是以物质利益的分化和个体化为条件和标志的。私有制的产生,巩固和强化了这种物质利益的分化和冲突。阶级矛盾和阶级斗争则是不同阶级、阶层和集团之间根本利益冲突的集中表现。物质利益的分化与冲突必然导致价值取向的分化与冲突。不同个体、阶级、阶层、集团、国家之间,一方面由于相同的利益关系和价值取向而结为朋

党,相互结合,协调行动,形成一定的政治、经济、文化共同体;另一方面又由于相反的利益关系和价值取向而成为仇敌,相互征伐,彼此冲突,形成巨大的和复杂的社会矛盾和阶级斗争,带来社会的动荡和混乱。正是不同个体、阶级、阶层、集团、政党、社会群体以至国度内部及相互之间在根本利益关系上的相同、相关、相异、相斥等,构成了复杂的社会利益关系网络体系,成为阶级社会中价值关系和价值生活最根本的现实。而又正是它们之间为了实现各自利益以一定的方式或相互联合、相互协作,或相互抵制、相互排斥,或相互贬损、相互冲突的价值行为,构成了阶级社会中价值运动和价值演进最根本的动力。社会评价正是在这种复杂纷繁的社会价值条件下产生和发挥作用的。它既是现实社会利益关系和各种价值取向的观念再现,又对人们正确认识、评估、确立、调整以至更新利益关系和价值取向发挥着积极作用。

2. 社会价值事实的功能非中立性和价值多元性

具体的评价总是指向一定的价值事实的。价值事实是社会评价的基本对象。社会价值事实即社会历史主体与社会历史客体之间的价值关系及其实现状态,也即通过主体的创价活动而在主体与客体之间实际交互作用所产生的实际结果、作用、功能和效应。阶级社会中,利益关系的分化和冲突必然造成社会价值事实功能的非中立性和价值多元性,这正是社会事实区别于自然事实最重要的价值特点之一。自然事实是自然物质运动变化及其对人类的影响和意义,这种影响和意义不以社会中人们之间的利益差别、阶级分化和价值冲突为转移,对所有人一视同仁、同等呈现、同样发生作用,具有功能中立性和价值同一性。相应地,人们对它们的价值认识和价值评价也比较容易达成一致和共识。也就是说,对其认识的真理性容易通过统一的科学手段来加以检测和验证,对其评价的合理性也容易找到一致的评价标准来加以评估和认定。而在社会历史过程中尤其在阶级社会中,任何社会事件或活动都是人们出于一定价值需要而在一定目的的支配下发动和发展的,服从于并体现着人们对活动结果及其功用的一种追求。因此,在正常情况下,这种活动及其结果的正价值只是对于活动的发起者而言的,而对于其他社会成员而言则情况会有所不同,也许是正价值,也许是零价值,也许是负价值,取决于他们的实际利益和价值取向与该事件及其结果的实际价值关系。在存在利益分化和价值取向冲突的条件下,同一社会事件或社会政策对有的人价值大,对有的人价值小;对有的人是正价值,对有的人是零价值或负价值。这不仅是必然的,也是必要的,是一定社会事件之所以能对一些人发挥功效的必要条件。社会事件的价值属性依不同价值主体而有所不同甚至根本相反,这就是社会事件功能的非中立性和价值多元性。一定社会事件所带来的效果并非对所有人都是积极的,而是有指向的、非中立的,对于不同价值主体不是完全同一的,而是不同的、多元的。这种情况,必然从根本上影响对社会事件的价值认知和价值评价,导致社会评价的相对性、多义性。

3. 价值目标的预期性和价值结果的非预期性

从价值论的角度来看,人们的任何自觉能动活动都是一种创价活动。这种活动都是人们出于一定的需要和价值动机而发起和推进的,都有其相对明确的价值目标和价值取向,而且这种价值目标都包含着对一定价值事实的历史和现状的价值认识和价值评价,也包含着对活动结果的超前展望和预先评价。为了达到预期的价值目标,人们还发现和发明一定的创价手段和活动工具,编制一定的活动方案和创价程序,并将其投入运用和实施,去争取最佳和最优价值结果。然而创价活动的实际展开却常常很难完全按照预期目标和预期方案严格进行。它不能不受到来自各个方面的牵制、阻碍和影响。敌对力量的阻碍和破坏,客观条件的影响,偶然因素的渗入,尤其是与其他社会成员也按各自的价值取向而展开的创价活动之间的交错、碰撞与冲突等,都会影响以致妨碍预期结果的实现,使其要么部分实现,要么完全不能实现,或以改变的方式实现等,造成大量的非预期结果,带来社会事件在直接价值与间接价值、表层价值与深层价值、局部价值与全局价值、暂时价值与长远价值、个体价值与群体价值和整体价值等之间的背离与冲突。这些情况,都使社会评价变得更加复杂、更加困难。

4. 社会事件的即时价值与历史价值之间的背离与差异

任何社会现象都处于人类历史从过去、现在向未来的运动链条之中,其价值也都可以从其对当时人们与社会的即时价值和对后继人们与社会的历史价值这两个方面来加以度量和评价。一般说来,这二者应当是统一的。但在实际过程中二者又常常是不一致的,有时甚至是根本相反的。有的社会事件在当时曾发生过轰动效应和重大影响,却昙花一现,转瞬即逝,在历史上没有留下自己的痕迹或留下的是负价值。有的事件当时并不被人们所关注和理解,默默而过,却随着历史的演进而日益展示出自己的意义和价值,为后人所关注和仰慕。有的社会政策当时看来是必要的,也发挥过一定的积极作用,却很快暴露出其不合理性和消极性,显示出历史负价值。有的政策当时不被人们所理解和接受,以致需要采取某些强制性手段来辅助实施,却被后来的历史进程证明是必要的、合理的、必需的,从而征服了群众,赢得了民心。有的历史人物在一定时期内叱咤风云,号令天下,令万众顺服,不可一世,却很快被人民所唾弃,被历史所遗忘。有的伟大人物却历尽艰辛,屡经曲折,经过坚韧努力而最终完成伟业,不仅影响当时的时代,也影响了社会历史的长远进程,树起了历史的丰碑。这里重要的还在于,同一社会事件、制度、政策和人物等,有可能对以后的不同历史时代显示出不同的历史价值,并引出不同的社会和历史评价。而又正是在这种意义上,我们常常可以借助于不同历史时代对同一历史客体的不同价值评价而看出这些历史时代之间在价值取向和价值观念上的变化过程,进而对这些历史时代作出某种评价。

四、社会评价的基本特点

社会客体的价值特点不仅作为对象性前提而规定和制约着社会评价,也作为评价主体赖以生存和活动的社会文化背景而影响和制约着社会评价活动,使之显现出明晰而且强烈的相对性特点。

已有学者指出,评价的关键是合理性问题,而这种合理性又是相对于一定的历史条件而言的,具有相对性,是相对合理性。如果说所有评价都有相对性的一面,则社会评价的相对性格外突出,以致可能出现"合理性并存"的情况。

社会评价中的"合理性并存",指关于同一社会事件、社会现象产生出不同甚至根本相反的社会评价,而在某种意义上它们各自都是合理的或都具有合理性。这就是我们通常所谓的,在社会评价中往往存在"公说公有理,婆说婆有理,公婆均有理"的情况。其实,无论是在对社会事件、历史人物、社会政策还是社会制度的评价中,都常常会出现背反评价的合理性并存的情况。应该说,对于具有性质与方向相悖的多种功能与价值的社会事件、人物、制度等,从不同方面揭示其与不同主体之间的价值关系和价值事实,并用不同的评价标准来作出不同的价值评价,正是阶级社会中价值关系具体性和价值评价标准具体性的客观要求,也是研究社会评价的合理性及其相对性问题时所应特别关注的重要问题。

从客体方面来看,社会评价的相对合理性根源于社会事件的功能非中立性和价值多元性;而从主体方面来看,则在于评价主体和评价标准在地位和结构方面的复杂性。具体说来主要有以下几点。

1. 评价主体与价值事实自我相关

价值事实指主体与客体之间的价值关系及其实现状况,即通过主体的创价活动,主体与客体之间实际交互作用所产生的实际结果、作用、功能和效应,它是评价活动的直接对象。价值评价即评价主体对价值事实的认识和判定。在这里价值主体与价值客体之间的关系及其实现状况成为价值认知和价值评价的客观对象。评价主体与价值主体可以是实际地直接同一的,也可以是相互分离的。而不管二者之间是否实际同一,为了作出客观、公正、合理的评价,评价主体都应力求在观念中超越于价值事实之外,以免各种非正常的干扰和影响。在对自然的认识和评价中,自然客体本身具有价值中立性,对所有人一视同仁、一律等价,而评价者个体与集团以至人类在对自然的需要方面基本一致、利益相同,因此当个体代表群体以至人类从事自然研究与自然评价时,角色清楚,任务明确,比较容易达到客观性、公正性。而在对社会事件的评价中,一方面是社会价值事实的非中立性和多元性,另一方面是价值主体的利益分化和价值取向的冲突,这不仅造成价值主体与价值客体之间的自我相关,而且必然造成评价主体与价值事实的自我相关。评价主体作为社会成员总与一定的价值事实有着某种形式的内在联系,要么直接地或间接地受着价值客体的影响和作用,要么自觉不自觉地站到一定价值主体的立场和利益来看待事物。如果评价主体本身与价值主体直接同一,则更是难以超越当事人的直接眼界来从事客观的价值认识和公正的价值评价。不仅如此,在阶级社会中,各种社会评价不仅本身都受着阶级关系的影响,而且出于各自的社会地位和社会作用,还要求评价主体从一定阶级、阶层、政党、集团或国家的立场来评价社会现象,这时客观上要求并促使评价主体与价值主体之间达成某种同一性。由于社会本身的阶级分化和利益分割,社会评价主体也实际上分属一定的社会政治势力,因此要求某些超阶级的、全人类的完全公正的社会评价,更是少有可能。

2. 社会评价标准本身蕴含着较大的个体差异和歧义性

价值评价标准是评价活动的基本依据,它以一定的价值观念为指导,以一定的评价指标体系的方式存在,受主体的情感、愿望、兴趣等的影响,体现着人的价值追求。与社会事件的价值多元性相关联,人们的社会评价标准也是多样的、具体的,具有很强的个体差异性、历史性和时代性。从内容上来看,各种评价标准都以一定的方式和一定比例包含着真、利、善、美等具体内容,它们分别表述着人们对真实性、功利性、道德性和完美性的追求和向往,体现着人们多方面的价值追求。在这几个方面中,真即客观性,即要求价值评价必须与价值事实相符合,把价值评价的合理性建立在价值认识的正确性和真实性基础之上。利即功利性,一定客体的价值功能既依据于客体的功用和属性,又在很大程度上依据于主体的需要和利益。善是道德性,依据于人们的道德价值和伦理规范。美是完美性,包含着逻辑自洽、形式完整、结构完美等,体现着人的审美意识和审美追求。在评价标准的这几个方面内容中,既有客观的方面,又有主观的方面;既有为对象所规定的东西,又有为主体所领悟、理解和追求的东西。这本身就已蕴含着在不同评价主体之间产生不同理解和解释的可能性。在社会历史评价中,一方面是社会事件本身的价值多元性,另一方面是社会评价标准的极大相对性。人们都在讲真、善、美、利,并运用它们来进行社会评价,但实际上人们之间对什么是真、什么是善、什么是美、什么是利等却完全可能有不同的理解。人们实际上总是赋予它们以不同的含义,用它们来标示完全不同甚至根本相反的价值意识和价值追求,从而在名义上相同的价值评价标准下对同一价值事实作出不同甚至根本相反的评价。社会评价的实际进行,常常是借助于一系列的社会规范来进行的,这不仅有真假、美丑、善恶、得失等,还有公平、正义、自由、平等、博爱、清廉、正派、忠诚、崇高、效率等,它们分别适用于不同的社会领域,但又都实际地蕴含着不同理解、解释和不同运用的可能性,而且这些范畴之间本身往往又是相互交错、相互制约的,从而常常在社会评价中产生出"合情不合理、合理不合法、合法不合情、合理不合情"等复杂情况。

3. 社会评价中合理度的差异

合理度即合理性的程度。社会评价的相对性还表现在,评价结果往往不是在完全合理与完全不合理这对立的两极之间非此即彼,而是处于合理与不合理之间。实际上,社会评价的合理性不是仅仅由合理与不合理这非此即彼的两极来加以标示的,在合理与不合理之间有着巨大的合理性空间,经历着由合理到不合理的渐进过渡,有着合理度的各种量级序列。对它们应当也可以借助于一些程度概念来加以测度和区分。比如完全合理、非常合理、比较合理、基本上合理、有些合理、部分合理、部分不合理、基本上不合理、完全不合理……实际上,在社会评价中,对同一社会事件的不同评价之间的差别,常常不是绝对合理与绝对不合理的差别,而是合理度的差别,各有一定的合理性,又都有一定的不合理性。有的在这方面合理度多一些,有的在那方面合理度多一些;有的合理性多一些,有的不合理性多一些,等等。正是这种合理度的差异使不同评价之间仍然存在着相互交流、相互切磋的可能,也成为我们对评价合理性进行比较和再评价的基础。承认并自觉运用社会评价的合理度差异,摆脱在评价合理性问题上两极对立的形而上学模式,在合理度的可能性空间中把握社会评价的合理性问题,是社会评价相对性研究的重要思路。

五、探索社会评价的科学化途径

我们指出并着重分析社会评价的相对性,不仅不是排斥或否定社会评价的合理性的绝对性、客观性和科学性,恰恰是为了真正按照社会评价的本来性质与特点来把握其绝对性、客观性和科学性。在我们看来,相对性与绝对性的统一是具体的、历史的、多样的。对相对性的全面准确把握,是把握绝对性的必要前提条件。对于社会评价来说,也是同样。只有真实全面地揭示了其合理性的相对性存在的各方面原因及其现实表现形式,才有可能对其作出正确的提升和概括,揭示其绝对性和客观性并发现促使社会评价更加科学化和合理化的有效途径。

对社会评价的客观性和社会评价合理性的绝对性的论证,实际上已经包含在本文前面关于社会评价特点的综合分析之中。社会事件的价值非中立性和多元性,以及评价主体与评价标准的各种特征,分别从社会评价的对象性前提、主体性条件和中介性工具等方面为其提供了说明。而社会评价中合理性并存的必然性与必要性,正是对相对的社会评价中包含着客观性基础和绝对性成分的最集中说明。这里仅就社会评价的科学化及其途径作些简略的分析。

科学性问题通常仅仅被看作一个"真"的问题,即真理性问题,从对社会的认识和评价方面来看,其实它还有一面,即合理性问题。我们讲的社会评价的科学化问题,也就是增强对社会的价值事实的认识的真理度和提高社会评价的合理度的问题。在这方面,除了前面已经论述到的外,还须尤其注意以下几点。

其一,大空间意识。既要从直接的价值主客体关系及其作用范围来划定价值事实的空间特征,并评价其功能、效应和意义,以说明其对特定社会空间的影响和作用,又要将其放到更大的空间范围来加以考察,看其在更大社会空间中存在的意义、影响和价值,以决定对其的褒扬贬抑。尤其是对那些在特定空间范围中利弊参差、得失共存、毁誉皆具的社会事件,更要转换参照系,跳出特定空间的局限,将其放到更大的空间视野之中,置于更宏大的系统背景之中来加以度量。这常常能够得出一些新的结论。随着历史向世界历史的转变,随着人类地球村的形成,每一个区域的、局部的、民族的、国度的事件都会以一定方式对全球发生影响,获得世界性意义,与人类文明的基本进步相关联。相应地,也只有借助于这种全球一体化的大空间观,才能更加准确合理地对各种社会现象作出认识、解释和评价。

其二,长时段意识。既要把每一个暂时的、具体的社会事件与它所发生的那个时代非常紧密地联系起来,把握其时代原因和时代意义,考察其即时功能和共时效应,又要把它纳入社会发展的历史长河之中来看其产生的历史背景和作用的未来效应,真正在一个从过去经现在向未来运动的时间链条之中,在社会发展的长时段和长周期中把握每一个瞬间、每一个片断,以作出真正符合社会历史规律的认知和评价。

其三,进化论意识。既要从具体价值主体的直接功利和实际需要来考察各种社会事件,看其是否达到了预期的目的及发生了怎样的实际效应,又要把这种预期目的和实际效应纳入人类文明进步这个大目标和总方向中加以检验、测度,看其最终是否真正促进了文明变革和文化更新。在这里,我们可以有各种衡量社会文明进步的具体的标准,如生产力标准、道德标准,以及社会秩序、法治水平、思想文化方面的标准等。而最根本和最具有统摄性的还是人的个性的自由全面发展标准。

一切发展都依赖于人的发展,一切发展都落脚于人的发展。人的自由全面发展是衡量社会文明进步最根本的标尺。建立起以人的自由全面发展为中轴和基线的全面完整的社会评价指标体系,是社会评价科学化的重要途径,也是社会评价论研究的重要任务之一。

第二十三章　深化文化学研究的方法论问题

文化问题是当代世界哲学的重要问题,也是我国深化改革和进行全面现代化建设需要重点关注的问题,它涉及全民族素质的提高以及民族文化的发展。然而当前我国文化研究仍存在许多不足与误区。本章认为,要深化文化学的研究,就要做到:坚持文化研究的正确方向,即服务于建设中国特色社会主义现代化这个总目标;发掘马克思主义创始人的文化人类学思想;探索适合文化特点的研究方式;强化文化研究中的历史意识;探索跨文化的理解模式与超越途径;多视角揭示文化运行的内在机制;坚持文化研究中的主体性原则,坚持人的主体性;科学地建构文化研究方法论。

本章发掘了马克思与恩格斯的文化人类学思想,其在文化的发生、文化的本质、文化主体、文化创造、文化变异、文化境界、文化进化方面都有着丰富的内容与成果,本章对此进行了简要阐述。本章还分析了文化研究中常见的"围城"现象,指出文化隔阂的存在有着必然性,但比较文化研究可以促进不同文化之间的交流学习,以更紧密地联结成一个整体。我们应立足基本的合理性标准,尽可能消除偏见,深化比较哲学和文化研究。

文化问题是当代世界哲学主题之一,也是20世纪80年代以来我国学界普遍关注的热点问题之一。文化的本质是人化。人是文化的主体,人的创造性生存活动与劳动实践及其产物,构成文化的主体性内容,人的对象化和自然的人化由此而成为文化的内核。对文化的哲学关注,本质上是哲学对人自身的创造性生存实践的关注,是对人的生命存在样态及其发展历程的关注。在这种意义上,冷静反思十多年来文化研究的得失,发掘马克思主义创始人的文化人类学思想,研究中国传统文化现代化及其实现途径,对于丰富和发展马克思主义哲学,深化对人的哲学理解和哲学把握,促进中国特色的社会主义文化建设,都具有极为重要的理论意义和现实意义。

一、文化研究的回顾与透视

1. 关于近年来"文化热"的反思

近年来国内兴起的"文化热"不是偶然的,是改革深化和全面现代化建设的紧迫要求。过去我们对改革的理解太简单,以为引进西方先进技术,加速经济体制转轨即可,现在看来,它涉及全民族素质的根本改造和提高,涉及民族文化的改造和重建,因此要求我们对民族文化心理和国民素质(国民性)进行深刻的和全面的反省与批判。正是在中外文化的全面交流、接触、碰撞与冲突中,人们感受到中国文化的局限与危机,要求对其加以反省、批判、改造以至重建。因此,文化研究既不能停留于表层的和日常的文化现象,也不能限于纯理论的学术探讨,而必须在深层揭示中华民族文化传统根本性质的基础上预示其未来发展走向,为现代的文化建设提供理论、思路和方法。

正是由于当前文化研究所具有的这种紧迫的实践性、现实性,一些人的文化研究带有一种强烈的功利意识,甚至成为一种"急功近利"和"躁动"。人们自觉或不自觉地以一定的政治功利要求作为推动自己理论批判的杠杆和动力,使文化研究带有一种很强的意识形态化特点。它带着巨大的热情和冲动,却缺乏足够的冷静和深层分析,具有很强的悲壮感,却缺乏足够的理论解释力。他们对话的对象在实际上往往不是全民族的社会大众而是政治权力圈,不是寻求大众的真正理解和接受,而是追求政治权力的认同,表现着中国传统知识分子的惯常心态和不自觉的政治功利意识。

那么,这是否意味着文化研究不应当关心现实呢?不是。我们认为,文化研究中的政治功利意识是研究者的价值尺度,而文化研究应有的现实感则属研究者的理论视野。强调弱化政治功利意识是为了保持文化研究的相对独立性、学术性和对现实的超越性,而要真正在思想上、理论上超越现实,就必须在学术研究中更加真正有效地关注现实、理解现实、掌握现实。在过去的文化研究中,我们对历史比较重视,对未来也比较关注,但对文化现状却缺乏足够的注意。就像希腊神话中的门神,一面向着过去,一面向着未来,恰恰无暇顾及现实。这样,即使我们对文化发展的历史了若指掌,对文化发展的未来洞若观火(其实脱离现实后这是不可能的),却仍然难以对文化的现实变革与实际创造提出有真正价值的理论原则和方法论指导。

对于文化研究是否应该和能够直接地解决现实问题,人们对此存在不同看法。我们认为,正如当年学习西方不等于买枪买炮和引进工业,坚船利炮并不能直接解决中国文化自身的变革与发展一样,现在一些人把中西文化研究作为引进西方现代文化来改造中国文化的应急手段,以引进西方文化来解决中国文化的现代化问题,这实际上也是不可能的。文化研究不应当也不可能具有这么现实的和具体的作用。开展中外文化交流与比较研究的前提,是各自均认识到自己文化的有限性,而这种有限性又是无法摆脱、难以克服的,由此而产生出超越自己文化的有限性的愿望,于是在平行水平上进行外来文化与本土文化、中国文化与世界文化的比较研究,承认其他文化的合理性、有效性和自己文化的局限性,在一种多元文化观的指导下寻求文化的内在根据和发展方向。

2. 文化研究中的两极对立模式及其表现

当前我们文化讨论中不自觉地贯彻着一种两极对立的认知-思维方式与价值判断模型。人们力图在中国与外国、传统与现代、体与用、有与无、封闭与开放、创新与保守、精华与糟粕、好与坏、优与劣、有用与无用等对立范畴之间作出非此即彼的选择,把各种文化现象简单地一分为二,作出褒与贬、扬与抑、取与舍、爱与恶的直观结论。这实际上不符合文化现象整体性存在和一体化发展的实际情况,是近代机械论与形而上学思维方式在现代文化研究中的遗留与影响。具体说来这有如下表现。

（1）同一文化体系中精华与糟粕的虚设与分割。人们常谈对传统文化或外来文化要取其精华、去其糟粕，将同一文化实体分为精华与糟粕两个部分，这实际上是一种缺乏根据的虚设。各种民族文化、地域文化的形成都是一定自然—人类—社会环境的产物，是人的创造性活动的结果，其在内部结构、外部样态和实际功能上都有一定的必然性、合理性，其优点同时也就是其缺点，反之亦然。在自身的体系和背景中无所谓精华与糟粕，更不可能实际地分出这两个方面或两个部分。因此，离开了一定的价值主体来判定文化客体的价值，离开了文化形态本身的演变与进化来谈精华与糟粕都是不现实和没有实际意义的。

（2）重东轻西的神话思维模式。远古初民崇拜太阳，把太阳升起的东方看作生命、生机的象征，产生了神话思维中"东向而望、不见西墙"的空间定向模式，并成为中国传统思维方式中空间观念的主要特点，至今仍然以前所未有的惯性导致我国文化建设与文化研究的重大偏差。人们重视东南沿海，忽视西部开发，鼓励"孔雀东南飞"，造成我国文化建设在东西走向上严重失调。文化研究中至今仍把开放沿海城市，走向太平洋，走向"蔚蓝色"作为中国文化发展的基本方向。为此，有必要从根本上反省和改变重东轻西的神话思维模式，而应自东向西，重开丝绸之路，重视西部开发。这也许代表着中国文化发展的一个新方向。

（3）强烈的决定论色彩和非人化倾向。过去人们在文化研究中习惯于由结果追溯原因，在有限要素的线性因果关系中寻找解答，忽视人的自觉活动和活动中各种力量的摩擦、碰撞及其产生的作用和影响，尤其是忽视各种偶然因素和随机事变。这实际上是拉普拉斯决定论在文化研究中的影响。文化本身是一个多种要素非线性相互作用的复杂系统，是一种比较典型的耗散结构。在这个系统中任何基本要素的变化均影响到整体的结构与功能，系统本身的变异与某些因素的涨落密切相关。人的自觉能动活动是文化系统中最积极、最活跃的要素与内容，是文化系统演变发展最积极的力量。但由于种种原因，尤其是人们之间利益与活动目标的背离与冲突，人们活动的结果却常常是非预期的，这就势必引起文化要素的偶然变异，这种变异通过文化系统本身的放大作用则会造成一定的随机事变，进而影响到文化系统的运行方式与演进轨迹，这是很难用简单的线性因果决定论来加以说明的。

（4）既缺乏宏观理论框架，又缺乏微观实证精神。在文化研究中，要么是大而无当的架空论证,热衷于用哲学文化学方法包办一切,完全依赖于哲学的反思,把文化学研究混同于哲学研究,要么是缺乏宏观视野和理论背景的烦琐考证,满足于事实的描述和材料的堆砌,不见整体,缺乏分析和提升。在宏观研究与微观研究两极之间摆动,不能将其真正结合起来,研究既难深入也难升华。文化是一定社会群体长期活动积淀而成的生存与活动模式,带有普遍性、规范性、反复性等特点,又是具体的、现实的、感性的,需要在两方面的结合上加以掌握,因此,可以考虑以不大不小而又为人们普遍关注的一般性问题入手展开思路,以中间带动两头,以中观研究来带动宏观和微观研究,使二者在中观层面上真正结合起来。

二、深化文化学研究的基本思路

1. 坚持文化研究的正确方向

文化研究一是要坚持社会主义方向,要有利于和服从于建设中国特色的社会主义现代化这个总目标、总任务,有利于民族团结和文化进步;二是要坚持马克思主义的指导,抵制各种形式的反马克思主义的文化思潮。

冷静地反省"文化热"及其中出现的一些偏颇与失误可以知道,方法论上文化研究受到了以下不良倾向的干扰。一是否认马克思主义尤其是唯物史观作为文化研究的根本方法论的地位和作用,企图以别的什么"主义"来取而代之;二是生搬硬套西方学者的一些文化观点和文化方法,企图从中找到中国文化建设的现成答案,这实际上是一种洋教条主义;三是把马克思主义理论简单化、教条化,排斥对文化研究具体方法的研究和借鉴,忽视文化研究中的探索与创新,这影响了文化的发展与繁荣,也败坏了马克思主义的声誉。

坚持文化研究的正确政治方向,包括正确运用马克思主义的阶级斗争理论和阶级分析方法,但不能把它看作文化研究的唯一方法来到处套用。文化现象非常复杂,有的有阶级性,有的没有阶级性。马克思主义最基本的原则是具体情况具体分析。在文化研究上完全否认阶级分析方法和搞"阶级斗争为纲"都是违背马克思主义的。

为什么必须坚持唯物史观对于文化研究的指导?根本之点,在于它科学地解决了千百年来文化研究中没能很好解决的最根本的问题——思维与存在、社会意识与社会存在的关系问题,从而科学地说明了精神文化现象存在的根据及其实质,也为科学地说明各种文化现象和文化形态之间的关系提供了必要的理论前提和方法论原则。

坚持文化研究的正确政治方向不是为了限制和削弱文化研究,而是为了深化和繁荣文化研究,而这只有通过文化研究工作者的自由思考和积极探索才能做到。因此,在文化研究中又必须坚决贯彻"百家争鸣"的方针。要善于把学术问题与政治问题区分开来,在坚持社会主义方向和马克思主义指导的前提下,允许并鼓励人们从自己的特殊视角和运用自己独特的方法来展开思路,进行建设性的探索与创造。只有这样,文化研究才能真正为现实的文化建设作出自己应有的积极贡献。

2. 发掘马克思主义创始人的文化人类学思想

文化的实质是蕴含在人类各种活动中的人生意义、人的价值追求与创造、人的自我意识等。文化研究最根本的任务是探寻这种蕴含在人的各种内容和形式的文化活动中的精神实质,并为人的解放、人的建设、人的发展提供理论原则和方法论指导。人的存在方式及生存价值是文化研究最基本的课题。

那么,如何理解和发掘复杂纷繁的文化现象中的人生意义呢?这可以从不同角度进行探索。我们认为,马克思和恩格斯关于人的提升和人的解放的思想,关于个人应当掌握自己的命运并不断争取自由的思想,是研究这一课题的指导性思路。恩格斯强调不仅要在物种关系上把人类从动物中提升出来,尤其要从社会关系方面完成这种提升,这就把人的文化创造与人的自由解放联系起来了。马克思把包括资产阶级社会在内的人类历史看作人类社会的"史前时期",把人的自由全面发展看作共产主义的基本条件和重要标志,从而把文化建设与社会进步联系起来了。这对我们进行文化研究都有重要的指导意义。

历史上,唯心主义者纯粹以人的精神、思想、观念来解释文化现象及其本质,旧唯物主义则忽视人及其理性在文化创造中的积极能动作用,马克思的唯物史观要求我们以人的社会历史实践来解释文化的发生、发展及其演变,强调人的自觉的、能动的物质性社会实践活动在文化创造中的特殊地位和作用。

在马克思的《1844年经济学哲学手稿》等著作中蕴含着丰富的文化

人类学思想，它们对于今天的文化研究具有重要的方法论意义。在马克思看来，人类文化发生于自然物质世界的长期历史演进和人的世界通过劳动实践的生成运动；具有物质性和意识性、社会性和实践性、能动性和创造性的人是文化活动的主体；主体人的自然化、对象化和对象世界的人化、社会化是各种文化现象的共同本质；人的自觉能动的社会历史实践是文化创造的实现方式；人们对真、善、美和知、情、意的统一追求及其水平决定着人们的文化境界，并构成文化进化的内在动力。因此，深入发掘和全面理解马克思主义创始人关于人、人的文化创造与文化追求的思想，对于深化文化问题研究具有极为重要的意义。

3. 探索适合文化特点的研究方式

从根本上来说，文化的特点决定着文化研究的特点。第一，文化具有强烈的现实性，因此，应当从现实的文化生活出发开展文化研究，不仅要描述和解释文化现实，而且应当提升和引导现实文化的发展方向，如对当前实用化、功利化和世俗化的文化发展走向就应予以关注和引导。第二，文化具有强烈的时代性，因此应当以时代内容为中心来开展文化研究。历史上不同时期的文化研究各有自己的时代性主题，当前我们文化研究应当服从于文化现代化的世界性进程和中国特色的社会主义现代文化建设这个中心议题，既有民族的形式，又向世界文化全方位开放，努力做到"古今中外融合，因革损益创新"。第三，文化具有多方面和多层次性，因此应当允许并鼓励人们运用多种方法进行多样化的探索，提倡在唯物史观指导下的文化研究的多元方法论，即多学科方法的相互补充和支持，以不断开拓新的研究领域和开启新的研究思路，例如，比较文化研究方法、跨文化心理学研究方法、实证方法、区域规划方法等，并对当前文化研究中的非本体论化倾向进行评析。第四，文化创造与人的意识思维活动密不可分，因此，从认识论上来看，深化文化研究应当注意考察不同个体、群体以至民族的文化认知思维定式。一定的文化认知思维定式既是人们在一定文化背景下通过长期社会实践而逐步形成的，又是他们从事文化认识和文化创造的内部准备状态。它包括人们的宇宙观、人生观、真理观、价值观和思维方式等，是多种因素交织作用形成的综合性认识能力，在人们的文化活动中发生着积极作用。第五，文化创造总是与人的价值追求和价值评价内在相关的，因此，应当重视对文化评价的研究。为了搞好文化评价，有必要注意处理以下三对关系：①文化的社会历史意义与个人日常生活意义；②追求社会经济政治进步与追求精神完满和人格崇高的关系；③一定文化现象在历史上的现实意义与在当代的现实意义。

4. 强化文化研究中的历史意识

我们认为，应当在世界文化中心的时代性转移中把握人类文化的发展轨迹。我们曾经提出"长安·东亚·环太平洋文化"概念，并以此为主题召开国际学术讨论会。"长安·东亚·环太平洋文化"直接指代地域文化概念，但它们之间的关系却从一个侧面折射着人类文化由区域文化向世界文化发展的轨迹。长安文化以中国汉唐时期为代表，是中华民族传统文化在鼎盛期的表现，是中国封建文化的象征，同时也是当时世界文化交流的重要产物。东亚文明指包括日本、韩国、新加坡和我国香港地区等在内的东部亚洲地区的文明，它在东西方文化的碰撞下产生，吸收了二者的特点而生成，代表着一种现代的区域性文明新类型。环太平洋文化除了在人类学中泛指在太平洋沿岸各地区发现的人类早期相似文化外，在现代指正在崛起之中的以太平洋经济圈为基础的新的世界文化，是世界文化一体化发展的重要标志。从古代长安文化到近起的区域性东亚文明以至具有全球性多类型相交错的环太平洋文化，体现着人类文化中心的时代性变迁、文明类型的更替和全球化发展的历史进程。当然，对人类文明发展历程还可以从不同角度以不同线索来加以梳理和把握。但应该说，只有真正把握了人类文明发展的历史逻辑，才能真正理解和掌握人类文化的现实结构和现代特点。

5. 探索跨文化的理解模式与超越途径

不同文化背景中的人们如何冲破彼此间的文化隔阂，达到一种真正的相互理解与共同超越，这历来是文化交流中的难题，也应当成为深化文化学研究的重要问题。探索跨文化的理解模式与超越途径，应当引起我们的足够关注。

我们认为，文化交流中的隔阂与偏见，根源于不同文化体系、文化形态之间的时代性差异、对立和冲突，表现着由文化的时代性落差而产生的文化偏执心态。

不同民族、地域文化之间的差异，在发生学上根源于各种特殊的地理环境、自然条件、民族和语言等；在形态学上表现于人们的生产、生活、思维、交往和情感方式以及政治制度、社会心理、思想观念等各方面；在共时态意义上体现着不同文化圈层之间在文化要素、结构、组织与功能等方面的实际区别；在历时态意义上则是在人类文化发展内部不平衡条件下形成的一种时代差别。不同发展程度的民族、区域文化实际上处于人类文化发展系列的不同阶梯、台阶和级数之上。处于不同文化背景的人们尽管大体上处于同一的绝对时间尺度，但实际上生存于不同的文化时间以至文化时代之中，他们之间在文化空间和文化特性方面的差别实际上同时又是一种文化时间的差别。相应地，他们之间的文化冲突，实际上是不同时代特性、不同发展地位的文化之间的冲突。而他们之间在文化心态方面的差别实际上也是一种时代性差别。这是文化冲突的根本原因和实质。

不同文化背景中的人们由于自己所受的文化教育和感染，在文化交流与文化研究中必然自觉或不自觉地以自己的文化定式和价值尺度来衡量、理解和评价其他文化，并将自己的思想、情感和愿望作为一种文化定式而倾注到对象之中，从而在文化比较研究与交流中造成一种巨大的心理反差甚至冲突，产生一种被一些国外学者称为"思想帝国主义"的文化心态。处于比较发达、比较先进的高阶文化形态中的人们往往自觉或不自觉地带着一种文化优越感，低估其他文化的合理性并加以歧视，企图以自己的先进文化来征服、支配、取代或吞并低阶文化，产生一种文化侵略与文化扩张主义的倾向。而位于相对落后的低阶文化的人们由于承认外来文化的先进性、优越性而导致对自己文化的合理性和价值性的怀疑，尤其引起文化自信心和自尊心的下降、丧失以及破灭，面对高阶文化的歧视与入侵更感到一种文化屈辱、失落与痛苦。于是，人们要么全盘否定并完全放弃传统本位文化，不加分析地引入和接受外来文化，成为文化买办；要么固守传统文化，闭关自守，一概否定和拒斥外来文化。这两种极端的心态和行为，实际上同出一源。

要打破以上偏执文化心态对文化研究与交流的障碍，促成文化的有效交流与融合，不仅要加强文化语言的沟通，尤其要承认文化相对主义。一方面要看到任何具体的文化形态都是一定自然—人类—社会环境的产物与表现，在其各自的特殊背景中有其必然性和合理性，同时又是人类共同文化中不可分割和不可抛弃的实际组成部分；另一方面也要看到任何文化形态又都有自己在性质、内容、时空特性方面的历史局限性，正是为了超越这种局限性，有必要研究外来文化并以之为参照系来反省自身,把本土文化与外来文化放在同等水平上进行平行的和交叉的比较,寻求文化差异的内在根据和填补差距的途径。因此,打破双方的文化偏见,实行共同的"文化裁军",探索不同的文化形态在深层结构方面的共同点和联系点,寻求超越各民族、地域文化之间差异性的全球性、世界性共同文化标准,在对新的世界性文化的积极创造中达到真理的沟通、理解和超越。

6. 多视角揭示文化运行的内在机制

首先,文化学研究不应浮在文化现象的表层而必须深入文化运行的内在机制,为此有必要借助于以下范畴来从多方面展开思路。例如:文化的一元与多元、深层结构与表层结构、冲突与融合、趋同与趋异、分化与整合、求同与求补、碰撞与变革、持恒与变异、对象化与主体化、区域化与整体化、民族化与世界化等。

其次,建立文化冲突的时空差转换分析理论模型。任何种类的文化形态内部都存在着表层结构与深层结构之间的矛盾,在文化变革中二者的运动常常是不同步的。在文化冲突中这种不同步性明显地以外在方式表现出来,形成深层结构与表层结构之间的时空差异,这种差异影响着民族文化的个性与样态,因此,有必要将文化空间的冲突转换为发展中的时间差的冲突来加以把握,从历时态的过程性角度来考察和理解共时态的结构性问题。通过这种分析,使文化研究真正深入和扎根于文化运行和演变的内在机制之中。

再次,在因子水平上将平行研究与交叉研究结合起来。一些论者认为,平行研究与交叉研究作为目前文化研究的两种主要方式,各有其特点和缺陷。平行研究代表着主流,但平行比较本身带有偶然性、随机性,可以是一个无限的系列,因而容易陷入空泛、粗俗。而单纯的交叉研究比较狭隘、琐碎、零散。文化本身的多样发展和文化研究的深入,要求我们在因子水平上将二者结合起来。因子是文化要素,是文化史上最小的意义单位,它不可分割,一旦分割则失去其意义。因此它本身具有超时空性,可以作为平行研究与交叉研究相结合的基础。要达到二者的有效结合,必须坚持三个基本原则:一是整体对应性,两种以上的文化体系在整体上相互对应处在同一文化层次上;二是多重平行性,二者之间的对应平行线越多越好,越多越准确;三是细节弥合性,把每个文化因子都置放到一定的平行线上加以比较,进行细致的考察,在定时、定区、定点的研究中准确把握对象。

7. 坚持文化研究中的主体性原则

这包含两重含义：一是从主体人的生存、活动与发展方面理解文化现象，二是在研究中贯彻科学批判与能动创造的主体精神。文化现象不是纯粹自在的、客观的自然物质流程，而是在人的主体性存在与主体性活动中得以产生和展示的特殊现象，是主体人的内在本质的对象化和对象的人化、主体化。任何人都生活于一定的文化环境之中并受其制约和影响，但又并不是完全消极、被动、无能的，而是积极、主动地力图作为主体来对其加以认识、掌握和运用，根据自己的需要和能力进行新的文化创造，促使文化的演进与发展，并在这个过程中发展自身。因此，人的主体存在与主体创造是文化现象的实质，也是真正理解文化问题的关键。要达到对文化问题的主体性理解，必须强化文化研究中的主体精神。文化研究的最终目的是强化人在文化体系中的主体地位，这也是研究者的主体性的根本内容和宗旨。研究者的主体精神，首先是一种科学的文化批判精神。这种批判，既是对物质文化的批判，也是对精神文化的批判；包含着以实践方式展开的文化批判，也包含以理论方式展开的文化批判；不仅指对对象的批判，也包括对自我的批判。在科学的文化批判基础上预示文化发展的未来并指导现实的文化创造，也是这种主体精神的重要内容和实际表现。应当看到，文化研究能否深化和繁荣，归根到底，取决于文化研究工作者的精神状态和学术实力，取决于他们的探索精神和创造水平。当代中国的文化研究工作者应当在坚持马克思主义基本原则的前提下强化自己的学派意识和学术人格，勇于探索、积极创新，为繁荣社会主义文化事业作出积极贡献。

8. 建构文化研究方法论

方法是客观规律的主观运用，是主体有效地把握客体的工具和桥梁。在科学的探索活动中，研究方法作为研究目的和研究任务在活动中的体现和具体化，制约着人们的眼界和视线，规定着人们的研究范围和关注重点，指导着人们的思维形成和活动程序，从而最终影响甚至决定着主体对客体把握的广度、深度和正确程度。文化研究也是这样，要使文化理论不断获得发展并臻于完善，就必须时时注意对文化研究方法的自觉反思和更新。文化学理论对于文化现象的观念表现和理论阐释，是通过文化学家的科学研究活动而实现的。科学的文化研究方法，既是对文化研究工作者的活动方式、行为方式和思维方式等的提炼、概括和总结,又对他们进一步合理科学地观察文化现象、阐释文化本质、揭示文化运动规律具有重要的指导和制约作用。它通过对研究者在文化探索活动中的研究方式的调节、支配和控制,促使文化研究客体的客观运动形式向文化研究主体的自觉活动方式的转换,促使着主体的自觉活动规律与客体发展规律的接近、协调和一致。一定的文化观念、文化理论和文化学说,既依据于一定的文化研究视角和文化研究方法,又必然制约着其信奉者的研究思路和研究倾向,从而具有重要的方法论意义。不同的文化学派和文化体系,是不同的研究者从不同角度运用不同方法通过不同渠道研究和解释文化现象的观念产物,它们之间的区别,应该也能够从研究方法的差别中找到某种缘由。相应地,在文化研究方法的先进程度、文化学家的思想水平以及文化理论形态的科学程度之间,也大体上保持着水准上和量度上的对应性。先进的思想家、理论家,唯其能够自觉地发现、发明和运用新的符合文化发展进程和时代特点的文化研究方法,才能够不断地在文化理论上有所更新、有所深化、有所创造,从而领先于人类文化的发展进程。

当前,我们无论从理论上还是实践上都应对文化研究方法予以特殊的关注和重视。从实践上来看,建设中国特色的社会主义文化体系,已经成为中国社会主义现代化的不可分割的重要组成部分。文化现代化成为经济、政治、科技、国防现代化的重要基础和保障。而文化现代化不是一个自发的演进过程,而是一个艰难、曲折、漫长的创造过程。它以对中国自身的文化历史与文化现实的科学合理的回顾、评价和批判为前提,以对各种外来文化的分析、选择为条件,以对世界文化发展趋向的合理预测为依据,包含着对中国特色的文化模式的系统探索与展望,以及对其实现途径的设计与建构。而这一切都需要科学的文化理论的指导,需要科学的方法论原则和规范。而从文化理论自身的发展和完善来看,无论是对马克思主义文化理论和文化思想的进一步发掘和完善,对中外古今文化、思潮和文化理论的批判和继承,对"五四"以来尤其近年来文化讨论的回顾与反思,还是对新的时代性文化理论体系的探索与建构,首先都有一个方法论问题,都需要在方法论上有所清理、有所更新、有所建树、有所突破。对文化理论研究和探索中的各种错误理论和思潮,除了揭示其社会、政治等非学术方面的原因并加以剖析、批判外，还有必要从认识论角度解析其方法论上的失足和错误，揭示其深层原因。而对文化研究中成功经验的方法论总结和提升，则更能实际有效地推进文化理论研究的深入和发展。

文化研究方法论，顾名思义，是关于文化研究方法的理论学说，是对文化研究方法的概括、总结和提升。作为一种方法论，它当然要面向并立足于各种具体的文化研究活动和文化研究方法，但并不是它们的简单罗列和加总，而是对文化研究中与方法论有关的各种基本问题的深层分析和理论说明，是从如何科学地从事文化研究的角度对文化研究方法的一种比较、分析、选择和优化，其目的在于促进文化研究的科学化。这无疑是一个大课题。本文限于篇幅，仅提出以下要点。

就其思想材料而言，文化研究方法论应当覆盖中外古今的所有有价值的文化理论、文化学说，并从中选择、吸收至今在方法论方面仍有意义、仍可借鉴的所有合理内容。在中国文化思想史上，从孔夫子到孙中山，从毛泽东到邓小平，都对中华民族优秀文化的特色、文化研究与评价的原则和方法等有过非常丰富、精湛的论述，给我们提供了丰富的思想材料。在世界文化思想史上，从苏格拉底、柏拉图、亚里士多德，到康德、黑格尔，从马克思、恩格斯到列宁、斯大林，从孔德到现代文化学的各种流派，对于人类文化的发生、演变及时代特点，对文化认知和文化评价的方法论原则等也有无数丰富、精湛的论述。这些是我们建构文化研究方法论的坚实思想基础。

人类文化是一个多方面、多层次的立体系统。与文化系统的层次性相适应，主体观念地把握文化系统的方法论也是多层次的。在一般的意义上，可以分为三个基本层次。最基础的层次是与各种特殊、具体的文化现象相适应的具体文化研究方法，比如文化观察方法、考据方法、象征方法、归因方法、比拟方法、要素方法、结构方法、功能方法、历史方法、预测方法等。它们是主体为了把握各种具体的文化现象而设计和使用的。它们灵活多样，各有其特定功能，又可相互交错，配套使用，是人们在日常的具体的文化层面从事文化认知和文化评价的必要方法。第二层次是一定的文化理论及与之相应的方法论原则。各种形态的文化理论，是文化学者从各种角度描述文化现象、揭示文化本质、建构理论体系的思想成果。它们一旦形成，并运用于揭示和解释相关文化现象，则转化为一种理论原则、阐释模式和思维方法，成为一种特殊的视角和思路,具有重要的方法论功能。在当前,文化发生学方法、心理学方法、社会学方法、民族学方法、人类学方法、符号学方法、语义学方法、现象学方法、系统论方法、相对主义方法、文化批判主义方法等,都既作为各具特色的文化学理论,又作为行之有效的文化研究方法而发挥着作用。在最高的层面上则是哲学方法论。哲学方法具有最高的抽象性和普适性,有最大的适用范围。它在文化问题研究上的应用形成了哲学文化学、文化人类学等相对具体的哲学分支学科。它们既作为一种关于文化的哲学理论,又作为认识和阐释文化问题的哲学方法,而对各个层次的文化认知和文化评价活动具有重要的指导作用。

把文化研究作为研究主体自觉从事的探索性和创造性活动来看待,从要素和过程方面来看,以下问题应当成为文化研究方法论关注和阐释的基本问题:文化研究动因,推动人们从事文化研究的功利性和非功利性因素及对研究活动的影响;文化研究视野,被主体设定为客体而作为研究对象的领域、范围、层次等;文化研究思路,从何种文化思路和视角来观察文化现象、揭示文化本质;文化分类原则,借助于何种参照系对文化现象作出属性判定和类别归并;文化阐释模型,借助何种理论模型来阐释文化现象,建构理论体系;文化评价标尺,运用何种价值观念和指标体系来对文化现象作出评判和估价;理论表述方法,借助于何种符号体系和形式系统表达文化观念和文化理论;文化建构原则,根据何种指导思想和预期目的来建构未来文化的理想世界等等。

作为一种科学研究,一些基本的概念、范畴在文化研究活动中起着重要的作用。各种基本的文化学范畴,本身正是由于指称和标示特定的文化现象和文化观念而获得特殊的内涵,并由此对于深入揭示相关文化现象具有重要的方法论意义。借助于它们,可以更加深刻、全面和有效地把握文化运动。比如,文化定义、文化本质、文化时间、文化空间、文化主体、文化客体、文化体系、文化功能、文化要素、文化形态、文化传统、文化传播、文化进化、文化平衡、文化失衡、文化趋同、文化趋异、文化离散、文化整合、文化变迁、文化积淀、文化固结、文化碰撞、文化融合等,都应当而且有必要作为文化学研究的基本范畴而列入文化研究方法论的体系。

文化研究,不仅是一种文化认知,也是一种文化评价。因此,对文化研究方法论的建构,不仅应从认识论角度着手,考察文化研究中的认知因素、理性因素方面,还应从价值论角度,考察文化研究中的价值因素、评价方面。人的文化追求和文化创造,本质上是一种价值追求和价值创造,其中必然始终贯穿着认知与评价、理性与非理性、功利和非功利因素的交织与渗透。相应地,文化研究则不仅要对各种文化现象的社会价值和功能进行评价,还要对各种文化理论和文化观念进行评价。因此,如何科学地进行文化评价问题,应当成为文化研究方法论的重要内容和内在组成部分。

文化研究方法论应当是一个多方面因素有机结合的系统整体,在其中起着核心、灵魂和统摄作用的是马克思主义唯物史观和马克思主义的文化人类学思想。作为一种科学的社会历史哲学,唯物史观是人类在哲学层面上所获得的第一幅全面正确的自画像。它的产生,实现了人类社会自我认识史上的伟大变革,也为人类进一步认识和发展自我提供了科学的逻辑前提、严整的理论框架和有效的哲学方法。马克思主义的文化人类学思想,本质上是唯物史观的理论与方法在人类文化问题上的延伸和运用,在马克思主义的文化研究方法论中占据着极为显赫的地位,发挥着极为重要的作用。

三、马克思的文化人类学思想

在马克思独立撰写和他与恩格斯合写的鸿篇巨制中,在他对于哲学、政治经济学和科学社会主义理论的全面论述和阐发中,包含着关于哲学文化人类学的丰富思想。这里以他在《1844年经济学哲学手稿》中的论述为基本线索,尝试从总体上概括出以下要点。

1. 文化发生:自然物质世界的长期历史进化及向着人的文化世界的生成运动

在马克思看来,文化的本质是"人化",是人的创造性生存活动与劳动实践及其产物。因此,文化现象不是与世俱来、从来就有的,而是与人类的产生、形成、活动与发展相伴相随、共生共存的东西。人类文化的发生,既是自然物质运动长期历史进化的最高产物,又造成并标志着在地球生物圈范围内自然物质运动的全新性质、全新形式和高级发展阶段。人的文化存在、文化生活与文化创造,意味着世界的物质、能量、信息变换的全新方式,促成了自然界向着人的世界的生成运动,也造就了人类自身。正是在这种意义上,马克思说,"在社会主义的人看来,整个所谓世界历史不外是人通过人的劳动而诞生的过程,是自然界对人说来的生成过程"①,历史本身是自然史的即自然界成为人这一过程的一个现实部分。而人的感觉、理性,人的情感、意志,人的劳动、实践,人的本质、特性等的形成,都是全部自然史和世界史的产物。全部历史正是为了使人成为感性意识的文化对象和使人的需要成为文化需要而做准备的发展史。正是由于人类文化奠基于自然物质世界长期进化所积聚的全部积极内容,并植根于人的文化生活与文化创造,它才获得了最坚实雄厚的物质基础和最积极深厚的动力源泉。

2. 文化本质:人的对象化和自然界的人化,主体客体化和客体主体化的双向运动

马克思认为,在其现实性上,文化既不是外在于自然界的独立存在,也不是人的自然存在,而是人作为主体而自觉、积极地处理自身与外部世界关系的活动及其产物,它包含着人对自然的利用和改造而造成的自然界的人化,包含着人对社会的组织与建构,也包含着对自身的强化与塑造。因此,文化的本质正是人化,是人的内在本性和本质力量的外化、对象化,以及由此而造成的自然界的"人化"。

在马克思看来,人作为自然界长期分化、进化过程的最高产物具有对其他自然物来说不可比拟的优越性,但这并没有从根本上取消或改变外部物质世界对人的优先地位和外在地位,人仍然是这个物质世界的一部分,而且人的生活和活动绝对地依赖于物质世界。但是,人对外部世界的依赖不同于动物对世界的依赖。动物的依赖性生发于其直接的生命需要,它是通过动物自身机体无意识的适应性变化,并由自然选择加以肯定,从而合目的地适应环境而得到实现的。因此,单纯的适应是动物实现其对自然界的依赖性的基本方式,而人的依赖性则是通过人对外部世界的自觉的能动的掌握活动来实现的。所谓掌握世界,就是以观念的和实践的方式去反映、理解、改造和占有外部世界的事物,以满足人的不同需要,使之变成人的"无机的身体""精神的无机界",成为人的物质的和精神的生活、实践和意识思维活动的一部分。正是在这个过程中,人的内在本质力量在外在世界的合目的性变化中得以外化、对象化,人的内在本性在这种变化中得以实现、体现和确认,外部世

---

① 马克思恩格斯全集(第42卷)[M].北京:人民出版社,1979:131.

界由此而人化、社会化,成为人的文化世界的内在组成部分。正是在这种意义上,马克思尤其强调,在人类历史中即在人类社会的产生过程中形成的自然界是人的现实的自然界,通过工业形成的自然界才是真正的人类学意义上的自然界。工业是自然界无论如何也不会自动发生的物质运动过程,是自然力、人力(智慧、意志与体力的结合)、科技力、社会组织力交织作用而形成的全新物质、能量、信息变换和运动过程,人的内在本性需要和本质力量在其中起着积极的推进和制导作用。正是通过工业,人的内在本质力量以一种现实的方式得到了外在的和公开的展示和实现,人类创造出了灿烂辉煌的现代文化。

3. 文化主体:人的多重规定

文化不是无人和非人的存在,而是主体的积极活动及其产物。人是文化的主体。作为文化主体,人有多种规定性。人类文化的特性与人的主体特性息息相关、内在相连。

人直接地是一种有生命的自然存在物。正是人的生命存在构成人的需要、人的能力和人的活动的最本质基础与最基本源泉,使人与无机界、生物界、动物界内在地联系起来,成为现实物质世界中最精细、最积极、最有生机与活力的内在组成部分。正是人的生命存在的特殊方式在一定程度上影响和改变了地球生物圈的存在格局和运动方式,而人的生命样态则以一种文化形态的方式在自然界的各个方面、各个角落打下自己的印记,并不断拓展、扩散、渗透,使整个现实自然界以各种方式成为人的生命世界的内在部分,造成现实的文化世界。

人又是一种有意识和自我意识的存在物。正是人所独有的感受-知觉力、理性-思维力、情感-意志力使人的生命活动采取了一种自觉自由的方式而区别于又超越于其他任何形式的生命存在。人不仅把外部世界作为自己的意识思维活动的对象而力图以观念的方式加以掌握和理解,而且将自身二重化和对象化,设定为意识思维活动的对象,借助于一定的外部参照系,来进行自我反观、自我评价和自我塑造,从而不仅有了对象意识,也有了自我意识。正是凭借着这种意识和自我意识,人们努力地认识和反映世界与自身,不仅再现和解释现实,而且回溯和记忆历史,预见和展望未来,并且观念地建构和创造更加和谐美好的理想世界……人的生存和活动由此而具有了目的性、自觉性,人类文化则正是借助于人的这种自觉的创造性活动而得以发生、形成、更新和进化。

　　人还是一种社会的存在物。人对自然界的掌握不是也不可能是由单个人来实现的。无数个人在对自然界关系的基础上相互作用、协调行动,便形成了一定的社会关系和社会组织。人既是各种社会关系的物质承载者和指令的执行者,也是其建构者和指挥者。人们借助于对各种社会组织的建构、操作和指挥而以集体的、社会的整体力量去从事生产,改造自然,充实、完善和发展自身,并且创造出内容丰富、形态各异的社会政治、思想、道德、制度、民俗文化,创造出丰富多彩的社会文化世界。

　　人又是利用和创造工具的存在物。人对工具的利用、保存、掌握和制造,突出地体现着人的"理性的机巧"。工具极大地强化了人的感知、思维能力,延长了人的四肢,扩大了人的活动范围,加深了人揳入世界的程度和层次,使人的活动显示出明显的中介化的特点。与其在人类活动中的作用和功能相适应,人造工具大体可分为"硬性"的器械系统、"软性"的方法系统和"中性"的符号系统。对各种形式和复杂程度的器械工具系统的运用意味着人们"运用一种自然力来反对另一种自然力",为人们实际改造现实世界提供了可能。各种内容和功能的方法系统,则为人们对器械工具系统的操作和运用,为人们的思维进程和活动方式规定了基本的程序、秩序、节奏,使之沿着一定的道路前进且指向一定的目的,达到一定的效应。形式多样的符号系统,尤其是语言符号系统,作为人造世界的内在组成部分,以其抽象性、意义性、可感性、分立性、永久性等特性而在人们对现实世界的观念掌握和对未来世界的观念建构中发挥着特殊的功能,造成了一个符号的世界。正是人对各种性质和形式的工具的发现、发明和运用,不仅造就了现实的工具世界,而且使人类文化带有明显的中介化、符号化、多样化的特征。

　　人是文化创造的主体,人的上述多种规定为主体需要的产生、主体能力的形成、主体功能的实现、主体地位的确立提供了物质的和精神的、自然的和社会的、机体的和中介的、工具的和符号的可能。正是凭借着它们,人积极主动地发起各种类型和形式的实践活动,持续不断地追求和创造理想世界,创造出艳丽多彩、丰富生动的人类文化。

4. 文化创造:劳动实践在人类文化创造中的特殊地位和作用

　　人对文化的创造是通过自己的积极自觉的生产和生活活动而实现

的。人的生产与生活实践在人类文化创造中占据着必不可少的特殊地位,发挥着不可替代的作用。实践是人自觉地设计和改造世界的活动,是人处理自身与外部世界关系最基本的方式,也是人的生存、活动与发展最基本的形式。马克思说,"通过实践创造对象世界,即改造无机界,证明了人是有意识的类存在物",而且,"正是在改造对象世界中,人才真正地证明自己是类存在物"①。实践性是人最根本的特性,是人的意识性和社会性在功能方面的集中表现,是人的生命存在和现实活动最重要的特征。对现实世界的自觉能动改造和对自身素质的自觉能动塑造,是人类实践最基本的功能,也是人类文化最本质的基础和最坚实的源泉。正是通过实践,人才能不仅像在意识中那样理智地复现自己,而且能动地、现实地复现自己,从而在他所创造的世界中直观自身。在狭义上,人类实践可以分出生产与生活等多种具体形式,它们各自又可划出若干具体类型,比如,生产可分为农业生产、工业生产、知识生产、人自身的生产与再生产等,生活可分出饮食、服饰、消遣等。而从人类文化创造的总体过程来看,这些具体的实践形式又相互转化、相互渗透、相互交织。消费转化为生产,成为生产链条的内在环节;生产转化为消费,成为生产资料和生活资料的现实运用;人的延续转化为劳动力生产和再生产的基本形式,教育成为社会生产的内在组成部分……而随着社会生产和社会消费的发展,人类的生产和生活实践的文化意义也不断地跃迁和升华。果腹之欲变为对美食的需求,创造出丰盛诱人的饮食文化;御寒遮羞之欲变为对美饰的需求,创造出五彩缤纷的服饰文化;消遣变为娱乐,创造出丰富多彩的业余文化生活;而田园文化、企业文化、街道文化、班组文化、校园文化、团队文化、教育文化、科技文化等更是如云兴起,日益兴盛。正是人类实践的多样化创造功能,造成了色彩斑斓、形式各异而又不断更新和发展的文化世界。

5. 文化变异:异化劳动与私有财产及其扬弃

前面曾经谈到,马克思认为,文化即人化,是对象化、现实化的人的内在本性和本质力量的展现。因此,在本来含义上,文化世界作为人的内在世界的外化形式和外部存在方式,应当成为人的本性和本质力量的表现、实现和确证,成为人的主体性生存、活动与发展的现实基础、必

---

① 马克思恩格斯全集(第42卷)[M].北京:人民出版社,1979:97.

要条件和积极因素。但这只是问题的一方面。另一方面是,人的内在本质力量一旦外化、对象化,便存在着脱离人的控制而转化为异己力量的可能。这时它不是有利于人的存在和发展,而是阻滞、妨碍、危害人的生存和发展,带来的不是主体性效应,而是反主体性效应、负效应。马克思把这种情况叫作异化。异化即对象化了的人的本质力量脱离人的控制成为异己的反对力量。在不同的历史条件下,异化有不同的范围、形式和程度。异化劳动则是资本主义条件下的必然产物,是私有制在特定的历史阶段的存在方式和必然结果。异化劳动即劳动的对象和产品作为异己的存在而同劳动者相对立。它通过劳动产品的异化、劳动过程的异化、劳动本质的异化和人与人的异化等方式表现出来。马克思说,在正常的情况下,劳动的实现就是劳动的对象化,而在异化劳动条件下,"劳动的这种实现表现为工人的失去现实性,对象化表现为对象的丧失和被对象奴役,占有表现为异化、外化"①;而这种异化和外化"意味着他的劳动作为一种异己的东西不依赖于他而在他之外存在,并成为同他对立的独立力量;意味着他给予对象的生命作为敌对的和异己的东西同他相对抗"②。在这种情况下,工人在劳动中耗费的力量越多,他亲手创造出来反对自身的、异己的对象世界的力量就越强大,他本身、他的内部世界就越贫乏,归他所有的东西就越少。"物的世界的增殖同人的世界的贬值成正比。"③人的文化追求与文化创造带来了非预期的"反"文化现象,这不能不是一种文化变异,是人类文化发展过程中的消极现象。马克思具体地分析了造成这种文化变异的原因,指出它根源于资本主义的私有制度和在此基础上产生的劳动与资本的尖锐对立,造成的是工人阶级的被奴役和困苦,并必然引发工人阶级的政治革命,带来工人阶级的政治解放。马克思认为劳动的异化同时为消除异化创造了条件,私有制的社会运动同时为私有制锻造了掘墓人。因此劳动的异化同异化劳动的消除走的是同一条道路,这就是无产阶级革命和社会主义解放运动。只有通过这条途径,人类文化的发展才能摆脱其在资本主义私有制下所面临的困境和挫折,走向一条顺利发

---

① 马克思恩格斯全集(第42卷)[M]. 北京:人民出版社,1979:91.
② 马克思恩格斯全集(第42卷)[M]. 北京:人民出版社,1979:91-92.
③ 马克思恩格斯全集(第42卷)[M]. 北京:人民出版社,1979:90.

展的康庄大道。

6. 文化境界：人类对美好世界的追求与创造

既然文化意味着人化，文化世界是人的内在世界的外部存在形式，那么，不言而喻，人的文化追求和文化创造必然决定着外部物质世界人化和文化的范围和程度，人的内在精神世界的状态和水平则相应决定着外部文化世界的形态和水平。一定时代的文化形态和文化境界标示和刻写着该时代人类的精神状态和精神境界。而人类对真、善、美、利的不懈追求，对未来理想世界的不懈探索，则是人类文化中蕴含的最珍贵因素，也是其坚韧的内核。马克思认为，正是对于更加美好的世界的不懈追求与创造，把人的生命活动与动物的生命活动从根本上区别开来。动物也进行生产，但它只在直接的肉体需要的支配下生产，并只按照它所属的那个种的尺度和需要来生产，且只生产它和后代所直接需要的东西，因而只是片面的生产。而人则不仅依据自己的肉体需要而进行生产，而且超越这种直接的需要进行一种真正的全面的生产，也就是一种文化生产。在这种特殊的文化生产中，人不仅"懂得按照任何一个种的尺度来进行生产，并且懂得怎样处处都把内在的尺度运用到对象上去；因此，人也按美的规律来建造"①。正是对理想世界的追求和创造，体现着人的特殊的功能特征。人是追求和创造理想世界的动物。人的自然性、社会性、意识性和实践性等属性和规定，最终都被统摄到对理想世界的追求和创造之中，并在这个过程中发挥自己的作用和功能。人总是有所追求的。人的追求本质上是一种价值追求。价值追求和价值创造是人类实践的永恒目标和动力。从人们从事活动所依据的内在需要和客体满足主体需要的可能前景出发，主体的价值追求可以分出不同的层次和水平，比如满足基本需要的一般创价活动和满足发展需要的高级创价活动等。而对理想世界的追求和创造则在人的各种追求与探索中居于最高的层次，是人的最高价值追求，也是最重要的人类本性之一。理想是对美好未来的想象和展望，它不同于空想和幻想，具有某种逻辑的和历史的必然性，是在人们头脑中预先建构起的美好世界图像。理想根源于现实又超越于现实。它产生于对现实的否定性价值评价，依据于人对真、善、美、利的统一追求。正是由于对现实不满

---

① 马克思恩格斯全集(第42卷)[M]．北京：人民出版社，1979：97．

足,激发人们按照自己的内在尺度和"美的规律"而在观念中建构高于现实的理想前景及实现途径,并使之作为目标和目的而激发和制导人们为了实现它而展开的实际行动。正是通过对现实的观念批判而引发出对未来理想世界的观念建构,又通过对现实的实践批判而实际地建构未来理想世界。正是人的内在美好精神世界在现实世界的合目地性改变中现实化、对象化,外部世界才在这种人化、文化的过程中变得更加和谐、更加美好。人的追求是不断的、持恒的,对现实的批判和超越是不断的、持续的,对更加美好的世界的探索与创造也是不断的、无止境的。也正是这种永不停止、永远继续的理想追求和理想创造,促进了人类文化的不断充实、不断更新、不断发展,使人类文化运动呈现出充满波折和反复的进化总趋势。

7. 文化进化:共产主义代表着人类文化发展的基本方向

文化运动是一种有方向的运动。文化进化则标示了人类文化沿着由低级到高级、由简单到复杂、由要素到整体,在数量上不断扩大、质量上不断提高、形态上不断更新的发展趋势。文化形态的时代性更迭,一方面,根源于人与自然、人与社会、人的对象化和自我确证之间的矛盾的时代性产生和时代性解决。因此,它必然与生产力的发展、生产方式的更新、社会形态转换等有着密不可分的内在联系,同时又反映和折射着人的主体需要、主体能力和主体活动方式的强化与改换。正是在这种意义上,马克思说,"我们已经看到,在社会主义的前提下,人的需要的丰富性,从而某种新的生产方式和某种新的生产对象具有何等的意义:人的本质力量的新的证明和人的本质的新的充实"①。另一方面,它则根源于区域文化、民族文化、国度文化之间的时代性的交流与碰撞、冲突与融合、互渗与互补。因此,它必然与人们生存空间的拓展、生活范围的扩大和活动方式的更新紧密地联系着,并经历着一个由氏族文化、部落文化、地域文化、民族文化向世界文化、全球文化、人类文化的发展过程。在这种意义上,马克思把历史向世界历史的转变和拓展看作人类社会历史进化发展的基本方向,也是人类文化现代化的重要特征。正是在以上双重含义上,马克思把共产主义看作人类社会发展的基本方向,看作人类文化的未来理想形态。在马克思看来,共产主义立

---

① 马克思恩格斯全集(第42卷)[M]. 北京:人民出版社,1979:132.

足于现代工业和现代科技所建造的发达的社会生产力和社会物质财富,根源于资本主义私有制所造成的有产与无产、资本与劳动、社会化生产与私人占有制之间的尖锐对立和冲突,以及异化劳动给工人阶级造成的巨大痛苦。它以消灭私有制、消灭异化劳动、争取工人阶级的政治解放并进而实现全人类的解放,达到人的自由全面发展和人的丰富本质的全面占有为自己的目标,是人和自然之间、人和社会之间、存在和本质之间、对象化和自我确证之间、自由和必然之间、个体和类之间的矛盾的真正的和总体性解决,它通过共产主义思想和共产主义行动而在人类的意识深处和现实生活中得到全面的实现。

四、"文化围城"与比较文化研究

钱锺书先生写《围城》,描绘了一种非常普遍的文化现象,即城里的人想逃出城,而城外的人却想冲进城。这就像在中西哲学与文化比较研究中,不少中国学者尖锐批评中国传统文化,主张西化以至全盘西化,而一些西方学者却非常看好中国文化,有的甚至认为 21 世纪是中国文化的世纪。这就提出了一系列值得深思的问题:为什么对于同一文化事实人们会有如此不同甚至完全相反的认识和评价?如何认识比较哲学与文化研究中的文化隔阂与文化屏障?是否可能克服和超越比较文化研究中的文化偏见与文化误解?如何才能达至一种更为合理和有益的文化认识与文化评价?

我们认为,在比较哲学与文化研究中,普遍存在着"围城"现象,其实质是文化隔阂与屏障问题,以及由此带来的文化误解与文化偏见。它导致两种极端行为:一是文化隔障的双方都把文化的认同性视为保守,从而完全否定本源文化而向往他源文化;二是文化隔障双方均完全肯定本源文化而否定他源文化。由此在比较哲学与文化研究中出现了"欧洲中心论""中华文化主流论""儒学主导论"等观点。造成"文化围城"现象的原因是多方面的,不同文化体系之间必然存在的排他性与互斥力、文化偏见与文化歧视,是造成文化隔障的本体论与政治根源,而不同文化背景下人们的认识水准、思维模式、价值取向、情感方式的差异,则是其认识论根源。因此,我们应该以博大的胸怀、科学的态度,克服跨文化之间的壁垒,突破隔阂,超越自我,合理评价本源文化与他源文化;以理解心态面对异境文化,吸取他源文化的现代因素;在保持与改革、维护与批判中实现中国文化的本源重建。

1. 比较文化研究中的"围城"现象及其实质

我认为,"文化围城"现象的实质是文化的隔阂与屏障,以及由此带来的文化偏见与文化误解。为什么城里的人想逃出城,而城外的人却想冲进城?是因为他们对城里与城外的生活有不同的经验、认识和评价,而这不同的经验、认识和评价导致他们之间正好相反的行为选择。进一步追问他们为什么会有这些不同的经验、认识和评价,原因非常复杂,但最根本的是由于城堡的壁垒造成的跨文化隔阂与误解。

以上是跨文化隔障的一种现象,其实跨文化隔障还通过另一种相反的现象表现出来,即城里的人只愿待在城里怕出城,而城外的人则怕进城。这也是一种相当普遍的文化现象,古今中外,不乏其例。因此,文化隔阂与屏障的功能是双重的,或双向的。它造成两种极端的现象:一种是文化隔障的双方均完全否定本位文化而向往他源文化,这就是城里的人想出城,城外的人则想进城。另一种则是文化隔障的双方均完全肯定本位文化而完全排斥他源文化,其表现则似城里的人怕出城,而城外的人则怕进城。

在上述两种意义上,我想大概不会有人否认围城现象在比较哲学与文化研究中的广泛存在。

在比较广泛的意义上,我们知道,一方面,既有西方人大谈西方的没落、工业文明的危机,青睐中国文化、东亚文明,也有中国人大批中国人的国民性、传统文化的劣根性,等等,主张走向蔚蓝色,全盘西化。另一方面,既有西方人坚持欧洲中心主义、西方中心主义,歧视东亚文明,拒斥第三世界文化,也有中国人坚持中国文化本位,片面固守中国传统文化,拒绝向西方先进文化学习。应该说,各种形式的民族虚无主义和狭隘民族主义、本位主义、地方主义正是跨文化交往与比较文化研究中围城现象的极端表现。

因此,无论在跨文化交往还是跨文化研究中,围城现象都是相当普遍地存在的。这里简单地讨论到底是应当进城还是应当出城,对事情本身不会有太大帮助。问题的关键在于搞清造成围城现象的文化隔障的缘由和根源,在此基础上去研究超越文化误解的可能性及其合理途径。

2. 跨文化隔障的多方位透视

跨文化交往和比较文化研究中的文化隔障,有着非常深厚的本体论文化基础,这就是不同文化体系之间必然存在的排他性和互斥力。各种文化体系或文化系统,为了保持自身的规定性,都需要并且必然产生出一定的趋同性,都需要并且必然产生出一定的内聚力。这种趋同性和内聚力常常依托于一定的自然-地理环境,并以一定的人种、肤色、语言为基础,形成一定的生产方式、生活方式、思维方式、情感方式、评价方式等。正是这些方面的整合力量把一定个体纳入一定的文化群体之中,相互认同,彼此依存,形成一个文化整体。而这种趋同性和内聚力在文化演进的历史过程中以文化遗传的方式得以继承、巩固和发展,形成一定的文化传统。这种传统使一定的文化系统内部的各要素、各方面、各层次间趋同、内聚、整合、保持齐一,并作为整体而与其他文化体系趋异、互斥。当不同文化体系之间以种种方式发生接触和碰撞时,则一定文化体系的内聚力和趋同性转化为对外的扩散力和趋异性,它力图渗入、瓦解、同化他源文化,将其整合到自己的文化体系之中。而对他源文化来说亦是如此,一方面力求抵御外来文化的渗入、侵袭和瓦解,另一方面则力求同化、整合外来文化。于是在本土文化与外来文化之间形成矛盾、冲突与碰撞。跨文化差异转变为要么是文化保守、文化禁锢,要么是文化扩张、文化侵略。这种文化矛盾与文化冲突正是不同文化体系之间,或带着不同文化背景的文化要素之间相互交往时必然产生的普遍现象。这就是跨文化交往中的文化隔障。这种隔障就像那堵把城里人与城外人隔离开来的城墙,妨碍着不同文化体系的人们之间的实际交往和沟通,并造成现实的文化壁垒和文化隔阂。应该说,这种本体论意义上的文化壁垒和文化隔阂是造成比较文化研究中文化偏见和文化误解的对象性基础,或叫客体性基础。

妨碍文化理解和文化沟通的另一个重要因素来自社会政治方面,这就是我们通常所说的文化偏见与文化歧视。在人类文明发展的历史进程中,一定的民族、国家领先于人类文化发展水平,而一定的国度或民族则落后于常规发展速度和水平,造成不同具体文化体系在文化发展水平上的时期性和时代性差异。从进化论的角度来看,这是文化运行中不均衡发展规律的必然表现。这时,不同文化体系之间的共时态交往,又常常带有历时态差异的特征,它表现为一种不同文化时态或不同发展水准的交往,或者说是一种不等位交往。承认文化体系发展的不平衡性和不同文化体系之间的时期性或时代性差异,找好各自在文化发展历程中的位置,并相应调整从事比较文化研究的视角和思路,则有可能达到对不同文化体系的正确认识和合理评价。而强化和夸大这种差异则会造成文化自卑或文化自傲,导致各种形式的文化偏见与文化歧视。社会达尔文主义和狭隘民族主义可以看作其两种极端。一些学者将其叫作思想帝国主义、文化帝国主义与文化保守主义、文化种族主义。然而,两极相通,他们都根源于文化隔障。文化偏见与文化歧视往往产生在那些发达国家、领先文化的代言人。目前西方一些人士对包括中国在内的一些国家的所谓人权问题、社会问题、民主问题说三道四,指手画脚,在很大程度上正是这种文化偏见和文化歧视的现实表现。文化偏见与文化歧视也发生在相对落后的国度和民族,其极端表现便是各种形式的极端种族主义和民族主义。

即使不带什么政治偏见来从事跨文化交往和比较文化研究,也不一定就能达到正确的文化评价。文化隔障还有其重要的认识论根源。从研究者的主体因素方面来看,任何研究者都不仅要经过漫长的文化教育和文化熏陶才能成长为一个现实的主体,而且他在任何时刻都不可避免地生活在一定的文化形态之中,因此无论在什么意义上他都必然是一定的历史文化和现实文化的产物。他的文化背景、生活阅历、经验知识、思维模式、情感方式、价值取向等都必然极为深刻地打上一定文化体系的烙印,并作为一种必然和必要的主体性因素而参与到他的认识活动中,影响其认识的结果。这种影响到底是正面的还是负面的,积极的还是消极的,取决于主体性要素与相应文化客体之间的对应性和相关性。应该说,人在认识活动中的主体性,既是正确的文化认识和文化理解的必要条件,也是文化误解和文化偏见的可能通道。这里关键的问题就在于能否自觉把握和调整主体发挥的方向、方式和途径。从文化认识与文化理解的中介条件来看,沟通渠道的梗阻,既可能造成无知,也可能造成误知,而不同语言符号系统之间在转换和通约方面的困难和障碍,也是带来文化误解和歧解的重要中介因素。在英国利物浦大学主办的国际性哲学电脑信息网络上,学者们热烈地争论了一个非常有趣的问题:应当在哪里和用什么语言学习康德和海德格尔哲学。一些英国师生认为只有用德语学习康德的《纯粹理性批判》,才能真正理解康德的本来哲学思想；一些德国学者则觉得学了英语并先读该书的英译本才比较容易理解康德；有的英国学者觉得在德国学习康德和海德格尔比较容易理解；而有的德国学生则表示他感到在美国才真正懂得了康德和海德格尔；等等。这场争论不是已非常鲜明地表现出语言、语境与文化背景在文化沟通与文化理解方面的普遍意义了吗？

文化沟通与理解不但是一种认知活动，而且是一种积极的价值评价活动，文化沟通和理解的方向、水平与程度在很大程度上受到价值评价活动的影响。文化歧视与文化误解的产生就主要是因为受到文化评价的误导。因此，文化隔障有其特殊的价值论基础。任何形式的文化体系，本质上同时又是一种价值体系，而且是一种相对独立的价值体系。任何人类活动总是为了一定的需要和利益并在一定目标的驱动下以一定方式展开的，其结果往往指向一定的价值主体，满足其需要，符合其利益，因而具有特定的价值取向。在不同个体、群体、民族以至国度之间的需要、利益和价值取向上存在差异、矛盾以至冲突的情况下，大多数人类行为具有价值非中立性。他们的活动及其结果往往只能满足一定价值主体的需要，却不一定能同时满足其他价值主体的需要，甚至要以牺牲或损害其他价值主体的需要为条件和代价。这正是不同文化体系之间相互排斥、对立的重要内在原因之一。不同文化体系包含着不同的价值观念、评价标准，它们构成一定文化群体的理想与信念的价值基础。不同文化体系的碰撞与冲突，既有实际利益的对立与差异，也有价值观念和价值理想的冲突。而这种冲突作为一种价值本体论的基本因素，必然引起价值评价上的冲突。对于同一文化事实或文化行为，不仅存在着文化认识和文化理解上的正确与错误的差异和区别，还会产生文化评价与文化态度上的差异与对立。而价值因素与人们的实际需要和利益紧密相连，具有更强的排他性、互斥性。因此，文化评价与文化态度方面的差异与对立常以更加明确和尖锐的形式表现出来，并造成人们之间在文化行为方面的对峙与冲撞。这就是"文化围城"现象的价值论原因，无疑也是为什么在当前国际形势下东西之间、南北之间形成巨大对峙的关键所在。

3. 探寻比较文化研究的合理性及其实现途径

上述关于文化隔障的本体论、社会政治学、认识论和价值论分析，表明文化隔障的存在具有某种必然性。那么，比较文化研究是否还有必要和可能呢？比较文化研究的合理性何在？如何才能达到更为合理的比较文化研究呢？

比较文化研究的必要性，客观地说，主要是从低阶文化自我发展的客观需求中产生的。自觉到落后于其他国家或民族，又不甘于继续落后下去，便有了发展的愿望，须进一步探索发展的具体目标与途径，这时最直接与最有效的办法是向高阶文化学习，从中发现和借鉴适合自己发展的方式与道路。人类文化的共通性和普遍性使这种学习成为必要和可能。对于在发展水平上处于领先普遍性使这种学习成为必要和可能。对于在发展水平上处于领先地位的国家和民族来说，他们的眼光主要是向前看，其主要任务是去发现和创造新的方向和途径，因此，对他们来说，比较研究更多地在于其学术意义。当然这也并不排除发达国家从别的古老文化传统中借鉴、吸收某些对于它们解决当前紧迫问题有教益、有启发的思想和观念。当前一些西方学者或政治家们对中国文化某些思想的青睐和看重，即属此类。但从总体上来看，比较文化研究主要是对于相对落后的国家和民族来说更有紧迫和直接的现实意义。这大概正是比较文化研究在发展中国家更为盛行的重要原因。

比较文化研究的可能性，原则上可以从上述的本体论、社会政治学、认识论和价值论几种视角加以分析。最根本之点，则是当代人类文化的整体化、全球化发展，使各种不同形态的文化体系更加紧密地连为一个整体，尤其是在自然生态与人类生存环境等最基本的方面形成相互依存、同舟共济的格局。在这种情况下，不同文化体系之间的差异和冲突退居次要地位，高阶文化与低阶文化之间的差距相对缩小，发达国家与民族对落后国家与民族的依赖性相对增大，人们有可能在一定程度上超越民族、国度之间的文化差异与文化冲突而在唯一的"诺亚方舟"上共求生存、同谋发展。这就使比较文化研究对于发达国家也显出日益重要的意义，从而为文化比较创造了可能。

合理性是个相对的概念。从社会认识论的角度来看，所有社会历史认识和社会历史评价的合理性本身都具有很强的相对性。比较文化研究的合理性也不例外。但相对合理性总还是有的。

通常所谓的合理性，主要是在有效和有用这两个方面展开的，包含着对真、善、美的追求。在认识论意义上，主要看认识是否达到了正确性和真理性，达到了，则这种认识活动及其方法是有效的、合理的；反之则是无效的、不合理的。在这种意义上,合理性评价的一个重要标准是客观性、科学性、真理性。在价值论意义上,主要看一种认识或行为及其结果是否有用、有利。有用、有利的是合理的,反之则是无效的、不合理的。在这种意义上,合理性评价的又一个标准是有用性、有益性。在美学意义上,主要看一种认识或行为是否完美、崇高、理想,是否符合人们的审美观念和理想追求。完美的、理想的、崇高的是合理的,反之则是不合理的。在这种意义上,合理性评价包含着完美性、理想性标准。

比较文化研究中的合理性问题,原则上也包含着以上三个方面的统一。一定的比较文化研究活动及其结果,既应当是客观地、真实地反映了文化比较的对象各自的状况并达到了对其关系的真实理解,具有科学性、真理性,又应当是有利于和有益于促进自己的文化选择和文化发展,具有有效性、有益性,还应当符合人类追求和创造更加美好、更加理想的文化世界的本性,具有规范性、完美性、崇高性。正是在这样一种真、善、美的统一检验和统一测度中,我们可以看到比较文化研究的意义和价值,也可以找到其发展的基本方向。当然,我们这里讲的合理性,并不是一个绝对地、截然地区别于不合理性的东西。在合理性与不合理性之间并不是一条绝对的截然的质的界限,而一个渐进的过程,是一个存在着量度差异的合理性空间。我们将其叫作合理度,或叫合理性程度,它可以通过完全合理、比较合理、较为不合理、完全不合理等程度概念来加以修饰和测度,达到对比较文化研究合理性在质与量相统一意义上的检验与测量。我们的任务在于认识到这种合理性程度的差异并通过自己的努力去追求更高的合理度。

探寻增大比较文化研究合理度的可能途径,需要从各种角度全面展开:消除"思想帝国主义"以及相应的文化偏见和文化歧视;选择和建立文化比较的正确参照系,扫除各种信息障碍和沟通屏障,确立正确的评价指标体系;超越个体的文化局限和文化偏好,丰富自己的历史文化知识和理解;等等。一句话,既要能进城,又要能出城;既要有自己的文化立场和文化根基,又要防止和超越自己的文化局限和文化偏见。既进山觅宝,又退远观山,从而在历史与现实、局部与全局、个别与整体、个性与共性的统一中达到对相关文化体系的全面把握和理解。

应该说,现代释义学的兴起及发展,为我们从事比较文化研究提供了重要的研究思路和方法论借鉴。直观地看,解释学的产生,始发于对人文社会科学作为相对独立学科的可能性的关注和对人文社会科学方法论的特殊关注，主要面向认识论和方法论问题，实际上根源于对人文社会现象与自然现象之间在本体论和价值论意义上的联系和区别以及由此而对认识论和方法论发生的影响。解释学本身的历史发展，主要是围绕理解(understanding)和解释(interpretation)这对基本概念展开的。狄尔泰把理解与解释对立起来，认为对自然现象只能用解释，对人文现象则只能用理解，这就把人文社会现象与自然现象、人文社会科学与自然科学、人文社会科学方法论与自然科学方法论绝对对立起来了，否认了二者间相互沟通、借鉴的可能性和必要性。亨普尔强调解释在人文社会科学中具有同样重要的地位，认为理解只是提供与动机假说有关、与心理学分析相关的协助方法，要求以解释为基础来统一理解，在解释基础上去理解，实际上是寻求人文社会科学和自然科学之间在自然科学基础上的统一性。而伽达默尔和利科尔则强调理解和解释同等重要，提出"文本"作为理解的基础，强调理解过程中的视界融合，从而谋求在精神科学基础上寻求自然科学与人文科学的统一性。

在我们看来，比较文化研究作为一种人文社会认识与评价活动，既有与自然认识相区别的地方，也有相一致的地方，因此，既不能只有理解，也不能只有解释，而是既需要解释，也需要理解，是解释基础上的理解和理解指导下的解释。问题在于如何在二者之间保持张力，寻求统一，既要保证理解的客观基础，又要保证解释中主体性的合理有效发挥；既要承认理解的个体性、独特性，又要注意到理解的整体性、共通性，在相对的理解与解释中去达至对对象的更加合理的把握。这无疑是需要也值得专门加以研究、探索的重要课题。这方面的进步无疑有助于推进和深化比较文化研究。

第二十四章　传统文化与现代化

中国的传统文化与学问尤其是儒学近年来在国际国内都受到了特殊的关注，这是人类文明发展和社会变革的一种阶段性反思，应当引起我们的关注。就儒学而言，它是中国封建社会长期演变发展的观念产物，在现代化进程中受到了强烈的批判。儒学有着许多优秀的精神内核，但从社会角度来看，儒学有它自己的社会基础和作用范围，当今社会不能再提出"儒学复兴"这样的要求。尽管如此，我们也并不否认研究、发掘和弘扬儒学现代意义的必要性和可能性，批判和改造传统思想文化是建设中国特色社会主义新文化的必由之路。

批判改造传统文化要从社会主义现代化的角度来进行，现代化意味着对先进国家的追赶，意味着全球化与世界化，意味着科学化和合理化。中国特色社会主义现代化是保存和弘扬优秀传统文化、学习和运用新科学技术与现代生产方式、坚持和完善社会主义制度三位一体的创造性社会进化过程。因此，要以科学的态度批判地继承传统文化，对传统文化进行扬弃，正视外来文化，兼容并包，创造出新形态的民族文化。社会的现代化，关键是人的现代化，是要造就具有时代特质、完善人格和充分个性的独立主体，这是衡量文化现代化与社会现代化的最终标尺。

一、儒学及其当代命运

1. 近年来儒学热的实质和背景

近年来在国内以至国际学术界和社会上对儒学命运的特殊关注不是偶然的,而是在人类文明发展和社会变革进程中的一种阶段性反思和未来模式选择,有着深刻的社会思想文化背景和目标指向。直接看来,它所涉及的似乎是中国历史上的一种思想理论和社会学说的历史地位及其现代命运,而实质上它体现和寄托着人们从各种角度对人类社会未来命运和发展方向的深切关注。正是在这种由理论命运向社会命运、由历史地位向未来前景、由中国现实向世界未来的视角转换中,体现着人类文明发展的基本趋向,也体现着理论工作者应有的时代感、责任感,并凸现出当前儒学讨论的重大理论与实践意义。

回顾近年来国内外学术界、思想界关于"儒学复兴"问题的热烈争论,直接地看,其表现为对儒学命运的不同看法,深层地分析后却不难看出隐含在这种种不同见解背后的东西——人们之间在价值观念体系和理想社会模式方面的巨大差距。正是这不同的价值观念体系和理想社会模式既作为不同主体的认知定式中的主要知识背景和参照系统,又作为他们评价体系中的价值标准而制约着人们考察儒学命运的视角、思路与方法,使其对同一问题作出相距甚远甚至根本对立的结论。因此,要深化对儒学命运的探讨,便不能就儒学谈儒学,而应首先就探讨儒学命运的方法论问题作些必要的回顾与反思,并就评价儒学命运应当采用的合理价值标准和理想社会模式进行深入探讨,进而在一些前提性和方法论问题上达成相互了解、理解以至共识。

2. 透视儒学命运的方法论问题

一种社会思想理论体系的命运是由什么决定的,这恐怕是我们必然面对的首要问题。"命运"一词,泛指生死、贫富、遭遇等的趋势和安排,特指有机体发展变化的趋向和地位。思想理论体系的命运指其在一定社会中的地位、作用及社会相应地对它的态度与回报等。影响甚至决定着一定思想理论体系在一定社会中地位与作用的因素很多,其中最基本的有两个方面:一是社会对该思想理论体系的需要及其程度,二是该思想理论在内容、性质和功能上适应社会需要的范围、层次和程度。前者作为一种外部必然性向一定思想理论的产生、形成、发展和发挥作用提出要求,并为其提供条件和实施场所,后者则作为一种内部可能性使该思想理论能够为社会所接受、承认和采纳,并在社会的运动与变化中得到实现。一定社会对某种理论的需要及其程度与一定思想理论在内容和形式上满足社会需要的功能与水平之间无论在性质上还是程度上都具有正相关性。也就是说,社会越是需要某种思想理论,为其形成、发展和发挥作用创造的条件越充分,则一定思想理论越容易产生、形成和发展,越能更好地发挥作用。而另一方面,一定思想理论越能根据社会需要及其变化而完善、更新和发展自身,则它越能唤起和强化社会对自己的需要,越容易找到实现自身功能的可行途径。应该说,准确具体地掌握一定思想理论与其社会需要之间的相关性及其相关度,是评价思想理论命运的重要方法论前提。

对儒学命运的关注,从根本上来说正是对社会命运的关注。就其本原与派生的关系而言,儒家思想是中国封建社会长期演变发展的观念再现和理论概括,是中华民族生产、生活与思维方式的写照、提炼与升华,对其具有依附性、再现性和派生性的特点。在这种意义上,儒学的命运取决于社会的命运。而就其作用功能而言,儒家思想一旦产生、形成,并得到理论化、系统化,尤其是成为历代王朝的统治思想以后,又对中国封建社会的维系和发展起着极为重要的指导和制约作用,成为中华民族内在精神文化世界的重要组成部分。在某种意义上可以说,中国封建社会的发展,就是儒家思想在与佛、道等各种社会思想的交互作用中通过亿万人的社会实践而不断得到实施和实现的过程。在中国历史上,社会发展进程与儒学演变历程具有密不可分的内在相关性,是同一过程中相互关联与制约的两个方面。儒家思想是中国小农经济和封建制度的产生、形成和发展在思想、道德、文化方面的必然要求,小农经济和封建社会则是儒家思想产生、形成、发展和发挥作用的最佳土壤,二者之间达成了一种必然的、有机的契合关系。相应地,二者的命运也息息相关,紧紧相连。它们既然共生共存,也必然共荣共辱,同沦同丧。中国资产阶级民主革命和社会主义解放运动既然均以反对和推翻封建社会经济政治制度为己任,则必然在思想文化方面批判孔孟之道。而对孔孟儒家学说真正彻底有力的批判又必须以清除其现实社会经济政治基础为条件。因此,反封建帝制和反孔孟之道成为近代中国革命必然同步进行的双重目标和双重任务。而革命的结果也必然是一箭双雕。中华人民共和国成立后,社会主义制度取代了半殖民地半封建社会制度,马克思主义、毛泽东思想取代儒家学说而成为社会的统治思想。儒学丧失其在现代中国社会生活中的特殊地位而成为一种"历史陈迹"或"历史理论"。正是在这种历史与现实的基础之上,才有可能来谈论"儒学复兴"的问题。因此,"儒学复兴"正是以"儒学沦丧"或"儒学失落"为前提条件的。在这种意义上,对儒学未来命运的考察必须以对儒学的历史命运和现实状况及其深层原因的深刻了解和理解为基础。这也是考察儒学命运的又一个重要的方法论前提。

即便正确地了解和理解了儒学的历史和现状,也不一定能正确地预见儒学的未来。在社会存在本体论的意义上,历史造就了现实,并必然通过现实而影响未来。因此,要正确地预见未来,就必须深刻地了解历史并理解现实。后者是前者的必要条件。只有全面地理解了历史才能深刻地理解现实并正确地预见未来。但这只是必要条件而不是充分条件。历史为现实奠定了基础并为未来创造了条件,但现实不是历史的简单重复和继续,未来也不是历史和现实的简单演绎,而是在历史和现实基础之上的发展和创造。因此,未来孕育于历史又脱胎于现实,却不拘泥于历史和现实,而是充满了新的探索与创造,有着新的更加丰富的内容和本质,带着更加多样的形式和特性,等等。由此,对儒学的历史命运的认识不能代替对儒学现状的具体考察和分析,对儒学历史与现状的认识不能取代对儒学未来的科学预见。因此可以说,没有对儒学的历史与现实的全面了解和正确分析,不可能有对儒学未来的科学预见。但仅仅了解和理解了儒学的历史和现状,也不一定能科学地预见儒学的命运。这里尤其需要我们的双重努力,因为科学地预见儒学命运比全面准确地了解和理解儒学的历史和现状要困难得多。从认识论的角度来看,儒学发展的历史与现状作为一种客观的存在为人们对它的认识和评价提供了现实的对象,尽管人们可能有不同的观察视角、评价标准和阐释方法,但只要是客观的现实的论者,只要他们致力于遵循历史真实的客观性原则,则不难在许多基本的方面得出共同的结论,达成共识。而对儒学未来命运的看法和预见则会差距很大以至根本对立。因为它尚未发生,人们可以在历史和现实的材料基础上加入自己的判断和想象,做出相对而言具有大得多的自由度的推论和预测。在这种推论与判断、想象与预测中不仅包含着对儒学的看法,也包含对社会的看法;不仅包含对儒学和社会在历史上和现实中的相关性与相关度的看法,而且包含对它们之间关系的未来状态的看法;不仅有客观的现实的反映和解释因素,而且有主观的判断和评价,尤其有人们的期待和盼望。因此,我们这里需要着重关注的不应是人们对于儒学未来所作出的不同结论,而应是他们由以立论的依据、作出解释的背景、分析问题的思路、进行评价的标准和建构理论的方法。

3. "儒学复兴"是否可能?

"儒学复兴"尤其"儒学第三期发展"的主张似乎主要产生于对现代社会问题的否定性评价和对儒学内核的肯定性评价。这些论者认为,资本主义的现代发展不仅造成了严重的自然生态、环境方面的问题,而且带来了许许多多严重的社会精神面貌和道德规范方面的问题,削弱甚至破坏了社会的内部和谐与协调,造成了社会内部的离散和冲突,而这些问题不可能在现代资本主义的思想观念体系中得到解决。另一方面,儒家学说一贯主张天人合一,强调人际和谐,重视"仁""礼"之治,尤其强调社会责任和奉献牺牲的人文精神,这些正是现代社会所缺乏和需要的。正是在这两方面的结合上,有必要引入和弘扬儒家思想,使之与资本主义经济政治相结合,成为现代社会的精神支柱、道德规范和行为准则,创造出新型的"儒教资本主义"。在他们看来,西方国家尚且如此,则中国的现代化建设更不应再重复资本主义的老路,而应当继承和弘扬以儒学为主的思想文化道德传统,并加以改造和重建,使之成为中国现代化建设的精神支柱,走出一条"儒教工业文明"的道路。正是在对"21世纪将是中国文化的世纪"的乐观期待中,渗透着他们对未来理想社会的基本看法和对儒学内在精神的基本肯定。我们赞赏这些论者对于儒学命运的积极态度和乐观展望。但从方法论上来看,此论要真正成立似乎还需进一步回答这样一些问题。其一,现代社会中的上述问题是否由于没有儒学而造成的?其二,儒学能否解决现代社会所面临的问题?其三,我们所面临的到底是"儒学的复兴"还是"儒学研究的复兴"?其四,根据现代社会发展要求而建立和完善的"第三期儒学"是否还能被看作是原来意义的"儒学"?

与之相对应,反对"儒学复兴"的观点则似乎主要产生于对儒学基本思想的否定性评价和对现实社会的肯定性评价。这些论者一方面突出强调中国现代社会尤其是未来社会与封建社会的本质区别,认为前者是对后者的根本否定,而不同社会的经济政治制度客观上要求与之相适应的思想道德文化观念。儒家思想产生于原则上也只适合于中国古代的宗法封建社会,它在本质上和基本精神上必然与现代社会和未来社会的经济政治制度相抵触、相背反和相冲突。社会现代化进程中出现的思想文化道德观念方面的问题,只能通过观念自身的现代发展来解决,而不可能从已成为"历史陈迹"的儒学中寻求解决。现代社会不需要儒学,中国的现代化更不需要儒学。20世纪以来的中国革命进程已经从根本上取消了儒学在中国社会的统治地位。尽管儒学的某些思想仍有其积极意义,但作为一个整体的儒学已丧失其存在的根据和条件,不具有实质性发展的可能。儒家思想不可能救中国,也不会对当代中国带来什么好处。此说观点明确,态度鲜明,却有待于进一步回答这样几个问题。其一,儒学作为一种相对独立的思想文化体系和道德价值规范是否会随着社会经济政治制度的更替而完全退出历史舞台?其二,在中国几千年历史上曾发生过重大作用的儒家思想是否还具有以及在哪些方面具有积极意义?其三,它将怎样和在多大程度上影响中国以至世界的现实与未来?

处于现代化进程中的中国以至世界是否确实需要儒学?这是决定儒学命运的关键问题之一。从总体上来看,我们认为,中国和世界的现代化进程不可能产生出对原来意义上的儒学的需要。什么是现代化?这在不同的国度、地区和时期可能有不同的具体内涵,但作为一种世界性的历史运动,现代化至少包含三个基本的特性或规定。从时间特性上来看,现代化意味着时代化,是一种指向并趋于未来的社会进化。从空间特性上来看,现代化意味着全球化、世界化,是一个更加广泛、全面和彻底地向世界开放的进程。从内容方面来看,现代化意味着更加科学化、组织化和合理化。文化现代化意味着区域文化、国度文化、民族文化向世界文化、全球文化以至人类文化的不断拓展,意味着对旧的过时的传统的生产方式、生活方式、思维方式的实际批判和扬弃,意味着对全新的社会经济政治制度和思想道德文化体系的建构与创造。这个过程,当然包含着对已有物质、社会财富的继承和利用,也包含着对历史上的精神文化成果的吸收和借鉴。但从总体上来看,却主要是对旧世界的批判和破坏,以及在此基础上对新世界的建设和创造。即使就吸收历史文化成果而言，也决不可将其某些方面或某些内容整块地搬出来作为构件原封不动地纳入自己的机体，而应根据新的社会经济政治条件来对历史上的东西加以分解、选择、批判、重组以至再造。而就其具体内容而言，每个时代都有与其经济政治基础相适应的思想道德文化要求。因此，很难想象现代社会经济政治结构会真正产生出对作为封建思想道德文化之代表的儒学的实际需要。而在从事着社会主义现代化建设的当代中国，刚从封建主义、官僚资本主义的奴役和统治下解放出来，摆脱了孔孟之道的束缚，也绝不可能又"请"回已被扫地出门的儒学。实际上，无论是现代中国还是当今世界所面临的各种问题，都绝不是儒家学说可以或能够解决的。作为一个整体，儒学有它自己的社会基础和作用范围，并已充分地发挥过自己的社会作用，当今社会不可能真正提出这种要求，儒学也不可能具备这种功能。

4. 儒家思想的现代意义

尽管我们否认儒学复兴和儒学现代化的可能性，但并不否认认真研究、发掘和弘扬儒学的现代意义的必要性和可能性。我们认为，这种探讨和弘扬有利于我国的社会主义精神文明建设，有利于促进海峡两岸的文化交流和祖国统一，有利于探讨东亚地区社会与经济发展的深层原因，有利于认识儒家文化对于发达国家、后工业社会发展的积极意义。

正确认识和评价儒家思想在东亚"四强"经济腾飞中的作用和在我国当前社会生活中的作用，准确把握儒家学说在内容、形式尤其功能方面的变化及演进趋向，对于把握儒学命运也具有重要意义。有人认为，日本、韩国等国家和我国台湾、香港等地区的崛起是儒家思想与现代资本主义有效结合的成功典范，是儒学复兴的重要途径，也是"儒教资本主义"的现实模型。在我国，也有论者把弘扬民族优秀传统文化与"复兴儒学"混为一谈，似乎尊重传统、学习历史就是尊重儒学、崇尚儒学。还有一些论者把一些国外学术名流对孔子及其学说的尊重与颂扬作为儒学在世界现代化中发挥特殊作用的依据，等等。这些其实都是缺乏充分的根据和理由的。我们认为，一方面，儒学不会随着社会政治制度的更替而马上退出历史舞台，它作为一种相对稳定的社会意识形态必然长期地和顽固地以各种方式在社会精神生活中发生作用；另一方面，在社会制度发生更替以后，儒学发生作用的范围、层次、程度和方式等都必然随社会的变化而变化。尽管按现代观点来看,儒家思想缺乏严密的逻辑和规范的表述等,但就其内容而言它仍然是个有内部层次结构和多种功能的观念体系。以孔孟思想为核心的儒学,由孔子、孟子所首创,后经董仲舒、"二程"、朱熹所发展和完善,是中国小农经济宗法封建社会结构的集中理论表现,是历代封建王朝的统治思想的理论基础,在漫长的封建社会中得到了完备的发展和最充分的应用。在较为具体的层面上,是具有各种具体内容的观念和可操作的规范,包括政治观念和政治规范、法律观念和法制规范、道德观念和伦理规范等等。这些内容有些是为中国封建社会所独有的,有些则是其他社会所共有的。这些观念和规范使儒学具体化为可操作的政策、法令和准则,支配着社会生活。在日常生活层面上,则是各种具体的行为规范和操作规定,比如处事原则、行为习惯、风俗民情、情感偏好、心理特质等。这些东西,有的是直观的、显明的,有的是潜在的、隐含的,但它们都渗透人们的社会心理之中,有意或无意、自觉或不自觉地发生着作用。以上三个层次中,都包含着两个方面的内容:一些是属于人类生产生活活动中共性的普遍性的东西,是人与世界关系中共同具有和普遍面临的东西,一些是属于中国封建宗法社会所特有的东西。相应地,儒家思想也大体包含两个方面的内容:一些是为中华民族在其封建社会发展阶段独有的东西,另一些是中华民族与世界其他民族所共有的东西。这两个方面的内容由于其对象、基础的不同而有不同的发展程度和适用范围。那些为中国封建社会所独有的和特有的东西,对中国封建社会有着特殊的作用,为封建统治者所需要和钟爱,从而能够得到充分发展和发挥作用的条件,并得以发挥其功能。也正因为如此,它们也只能适合于中国封建社会这一特定的时空和发展阶段,一旦脱离了这一特定的社会环境则丧失其功能。因此,儒家思想的这一部分内容必然随着社会制度的更替和变革而丧失其对象和功能。那些作为人类生存活动和发展所面临的普遍共同内容方面的东西,则不仅能够超越中国封建社会阶段而流传和发生作用,而且能够超越国界和民族差异为其他民族、其他国度所吸收和借鉴,从而获得某种超时代、超国度的意义。这些内容正是儒家思想中的积极方面。稍作分析不难看出,儒家思想中至今为东南亚各国以至国际学术界、思想界所称道和赞颂的东西,正是这些具有超国度、超时代意义的东西。因此,严格说来,不是儒学促成了东亚诸强的崛起,而是这些国家和地区吸收儒家思想中适合资本主义生产和生活活动的那些共同的、普遍的东西而加以创造,激发了人的积极创造精神,创造了经济腾飞的奇迹。学界人士对儒学的赞扬也不是针对作为整体的儒学而言,而是针对其中有利于人类文明进步的那些方面而言的。对中华民族来说,弘扬民族优秀传统文化,当然不是只弘扬和学习儒学,还必然包括佛道各家在内的所有优秀历史文化,也不是全面复兴和尊崇儒学,而是批判和扬弃儒学中那些只适合封建宗法社会的思想理论规范和准则,发掘那些适合人类共同生活而于今天的现代化建设仍有意义的东西,使其在新的条件下得到强化和发展。因此,批判和扬弃儒家思想中在封建社会阶段已获得充分发展并得以充分发挥作用但已丧失现代意义的东西,发掘和完善儒家思想中以萌芽形式存在,反映人与世界关系的普遍特性从而今天仍有积极意义的内容,根据新时期人与世界关系的现代特点对其加以改建和创造,是建设中国特色的社会主义新文化的必由之路。

二、中国传统文化与社会主义现代化

1. 现代化的含义与中国社会主义现代化的特点

什么是现代化?这在不同的民族、国家和不同的时代有不同的含义,但作为一种世界性的历史运动,现代化至少包含着三个基本的特性或规定。

从时间特性上来看,现代化意味着时代化,是一种指向并趋于未来的社会进化。一定的时代有其现代化的一定水平和标志。对一定时代先进水平的追赶或逼近,意味着对自身历史和现实的超越。这种超越,不是对时间自然流逝的简单适应,而是在加速度的积极活动中对历史和现实的积极扬弃和对未来的积极创造。不同地区、民族和国家之间在现代化水平上的差异,也可以相对地看作一种时代性差异。对于落后国家、民族、地区来说,加速现代化进程之所以显得格外重要,正在于他们只有以超常的速度、节奏和频率,才能赶回历史上被耽误了的时间,缩小与先进国家的实际差距。

从空间特性上来看,现代化意味着全球化、世界化,是一个更广泛、全面和彻底地向世界开放的进程。历史向世界历史的转变,意味着人类活动在空间范围上不断拓展,由局部向全局,由区域向全球,由民族、国度走向世界。在不同的时代,人类活动总有其空间局限,但对狭隘地域主义、民族主义和国家主义的不断克服却是现代化进程的重要趋势。因此,现代化意味着对于造成世界分割和隔离状态的各种因素的不断破除,意味着地域心理、狭隘民族意识向世界意识、全球意识的不断转换,意味着区域文化、国度文化、民族文化等向世界文化、全球文化、人类文化的不断拓展。

从内容方面来看,现代化意味着更加科学化、组织化和合理化。人们创造出并掌握和运用最先进的科学技术和生产方式,从而以更加合理的方式从事与自然之间的物质、信息和能量变换;人们建立并完善更加和谐协调的社会机体和组织形式,从而以更加合理的方式从事人与人之间的社会交往;人们在更加先进和科学的社会政治思想和道德文化观念的支配下从事一切社会活动,从而更加自觉地促进从个体人到社会的更加全面充分的自由发展。因此,现代化意味着对旧有的、过时的、传统的生产方式、生活方式、思维方式的实际批判和扬弃,意味着对于全新的文化体系的建构和创造。

作为一种统一的社会进化运动,现代化的空间特性和内容特征是在时间链条的运动中不断显现和完善起来的。随着时间的推移,以人们的社会活动方式不断更新和强化为条件,社会运动在空间上不断拓展,内容上不断更新,从总体上来看属于一种不可逆运动,促使着社会机体的不断完善和发展。但是,在人类生存和活动的世界范围内,不同地区、民族或国家之间现代化进程及其速度方面却可能有所不同,它们之间在现代化速度方面的不均衡和不等速性,必然造成它们在同一时期中现代化水平的差异性和不平衡性,表现为不同地区、民族和国家在生产方式、经济结构、社会组织、政治体制、思想体系、文化观念等的不平衡发展。相比之下,一些国家、民族和地区领先了,成了世界现代化进程中的带头者;一些国家、民族和地区落后了,成了世界现代化进程中的落伍者。先进者、带头者与落后者、落伍者之间在空间特征和内容方面的差异,从时间方面来考察,则可以看作时代的差异,先进与落后者之间在同时性结构中实际上属于历史发展总过程的不同阶段和不同时代。于是,对这不同的民族、国家、地区来说,现代化这个概念有了不同的实际含义。对于先进的国家、民族、地区来说,现代化意味着不断地开拓、创新,去观念地和实际地建构人类历史上还没有产生和实际存在过的更加理想和美好的生产方式、社会模式,这是一种对于全人类而言都具有普遍真实意义的创新,是真正和本来意义上的现代化。而对于落后的民族、国家和地区来说,则首先是要缩小与先进者的差距,达到先进者的水平,为此必须向先进者学习,吸收它们的积极成果,加速自己的发展。这时,先进国家现代化的已有水平和模式成为后进者的目标;后进者的现代化,实际上首先是对于先进者已有水平的追赶。这种现代化,实质上是一种追赶型现代化。

中国目前的社会主义现代化,就是在后一种情况下发生的。近代中国在世界现代化进程中严重落伍。中华人民共和国成立以来,经过全民族的努力,在某些方面的差距有所减小,但在相当多的方面的差距仍然存在,有的方面甚至有所拉大。这种差距,实质上是小农社会与工业社会尤其现代信息工业社会之间的差距,因此是一种时代性差异。中国社会运动在时间特性上的慢节奏、低速度,在空间特性上的范围狭隘、封闭性强,在内容和方式上陈旧、落后、保守,等等,都表明它在发展程度上不仅远远落后于当代世界发展的先进水平,甚至难以达到世界现代化的中等或平均水平。如果这种状况不迅速改变,则中国与世界的差距必然迅速拉大,长此以往,势必丧失其生存的世界价值而为世界历史所淘汰。马克思于一百多年前在谈到当时中国的落后状况时曾经严肃而深刻地指出:"一个人口几乎占人类三分之一的幅员广大的帝国,不顾时势,仍然安于现状,由于被强力排斥在世界联系的体系之外而孤立无依,因此竭力以天朝尽善尽美的幻想来欺骗自己,这样一个帝国终于要在这样一场殊死的决斗中死去。在这场决斗中,陈腐世界的代表是激于道义的原则,而最现代的社会的代表却是为了获得贱买贵卖的特权——这的确是一种悲剧,甚至诗人的幻想也永远不敢创造出这种离奇的悲剧题材。"① 一百多年过去了,中国和世界都发生了非常深刻的变化,但中国远远落后于世界的现代发展先进水平这一点并没有从根本上改变。相应地,落后的中国拖世界现代化的后腿,中国成为世界现代化历史进程的障碍这种可能并没有从根本上取消,中国为世界历史所淘汰的厄运仍然存在。面对这种严峻的现实,中国的唯一出路

---

① 马克思恩格斯选集(第 2 卷)[M]. 北京:人民出版社,1972:26.

就是幡然奋起,面向世界,面向未来,积极地向当代世界最先进的科学技术和社会文化看齐,积极加入并迅速追赶世界现代化的历史进程。这是中国现代化运动唯一正确的目标模式和目标选择。

中国特色的社会主义现代化是中国社会内在矛盾运动发展的历史必然,也是世界范围的现代化历史进程在当代中国大地上的特殊表现。首先,它必须始发于当代中国相对落后的历史状况和现实基础。目前中国与世界发达国家实际上处于不同的起跑线上。要赶上和超过世界现代化的先进水平,要求我们有一个加速度和超速度的发展进程。其次,它必须奠基于当代最新科学技术和生产方式的基础之上。小农业的生产方式以及相应的生活方式、思维方式和评价方式等,是中国现代化的最大障碍之一。只有自觉接受并迅速加入世界性的新技术革命浪潮,逐步然而尽快地更新整个国民经济和社会生活的现实物质技术基础,才能为从根本上更新社会结构和思想文化创造必要的条件。再次,它必须坚持社会主义的基本方向。社会主义制度在中国的建立,不是一种偶然的事件,而是近代中国社会矛盾发展的必然结果,是中国人民经过痛苦磨难而作出的历史选择。我国多年的社会主义实践已使社会主义思想深入人心,成为民族精神的内在组成部分。不管世界风云如何变幻,在中国,如果我们否定了它,则不仅否定了我们自己的历史,我们的国家和人民也丧失了自己自立于世界的安身立命之本。

由上可见,"中国特色"在于保存和弘扬中国优秀传统文化、学习和实施新科学技术与现代生产方式、坚持和完善社会主义制度这三者之间所保持的一种必要的张力。"中国现代化"正是这三位一体的创造性社会进化过程。

2. 传统的含义与中国传统文化的特点

什么是传统?如何评价中国传统文化?人们对此历来有不同的看法。在我们看来,"传统"是人类文化进化过程中的一种特殊成分或特有现象,指一定文化系统在其历史延续过程中得以相对稳定地保存、遗传和存留的那些性质、要素与结构关系等,是使一定文化系统在其历时态结构中保持其根本特性和系统特质的那些基本东西。传统本身是人类历史活动的产物,是人们在文化生产和文化创造中逐渐累积和积淀起来的,因而对于一定时代的人们来说,传统首先是一种历史性的存在,但它们又作为历史文化中相对稳定的成分甚至基核而留传下来,参与到现实人的文化生活和文化创造活动之中,发生着自己的影响和作用,甚至作为一种趋向或定式而制约和引导着人们的现实活动模式,进而制导着文化的发展方向。传统对于任何时代的人们都发生着作用,并且通过这种作用而保持着文化系统进化过程的连续性和继承性。后人可以在历史文化基础上进行新的文化创造,但只要尚未改变其基本结构关系,则传统仍然会以自己的独特方式在新的文化系统中得以保存并发生作用。因此,传统又是人类促进文化遗传和保留文化记忆的重要途径和渠道之一。

在人类社会发展的历史过程中,传统文化与现代文化的区分具有极大的相对性。相应地,中国的传统文化,是建设社会主义现代文化所不可替代的历史起点和现实基础。传统文化是相对于现代文化而言的。从时间上来看,传统文化指历史上已经发生、形成和发展的文化现象、文化形态和文化意识等,侧重标示已有文化成果的既成性和历史性。现代文化则指未来文化的发展前景和理想状态,侧重标示文化发展的未来性。正如在时间序列中过去和未来随着坐标系的变换而相互转化一样,"传统的"与"现代的"之间的区分也具有相对性:它们既在文化发展的历史过程中相互区别,代表着同一文化发展过程中相对独立的两个时期,又在这种历史过程中相互连接,代表着这一文化发展过程中前后相继的两个阶段。传统文化是建设社会主义现代化文化所不可替代的历史起点。这种不可替代性深深地根植于文化发展历史过程所必然具有的连续性,是我们考察一切文化发展问题所不可忽视的基本出发点,相应地,它也应当成为研究中国现代化与传统文化关系的逻辑起点。

从内容上来看,传统文化是历史上人们积极地处理自身与世界关系所创获的成果,是历史上科技进步、经济发展、民族兴盛、社会进化的精神成果和观念表现,带着深刻的地域特征和民族烙印。现代文化则与科学技术以及经济、政治、思想道德的未来发展相适应,是未来社会整体结构中不可分割的组成部分和主要方面,侧重标示未来文化所具有的时代特点和社会内容。但是,传统文化与现代文化之间并没有一条严格的界限,它们相互渗透、代表着同一文化发展过程中的不同级数和不同水平。社会生产所具有的连续性,尤其是社会的文化意识所具有的相对独立性,决定了任何新的生产能力都只能在已有文化成果的基础上产生、形成和发展。每一时代的文化都既是现时人积极活动和创造的结果,又是在以往的传统文化基础上产生和发展起来的。人类文化发展是有其特殊的连续性、继承性的,即使在其进化过程中会不断出现变革、飞跃,它也不会越出人类精神、人类理性发展的历史轨道,并由此而形成相对稳定的文化传统。每一世代在文化方面所产生的积极成果,都作为文化传统的神圣链条中的一环保存下来,作为遗产传给下一代,成为下一代精神世界的灵魂,并通过这种方式而成为新时代文化的重要内容。经过这种文化遗传和下一代的掌握与发展,文化传统的进化链条就会跃迁到一个更为丰富、更为膨大的新环节。这个新环节也就是人类文化发展长河中具有一定时代性特征的新阶段。在这里,传统文化不断向现代文化转化,它以扬弃自身的方式转化为新时代文化中的历史构件和组成部分;现代文化则通过对传统文化中合理成分的吸收而使之转化为自己不可分割的组成部分,并以此保持着自身与历史上文化的继承和延续关系。同时,随着历史的推进和时代的变迁,现代文化也转化为传统文化,成为后起的和更新文化的历史基础和思想渊源。正是在传统文化与现代文化之间这种随着时代发展而不断进行的双向转化和运动过程中,可以看到,一定文化系统中的文化传统并不是一种静止不动的死寂的历史积淀物,而是一道生命洋溢的、永远流动的、离它的源头愈远就膨胀得愈大的人类精神、人类理性的洪流。

中国传统文化是中华民族在其特有的地域空间中长期生产与生活所创造的特殊文化形态。它有着悠久的历史,在世界四大古代文明中唯一延续至今。它有着相对稳固的基核,比如以儒学为主导的思想意识,以王制为标志的封建君主政治,以中庸为核心的价值体系,以小私有为基础的财产体制,以小而全为特色的生产与生活方式等。它曾一度领先于世界文化发展进程(例如汉唐时期),并吸收和融汇了种种外来文化(如佛教文化、伊斯兰文化等),对中国社会经济、政治、思想文化的稳定与协调起过非常积极的作用;尽管在近代以来全面落后于世界现代化的历史进程,但仍对中国社会的现实发生着几乎是无处不在、无孔不入的影响和作用。

3. 中国现代化对传统文化的继承

中国要加入和超越世界现代化的历史进程,实现自身的现代化,必须向世界先进科学技术和社会文化看齐。但这并不是"西化",更不可能是"全盘西化"。中国近代史上关于"西方化"还是"东方化"的激烈争论,发生在西方文化大幅度领先并以各种方式迅速侵入我国的特殊背景之下,表达着当时的志士仁人对中国社会现代化方向的探索和追求,有其特殊的历史内涵和社会意义。时至今日,不仅中国已经发生了翻天覆地的变化,世界格局也发生了极为广泛和深刻的变化。两次世界大战加速了历史向世界历史的转变。苏联、东欧、日本和东亚等一大批落后国家迅速崛起,打破了"西方世界"的一统天下的局面。西方不再是现代化的唯一标志,西方文化的现代水准也不再成为中国现代化的唯一目标。中国现代化的目标设计不能再仅以西方为参照系,而是面向整个世界的全球化、时代化。不仅如此,以西方化或全盘西化来规定现代化的发展方向,实际上意味着对中国传统文化的根本否定和对文化传统的根本抛弃。而西方化和全盘西化之不可取也不可能,也正在于中国传统文化是不应该被全盘否定,也是不可能被彻底抛弃的。继承和弘扬中华民族文化传统中的优秀成分,是中国现代化所不可忽视的历史起点和现实基础。

如果说任何国家的现代文化都只能起步于自身的传统文化这个历史起点,并建筑在它所提供的现实基础之上,则这种情况在我国将表现得更为突出。我们知道,在中国历史上经济政治和思想文化之统一体协调发展的超稳态社会结构中,中国的传统文化曾经起过非常积极的作用,是华夏文化在古代四大文明中唯一独立发展延续至今的重要因素。它已经作为一种稳态的文化意识深深地积淀在全民族的深层心理结构之中,通过社会的物质生产和再生产、社会关系的生产和再生产、社会的精神生产和再生产,以至人的生产和再生产等各种渠道而传递和延续,通过对全体社会成员心理结构、文化素质和深层意识的影响而发挥着巨大的作用。经过百年来血与火的斗争,尤其是"五四运动"的冲击,传统文化的具体内容、作用范围和实际方式等方面都有了不同程度的变化。但它们在现实生活中的实际作用仍然是不可低估的。过去我们曾经期望能够通过对私有制经济和政治制度的革命而获得一块全新的文化基地,去设计和建构一个崭新的文化世界。现在看来这只是一种美好的愿望,是对历史发展的延续性、文化进化的过程性和文化建设的继承性的认识严重不足的表现。如果我们继续以这种愿望代替对历史与现实的冷静分析和正确估量,并进而制定各项方针、政策和策略,则难免受挫,造成大量的反主体性效应。

马克思在谈到政治经济学的方法时写道:"哪怕是最抽象的范畴,虽然正是由于它的抽象而适用于一切时代,但是就这个抽象的规定性本身来说,同样是历史关系的产物,而且只有对于这些关系并在这些关系之内才具有充分的意义。""资产阶级社会是历史上最发达的和最复杂的生产组织。因此,那些表现它的各种关系的范畴以及对于它的结构的理解,同时也能使我们透视一切已经覆灭的社会形式的结构和生产关系。资产阶级社会借这些社会形式的残片和因素建立起来,其中一部分是还未克服的遗物,继续在这里存留着,一部分原来只是征兆的东西,发展到具有充分的意义……因此,资产阶级经济为古代经济等等提供了钥匙。"[1]

马克思的这段话,对于我们分析和处理传统文化与现代文化的关系,同样有十分重要的方法论意义。从人类社会进化发展的总过程中来考察传统文化的社会作用和历史意义,它必然包含着两个基本的方面。一方面,传统文化作为一定时代的人们以一定方式的活动处理自身与外部世界关系所创获的积极成果,必然有其地域性、时代性的印记,包含着对当时的时代、民族和地域具有充分意义的东西。随着历史向世界历史的转变,随着时代的转换,它们一旦超越了具体的历史时代,则逐渐丧失其意义,成为过时、陈旧的东西,在与新经济、政治和科学文化的接触中必然显现出封闭性、保守性的历史局限性,它们中的某些方面甚至会和新文化相抵触、相冲突,甚至作为消极的和保守落后的力量,妨碍甚至阻碍社会现代化的进程。因此,要把传统文化转变为现代文化的一部分,就不能不加分析地把传统文化全盘接受过来并不加改变地忠实保存着。我们不能像一个"管家婆"一样对待传统文化,也不能将其当作一尊不动的石像虔诚地供奉起来,而必须对其狭隘性、封闭性、保守性以至反动的方面进行深刻的批判,扬弃其过时的、陈旧的和落后的东西,这是真正有效地继承和弘扬传统文化的必要前提条件。

而另一方面,人与世界的关系尽管在不同的时代、地域和民族中有不同的广度和深度、不同的形式和内容,但又是一种普遍的必然的关系。相应地,人们在具体的地域、国度和民族中处理自身与世界关系的

---

[1] 马克思恩格斯选集(第2卷)[M].北京:人民出版社,1972:107-108.

活动又总是有其超地域、超国度、超民族的普遍的和共同的方面,而作为其活动结果的文化产品中也总是有着某些超时代、跨民族、越地域的普遍性和永久性的东西。尽管这些东西在当时往往只是以征兆、端倪或萌芽的形式存在着,但它们却使得传统文化具有某些超地域、超民族和超时代的普遍意义,并且作为文化系统中的萌生因素而代表着一定文化系统的发展方向。正是它们,充当着不同地域、民族的文化传统之间相互联系和沟通的纽带,筑成了传统文化向现代文化持续转换的桥梁。因此,弘扬传统文化,就是要认识和发掘传统文化中这些具有超时代意义的普遍的、共同的、永久性成分的东西,在人与世界关系的现代水平上进行新的创造,使之得以发育、成长、展开,得到充实和完善,进而以成熟的和发达的形式出现在现代文化中,或成为现代文化体系和人类文化世界的内在组成部分。这正如黑格尔在谈到哲学家的使命时所指出的:"这是我们时代的使命和工作,同样也是每一个时代的使命和工作;对于已有的科学加以把握,使它成为我们自己所有,然后进一步予以发展,并提高到一个更高的水平。当我们去吸收它、并使它成为我们所有时,我们就使它有了某种不同于它从前所有的特性。在这种吸收转化的过程中,我们假定一个已有的精神世界,并把它转变成为我们自己的一部分。"①

4. 中国现代化对传统文化的超越

我们要继承和弘扬中国传统文化,但这种继承和弘扬绝不是把传统文化全盘接受过来并不加改变地保存着,而必须以科学的态度分析并批判其狭隘性、保守性,扬弃其过时的、落后的那些方面,在文化建设上有所超越和升华。

我们知道,文化现代化,就其本来的含义而论,意味着对传统文化的辩证否定和扬弃,意味着对具有新质和新形态的文化的创造。中国的现代化,绝不可能是自身历史文化传统的简单延续、原样继承和重复放大,而是在批判和超越传统文化的基础上实现的一种文化飞跃、文化变革与文化创造。中国现代化的历史进程,绝不可能沿着中国悠久历史文化传统所特有的巨大惯性为我们所规定的方向以原有的方式、速度、频率、节奏和周期平滑地展开,而必须在向世界先进文化的时代性

---

① 黑格尔. 哲学史讲演录(第1卷)[M]. 北京:商务印书馆,1959:9.

逼近中以一种全新方式、全新速度、全新频率、全新节奏在波折起伏中展开。因此,我们既要反对根本否定传统的文化虚无主义,也要反对固守传统的文化保守主义,在对现代文化的积极创造中实现对传统文化的弘扬与超越。

扬弃地对待中国传统文化之所以必要,在于中国传统文化内部必然地包含着过时的、陈旧的东西。中国传统文化作为一定时代的人们以一定方式的活动处理自身与外部世界关系所创获的积极成果,必然有其地域性、时代性的印记,包含着对当时的时代、民族和地域具有充分意义的东西。随着历史向世界历史的转变,随着时代的转换,它们一旦超越了具体的历史时代,则逐渐丧失其意义,成为过时、陈旧的东西,在与新经济、政治和科学文化的交互作用中发生冲突与碰撞,为此有必要对其加以扬弃;而对那些作为萌芽状态的东西则应加以发现,并立足于人类实践的现代水平进行新的创造,使之得以发育,成长展开,充实和完善,进而以成熟的和发达的形式出现在现代文化中,成为社会主义新文化的组成部分。

中国传统文化是否有足够的生机和活力继续存在下去?是否有走向现代化的可能性?对此人们历来有不同的看法。而且应该说,近代以来,尤其是五四运动以来,出于破坏旧世界的需要,在对旧经济制度和政治制度实施革命的同时,对以孔孟之道为核心的传统文化的批判一直是思想战线的重要任务,但至今似尚未收到预期的效果,这就要求变换视角,从建设社会主义新文化这种基点上重新认识和评价传统文化的历史地位、社会作用和发展趋势,反思和确定我们对其的基本态度和各项政策。

我们曾经谈到,随着时代的变迁和社会的发展,传统文化作为历史上人类活动的结果和产品必然有其保守性、落后性和封闭性,弄得不好,甚至有可能成为现代化建设的阻碍力量。但如果由此而把传统文化从整体上看作"一潭死水","一种完全保守的力量","一个十分沉重而又无法摆脱的包袱",看作前进路上无法绕开的"沼泽地",根本否认传统文化有着超时代的积极内容,有着走向现代化的积极倾向和内在力量,则难免陷入否定历史的文化虚无主义。正如旧经济中必然地蕴含着生成和发展新经济的内在力量一样,传统文化也不仅"通过一切变化的因而过去了的东西,结成一条神圣的链子,把前代的创获给我们保存下来并传给我们",而且"并不是一尊不动的石像,而是生命洋溢的,有如一道洪流,离开它的源头愈远,它就膨胀得愈大"①。一旦我们为它拆除了不应有的闸阀,打开了瓶颈,则传统文化必将向着现代化的方向迅跑。这里的问题,在于根据新的历史条件,采取适当的方式对传统文化内在活力进行有效的激发和正确的引导。

所谓激发传统文化的内在生机和活力,就是要引导传统文化的演变和发展方向,使其向着现代化的方向进化。应该说,走向现代化,是传统文化进化发展的必然趋势和基本方向。这种必然性和方向性,根源于事物发展过程所必然具有的变异性。连续性使事物发展中的不同阶段前后相继,变异性则使这些不同阶段在质上和量上都显现出差别。这种差别从向度上来看有前进、倒退或原地踏步等,从价值上来判断则有进步、落后与反动之分。当变异性在一定因素刺激和作用下促使事物向着前进和上升的方向运动时,则表现为事物的新陈代谢和进化发展。事物的内在矛盾性,尤其是生物机体和社会机体所具有的内在活力,是引起事物演化、变异的主导因素,也是促进事物进化的积极力量。因此,新陈代谢、进化发展、螺旋式上升是历史过程变异性发生作用的总趋势和总方向。中国文化由传统文化形态向现代文化形态这种更高级形式的发展,就是文化发展过程中的变异性在多种积极因素交互作用下新陈代谢、进化发展的结果和表现,是传统文化中所包含的那些具有超时代意义的东西在新的历史条件下得以展开、丰富、完善,并进而影响、制导整个文化系统发展方向的结果和表现。这样,问题的重心就发生了转化:不是传统文化能否走向现代化,或有无这种根据和可能的问题,而是传统文化在哪些因素的刺激和作用下才能更快地走向现代化的问题,这也就是传统文化现代化的激发机制和内在动力问题。

5. 民族文化与世界文化的冲突与融合

对传统文化的扬弃与超越,是在与世界文化的交流、碰撞、冲突与融合中实现的。学习世界文化,是中国现代化的基本实现方式之一。

向世界先进文化看齐,不仅有此必要,也有此可能。从文化学的角度来看,这种必要性和可能性来自作为本土文化的民族文化与作为外来文化的世界文化之间交互作用、相互转换、交织融汇的必要性与可能

---

① 黑格尔.哲学史讲演录(第1卷)[M].北京:商务印书馆,1959:8.

性。外来文化是相对于本土文化或民族文化而言的。从文化发生学的角度来看,人类文化的产生、形成和发展受到自然条件(地域、人种、语言等)、社会条件(生产方式、经济结构、政治制度等)和心理条件(思维模式、心理结构、情感方式等)的隔离、影响和制约,一开始总是以地域文化、民族文化的形式出现的。不同地域、不同民族的文化从内容到形式都有着自己的特点,从而相互区别。生产的发展和语言的进步拓宽了人们的活动领域,不同地域和民族之间的文化交流日益频繁。在这种交流之中,一切民族文化对其他民族而言都具有外来文化的性质。而且随着文化的历史发展,尤其是在世界文化初步形成的近代和现代,任何民族文化中都已多少融汇了外来文化的因素。但是,就特定民族发展中的特定时期而言,这种区分还是相当明显的、确定的,外来文化就是在一定时期中由其他地域、其他民族以各种形式引进和传入的各种文化产品、文化形态和文化意识的总和。

民族文化的形成是该民族所特有的向心力和离心力、内聚性和扩散性相互斗争的产物,是向心力战胜离心力、内聚性大于扩散性的结果。与此相应的,是民族文化在对外关系中所具有的扩张力和排他性,这表现在民族文化对异族文化的融合和改造上。于是,当两种或多种民族文化发生接触和碰撞时,相互排斥、抵制和相互吸收、融合的情况往往同时发生。正是在这种矛盾和冲突中,对立的双方都会在相互作用中变形和转化。其具体表现是多样的,但大致有两种基本情况。一是外来文化民族化,即外来文化对其他民族发生影响和作用的过程,就是它在形式和内容各方面为该民族所改造、吸收和同化的过程。通过这种变形和转化,外来文化融汇于民族文化之中,成为其中的内在组成部分,而民族文化则由此而获得新的内容和成分,得到发展。二是民族文化的国际化。在文化交流中,给予和接受都是相互的,输出与输入是双向的。各种民族文化都在交流中扬其精华,去其糟粕,通过变形和转化,为其他民族所接受和发展,这就使得民族文化改变了自己原有的狭隘性、局限性,成为世界文化中不可分割的有机组成部分。

外来文化的民族化和民族文化的国际化,是国际间文化交流中同一过程而产生的两个方面的成果,是文化发展中的一种积极变异。在这种交流中往往是先进的文化形态在带动和促进落后文化形态之发展的同时,获得了发展自身的养料和动力,带来自身的发展,导致世界文化的总体进步。因此,文化交流,对于各民族文化来说是引起积极变异的有力杠杆,从世界范围内来看,则是人类文化在内部冲突和融合中不断发展的内在动力。从历史上来看,大凡在人类文明史上留下了自己的特殊痕迹的区域文化、民族文化都以自己的特有方式融汇了外来文化,是世界性文化交流与碰撞的积极产物。中国历史上以汉唐鼎盛期为标志的长安文化,显然不是中国自身文化孤立发展的结果,而是当时的中华民族以其博大的胸怀张开双臂迎接和吸收当时世界优秀文化的产物。当时的西域文化、南洋文化等,无疑都为其作出了重要的贡献,从而不仅创造了中国历史上最为辉煌的时期,而且作为当时的"现代文化"而推动了当时世界文化的进步。而今,在现代世界文化体系中引人注目的东亚文化圈,无疑正是在东西方文化的时代性冲突与碰撞中有机融合的典型文化形态。它既以自己的方式保存了包括中国传统文化在内的东方文化与以英美文化为标志的西方文化各自的精华,又扬弃其各自的缺陷和弊病,通过时代性的综合与创造,建设了一种独具特色的文化形态。尽管东亚各国仍然有着自己的复杂的内部社会文化问题,但它毕竟为世界文化的一体化发展提供了一种可行的道路和成功的范例。当前,正在崛起中的"环太平洋经济圈"更是世界经济政治思想文化在更大范围内整体化综合化发展的重要标记和征兆,它意味着人类历史由区域史、国度史向着一种真正的人类史、世界史的转变,标志着区域文化、民族文化向着全球文化、世界文化的迅速发展。

6. 三位一体的中国现代化进程

对中华民族优秀历史文化的继承、批判与超越,是在引进和吸收当代最新科学技术和思想文化,并不断进行新的文化建设与文化创造的过程中实现的。

中国社会现代化的历史进程,就是在弘扬中国传统文化,学习世界先进文化和创造当代中国文化这三位一体的活动过程中持续地展开的一场全面而又深刻的文化变革运动。这三个方面,构成了中国现代化的基本含义和基本内容,它们之间既相互制约、互为条件,又相互促进、互为因果,还相互转化、互为动力,构成了中国现代化持续展开的实现机制。相应地,外来文化的中国化、民族化,传统文化的时代化、世界化和基于上述二者而实现的对中国现代民族文化的重构和再创造,这三位一体构成了中国现代化的实现过程。

外来文化的中国化、民族化之所以必要,可以从两个方面来看。在中国方面,是由于社会主义现代化建设对于世界文化的有选择的需要。近代中国的全面落伍,增强了这种需要的紧迫性,也强化了这种需要在内容、形式和水平等各方面的选择性。一般说来,需要的性质和内容与满足需要的能力之间具有相关性。只有与中国目前的吸收、同化和利用先进科技的能力水平相适应的国外先进科学技术,才能为我们所接受和掌握,并对中国的现代化进程发生实际有效的积极作用,从而才是中国目前真正需要的对象。因此,根据自己需要的性质和能力来有选择地引进世界先进文化,是中国对世界依赖性的具体实现形式。而在世界文化或外来文化方面,则是由于外来文化在现有的结构和形态上无法直接满足中国的需要。外来文化直接地仍然是以各种民族文化、地域文化的形式而存在的,有其赖以产生和发展的民族、地域基础,打着一定的民族、地域的烙印,要为中华民族所接受和掌握,必须经过一定的变形和改造。

矛盾的产生,来自文化交流的全面性,根源于文化发展的整体性。在目前的中外文化交流中,多种渠道同时开放,多种性质、多种形态的产品、技术、思想、文化等同时涌入,难免雅俗兼有、优劣共进、良莠并存。过去我们曾经希望在输入外来文化之前便严格甄选,只输入国外的先进科学知识、技术设备、管理方式等积极的一面,限制或杜绝各种反动或落后的政治思想、伦理道德和风俗习惯等消极的一面。历史上与现实中关于"中体西用"还是"西体中用"的长期争论,就更以"体"和"用"可以实际地分割开来这种认识为前提,表达着人们有选择地引进外来文化的愿望。但历史和现实表明,这只是一种不切实际的愿望。文化发展的整体性,不仅表现为文化与经济和政治相辅相成、协调发展,也不仅表现为特定文化形态中的各个方面、各个层次和各种要素相互辉映、整体发展,还表现为特定文化在性质上的完整性,即其"体"或"用"的缺点和优点都是相对于其对应的"用"或"体"而言的。它的长处同时也就是它的短处,反之亦然。它们既不可能实际地割裂开来,也无法抽象地加以"提纯"。因此,输入的先进文化产品和文化意识也只有在与中国的实际情况相符合,并与中国的文化传统相结合时才能实际地发挥作用,否则其作用和功能也会向其对立面转化。这就需要对外来文化进行必要的解构、变形、加工、再造,以为中国人民所吸收、消化和运用。这正是外来文化中国化、民族化的真实含义和实际任务,也是中华民族向外来文化学习的必经途径。正是在这里,我们可以看出中国现代化既不能闭关自守,拒斥世界先进文化,也决不能照抄照搬,不问皂白,一概拿来;有选择地学习、吸收和同化世界先进科学文化,是中国现代化的根本出路。也正是在这里,可以看出"全盘西化"论的荒谬和失足之所在。

外来文化中国化、民族化不仅必要,而且可能,这种可能性也可以从两个方面来看。在外来文化方面,一是其内部蕴含着为中国社会主义现代化建设所需要的积极内容,能够成为中国人民学习、追求的对象,保持对中国现实的足够的超越性和吸引力;二是它有足够的可塑性和变异性,能够适应新的环境,能够与新的文化传统相沟通和融合。在中华民族方面,则要求它不仅具有开放门户、积极引进和学习外来文化,敢于扬弃"自我"的足够勇气,而且具有对外来文化和民族文化以至整个国情的足够清醒、准确和全面的认识和自我认识能力,还具有一整套有效移植、改造、吸收和融汇外来文化的制度、措施和机制,有足够的内在生机和活力。正是在这里,我们可以看出激发中国传统文化的内在生机和活力、促使传统文化时代化、世界化,对于建设中国现代化文化的作用和意义。

中国的现代化建设是以中国传统文化为自己的历史起点和现实基础的。传统文化的内在生机和活力,是它作为开放系统而接收、同化和融汇外来文化的内在根据;这种活力和能力的大小,影响甚至制约着与外来文化交流的范围、方式和水平。相应地,对传统文化内在活力和生机的激发与强化,既是更好地吸收引进外来先进文化的要求,也是其重要的内在条件。

社会运动的系统性,决定了文化发展必然受着多方面的制约和影响。相应地,传统文化现代化的激发机制也是多方面和多层次的,大体可分作两个基本的方面:第一,对外文化开放。打破文化隔离和文化禁锢,在与世界文化的交流、比较中找差距、求动力,在世界文化的一体化发展中找位置、明方向,创设促使传统文化由封闭走向开放所必要的信息环境。第二,对内思想搞活。要打破文化专制,以思想文化领域的生机和活力来体现和保障活跃的社会生活,在科技现代化、经济多元化和政治民主化的改革进程中求得文化和社会的全面现代化。

对外开放与对内搞活,作为中国目前全面改革和社会主义现代化建设的两项基本国策,体现着中国现代化的方向,既要有选择地吸收国外的先进科学技术文化,又要有批判地继承和弘扬民族文化的优秀成分。二者的结合,是在中国人民现实的文化创造活动中实现的。在这种活动中,外来的先进文化被作为一种全新性质的因素引入中国文化系统中并发挥作用,它们作为一种超越中国现实的理想成分、目标模式而对主体文化创造活动的目标选择发生积极的诱导和影响作用,并必然引起人们活动模式的改变,引起文化系统中各种要素之间结构关系的变化,使原来的低水平的稳态文化系统中不平衡性增加,使文化系统的整体结构和运行方式发生改变并由于这种改变而产生出新的功能,加速系统的新陈代谢和自我更新。外来文化因素发生作用的过程,同时又是对传统文化中所蕴含的超时代意义因素、萌芽的激发过程。外来文化在中国文化系统中发挥作用的程度和水平,取决于现有文化系统对外来文化的需要和接收能力,又对强化这种需要和接收能力有积极的促进作用。外来先进文化与传统文化的接触与碰撞,不仅意味着传统文化封闭性的破除,尤其意味着传统文化中那些具有超时代意义的因素、萌芽,在与外来文化中的先进因素的交感中被激活、再生、活化起来,进而在新的条件下得以发育、成长和完善。这些新因素的成长,既强化了对外来文化的需要,作为内驱力而逼使着原有文化系统在更大的范围内和更深刻的程度上向世界开放,又强化了对外来文化的吸收和同化能力,使得外来先进文化在更大的范围内以更快的速度成为民族文化中的内在组成部分,进而促进文化系统以更快的速度向着现代化的方向发展。

7. 关键是人的现代化

对外来文化的引进、优选和吸收,对传统文化的整理、批判、发掘和激活,对现代文化的设计、建构与创造,都是在社会现代化的过程中通过人的自觉能动活动实现的。人的自觉能动活动使人的内在本质力量以一定方式外化,造成对象物的全目的性改变,导致外界物的人化,人由之而实现自身的一种对象化,并在对象化的过程及其产物中反思自身。正是人的对象化和对象物的人化双向的运动过程及其产物构成了人类所特有的文化现象。文化正是人类所特有的生存与活动方式及其产物。因此,人的内在状况和本质力量如何,决定着他们对象化的活动性质、方式及水平,进而决定着一定社会文化的性质、形态和水平。带着一定文化特质的人成为一定文化体系的活的载体,也是其自觉或不自觉的维护者、建设者。相应地,一定特质的文化形态也必然在一定文化人的生存和活动方式中得以寄托、表现和存在。因此,不同历史时期的人之间的差别,本质上是一种时代性的文化差别。当不同时代特质的文化现象共存于同一社会条件之中时,则显现出该社会中文化体系的多样性。这种多样性中必然包含着传统文化与现代文化的差异,而这两种不同时代特质的文化体系的差异又必然在一定文化特质的人的生存和活动中表现,于是,便有了"传统人"与"现代人"的区别和共存现象。这两种人之间的差别,不仅表现在生产方式、生活方式方面,尤其表现在价值取向、思维模式、情感方式等各个方面。传统人生活和活动于传统文化的空间和格局之中,成为传统文化的代表者和代言人。现代人则力求超越传统的束缚,创造并建设一个更加符合时代精神和更加开放的文化空间。传统文化向现代文化的发展,现代文化对传统文化的扬弃与超越,正是在传统人向现代人的转变、现代人对传统人的超越中实现的。因此,人的现代化,无疑是文化现代化、社会现代化的最关键之点和最根本条件。

人的现代化,意味着造就那种具有时代特质、完善人格和充分个性的独立主体。主体是人,是具有主体需要、主体能力和主体自我意识的人。自我决策、自主活动与自我调控,是自觉主体在活动方面的功能上的要求与表现,相应地,自决、自主、自控是人作为主体的功能特征。在人类历史上的不同具体时期,人们面对着不同性质、状态和特点的自然状况和社会客体,它们对主体人提出不同的要求和挑战。历史进化的过程,就是人的主体地位不断确立又不断地受到挑战,并在积极的努力中重新确立和强化的过程。但在一定历史条件下,各种社会成员的觉悟水准、能力强弱和作用功能并不是同样的,社会的先进思想家、精英分子和天才人物在社会发展、文化变革和文明进步中起着显著和突出的作用,是社会主体中的领导、向导和中坚力量。我们知道,一个社会的觉悟水平不是社会中所有成员的觉悟水平的简单相加,也不是其平均数,而是其中的先进思想家、精英人士的觉悟水平。他们对于社会历史的洞察,对现状的反思和对未来的预见,直接地是一种个体意识、个人自觉,但实质上是一种社会的自我意识,是一种社会自觉、时代自觉,他们揭示并代表着社会运行与发展的基本方向。正是在这里，可以看出他们的特殊的社会地位和社会功能。如果把社会比作一个人，一个有思想、有智慧、有头脑的人，则他们是社会的思想、智慧、头脑和灵魂的方面。如果把社会比作一个人，一个有脊梁、能挺立和独立活动的人，则他们是社会的脊梁、支柱。如果说社会像一个发展过程中的人，有其孕育、成长、成熟的过程，需要人领着走、扶着跑、学知识、长文化，需要有导师，则他们是社会的向导、导师。他们在引导和揭示社会发展方向、推进社会历史进步方面有其特殊的使命和责任。他们对于历史和现实中各种落后、保守、腐朽的文化因素的批判和抛弃，对于新的积极、健康、进步的文化体系的弘扬与创造，是文化现代化的重要的动力因素。他们是现代人的主要成分和现代文化的主导力量。造就一代代新的文化精英，通过精英文化的优先发展而带动大众文化的现代化进程，是社会现代化的必经道路。因此，对现代文化人的培养和塑造，是文化现代化最为基本的主体性条件，也是衡量社会现代化水准的重要标尺。

  这就给当代中国各方面各阶层的社会成员提出了一个共同的和紧迫的任务：超越现实和超越自我，把自己尽快塑造和改造成为符合时代要求的现代人，否则必然为社会现代化的迅猛进程所淘汰。而对于当代中国的思想界、文化层来说，这种任务显得更为突出和紧迫。我们知道，人的现代化的程度和水平，不是完全取决于人的知识多少，不是与人的知识多少成正比，而是与人的知识的性质和实际内容相关联。驾驭和掌握运用现代知识，从事现代思维和现代行为是现代人的基本标志。而传统的、陈旧的、腐朽的知识越多，则人越为传统文化中的落后方面所制约并成为传统的自觉或不自觉的维护者。历史上，中国的"儒生"在维护旧文化、旧传统方面曾起过非常积极的作用。而在今天，他们并没有也不可能自然而然地成为代表新文化体系的现代人，他们面临着严峻的选择，要么是旧文化、旧传统的不自觉的卫道士和殉葬品，要么成为中国新文化的自觉的积极的建设者。而要真正成为后者，他们必须从事一番艰巨而又深刻的自我反省与自我批判，在吸收世界先进文化和建设中国现代文化的实际过程中，自觉地超越传统和超越现实的自我，实现自身作为现代文化主体的自觉塑造。这是中国文化现代化所不可缺少的主体力量，也是当代中国知识分子在现代化进程中尤须强化的主体意识。

第二十五章 中国特色社会主义研究思路

研究中国特色社会主义，实质上就是以理论体系的形态科学地再现其运动发展过程和内在规律，并预示其发展趋向。我国的社会发展阶段、民族自我意识、市场经济等都是重点研究对象。

社会主义社会是一个有机体，从构想到实践经历了相当长且曲折的历史，需要我们从多视角、多渠道、全方位地进行认识和研究，整体地把握社会有机体及其辩证发展。在社会主义有机体中，我们需要集中研究和探索中国特色社会主义这个特殊形式及改革开放这一现实运动；研究其内在协调机制，包括经济体制、法律体制等；考察人的需要、能力、活动，考察人的全面发展。

任何民族都有自我意识，毛泽东思想是近代以来中华民族从事自我意识最重要的、最积极的思想成果。它理论化、系统化和科学化地反映了中华民族的历史与现状、本质与特性以及历史使命。毛泽东思想的形成也经历了曲折的革命历史，是马克思列宁主义与中国传统文化在中国人民的建设和实践中结合而成的成果。理解和坚持毛泽东思想对于推进中国社会主义现代化建设有着重要意义。

社会主义市场经济实际上是一种人类文化系统，它能够适应个体人的创造本能和追求，发展人的个性，因而是历史和现实的必然。但它仍具有自身的缺陷，需要我们加强法制建设，完善市场机制。

从哲学角度来看,研究中国特色的社会主义发展道路,究其实质,是要在哲学层面上,以理论体系的形态科学地再现中国特色社会主义社会有机体产生、运动、变化、发展的辩证过程和内在规律,并预示其发展趋向。这是时代赋予当代马克思主义哲学的伟大历史使命,也是中国的马克思主义哲学工作者义不容辞的时代责任。当前我国以社会主义现代化为目标、以市场经济体制建设为中心的全面改革开放实践,是有"中国特色"的社会主义社会有机体在现阶段存在的具体形式和发展的特殊阶段,应成为我国理论工作者在现阶段研究的重要对象。毛泽东思想和中国特色社会主义理论,代表着中华民族在当代的自我意识。中国传统文化的现代化及其实现途径,应成为我们研究的重点问题。只有切实立足于中国和世界发展的历史和现实,才能正确预示中国社会经济政治和学术发展的未来。

一、全方位把握社会主义社会有机体

1. 拓宽视野,多层次透析社会主义社会有机体

对于社会主义的探讨和构想,已有相当长的历史。空想社会主义者曾经细微地在观念中建构过未来社会生活的具体情景,为人类描绘出一幅幅令人神往的精彩画面。马克思和恩格斯则通过对社会历史发展规律,尤其是对资本主义社会内在矛盾的辩证运动的深刻揭示,为我们指出了社会主义的历史必然和基本特征。历史发展到今天,社会主义早已超出了美好愿望和科学论断的范围,成为现实的客观存在,成为活生生的社会运动。这就使得对社会主义的研究进入了一个全新的阶段。我们有了明确而又具体的客观对象,这就是由多种要素有机构成的、具有复杂而又多样生活面的、处于运动变化和发展之中的社会主义社会有机体。我们的任务,是要全面而又具体地从整体上和运动中真实准确地把握这一对象,为亿万人民的自觉实践活动提供科学的理论指导,发挥马克思主义哲学在社会实践中的指导功能。正是这种对象和这种任务,决定了对社会主义社会辩证法问题的研究必须多视角、多渠道、全方位地展开和进行。

多视角就是从各种不同的角度来认识、反映和把握具有无限多样的生活面的社会有机体。对于一个多面体,无论我们站在它周围的哪

一个方位都可以看到它。但无论哪一个方位都最多只能看到它的一个或几个变了形的侧面,而不可能从一个角度全面地把握它的各个方面。社会有机体极其复杂。就其构成而言,它以无数具有各自特殊需要和利益、不同动机和愿望,在能力、意志和性格等各方面均相去甚远的个体作为自己的"细胞",这些细胞以一定目的和方式组织起来从事一定的活动,形成具有复杂层次的集团和组织。就其活动内容而言,人们不仅从事着无数具体形式的物质生产,而且从事着具有丰富内容的精神生产,展现出经济、政治、军事、思想文化、教育、科学、宗教等无限广阔的生活面。就其内部的联系方式而言,人们不仅通过一定的有形的组织形式而直接地相互联系和相互作用,而且受到社会风俗习惯、文化以及心理结构等无形力量的约束而相互影响和相互制约。再加上每一时代的认识者都无可选择地生活在这个复杂社会机体之中的特定领域和特定层次上,在眼界视线、思维方式、情感意志、能力水平和认识手段等方面均不可避免地受到所处环境和条件的影响与制约,使得要从整体上全面把握处于运动变化发展之中的复杂对象更加困难。这就更加紧迫地要求我们要自觉地认识到并明确提出从多方面进行考察,在高度分析的基础上综合把握社会客体的任务。

多渠道就是要运用各种不同的科学方法来认识、反映和把握极其复杂多变的社会有机体。方法是客观规律的主观运用,是主体接近客体、把握对象的工具和桥梁。一定的对象和复杂对象的一定方面只能通过一定的方法才能把握。社会有机体的复杂性决定着研究方法的多样性。首先,我们不仅要注意对社会现象的观察、社会活动的试验和社会过程的模拟,尤其要注意在此基础上深入地分析、比较、综合、概括,从大量复杂纷繁的偶然事件中探寻出内在的必然性,从现象与本质的统一中把握社会运动。其次,我们不仅要重视对社会有机体的各种要素及各个方面的详尽分析,尤其要重视在此基础上考察要素之间的各种联系,研究有机体的内在层次结构,从整体上和系统中把握社会总体。再次,我们不仅要对社会总体作片断的共时性的静态考察,还要注意对过程作历时性的动态考察。要带着强烈的未来感去回溯历史,又要带着强烈的历史感去展望未来,在历史与未来的链条中把握现实,从过去、现在和将来的整体发展中把握社会进步。最后,我们不能满足于对社会问题的定性分析,还必须致力于定量考察社会有机体内部各种要素、各个部分、各种力量之间的比例关系,研究这些比例关系在其相互作用中的动态发展及其影响。要寻求保持和发展社会有机体的最佳结构和最佳力量对比,运用当代最新科技手段,建立起社会有机体理想发展的动态模型。在这方面我们刚刚起步,但这无疑是社会科学研究的发展方向,值得我们花大力气去尝试和探索。

全方位就是在具体而又详尽地分析的基础上进行高度的综合,从总体上全面地把握社会有机体及其历史发展。毫无疑问,只有当我们从一切必要与可能的角度,运用一切科学又有效的方法,真实准确地考察了社会有机体的一切方面,并在此基础上成功地将其综合为统一的整体,以严密理论体系将其再现出来的时候,才能说是真正全面地把握了对象本身。就拿对"社会主义社会有机体"这个概念的一般把握来说,至少需要我们作以下三个基本层次的考察。

第一,在与各种非有机体的联系中考察社会主义社会作为"有机体"的一般特征。

就其联系而言,各种形式的有机体与无机物一样,是物质运动的具体形式。因此,客观性是其最本质的共同特征。但是,有机体与无机物又是作为物质运动不同水平的两个层次而存在的,其间又有着本质的区别。社会之作为有机体,在于它"不是机械地结合起来因而可以把各种社会要素随便搭配起来的一种什么东西",而是由各种社会要素不可离析、有序结合而成的活性整体。首先,人与自然不可分离。人的自然化与自然界的人化,说明了人与自然的统一性,揭示出社会生活的客观物质基础。其次,人与社会也不可分离。家庭、氏族、部族、民族、阶级、政党、国家以及国际组织等各级各层,工厂、机关、部队、街道、学校、商店、科研机构、服务部门等各种组织,便是人们相互联系和相互作用的具体形式,构成社会有机体不可缺少的组织或"器官"。再次,社会有机体内部大体可分为生产力、生产关系,政治制度、社会心理、思想体系等基本层次。它们之间存在着复杂的作用与反作用、决定性作用与非决定性作用等,构成社会机体的整体结构。最后,各种社会规律相互作用。每一社会机体都既服从于人类社会发展的一般规律,又有着自己的特殊规律,还存在着各种各样的具体规律。这些规律相互映现、相互作用,构成社会内部的规律系统……由此可见,社会有机体的各种内在要素之间"存在着相互作用:每一个因素都影响其他一切因素,而本身又受其他一切因素的影响。结果形成这样一个错综复杂的网,相互影响的、直接作用以及反射作用的网"①。正是这多种因素错综复杂的相互作用,促使着社会的进步、机体的发展。社会有机体就是这样一个有着复杂层次结构并"处在经常发展中的活的机体"②。

第二,在与各种非社会有机体的联系与区别中考察社会主义社会作为"社会有机体"的一般特征。

有机体大体可以分为生物有机体和社会有机体这两种基本类型。以一定形式而实现的自我调节、自我组织、自我更新、自我发展,是一切有机体的共同特征和联系的基本纽带。社会有机体的独有特征就是它的"社会性"。具体说来有如下特点。

(1) 以"社会意识"为基本内容和基本特征的自觉意识。从意识机制上来看,即使最高级的动物也由于缺乏必要的思维能力和第二信号系统,而只可能具有"个体经验",只能作为个体而存在和发生作用。而每一个正常的人则都能够借助社会所共有的语言系统来概括感觉,提炼思想和交流情感。正是在这种信息的社会交流中,个人的思想为他人所了解或接受,成为社会的思想,个人意识形成群体意识和社会意识。从意识的内容上来说,每一社会个体都不仅反映主体的自身状况,而且反映与自己相联系的社会关系。因此,"人们的观念和思想是关于自己和关于人们的各种关系的观念和思想,是人们关于自身的意识,关于一般人们的意识(因为这不是仅仅单个人的意识,而是同整个社会联系着的单个人的意识),关于人们生活于其中的整个社会的意识"③。可见,人类意识,其本质特征是在个人意识基础上形成的社会意识。正是由于社会意识,每一个体才能突破个人的生理需要和狭隘眼界,按照社会的长远的目标来从事目的高尚、意义久远的活动。

(2) 在社会组织中形成、发展和实现的社会关系。人的本质是社会关系的总和。对于人的这种社会关系不应抽象地理解,而应具体地把握,把它们放到社会有机体的各种社会组织形式中去加以考察。人们的社会关系是一个有着复杂层次结构的网络系统。在最高的层次上可

---

① 普列汉诺夫哲学著作选集(第2卷)[M]. 北京:三联书店,1961:265.
② 列宁选集(第1卷)[M]. 第2版. 北京:人民出版社,1972:32.
③ 马克思恩格斯全集(第3卷)[M]. 北京:人民出版社,1960:199.

以分为物质关系和思想关系,在亚层次上可以分为血缘关系、经济关系、政治关系、法权关系、文化关系、伦理关系等,这每一方面又可分出若干层次。正是这些关系作为相互联系的纽带,把不同个体和集团维系为一个统一的整体。

(3) 在社会活动中得到表现、实现和确证的自觉能动性。自觉能动性为具有实践和意识能力的社会主体所独有。它表现为主体依据一定的目的、按照一定的方式积极地发动并准确地控制自身的活动,以求对客体的正确认识和有效改造。能动性的实现过程,既是主体能力依据一定的条件作用于一定对象发挥自身功能的过程,也是主体实践活动的展开过程。社会活动既是自觉能动性形成和发展的必要条件,又是其发挥和实现自身的外部表现。

第三,在与各种非社会主义社会有机体的联系与区别中考察"社会主义社会有机体"的一般特征。

"社会有机体"是个总体性范畴。从横向来看,它在最高的层次上概括着人类社会生活的一切领域、一切方面和一切内容,标示着人类社会最本质的特征。从纵向来看,它包括了人类社会在其发展的历史过程中已经产生和存在、正在产生和存在以及将要产生和存在的各种具体社会形态。社会主义社会有机体则是社会有机体多种具体形式中的一种特殊形式,是其历史发展中的一定阶段。从历史上来看,它区别于前社会主义社会的各种社会有机体,如原始的、奴隶制的、封建制的和资本主义的社会有机体等。从现实来看,它区别于当代的各种非社会主义有机体,如资本主义的、帝国主义的和殖民地性质的社会有机体等。从未来发展来看,它也必然区别于由自身发展而成并高于自身的共产主义社会有机体。因此,要把握社会主义社会有机体,必须在这诸多参照系中具体考察。历史的回溯有助于我们把握社会主义社会有机体在今天存在的历史必然性,确定其在人类历史发展总链条中的具体地位。现实的对比有助于我们把握社会主义社会有机体的具体特征,确定其在世界格局和全球发展战略中的特殊地位。未来的展望有助于我们把握社会主义社会有机体的发展方向,指导我们今天的社会主义实践。在这一切考察和研究中,首要的是要把握不同社会有机体赖以产生、存在和发展的现实基础即经济形态的联系和区别。但是,"经济几乎永远不会自然而然地取得胜利,……而是永远必须通过上层建筑,永远必须通过一定的政治制度"①。因此,我们还必须注意把握不同社会有机体在政治形态方面的联系和区别。又由于"'经济'有时候借助于'政治'以影响人们的行为,有时则借助于哲学,有时则借助于艺术或任何其他意识形态"②,因此,我们也必须注意把握不同社会有机体在社会意识形态方面的联系和区别。只有在对社会经济形态、社会政治形态和社会意识形态等各方面全面的动态考察基础上高度综合,才能从整体上真正把握社会主义社会有机体及其辩证发展。

具体说来,要从整体上把握社会主义社会有机体,至少应注意下面几点。

第一,由注重社会的要求和层次分析转向重视对社会生活的整体综合和系统把握。社会有机体是多种要素有机结合的复合体,可以依不同标准分为不同系列和层次的要素:人与自然界,社会存在和社会意识,生产力、生产关系,政治制度、社会心理、理论体系……对它们分门别类地剖析和考察无疑是必要的,但又是远远不够的。社会有机体的突出特征在于它的整体性。任何要素、部分一旦脱离了有机整体,便不再是它所应是的东西,也无法真实地把握它们。社会有机体进化的过程是其整体性、系统性不断增强的过程。社会主义社会有机体中,社会结构的各种要素、社会生活的各个方面更加有机地融为一个整体,从而要求我们更加自觉地注意运用系统方法,在整体上和系统中理解各个局部、方面和要素,以求对社会问题进行全面、真实的把握。

第二,由注重单义因果联系考察转向重视多因素多规律相互影响系统的作用。社会有机体具有无限多样的社会生活面,如生产、技术、科学、文化、经济、政治、思想、道德、教育、卫生……它们既受制于有机体的整体运动规律又有着自己的特殊规律,既相对独立地发生作用又相互制约、相互作用,结果形成一个错综复杂的网络系统、相互依存的规律体系。社会有机体进化的过程是其内部的协调性伴随着因素间的系统作用增强而日益发展的过程。对社会主义社会有机体来说,生产力的决定作用、经济必然性仍然是不可忽视的,但它们也越来越受到其他各种社会因素的影响,并通过它们而发生作用。因此,只有全面把握

---

① 普列汉诺夫哲学著作选集(第2卷)[M].北京:三联书店,1961:237.
② 普列汉诺夫哲学著作选集(第2卷)[M].北京:三联书店,1961:326.

规律体系并揭示其系统联系才能真实说明活生生的社会生活。

第三,由惯于对社会生活作静态的共时性分析转向自觉重视对社会过程作动态的历时性考察。社会有机体只有在与外部环境不断进行物质、信息和能量变换,并通过自我调节和自我修复不断发展自身,才能保持自己的稳定和存在。发展是连续性与间断性的统一。社会主义社会有机体不仅在某些方面本质上区别于其前的社会形态,还在无数的方面与旧机体有切不断、分不开的联系。忽视其中的任何一个方面,都必然导致决策失误。发展又是质变和量变的统一。对社会主义社会有机体的进步与发展如何做准确的定量分析,将是日益引人关注的开拓性课题。

2. 转换视角,多层次综观"中国特色"

社会主义社会有机体,相对于一般社会有机体来讲是特殊形式,但相对于正在进行着社会主义实践的各国来说,又是一种普遍形式,包含着所有真正从事着社会主义革命和建设的国家和地区。在这些不同的国家和地区中,社会主义社会有机体采取不同的具体模式,有着各自的特点。研究社会主义社会的辩证法问题,当然包含着对社会主义社会有机体的各种具体模式的考察。在这方面,过去由于缺乏必要的条件,我们研究得还很不够,有待继续努力。但是尤其值得我们密切关注的还是我国正在进行的社会主义实践。一切理论研究,其终极目的和根本任务,在于指导和服务实践。对于我国当前来说,把马克思主义的普遍真理同我国的具体实际结合起来,走自己的道路,建设有中国特色的社会主义,是一切工作、一切活动的中心。因此,有"中国特色"的社会主义社会有机体及其辩证运动应成为我们研究工作的基本对象和突出重点。

中国特色首先是相对于人类社会发展的总体过程和一般规律而言的。把握中国特色,实际上是要揭示中国社会发展的特殊过程和特殊规律。为此,我们无疑必须自觉坚持科学辩证法和唯物史观的方法论指导,但既不能停留在对辩证法现有范畴和规律体系的演绎、论证上,也不能局限于对唯物史观"经典公式"的阐释说明。马克思当年积四十余年之心血,用《资本论》的逻辑为我们科学地揭示了资本主义辩证法这一辩证法的特殊情况,从而给了我们以深刻的方法论启示:深入现实生活,探寻客观规律,发掘内在逻辑,才是揭示社会主义辩证法并以此发展马克思主义的唯一真实之路。

其次,中国特色又是相对于当今世界的各种国度各色体制而言的。把握中国特色,实际上是确定中国社会在目前世界格局中的特殊地位。因此,对中国特色的探索必须纳入全球发展这个更广泛的背景中加以考察。中国特色既是世界各国相互牵制、相互作用、整体发展的结果,又是当今世界特殊布局中不可分割的组成部分。这就要求我们最广泛地开展与现今并存的各种经济体系、政治制度和发展模式的全面而细致的比较研究,在全球发展战略的整体背景中确定中国的特殊战略,以中国特色的合理发展为人类作出更大的贡献。

再次,中国特色是中国社会内在特殊矛盾的必然发生。把握中国特色,实际上又是探索中国现状的历史必然和未来趋势。因此,对中国现状的考察必须纳入中国历史和中国未来的整体链条之中。既要带着强烈的未来感去回溯历史,在必然性、规律性与偶然性、随机性的统一中认识今天的现实;又要带着强烈的历史感去展望未来,在连续性、继承性和间断性、变革性的统一中把握社会的发展。在过去和未来的联结中把握现实,在过去、现在和未来的整体发展中把握中国社会前进的特殊过程和特殊规律。

那么,现实中国的基本趋势和基本潮流何在呢?无疑地,是以经济体制改革和社会主义市场经济建设为中心的全面改革开放实践。改革是联系中国的昨天和明天的桥梁,是中国特色的社会主义社会有机体在我国的现实运动和特殊形式。把握中国特色,在当前就必须集中研究全国上下正如火如荼全面展开的改革实践。

研究改革,有无数紧迫的具体课题需要我们去探索。但这一切探索都只有在对改革基本性质和基本任务的总体把握的基础上才是真正有效的。系统论告诉我们:对特定系统的整体把握只有将其整合到更大的系统中才是可能的。中国是世界的一部分,中国社会的现状在一定程度上是世界整体发展的结果。中国的改革是世界整体运动中不可分割的方面。因此,对改革的总体把握只有放到对世界格局的认识中,放到对时代精神的把握中才能真正实现。

时代或历史时代是历史唯物主义的重要范畴,它标示着人类社会在其发展一定阶段中的总体特征和基本趋势,反映着社会历史进程的基本潮流。这种趋势和潮流反映在人们的意识中,成为人心所向,就是时代精神。那么,当今世界的基本趋势和时代精神是什么呢?正如一些论者已经正确指出的,它集中体现在现代社会正蓬勃发展着的世界性新技术革命和共产主义运动这两大潮流及其汇合之中。尽管在一些资本主义国家中,这两大潮流暂时还处于相对独立的状态,但在本质上它们并不是相互对峙的异己物,而是人类文明发展、社会进步中并行不悖、相互促进、共同发展的两个不可分割的方面。一方面,新技术革命为共产主义学说提供思想营养和科学依据,为共产主义制度创造技术条件和物质基础,为共产主义运动培训阶级力量和实践主体;另一方面,作为学说、制度和运动三位一体的共产主义又为新技术革命的进一步发展提供理论指导、创造社会条件并准备推进力量。

马克思主义者不仅从理论上科学地阐明了新技术革命与共产主义运动的关系,而且将其实际地结合起来,变成了合二为一的社会主义实践运动。我国当前正在进行的改革实践就是这两大潮流在中国汇合的现实运动。一方面,它是共产主义运动在今日中国之具体实践,另一方面,它又是在中国实现新技术革命的必由之路。

从目标上来看,改革的目的在于建设中国特色的"社会主义现代化"。一方面,"社会主义"是现代化的,这种现代化是以科学技术现代化为核心的社会生产和社会生活的全面现代化。与这种现代化相联系的社会主义制度具有新的时代特点。另一方面,"现代化"是社会主义的,与社会主义制度相联系的社会现代化有着不同于资本主义现代化的本质规定,代表着社会发展的基本方向。可见,社会主义、共产主义与现代科技革命无论在观念上还是实践中都已经有机结合、融为一体、不可分割。

从内容上来看,改革的任务在于破除生产关系和上层建筑中一切不适应甚至妨碍社会生产力迅速发展的那些因素和方面。这里衡量改与不改、大改与小改的标准实际上包含着两个基本的方面。一是看其是否有利于科学技术的发明、创造与应用。改革为的是使我们的经济体制具有吸收当代最新科技成就、推动科技进步、创造新的生产力的更加强大的能力。二是看其是否有利于人才的产生、发现、培养和使用。能否建立一整套有利于人才出现的社会机制,这是衡量改革成败与否及其成果大小的重要方面。可见,科技进步与人的发展,已经成为我国社会自觉追求的统一目标。

从过程上来看,改革是伴随着建设事业的发展有序展开的渐进过程。这个过程,就是社会主义的物质文明和精神文明相互作用、协调发展的过程。物质文明的建设以现代科学技术为物质技术基础,精神文明的建设以共产主义思想为核心。两个文明建设的相互渗透,体现着新技术革命与共产主义运动在社会主义实践中的相互作用。两个文明建设的协调发展,是两大潮流在中国大地上融为一体的实际过程。两个文明建设的丰硕成果,则是两大潮流形成合力推动中国社会迅速进步的具体表现。

3. 调整思路,多测度揭示社会主义社会有机体的内在协调机制

由多种要素构成的有机系统,之所以能够作为一个整体在与客体和外部环境的相互作用中有序地进行物质、信息和能量变换,具有整体性功能,其基本原因,在于其内部具有自我调节、自我组织和自我控制的能力。

一个社会,由无数按照自己的特殊需要、利益、愿望、动机、目的和方式活动着的个体和集团组成,利益互相交错,意志互相对立,力量互相背离甚至根本冲突。社会之所以还能够作为一个有机整体而存在和发展,依赖于其内部所具有的自我调节、自我组织和自我控制的内在协调机制。正是这种机制,通过一定的方式,在一定的程度上平衡人们之间的利害关系,调解人们之间的意志冲突,统一人们的活动目的,缓解各种力量的相互摩擦,使其最终"融合为一个总的平均数",形成一股有利于社会进步的"总的合力"①。

在不同的社会有机体中,社会的内在协调机制有着不同的具体形式,以不同方式起着不同程度的作用。在原始社会有机体中,氏族或部落直接充当了人们之间的调节组织。享有平等权利和义务的社会成员同时又是自己关系的调节者,"一切问题,都由当事人自己解决,在大多数情况下,历来的风俗就把一切调整好了"②。私有制的产生使人们在物质利益上根本对立,也提出了强化社会组织的客观要求。应运而生的奴隶制国家机器建立在奴隶对于奴隶主在经济、政治以至人身的完全依附这种社会关系之上,暴力强制成为调整阶级关系的基本形式。

---

① 马克思恩格斯选集(第4卷下册)[M]. 北京:人民出版社,1972:478.
② 马克思恩格斯选集(第4卷上册)[M]. 北京:人民出版社,1979:92-93.

封建社会中农民获得了经济上和人身上的相对独立,地租、赋税和劳役成为地主阶级及其国家调节支配各种社会力量的直接形式。在社会生活全面商品化的资本主义社会中,人的意志转化为商品的意志、资本的意志,对人的调节也就为对物的调节所取代并在对物的调节中得到实现。

公有制在更高水平上的重新建立,为全社会在根本利益一致的基础上自觉的意志统一提供了可能。社会主义社会有机体优胜于其他一切社会有机体的根本之点,正在于它开始了人类在公有制基础上自觉调节和控制各种社会力量的新阶段。但这并不会自发地实现,有待全体社会成员的自觉努力。当前我国以经济体制改革为中心的全面改革,究其实质,正是对各种社会力量、各种比例关系的自觉调节和控制。其成败与否,正在于能否建立一整套适合中国国情的自觉而有效的内在协调机制。既然如此,对这种内在协调机制的研究,无疑便成了我们研究社会主义社会有机体、研究改革实践的中心课题。列宁早就指出过这一点。他说:"这种研究的科学意义在于阐明调节这个社会机体产生、存在、发展和死亡,以及这一机体由另一更高的机体来代替的特殊规律(历史规律)。"①

探寻社会主义社会有机体的内在协调机制,需要进行多方面的考察。要研究我们的经济体制,它是调节社会经济关系、支配人们经济活动的主要杠杆。要研究我们的政治体制,它标志着社会制度的基本性质和方向。要研究我们的法律体制,它直接地规定着人们的行为方式。要研究我们的思想体系、道德观念和社会心理等,它们在更广阔的范围内直接地或间接地制约或影响着整个社会生活……而这一切方面,又都只能通过社会主体的自觉能动活动来建立和发展,并在这种自觉能动活动中得到实现和表现。因此,要真实地揭示社会主义社会有机体的内在协调机制,就离不开对人在社会有机体中特殊地位的具体分析,离不开对主体能动性的全面正确的理解。具体说来有如下三点。

---

① 列宁选集(第1卷)[M]. 第2版. 北京:人民出版社,1972:33.

（1）在受动性与能动性的统一中考察主体能动性。

人的能动性是相对于人的受动性而言的。对人的这双重地位，可以从两个方面得到说明。其一，在社会有机体中，人既是主体，又是客体。作为主体，人总是积极地从事着一定的活动，能动地作用于外部世界，对其发生着积极的主动的影响。与此同时，每个人又都作为客体受着他人的作用和影响，具有受制约和受动的一面。其二，社会过程是必然性、规律性通过偶然性、随机性而发生作用实现自身的过程。人们的活动归根到底受制于社会发展的历史必然性。但又正是社会生活中充满着的偶然因素和随机事变，造成了多信息、多变量、多状态、多选择的复杂环境，为主体正确认识、选择和支配自己的行动提出了要求，为主体能动性的发挥提供了可能。对主体在社会有机体中的地位，必须在这两个方面的统一中全面把握。夸大了其中的任何一个方面，不是把我们引向消极保守、无所作为的"奴隶主义"，就是导致脱离实际、违背客观的"盲动主义"。社会进化的过程，是主体的这双重地位同时增强的过程。一方面是人的能动作用日益增强，另一方面是人们之间更加紧密地相互联系和相互依存。社会主义制度的建立，为主体能动性的发挥开辟了更广的领域，提供了更好的条件，但它并没能摆脱反而更加受到受动性的制约，从而要求人们更加重视决策的科学性、对策的合理性、活动的自觉性，建立起更加切实有效的社会协调机制。

（2）在积极性与自控性的统一中考察主体能动性。

主体能动性是在主体的活动中得到表现和实现的。为了保证活动按照预定的方式实现预期的目的，主体能动性应在两个基本的方面发挥作用。一是对活动的主动的发起和对过程的积极的推进，二是对这种活动和过程从方向、方式、进度和节奏等各个方面进行的自觉监测、调节和控制。离开了其中的任何一个方面，主体顺利而有效地活动都是不可能的。过去我们在考察主体能动性时，对于主体在活动中的主动性、积极性这个方面谈得较多，对主体在活动中的自觉意识、自我调节、自我控制这个方面重视不够，没有能够全面地理解主体能动性。这不能不是社会生活中宏观失控、微观失调、各种比例关系紊乱的重要认识论原因之一。社会的发展既是人们的主动性、创造性不断增强的过程，又是人们的自我意识、自我组织、自我调节和自我控制能力不断增强的过程。只有这两方面的同步发展，才能保证社会机体在不断提高的水平上更加有序地运动和发展。马克思正是在这种意义上把人类对自身活动的调节和控制作为把握必然、实现自由的必要条件,指出:"这个领域内的自由只能是:社会化的人,联合起来的生产者,将合理地调节他们和自然之间的物质变换,把它置于他们的共同控制之下,而不让它作为盲目的力量来统治自己;靠消耗最小的力量,在最无愧于和最适合于他们的人类本性的条件下来进行这种物质变换。"①

(3) 在个人、集团与社会的统一中考察主体能动性。

社会有机体的主体,既指作为整体的社会主体,又包括各层各级各类的集团主体和个体主体。他们是社会生产和社会生活的具体组织者和实际承担者。相应地,主体能动性也不仅在社会的整体活动中表现出来,也存在于集团主体和个体主体的实际活动中,并主要地在这种活动中得到直接的实现。过去我们注重从整体的社会的角度来把握主体,忽视主体结构的层次性和多样性,不能充分发挥集团和个体的能动作用,使得主体能动性难以真正实现。如从上到下全面的指令性计划,忽视地区、行业特殊性的大一统行动方案,不仅极大地束缚了集体和个体的手脚,严重地压抑其积极性、主动性和创造性,也使得社会的调节、管理和控制在实际上无法有效地进行。从个体、集团和社会的统一中考察主体能动性,要求我们真正把国家、集体和个人都看作决策者、活动者和管理者的统一,简政放权,分层决策,多阶管理,逐级控制,多渠道调节,建立起有效组织和控制社会生产与社会生活的网络系统。

4. 紧扣主线,多测度考察人的全面发展

检测社会进步,可以依照不同标准从多方面来进行,如科技水平、生产力状况、经济形态、政治体制、意识形态等方面。但这一切只有与人的地位和人的发展联系起来,才能真正说明问题。人是社会生活的承担者,社会历史的创造者,是社会有机体的真实主体。社会的发展,最根本的是人的发展。正是人在社会有机体中的不同组织形式、不同社会关系和不同发展状况,把不同发展程度的社会有机体实际地区分开来。忽视了人的问题,就无法说明社会生活,也无法揭示社会主义对资本主义的超越性。因此,人的全面发展是考察社会进步的主要线索。从哲学的眼光来看,人是多种规定的统一。相应地,对人的发展之考察也须多向度地进行。

---

① 马克思恩格斯全集(第25卷)[M]. 北京:人民出版社,1974:926-927.

首先考察人的需要及其发展。需要是发自人的本性的对外部世界的一种依赖和要求。社会需要是社会发展的直接动力。正是为了满足属于人的本性的那些需要,人们总是积极地活动以取得一定的外界物。人的需要具有多样性,生理的、心理的,物质的、精神的,安全的、社交的……正是人的社会需要的多样性造成了社会活生生的复杂性。人的需要之满足与新需要的产生是同一的过程。正是不断产生的新需要促使着社会生产的发展,带来社会的进步。在不同的社会有机体中,人的需要之满足的方式和实现程度不同。只有社会主义社会才把最大限度地满足广大人民群众不断增长的物质文化需要,作为全部社会生产的基本目的和任务。这使得研究和发展人的需要获得了前所未有的全新意义。正是在这种意义上,马克思把社会主义条件下人的需要的丰富性看作人的本质力量的新证明和人的本质的新的充实。

其次考察人的能力及其发展。能力是作为社会主体的人所具有的在一定社会条件下认识和改造客体以满足自身需要的内在力量,是人们为社会作出贡献的内在根据,因而是人的主要社会价值之所在。人的发展,不仅是需要和享受的发展,尤其是能力和贡献的发展。能力的发展,既指个体能力的发展,也指集团能力和社会能力的发展。私有制社会中,不同个体分属利益不同的集团,意志相互冲突,力量相互抵消。只有社会主义公有制才能使社会中各种分散的力量融为一股推动历史前进的合力。但这并不会自发地实现。寻找和探索有效组织和协调社会力量的内在机制,是社会主义社会辩证法研究的重要课题之一。

再次考察人的活动及其发展。活动是能力在特定条件下对于特定客体的展开和运用。需要使活动成为必要,能力则使活动成为可能。活动使需要得到满足,又使新需要得以产生,也使能力得到实现和发展。正是人的需要、能力与活动相互制约又相互刺激,相互作用又相互促进,构成人的全面发展的动态模式和内在机制。人的全面发展,既是科学发展、政治民主、道德进步、文明昌盛的内在动力和不尽源泉,又是其直接结果和外在表现。

二、毛泽东思想与中华民族的自我意识

1. 从民族自我意识的角度来看毛泽东思想

谈到自我意识,过去总以为这只是个人才有的事。其实,一定的集

团、一定的阶级也有自己的自我意识。一定的民族、一定的国家,作为人类社会的一定有机组织方式,也有自己的自我意识。人类社会运动既是一种基本生产力和经济运动的客观的自然历史过程,又是人们追求和实现自己目的的自主创造过程。客观性、规律性与目的性、自觉性的有机统一和实际转换,正是通过人类社会的意识和自我意识机制来实现的。

生活在既定的社会历史条件下的人们不断地认识着自己周围的自然、社会和自身,努力探索历史运动的内在脉搏和基本规律,积极预测社会发展的基本趋向和可能前景,依据他们在观念中建构起来的未来社会发展前景,在实现它的多种可能途径中反复比较,力图在主体需要与客观可能的内在统一中作出合理的抉择与决策,然后据此去积极地发起一定的社会实践活动,并自觉地对这种活动进行有效的监测、调节和控制,使之始终沿着合理的目标前进,以达到预期的目的,争取最佳的效益。

社会总体的客观运动过程,是在人们的自觉活动过程中得以展开和实现的。人们的认识和自我认识则贯穿在这整个过程中的各个方面和各个环节,并作为社会运动中的信息方面和调节机制而实现着客体的自发运动形式向主体的自觉活动模式的转换,促使着个体的行为规律向社会的总体运动规律的靠拢与接近。当一定社会成员对社会的认识上升到以全民族的历史和现状为对象,涉及有关民族的生存、活动与发展的总体性和重大的根本性问题,为该民族的大多数成员所接受并在他们的思想观念中居于主导和统治的地位、起着核心和灵魂的作用时,则成为该民族的一种自我意识。这种自我意识观念地表现和再现着民族的历史与现状,调节和制导着民族的运动与发展,使民族运动呈现出特有的目的性、方向性,使该民族成为一种自我定向、自我选择、自我评价、自我激励、自我监测、自我调控、自我发展、自我完善的自组织系统,并由于自身的以民族意识为基本内容和基本特征的自觉意识而与其他民族相区别。

任何民族都有自己的自我意识即民族意识。不同民族之间在生产方式、生活方式、风俗习惯等各方面的特殊性必然在他们的思想观念中表现出来,并形成具有民族特色的心理结构、价值观念和思想体系,它们是一定民族作为有机整体所不可分割的组成部分。不同民族之间在意识形态方面的差别，既根源于它们在民族内容和文化特质方面的差异，也折射着他们之间在认识结构、思维方式、价值观念和情感方式等方面的差别。而不同民族的自我意识之间在真理性、合理性和科学性程度之间的差别，既反映着它们之间在生产方式、活动方式和组织形式等方面的发展程度和发展水平的差异，也反映着他们在自我认识的实际能力和所达到的水平方面的差别。一个民族的发展，既包含着物质生产能力的发展，也包含着精神生产能力的发展。而这两个方面的发展，作为全民族成员自觉努力的结果，又都离不开民族自我意识的强化与更新，必须以其为观念前导和精神动力。因此，民族的进化，既要以民族自我意识的发展为精神条件，又要在自我意识的发展中得到观念的表现和再现。在这种意义上，任何民族的自我意识都不是僵死不变的，而是处于不断的变化、发展、更新和升华之中。民族发展的时代特点必然通过其自我意识的时代形态而观念地表现出来，而民族自我意识的时代性变革与更新则记载和再现着社会的变革与进步。不仅如此，人们的意识并不总是消极被动地反映过去和现实，还总是积极主动地预见未来，并进而引导现实的发展方向。因此，社会对自己的发展未来的选择，包含着甚至首先是对那些代表或预示着自己发展方向的思想观念的选择。而真正代表着新时代的思想观念一旦产生、发展并为全民族所逐步接受，进而取得对于社会生活的主导和支配地位，将不仅意味着民族自我意识的时代性更新与升华，而且预示和标志着该民族发展的一个新阶段和新时代的到来。

  毛泽东思想是近代以来中华民族从事自我意识探索的最重要、最积极的科学思想成果。它作为一种理论化、系统化和科学化的民族精神，既以自己的特殊理论内容映现着中华民族的历史与现状、本质与特性，预示着其发展方向与道路，又通过对中国特色的革命和建设道路的指导而在中国的社会变革与社会进步中不断地得到表现、检验和实现。毛泽东思想正是由于在中华民族的现代发展中所发挥的特殊作用而在中华民族的自我认识史上占据着十分独特和显赫的地位。毛泽东思想产生的国际国内背景和它所肩负的特殊社会历史使命，决定了它必然具有极强的时代性和实践性。它不是要一般地反映中华民族的历史和现状，而是要集中地和迅速地解决中华民族在当时所面临的有关生死存亡的重大问题。因此，它不是简单地承认和肯定现实，而是力图发现并从根本上否定、改变和消除现实中的不合理性,并努力去建构一个理想的和美好的未来。对近现代科学技术的学习和对马克思主义的掌握与运用,不仅为中华民族提供了一种全新的科学观和世界观,使之能在世界现代化的宏观背景中进行自我认识和自我批判,而且为中华民族提供了一种全新的思路和方法,使之能够科学地设计和探索中国的未来。正是由此,毛泽东思想从一产生起便立足于中国和世界的历史与现实并直接指向其未来,这就是建设一个独立、民主、平等、自由、繁荣、富强的新中国。因此,毛泽东思想的产生和形成,确实顺应和反映了科学与民主的现代世界潮流,预示了中国的未来,代表了中华民族的一个全新时代。几十年来,毛泽东思想在对中国革命和建设实践的指导中不断现实化、对象化,得到实施和实现,得以检验和发展,不仅在实际上使中华民族进入了一个全新的历史时代,而且为中华民族的更进一步发展提供了极为宝贵的经验、理论和方法。正是在这种意义上,我们立足于关于社会认识论研究的理论成果和方法,从中华民族自我认识史的特殊视角,对毛泽东思想进行总体的和系统的分析与反思,揭示它的发生前提、历史渊源、文化背景、思想基础、形成过程、理论内容、时代特点、社会功能、实现过程、更新方式、纠错机制、进化规律等,阐释在当前坚持和发展毛泽东思想对于强化和升华全民族的自我意识,增强民族自尊心、自信心和凝聚力,对于成功探索和有效实践一条中国特色的改革开放和社会主义现代化道路所具有的特殊认识论意义。

2. 民族自我意识的升华与毛泽东思想的形成

作为当代中华民族的自我意识的主导形态,毛泽东思想的产生、形成、发展和确立机制,包含着两个基本的方面:一是近代以来以毛泽东为主要代表的一大批先进思想家为了救国救民、民族振兴而创造性地运用马列主义对中国革命和建设道路的不懈探索;二是中华民族在理论与实践的结合上对毛泽东思想的不断认识、检验、选择与造就。

我们认为,就其实现方式而言,民族自我意识与个体自我意识有着相当大的差别。个体自我意识是通过自我二重化和自我对象化而实现的。人们在观念中将自我分成作为主体的"我"和作为客体的"我",从作为主体的"我"的角度来反观和反思作为客体的"我",并作出相应的评价与判断,得到对自己的了解与反映。民族自我意识则只有借助于社会个体对该民族的认识才是可能的。一定民族作为无数个体有序结合的总体性和关系性存在,除了其中存在的个体人的感知-思维器官及相应的工具和语言符号系统外,并没有任何其他超人类的认识器官。因此,一定民族要认识自身,也不可能采取任何超人类的手段和方式,只有借助于构成自身的具有意识和自我意识能力的个人来进行。一定民族的自我认识正是该民族借助于自身内部的无数个体(及相应的集团)对社会的认识及其成果而进行的自我反观和自我反思。

当然,个人对社会、民族的认识并非直接地便等于民族的自我意识。只有当个人对社会、民族的认识及其成果通过一定的社会性检验、评价与转换机制,以一定方式为民族的大多数成员所接受并影响其思想与行为时,才转化为民族的自我意识。在这里,由于各自所生活的社会层次和所处的社会地位的巨大差异,人们各自所关注的范围、程度和层次都是相去甚远的。据调查,一般社会成员关注的主要是与自己的工作生活直接相关的局域性和暂时性问题,而那些相对稳定和主动持久地关注和研究社会、民族大问题的人只是社会中的极少数人。而当人们研究社会、民族问题时,往往是从自己的特殊视角和背景来进行的,受到个体需要和个体认识能力的制约,不可避免地有其局限性。正是在认识社会、民族的广度、深度和正确程度上,显现出不同个体之间在社会生活中的具体地位和作用方面的差异,也刻写着他们之间在认识能力、评价能力方面的水平差别。一般说来,只有那些真正反映了民族发展大势之所趋和人心之所向的正确认识,才能经受住实践的和历史的检验,为社会、民族所普遍承认和接受,成为民族的自我意识。而这种认识,很显然,往往只有先进思想家们才能首先获得,并通过他们的理论宣传和社会实践而推向社会,并逐步被确立为社会意识、民族意识。在这种意义上可以说,一定民族的自我意识的水平,不是其中所有成员的觉悟水平的总和,而是由其中的先进人物、先进思想家所达到的认识水平和觉悟水平所决定和标示的。先进思想家是民族自我意识的代表,也是民族心声的代言人。他们在认识民族、认识社会方面所达到的时代性觉悟水平,直接地看是一种个体自觉,却代表着一个民族的时代性觉悟水平。一旦他们(也只有当他们)的觉悟为该社会、该民族所普遍接受,则转化为一种民族自觉、时代自觉、历史自觉。民族的自我认识也由此而跃上一个全新的台阶,升华到一个全新的阶段。

以毛泽东为代表的一大批先进思想家正是中华民族自我认识史上

具有划时代意义的卓著人物。他们的理论探索和革命实践在中华民族面临生死存亡和历史转折的危急关头为中华民族提供了清醒的和科学的自我意识,不仅预示和引导了中国社会的发展方向,而且使中华民族的自我意识跃迁到一个科学的层次和水平。

中华民族对于自己的代表人物的推举与塑造,是通过提供时代性的课题并在对其答案的征集中实现的。这就好像一场竞争激烈的智力竞赛,谁能最完美地回答这种时代性的课题并使之在实践中得到合理实现和有效验证,谁就有可能成为民族的代表,成为民族精神的代言人。这里提出的问题正是事关民族前途命运的根本性问题——中国向何处去?

帝国主义的入侵,改变了中国社会的性质,也从根本上改变了千百年中华民族以天朝上国自居而妄自尊大的自我印象。正确认识中华民族在世界民族之林的真实地位,正确预见国际社会的发展趋势,正确设置中国社会变革的发展目标和实现途径,从根本上解决中华民族向何处去的问题,成为当时中华民族面临的最根本、最主要也最紧迫的时代性课题。正是在对这个历史与现实之谜的"有奖征答"中,涌现出了洪秀全、梁启超、康有为、孙中山等先进人物。尽管他们仍然不过是农民阶级和资产阶级的代表人物,有其历史的局限,但他们对于救国救民道路的积极探索和努力实践,不仅引发了太平天国、戊戌变法、辛亥革命等社会变革运动,铺垫了旧民主主义革命的历史道路,而且不断唤醒着中华民族的自我意识,为毛泽东思想的产生提供了必要的思想准备。

马克思列宁主义在中国的传播,引发了具有划时代意义的五四运动,中国革命由旧民主主义革命进入新民主主义革命的全新历史阶段。陈独秀、李大钊等对于马克思主义的介绍和宣传,为毛泽东、邓中夏、蔡和森、瞿秋白等一大批中国马克思主义者的成长提供了向导。他们在学习和运用马克思列宁主义、探索中国革命正确道路的过程中,不断接近工农,接近实际,不断改造自己的世界观,逐步创立和发展了毛泽东思想。

作为一种科学的思想理论体系,毛泽东思想"只能由中国无产阶级的代表人创造出来,而其中最杰出最伟大的代表人,便是毛泽东同志"①。因此,以毛泽东个人的名字命名毛泽东思想,这不是偶然的,而是对毛泽东作为中华民族的优秀代表人之一在当代中华民族自我意识和自我发展中所起特殊作用的如实反映。所谓时势造英雄,主要指一定的时代对天才人物的产生既提出了要求,也提供了可能。而在这大体均等的机会和条件下,谁能脱颖而出,成为时代的代表,则取决于个人的天赋与教育、才华与努力。毛泽东正是由于自己特殊的综合优势条件而成为当代中华民族一大批先进思想家中最杰出的代表人物。他出生于农民家庭,因而有与近代中国最广大劳动群众保持亲密感情的"天然"条件,并为他真正理解中国社会提供了可能。他受过系统的国学教育,因而能够深刻地理解和掌握中华民族优秀传统文化,成为民族文化精华的优秀继承者、批判者,并能使之不断发扬光大。他勤于学习探索并初步接受当时世界先进科学技术,从而使自己的世界观建立在科学的知识基础之上。他以自己特有的敏感和洞察力迅速学习和接受了马克思列宁主义,从而掌握了科学的思想理论和方法论原则,为自己的进一步探索与实践找到了正确有效的武器与方法。他具有极为强烈的社会责任感和民族自尊心,忧国忧民而又深知其责任重大和道路艰辛,从而既有救国救民、振兴中华的远大志向和明确目标,又能脚踏实地、一步一个脚印地努力工作。他既有强烈的革命热情与冲动,又有坚强的意志与自控能力,因而能坚定不移地向着既定的目标前进。他自觉深入工农、深入实践,因而能够深入地了解国情并且掌握群众。他既善于独立思考,不断有所发现有所创造,又能谦虚谨慎,广泛听取各种意见,集中群众智慧……正是以上各种因素有机地融合于毛泽东的理论与实践之中,不仅成就了他个人,也不仅造就了一个伟大的领袖和思想家,还使中华民族进入了一个新的觉醒的时代。

毛泽东不是一个孤立的个人,而是一个天才群体的代表。毛泽东思想不是毛泽东一个人的思想,而是中国共产党群体智慧的结晶。在毛泽东的旗帜下,聚集着一大批当代中国最优秀的先进思想家。他们以自己的聪明才智和革命实践,共同地创造、充实和发展了毛泽东思想。在同时态的意义上,我们可以看到李大钊、蔡和森、邓中夏、瞿秋白、周恩来、刘少奇、邓小平、陈云等老一辈无产阶级革命家。在历时态

---

① 刘少奇选集(上卷)[M].北京:人民出版社,1981:333.

的意义上,在以毛泽东为核心的中国共产党第一代中央领导集体之后,又相继产生了新的中央领导集体。他们一方面坚持、继承和捍卫了毛泽东思想,同时又根据新的历史条件和革命与建设实践而补充、完善和发展了毛泽东思想。在内容上可以看到,刘少奇关于白区工作和党的建设的论述,朱德关于军事工作和军队建设的论述,周恩来关于统一战线、文化建设和外交政策的论述,陈云关于经济工作的论述等,都在毛泽东思想中占有显著的地位,成为其中不可分割的组成部分。邓小平提出的探索和建设中国特色的社会主义现代化的总方向,关于坚持以经济建设为中心、坚持四项基本原则、坚持改革开放的战略措施,关于"一国两制"解决港、澳、台问题的基本构想,关于当今世界格局和发展趋势的分析与判断等,都代表着毛泽东思想在当今中国的新发展,代表着当代中华民族自我意识发展的新阶段。

在以毛泽东为代表的先进思想家集体背后还矗立着伟大的工人阶级。他们代表着中国先进的生产方式,是中国人民革命和民族解放的中坚力量。毛泽东思想的产生,既以中国工人阶级的产生和成熟为条件,又促成并标志着中国工人阶级的阶级自觉和时代自觉。中国共产党作为中国工人阶级的先锋队,既在思想上给工人群众以指导,又在组织上给他们以协调,使之能够凝聚和组织成为有机的整体,并有效地团结和调动起中国最广大人民的力量,向着国外的帝国主义和国内反动派展开不屈不挠和坚韧不拔的斗争,争取了民族独立和人民解放,并为民族繁荣和昌盛而持续努力。

在这里我们看到,毛泽东思想的主体是一个多层次的系统,是一个扩展中的系列:毛泽东⇌领导集体⇌中国共产党⇌工人阶级⇌中华民族。这个序列,从后往前看,呈现不断收缩、凝聚和集中的趋势,是一个不断内聚、收敛直至推举出自己的最优秀代表人物的过程。而从前往后看,则呈现出不断发散、拓展和扩大的趋势。既是毛泽东思想在越来越大的范围内发挥作用并得到实现的过程,也是它在越来越广大的群众中得到承认并被确立为其指导思想的过程。这个过程,就是毛泽东思想逐步由毛泽东个人及其同伴们的思想转化为领导集体的共识,进而成为中国共产党的指导思想,成为工人阶级的阶级意识,以至升华为中华民族的自我意识的过程。同时它也是中国共产党、中国工人阶级和中华民族通过自己的历史的时代的选择而将毛泽东思想确立为自己的指导思想的过程。

之所以说中华民族对毛泽东思想的确认是一种选择,在于当时与毛泽东思想并存的还有其他各种思潮、主义和流派。首先,中国历史上长期流传的孔孟之道、程朱理学和各种封建迷信思想一直作为统治思想束缚和支配着广大群众,甚至积淀到民族心理结构之中。其次,当时从国外与马克思主义一道传入的还有三权分立说、君权神授说、进化论等各种形式的资产阶级学说,它们也对中国民众尤其是知识阶层发生着不可忽视的影响。再次,以孙中山的三民主义为代表的中国资产阶级改良思想,以及各种形式的空想社会主义、封建社会主义和无政府主义也都在努力扩大自己的地盘。它们都妨碍着毛泽东思想的产生、发展与传播。正是在与这些非马列主义甚至反马列主义思潮的多次大论战中,以毛泽东为代表的中国共产党人充实、完善和发展了自己的思想,并将其不断地付诸实践,在越来越大的范围内解决了中国的问题,从而使之在越来越大的范围内经受了检验,得到了实现,也在范围越来越广的民众中得到了信任,获得了承认,并逐渐被中华民族选择和确立为自己的自我意识。

在建党前后,毛泽东还只是当时先进思想家群体中的一个,他的思想与党的其他创始人的思想一样处于形成和发展之中。1927年大革命失败后,毛泽东领导湘赣边界秋收起义,首先向敌人统治力量薄弱的农村进军,提出"工农武装割据"、建立和巩固农村根据地的思想,科学地回答了"红旗到底能打多久"的问题。他的这些主张先后被湘赣边界的一大、二大所接受,成为边界党组织坚持斗争的指导思想,后来进一步在红四军党的第九次代表大会上被接受,成为红四军的指导思想。

1930年前后,毛泽东思想进一步总结革命根据地斗争经验,把"工农武装割据"发展成农村包围城市道路的理论,并提出红军游击战的战略战术原则、土地革命理论和农村根据地建设理论等。这些思想和理论,先后经历了与李立三"左"倾机会主义和以王明为代表的"左"倾教条主义等的艰苦斗争,日臻成熟和完善,在中央和全党中的影响不断扩大。

日本的入侵改变了国内的阶级结构、社会主要矛盾和政治格局,提出了新的紧迫课题。党中央正确分析了民族斗争和阶级斗争的关系,提出了建立抗日民族统一战线的政治路线,论述了党在统一战线中的独立自主原则和策略,预测了抗日战争的发展过程和最终结局,实现了国共两党的合作,领导全民族胜利进行了抗日战争。正是在这样的全民族的革命实践中,毛泽东的各种思想逐渐为全党全民所认识和接受,并为党中央的多次会议决议和文件所肯定和记载。

从延安整风到党的七大,在对于马克思主义的深入学习和对教条主义的深入批判中,"毛泽东思想"作为一个具有特定内涵的科学概念被提出,被论证,并被广泛接受。党的七大全面阐述了毛泽东思想,确立毛泽东思想为全党的指导思想,并载入党章,号召全党"学习毛泽东思想,宣传毛泽东思想,遵循毛泽东思想的指示去工作"。

全国解放战争的伟大胜利和中华人民共和国的成立,是毛泽东思想在中国大地的伟大胜利,也是中华民族获得自由解放的伟大标志。它意味着民族的独立、民主与幸福,是中华民族自我觉醒的全新历史阶段。而毛泽东思想不仅作为中国共产党的指导思想载入党章,也作为全民的指导思想而载入宪法,成为立国之本,成为全民族的精神支柱、核心和灵魂,成为中华民族自我意识的科学理论。

党的十一届六中全会通过的《关于建国以来党的若干历史问题的决议》,在"必须完整地、准确地掌握毛泽东思想的科学体系"这一科学命题下对毛泽东思想的重新阐释和规定,实际上是中国共产党和中华民族在新的历史条件下对毛泽东思想的一次再确认和再发展。它立足于中华人民共和国成立以来 30 多年的历史经验和教训,强调毛泽东思想是马克思列宁主义在中国的运用和发展,是被实践证明了的关于中国革命的正确理论原则和经验总结,是中国共产党集体智慧的结晶。强调在新的历史条件下坚持和发展毛泽东思想,从而进一步强化和升华了中华民族在新时期的自我意识。

由上可见,毛泽东思想的产生、形成、发展和完善,与中华民族对毛泽东思想的认识、选择和确立,尽管并不严格同步,但却密切地内在联系和相关。一方面,以毛泽东为代表的中国共产党人不断地进行理论探索与创造,中华民族的自我认识在形式上不断更新,在范围上不断拓展,在程度上不断深化,在水平上不断升华。另一方面,中华民族在越来越广的范围内和越来越深刻的程度上选择、承认和接受了毛泽东思想,也就在相应广泛的范围内和相应深刻的程度上达到了历史自觉和时代自觉。

3. 毛泽东思想的内容结构

就其思想渊源而言,毛泽东思想来自两个方面,一是马克思列宁主义,二是中国传统文化。而中国人民的革命和建设实践则是毛泽东思想的直接对象和现实基础。相应地,就其思想内容来说,毛泽东思想包含着三个基本的方面:中国化的马克思列宁主义,时代化的中华民族优秀传统文化,以及对中国的历史、现实与未来问题的独创性理论探索。这三个基本方面相互结合构成了当代中华民族自我认识的基本内容。

中国化的马克思列宁主义,主要指贯穿在毛泽东思想之中的一系列马克思列宁主义基本原理、原则和方法,包括马克思主义哲学、政治经济学和科学社会主义的一些基本内容和基本观点及其在中国的运用和发展,也包括以毛泽东为代表的中国共产党人根据自己的学习和研究而创造性地提出的一些理论原则和方法。毛泽东思想是马列主义在中国的运用和发展。马列主义则是毛泽东思想的核心和灵魂,是当代中华民族科学地从事自我认识最重要的理论原则与科学方法论。

我们曾经谈过,对马克思列宁主义的学习和接受,是以毛泽东为代表的中国共产党人实现自身世界观的革命性转变、开始科学地认识中国与世界的关键一步。自此以后,马克思列宁主义便作为科学的世界观与方法论一直指导着以毛泽东为代表的中国共产党人的理论探索和革命实践活动,并必然地融汇到作为其精神成果的毛泽东思想之中。当然,作为中国化的马克思列宁主义,毛泽东思想不是马克思、恩格斯、列宁等的著作与言论的简单翻译和照抄照搬,而是以毛泽东为代表的中国共产党人结合中国的革命实践而学习、运用、研究马列主义并进行再创造的科学理论成果。把马列主义的普遍原理与中国的具体实践相结合,一直是毛泽东和中国共产党人的明确目标和奋斗方向。中国革命和建设事业的成功是这种结合的最大的实际社会成果,毛泽东思想则是这种结合的最重要的科学思想成果。在以毛泽东为代表的中国共产党人的著作、书信、言论和中共中央的文件中,我们到处可以看到对于马克思列宁主义一些基本原理和方法的运用。唯物主义原理、对立统一学说、认识论的原则、辩证思维的方法、唯物史观、剩余价值学说、阶级斗争理论、无产阶级专政原理等,都在毛泽东思想中有着自己的突出地位,它们构成了毛泽东思想的理论前提和基本骨架。

时代化的中华民族优秀传统文化,主要指中国传统文化中那些经过批判、选择、活化而得以继承、改造,并被纳入毛泽东思想体系,从而获得新的理论内涵和时代意义的成分。它们使毛泽东思想与中国的悠久历史内在地有机地衔接起来,并获得广大民众所喜闻乐见的民族内容和民族形式,从而易于和能够为中华民族最广大的人民群众所理解和接纳,转化成为中华民族的自我意识。

作为中华民族长期历史发展的产物,中国传统文化不仅记载着中华民族的盛衰兴败和历史变迁,还以自己的独特方式直接地影响着中国的现实与未来。因此,正确对待和处理与传统文化的关系,不仅意味着正确对待自己的先辈和历史,还意味着慎重地对待自己的前途和未来。以毛泽东为代表的中国共产党人的重大成功,正在于深刻、准确地掌握了这一点,有批判、有选择地继承了中国传统文化中那些曾经以萌芽和端倪的方式存在却预示了未来发展方向的因素和方面,赋予它们以新的理论内涵,将其纳入新的理论体系,使之得以活化、时代化、科学化,成为毛泽东思想的内在组成部分,成为新时代中华民族精神的积极内容。

在以毛泽东为代表的中国共产党人的著作言论和思想中,随处可见中华民族文化宝库中的精神瑰宝在熠熠闪光。中国历史上关于仁政与刑政、法治与礼治的政治思想,关于唯贤与唯亲、任能与忌能的用人思想,关于均田与均平、均富与大同的经济思想,关于法先王与法后王、崇古与尊今的文化思想,关于知先行后、行先知后与知行统一的哲学思想以及孙子兵法和各种行之有效的战略战术原则等等都被以毛泽东为代表的中国共产党人运用马列主义的观点和方法加以批判和改造,并赋予其新的含义,使之成为毛泽东思想的重要内容。

对于中国的历史、现状和未来的独创性理论探索,在毛泽东思想中占据着最为突出的地位,是其宝贵的思想内容。

中华民族在近代以来所面临的最根本的问题可以归结为两个,一是民族独立,二是国家富强。相应地,探索一条切实可行的救国救民和富国富民之路,既是中华民族自我认识的根本动力,也是毛泽东思想的根本任务。但这条道路既不可能从中国悠久的历史文化中找到现成的答案,也不可能从马克思列宁主义的"本本"中演绎出来,只有通过实事求是的探索与创造才能找到。因此,探索和创造中国特色的革命和建设道路,既是以毛泽东为代表的中国共产党人为之不懈努力的根本任务,也成为毛泽东思想的基本内容。

具体地分析毛泽东思想的理论体系,可以看到,它的各方面内容都带有鲜明的独创性特征。在新民主主义革命时期,有关于中国半殖民地半封建社会性质和各阶级经济地位与政治态度的分析,有在此基础上提出的新民主主义革命的经济、政治、思想、文化纲领,以及武装斗争、统一战线和党的建设这三大法宝,有关于农村包围城市、最后夺取城市的革命道路,有关于党内斗争和党的建设的原则与方法,有关于人民军队和人民战争的一整套战略战术,等等。在社会主义革命和建设时期,有以"赎买"和"和平"为特征的社会主义改造道路,有以发展经济为中心的社会主义建设道路,有坚持四项基本原则和坚持改革开放的两个基本点,有正确认识和处理两类不同性质的社会矛盾的原则,有人民政治协商的制度和方法,有和平共处五项原则和和平外交路线与政策,有"一国两制"的构想,有经济特区的大胆尝试,有独立自主、自力更生的革命精神和艰苦奋斗的工作作风,等等。在思想文化方面,则不仅从根本上论述了知识分子作为工人阶级一部分的社会归属和历史地位,还有民族化、科学化、大众化的文化发展方向,有古为今用、洋为中用、推陈出新的原则,有百花齐放、百家争鸣的方针,等等。而在哲学思想方面,则有对矛盾学说的系统阐发,有对知行关系的科学解决,有对实事求是思想路线的科学论证,有对社会基本矛盾和两类社会矛盾的科学分析,有对党的群众路线、领导方法和工作方法的科学论述,等等。所有这些,都是马克思、恩格斯、列宁、斯大林没有提出或者虽然提出但没能从理论上系统地加以研究、阐发和解决的,是以毛泽东为代表的中国共产党人的独创,是中国社会问题及其解决办法的特殊表现,是毛泽东思想的独特内容。

毛泽东思想的以上三个基本方面,各有其特殊的内涵和作用,但其间又是相互制约和相互作用的。第一,马列主义的中国化,既是在马列主义与中国传统文化的碰撞与融合中展开的,又是在其被以毛泽东为代表的中国共产党人作为理论、原则和方法而运用于对中国特色的革命与建设的道路的探索中实现的。优秀民族文化的渗入使马列主义获得了民族特色,现实中国的需要则为马列主义在中国大地上生根、开花、结果提供了可能。第二,优秀民族文化的时代化,一方面在于它被纳入了马克思主义这个全新的理论体系,从而获得了新生与升华,另一方面在于它被投放到中国现实的革命与建设过程之中,有了新的对象、新的基地和新的使命。正是二者的结合使传统文化的时代性新发展时成为可能。第三,对于中国的历史、现状和未来的独创性理论探索,一方面只有立足于中国优秀传统文化的思想材料和历史基地,才有合理的起点和坚实的基础,另一方面则只有借助于马列主义的全新世界观和方法论的指导,才有有效的武器与方法。由此我们认为,以上三个方面缺一不可,构成了毛泽东思想的现实内容。

4. 民族解放和民族振兴道路与毛泽东思想的功能

认识世界和改造世界的统一,是马列主义最基本的原则。帮助中华民族科学地认识自我和改造自我,则是毛泽东思想最显著的功能特征。一方面,毛泽东思想是中华民族自我认识的科学理论成果,它作为一种观念形态的科学理论体系而以其特殊的理论结构和发展中的理论内容科学地再现着中国社会的特殊历史演变和现实状况,成为中国人民革命斗争和建设事业的科学记载和理论再现。另一方面,毛泽东思想是中华民族进一步从事自我意识和自我改造的理论向导。作为一种实践性极强的指导原则、价值目标体系和方法系统,毛泽东思想以其特殊的感召力、洞察力和预见力而激励和指导着中国人民的革命和建设实践,并通过制导这种亿万民众的实践而引导着中国历史的发展方向和实际进程。毛泽东思想的这两个方面的功能,集中起来,就是一点,即帮助中华民族科学地认识自己并成功地探索和实践一条既符合世界潮流又具有中国特色的革命和建设道路。

从社会认识论的角度来看,一定的社会理论一旦产生出来并被社会所接受,就必然处于与相应的社会运动的交织作用之中。一方面,这种社会理论作为社会意识的一部分以自己的特殊思想内容反映和记载着相应的社会历史运动,使之得到理论的阐释和再现,从而得以提高和升华。另一方面,它又必然通过对一定社会成员的一定方向、性质和形式的社会行为的激发、诱导或压抑,制约和影响社会历史的运动,使社会发展和变化显现出一定的方向性、目的性、计划性和自觉性。毛泽东思想作为科学的理论体系、中华民族自我意识的科学形态,在这两个方面的功能都达到了相当突出的层次和水平。

作为一种科学的理论,"毛泽东思想是一个体系"[①]。毛泽东思想的

---

① 邓小平文选(第2卷)[M]. 第2版. 北京:人民出版社,1994:43.

体系结构是中国人民革命和建设的实践结构的理论抽象和再现。就其横向结构来看,毛泽东思想包含着经济、政治、思想、军事、外交、文化、伦理、教育等各个方面,这些方面各自又可分为若干的具体分支和侧面,它们从各种角度反映着当代中国复杂的社会生产和社会生活,代表着中华民族自我意识的广度和范围。就其纵向结构来看,毛泽东思想包含着对中国和世界以至人类历史的科学阐释、对社会现状及存在问题的科学分析、对未来理想前景的科学展望,以及对其实现途径的合理设计等。它们不仅反映着中国的历史和现状,而且预示了中国的未来,并指出了奋斗的方向和道路,从而代表了中华民族自我意识的时间向度。就其层次结构而言,毛泽东思想包含着在世界观、方法论和价值体系层面上发挥作用的哲学思想,在社会科学层面上发挥作用的各种科学理论、学说与观点,以及各种在具体的实践和生活层次上发挥作用的政策、措施、方针与方法等。这三个层次由抽象到具体,由统摄到实施,由总体到局部,由深层到表层,反映着中华民族自我认识的多层次结构。

正是由于毛泽东思想具有完整的理论结构和科学的内容,它才能够作为一种价值体系、指导原则和方法系统而有效地指导中国共产党、中国工人阶级以至全民族不断地去认识和解决自己在前进中所遇到的困难和问题,去纠正自己的失误,把中国的革命和建设事业不断地推向前进。

毛泽东思想对中国革命和建设道路的指导是在以毛泽东为代表的中国共产党人对近代中国各个时期主要社会矛盾及其解决办法的探索和实践中逐步展开并有序地得到实现的。几十年间,中国革命先后经历了第一次国内革命战争、土地革命战争、抗日战争、解放战争,中华人民共和国成立以后中国的社会主义改造和社会主义建设也经历了不同的阶段。这不同的历史阶段有不同的国际国内背景,有不同的社会矛盾和时代性课题,需要中国人民作出自己的回答和选择,并制导自己的行动。正是在每一个重要的历史转折和危机关头,以毛泽东为代表的中国共产党人都高瞻远瞩,深刻洞察,科学预见,为中国人民指出了正确的方向,并领导它们去实现自己的目标而且达到了成功,从而显现出自己的特殊社会功能。正是在这个持续不断的过程中,毛泽东思想不仅得到了现实的表现和实现,而且得到检验和证明,并且得到更新、充实、丰富和完善。

5. 民族进步与毛泽东思想的发展

中华民族的发展,既要在它的自我意识的时代性发展中得到观念的表现,又要以这种发展作为观念前导和精神动力。只有发展中的自我意识才能反映发展中的中国革命与建设实践,只有超前发展的科学的自我意识才能有效地指导和推动中国革命与建设事业的不断发展。作为科学化、理论化的中华民族的自我意识,毛泽东思想具有自己的超前性和科学性,是一个真理体系。毛泽东思想的真理性不在于它具有包罗万象、无所不在、无所不能、放之四海而皆准的"魔力",而在于它具有一种依据于中国人民革命和建设事业的发展要求而有效地自我更新、自我充实、自我完善的发展机制,是一个处于发展之中的真理体系。

我们曾经谈过,毛泽东思想不同于毛泽东的思想。一方面,毛泽东思想不仅包括了毛泽东个人的思想,也包括毛泽东的战友们的思想,是亿万群众革命实践经验的总结和提升,是集体智慧的结晶。另一方面,毛泽东个人的思想也不全是毛泽东思想的内容,只有他的那些经过实践检验被证明有正确性并为广大人民群众所接受和纳入毛泽东思想体系的思想才是毛泽东思想的内容。而哪些人的哪些思想能被纳入毛泽东思想,转化为民族自我意识的理论体系,则取决于它们能否通过民族的选择、历史的选择、时代的选择。正是这种选择机制既不断地淘汰、纠正、清除着各种错误思想与观念,又不断地促使着毛泽东思想的更新与发展。

毛泽东思想的发展机制,正包含着这两个基本的方面,一是对各种错误思想、观念的批判、斗争、清除和克服,二是对各种新的正确思想观念的充实、丰富、更新和完善。

对各种错误思想的发现、批判和清除,是毛泽东思想保持其真理性的重要条件。中华民族的自我意识是通过人们对社会、民族的认识而实现的。先进思想家们由于其特殊的个人素质和社会地位而在这方面肩负着特殊的责任和使命。但他们毕竟是人而不是神,受着各种社会条件的制约和各种思潮的影响,他们的认识和实践仍然不可避免地有其特定的社会历史局限性。因此,在思想认识上产生各种失误几乎是难免的。即使一些在一定时空条件下是正确的东西随着时空的转换也会向着对立面转化。我们可以看到,对于各种错误思潮的发现、批判和清算,通常有两种情况:一是由这些思潮的主人自我发现,自我更正,自我批判,自我清除;二是由他人来发现、更正、批判和清除,形成思想的历史性更新。我们知道,与马克思、恩格斯、列宁一样,毛泽东本人在自己的革命实践中曾多次纠正过自己理论的不完备和失误之处。

不断地充实、丰富、更新和完善自己的理论内容,更是发展毛泽东思想的直接渠道。中国革命和建设事业的迅猛发展,既为毛泽东思想的相应发展提出了要求和动力,也提供了现实的对象和材料,而先进思想家和全体社会成员在思想觉悟和认识能力方面的不断提高,则为毛泽东思想的迅速发展提供了主体性条件。对新时期所面临的全局性和时代性重大课题的探索与回答,是发展毛泽东思想的直接途径。而确立新的思维方式,创造新的概念规范,提出新的理论观念,尝试新的研究方法,建立新的价值体系,展开新的实践模式等等,则是毛泽东思想得到发展、民族自我意识得到更新的重要表现。

全面、深刻、完整、准确地理解和坚持毛泽东思想,促使它在新的历史时期得到符合时代要求的发展,对于强化中华民族的自我意识,推进中国的改革开放和社会主义现代化建设具有极为重要的意义。

首先,它意味着对近代以来中国革命和建设历史及其成果的确认和尊重。毛泽东思想既是中华民族自我认识史的积极成果,又是中国革命和建设的理论向导和观念蓝图。毛泽东思想的发展本身就是近现代中国历史的不可分割的组成部分。因此,只有真正理解了毛泽东思想,才能懂得近代以来的中国历史,也才能深刻理解当代中国的现实,并借助于一种"伟大的历史感"去把握中国的未来。

其次,它意味着对一种合理的价值观念和目标体系的确认和尊重。毛泽东思想既是一种科学的理论体系,又是一种合理的理想和信念系统。它不仅指向并描述着中国的历史与现实,尤其指向中国的未来,包含着中国共产党人对中国特色的社会主义现代化的理想展望和对民族振兴、民富国强之路的观念建构。正是它们作为一种共同理想和共同信念把全中国各方面、各层次的人们紧密地连接和团结起来,使之凝为有机整体,协调行动,积极地创造着中华民族的未来。

再次,它意味着对一种科学的指导原则和有效的方法系统的确认和尊重。作为近代以来中国社会历史发展的观念成果,毛泽东思想中无疑包含着许多的成论和结论。但作为中国化了的马克思列宁主义,它更多的是一种科学地认识世界和改造世界、认识自我和改造自我的思想武器和方法论原则。它在探索中国特色的革命与建设道路的历史过程中形成和发展，也必然在进一步强化全民族的科学的自我意识、探索和建设有中国特色的社会主义现代化的历史过程中发挥其社会功能，并得到有效的实现。

三、社会主义市场经济与发展人的个性

从历史发展来看，市场经济实际上是一种人类文化系统。发展社会主义市场经济，直观看来，突出的似乎是市场和经济；深层透视，突出的实质上是一种社会文化系统中的人，并且是现实的、充满活力的个人。市场经济的历史根据和现实必然，正在于它不论作为一种资源配置手段还是社会管理体制，都根据于并适应了社会系统中个体人的创造性本能和追求，从而能够最大限度地开发和调动每个社会成员的责任感和创造性实践，促使人们在改造世界中不断发展和完善自身。

1. 确立社会进步的个体性基础

马克思多次指出，"任何人类历史的第一个前提无疑是有生命的个人的存在"，因此，"人们的社会历史始终只是他们的个体发展的历史"。个人是人类社会生存和发展最本质的基础。个人在不同时代中的生存方式是当时社会文明和进步状况最重要的表现。马克思告诉我们，越是往前追溯历史，个人就显得越是不独立，越是依附于一定的种群和部落。在整个自然经济条件下，人与人之间的联系建立在缺乏分工的自然纽带之上，地域的、血缘的和部族的狭隘关系使个体变成了"狭隘人群的附属物"，"人的依赖性"湮灭了人们个性和个人的独立性。整个人类生活只是在狭隘的范围内和孤立的地点上发展着。以发达的社会化分工为前提和基础的市场经济打破了地域隔离，消除了人身依附，把自然权利还给了人，造成了在物的依赖性基础上的人的独立个性，以及与个人的独立性相适应的广泛而又平等的社会联系，促进了人类文明的整体性进步和民族的、国家的历史向世界历史的转变。

市场经济正是由于其在培养和造就独立的、普遍的和世界历史性的个人方面具有独特的社会功能，才能取代自然经济而发育和完善，成为世界历史性的普遍存在。当今我国由计划经济经过有计划商品经济向社会主义市场经济迅速转轨，从其社会文化发展来看最深层的原因

和根据恐怕也在于此。

2. 造就丰富的个性

市场经济本质上是一种高度个性化的社会经济。这种经济与个性的水平和状况有着紧密的联系。个性是个体区别于他人他物的特殊性质、结构和功能,是个体与社会联系的基础。只有具有个性特色的产品才有互补性,才能有自己的独特市场,也只有达到世界水平的个性,才能在世界范围内满足更大的需要。从这个意义上来讲,发展市场经济就是发展个性。

那么,怎样才能发展个性呢？马克思的一个重要方法,就是要在物的、商品的背后去发掘和发现那些造就了它们并蕴含于其中的人的因素。实质上,产品的个性,无非是生产者个性的一种表现,是外化或物化了的人的个性。由此我们可以进一步得出结论,要发展充满活力的社会经济,最重要的是要发展人的个性,即社会系统中互为需要的多样个性。而这正是自然经济和传统的计划经济都无法做到的。

计划经济体制在我国的产生有其历史的必然性,曾发挥过重要而积极的作用。但它无论作为一种资源配置手段还是社会管理体制,都难以充分有效地发挥和发展每一个社会成员的个体自主性,在一定程度上抑制了社会成员的积极性和创造性。这就使经济建设、社会变革和文明进步失去了坚实而又广泛的个体性主体基础。

就其与个体的联系方式而言,计划经济体制有两个明显特点。其一,它作为一种由上至下的条型管理体制,把社会复杂的网状立体结构分割成彼此隔离的条状结构。行业之间、部门之间尤其个人之间的横向联系被削弱以至取消,个人被固定在特定的社会层次上并处于与上下级之间的线性联系之中,其行为主要由社会角色和层次地位来决定,谈不上个性和个体自主性。其二,资源配置和社会管理主要通过由上到下的线性行政指令来进行。行政命令取代了公平竞争,长官意志取代了经济规律。即便在上级决策正确和传输渠道畅通的情况下,个人与社会的联系也要经过许多中间环节,这时人际的联系间接化、单一化。一旦线性垂直联系中的任何一个环节发生故障,都会妨碍甚至阻断整个社会联系。而如果上级决策出现失误,下级即使有所觉察,也由于处于单向被决定关系地位而无能为力。在传统计划体制下,谈不上个体的自主选择和负责精神。

市场经济体制的最大特点和优点,在于它是一种平等的、自由的、开放和各负其责的资源配置手段和社会管理体制。所有生产经营者,只要是相对独立的经济法人,便在法律关系、经济交往和社会地位上完全平等。经营中没有行政命令,没有长官意志,只有自主选择和公平竞争。于是人们必须为自己的行为及其后果承担全部责任。经济规律作为一只看不见的手而有效地调节着社会的生产、交换、分配和消费,支配着社会经济生活并影响整个社会生活。每个人都通过市场而直接面向社会,社会也直接作用于每一个个体。所有人要在社会竞争中立足,就要不断地发展自己的个性、提高自己的能力,以适应社会发展的需要。而个性的发展又必然丰富整个社会。于是丰富的个性和丰富的社会成为文明进步的双重结果。

3. 激发全体社会成员的创造潜能

人具有追求和创造理想生活的本质。求新、求善、求美,不断地变革和创造,是人作为万物之灵的重要特性。但人同时又是自然的存在物,也存在着因循、懒散和贪图享受的一面。复杂的人性结构中哪些方面得以巩固、强化和发挥,哪些方面得到抑制、克服和消除,在很大程度上取决于外部环境的压力与驱使,取决于社会的制约与激发。正是在这种意义上,我们总是把社会的进步与开放看作个性发展的重要条件。

自然经济条件下,个体创造潜能的开发和发挥既缺少外部空间,也缺乏内部动力。

计划经济条件下,社会缺乏广泛而有效的激励和竞争机制,分配中的平均主义与管理中的官僚主义压抑个性,妨碍创造。

市场经济的核心在于竞争,而竞争中的制胜法宝在于变革、创新。因此,它在客观上要求公平竞争,要求优胜劣汰,要求发展个性。市场经济直接面向全体社会成员,这就把成功的机会公平地洒向每个社会个体。这时,所有社会成员的成败与否及其成就大小主要取决于自己的努力。个人掌握着自己的命运。这就迫使每一个成员都积极奋起,努力发挥和发掘自己的全部潜能。随着市场联系的国际化,人们更是必须不断地升华自己的个性化水准,创造新的生存和发展空间。正是由于最广泛的社会大众都在自觉地、积极地发展自我、创造自我,社会进步和文明发展才获得了广泛坚实的主体性基础。

当然,市场经济体制本身并不是完美和万能的,它有自己的缺陷和弊端,蕴含着产生极端个人主义和拜金主义的可能。在我国由计划经济向市场经济转轨的过程中,由于新旧体制并存,尤其是市场经济体制发育尚不完善,也会产生出某些社会问题。对此必须通过实施必要和适度的宏观调控手段,通过加强社会主义精神文明建设和民主法制建设,尤其通过迅速发育和完善市场机制来逐步而又尽快地加以解决和克服。发展和完善社会主义市场经济,符合人类文明发展的历史进程,符合全体社会成员的根本利益,它必将极大地推动中国社会的现代化进程,极大地促进我国社会全体成员的自主而全面的发展。

附录　探索一条个性化的哲学研究道路[①]

就我个人的切身感受而言,哲学既是一门高度抽象的理论化、体系化的学问,又是一种非常现实的个体化、体验化的实践。人类理性总是倾向于追求那些普遍的、终极的东西,因此有了哲学。而对这些普遍的、终极的东西的探索和追求又必须从个人的生活实践和切身体验出发,因此,哲学的探索和研究又必然是高度个性化的。相应地,学习和研究哲学,既要有广博的知识和高度的抽象思维能力,又要有强烈的个人兴趣和充分的生活体验。前者需要系统的学习和严格的训练,后者则需要丰富的生活经验和复杂的个人经历。也许,正是这两个方面的结合,不仅引发了我对哲学研究的强烈而持久的兴趣,而且促使了我对个性化的哲学学习和研究道路的积极探索。

一

现在想来,个人成长中的方方面面、点点滴滴都以自己的方式影响着我的人生道路,并融汇到我的哲学体验之中。

1953年6月,我出生在四川省资阳县沱江边一个温馨的家庭中。父母早年都曾参加革命,后均从事教育和教育管理工作,对我的教育和影响必然是严格、正统和规范的。我是姊妹十人中排行最小并唯一有幸在幼儿园度过童年的,在社会化的初始教育环境中成长。后被选入

[①] 本文原载韩民青等编《我的哲学思想——当代中国部分哲学家学术自述》(广西人民出版社1994年版)。本次收录有增删修改。

当时全县唯一的五年制小学试验班,故能比同龄人早一年进入中学,体验到"老三届"的全部经历。"文化大革命"期间中断了正规的课堂学习,却使我较早投身到社会实践的大课堂。我在刻蜡纸、印传单、刷标语、办小报的实践中开始了最初的文化参与,也曾体验过作为"可以教育好的子女"的诸多自卑与自律。满16岁后,我积极要求去资阳县丰玉区插队落户,在交白山下两度春秋的独立生活和与大自然的艰苦较量中体验到真实的人生艰辛。1971年被招工到铁道部建厂局,先后转征四川、河南、北京、陕西的多处建筑工地。当一幢幢厂房从我和同伴手中拔地而起并交付使用时,我心中常常默默奏起"人定胜天"的凯歌。从油工、电工,以及共青团干部、理论辅导员,到专职宣传干部、报纸编辑等,我每一步都基于一个朴素的信念:干什么就应像什么。

我最早接触并宣讲的理论是马克思、恩格斯、列宁、斯大林关于无产阶级专政的三十三条语录。我多次通读《毛泽东选集》各卷。艾思奇的《辩证唯物主义与历史唯物主义》曾令我如饥似渴般度过若干不眠之夜,从此建立起我对马克思的极大尊崇和与马克思主义哲学的不解之缘。1977年,我在陕西参加高考,记得第一志愿便报的是复旦大学哲学系。结果被陕西师范大学政教系首批选入。好在那里的哲学教学和研究力量在西北地区堪称顶级,故使我能继续我的"哲学梦"。而深厚博大的汉唐文化和雄浑朴实的"西北风"则使我更多受到中国传统文化的熏陶和影响。我在本科生期间曾任团支部书记和系团总支副书记,并作为校学生哲学研究会的负责人之一参与组织校际、系际的哲学学术交流。学士学位论文《试论矛盾的同一性和斗争性都是绝对与相对的辩证统一》,触及当时哲学争论中的一个热点问题,被选入《社会科学论文集》第四辑(1982年)。硕士研究生期间师从刘修水教授攻读认识论研究方向,本着"宁可精写一篇,不必泛写十篇"的信条,努力拓展知识范围,锻炼哲学思维素质,强化创新意识,提高写作水平。硕士学位论文《论主体能力》在《哲学研究》(1985年第7期)刊物上发表,为《中国哲学年鉴》《新华文摘》等刊物选介或转载,获陕西省第三届社会科学优秀成果奖。1985年3月考入中国人民大学哲学系,先后在李秀林教授、夏甄陶教授指导下攻读认识论尤其是社会认识论研究方向的博士学位。在校期间参加多项重要科研项目,发表学术论文近30篇。曾作为中国人民大学学生哲学研究会负责人之一主编《青年哲学论坛》。1988年1

月 16 日顺利通过肖前教授主持的论文答辩。博士学位论文《社会认识论导论》全篇 37 万余字,经国内十多位著名哲学家评审和肯定,该文由中国社会科学出版社收入胡绳主编的"中国社会科学博士论文文库",于 1990 年 11 月出版。《中国社会科学》《人民日报》《哲学研究》《中国哲学年鉴》等十多家报刊先后发表书评书讯予以充分肯定,该文还获陕西省优秀哲学成果奖(1992 年)和国家教委首届人文社会科学优秀成果二等奖(1995 年)。

1988 年 2 月,我回陕西师大政教系工作,曾任政教系副主任、主任,中外文化研究交流中心副主任,兼任陕西省学位委员会哲学分会委员、陕西省教师职务评审哲学学科组成员、陕西省决策咨询委员会委员、陕西省社会发展战略研究会副会长、陕西省哲学学会副秘书长等职。1988 年 5 月破格晋升为副教授,1992 年 2 月破格晋升为教授。先后为本科生开设马克思主义哲学原理专题、认识论等课,为研究生开设"社会认识论""马克思《1884 年经济学哲学手稿》研究""社会认识史""现代社会认识系统"等课程。1989 年起在全国率先招收社会认识论研究方向硕士生。1991 年应邀赴阿根廷布宜诺斯艾利斯参加第 15 届国际政治学大会,并到美国华盛顿、纽约、洛杉矶等地从事学术访问。1992 年获加拿大政府研究与出版奖,赴加拿大 7 个城市学术访问 5 周,从事加拿大多元文化研究。

为了更好地从事哲学研究,我应武汉大学校长陶德麟教授邀请,于 1993 年 3 月调武汉大学哲学系任教授,被增列为博士研究生导师,1994 年起在全国率先招收社会认识论研究方向博士生。1995 年 6 月任武汉大学哲学系主任。1996 年 12 月筹建武汉大学哲学学院并任院长。1994 年 7—8 月赴德国柏林参加第 16 届国际政治学大会,任技术与社会政策分会主席,并执行国家教委博士生导师项目,赴柏林、慕尼黑、波恩、科隆、特里尔等地进行学术访问,从事当代德国哲学与新种族主义研究。1995 年 9 月至 1996 年 9 月赴英国伦敦大学学院哲学系从事博士后访问研究,主攻当代社会科学哲学和心灵哲学。1997 年 7 月赴韩国汉城①参加第 10 届国际中国哲学会,并主持其中的冯契哲学分会。1997 年 11 月赴美国华盛顿参加第 21 届世界统一科学大会,并应美国

---

① 现称首尔。

国际研究交流协会邀请从事4个月有关亚洲哲学与亚洲人的价值观方面的学术研究。

二

回顾我多年来的专门哲学学习和研究,其中始终贯穿着一个非常朴素的信念,即哲学研究如同科学探索,是否有所成就,只有一个标准,就是看其是否有所创新、有所建设。只有勇于并善于历史地和现实地批判,积极地进行理论和实践探索,真正创造性和建设性地做学问,这种哲学才有价值、才有生命、才有出路,才能真正有益于人类哲学思维的现代发展。为此必须努力扑到哲学前沿,提出和解答新问题,发现和开拓新领域,创制和运用新方法,不断地超越和发展自我,只有这样才能走出一条独具特色的个性化研究道路。正是本着这种信念,我先后提出并探讨了以下主要问题。

1. 反思和建构哲学研究法

步入哲学殿堂之际,已是哲学改革呼声最疾之时。那么,哲学的改革和发展从何入手呢?通过对历史的总结和现状的分析,我深感方法论更新在其中的特殊地位和作用。一切理论探讨最终都可以归结为对其研究方法的探讨,一切理论变革又首先依赖于对其研究方法的变革,只有研究方法的科学更新才能带来该学科的重大突破。马克思主义哲学的产生、形成和发展都是通过哲学工作者的自觉努力而实现的。哲学研究法则是对哲学工作者的研究思路、活动方式、探索方法的总结和概括,集中体现着哲学工作者的主体性。为此,我从辨析世界观与方法论的联系、区别及转化入手,在国内哲学界首次提出建构哲学研究法,主张对哲学改革与发展进行方法论思考,提出哲学研究方法的科学更新是哲学改革的突破口,主张强化哲学工作者的主体意识,认为科学的批判精神、超越的前导精神和自由创造精神是哲学研究中主体精神的基本内容,也是哲学进步的重要主体性条件。应当说,对方法论尤其哲学研究法的特殊的和持续的关注,不仅成为自己从事自觉的哲学思考的重要特点和重要思路,也为探索个性化的哲学研究道路提供了必要的方法论准备。

2. 探索和建构哲学形态学

马克思多次指出,真正的哲学应当是时代精神的精华。那么,怎样才能立足历史和时代的高度进行真正意义上的哲学研究呢？经过反复思考，我们觉得有必要提出一种哲学形态学的理论和方法，帮助人们在形态学意义上对哲学的历史演变及其时代特点进行总体的客观的把握。我和孙晓文在国内首次提出开展哲学形态学的研究，提出哲学形态是哲学内容与形式在特定时代条件下的具体的历史的统一，把哲学形态学看作哲学学的重要分支学科并作为一种方法论原则运用于对哲学历史现状和未来的形态学考察。1988年，我承担并主持国家"七五"哲学社会科学规划项目"哲学形态学与哲学观念的变革"。在关于哲学形态的历史考察中，我们把哲学观念的变革、哲学思维方式的更替与哲学形态的历史演进结合起来，相关考察，对哲学形态从神话中的发生学提升及其先后经过的本体论、认识论、主体论、实证论、人本论等历史形式和现代特点作了具体的研究和考察，力图揭示哲学形态演进的内在逻辑。

3. 探索实践的唯物主义及其现代意义

从形态学意义上考察哲学形态的历史演变及其时代特点，我认为，实践的唯物主义既是马克思主义经典作家对自己的唯物主义哲学特征的精辟概括，也是唯物主义的当代形态。在《"实践的唯物主义"及其方法论启示》一文中，我较早提请人们注意马克思关于"实践的唯物主义"的思想，认为它从功能角度鲜明准确地表达了马克思主义的哲学唯物主义的本质特征，并探索了它对于哲学研究和哲学体系改造的方法论意义。此后又和夏甄陶教授进一步发表了《实践的唯物主义的基本规定》《实践的唯物主义与"合理形态"的辩证法》等论文，进一步阐释实践的唯物主义的有关基本问题。在《从实践标准的探讨到实践的唯物主义的建构》一文中，提出党的十一届三中全会以来十年中，中国的马克思主义哲学研究经历了由真理标准探讨到建构实践的唯物主义哲学体系的发展道路。该文入选全国高校系统纪念党的十一届三中全会召开十周年理论讨论会文集，并收入由北京大学出版社出版的学术文集《回顾与思考》。

4. 探索马克思主义哲学体系的建构原则及其当代视野

在国内学者致力于突破苏联哲学教科书框架，建构马克思主义哲学新体系的过程中，我有幸先后参加了1987年5月在长沙举行的"关于哲学的特点和功能"学术讨论会，以及1988年1月在天津召开的全国哲学原理博士点哲学体系改革讨论会等,整理了《探索马克思主义哲学的新体系、新形态》等学术综述,并和夏甄陶教授花费相当的时间和精力,极为严肃地对此进行了相当富于建设性的探索,先后发表了《论哲学的性质、特点和功能》《试论马克思主义哲学体系的建构原则》《关于哲学的改革和发展问题——访欧阳康》《哲学变革的实质和契机》等一批论文,就哲学和马克思主义哲学发展的一系列根本问题进行了系统的思考和探索,提出了科学地建构马克思主义哲学体系应当遵循的重要原则:实践性原则——强化和发挥马克思主义哲学不仅理论地解释世界而且实践地改造世界的社会功能;客观性原则——马克思主义哲学在内容上应当是人与世界关系及其现代特点的哲学抽象;主体性原则——以人作为主体对人属世界的自觉能动掌握和对属人世界的自觉能动创造为基本线索和基本内容;整体性原则——马克思主义的体系结构是人与世界关系总体性结构的逻辑再现。

1994年以来,我协助陶德麟教授组织武汉大学部分教师和博士研究生合作从事国家哲学社会科学"八五"重点科研项目"马克思主义哲学若干基本理论研究",经过反复研讨,撰成《马克思主义哲学的当代视野》一书,由武汉大学出版社作为国家新闻出版署"八五"重点图书出版,其研究纲要《马克思主义哲学的当代视野》一文发表于《武汉大学学报》1995年第2期上,被《新华文摘》《哲学动态》等多家报刊转载介绍,《武汉大学学报》先后发表专题评论文章7篇。该文获湖北省精神文明建设"五个一"工程奖。该成果一方面立足马克思主义哲学的当代发展来审视其当代大实践、大科学基础和大哲学背景,另一方面以当代大实践、大科学和大哲学为参照来反思马克思主义哲学自身,对二者进行相关思考和研究,提出马克思主义哲学是辩证的、历史的、人道的、实践的唯物主义。在此项研究成果基础上,我承担了湖北省"九五"人文社会科学重点课题"马克思主义哲学的当代形态",进一步探索和建构马克思主义哲学的当代形态。

5. 对认识论问题的持续关注和探索

作为认识论研究方向的硕士、博士生,我对认识论问题一直保持着浓厚兴趣和积极探索。从辨析主体-客体、主观-客观与认识-实践这三对认识论的基本范畴及相互关系入手,到对认识过程第二次飞跃的辩证解析,到《深化认识论研究的基本思路》,提出现代认识论研究的根本宗旨是人类活动的主体性效应,研究对象上应由纯粹知识的自在运动转向主体观念地掌握客体的自觉能动活动,研究模式应由"S—R"的简单"刺激—反应"模型转向建构多项式和多级中间变量的多元复合认识模型,在研究规范上应在知、情、意与真、善、美、利的具体的历史的统一中建构多项式和多级中间变量的多元复合认识模型。在研究重点上应在个人的意识思维活动和社会文化交往的统一中揭示认识活动的内在机制,在研究方式上应从认识运动的时间特性方面展开认识活动的过程研究和进化规律研究,在研究方向上应在实践观念的形式与实现过程中揭示人类认识向着实践目的的运动等。在此期间,我先后参加了夏甄陶教授主编的《认识发生论》和《思维世界导论》的研究与写作。前书为国内外第一部研究人类认识原始系统发生和个体发生的学术专著。后书则将认识论研究与思维科学、脑科学和神经生理学等方面的最新研究成果结合起来,揭示了思维世界的奥秘。

6. 关于人的问题的哲学探讨

人是哲学的永恒主题,也是1978年以来国内哲学研究的关注重点之一。那么马克思主义应当如何关心人和关注什么样的人呢？我们认为,应当从人与世界关系的角度来关注人,关注作为主体而生存、活动和发展的人,关心人的追求、人的价值和人的创造等。循此思路,我先后撰写并发表了《论人的主体地位和主体意识》《人生价值的特点和人生科学的研究方法论纲》《价值论研究与人的价值追求断想》,并和夏甄陶教授合写了《依赖与掌握——人与世界关系的两个基本方面》《论人类掌握世界的基本方式（上、下）》等论文,并作为编委参加了夏甄陶教授等主编的国内第一部《人学词典》和他主持的国家"八五"哲学社会科学规划项目"人学研究"。随着我国由计划经济向社会主义市场经济接轨,我撰写了《市场经济与发展人的个性》,提出确立社会进步的个体性基础,造就丰富的个性和激发全体社会成员的创造潜能,论述了建设社会主义市场经济的人学依据。

为了深化人学研究,针对当时国内人学研究关于人学研究对象的争论,我撰写了《在个体与类之间保持张力——论人学研究的对象域及其学科特点》和《中西哲学比较与当前我国的人学研究》等论文,主张立足宏大的世界哲学与中国传统文化背景,立足马克思主义人学的基本理论和原则,整合中西人学思想精粹,在对当代人类和中国特色社会主义实践的深刻把握中建构当代马克思主义人学体系。

7. 深入探析主体性和主体性原则

主体性问题是近年来中国哲学研究的热点问题,也是取得重大进展的领域。我以极大的热情和自己的方式关注并参与这场讨论。在硕士学位论文《论主体能力》中借助主客体的对象性关系以及与主体需要、主体活动的内在联系来提出并界说主体能力,提出主体能力包含着"人本身的自然力""经验与知识"和"情感与意志"等三大要素,分析主体能力的基本特征、集团结构和社会体系等。针对主体性研究中的偏颇,提出深化主体性研究方法论问题,并在《探寻主体性原则的合理界说》中提出科学地理解主体性原则的几条重要思路。其一,主体性原则不是一个本体论命题,而是一种活动论规范,它反映了人在世界中的主体地位,揭示人应当如何通过自觉能动的创造性活动来处理自身与世界的关系,发挥自己的主体功能,创造出最大的主体性效应。主体性原则本质上是一种功能原则、效应原则、价值原则。其二,主体性原则不是随心所欲的原则,而是以承认客体制约性和主体自身内以限定性为前提的原则,是要求主体发挥内部潜能、创造条件,去超越外部制约性、有效地掌握客体的原则。其三,主体性原则不是马克思主义的唯一原则,也不是最高原则,而是马克思主义原则体系中不可缺少并与其他原则并存和协调发挥作用的重要原则。其四,主体性原则不是内容空洞和纯粹抽象的理论原则,而是内容丰富和现实具体的实践原则,它鼓励人们自觉努力追求和创造真、善、美的具体的历史的统一,具有鲜明的时代性和实践性。

8. 倡导并率先系统全面研究社会认识论,建设这一哲学分支学科

自从1985年到中国人民大学攻读博士学位,我便拟定社会认识论的研究方向。先后发表数十篇本专题学术论文,并在《社会认识论导论》中提出并建设了一个比较全面、完整、系统的社会认识论研究体系。该书从社会认识论的学科界说及时代要求入手,将从古至今的社会认识史划分为神话、史鉴、实证等主要发展阶段,探讨社会认识主体、客体和文化中介之间自我相关、自相缠绕的根本结构特点,总结提出马克思主义的科学的社会认识模式的十个基本点,从日常的社会心理层面、阐释的社会理论层面和决策的社会规划层面来探讨社会认识活动的空间结构,从历史回溯、未来前瞻和现状追踪这三个时间向度探讨社会认识活动的过程结构和加速度发展过程,提出科学地认识社会所应当遵循的客观性原则、具体性原则、整体性原则、发展性原则和主体性原则等。该书出版后,除国内中央人民广播电台、《中国社会科学》等十多家电台、报纸杂志发表书评书讯外,英美等国合编的国际性英文学术刊物 *Social Epistemology*(《社会认识论》)的主编特地来函约请我为该刊撰写《中国的社会认识论研究》(*The Research of Social Epistemology in P. R. China*)长篇英文稿,连同该书英文目录发表在该刊 1993 年第 2 期上。我与该刊执行主编斯蒂夫·富勒围绕社会认识论问题长期进行通信交流探讨并合撰成《关于社会认识论的对话(上、下)》,先后发表在《哲学动态》1992 年第 4、5 期上。我于 1989 年发起并在四川乐山成功主持召开全国首届社会认识论学术讨论会。自 1989 年开始招收社会认识论方向研究生以来,我先后指导 5 名硕士生、2 名博士生分别撰成《社会认识的发现机制》《社会认识的评价机制》《社会认识的检验机制》《社会认识的进化机制》《交往与社会认识》等系列硕士学位论文和《社会理解论》《社会理想论》等系列博士学位论文,深化了社会认识论研究,受到评审专家和答辩委员的好评。目前还有 2 名硕士生和 6 名博士生正在我的指导下攻读社会认识论研究方向学位,为社会认识论研究提供了富有生机与活力的研究群体。1992 年,我承担了国家教委"八五"人文社会科学规划项目"社会认识方法论",将社会认识论研究推向第二期。发表于《武汉大学学报》1993 年第 5 期百年校庆特辑的《深入探析人类社会自我认识之谜——社会认识论研究的回顾、透视与展望》一文记载了第二期研究的基本构想。我经与研究生们共同合作,完成了《社会认识方法论》一书。该书分别从社会观测、社会发现、社会预测、社会理解、社会评价、社会传播、社会决策、社会认识的检验与进行等方面探讨社会认识的方法论问题,由武汉大学出版社列入"武汉大学学术丛书"出版。在第二期研究的基础上,我进一步提出当代人文社会科学哲学作为社会认识论第三期研究任务,主持承担国家教委"九五"人文社科规划项目"当代人文社会科学哲学"。该课题研究构想《当代人文社会科学哲学研究构想——问题、思路、方法》发表在《人文杂志》1996 年第 5 期上。由我总主编的"当代社会人文科学哲学系列丛书"一共 8 种,已由武汉大学出版社作为国家教委"九五"重点图书出版。

9. 对中国特色的社会主义现代化建设和改革开放的特殊关注

中国的哲学工作者,不仅要关注世界,尤其要关注中国,不仅要研究理论,尤其要关注现实。其关注的现实对象与现实重要的结合点是当代中国的改革开放和中国特色的社会主义现代化建设。作为陕西省专家顾问委员会委员、决策咨询委员会委员和省社会发展战略研究会副会长等,我曾参与陕西省"教育奠基、科技兴陕"的政策咨询研究和关于人事制度改革、资金短缺对策与企业第二轮承包等课题的调查和研究,并积极参加社会主义社会辩证法的讨论,主张多视角、多渠道、多测度、全方位把握社会主义社会有机体,提出正确认识社会主义条件下的主体能动性,论述中国传统文化与社会主义现代化的关系,以及中国传统哲学和人与世界关系的现代发展,提出对科学决策问题进行认识论思考。为了纪念中国共产党诞辰70周年而撰写的《毛泽东思想与中华民族的自我意识》一文获陕西省高校系统优秀论文二等奖和陕西省优秀论文三等奖,并收入《现代中国的历史性选择》等书,由陕西人民出版社于1991年出版。

10. 关注当代人类文化,促进国际学术交流

我坚信马克思所言,真正的哲学应当是世界的哲学,其目标在于以真正哲学的方式把握世界,并造成一个丰富的哲学世界。为此哲学工作者应有极广泛的视野,带着极大责任感、时代感而以真正哲学的方式去密切关注当代人类面临的普遍性、全球性问题,达到真正的国际学术对话和思想交流。为此,在陕西师大工作期间,我作为政教系主任和中外文化研究交流中心副主任,先后发起并在西安成功主持召开了"长安·东亚·环太平洋文化"国际学术讨论会(1989年4月)和"儒学与当代社会"国际学术讨论会(1992年7月),设计并主持了"文化研究与弘扬民族优秀文化"系列学术研讨会,具体主持编撰出版了《文化研究方法论》学术文集,并邀请和接待十多批国外学者来华讲学和访问。对当代人类面临的全球危机和发展危机予以深刻关注并从认识论角度加以总结和反思,在大量调研基础上撰成的《地球保护——中国的理论、政策与实践》英文论文被第15届国际政治学大会(1991年7月阿根廷布宜诺斯艾利斯)列为优秀论文,并资助参会、在大会上宣读和收入大会文集。我所撰写的《加拿大的多元文化与多元文化研究方法论》获加拿大政府所设"1992年加拿大研究与出版奖",我也应邀赴加拿大7个城市访问,极大地拓展了哲学研究的视野和眼界。1994年我应邀赴德国柏林参加第16届国际政治学大会并主持技术与社会政策分会,在会上宣传中国的改革开放与社会主义市场经济建设,引起与会代表的密切关注和热烈讨论。后在德国5个城市访问,作了有关当代德国哲学、留德人员现状与留学生管理、德国统一后知识分子心态和新种族主义的调查研究,访问了马克思的故乡特里尔,找到了当年他家的葡萄园。1995年9月至1996年9月在英国伦敦大学学院哲学系从事博士后访问研究,其间先后应邀赴牛津大学参加学术会议和到奥地利维也纳大学讲学,并到意大利、希腊从事文化寻根之旅。在罗马梵蒂冈大教堂时,意外见到教皇约翰·保罗二世。在英期间,除主修心灵哲学和社会科学哲学外,我还设计并主持"向中国介绍当代英美哲学和英美哲学家"大型国际合作项目,成功邀请42位英美一流哲学家合作为中国哲学界撰写专题哲学和个人学术自述。这个项目对于加强中西方哲学与文化交流意义深远,已获准立为国家哲学社会科学研究项目(1997年)。1997年7月,我应邀并赴韩国汉城参加第10届国际中国哲学会,主持其中的冯契哲学分会,并作《文化围城与比较哲学研究》发言。1997年11月赴美国华盛顿参加第21届世界统一科学大会,提交《中国哲学与宗教中的生死观》英文论文。会后应美国国际研究交流协会邀请从事4个月学术访问,进行亚洲的崛起及亚洲和西方的价值观比较研究。同时作为武汉大学欧洲问题研究中心成员从事欧洲一体化运动的学术研究和文化交流活动等。

三

截至本书出版时,我独撰和参编学术著作十余部,主要有:《社会认识论导论》,中国社会科学出版社1990年11月出版;《认识发生论》(合著),人民出版社1991年10月出版;《思维世界导论》(合著),中国人民大学出版社1992年出版;《人学词典》(编委并撰稿),中国国际广播出版社1990年8月出版;《文化研究方法论》(编委会副主任,主持编写、撰稿并审稿),陕西师范大学出版社1992年6月出版;《马克思主义哲学原理》(全国高师政教系统编教材,任编委并撰稿、统稿),高等教育出版社1993年6月出版;《新时期思想政治教育研究》(编委会主任),陕西师范大学出版社1993年10月出版;《实践唯物主义研究》(参著),中国人民大学出版社1996年出版;《马克思主义哲学的当代视野》(副主编),武汉大学出版社1998年出版;《哲学研究方法论》,武汉大学出版社1998年出版;《当代哲学前沿问题探索》(副主编),武汉大学出版社1998年出版;"当代社会科学哲学系列丛书"(总主编),武汉大学出版社1997年出版;《社会认识方法论》(主编),武汉大学1998年出版等。

先后在海内外发表英文学术论文10余篇,中文学术论文130余篇。其中《新华文摘》转载介绍10多篇,《中国哲学年鉴》选介3次,40余篇为中国人民大学报刊复印资料《哲学原理》《历史学》《科学社会主义》等转载介绍。

10多项成果在国内外获奖。其中,《"实践的唯物主义"及其方法论启示》获中国人民大学1987年五四科学、民主改革优秀论文奖;《语言符号系统的特性及在社会认识系统中的认知功能》获《陕西师范大学学报》1988年青年优秀论文二等奖;《论主体能力》获陕西省第三届社会科学优秀成果三等奖(1990);《论人的主体地位和主体意识》获全国第一届人生科学学术讨论会优秀论文奖(1990);《毛泽东思想与中华民族的自我意识》获陕西省纪念中国共产党诞生70周年学术讨论会优秀论文三等奖(1991)、陕西高校系统纪念建党70周年学术讨论会优秀论文二等奖(1991);《加拿大的多元文化与多元文化方法论》获加拿大政府1992年加拿大研究与出版奖;《社会认识论导论》获陕西省优秀哲学成果奖(1992)和国家教委首届人文社会科学优秀成果二等奖(1995);《关于社会认识论的国际研究报告》(英文)获湖北省首届省级社会科学优秀成果二等奖(1995);《马克思主义哲学的当代视野》(合撰)获湖北省精神文明建设"五个一"工程优秀论文奖(1996)。

1992年起享受国务院颁发每月100元政府特殊津贴,1995年被评为武汉大学"优秀教师",1996年被评为湖北省有突出贡献的中青年专家。被海内外多种人物传记辞典收入词条。

四

个性化的哲学研究离不开个性化的研究主体。从哲学家的个人素质方面来看,有三个方面显得特别重要。

其一,人性修炼与人格完善。哲学既是一种普遍性的理论和思维,也是一种个性化的体验和实践。人们对于外部世界的哲学观察和哲学解释,实际是依据于并体现着人的自我理解和自我评价。人的自我形象和自我意识在很大成分和程度上影响和制约着人的哲学思维和哲学体验。因此人性的修炼和人格的完善是发展个体的哲学素养的重要途径。通常所说"道德与文章"相互依傍就是这个道理。高度的社会责任感和事业心使人超越狭隘自我,抛弃个人得失;忠厚、坦诚则助人克服人际藩篱,达到良好的人际沟通;宽容、坦荡则给人以广阔的生活和信息空间……在市场经济的大潮下,一方面应自觉欢迎社会变革,根据新的社会需要而改进和发展自我;另一方面要能抵制拜金主义的冲击,保持独立的自我和安宁的心境。在这种意义上,我欣赏并信奉荀子的"虚一而静",并奉为人生格言。

其二,丰富的生活和丰富的思维。人性的修炼和人格的完善不是在封闭的内省和"修道"中实现的,而是在火热的社会实践和丰富的生活空间中自我塑造的。要把握时代精神及其精华,就必须根据时代的要求而全面地发展自己,造就丰富的个性、丰富的生活。为此应当保持强烈的求知欲望和丰富的生活情趣。在紧张的工作之余,我保持着广泛的个人兴趣和爱好。喜欢游泳、郊外野游,因为它们是人与大自然联系最直接的形式。曾坚持冬泳数年,并在大洋两岸留下击水踪迹。喜欢摄影、摄像,它们帮助人更加仔细地观察世界,并体现出自己对美的理解与创造。喜欢看好的电视剧和电影,因为那是集中地提炼和典型化了的人生和社会。喜欢听音乐,去沉浸在奇妙的人化世界、符号世界、意义世界之中。

其三,勇于也善于自我批判、自我超越。哲学是一门体系性学问。每一个哲学家都是从问和回答"什么是哲学"开始建构自己的体系的。没有体系就难以成为哲学。没有自己的独特体系很难说是哲学家。但是哲学家创造体系本身就隐藏着一种悲剧的可能,即被自己所创造的体系所窒息。历史上的哲学家常常是以创造自己的哲学观念和哲学体系开始,而以束缚于自己创造的体系不能自拔而告终。因此,真正优秀的哲学家应当勇于也善于不断地批判和超越自身。在这种意义上,哲学家应该像蚕。蚕的伟大之处在于不断改变自己的存在形态,变成蛾去咬破自己织的茧,以延续生命,更新和发展自身。应该说,只有不断地自我批判和自我超越,才能不断地延伸和拓展自己的个性化哲学道路,延续和发展自己的哲学生命。

后　　记

　　对方法论问题的最初关注,可以回溯到在陕西师范大学读本科时我参与组织的一次校际学生哲学学术研讨会。对哲学研究方法的专门思考,则是在硕士生时代才有所自觉。1986年在中国人民大学攻读博士学位期间曾在《哲学动态》上发出建构哲学研究法的倡议与构想。自此以后,对几乎所有哲学问题的探索都自觉或不自觉地带上了方法论的色彩。1988年承担国家哲学社会科学基金项目"哲学形态学与哲学观念的变革"后,哲学研究方法论既作为一项专门的研究课题而持续下来,也成为我探讨其他哲学问题的重要思路、原则和方法。

　　笔者不才,未曾奢望能对哲学的发展有什么大的作为,唯愿能够探索和实践一条有个性特色的哲学研究道路。所谓个性特色,在我自己来说,一方面是要把自己倡导的社会认识论真正建构起来并且不断引向深入。在这方面,社会认识论经过第二期的社会认识方法论研究,正在向第三期当代人文社会科学哲学方面推进。聊可自慰的是,现已形成了一定规模的博士生、硕士生研究群体,有了一支可以持续地将其加以推进的生力军。另一方面,从总体性研究思路方面来看,则是自觉地注意从方法论的视角和思路来提出和回答哲学问题,逐步形成自己的特色和风格。

　　从方法论方面提出和回答问题,意味着它关心的主要不是结论与答案,而是问题和思路,是设置问题的前提、提出问题的方式、分析问题的思路、解答问题的方法。这里所说的问题,从哲学研究的角度来看,既包含着对"元哲学"问题的多方位理解,以及对"哲学是什么"的历史性反思,也包含着对马克思主义哲学本性的现代理解,以及对其在具体分支哲学中的恰当运用。因此,它在本质上是一种前提性追问和批判性反思。本书正是笔者多年来在这方面持续思考的一点体会。以上几个方面也构成了本书的基本骨架。

本书问世之际,也许正是纪念我国恢复高考和真理标准讨论20周年之时。我们这代哲学爱好者之大幸,便是能够伴随国内哲学研究空前发展的大好时机而学习和研究,并以自己的方式来关注和参与其讨论,促进其发展。在这种意义上,本书也以笔者的独特视角记载和透视着国内哲学研究中的一些热点问题和发展历程。书中的一些内容曾经以论文的形式公开发表,有自己的相对独立性,现根据全书的体例作了必要的调整和删改。书中的一些提法和观点当时曾经引起过相当的学术反响和关注,并被学界普遍采用,在今天看来也许已不那么新颖,但它们却记载着笔者自己的思想火花与探索轨道。书中所论及的一些问题是和我的恩师夏甄陶教授和陶德麟教授以及一些师友合作探讨的,文中记载着他们对我的教诲和情谊。一些内容,比如关于哲学思维的原始发生和历史演进过程的分阶段考察等,已超出了过去我比较熟悉的领域,能否成立,是否准确,是否充分,均有待识者教正。既求个性,也许便难免夹杂片面性,笔者衷心欢迎来自各方面的批评和指教。

本书孕育良久,完稿于珞珈山。这里的灵山秀水和浓郁的学术氛围无疑起了重要的激发和催化作用。尽管这里难以一一提到那诸多的前辈师长和学友师生,但我的心中却深深铭记着他们的关怀、帮助与友情。

博士生张明仓在我赴美期间帮助核校了全书引文。特此一并致以深深的谢忱。

作者

1997年10月于珞珈山

图书在版编目(CIP)数据

哲学研究方法论:第二版/欧阳康著.—武汉:华中科技大学出版社,2022.6
(欧阳康文集)
ISBN 978-7-5680-5716-5

Ⅰ.①哲… Ⅱ.①欧… Ⅲ.①哲学-研究方法-中国 Ⅳ.①B2-3

中国版本图书馆 CIP 数据核字(2022)第 097336 号

哲学研究方法论(第二版) 欧阳康 著

Zhexue Yanjiu Fangfalun(Di-er Ban)

策划编辑:周晓方 杨 玲
责任编辑:庞北麟
责任校对:张汇娟
版式设计:原色设计
责任监印:周治超
出版发行:华中科技大学出版社(中国·武汉)   电话:(027)81321913
武汉市东湖新技术开发区华工科技园   邮编:430223
录　　排:华中科技大学惠友文印中心
印　　刷:湖北新华印务有限公司
开　　本:710mm×1000mm　1/16
印　　张:42.25　插页:4
字　　数:660 千字
版　　次:2022 年 6 月第 1 版第 1 次印刷
定　　价:168.00 元(全二册)

本书若有印装质量问题,请向出版社营销中心调换
全国免费服务热线:400-6679-118　竭诚为您服务
版权所有　侵权必究